ZAHLENTHEORIE

VON

ADRIEN-MARIE LEGENDRE.

NACH DER

DRITTEN AUFLAGE INS DEUTSCHE ÜBERTRAGEN

VON

H. MASER.

ZWEITER BAND.

LEIPZIG

DRUCK UND VERLAG VON B. G. TEUBNER.

1886.

Inhaltsverzeichnis zum zweiten Bande.

Vierter Hauptteil.

Verschiedene Methoden und Untersuchungen.

Fünfter Hauptteil.

Anwendung der unbestimmten Analysis bei der Auflösung der Gleichung $x^n - 1 = 0$, in welcher n eine Primzahl ist.

Sechster Hauptteil.

Beweis verschiedener Sätze aus der unbestimmten Analysis.

Abschnitt II.

Über einige Gleichungen, welche die Eigenschaft besitzen, dafs sich durch eine bekannte Wurzel alle übrigen rational bestimmen lassen.

Vierter Hauptteil.

Verschiedene Methoden und Untersuchungen.

§ 1.

Sätze über die Potenzen der Zahlen.

Die Methode, von der wir sogleich verschiedene Anwendungen geben werden, verdient eine besondere Beachtung, insofern sie bis heute die einzige ist, vermittelst welcher man gewisse negative Sätze über die Potenzen der Zahlen hat beweisen können. Diese Methode geht darauf aus zu zeigen, dafs, wenn die Eigenschaft, deren Bestehen verneint wird, bei grofsen Zahlen stattfände, dieselbe bei den kleineren Zahlen ebenfalls gelten würde. Ist dieser erste Punkt festgestellt, so ist der Satz bewiesen; denn wenn das Gegenteil stattfinden sollte, so müfste eine Reihe von abnehmenden ganzen Zahlen ins Unendliche verlängert werden können, was einen Widerspruch enthält. Fermat hat zuerst diese Methode in einer seiner Anmerkungen zum Diophant angegeben, in der er beweist, dafs der Flächeninhalt eines in ganzen Zahlen ausgedrückten rechtwinkligen Dreiecks*) keiner Quadratzahl gleich sein kann. Euler hat sodann weitere Anwendungen von dieser Methode und eine sehr klare Auseinandersetzung derselben gegeben im zweiten Teile seiner „Elemente der Algebra“.

324.

Satz 1. Der Flächeninhalt eines in ganzen Zahlen ausgedrückten rechtwinkligen Dreiecks kann keiner Quadratzahl gleich sein.

---

*) Drei Zahlen von der Beschaffenheit, dafs das Quadrat der gröfsten von ihnen gleich der Summe der Quadrate der beiden andern ist, nennt man ein rechtwinkliges Dreieck. Als Beispiel kann man die Zahlen 3, 4, 5, die Zahlen 5, 12, 13 und unendlich viele andere anführen. Anm. d. Verf.

Da
$$(a^2 + b^2)^2 = (a^2 - b^2)^2 + (2ab)^2$$
ist, so können die drei Seiten eines rechtwinkligen Dreiecks offenbar durch die drei Zahlen $a^2 + b^2$, $a^2 - b^2$, $2ab$ dargestellt werden; es ist dies der allgemeine Ausdruck, welchen auch die direkte Auflösung der Gleichung $x^2 = y^2 + z^2$ ergeben haben würde (No. 17). Diese drei Zahlen könnten mit einem gemeinschaftlichen Faktor ϑ multipliciert werden; jedoch sehen wir von diesem Faktor, weil er für unsern Zweck ohne Nutzen ist, ab und nehmen deshalb an, dafs a und b prim zu einander seien. Denn sind die drei Seiten eines Dreiecks durch ϑ teilbar, so läfst sich der Flächeninhalt durch ϑ^2 teilen; ist also dieser Flächeninhalt gleich einer Quadratzahl, so wird er es auch noch sein, wenn man ihn durch den Faktor ϑ^2 dividiert.

Dies vorausgeschickt erhalten wir, wenn wir den Flächeninhalt des betreffenden Dreiecks A nennen:
$$A = ab\,(a^2 - b^2).$$
Da nun die Faktoren a und b zu einander prim sind, so werden sie auch zu $a^2 - b^2$ prim sein; wenn demnach A eine Quadratzahl sein soll, so mufs jeder der Faktoren a, b, $a^2 - b^2$ eine solche sein. Ist also $a = m^2$, $b = n^2$, so bleibt noch zu bewirken, dafs auch $a^2 - b^2$ oder $m^4 - n^4$ eine Quadratzahl werde.

Diese Gröfse $m^4 - n^4$ ist das Produkt der beiden Faktoren $m^2 + n^2$ und $m^2 - n^2$. Nun sind aber m und n prim zu einander, weil a und b relative Primzahlen sind; ferner mufs die eine von ihnen gerade, die andere ungerade genommen werden. Denn wären sie alle beide ungerade, so würden es auch a und b sein, und es würden somit die drei Seiten $a^2 + b^2$, $a^2 - b^2$, $2ab$ den gemeinsamen Teiler 2 besitzen, was gegen die Voraussetzung ist. Folglich sind die Faktoren $m^2 + n^2$ und $m^2 - n^2$ prim zu einander, und daher mufs ein jeder von ihnen, weil ihr Produkt eine Quadratzahl sein soll, ebenfalls eine Quadratzahl sein.

Setzen wir demgemäfs $m^2 + n^2 = p^2$, $m^2 - n^2 = q^2$, so erhalten wir:
$$n^2 + q^2 = m^2 \text{ und } 2n^2 + q^2 = p^2.$$
Wenn somit der Flächeninhalt eines rechtwinkligen Dreiecks eine Quadratzahl ist, so kann man zwei Quadrate q^2, n^2 von solcher Beschaffenheit finden, dafs jede der beiden Gröfsen $q^2 + n^2$ und $q^2 + 2n^2$ eine Quadratzahl*) wird.

*) Die Stelle Fermat's, welcher wir, nur mit Hinzufügung der zum besseren Verständnis und zur Vervollständigung des Beweises erforderlichen Entwicklungen, ziemlich genau folgen, hat nachstehenden Wortlaut:

Da nun $p^2 = q^2 + 2n^2$ ist, so mufs (No. 143) p von der Form $f^2 + 2g^2$ sein. Der Gleichung

$$q^2 + 2n^2 = (f^2 + 2g^2)^2$$

genügt man aber, wenn man

$$q + n\sqrt{-2} = (f + g\sqrt{-2})^2$$

setzt, wodurch man

$$q = f^2 - 2g^2$$
$$n = 2fg$$

erhält, und zwar besitzt diese Lösung, wie man sich mittelst der Formeln in No. 17 überzeugen kann, jede nur wünschenswerte Allgemeinheit. Man hat also nur noch der Gleichung $q^2 + n^2 = m^2$ zu

---

„Si area trianguli esset quadratus darentur duo quadrato-quadrati quorum differentia esset quadratus: Unde sequitur dari duo quadrata, quorum et summa et differentia esset quadratus. Datur itaque numerus compositus ex quadrato et duplo quadrati aequalis quadrato, ea conditione ut quadrati eum componentes faciant quadratum. Sed si numerus quadratus componitur ex quadrato et duplo alterius quadrati, ejus latus similiter componitur ex quadrato et duplo quadrati, ut facillime possumus demonstrare.

Unde concludetur latus illud esse summam laterum circa rectum trianguli rectanguli et unum ex quadratis illud componentibus efficere basem et duplum quadratum aequari perpendiculo.

Illud itaque triangulum rectangulum conficietur a duobus quadratis quorum summa et differentia erunt quadrati. At isti duo quadrati minores probabuntur primis quadratis suppositis quorum tam summa quam differentia faciunt quadratum. Ergo si dentur duo quadrata, quorum summa et differentia faciant quadratum, dabitur in integris summa duorum quadratorum ejusdem naturae priore minor. Eodem ratiocinio dabitur et minor ista inventa per viam prioris et semper in infinitum minores invenientur numeri in integris idem praestantes quod impossibile est, quia dato numero quovis integro non possunt dari infiniti in integris illo minores.“ Fermat'sche Ausgabe des Diophant Seite 339.

Anm. d. Verf.

D. h. Wenn der Flächeninhalt eines Dreiecks eine Quadratzahl ist, so giebt es zwei Biquadrate, deren Differenz eine Quadratzahl ist. Daraus folgt, dafs es zwei Quadratzahlen giebt, deren Summe und Differenz ebenfalls Quadratzahlen sind. Es giebt daher auch eine aus einem Quadrate und dem Doppelten eines Quadrates zusammengesetzte Zahl, welche gleich einem Quadrate ist, wobei die beiden jene Zahl bildenden Quadrate überdies die Bedingung erfüllen, dafs ihre Summe eine Quadratzahl giebt. Wenn aber ein Quadrat gleich der Summe aus einem Quadrat und dem Doppelten eines anderen Quadrates ist, so ist die Seite desselben ebenfalls gleich der Summe aus einem Quadrat und dem Doppelten eines andern Quadrates, wie sich leicht beweisen läfst.

Hieraus schliefst man, dafs jene Seite die Summe der Katheten eines recht-winkligen Dreiecks ist, und zwar stellt das einzelne Quadrat, welches in dem

genügen, und diese geht, wenn man darin die gefundenen Werte von q und n einsetzt, in $f^4 + 4g^4 = m^2$ über.

Diese Gleichung, welche möglich sein mufs, wenn der Flächeninhalt A eine Quadratzahl ist, zeigt ein neues rechtwinkliges Dreieck an, welches aus der Hypotenuse m und den beiden Katheten f^2 und $2g^2$ gebildet ist. Da nun der Flächeninhalt dieses Dreiecks gleich f^2g^2 und somit gleich einer Quadratzahl ist, so folgt daraus, dafs man, wenn der Flächeninhalt des gegebenen rechtwinkligen Dreiecks gleich einer Quadratzahl ist, mit Hülfe dieses Dreiecks immer ein kleineres, aber nicht verschwindendes Dreieck finden kann, dessen Flächeninhalt ebenfalls gleich einer Quadratzahl ist.

325.

Um sich ein Urteil über die Kleinheit dieses zweiten rechtwinkligen Dreiecks im Vergleich zu dem ersten bilden zu können, mufs man den Wert von A durch f und g ausdrücken. Nun findet man:

$$A = (m^4 - n^4)\, m^2 n^2 = 4f^2g^2 (f^2 - 2g^2)^2 (f^2 + 2g^2)^2 (f^4 + 4g^4).$$

Ferner kann $f^2 - 2g^2$ nicht kleiner als 1 sein, und überdies ist stets:

$$(f^2 + 2g^2)^2 > 8f^2g^2, \quad f^4 + 4g^4 > 4f^2g^2.$$

Mithin ist der Flächeninhalt $A > 128\, f^6 g^6$. Wird demnach f^2g^2, welches der Flächeninhalt des zweiten Dreiecks ist, mit A' bezeichnet, so hat man:

$$A' < \sqrt[3]{\frac{A}{128}}.$$

Wenn somit ein rechtwinkliges Dreieck in ganzen Zahlen existiert, dessen Flächeninhalt gleich einer Quadratzahl ist, so giebt es zu

---

Ausdruck jener Seite vorkommt, die eine Kathete, das doppelte Quadrat die andere Kathete dar.

Es wird daher jenes rechtwinklige Dreieck mittelst zweier Quadratzahlen gebildet, deren Summe und Differenz Quadratzahlen sind. Diese beiden Quadratzahlen sind aber, wie man beweisen kann, kleiner als die zuerst angenommenen Quadratzahlen, deren Summe und Differenz Quadratzahlen darstellten. Wenn es also zwei Quadratzahlen giebt, deren Summe und Differenz ebenfalls Quadratzahlen sind, so giebt es unter den ganzen Zahlen auch zwei andere Quadratzahlen von derselben Beschaffenheit, welche kleiner sind als die ersteren. Aus demselben Grunde giebt es wieder noch zwei andere, welche kleiner sind als die auf die vorige Weise gefundenen, und so findet man unter den ganzen Zahlen bis ins Unendliche hin immer kleinere Zahlen, welche dasselbe leisten. Dies ist aber unmöglich, da es nicht unendlich viele ganze Zahlen geben kann, welche kleiner sind als eine beliebige gegebene ganze Zahl.

gleicher Zeit ein rechtwinkliges Dreieck, dessen Flächeninhalt A' kleiner als $\sqrt[3]{\frac{A}{128}}$ und ebenfalls gleich einer Quadratzahl ist; jedoch kann dieser Flächeninhalt nicht gleich Null sein, da keine der Zahlen f und g verschwinden kann, ohne dafs $A = 0$ würde.

Aus demselben Grunde kann man aber aus dem rechtwinkligen Dreieck, dessen Flächeninhalt A' durch eine Quadratzahl ausgedrückt wird, ein drittes Dreieck ableiten, dessen Inhalt A'' kleiner als $\sqrt[3]{\frac{A'}{128}}$ und ebenfalls gleich einer Quadratzahl ist, und so ins Unendliche weiter. Dies enthält aber einen Widerspruch, da eine Reihe abnehmender ganzer Zahlen $A, A', A'', \ldots$, auch wenn dieselben keine Quadratzahlen wären, nicht ins Unendliche verlängert werden kann. Mithin giebt es kein rechtwinkliges Dreieck, dessen Flächeninhalt durch eine Quadratzahl ausgedrückt wird.

Zusatz. Derselbe Beweis zeigt, dafs die Formel $m^4 - n^4$ keine Quadratzahl darstellen kann, ebenso wenig die Formel $f^4 + 4g^4$, es müfste denn, was evident ist, in der ersten $m = n$ oder $n = 0$, in der zweiten f oder g gleich 0 sein.

Man kann ferner daraus schliefsen, dafs die Gleichung $x^4 + y^4 = 2p^2$ unmöglich ist, ausgenommen den Fall $x = y$. Denn aus dieser Gleichung würde folgen:

$$p^4 - x^4 y^4 = \left(\frac{x^4 - y^4}{2}\right)^2.$$

Wie wir aber soeben gesehen haben, kann die linke Seite keine Quadratzahl sein.

326.

Satz 2. Die Summe zweier Biquadrate kann keine Quadratzahl sein, wofern nicht eins derselben gleich Null ist.

Ist, falls dies möglich ist, $a^4 + b^4 = c^2$, so müssen zunächst die Gleichungen gelten:

$$a^2 = p^2 - q^2, \quad b^2 = 2pq, \quad c = p^2 + q^2.$$

Ferner beachte man, dafs, weil a und b als relative Primzahlen vorausgesetzt werden können, p und q gleichfalls prim zu einander sind, und dafs sie auch nicht alle beide ungerade sein können; denn wäre letzteres der Fall, so würden a und b alle beide gerade sein. Man darf jedoch auch nicht p gerade und q ungerade annehmen, weil alsdann $p^2 - q^2$ von der Form $4k - 1$ sein würde, welche Form das Quadrat a^2 nicht besitzen kann. Demnach mufs p ungerade und q

gerade sein, und daher setze man, um der Gleichung $b^2 = 2pq$ zu genügen, $p = m^2$, $q = 2n^2$. Werden diese Werte in die andere Gleichung $a^2 = p^2 - q^2$ eingesetzt, so ergiebt sich:

$$m^4 - 4n^4 = a^2.$$

Da diese letztere Gleichung ausdrückt, dafs das Quadrat m^4 gleich der Summe der beiden andern Quadrate $4n^4$, a^2 ist, so besteht die einzige Art, ihr zu genügen, darin, dafs man

$$m^2 = f^2 + g^2, \quad 2n^2 = 2fg, \quad a = f^2 - g^2$$

setzt. Aus der Gleichung $n^2 = fg$, in welcher f und g prim zu einander sein müssen, ergiebt sich aber $f = \alpha^2$, $g = \beta^2$, und vermöge dieser Werte geht die Gleichung $m^2 = f^2 + g^2$ über in:

$$\alpha^4 + \beta^4 = m^2.$$

Wenn demnach zwei Biquadrate a^4, b^4 existieren, deren Summe gleich einer Quadratzahl ist, so giebt es zu gleicher Zeit zwei andere, viel kleinere Biquadrate α^4, β^4, deren Summe ebenfalls gleich einer Quadratzahl ist.

327.

Um sich eine Vorstellung von der Kleinheit der letzteren Biquadrate im Vergleich zu den ersteren zu bilden, leite man aus den vorhergehenden Werten die folgenden ab:

$$a = \alpha^4 - \beta^4$$
$$b = 2\alpha\beta\sqrt{\alpha^4 + \beta^4}.$$

Hieraus ergiebt sich:

$$\alpha^4 + \beta^4 = \sqrt{\frac{1}{2}a^2 + \frac{1}{2}\sqrt{a^4 + b^4}};$$

mithin:

$$\alpha^4 + \beta^4 < \sqrt[4]{a^4 + b^4}.$$

erner bemerke man, dafs weder α noch β gleich Null sein kann, weil sich daraus $b = 0$ ergeben würde, welchen Fall wir ausgeschlossen haben.

Wenn es demnach eine Quadratzahl c^2 giebt, welche gleich der Summe zweier Biquadrate ist, so erhält man aus ihr eine zweite Quadratzahl c'^2, welche ebenfalls die Summe zweier Biquadrate darstellt, und deren Grundzahl c' kleiner als $\sqrt[4]{c}$, aber verschieden von Null ist. Aus demselben Grunde erhält man aus der Quadratzahl c'^2 eine dritte c''^2, welche dieselbe Eigenschaft besitzt, und deren Grundzahl c'' kleiner als $\sqrt[4]{c'}$, aber verschieden von Null ist, u. s. w. Dies enthält aber einen Widerspruch, da eine Reihe ganzer Zahlen $c, c', c'' \cdots$, von denen jede kleiner als die vierte Wurzel aus der vorhergehenden und von Null verschieden ist, nicht ins Unendliche fortgesetzt werden kann. Mithin kann sich unmöglich eine Quadratzahl in zwei Biquadrate zerlegen lassen.

Zusatz. Derselbe Beweis zeigt, dafs die Formel $m^4 - 4n^4$ keine Quadratzahl darstellen kann, wofern nicht $n = 0$ ist.

328.

Satz 3. Die Formel $x^4 + 2y^4$ kann keine Quadratzahl darstellen, wofern nicht $y = 0$ ist.

Denn wäre $x^4 + 2y^4 = z^2$, so müfste man zunächst setzen:

$$z = p^2 + 2q^2, \quad x^2 = p^2 - 2q^2, \quad y^2 = 2pq.$$

Sodann folgt aus der Gleichung $x^2 = p^2 - 2q^2$:

$$x = m^2 - 2n^2, \quad p = m^2 + 2n^2, \quad q = 2mn.$$

Werden diese Werte in die Gleichung $y^2 = 2pq$ eingesetzt, so ergiebt sich:

$$y^2 = 4mn\ (m^2 + 2n^2).$$

Um dieser Gleichung zu genügen, beachte man, dafs die Zahlen m und n prim zu einander sind; denn hätten sie einen gemeinschaftlichen Teiler, so würden p und q und somit auch x und y ebenfalls einen solchen haben, was man nicht anzunehmen braucht. Wenn demnach $mn(m^2 + 2n^2)$ eine Quadratzahl ist, so mufs jeder der drei Faktoren $m, n, m^2 + 2n^2$ eine Quadratzahl sein. Ist also $m = f^2, n = g^2$, so bleibt nur noch zu bewirken, dafs auch $f^4 + 2g^4$ eine Quadratzahl sei.

Diese Formel hat eine der gegebenen ähnliche Gestalt; dieselbe ist aber offenbar in viel kleineren Zahlen ausgedrückt, da $x^4 + 2y^4 > p^4$ und somit

$$p \text{ oder } f^4 + 2g^4 < \sqrt[4]{x^4 + 2y^4}$$

ist. Im Übrigen ist keine der Zahlen f und g gleich 0; denn wäre dies der Fall, so würde y gleich 0 werden, was wir ausgeschlossen haben. Wenn es daher eine Quadratzahl A^2 von der Form $x^4 + 2y^4$ giebt, so läfst sich daraus eine zweite Quadratzahl A'^2 herleiten, welche dieselbe Form besitzt, und deren Grundzahl $A' < \sqrt[4]{A}$ ist. Aus demselben Grunde aber folgt aus der Quadratzahl A'^2 eine dritte A''^2 von derselben Form, u. s. f. Nun kann aber eine Reihe abnehmender ganzer Zahlen $A, A', A'' \cdots$ nicht ins Unendliche fortgehen; mithin ist es unmöglich, dafs die Formel $x^4 + 2y^4$ eine Quadratzahl darstelle, es müfste denn $y = 0$ sein.

Zusatz. Aus diesem Satze folgt, dafs auch $x^4 - 8y^4$ keine Quadratzahl sein kann. Denn hätte man $x^4 - 8y^4 = z^2$, so würde daraus folgen, dafs $z^4 + 2(2xy)^4$ gleich dem Quadrate $(x^4 + 8y^4)^2$ wäre, was nur stattfinden kann, wenn $y = 0$ ist.

329.

Satz 4. Keine Trigonalzahl, mit Ausnahme von 1, ist ein Biquadrat.

Ist, falls dies möglich wäre, $\frac{1}{2}x(x+1) = y^4$ oder $x(x+1) = 2y^4$, und setzt man $y = mn$, wo m und n zwei unbestimmte Zahlen sind, so läfst sich diese Gleichung nur auf eine der beiden folgenden Arten zerlegen:

$$(1)\quad \begin{aligned} x &= 2m^4 \\ x+1 &= n^4 \end{aligned} \qquad (2)\quad \begin{aligned} x+1 &= 2m^4 \\ x &= n^4, \end{aligned}$$

und diese geben entweder $1 = n^4 - 2m^4$ oder $1 = 2m^4 - n^4$.

Die zweite Kombination ergäbe $m^8 - n^4 = (m^4 - 1)^2$, eine Gleichung, welche unmöglich ist, da die linke Seite die Form $p^4 - q^4$ besitzt, und diese keine Quadratzahl darstellen kann, aufser in dem evidenten Falle $m = 1 = x$.

Die erste Kombination ergiebt die Gleichung $1 + 2m^4 = n^4$, welche ebenfalls unmöglich ist, weil nach dem vorhergehenden Satze die linke Seite keine Quadratzahl sein kann. Mithin ist keine Trigonalzahl aufser 1 ein Biquadrat.

330.

Satz 5. Die Summe oder Differenz zweier Kuben kann keinem Kubus gleich sein.

Ist, falls dies möglich wäre, $x^3 \pm y^3 = z^3$, so kann man wie gewöhnlich annehmen, dafs die beiden Zahlen x und y prim zu einander sind. Alsdann sind auch y und z und ebenso x und z zu einander prim. Dies vorausgeschickt, sind von den drei Zahlen x, y, z stets zwei ungerade und eine gerade. Sind x und y die beiden ungeraden, welche man immer auf dieselbe Seite der Gleichung bringen kann, und setzt man:

$$x \pm y = 2p, \quad x \mp y = 2q,$$

oder:

$$x = p + q, \quad \pm y = p - q,$$

so erhält man nach Einsetzung dieser Werte:

$$2p\,(p^2 + 3q^2) = z^3.$$

Ferner beachte man, dafs, weil $p + q$ und $p - q$ ungerade sein müssen, die eine der beiden Zahlen p und q gerade, die andere ungerade sein mufs, so dafs also $p^2 + 3q^2$ stets ungerade ist. Da aber $2p\,(p^2 + 3q^2)$ ein Kubus sein soll, so mufs offenbar $2p$ durch 8 teilbar und somit p gerade und q ungerade sein. Jetzt sind zwei Fälle zu unterscheiden, je nachdem p durch 3 teilbar ist oder nicht.

331.

Erster Fall. Ist p nicht durch 3 teilbar, so sind die Faktoren $2p$ und $p^2 + 3q^2$ prim zu einander, und es mufs somit jeder von ihnen, wenn ihr Produkt ein Kubus ist, ebenfalls ein solcher sein. Ist demnach $p^2 + 3q^2 = r^3$, so ist r von der Form $m^2 + 3n^2$ und man kann setzen:

$$p + q\sqrt{-3} = (m + n\sqrt{-3})^3.$$

Dies giebt:

$$p = m^3 - 9mn^2$$
$$q = 3m^2n - 3n^3.$$

Diese Werte genügen der Gleichung $p^2 + 3q^2 = r^3$; sie besitzen aber auch alle erforderliche Allgemeinheit, wovon man sich durch direkte Auflösung dieser Gleichung überzeugen kann. Es bleibt daher nur noch zu bewirken, dafs $2p$ oder $2m(m + 3n)(m - 3n)$ ein Kubus werde. Nun ist leicht zu sehen, dafs die drei Faktoren dieses Ausdrucks prim zu einander sind, und somit jeder von ihnen ein Kubus sein mufs. Ist demnach:

$$m + 3n = a^3, \quad m - 3n = b^3, \quad 2m = c^3,$$

so erhält man:

$$a^3 + b^3 = c^3.$$

Wenn also die Gleichung $x^3 \pm y^3 = z^3$ in ganzen Zahlen möglich ist, so sieht man, dafs auch die Gleichung $a^3 + b^3 = c^3$, welche der ersteren ähnlich, aber in viel kleineren Zahlen ausgedrückt ist, möglich sein mufs.

Nun giebt die Substitution der vorstehenden Werte:

$$z^3 = a^3\,b^3\,c^3\left(\frac{a^6 + a^3b^3 + b^6}{3}\right)^3,$$

oder:

$$z = abc\left(\frac{a^6 + a^3b^3 + b^6}{3}\right),$$

mithin:

$$z > a^4b^4c.$$

Geht man also von der Gleichung $x^3 \pm y^3 = z^3$ zu der transformierten Gleichung $a^3 + b^3 = c^3$ über, so ist die Zahl c, welche durch z' dargestellt werden kann, viel kleiner als z. Aus demselben Grunde erhält man aus dem Kubus c^3 oder z'^3 einen dritten Kubus z''^3 von der Beschaffenheit, dafs z'' bedeutend kleiner ist als z', und so weiter ins Unendliche. Eine Reihe abnehmender ganzer Zahlen $z, z', z'', ..$ kann aber unmöglich ins Unendliche fortgehen. Mithin kann die Formel $2p(p^2 + 3q^2)$ in dem Falle, wo p nicht durch 3 teilbar ist, keinen Kubus darstellen.

332.

Zweiter Fall. Ist p durch 3 teilbar, und setzt man $p = 3r$, so geht die Formel $2p(p^2 + 3q^2)$ über in $18r(q^2 + 3r^2)$. Da nun die Faktoren $18r$ und $q^2 + 3r^2$ prim zu einander sind, so mufs jeder von ihnen ein Kubus sein. Setzt man also:

$$q^2 + 3r^2 = (f^2 + 3g^2)^3,$$

oder:

$$q + r\sqrt{-3} = (f + g\sqrt{-3})^3,$$

wodurch sich

$$q = f^3 - 9fg^2$$
$$r = 3f^2g - 3g^3$$

ergiebt, so hat man nur noch zu bewirken, dafs $18r$ oder $27 \cdot 2g(f + g)(f - g)$ ein Kubus werde. Daraus folgt wie oben:

$$f + g = a^3, \quad f - g = b^3, \quad 2g = c^3,$$

und somit:

$$a^3 - b^3 = c^3.$$

Man sieht also, dafs, wenn der Kubus z^3 gleich der Summe oder Differenz zweier Kuben $x^3 \pm y^3$ ist, es einen anderen viel kleineren Kubus c^3 giebt, welcher gleichfalls die Differenz zweier Kuben $a^3 - b^3$ ist.

Ich sage, dafs c^3 viel kleiner ist als z^3; in der That geben die vorstehenden Werte:

$$z = 3abc\,(a^6 - a^3b^3 + b^6),$$

und somit:

$$z > 3a^4b^4c.$$

Daraus schliefst man wie im ersten Falle, dafs, wenn p durch 3 teilbar ist, $2p(p^2+3q^2)$ kein Kubus werden kann. Mithin ist die gegebene Gleichung $x^3+y^3=z^3$ in allen Fällen unmöglich, es müfste denn eine der unbestimmten Gröfsen gleich Null sein.

333.

Satz 6. Die Gleichung $x^3+y^3=2^m z^3$ ist unmöglich für jeden Wert von m.

In dieser Gleichung, in welcher m, um nicht auf den vorhergehenden Fall zurückzukommen, eine durch 3 nicht teilbare Zahl bedeuten soll, müssen die Zahlen x und y und ebenso z ungerade sein. Ferner ist die linke Seite das Produkt der beiden Faktoren $x+y$ und x^2-xy+y^2, welche nur 3 als gemeinschaftlichen Teiler haben können. Wir müssen demnach zwei Fälle unterscheiden, je nachdem z durch 3 teilbar ist oder nicht.

Ist erstens z durch 3 teilbar, so zerlegt sich die gegebene Gleichung notwendig in zwei andere, wie folgt:

$$x+y=2^m 3^2\cdot a^3$$
$$x^2-xy+y^2=3r^3,$$

und es ist $z=3ar$, wo r prim zu $3a$ ist.

Die zweite von diesen Gleichungen läfst sich auf die Form bringen:

$$\left(\frac{x+y}{2}\right)^2+3\left(\frac{x-y}{2}\right)^2=3r^3$$

oder:

$$\left(\frac{x-y}{2}\right)^2+3\left(\frac{x+y}{6}\right)^2=r^3,$$

und hieraus sieht man, dafs r, welches stets eine ungerade Zahl ist, von der Form f^2+3g^2 sein mufs. Setzt man also:

$$r=f^2+3g^2,$$

und ferner:

$$(f+g\sqrt{-3})^3=F+G\sqrt{-3},$$

so erhält man:

$$r^3=F^2+3G^2,$$

und aus der obigen Gleichung folgt:

$$\frac{1}{2}(x-y)=F,\quad \frac{1}{6}(x+y)=G.$$

Es ist aber:

$$G=3g(f^2-g^2),$$

mithin:

$$g(f^2 - g^2) = \frac{x+y}{18} = 2^{m-1}a^3.$$

In dieser Gleichung mufs g durch 2^{m-1} teilbar sein, denn es ist $f^2 - g^2$ eine ungerade Zahl, weil $f^2 + 3g^2$ eine solche ist. Da ferner die drei Faktoren g, $f+g$, $f-g$ keinen gemeinschaftlichen Teiler haben, so mufs die vorstehende Gleichung in drei andere zerfallen, nämlich:

$$g = 2^{m-1}\alpha^3, \quad f+g = \beta^3, \quad f-g = \gamma^3,$$

aus denen folgt:

$$\beta^3 - \gamma^3 = 2^m \alpha^3,$$

also eine Gleichung, welche der gegebenen ähnlich und aus viel kleineren Zahlen gebildet ist.

Ist zweitens z nicht durch 3 teilbar, so zerfällt die gegebene Gleichung in die beiden folgenden:

$$x + y = 2^m a^3$$
$$x^2 - xy + y^2 = r^3,$$

wobei $z = ar$ und r prim zu a vorausgesetzt ist.

Wird die letzte Gleichung auf die Form

$$\left(\frac{x+y}{2}\right)^2 + 3\left(\frac{x-y}{2}\right)^2 = r^3$$

gebracht, so sieht man, dafs r von der Form $f^2 + 3g^2$ sein mufs. Setzt man daher wie im ersten Falle:

$$r = f^2 + 3g^2,$$
$$(f + g\sqrt{-3})^2 = F + G\sqrt{-3},$$

so erhält man:

$$r^3 = F^2 + 3G^2,$$

und daraus folgt die Lösung:

$$x + y = 2F, \quad x - y = 2G.$$

Es ist aber:

$$F = f(f^2 - 9g^2),$$

mithin:

$$2^{m-1}a^3 = f(f^2 - 9g^2).$$

Da die drei Faktoren der rechten Seite f, $f+3g$, $f-3g$ prim zu einander sind, und $f^2 - 9g^2$ stets eine ungerade Zahl ist, so kann diese Gleichung nur bestehen, wenn man hat:

$$f = 2^{m-1}\alpha^3, \quad f + 3g = \beta^3, \quad f - 3g = \gamma^3,$$

und zwar setzt dies $a = \alpha\beta\gamma$ voraus, wo die drei Zahlen α, β, γ prim zu einander sind. Hieraus ergiebt sich die Gleichung:

$$\beta^3 + \gamma^3 = 2^m \alpha^3,$$

welche der gegebenen ähnlich, und in welcher α, ebenso wie a, nicht durch 3 teilbar ist.

Da sich in beiden Fällen die gegebene Gleichung auf eine Gleichung reduciert, welche dieselbe Form besitzt, aber aus viel kleineren Zahlen gebildet ist, und da diese Rechnung unendlich oft wiederholt werden kann, so folgt daraus, dafs diese Gleichung unmöglich ist, aufser wenn $z = 0$, oder auch $z = 1$ und zugleich $m = 1$ ist.

334.

Aus den beiden vorhergehenden Sätzen folgt, dafs die Gleichung

$$x^3 + y^3 = Az^3$$

unmöglich ist für die Werte $A = 1, 2, 4, 8, 16, \cdots$ Es würde sich mittelst derselben Methode leicht beweisen lassen, dafs sie für die Werte $A = 3, 5, 6$ und unendlich viele andere ebenfalls unmöglich ist. Wäre aber $A = 7$, so würde man der Gleichung $x^3 + y^3 = 7z^3$ offenbar genügen können durch die Werte $x = 2$, $y = -1$, $z = 1$. Ebenso würde die Gleichung $x^3 + y^3 = 9z^3$ befriedigt werden durch die Werte $x = 2$, $y = 1$, $z = 1$. Wir werden später zeigen, dafs bei dieser Art von Gleichungen eine bekannte Lösung genügt, um unendlich viele andere daraus abzuleiten.

335.

Satz 7. Keine Trigonalzahl, aufser 1, ist gleich einem Kubus.

Denn nehmen wir an, dafs $\frac{1}{2}x(x+1) = y^3$ oder $x(x+1) = 2y^3$ sei, und setzen wir $y = mn$, wo m und n zwei zu einander prime Zahlen sind, so läfst sich diese Gleichung nur auf eine der beiden folgenden Arten zerlegen:

$$(1)\quad \begin{aligned} 1 + x &= 2m^3 \\ x &= n^3, \end{aligned} \qquad (2)\quad \begin{aligned} 1 + x &= n^3 \\ x &= 2m^3, \end{aligned}$$

und diese geben:

$$n^3 \pm 1 = 2m^3.$$

Nach dem vorhergehenden Satze kann diese Gleichung nur bestehen, wenn $n = 1$ ist. Mit Ausnahme der beiden Fälle $x = 0$

und $x = 1$ kann es also keine Trigonalzahl geben, die gleich einem Kubus wäre.

Die Gleichung $\frac{1}{2}x(x+1) = y^3$ läfst sich auf die Form $8y^3 + 1 = z^2$ bringen; mithin ist diese Gleichung unmöglich, aufser in den Fällen $y = 0$ und $y = 1$.

336.

Satz 8. Die Gleichung $x^2 + 2 = y^3$ besitzt nur die eine Lösung $x = 5$, $y = 3$. (Fermat'sche Ausg. d. Dioph. S. 320.)

Wenn nämlich diese Gleichung stattfände, so müfste y von der Form $p^2 + 2q^2$ sein; man müfste demnach setzen:

$$x + \sqrt{-2} = (p + q\sqrt{-2})^3,$$

wodurch man erhielte:

$$1 = 3p^2q - 2q^3,$$

mithin:

$$q = 1, \quad p = 1, \quad y = 3, \quad x = 5.$$

337.

Satz 9. Die Gleichung $x^2 + 4 = y^3$ besitzt nur die beiden Lösungen $x = 2$, $y = 2$ und $x = 11$, $y = 5$.

Denn da y von der Form $p^2 + q^2$ sein mufs, so hat man zu setzen:

$$x + 2\sqrt{-1} = (p + q\sqrt{-1})^3.$$

Dies giebt:

$$2 = 3p^2q - q^3.$$

Dieser Gleichung kann man aber nur genügen durch die Werte $p = 1$, $q = 1$, oder durch die Werte $p = 1$, $q = -2$, und diese ergeben die beiden erwähnten Lösungen.

Bemerkung. Wir haben in diesem Paragraphen bewiesen, dafs die Gleichung $x^3 \pm y^3 = z^3$, ferner die Gleichung $x^4 \pm y^4 = z^2$ und umsomehr die Gleichung $x^4 \pm y^4 = z^4$ unmöglich ist. Fermat hat aufserdem behauptet (Ausg. d. Dioph. S. 61), dafs allgemein die Gleichung $x^n + y^n = z^n$ unmöglich ist, wenn n gröfser ist als 2. Hierüber findet man unten im sechsten Hauptteile einige Untersuchungen.

§ 2.

Sätze, die Auflösung der Gleichung $x^n - b = ay$ in ganzen Zahlen betreffend.

338.

Wenn die gegebene Gleichung durch $x = \vartheta$ befriedigt wird, so wird sie allgemeiner befriedigt, wenn man $x = \vartheta + az$ setzt, wo z eine unbestimmte Zahl bedeutet. Nun giebt es in der Reihe, deren allgemeines Glied $\vartheta + az$ ist, immer ein Glied, welches zwischen $-\frac{1}{2}\vartheta$ und $+\frac{1}{2}\vartheta$ liegt; man kann daher dieses Glied als eine Lösung oder Wurzel der gegebenen Gleichung betrachten. Die Aufgabe besteht darin, alle derartige Lösungen oder Wurzeln zu finden, welche die gegebene Gleichung haben kann. Im Folgenden geben wir verschiedene Sätze, welche diesem Zwecke dienen, für den Fall, dafs a eine Primzahl ist; sodann betrachten wir den Fall, wo a eine zusammengesetzte Zahl ist.

339.

Satz 1. Die Gleichung $x^n - b = \mathfrak{M}(a)$,*) in welcher a eine Primzahl und b eine durch a nicht teilbare Zahl bedeutet, ist nur möglich, sobald $b^{\frac{a-1}{\omega}} - 1 = \mathfrak{M}(a)$ ist, wobei ω den gemeinschaftlichen Teiler von n und $a - 1$ darstellt. Ist diese Bedingung erfüllt, so besitzt die gegebene Gleichung ω Lösungen, welche in der Geichung $x^\omega - b^\pi = \mathfrak{M}(a)$ enthalten sind, wobei π die kleinste der Gleichung $\pi n - \varphi(a - 1) = \omega$ genügende positive ganze Zahl ist.

Wenn die gegebene Gleichung auflösbar ist, so erhält man, mit Weglassung der Vielfachen von a, $x^n = b$; zugleich ist nach dem Fermat'schen Satze (No. 129) $x^{a-1} = 1$. Da die beiden Zahlen n und $a - 1$ den gemeinschaftlichen Teiler ω haben, so kann man leicht, wenn man $n = n'\omega$, $a - 1 = a'\omega$ setzt, zwei andere positive Zahlen π und φ von der Beschaffenheit finden, dafs

$$\pi n' - \varphi a' = 1$$

ist. Nun folgt aus den Gleichungen $x^{n'\omega} = b$, $x^{a'\omega} = 1$:

$$b^\pi = x^{\pi n'\omega} = x^{\varphi a'\omega + \omega} = x^\omega,$$

*) Der abgekürzte Ausdruck $\mathfrak{M}(a)$ bezeichnet ein Vielfaches von a.
Anm. d. Verf.

also:

$$x^{\omega} = b^{\pi},$$

oder:

$$x^{\omega} - b^{\pi} = \mathfrak{M}(a).$$

Daraus erkennt man, dafs die gegebene Gleichung nur ω Lösungen besitzen kann (No. 132), und damit sie diese Lösungen auch wirklich besitze, müssen die beiden Gleichungen:

$$x^{n'\omega} = b, \quad x^{a'\omega} = 1$$

mit einander in Übereinstimmung stehen. Nun geben aber diese letzteren:

$$x^{n'a'\omega} = b^{a'}, \quad x^{n'a'\omega} = 1^{n'} = 1,$$

mithin mufs $b^{a'} = 1$ oder

$$b^{a'} - 1 = \mathfrak{M}(a)$$

sein. Diese Bedingung ist die einzig notwendige; jedesmal wenn sie erfüllt ist, besitzt die gegebene Gleichung ω Lösungen, welche in der Gleichung $x^{\omega} - b^{\pi} = \mathfrak{M}(a)$ enthalten sind. Man überzeugt sich aber, dafs diese Gleichung wirklich ω Lösungen besitzt, wenn man beachtet, dafs $x^{\omega} - b^{\pi}$ einen Faktor von $x^{a'\omega} - b^{a'\pi}$, was auf $x^{a-1} - 1 + aR$ hinauskommt, darstellt.

Man bemerke, dafs man, wenn in der gegebenen Gleichung n gröfser ist als $a - 1$, von diesem Exponenten die Vielfachen von $a - 1$ abziehen und nur den positiven Rest beibehalten kann. In der That läfst x^{a-1} bei der Division durch a den Rest 1, mithin läfst $x^{(a-1)m+n}$ bei der Division durch a denselben Rest, wie x^n.

340.

Aus dem vorigen Satze folgt, dafs, wenn n und $a - 1$ prim zu einander sind, die Gleichung $x^n - b = \mathfrak{M}(a)$ immer eine Lösung hat, welches auch b sein möge. Ist alsdann π die kleinste positive Zahl, welche der Gleichung $\pi n - \varphi(a - 1) = 1$ genügt, so ist diese Lösung $x = b^{\pi}$.

Allgemein gewährt dieser Satz den Vorteil, dafs er, im Falle die gegebene Gleichung auflösbar ist, zu gleicher Zeit angiebt, wieviel Lösungen sie besitzt, und welches die einfachste Gleichung ist, welche alle diese Lösungen liefert. In der reducierten Gleichung ist der Exponent von x immer ein Teiler von $a - 1$; mithin hat man nur noch die Lösungen der Gleichung $x^n - b = \mathfrak{M}(a)$ unter der Voraussetzung zu finden, dafs n ein Teiler von $a - 1$ ist. Es ist aber leicht zu sehen, dafs, wenn einer der Werte von x bekannt ist, man sie alle erhält, indem man den bekannten Wert mit den verschiedenen Wurzeln der Gleichung $x^n - 1 = \mathfrak{M}(a)$ multipliciert. Es ist daher vor allem nötig, dafs wir uns mit der Auflösung dieser letzteren Gleichung beschäftigen.

341.

Satz 2. Es sei die Gleichung $x^n - 1 = \mathfrak{M}(a)$ gegeben, in welcher a eine Primzahl und n ein Teiler von $a - 1$, also $a - 1 = a'n$ ist. Alsdann ist:

1) $x = u^{a'}$, wo u irgend eine durch a nicht teilbare Zahl ist.

2) Ist ϑ ein Wert von x, so ist auch ϑ^m ein solcher, welches auch der Exponent m sein möge.

3) Ist die Zahl ϑ von der Beschaffenheit, dafs $\vartheta^{\frac{n}{\nu}} - 1$, wo ν einen Primteiler von n bedeutet, nicht teilbar ist durch a, so enthält die Formel $x = \vartheta^m$ alle Lösungen der gegebenen Gleichung, und zwar sind dieselben $1, \vartheta, \vartheta^2, \ldots, \vartheta^{n-1}$ oder die Reste, welche bei der Division dieser Gröfsen durch a übrig bleiben.

4) Es giebt nicht nur mehrere Zahlen ϑ, welche diese Eigenschaft besitzen, sondern ihre Anzahl ist gleich $n\left(1 - \frac{1}{\nu}\right)\left(1 - \frac{1}{\nu'}\right)\left(1 - \frac{1}{\nu''}\right) \ldots$, wo $\nu, \nu', \nu'', \ldots$ die verschiedenen Primzahlen sind, welche in n aufgehen.

Setzt man nämlich erstens $x = u^{a'}$, so hat man:

$$x^n - 1 = u^{a'n} - 1 = u^{a-1} - 1,$$

also eine Gröfse, die stets durch a teilbar ist.

Ist zweitens $x = \vartheta$, so erhält man mit Weglassung der Vielfachen von a: $\vartheta^n = 1$. Setzt man also $x = \vartheta^m$, so erhält man ebenfalls:

$$x^n = \vartheta^{mn} = 1,$$

welches auch m sein möge.

Da drittens die gegebene Gleichung n Lösungen haben mufs, so liefert die Formel $x = \vartheta^m$ alle, wenn es in der Reihe $1, \vartheta, \vartheta^2, \vartheta^3, \ldots \vartheta^{n-1}$ keine zwei gleichen Glieder giebt (wobei immer die Vielfachen von a weggelassen werden). Setzt man aber $\vartheta^\mu = \vartheta^\lambda$, so folgt daraus $\vartheta^\sigma = 1$, wo σ gleich $\mu - \lambda$ oder gleich $\lambda - \mu$ und somit kleiner als n ist. Da nun bereits $\vartheta^n = 1$ ist, so erhält man, wenn man mit ε den gemeinschaftlichen Teiler von σ und n bezeichnet und die Gleichung $ny - \sigma z = \varepsilon$ auflöst,

$$\vartheta^{ny} = \vartheta^{\sigma z + \varepsilon}.$$

Die linke Seite reduciert sich wegen $\vartheta^n = 1$ auf 1; die rechte Seite wegen $\vartheta^\sigma = 1$ auf ϑ^ε; mithin hätte man:

$$\vartheta^\varepsilon = 1.$$

Ist $n = \varepsilon n'$ und $n' = n''\nu$, wo ν eine Primzahl ist, so hat man wegen $\vartheta^\varepsilon = 1$ auch:

$$\vartheta^{\varepsilon n''} = 1 \text{ oder } \vartheta^{\frac{n}{\nu}} = 1.$$

Diese Gleichung ist aber unmöglich, weil unser Satz voraussetzt, dafs die Gröfse $\vartheta^{\frac{n}{\nu}} - 1$ nicht durch a teilbar sein darf. Mithin enthält die Formel $x = \vartheta^m$ alle Lösungen der gegebenen Gleichung in sich.

Ist viertens ν einer der Primteiler von n, so giebt es auch nur $\frac{n}{\nu}$ Werte von ϑ, für welche $\vartheta^{\frac{n}{\nu}} = 1$ ist, ebenso wie es nur n der Gleichung $x^n - 1 = \mathfrak{M}(a)$ genügende Werte von x giebt. Unter den n Werten, welche ϑ in der Gleichung $\vartheta^n = 1$ besitzen mufs, giebt es daher $n - \frac{n}{\nu}$, für welche $\vartheta^{\frac{n}{\nu}}$ nicht gleich 1 ist. Macht man denselben Schlufs hinsichtlich der anderen Primfaktoren, aus denen n bestehen kann, so folgt, dafs es $n\left(1 - \frac{1}{\nu}\right)\left(1 - \frac{1}{\nu'}\right)\left(1 - \frac{1}{\nu''}\right)\ldots$ Werte*) von ϑ von der Beschaffenheit giebt, dafs keine der Gröfsen $\vartheta^{\frac{n}{\nu}} - 1$, $\vartheta^{\frac{n}{\nu'}} - 1$, $\vartheta^{\frac{n}{\nu''}} - 1, \ldots$ durch a teilbar ist.

342.

Wenn demnach n eine **Primzahl** ist, so braucht man nur einen von 1 verschiedenen Wert von x zu haben; wird dieser Wert ϑ genannt, so enthält die Formel $x = \vartheta^m$ **alle Werte** von x.

Ist n eine **Potenz** einer Primzahl ν, so darf, wenn der der Gleichung $x^n = 1$ genügende Wert $x = \vartheta$ die vollständige Lösung dieser Gleichung liefern soll, $\vartheta^{\frac{n}{\nu}}$ nicht gleich $+ 1$ sein. Alsdann ist $x = \vartheta^m$.

Ist endlich, wie man stets annehmen kann, n von der Form $\nu^\alpha \nu'^\beta \nu''^\gamma \ldots$, so setze man:

$$\nu^\alpha = \mu, \quad \nu'^\beta = \mu', \quad \nu''^\gamma = \mu'', \ldots$$

und löse jede der Gleichungen

---

*) Die Anzahl der Werte von ϑ ist dieselbe, wie diejenige der Zahlen, welche kleiner als n und prim zu n sind. (Einleitung, Artikel XV.)

Anm. d. Verf.

$$x^{\mu} - 1 = \mathfrak{M}(a), \quad x^{\mu'} - 1 = \mathfrak{M}(a), \quad x^{\mu''} - 1 = \mathfrak{M}(a), \ldots$$

für sich auf. Sind $x = \lambda^m$, $x = \lambda'^m$, $x = \lambda''^m, \ldots$ die vollständigen Lösungen dieser Gleichungen, so behaupte ich, daſs, wenn man $\vartheta = \lambda\lambda'\lambda''\ldots$ setzt, die Formel $x = \vartheta^m$ die vollständige Lösung der gegebenen Gleichung ist. Von diesem Hülfsmittel kann man Gebrauch machen, falls man nicht sofort mittelst der Formel $x = u^{a'}$ auf die Zahl ϑ gekommen ist, welche alle Lösungen giebt.

343.

Erstes Beispiel.

Es sollen die sieben Werte gefunden werden, welche x in der Gleichung $x^7 - 1 = \mathfrak{M}(379)$ haben kann.

Da $379 - 1 = 7 \cdot 54$ ist, so hat man $x = u^{54}$, wo u eine beliebige durch 379 nicht teilbare Zahl ist. Ist $u = 2$, so erhält man, indem man der Reihe nach die Vielfachen von 379 wegläſst:

$$u^6 = 64, \quad u^{12} = -73, \quad u^{24} = 23, \quad u^{48} = 150, \quad u^{54} = 125.$$

Mithin ist $x = 125$, und da der Exponent 7 eine Primzahl ist, so sind alle Werte von x in der Formel $x = 125^m$ enthalten, und diese liefert die sieben Zahlen:

$$1, \quad 125, \quad 86, \quad 138, \quad -184, \quad 119, \quad 94.$$

Da der kleinste Wert von x gleich 86 ist, so sieht man, daſs es überaus langwierig gewesen wäre, wenn man die Werte von x durch Probieren hätte suchen wollen, indem man nach und nach $x = \pm 1, \pm 2, \pm 3, \ldots$ setzte.

344.

Zweites Beispiel.

Ist die gegebene Gleichung $x^{63} - 1 = \mathfrak{M}(379)$, so kann man nach No. 342 die Gleichungen $x^9 - 1 = \mathfrak{M}(379)$ und $x^7 - 1 = \mathfrak{M}(379)$ auflösen. Da diese $x = 180^m$ und $x = 125^m$ als vollständige Lösungen besitzen, so erhält man daraus als die vollständige Lösung der gegebenen Gleichung: $x = (180 \cdot 125)^m = 139^m$. Nun läſst aber das Quadrat von 139 bei der Division durch 379 den Rest -8; folglich hat man einfacher $x = (-8)^m$.

Dieselbe Gleichung hätte unmittelbar nach dem ersten Teile des Satzes 2 ergeben: $x = u^6$. Ist $u = 2$, so hat man $x = 64$, und da 3 und 7 die Primteiler von $n = 63$ sind, so muſs man nachsehen, ob nicht etwa 64^{21} und 64^9 den Rest $+1$ geben. Nun findet man aber, dafs diese Potenzen nicht den Rest $+1$ lassen; mithin wäre 64^m ebenfalls die vollständige Lösung derselben Gleichung gewesen.

345.

Satz 3. Ist die Gleichung $x^{2n}+1=\mathfrak{M}(a)$ gegeben, in welcher a eine Primzahl und $4n$ ein Teiler von $a-1$ ist, so löse man zunächst die Gleichung $x^{4n}-1=\mathfrak{M}(a)$, welche stets möglich ist, auf. Ist $x=\vartheta^m$ die vollständige Lösung dieser, so behaupte ich, dafs die vollständige Lösung der gegebenen $x=\vartheta^{2i+1}$ ist, wo i eine beliebige Zahl bedeutet.

Denn da ϑ^m ein beliebiger Wert von x in der Gleichung $x^{4n}-1=\mathfrak{M}(a)$ ist, so ist auch ϑ^{2m} ein beliebiger Wert von x in der Gleichung $x^{2n}-1=\mathfrak{M}(a)$. Es bleiben daher die ungeraden Potenzen von ϑ als Auflösung der Gleichung $x^{2n}+1=\mathfrak{M}(a)$ übrig.

346.

Beispiel.

Es sei die Gleichung $x^{36}+1=\mathfrak{M}(433)$ gegeben, welche auflösbar ist, weil $433-1$ durch 36 geteilt die gerade Zahl 12 als Quotienten ergiebt.

Um diese Gleichung aufzulösen, bedienen wir uns der Gleichung:

$$x^{72}-1=\mathfrak{M}(433).$$

Dieselbe ergiebt $x=u^6$. Ist $u=5$, so erhält man u^6 oder x gleich 37. Wird dieser Wert ϑ genannt, so hat man $\vartheta^{36}=-1$, $\vartheta^{24}=198$. Mithin ist ϑ^m dem zweiten und dritten Teile des Satzes 2 zufolge die vollständige Lösung der Gleichung $x^{72}-1=\mathfrak{M}(433)$, und somit ϑ^{2i+1} diejenige der gegebenen Gleichung $x^{36}+1=\mathfrak{M}(433)$. Die sechsunddreifsig Lösungen, welche sich daraus ergeben, sind folgende:

$$\begin{aligned} x=37^{2i+1}= &\pm 37, \pm 8, \pm 127, \pm 203, \pm 79, \pm 99,\\ &\pm 2, \pm 140, \pm 159, \pm 128, \pm 133, \pm 216,\\ &\pm 35, \pm 148, \pm 32, \pm 75, \pm 54, \pm 117.\end{aligned}$$

Dieselben Werte würden einfacher in der Formel $x=2^{2i+1}$ enthalten sein.

347.

Satz 4. Es sei die Gleichung $x^n-b=\mathfrak{M}(a)$ gegeben, in welcher $b^m=\pm 1$ und m ein Teiler von $\frac{a-1}{n}$ ist.

Sind dann 1) m und n **prim zu einander** und sucht man

die positiven Zahlen π und φ von der Beschaffenheit, dafs $\pi n - \varphi m = 1$ ist, so erhält man $x = b^\pi y$, wo y irgend eine Wurzel der Gleichung $y^n - (\pm 1)^\varphi = \mathfrak{M}(a)$ bedeutet.

2) Haben m und n einen **gemeinschaftlichen Teiler** ω und ist $n = n'\omega$ und $\pi n' - \varphi m = 1$, so erhält man $x^\omega = b^\pi y$ oder $x^\omega - b^\pi y = \mathfrak{M}(a)$, wo y irgend eine Wurzel der Gleichung $y^{n'} - (\pm 1)^\varphi = \mathfrak{M}(a)$ bedeutet.

Setzt man nämlich in dem zweiten Falle $x^\omega = b^\pi y$, so hat man:

$$x^{n'\omega} \text{ oder } x^n = b^{\pi n'} y^{n'} = b^{1+\varphi m}(\pm 1)^\varphi = b.$$

Der erste Fall ist im Übrigen eine Folge des zweiten.

Dieser Satz bietet bereits eine grofse Anzahl von Fällen, in denen man unmittelbar die Gleichung $x^n - b = \mathfrak{M}(a)$ auf die Form $x^n \pm 1 = \mathfrak{M}(a)$ zurückführen kann. Er zeigt zu gleicher Zeit unendlich viele andere Fälle an, in denen die Gleichung $x^n - b = \mathfrak{M}(a)$ von selbst in n' Gleichungen von niedrigerem Grade $x^\omega - b^\pi y = \mathfrak{M}(a)$ zerfällt.

348.

Erstes Beispiel.

Die gegebene Gleichung sei $x^3 + 49 = \mathfrak{M}(223)$. Dieselbe ist lösbar (nach Satz 1), weil $(-49)^{74} = 1$ ist. Da die Zahlen 3 und 74 prim zu einander sind, so erhält man nach dem vorhergehenden Satze:

$$x = (-49)^{25} y = -66y,$$

wo y eine Wurzel der Gleichung $y^3 - 1 = \mathfrak{M}(223)$ ist.

Man beachte, dafs, wenn die Gleichung $x^3 + 7 = \mathfrak{M}(223)$ gegeben wäre, eine ihrer Wurzeln, wie leicht zu sehen, $x = 6$ sein würde. Hieraus folgt aber für die Gleichung $x^3 + 49 = \mathfrak{M}(223)$ der Wert $x = -36$. In der That sind die drei Wurzeln dieser letzteren $x = -36$, -66, 102.

Ist allgemein α eine Lösung der Gleichung $x^n - b = \mathfrak{M}(a)$, so ist α^k eine Lösung der Gleichung $x^n - b^k = \mathfrak{M}(a)$.

349.

Zweites Beispiel.

Ist die Gleichung $x^6 + 20 = \mathfrak{M}(61)$, in welcher $b = -20$ ist, gegeben, so mufs zunächst, wenn diese Gleichung möglich sein soll (No. 339), mit Weglassung der Vielfachen von 61, $b^{10} = 1$ sein. Nun findet man aber $b^5 = -1$ und somit $b^{10} = 1$; mithin ist die Gleichung möglich. Da ferner die Exponenten 6 und 5 prim zu einander sind, so erhält man unserm Satze zufolge $x = -20y$ und $y^6 + 1 = \mathfrak{M}(61)$. Die Gleichung $y^{12} - 1 = \mathfrak{M}(61)$ besitzt aber als vollständige Lösung $y = 29^k$; mithin:

$$x = -20 \cdot 29^{2i+1} = 30 \cdot 13^i.$$

Die sich hieraus ergebenden Zahlen sind ± 7, ± 24, ± 30.

350.

Drittes Beispiel.

Ist die Gleichung $x^{10} - 5 = \mathfrak{M}(601)$ gegeben, so findet man $b^6 = -1$. Da jedoch 10 und 6 den gemeinschaftlicher Teiler 2 besitzen, so setze man, dem zweiten Teile des Satzes zufolge, $x^2 = b^5 y$ und $y^5 - 1 = \mathfrak{M}(601)$. Diese Gleichung giebt $y = (-169)^k$. Mithin läfst sich die gegebene Gleichung in fünf andere vom zweiten Grade zerlegen, und zwar sind diese:

$$x^2 - 120 = \mathfrak{M}(601),\quad x^2 - 154 = \mathfrak{M}(601),\quad x^2 + 183 = \mathfrak{M}(601),$$
$$x^2 - 276 = \mathfrak{M}(601),\quad x^2 - 234 = \mathfrak{M}(601).$$

Jedoch ist diese Zerlegung von geringem Vorteil, da man nur einen Wert von x zu haben braucht, den man sodann mit den Wurzeln der Gleichung $y^{10} - 1 = \mathfrak{M}(601)$ zu multiplicieren hat. Man kann also nur eine dieser Gleichungen nehmen, und zwar ergiebt sich aus der dritten, welche mit der Gleichung $x^2 + 28^2 = \mathfrak{M}(601)$ übereinstimmt, am leichtesten ein Wert von x (No. 187).

351.

Satz 5. Es sei die Gleichung $x^n - b = \mathfrak{M}(a)$, in welcher $b^\omega = 1$ und ω ein Teiler von $\frac{a-1}{n}$ ist, aufzulösen. Ist alsdann $x = \vartheta^m$ die vollständige Lösung der Gleichung

$$x^{n\omega} - 1 = \mathfrak{M}(a),$$

und setzt man, da b eine der Zahlen ϑ^n, ϑ^{2n}, $\vartheta^{3n}, \ldots \vartheta^{(\omega-1)n}$ sein mufs, $b = \vartheta^{\mu n}$, so wird die vollständige Lösung der gegebenen Gleichung $y = \vartheta^{m\omega+\mu}$ sein.

Dieser Wert von x giebt nämlich, welches auch der Wert von m sein möge, $x^n = b$. Man hat daher nur zu zeigen, dafs sich b stets unter den Zahlen ϑ^n, $\vartheta^{2n}, \ldots$ vorfindet. Da nun ϑ^m die vollständige Lösung der Gleichung $x^{n\omega} - 1 = \mathfrak{M}(a)$ ist, so ist ϑ^{mn} diejenige der Gleichung $x^\omega - 1 = \mathfrak{M}(a)$, und da $b^\omega = 1$, so ist offenbar b eine der durch ϑ^{mn} dargestellten Zahlen.

Dieses Verfahren, die Gleichung $x^n - b = \mathfrak{M}(a)$ aufzulösen, ist keiner Ausnahme unterworfen. Indessen kann es mehr oder weniger langwierig sein, den Wert b in der Reihe ϑ^n, $\vartheta^{2n}, \ldots$ aufzusuchen, und nur wenn die Zahl ω nicht sehr grofs ist, ist dasselbe vollständig durchführbar. Wenn die Gleichung $b^\omega = 1$ sich aus der Gleichung $b^{\frac{1}{2}\omega} = -1$ ergäbe, so hätte man b nur in der Reihe ϑ, ϑ^{3n}, $\vartheta^{5n}, \ldots$ aufzusuchen.

352.

Beispiel.

Ist die Gleichung $x^{10} - 5 = \mathfrak{M}(601)$ gegeben, die wir bereits in No. 350 behandelt haben, und die nur in Faktoren zweiten Grades zerlegt werden konnte, so erhält man, wenn die Vielfachen von 601 weggelassen werden, $b = 5$, $b^6 = -1$, $b^{12} = 1$, und somit $\omega = 12$. Nun ist die vollständige, mit Hülfe des Satzes 2 gefundene Lösung der Gleichung $x^{120} - 1 = \mathfrak{M}(601)$ die folgende: $x = (-140)^m$, und somit besitzt die Gleichung $x^{12} - 1 = \mathfrak{M}(601)$ die Lösung $x = (-140)^{10\mu}$ oder 120^μ. Folglich mufs b in der Formel 120^μ enthalten sein, wenn man für μ eine ungerade Zahl annimmt. Es ergiebt sich aber, dafs man dazu $\mu = 5$ setzen mufs. Mithin ist die vollständige Lösung der gegebenen Gleichung $x = (-140)^{5+12m}$ oder $x = 214 \cdot (169)^m$. Die sich hieraus ergebenden Werte sind ± 214, ± 106, ± 116, ± 229, ± 237.

353.

Hat man eine Zahl ϑ von der Beschaffenheit gefunden, dafs $\vartheta^n - b$ durch die Primzahl a teilbar ist, so ist es leicht einen Wert von x zu finden, so dafs $x^n - b$ durch eine beliebige Potenz a^α dieser Primzahl teilbar wird.

Es sei nämlich $\vartheta^n - b = Ma$. Setzt man dann erstens

$$x = \vartheta + Aa,$$

und bestimmt man A und M' durch die Gleichung

$$M + n\vartheta^{n-1}A = aM',$$

so ist offenbar $x^n - b$ teilbar durch a^2.

Setzt man zweitens

$$\vartheta' = \vartheta + Aa, \quad x = \vartheta' + A'a^2,$$

und bestimmt man A' und M'' durch die Gleichung

$$M' + n\vartheta'^{n-1}A' = a^2M'',$$

so ist die Gröfse $x^n - b$ teilbar durch a^4.

Setzt man drittens

$$\vartheta'' = \vartheta' + A'a^2, \quad x = \vartheta'' + A''a^4,$$

und bestimmt man A'' und M''' durch die Gleichung

$$M'' + n\vartheta''^{n-1}A'' = a^4 M''',$$

so ist das Binom $x^n - b$ teilbar durch a^8.

In dieser Weise fährt man fort, bis $x^n - b$ teilbar ist durch a^α; und wenn α kein Glied der Reihe 2, 4, 8, 16,... wäre, so sieht man leicht, welche Änderung man bei der letzten der unbestimmten Gleichungen vorzunehmen hätte. Ist z. B. $\alpha = 7$, so nehme man statt der dritten Gleichung $M'' + n\vartheta''^{n-1}A'' = a^4 M'''$ die folgende:

$$M'' + n\vartheta''^{n-2}A'' = a^3 M'';$$

alsdann wird $x^n - b$ für den Wert $x = \vartheta'' + A''a^4$ durch a^7 teilbar sein.

Anmerkung. Ist der Exponent n teilbar durch a, so kann es vorkommen, dafs irgend eine der Gleichungen, welche zur Bestimmung von A, A', A'',.. dienen, unmöglich wird. Dies wäre alsdann ein Beweis dafür, dafs $x^n - b$ nicht durch a^α teilbar sein kann.

354.

Soll jetzt $x^n - B$ durch irgend eine **zusammengesetzte** Zahl $A = a^\alpha b^\beta c^\gamma \ldots$, in welcher a^α, b^β, c^γ,... die auf irgend welche Potenzen erhobenen Primfaktoren sind, teilbar sein, so mufs man nach dem Vorhergehenden die Zahlen λ, μ, ν,... so bestimmen, dafs die Gröfsen

$$\frac{\lambda^n - B}{a^\alpha}, \quad \frac{\mu^n - B}{b^\beta}, \quad \frac{\nu^n - B}{c^\gamma}, \ldots$$

ganze Zahlen werden, und sodann die Gleichungen

$$x = \lambda + a^\alpha z = \mu + b^\beta z' = \nu + c^\gamma z'' = \ldots$$

mit einander kombinieren. Auf diese Weise erhält man alle Werte von x, welche kleiner als $\frac{1}{2} A$ sind, und für welche $x^n - B$ durch A teilbar wird, oder alle Werte, welche allgemein der Gleichung $x^n - B = Ay$ genügen.

Wäre die Gleichung $Cx^n - B = Ay$ aufzulösen, so kann man annehmen, dafs C und A keinen gemeinschaftlichen Teiler haben (denn hätten sie einen solchen, so könnte man ihn durch Division wegschaffen). Ist daher $C\mu - A\nu = 1$, und setzt man $y' = \mu y - \nu x^n$, so geht die aufzulösende Gleichung über in $x^n - B\mu = Ay'$. Dieselbe ist somit auf den bereits behandelten Fall zurückgeführt.

§ 3.

Auflösung der Gleichung $x^2 + a = 2^m y$.

355.

Wir haben bereits in No. 191 gesehen, dafs, wenn man die einfachsten Fälle, in denen m nicht gröfser als 2 ist, ausscheidet, diese Gleichung für jeden Wert von m auflösbar ist, falls a die Form $-1 + 8\alpha$ besitzt. Ein **Verfahren**, zur allgemeinen Auflösung dieser Gleichung zu gelangen, besteht in Folgendem.

Wir betrachten zunächst die bekannte Reihe:

$$(1+z)^{\frac{1}{2}} = 1 + \frac{1}{2} z - \frac{1 \cdot 1}{2 \cdot 4} z^2 + \frac{1 \cdot 1 \cdot 3}{2 \cdot 4 \cdot 6} z^3 - \frac{1 \cdot 1 \cdot 3 \cdot 5}{2 \cdot 4 \cdot 6 \cdot 8} z^4 + \ldots$$

und bemerken, dafs die Koefficienten derselben, wenn sie auf ihren einfachsten Ausdruck gebracht werden, die folgenden sind:

$$1, \frac{1}{2}, \frac{1}{2^3}, \frac{1}{2^4}, \frac{5}{2^7}, \frac{7}{2^8}, \frac{21}{2^{10}}, \frac{33}{2^{11}}, \ldots,$$

so dafs also ihre Nenner nichts anderes sind als Potenzen von 2, deren Exponenten nach einem bestimmten Gesetze zunehmen. Um diese Eigenschaft zu begründen, kann man setzen:

$$(1+z)^{\frac{1}{2}} = 1 + Az + Bz^2 + Cz^3 + \cdots$$

Erhebt man sodann beide Seiten ins Quadrat, so erhält man zur Bestimmung der Koefficienten A, B, C,... die Gleichungen:

$$\begin{aligned} 2A &= 1 \\ 2B &= -A^2 \\ 2C &= -2AB \\ 2D &= -2AC - B^2 \end{aligned}$$

u. s. w.

Hieraus erkennt man, dafs sich jeder Koefficient mit Hülfe der vorhergehenden bestimmt, ohne dafs ein anderer Nenner als 2 aufträte. Es mufs demnach jeder Koefficient von der Form $\frac{M}{2^i}$ sein, wo M eine ganze Zahl ist.

356.

Um jedoch das Gesetz dieser Koefficienten noch besser hervortreten zu lassen, und um zugleich den Exponenten der Potenz von 2, welche den Nenner derselben bildet, zu bestimmen, nehmen wir den allgemeinen Ausdruck des Koefficienten von z^n, welcher ist:

$$N = \frac{1 \cdot 1 \cdot 3 \cdot 5 \cdots (2n-3)}{2 \cdot 4 \cdot 6 \cdot 8 \cdots \quad 2n}.$$

Da alle Glieder des Nenners dieser Gröfse gerade sind, so erhält man wenn man beiderseits mit 2^n multipliciert:

$$2^n N = \frac{1 \cdot 1 \cdot 3 \cdot 5 \cdots (2n-3)}{1 \cdot 2 \cdot 3 \cdot 4 \cdots \quad n}.$$

Multipliciert man noch beide Seiten mit $2 \cdot 4 \cdot 6 \cdots (2n-4)$, so ist das Produkt:

$$2^n N (2 \cdot 4 \cdot 6 \cdots [2n-4]) = \frac{1 \cdot 2 \cdot 3 \cdots \cdot (2n-3)}{1 \cdot 2 \cdot 3 \cdots \cdot \quad n}.$$

Offenbar reduciert sich die rechte Seite auf $(n+1)(n+2)\cdots(2n-3)$ die linke auf $2^{2n-2} N (1 \cdot 2 \cdot 3 \cdots [n-2])$; mithin hat man:

$$2^{2n-2} N = \frac{(n+1)(n+2) \cdots \cdot (2n-3)}{1 \cdot 2 \cdot 3 \cdots \cdot (n-2)}.$$

Multipliciert man beide Seiten nach einander mit n und $2n-2$ so wird:

$$2^{2n-2} n N = \frac{n(n+1)(n+2) \cdots (2n-3)}{1 \cdot 2 \,.\, 3 \cdots \cdot (n-2)}$$

$$2^{2n-2} (2n-2) N = \frac{(n+1)(n+2) \cdots (2n-2)}{1 \cdot 2 \cdot 3 \cdots (n-2)}.$$

Diese beiden Gröfsen müssen aber ganze Zahlen sein, da bekanntlich der Biomialformel zufolge allgemein die Gröfse

$$\frac{c \cdot (c+1) \cdot (c+2) \cdots (c+m-1)}{1 \cdot 2 \cdot 3 \cdots \cdots \quad m}$$

eine ganze Zahl ist. Setzt man also:

$$2^{2n-2} n N = E, \qquad 2^{2n-2}(2n-2) N = E',$$

so erhält man:

$$N = \frac{2E - E'}{2^{2n-1}}.$$

Hieraus ersieht man, dafs der Koefficient N des Gliedes Nz^n zum Nenner nur die Potenz 2^{2n-1} oder, falls n eine ungerade Zahl ist, eine niedrigere Potenz von 2 haben kann.

Um diesen Nenner in allen Fällen zu bestimmen, mufs man zu der ersten Formel

$$N = \frac{1 \cdot 1 \cdot 3 \cdot 5 \cdots \cdot (2n-3)}{2 \cdot 4 \cdot 6 \cdot 8 \cdots \cdot \quad 2n}$$

zurückkehren. Man sieht, dafs in dem reducierten Werte von N der Nenner nichts anderes ist, als die gröfste Potenz von 2, welche in dem Produkte $2 \cdot 4 \cdot 6 \cdots 2n$ oder, was auf dasselbe hinauskommt, in dem Produkte $1 \cdot 2 \cdot 3 \cdots 2n$ aufgeht. Wir haben aber früher

(Einleitung No. XVIII) den allgemeinen Ausdruck dieser Potenz angegeben; derselbe ist $2^{2n-\nu}$, wenn ν die Anzahl der Glieder $2^\alpha + 2^\beta + 2^\gamma + \cdots$ bedeutet, deren Summe gleich der Zahl $2n$ ist.

357.

Um zur Auflösung der Gleichung $x^2 + a = 2^m y$, in welcher $a = -1 \pm 8\alpha$ ist, zurückzukehren, entwickeln wir $\sqrt{1 \pm 8\alpha}$ in derselben Weise wie $\sqrt{1+z}$ in eine Reihe. Dies giebt:

$$\sqrt{1 \pm 8\alpha} = 1 \pm \frac{1}{2} 2^3\alpha - \frac{1 \cdot 1}{2 \cdot 4} 2^6\alpha^2 \pm \frac{1 \cdot 1 \cdot 3}{2 \cdot 4 \cdot 6} 2^9\alpha^3 - \frac{1 \cdot 1 \cdot 3 \cdot 5}{2 \cdot 4 \cdot 6 \cdot 8} 2^{12}\alpha^4 \pm \cdots$$

Ein beliebiges Glied dieser Reihe läfst sich darstellen durch $N \cdot 2^{3n}\alpha^n$. Da nun N ein Bruch ist, welcher zum Nenner höchstens die $2n - 1^{\text{te}}$ Potenz von 2 besitzt, so verwandeln sich offenbar sämtliche Glieder dieser Reihe in ganze Zahlen, welche durch höhere und höhere Potenzen von 2 teilbar sind.

Wir denken uns jetzt diese Reihe nur soweit fortgesetzt, als ihre Glieder nicht durch 2^{m-1} teilbar sind, und setzen unter dieser Annahme:

$$\vartheta = 1 \pm \frac{1}{2} 2^3\alpha - \frac{1 \cdot 1}{2 \cdot 4} 2^6\alpha^2 \pm \frac{1 \cdot 1 \cdot 3}{2 \cdot 4 \cdot 6} 2^9\alpha^3 - \frac{1 \cdot 1 \cdot 3 \cdot 5}{2 \cdot 4 \cdot 6 \cdot 8} 2^{12}\alpha^4 \pm \cdots$$

Der Ausdruck $\vartheta^2 + a$ oder $\vartheta^2 - (1 \pm 8\alpha)$ kann alsdann nur aus Gliedern bestehen, welche durch 2^m teilbar sind. Setzt man also $x = \vartheta$, so genügt man der Gleichung $x^2 + a = 2^m y$. Demnach ist die allgemeine Lösung dieser Gleichung:

$$x = 2^{m-1}x' \pm \vartheta.$$

Um z. B. die Gleichung $x^2 + 15 = 2^{10}y$ aufzulösen, setze man $\pm \alpha = 2$ d. h. man setze, wenn oben das untere Zeichen genommen wird, $\alpha = 2$ und behalte von der Reihe nur die Glieder bei, welche nicht durch 2^9 teilbar sind. Dadurch erhält man:

$$\vartheta = 1 - \frac{1}{2} \cdot 2^4 - \frac{1}{2^3} \cdot 2^8 - \frac{3}{2^4} \cdot 2^{12} = 1 - 2^3 - 2^5 - 3 \cdot 2^8.$$

Mit Weglassung der Vielfachen von 2^9 reduciert sich das Glied $-3 \cdot 2^8$ auf -2^8 oder $2^9 - 2^8 = 2^8$. Demnach hat man:

$$\vartheta = 1 - 8 - 32 + 256 = 217,$$

und allgemein:

$$x = 512x' \pm 217.$$

§ 4.

Methode zur Aufsuchung des quadratischen Teilers, welcher das Produkt von mehreren gegebenen quadratischen Teilern enthält.

358.

Aufgabe 1. Wenn zwei quadratische Teiler Δ, Δ' einer und derselben Formel t^2+au^2 gegeben sind, so soll man den quadratischen Teiler suchen, welcher ihr Produkt $\Delta\Delta'$ in sich enthält.

Wir unterscheiden zwei Fälle, je nachdem die gegebenen Teiler die gewöhnliche Form $py^2+2qyz+rz^2$ oder die Form $py^2+qyz+rz^2$, in welcher die Koefficienten ungerade Zahlen sind, besitzen.

Erster Fall. Ist

$$\Delta = py^2+2qyz+rz^2, \quad \Delta' = p'y'^2+2q'y'z'+r'z'^2,$$

so nehmen wir an, dafs die Koefficienten p und p' prim zu einander seien, oder dafs sie wenigstens durch eine passende Vorbereitung zu relativen Primzahlen gemacht worden seien. Setzt man sodann:

$$py+qz=x, \quad p'y'+q'z'=x',$$

so erhält man:

$$p\Delta = x^2+az^2, \quad p'\Delta' = x'^2+az'^2,$$

mithin:

$$pp'\Delta\Delta' = (xx' \pm azz')^2 + a(xz' \mp x'z)^2.$$

Da aber das Produkt $\Delta\Delta'$ in einem quadratischen Teiler der Formel t^2+au^2 enthalten sein soll, und da ferner dieses Produkt, allgemein betrachtet, das besondere Produkt pp' in sich schliefsen mufs, so kann man

$$\Delta\Delta' = pp'Y^2+2\varphi YZ+\psi Z^2$$
$$pp'\psi-\varphi^2 = a$$

setzen, wodurch man erhält:

$$pp'\Delta\Delta' = (pp'Y+\varphi Z)^2+aZ^2.$$

Vergleicht man diesen Wert mit dem vorhergehenden, so ergiebt sich:

$$pp'Y+\varphi Z = xx' \pm azz'$$
$$Z = xz' \mp x'z.$$

Setzt man für a seinen Wert $pp'\psi-\varphi^2$, so geht die erste dieser beiden Gleichungen über in:

$$pp'Y = (x \pm \varphi z)(x'-\varphi z') \pm pp'\psi zz',$$

und substituiert man wieder für x, x' ihre Werte $py+qz$ und

$p'y' + q'z'$, so erhält man, nachdem man durch pp' dividiert hat:

$$Y = (y + \frac{q \pm \varphi}{p} z)(y' + \frac{q' - \varphi}{p'} z) \pm \psi z z'.$$

Dieser Ausdruck mufs eine ganze Zahl sein unabhängig von den Werten von z und z'; demnach müssen $\frac{q \pm \varphi}{p}$ und $\frac{q' - \varphi}{p'}$ ganze Zahlen sein. Ist daher:

$$\varphi = pn \mp q = p'n' + q', \qquad (a)$$

so kann man stets, weil p und p' prim zu einander sind, n und n' mittelst der Gleichung

$$pn \mp q = p'n' + q'$$

bestimmen. Man erhält auf diese Weise den Wert von φ, und dieser ergiebt eine ganze Zahl für

$$\psi = \frac{\varphi^2 + a}{pp'}.$$

Denn da man $\varphi = pn \mp q$ und $q^2 + a = pr$ hat, so ist $\varphi^2 + a$ teilbar durch p, und da ebenso $\varphi = p'n' + q'$ und $q'^2 + a = p'r'$ ist, so ist auch $\varphi^2 + a$ teilbar durch p'. Es mufs demnach, weil p und p' prim zu einander sind, $\varphi^2 + a$ durch $p'p$ teilbar sein.

Sind die Zahlen n, n', φ, ψ auf die eben angegebene Weise bestimmt, und setzt man:

$$Y = (y \pm nz)(y' - n'z') \pm \psi z z'$$
$$Z = xz' \mp x'z = (py + qz)z' \mp (p'y' + q'z')z,$$

so erhält man das gesuchte Produkt:

$$\Delta\Delta' = pp'Y^2 + 2\varphi YZ + \psi Z^2.$$

Es ist daher dieses Produkt in einem neuen quadratischen Teiler derselben Formel $t^2 + au^2$ enthalten.

359.

Es ist zu bemerken, dafs die betrachtete Aufgabe wegen des doppelten Vorzeichens $\pm$ in der Gleichung (a) im Allgemeinen **zwei Lösungen** besitzt. Sie kann aber deren nicht mehr wie zwei haben. Man kann nämlich die Zahlen p und p' als relative Primzahlen voraussetzen; wie beschaffen ferner der quadratische Teiler, welcher $\Delta\Delta'$ enthält, auch sein möge, er ist stets von der Form $pp'y^2 + 2\varphi yz + \psi z^2$, wobei $\varphi^2 + a = pp'\psi$ ist. Da aber die Zahlen p und p' prim zu einander sind, so giebt es nur zwei Werte von φ, welche kleiner als $\frac{1}{2}pp'$ sind, und für welche $\varphi^2 + a$ durch

pp' teilbar ist. Mithin giebt es nur höchstens zwei verschiedene quadratische Teiler, welche das Produkt $\Delta\Delta'$ enthalten. Ich sage höchstens, weil in einigen besonderen Fällen die beiden quadratischen Teiler, wenn sie auf den einfachsten Ausdruck gebracht werden, in einen einzigen, der dann $\Delta\Delta'$ in zwei verschiedenen Verbindungen enthalten würde, zusammenfallen können. Dies mufs, wie wir dies an einem Beispiel sehen werden, der Fall sein, wenn die Formel $t^2 + au^2$ nur einen einzigen quadratischen Teiler enthält, welcher den linearen, pp' enthaltenden Formen entspricht.

360.

Zweiter Fall. Ist die Zahl a von der Form $8n + 3$, und somit der als ungerade vorausgesetzte quadratische Teiler Δ von der Form $py^2 + qyz + rz^2$, in welcher die Koefficienten, p, q, r ungerade Zahlen sind und $4pr - q^2 = a$ ist, so kann man die vorhergehende Entwicklung ebenfalls benutzen, um das Produkt $\Delta\Delta'$ zu erhalten. Denn da

$$2\Delta = 2py^2 + 2qyz + 2rz^2, \quad 2\Delta' = 2p'y'^2 + 2q'y'z' + 2r'z'^2$$

ist, so hat man in den gefundenen Formeln nur $2p$ und $2r$ an die Stelle von p und r zu setzen. Man erhält daher zur Bestimmung von n und n' die Gleichung:

$$pn - p'n' = \frac{1}{2}(q' \pm q), \qquad (b)$$

aus welcher man die Werte von φ und ψ herleitet, nämlich:

$$\varphi = 2pn \mp q, \quad \psi = \frac{\varphi^2 + a}{pp'}.$$

Setzt man sodann:

$$Y = (y \pm nz)(y' - n'z') \pm \psi zz'$$
$$Z = (2py + qz)z' \mp (2p'y' + q'z')z,$$

so erhält man:

$$4\Delta\Delta' = 4pp'Y^2 + 2\varphi YZ + \psi Z^2.$$

Nun sieht man aber, dafs Z stets gerade ist, und dafs man somit $2Z$ an die Stelle von Z setzen kann. Ist also wiederum:

$$Y = (y \pm nz)(y' - n'z') \pm \psi zz'$$
$$Z = pyz' \mp p'y'z + \frac{1}{2}(q \mp q')zz',$$

so wird das gesuchte Produkt:

$$\Delta\Delta' = pp'Y^2 + \varphi YZ + \psi Z^2.$$

361.

Erstes Beispiel.

Es seien die beiden Formeln gegeben:

$$\Delta = 14y^2 + 10yz + 21z^2$$
$$\Delta' = 9y'^2 + 2y'z' + 30z'^2.$$

Dieselben stellen zwei quadratische Teiler der Formel $t^2 + 269u^2$ dar. Um das Produkt $\Delta\Delta'$ durch eine Formel von derselben Beschaffenheit auszudrücken, bemerke ich, dafs man, da die Koefficienten 14 und 9 prim zu einander sind, ohne irgendwelche Vorbereitung die Formeln von No. 358 auf dieses Beispiel anwenden kann. Setzt man also:

$$p = 14, \quad q = 5, \quad p' = 9, \quad q' = 1,$$

so erhält man die Gleichung:

$$14n \mp 5 = 9n' + 1,$$

und diese liefert zwei verschiedene Resultate, je nachdem man das obere oder untere Zeichen nimmt.

1) Wählt man das obere Zeichen, so erhält man:

$$n = 3, \quad n' = 4, \quad \varphi = 37, \quad \psi = 13.$$

Setzt man demnach:

$$Y = yy' + 3zy' - 4yz' + zz'$$
$$Z = 14yz' - 9y'z + 4zz',$$

so wird das gesuchte Produkt:

$$\Delta\Delta' = 126Y^2 + 74YZ + 13Z^2.$$

2) Wählt man das andere Zeichen, so findet man:

$$n = 1, \quad n' = 2, \quad \varphi = 19, \quad \psi = 5.$$

Setzt man demnach:

$$Y = yy' - zy' - 2yz' - 3zz'$$
$$Z = 14yz' + 9zy' + 6zz',$$

so wird dasselbe Produkt auch gleich:

$$\Delta\Delta' = 126Y^2 + 38YZ + 5Z^2.$$

Will man nun diese Produkte auf den einfachsten Ausdruck zurückführen, so mufs man in dem ersten Falle $Z = U - 2Y$, in dem zweiten $Z = U - 4Y$ setzen. Dadurch ergeben sich schliefslich die folgenden beiden Resultate:

$$(1)\quad \begin{cases} U = 2yy' + 6yz' - 3y'z + 6zz' \\ Y = yy' + 3y'z - 4yz' + zz' \\ \Delta\Delta' = 13U^2 + 22UY + 30Y^2 \end{cases}$$

$$(2)\quad \begin{cases} U = 4yy' + 5y'z + 6yz' - 6zz' \\ Y = yy' - y'z - 2yz' - 3zz' \\ \Delta\Delta' = 5U^2 - 2UY + 54Y^2. \end{cases}$$

362.

Zweites Beispiel.

Es seien jetzt die beiden zu der Formel $t^2 + 163u^2$ gehörenden Teiler

$$\Delta = y^2 + yz + 41z^2$$
$$\Delta' = y'^2 + y'z' + 41z'^2$$

gegeben. Um ihr Produkt in ähnlicher Weise auszudrücken, benutzen wir die Formeln in No. 360; dieselben ergeben die folgenden beiden Resultate:

$$(1)\quad \begin{cases} Y = yy' + zy' + 41zz' \\ Z = yz' - y'z \\ \Delta\Delta' = Y^2 + YZ + 41Z^2 \end{cases}$$

$$(2)\quad \begin{cases} Y = yy' - 41zz' \\ Z = yz' + y'z + zz' \\ \Delta\Delta' = Y^2 + YZ + 41Z^2. \end{cases}$$

In beiden Fällen ist das Produkt von derselben Form wie die beiden Faktoren; und in der That kann es nicht von einer andern Form sein, da die Formel $t^2 + 163u^2$ nur einen einzigen quadratischen Teiler haben kann.

363.

Aufgabe 2. Es soll das Produkt zweier gleichen quadratischen Teiler

$$\Delta = py^2 + 2qyz + rz^2$$
$$\Delta' = py'^2 + 2qy'z' + rz'^2$$

gefunden werden.

Mittelst einer Transformation könnte man diese Aufgabe auf die vorhergehende zurückführen; indessen ist es einfacher, sich zur direkten Auflösung des folgenden Verfahrens zu bedienen.

Ist

$$py + qz = x, \quad py' + qz' = x',$$

so erhält man:

$$\Delta\Delta' p^2 = (x^2 + az^2)(x'^2 + az'^2) = (xx' \pm azz')^2 + a(xz' \mp x'z)^2.$$

Wenn man von den doppelten Vorzeichen auf der rechten Seite das obere nimmt und sodann die Werte von x, x' und a einsetzt, so wird:

$$xx' + azz' = p^2yy' + pq(yz' + y'z) + przz',$$

und:

$$xz' - x'z = p(yz' - y'z).$$

Hieraus folgt, nachdem man durch p^2 dividiert hat:

$$\Delta\Delta' = (pyy' + qyz' + qy'z + rzz')^2 + a(yz' - y'z)^2.$$

Dies ist der erste Wert des Produkts $\Delta\Delta'$; derselbe ist von der Form $t^2 + au^2$.

Um einen zweiten Wert dieses Produktes zu erhalten, setzen wir:

$$\Delta\Delta' = p^2Y^2 + 2\varphi YZ + \psi Z^2,$$

und wie gewöhnlich:

$$p^2\psi - \varphi^2 = a.$$

Dann ist:

$$\Delta\Delta' p^2 = (p^2Y + \varphi Z)^2 + aZ^2.$$

Vergleicht man daher diesen Wert mit dem ersten, so erhält man:

$$Z = xz' \mp x'z$$

$$p^2Y + \varphi Z = xx' \pm azz',$$

und setzt man in diese letztere Gleichung den Wert von a, sowie die Werte von x, x' und Z ein, so ergiebt sich:

$$Y = \left(y + \frac{q \pm \varphi}{p} z\right)\left(y' + \frac{q - \varphi}{p} z'\right) \pm \psi zz'.$$

Soll also Y unabhängig von jedem besonderen Werte von z und z' eine ganze Zahl sein, so müssen $\frac{q \pm \varphi}{p}$ und $\frac{q - \varphi}{p}$ ganze Zahlen sein, woraus man erkennt, daſs von den doppelten Vorzeichen nur das untere zu nehmen ist. Setzt man daher $\varphi = q + pn$, so wird:

$$Y = (y - nz)(y' - nz') - \psi zz'$$

$$Z = p(yz' + y'z) + 2qzz'.$$

Es ist jedoch noch n derart zu bestimmen, daſs ψ eine ganze Zahl ist. Nun ist aber:

$$\psi = \frac{a + \varphi^2}{p^2} = \frac{pr - q^2 + (q + pn)^2}{p^2} = \frac{r + 2qn}{p} + n^2.$$

Sucht man also die kleinsten Werte von m und n, welche der Gleichung

$$r = pm - 2qn$$

genügen, so sind alle Bedingungen erfüllt. Man erhält dann:

$$\varphi = q + pn, \quad \psi = m + n^2,$$

und das gesuchte Produkt ist in seiner zweiten Form:

$$\Delta\Delta' = p^2 Y^2 + 2\varphi YZ + \psi Z^2.$$

364.

Die Gleichung $r = pm - 2qn$, in welcher m und n die unbestimmten Gröfsen sind, ist immer auflösbar, sobald p und $2q$ prim zu einander sind; sie ist es ebenfalls, wenn p und $2q$ einen gemeinschaftlichen Teiler ϑ haben und r gleichfalls durch ϑ teilbar ist. Dieser Fall ist jedoch wenig beachtenswert oder vielmehr vollständig auszuscheiden, da alsdann die Formel $py^2 + 2qyz + rz^2$ nur durch ϑ teilbare Zahlen darstellen könnte.

Schliefslich könnte auch der Fall eintreten, dafs p und q einen gemeinsamen Teiler ϑ haben, der nicht zugleich ein Teiler von r ist. Alsdann würde die Gleichung $r = pm - 2qn$ unmöglich sein. Dies findet in den beiden folgenden Fällen statt:

Erstens wenn a durch ϑ, aber nicht durch ϑ^2 teilbar ist; denn alsdann würde zwar p in $t^2 + au^2$ aufgehen, aber p^2 könnte nur dann ein Teiler dieser Formel sein, wenn man annimmt, dafs t und u nicht prim zu einander sind.

Zweitens wenn p und q einen gemeinsamen Teiler ϑ haben und die Zahlen p und a durch ϑ^2 teilbar sind; denn alsdann könnte die Gleichung $pr - q^2 = a$ stattfinden, ohne dafs r durch ϑ teilbar wäre. In diesem Falle könnte man durch eine einfache Transformation des Teilers $py^2 + 2qyz + rz^2$ der Schwierigkeit vorbeugen, oder man könnte vielmehr, da dieser Teiler alsdann die Form $p'\vartheta^2 y^2 + 2q'\vartheta yz + rz^2$ besitzt, während die Formel, in welcher er aufgeht, $t^2 + a'\vartheta^2 u^2$ ist, y an die Stelle von ϑy und u an die Stelle von ϑu setzen. Dadurch würde man $p'y^2 + 2q'yz + rz^2$ als Teiler von $t^2 + a'u^2$ erhalten. Dieser letztere Fall bietet aber keine Schwierigkeiten mehr.

365.

Ist die Zahl a von der Form $8n + 3$, und sind somit

$$\Delta = py^2 + qyz + rz^2$$
$$\Delta' = py'^2 + qy'z' + rz'^2$$

die gegebenen quadratischen Teiler, so findet man auf eine der vorigen ähnliche Weise zwei Formen des Produkts $\Delta\Delta'$. Die erste sich unmittelbar darbietende ist:

$$\Delta\Delta' = Y^2 + YZ + \frac{1}{4}(a+1)Z^2,$$

wobei man hat:

$$Y = pyy' + \frac{1}{2}(q-1)yz' + \frac{1}{2}(q+1)y'z + rzz'$$

$$Z = yz' - y'z.$$

Um die zweite Form zu erhalten, hat man die kleinsten der Gleichung

$$r = pm - qn$$

genügenden Werte von m und n zu suchen. Setzt man sodann die Konstanten

$$\varphi = q + 2pn, \quad \psi = m + n^2,$$

und die Unbestimmten

$$Y = (y - nz)(y' - nz') - \psi zz'$$

$$Z = p(yz' + y'z) + qzz',$$

so erhält man:

$$\Delta\Delta' = p^2Y^2 + \varphi YZ + \psi Z^2.$$

366.

Offenbar begreift die soeben gelöste allgemeine Aufgabe als besonderen Fall diejenige unter sich, bei welcher es sich darum handelt, das Quadrat eines gegebenen quadratischen Teilers zu finden. Alsdann aber kann das Produkt nur eine **einzige** Form haben; denn da in diesem Falle $yz' - y'z = 0$ ist, so besitzt der erste Wert von $\Delta\Delta'$ nicht die Form eines quadratischen Teilers.

Allgemein, da man das Produkt zweier gegebenen, gleichen oder ungleichen, Faktoren durch eine Formel derselben Art, welche ebenfalls ein quadratischer Teiler ist, ausdrücken kann, so folgt daraus, dafs man stets einen quadratischen Teiler finden kann, welcher gleich dem Produkte von mehreren gegebenen quadratischen Teilern ist.

Kommt es einem nur auf die Form der Produkte an, ohne dafs man sich um die Werte der in ihnen enthaltenen unbestimmten Gröfsen kümmerte, so wird die Aufgabe bedeutend einfacher, da man nur mit den Koefficienten zu rechnen hat, und diese nur eine beschränkte Zahl von Verbindungen gestatten.

Bezeichnet man also z. B. mit $A, B, C, D, \ldots$ die verschiedenen quadratischen Teiler, welche einer gegebenen Formel $t^2 + au^2$ zugehören, so suche man nach den angegebenen Prinzipien, welches die Formen der verschiedenen Produkte zu je zweien AA, AB, AC, BB, ... sein müssen. Findet man, dafs das Produkt AB zu gleicher Zeit von der Form C und von der Form D sein kann, so schreibe man:

$$AB = \begin{cases} C \\ D, \end{cases}$$

und ebenso bei den andern. Nun ist ersichtlich, dafs man, wenn die Produkte zu je zweien gefunden sind, daraus leicht die Produkte zu je dreien, zu je vieren u. s. w. ableiten kann. Man findet daher allgemein die verschiedenen Formen des Produkts, welches durch Multiplikation beliebig vieler quadratischer Teiler entsteht.

Bei dieser Bezeichnung empfiehlt es sich, BB von B^2 zu unterscheiden. Der Ausdruck BB bezeichnet das Produkt zweier B gleichen quadratischen Teiler, in denen jedoch die Unbestimmten verschieden sind; der Ausdruck B^2 bezeichnet das Quadrat des Teilers B und setzt somit voraus, dafs die beiden Faktoren B und B sowohl in ihren Koefficienten wie in ihren Unbestimmten übereinstimmen. Dieser Umstand bewirkt eine Beschränkung im Resultat; denn wie wir eben gesehen haben, besitzt B^2 nur eine einzige Form, während BB deren zwei hat. Ein gleicher Unterschied zeigt sich bei den Ausdrücken BBB, B^2B, B^3 und anderen ähnlichen. Wir müssen daher notwendig untersuchen, welcher Form eine beliebige Potenz eines gegebenen quadratischen Teilers entspricht. Dies ist der Gegenstand der nächstfolgenden Aufgabe.

367.

Aufgabe 3. Wenn ein quadratischer Teiler Δ der Formel $t^2 + au^2$ gegeben ist, so soll man den quadratischen Teiler derselben Formel finden, durch welchen sich die Potenz Δ^n ausdrücken läfst.

Erster Fall. Der gegebene Teiler sei:

$$\Delta = py^2 + 2qyz + rz^2,$$

und es werde, um jede Schwierigkeit zu vermeiden, vorausgesetzt, dafs dieser Teiler derart vorbereitet sei, dafs der Koefficient p eine Primzahl ist, welche nicht in a aufgeht.

Zunächst kann man beweisen, dafs es nur einen einzigen quadratischen Teiler giebt, in welchem Δ^n enthalten sein kann. Denn welches auch der Δ^n enthaltende quadratische Teiler sein möge, er mufs p^n enthalten. Nun haben wir aber bereits gezeigt (No. 234), dafs, wenn p eine Primzahl ist, die Potenz p^n nur zu einem einzigen quadratischen Teiler gehören kann. Mithin giebt es auch nur einen einzigen quadratischen Teiler, welcher Δ^n enthält.

Nachdem dies festgestellt ist, erhält man, weil $pr = q^2 + a$ ist, und wenn allgemein

$$(q + \sqrt{-a})^n = F + G\sqrt{-a}$$

$$(q - \sqrt{-a})^n = F - G\sqrt{-a}$$

gesetzt wird:

$$(q^2 + a)^n = p^n r^n = F^2 + aG^2.$$

Ich behaupte nun, dafs G und p prim zu einander sind; denn wäre G durch p teilbar, so müfste der letzteren Gleichung zufolge auch F durch p teilbar sein. Es ist aber:

$$F = q^n - \frac{n(n-1)}{1 \cdot 2} q^{n-2}a + \frac{n(n-1)(n-2)(n-3)}{1 \cdot 2 \cdot 3 \cdot 4} q^{n-4}a^2 - \cdots,$$

und wenn man die Vielfachen von p wegläfst, so erhält man:

$a = -q^2$ und

$$F = q^n\left(1 + \frac{n(n-1)}{1 \cdot 2} + \frac{n(n-1)(n-2)(n-3)}{1 \cdot 2 \cdot 3 \cdot 4} + \cdots\right) = 2^{n-1}q^n.$$

Demnach müfste q und somit auch a durch p teilbar sein, was gegen die Voraussetzung ist.

Da also G und p prim zu einander sind, so kann man setzen:

$$F = \varphi G + p^n H,$$

wobei φ und H unbestimmte Zahlen sind. Setzt man nun diesen Wert in die Gleichung $p^n r^n = F^2 + aG^2$ ein, so folgt daraus, dafs $\varphi^2 + a$ durch p^n teilbar ist und dafs man somit

$$\varphi^2 + a = p^n \psi$$

setzen kann.

Nachdem man auf diese Weise die Gröfsen φ und ψ bestimmt hat, erhält man den quadratischen Teiler $p^n Y^2 + 2\varphi YZ + \psi Z^2$, welcher zur Formel $t^2 + au^2$ gehört, weil $p^n\psi - \varphi^2 = a$ ist. Dies ist derjenige Teiler, welcher allgemein die Potenz Δ^n enthält, weil die Zahl p^n in ihm enthalten ist; wir müssen jedoch noch zusehen, wie sich Y und Z als Funktionen von y und z bestimmen.

Es sei also:

$$\Delta^n = p^n Y^2 + 2\varphi YZ + \psi Z^2$$

oder:

$$\Delta^n p^n = (p^n Y + \varphi Z)^2 + aZ^2.$$

Ferner ist:

$$\Delta p = (py + qz)^2 + az^2.$$

Setzt man also:

$$py + qz = x\,,$$
$$p^n Y + \varphi Z = X,$$

so erhält man:

$$X^2 + aZ^2 = (x^2 + az^2)^n.$$

Dieser Gleichung genügt man aber allgemein, wenn man

$$X + Z\sqrt{-a} = (x + z\sqrt{-a})^n$$

nimmt. Daraus folgt:

$$X = x^n - \frac{n(n-1)}{1\cdot 2}x^{n-2}az^2 + \frac{n(n-1)(n-2)(n-3)}{1\cdot 2\cdot 3\cdot 4}x^{n-4}a^2z^4 - \cdots$$

$$Z = nx^{n-1}z - \frac{n(n-1)(n-2)}{1\cdot 2\cdot 3}x^{n-3}az^3$$
$$+ \frac{n(n-1)(n-2)(n-3)(n-4)}{1\cdot 2\cdot 3\cdot 4\cdot 5}x^{n-5}a^2z^5 - \cdots.$$

Der Wert von Z ist bereits durch eine ganze Funktion von x und z oder durch eine von y und z ausgedrückt. Was Y anlangt, so hat man:

$$Y = \frac{X - \varphi Z}{p^n}.$$

Nun ist aber:

$$X^2 - \varphi^2 Z^2 = X^2 + aZ^2 - p^n\psi Z^2 = p^n(\Delta^n - \psi Z^2).$$

Mithin mufs $X^2 - \varphi^2 Z^2$ durch p^n teilbar sein. Aus der Gleichung $p^n\psi - \varphi^2 = a$ erkennt man aber, dafs φ nicht durch p teilbar sein kann, weil sonst gegen unsere Voraussetzung auch a durch p teilbar wäre. Man kann auch nicht annehmen, dafs Z allgemein durch p teilbar sei; denn sonst würde auch X, sowie auch $x^2 + az^2$ durch p teilbar sein, man würde daher nach Weglassung der Vielfachen von p $az^2 = -x^2$ haben, und dieser Wert würde, in den von X eingesetzt, ergeben:

$$X = x^n\left(1 + \frac{n(n-1)}{1\cdot 2} + \frac{n(n-1)(n-2)(n-3)}{1\cdot 2\cdot 3\cdot 4} + \cdots\right) = 2^{n-1}x^n.$$

Es müfste daher p in x und folglich in z aufgehen. Dies kann aber nicht der Fall sein, da y und z beliebige unbestimmte Zahlen sind.

Da nun also die Gröfse $X^2 - \varphi^2 Z^2$ durch p^n teilbar ist, und ihre beiden Faktoren $X + \varphi Z$, $X - \varphi Z$ nicht p als gemeinschaftlichen Teiler haben können, so folgt daraus, dafs der eine von diesen Faktoren durch p^n teilbar ist. Und da das Zeichen von φ willkürlich ist, so kann man annehmen, dafs $X - \varphi Z$ denjenigen der beiden Faktoren darstellt, welcher sich durch p^n teilen läfst. Mithin ist der Wert von Y als Funktion von y und z ausgedrückt eine ganze Zahl, welches auch y und z sein mögen. Es ist daher der so bestimmte quadratische Teiler $p^n Y^2 + 2\varphi YZ + \psi Z^2$ gleich der n^{ten} Potenz des gegebenen Teilers $py^2 + 2qyz + rz^2$.

368.

Zweiter Fall. Die gegebene Formel sei:

$$\Delta = py^2 + qyz + rz^2,$$

wobei p, q, r ungerade Zahlen sind und $4pr - q^2 = a$ ist.

Man bereite, wenn es nötig ist, diese Formel ebenfalls derart vor, dafs der Koefficient p eine Primzahl ist. Ferner kann man ebenso wie oben beweisen, dafs es nur einen einzigen quadratischen Teiler giebt, welcher die gesuchte Potenz Δ^n enthalten kann.

Stellt man diesen Teiler durch die Formel $p^n Y^2 + \varphi YZ + \psi Z^2$ dar, so mufs sein:

$$4p^n \psi = \varphi^2 + a.$$

Da nun bereits $4pr = q^2 + a$ ist, so werden, wenn man

$$\left(\frac{1}{2}q + \frac{1}{2}\sqrt{-a}\right)^n = \frac{1}{2}F + \frac{1}{2}G\sqrt{-a}$$

setzt, die Zahlen F und G stets ganze Zahlen sein (No. 65), weil, wenn a von der Form $8n + 3$ ist, $-a$ die Form $4n + 1$ besitzt. Zu gleicher Zeit hat man:

$$\left(\frac{1}{2}q - \frac{1}{2}\sqrt{-a}\right)^n = \frac{1}{2}F - \frac{1}{2}G\sqrt{-a},$$

und somit:

$$\left(\frac{q^2 + a}{4}\right)^n = p^n r^n = \frac{1}{4}(F^2 + aG^2).$$

Ebenso wie oben kann man aber beweisen, dafs F und G prim zu einander sind oder nur den gemeinschaftlichen Teiler 2 besitzen können. Man kann also setzen:

$$F = \varphi G + 2p^n H,$$

d. h. man kann immer die ungerade Zahl $\varphi < p^n$ derart bestimmen, dafs $\frac{F - \varphi G}{p^n}$ eine ganze Zahl ist. Wird dieser Wert von F in die Gleichung $4p^n r^n = F^2 + aG^2$ substituiert, so folgt daraus, dafs $\frac{\varphi^2 + a}{4p^n}$ eine ganze Zahl sein mufs. Ist daher:

$$\varphi^2 + a = 4p^n \psi,$$

so hat man offenbar mit Hülfe der Gröfsen φ und ψ den quadratischen Teiler, welcher p^n enthält, vollständig bestimmt, und zwar ist derselbe: $p^n Y^2 + \varphi YZ + \psi Z^2$.

Ich behaupte nun, dafs dieser Teiler allgemein Δ^n enthält, so dafs man

$$p^n Y^2 + \varphi YZ + \psi Z^2 = \Delta^n = (py^2 + qyz + rz^2)^n$$

setzen kann. Dies ist unmittelbar ersichtlich, wenn man aus dieser Gleichung ganzzahlige Werte für Y und Z ableiten kann, welches auch die Unbestimmten y und z in der gegebenen Formel sein mögen.

Aus der vorstehenden Gleichung erhält man aber:

$$4\Delta^n p^n = (2p^n Y + \varphi Z)^2 + aZ^2 = 4\left(\frac{(2py+qz)^2}{4} + \frac{az^2}{4}\right)^n.$$

Ist für den Augenblick:

$$2p^n Y + \varphi Z = X$$
$$2py \quad + qz \quad = x,$$

so erhält man die Gleichung:

$$X^2 + aZ^2 = 4\left(\frac{1}{4}x^2 + \frac{1}{4}az^2\right)^n,$$

und dieser genügt man allgemein, wenn man

$$\left(\frac{1}{2}x + \frac{1}{2}z\sqrt{-a}\right)^n = \frac{1}{2}X + \frac{1}{2}Z\sqrt{-a}$$

setzt. Man weifs, dafs die aus dieser Gleichung sich ergebenden Zahlen X und Z stets ganze Zahlen sind. Es bleibt daher nur noch zu beweisen übrig, dafs auch Y eine ganze Zahl ist. Nun ist:

$$2p^n Y = X - \varphi Z,$$

und

$$X^2 + aZ^2 = 4\Delta^n p^n;$$

substituiert man in der zweiten für a seinen Wert $4p^n\psi - \varphi^2$, so erhält man:

$$X^2 - \varphi^2 Z^2 = 4p^n(\Delta^n - \psi Z^2).$$

Ferner beweist man wie oben, dafs die Faktoren $X - \varphi Z$, $X + \varphi Z$ keinen andern gemeinsamen Teiler als 2 haben. Da nun $X^2 - \varphi^2 Z^2$ durch p^n teilbar ist, so mufs einer der Faktoren $X - \varphi Z$, $X + \varphi Z$ durch p^n teilbar sein, und da man das Vorzeichen von φ nach Belieben wählen kann, so kann man durch $X - \varphi Z$ denjenigen der beiden Faktoren darstellen, welcher durch p^n teilbar ist. Derselbe ist zu gleicher Zeit durch $2p^n$ teilbar, weil φ ungerade ist. Mithin ist die Gröfse $Y = \frac{X - \varphi Z}{2p^n}$ stets eine ganze Zahl oder vielmehr eine ganze Funktion der unbestimmten Gröfsen y und z. Es stellt daher die Formel $p^n Y^2 + \varphi YZ + \psi Z^2$ allgemein die n^{te} Potenz der gegebenen Formel $py^2 + qyz + rz^2$ dar.

Bemerkung. Will man einfach wissen, zu welcher Form der

quadratischen Teiler die n^{te} Potenz eines gegebenen quadratischen Teilers Δ gehört, so reduciert sich die Rechnung darauf, die Koefficienten φ und ψ, so wie es in den beiden Fällen gezeigt worden, zu bestimmen. Sodann bringt man die die angegebene Potenz enthaltende Formel $p^n y^2 + 2\varphi yz + \psi z^2$ oder (falls a von der Form $8n + 3$ ist) die Formel $p^n y^2 + \varphi yz + \psi z^2$ auf den einfachsten Ausdruck.

Nunmehr ist es leicht, in den Produkten der Gröfsen $A, B, C, \ldots$ (No. 366) die Glieder, welche Potenzen dieser Gröfsen enthalten, zu bestimmen.

369.

Erstes Beispiel.

Die gegebene Formel sei $t^2 + 41u^2$. Die fünf quadratischen Teiler derselben sind:

$$A = y^2 + 2yz + 42z^2 \qquad D = 3y^2 + 2yz + 14z^2$$
$$B = 2y^2 + 2yz + 21z^2 \qquad E = 6y^2 + 2yz + 7z^2.$$
$$C = 5y^2 + 6yz + 10z^2$$

Multipliciert man zwei Teiler mit einander, z. B. C und D (indem man die Unbestimmten in einem derselben durch Striche unterscheidet), so findet man (No. 358), dafs das Produkt CD, nachdem es auf den einfachsten Ausdruck gebracht ist, gleichzeitig die Form D und die Form E besitzt. In analoger Weise findet man die andern nachstehenden Resultate; dieselben enthalten die Formen der Produkte von zwei Teilern gleicher oder ungleicher Art in allen möglichen Verbindungen. Hinzugefügt sind ferner die Quadrate dieser selben Teiler, und zwar berechnet mittelst der Formeln in No. 363 oder mittelst der Formeln in No. 367:

$A^2 = A$	$AA = A$	$BB = A$	$CC = \begin{cases} A \\ B \end{cases}$	$DD = \begin{cases} A \\ C \end{cases}$	$EE = \begin{cases} A \\ C. \end{cases}$
$B^2 = A$	$AB = B$	$BC = C$			
$C^2 = B$	$AC = C$	$BD = E$	$CD = \begin{cases} D \\ E \end{cases}$	$DE = \begin{cases} B \\ C \end{cases}$	
$D^2 = C$	$AD = D$	$BE = D$			
$E^2 = C$	$AE = E$		$CE = \begin{cases} D \\ E \end{cases}$		

Hieraus leitet man die Form des Produkts beliebig vieler Teiler ab. Dabei können in demselben Potenzen, welche höher als die zweite sind, und deren Wert mittelst der Formeln in No. 367 bestimmt wird, vorkommen. Z. B. sind die Produkte dreier gleichen Teiler:

$$AAA = AA = A \qquad DDD = \begin{cases} AD \\ CD \end{cases} = \begin{cases} D \\ D \\ E \end{cases}$$

$$BBB = AB = B$$

$$CCC = \begin{cases} AC \\ BC \end{cases} = \begin{cases} C \\ C \end{cases} \qquad EEE = \begin{cases} AE \\ CE \end{cases} = \begin{cases} E \\ D \\ E. \end{cases}$$

Wie man hieraus sieht, reduciert sich das Produkt BBB auf die einzige Form B, das Produkt CCC reduciert sich auf zwei verschiedene Arten auf die Form C, das Produkt DDD auf zwei verschiedene Arten auf die Form D und auf eine Art auf die Form E u. s. w. Falls die drei Faktoren identisch wären, würden sich die Produkte auf eine einzige Form reducieren, und zwar würde sein (No. 367): $A^3 = A$, $B^3 = B$, $C^3 = C$, $D^3 = E$, $E^3 = D$.

370.

Zweites Beispiel.

Wir betrachten noch die Formel $t^2 + 89u^2$, welche die folgenden sieben quadratischen Teiler besitzt:

$$\begin{aligned} A &= y^2 + 2yz + 90z^2 & E &= 7y^2 + 6yz + 14z^2 \\ B &= 2y^2 + 2yz + 45z^2 & F &= 3y^2 + 2yz + 30z^2 \\ C &= 9y^2 + 2yz + 10z^2 & G &= 6y^2 + 2yz + 15z^2. \\ D &= 18y^2 + 2yz + 5z^2 \end{aligned}$$

Verbindet man diese Teiler zu je zweien durch Multiplikation, so erhält man die folgenden Resultate, zu denen noch die Quadrate eben dieser Teiler hinzugefügt sind:

$A^2 = A$	$AA = A$	$BB = A$	$CC = \begin{cases} A \\ D \end{cases}$	$DD = \begin{cases} A \\ D \end{cases}$	$EE = \begin{cases} A \\ B \end{cases}$
$B^2 = A$	$AB = B$	$BC = D$	$CD = \begin{cases} E \\ C \end{cases}$	$DE = \begin{cases} F \\ G \end{cases}$	$EF = \begin{cases} C \\ D \end{cases}$
$C^2 = D$	$AC = C$	$BD = C$	$CE = \begin{cases} F \\ G \end{cases}$	$DF = \begin{cases} E \\ G \end{cases}$	$EG = \begin{cases} C \\ D \end{cases}$
$D^2 = D$	$AD = D$	$BE = E$	$CF = \begin{cases} E \\ F \end{cases}$	$DG = \begin{cases} E \\ F \end{cases}$	$FF = \begin{cases} A \\ C \end{cases}$
$E^2 = B$	$AE = E$	$BF = G$	$CG = \begin{cases} E \\ G \end{cases}$		$FG = \begin{cases} B \\ D \end{cases}$
$F^2 = C$	$AF = F$	$BG = F$			$GG = \begin{cases} A \\ C. \end{cases}$
$G^2 = C$	$AG = G$				

Hieraus leitet man leicht die Formen der Produkte beliebig vieler Teiler her, wenn man nur für Potenzen, welche höher als die zweite sind, die in No. 367 bestimmten Formen nimmt. Will man z. B. alle Formen der Produkte A^2B, B^2C, $C^2D, \cdots$ haben, so findet man:

$A^2A = A$	$B^2A = A$	$C^2A = D$	$D^2A = D$	$E^2A = B$	$F^2A = C$	$G^2A = C$
$A^2B = B$	$B^2B = B$	$C^2B = C$	$D^2B = C$	$E^2B = A$	$F^2B = D$	$G^2B = D$
$A^2C = C$	$B^2C = C$	$C^2C = \begin{cases} B \\ C \end{cases}$	$D^2C = \begin{cases} B \\ C \end{cases}$	$E^2C = D$	$F^2C = \begin{cases} A \\ D \end{cases}$	$G^2C = \begin{cases} A \\ D \end{cases}$
$A^2D = D$	$B^2D = D$	$C^2D = \begin{cases} A \\ D \end{cases}$	$D^2D = \begin{cases} A \\ D \end{cases}$	$E^2D = C$	$F^2D = \begin{cases} B \\ C \end{cases}$	$G^2D = \begin{cases} B \\ C \end{cases}$
$A^2E = E$	$B^2E = E$	$C^2E = \begin{cases} F \\ G \end{cases}$	$D^2E = \begin{cases} F \\ G \end{cases}$	$E^2E = E$	$F^2E = \begin{cases} F \\ G \end{cases}$	$G^2E = \begin{cases} F \\ G \end{cases}$
$A^2F = F$	$B^2F = F$	$C^2F = \begin{cases} E \\ G \end{cases}$	$D^2F = \begin{cases} E \\ G \end{cases}$	$E^2F = G$	$F^2F = \begin{cases} E \\ F \end{cases}$	$G^2F = \begin{cases} E \\ F \end{cases}$
$A^2G = G$	$B^2G = G$	$C^2G = \begin{cases} E \\ F \end{cases}$	$D^2G = \begin{cases} E \\ F \end{cases}$	$E^2G = F$	$F^2G = \begin{cases} E \\ G \end{cases}$	$G^2G = \begin{cases} E \\ G. \end{cases}$

Mit Hülfe dieser Entwickelungen kann man sofort erkennen, welches die Kombinationen sind, die eine bestimmte Form hervorbringen können. So sieht man z. B., dafs A in gleicher Weise aus den sieben Kombinationen A^2A, B^2A, C^2D, D^2D, E^2B, F^2C, G^2C hervorgeht, so dafs, wenn die Gleichung $t^2 + 89u^2 = x^2x'$ aufzulösen wäre, dieselbe sieben Lösungen haben würde.

Da man $A^3 = A$, $B^3 = B$, $C^3 = C$, $D^3 = A$, $E^3 = E$, $F^3 = E$, $G^3 = E$ gefunden hätte, so folgt hieraus ebenso, dafs die Gleichung $y^2 + 89z^2 = x^3$ zwei Lösungen, die Gleichung $7y^2 + 6yz + 14z^2 = x^3$ deren drei, die Gleichung $18y^2 + 2yz + 5z^2 = x^3$ nur eine Lösung besitzt, und ebenso bei den andern.

§ 5.

Ganzzahlige Auflösung der Gleichung $Ly^2 + Myz + Nz^2 = b\pi$, in welcher π das Produkt von mehreren unbestimmten Zahlen oder deren Potenzen ist.

371.

Ist $LN - \frac{1}{4}M^2 = a$, falls M eine gerade Zahl, oder $4LN - M^2 = a$, falls M eine ungerade Zahl darstellt, so sieht man leicht, dafs die linke Seite der gegebenen Gleichung ein quadratischer Teiler der Formel $t^2 + au^2$ ist, und dafs diese Gleichung selbst nach Multiplikation mit L oder $4L$ die Form $t^2 + au^2 = c\pi$, wo c gleich Lb oder gleich $4Lb$ ist, annimmt. Daraus folgt, dafs jeder Faktor von π in der Formel $t^2 + au^2$ aufgehen mufs und demzufolge durch einen quadratischen Teiler dieser Formel sich darstellen läfst. Hieraus und aus der im vorhergehenden Paragraphen entwickelten Theorie leiten wir die allgemeine Auflösung der in Rede stehenden Gleichung her; zunächst aber ist es zweckmäfsig, die rechte Seite von dem konstanten Faktor c zu befreien.

Setzt man in der Gleichung $t^2 + au^2 = c\pi$ die Zahlen t und u zu einander prim voraus, so müssen auch u und c prim zu einander sein. Man kann alsdann $t = nu + cx$ setzen und erhält, nachdem man diesen Wert substituiert und sodann durch c dividiert hat:

$$\frac{n^2 + a}{c} u^2 + 2nux + cx^2 = \pi.$$

Da nun u und c prim zu einander sind, so mufs $n^2 + a$ durch c teilbar sein, und setzt man $n^2 + a = mc$, so wird:

$$mu^2 + 2nux + cx^2 = \pi,$$

eine Gleichung, deren rechte Seite von dem konstanten Faktor c befreit ist, und deren linke Seite ebenfalls ein quadratischer Teiler der Formel $t^2 + au^2$ ist, weil man $mc - n^2 = a$ hat.

Man hat daher so viele solcher Gleichungen aufzulösen, als es Werte von n giebt, die kleiner als $\frac{1}{2} c$ und so beschaffen sind, dafs $n^2 + a$ durch c teilbar wird.

Es sei

$$fy^2 + 2gyz + hz^2 = \pi$$

die Gleichung oder eine der Gleichungen, welche noch zu lösen sind. Da die linke Seite ein quadratischer Teiler der Formel $t^2 + au^2$ ist, so mufs man zunächst alle quadratischen Teiler dieser Formel, welche durch die Buchstaben $A, B, C, D, \ldots$ bezeichnet sein mögen, suchen. Alsdann bestimme man, da π nach Voraussetzung das Produkt von mehreren unbestimmten Zahlen ist, nach den angegebenen Methoden alle Formen, auf welche sich das Produkt π unter der Voraussetzung reduciert, dafs die unbestimmten Zahlen durch die Buchstaben $A, B, C, D, \ldots$ dargestellt seien, indem man alle möglichen Kombinationen durchgeht und beachtet, dafs verschiedene Unbestimmten durch denselben Buchstaben bezeichnet werden können. Hiernach sondere man unter allen diesen Formen diejenigen ab, welche als Resultat den Buchstaben ergeben, welcher dem quadratischen Teiler der linken Seite

$fy^2 + 2gyz + hz^2$ entspricht. Es leuchtet ein, dafs es ebensoviele Lösungen der Gleichung $fy^2 + 2gyz + hz^2 = \pi$ geben wird, als man derartige Formen findet. Um die Lösungen wirklich zu erhalten, mufs man sodann der Reihe nach die Produkte den im vorigen Paragraphen gegebenen Regeln gemäfs entwickeln. Alsdann drücken sich schliefslich die unbestimmten Gröfsen y und z als Funktionen der entsprechenden, in den verschiedenen Faktoren des Produktes π vorkommenden Unbestimmten aus. Alles dies wird aus einigen Beispielen hinreichend deutlich werden.

372.

Erstes Beispiel.

Die gegebene Gleichung sei:

$$t^2 + 41u^2 = 113x^2.$$

Ich entwickele zuerst die sämtlichen quadratischen Teiler von $t^2 + 41u^2$. Dieselben sind, wie wir bereits (No. 369) gesehen haben, die folgenden:

$$\begin{array}{ll} A = y^2 + 2yz + 42z^2 & D = 3y^2 + 2yz + 14z^2 \\ B = 2y^2 + 2yz + 21z^2 & E = 6y^2 + 2yz + 7z^2. \\ C = 5y^2 + 6yz + 10z^2 & \end{array}$$

Unter diesen Teilern enthalten nur A, B, C die Zahlen von der Form $4n + 1$, und nur unter diesen Teilern kann 113 vorkommen. Wenn nun A die Zahl 113 enthielte, so müfste 113 von der Form $t^2 + 41u^2$ sein, was nicht der Fall ist, wie man auf den ersten Blick erkennt. Wenn ferner der Teiler B die Zahl 113 enthielte, so müfste 2×113 oder 226 von der Form $t^2 + 41u^2$ sein, was ebenfalls nicht der Fall ist. Da man jedoch an dem Zeichen $\left(\frac{41}{113}\right) = 1$ erkennt, dafs 113 ein Teiler von $t^2 + 41u^2$ ist, so folgt daraus, dafs 113 notwendig in dem quadratischen Teiler C enthalten ist, und in der That ist $5 \cdot 113 = 565 = 14^2 + 41 \cdot 3^2$. Da also $14^2 + 41 \cdot 3^2$ durch 113 teilbar ist, so mufs, wenn man $14 = 3n - 113m$ setzt, $n^2 + 41$ durch 113 teilbar sein. Aus dieser Gleichung ergiebt sich aber der Wert $n = -33$. Man erkennt also so auf eine direkte Weise und fast ohne Probieren den Wert von n, für welchen $n^2 + 41$ durch 113 teilbar ist. Diese Methode, die wir soeben in einiger Ausführlichkeit auseinandergesetzt haben, ist eine nähere Entwicklung der in No. 188 enthaltenen.

Nachdem dieses festgestellt ist, setze man $t = 33u + 113t'$.

Substituiert man diesen Wert und dividiert sodann durch 113, so erhält man:

$$10u^2 + 66ut' + 113t'^2 = x^2.$$

Um die linke Seite auf einen einfacheren Ausdruck zu bringen, sei $u = u' - 3t'$; dann wird:

$$5t'^2 + 6t'u' + 10u'^2 = x^2.$$

Da die linke Seite von der Form C ist, so mufs man unter den Werten von A^2, $B^2, \ldots$ diejenigen suchen, welche von der Form C sein können. Nun findet man aber (No. 369), dafs D^2 und E^2 von dieser Form sind; mithin besitzt die gegebene Gleichung zwei Auflösungen, je nachdem man $x = D$ oder $x = E$ setzt.

Ist zuerst:

$$x = 3y^2 + 2yz + 14z^2,$$

so findet man mittelst der Formeln der No. 367:

$$x^2 = 5Y^2 + 6YZ + 10Z^2,$$

wobei Y und Z die Werte besitzen:

$$\begin{aligned} Y &= -y^2 + 4yz + 6z^2 \\ Z &= y^2 + 2yz - 4z^2, \end{aligned}$$

so dafs man zu gleicher Zeit erhält:

$$t' = Y, \quad u' = Z.$$

Ist zweitens:

$$x = 6y^2 + 2yz + 7z^2,$$

so kann man das aus diesem zweiten Werte sich ergebende Resultat leicht aus dem vorhergehenden ableiten (indem man $2y$ für y setzt und sowohl den Wert von x, wie die von Y und Z durch 2 dividiert). Man erhält auf diese Weise:

$$\begin{aligned} x^2 &= 5Y^2 + 6YZ + 10Z^2 \\ Y &= -2y^2 + 4yz + 3z^2 \\ Z &= 2y^2 + 2yz - 2z^2, \end{aligned}$$

und es ist wiederum zu setzen:

$$t' = Y, \quad u' = Z.$$

Jetzt hat man nur noch die Werte von t' und u' in die Werte von t und u einzusetzen. Dies giebt die beiden folgenden Lösungen der gegebenen Gleichung:

$$\begin{cases} x = 3y^2 + 2yz + 14z^2 \\ t = 19y^2 + 122yz - 48z^2 \\ u = 4y^2 - 10yz - 22z^2 \end{cases} \qquad \begin{cases} x = 6y^2 + 2yz + 7z^2 \\ t = 38y^2 + 122yz - 24z^2 \\ u = 8y^2 - 10yz - 11z^2. \end{cases}$$

373.

Zweites Beispiel.

Es sei jetzt die folgende Gleichung gegeben:

$$t^2 + 41u^2 = 113x^3.$$

Ist die vorbereitende Rechnung, vermittelst deren jede Seite durch 113 teilbar wird, so wie im vorhergehenden Beispiele ausgeführt, so erhält man:

$$t = 33u' + 14t', \quad u = u' - 3t',$$

und die transformierte Gleichung wird:

$$5t'^2 + 6t'u' + 10u'^2 = x^3.$$

Man mufs demnach die verschiedenen Formen der Gröfsen A^3, B^3, C^3,... suchen und zusehen, ob die Form C darunter vorkommt. Nun findet man aber (No. 369), dafs die Form C nur aus C^3 hervorgehen kann; mithin besitzt die gegebene Gleichung nur eine Lösung.

Setzt man jetzt:

$$x = C = 5y^2 + 6yz + 10z^2,$$

so findet man nach den Formeln in No. 367: $\varphi = \pm 47$, $\psi = 18$ und

$$x^3 = 125Y^2 \pm 94YZ + 18Z^2.$$

Was die Werte von Y und Z anlangt, so müssen dieselben aus den Gleichungen

$$125Y \pm 47Z = x^3 - 123xz^2$$
$$Z = 3x^2z - 41z^3,$$

wobei

$$x = 5y + 3z$$

ist, abgeleitet werden. Soll nun Y eine ganze Zahl werden, so mufs man von dem doppelten Vorzeichen das untere nehmen; alsdann erhält man:

$$Y = y^3 + 30y^2z + 30yz^2 - 8z^3$$
$$Z = 75y^2z + 90yz^2 - 14z^3$$
$$x^3 = 125Y^2 - 94YZ + 18Z^2.$$

Der Wert von x^3 reduciert sich auf seinen einfachsten Ausdruck $5t'^2 + 6t'u' + 10u'^2$, wenn man

$$Z = 3Y - u', \quad Y = t' + 2u'$$

setzt, so dafs man erhält:

$$u' = 3Y - Z = 3y^3 + 15y^2z - 10z^3$$
$$t' = 2Z - 5Y = -5y^3 + 30yz^2 + 12z^3.$$

Mithin ist schliefslich die Auflösung der gegebenen Gleichung in den Formeln enthalten:

$$x = 5y^2 + 6yz + 10z^2$$
$$t = 29y^3 + 495y^2z + 420yz^2 - 162z^3$$
$$u = 18y^3 + 15y^2z - 90yz^2 - 46z^3.$$

374.

Drittes Beispiel.

Ist allgemein die Gleichung

$$t^2 + 2u^2 = 113x^m$$

gegeben, so besteht die einfachste Art, dieselbe aufzulösen, darin, dafs man

$$x = y^2 + 2z^2$$
$$113 = 9^2 + 2 \cdot 4^2$$

setzt. Dadurch ergiebt sich:

$$t^2 + 2u^2 = (9^2 + 2 \cdot 4^2)(y^2 + 2 \cdot z^2)^m.$$

Dieser Gleichung genügt man aber allgemein, indem man

$$t + u\sqrt{-2} = (9 \pm 4\sqrt{-2})(y + z\sqrt{-2})^m$$

setzt. Ist also:

$$(y + z\sqrt{-2})^m = Y + Z\sqrt{-2},$$

so erhält man:

$$t + u\sqrt{-2} = (9 \pm 4\sqrt{-2})(Y + Z\sqrt{-2}),$$

mithin:

$$t = 9Y \mp 8Z$$
$$u = 9Z \pm 4Y.$$

Dies ist die einzige Lösung, welche die gegebene Gleichung besitzt, da x als Teiler von $t^2 + 2u^2$ nur die eine einzige Form $y^2 + 2z^2$ haben kann.

375.

Viertes Beispiel.

Die Gleichung

$$t^2 + 89u^2 = x^3$$

mufs, wie wir bereits am Ende von No. 370 bemerkt haben, zwei Lösungen besitzen. Die eine dieser Lösungen, für welche

$$x = y^2 + 89z^2$$

ist, findet man unmittelbar mit Hülfe der Gleichung:

$$t^2 + 89u^2 = (y^2 + 89z^2)^3,$$

welcher man genügt, indem man setzt:

$$t + u\sqrt{-89} = (y + z\sqrt{-89})^3.$$

Auf diese Weise findet man:

$$t = y^3 - 267yz^2$$
$$u = 3y^2z - 89z^3.$$

Die zweite Lösung, welche darauf beruht, dafs $D^3 = A$ ist, ergiebt sich folgendermafsen.

Setzt man:

$$x = D = 5y^2 + 2yz + 18z^2,$$

und wendet man auf diesen besonderen Fall die Formeln in No. 367 an, so erhält man:

$$p = 5, \quad q = 1, \quad r = 18, \quad \varphi = 6, \quad \psi = 1.$$

Dies giebt:

$$x^3 = 125Y^2 + 12YZ + Z^2$$
$$Y = y^3 - 3y^2z - 12yz^2 + 2z^3$$
$$Z = 75y^2z + 30yz^2 - 86z^3.$$

Der Wert von x^3 läfst sich aber auf die Form bringen:

$$x^3 = (Z + 6Y)^2 + 89Y^2.$$

Vergleicht man dieselbe mit der gegebenen Gleichung, so erhält man:

$$t = Z + 6Y$$
$$u = Y.$$

Mithin wird schliefslich die zweite Lösung dieser Gleichung gegeben durch die Formeln:

$$x = 5y^2 + 2yz + 18z^2$$
$$t = 6y^3 + 57y^2z - 42yz^2 - 74z^3$$
$$u = y^3 - 3y^2z - 12yz^2 + 2z^3.$$

376.

Fünftes Beispiel.

Wie bereits bemerkt worden ist (No. 370), besitzt die Gleichung

$$t^2 + 89u^2 = x^2x'$$

sieben Lösungen, weil die Form A aus den sieben Combinationen A^2A, B^2A, C^2D, D^2D, E^2B, F^2C, G^2C sich ergiebt. Um eine dieser Lösungen zu entwickeln, nehmen wir die Combination C^2D und setzen demzufolge:

$$x = 9y^2 + 2yz + 10z^2$$
$$x' = 5y'^2 + 2y'z' + 18z'^2.$$

Zunächst findet man nach den Formeln von No. 363 oder von No. 367:

$$x^2 = 5T^2 + 2TV + 18V^2$$
$$T = y^2 - 8yz + 2z^2$$
$$V = 2y^2 + 2yz - 2z^2.$$

Multipliciert man sodann den Wert von x^2 mit dem Werte von x', so findet man mit Hülfe der ersten der beiden Formeln in No. 363:

$$x^2x' = (5Ty' + Tz' + Vy' + 18Vz')^2 + 89(Tz' - Vy')^2.$$

Vergleicht man dieses Resultat mit der gegebenen Gleichung

$$t^2 + 89u^2 = x^2x',$$

so erhält man:

$$t = 5Ty' + Tz' + Vy' + 18Vz'$$
$$u = Tz' - Vy'.$$

Hieraus erkennt man, dafs die vier unbestimmten Gröfsen t, u, x, x' ausgedrückt sind als Funktionen von vier andern von einander unabhängigen Gröfsen y, z, y', z', und dies bildet die erste Lösung. Durch ähnliche Rechnungen findet man die sechs anderen Lösungen, welche die gegebene Gleichung besitzt.

Bemerkung. Bei einiger Aufmerksamkeit wird man sehen, dafs sich diese Theorie leicht auf den Fall ausdehnen liefse, wo die linke Seite der gegebenen Gleichung ein Teiler der Form $t^2 - au^2$ ist. Mittelst derselben Prinzipien würde man auch die Fälle auflösen können, wo die unbestimmten Gröfsen auf der linken Seite der Gleichung einen gemeinschaftlichen Teiler haben sollen. Wir haben es jedoch nicht für nötig gehalten, auf alle diese Einzelheiten, welche keine Schwierigkeiten darbieten, näher einzugehen.

§ 6.

Beweis einer Eigenschaft, welche sich auf die quadratischen Teiler der Formel $t^2 + au^2$, in welcher a eine Primzahl von der Form $8n + 1$ ist, bezieht.

377.

Wir haben bereits in No. 217 bemerkt, dafs, wenn in der Formel $t^2 + au^2$ die Zahl a von der Form $8n + 5$ ist, von zwei conjugierten Teilern dieser Formel, z. B. $py^2 + 2qyz + 2mz^2$ und $2py^2 + 2qyz + mz^2$, stets der eine zu der Form $4n + 1$, der andere zu der Form $4n + 3$ gehört, so dafs es also in diesem Falle ebenso viele quadratische Teiler von der Form $4n + 1$ als Teiler von der Form $4n + 3$ giebt, und dieses Resultat gilt immer, wie beschaffen auch a sein möge, wofern es nur von der Form $8n + 5$ ist.

Ist dagegen a von der Form $8n + 1$, so sind die beiden in Rede stehenden conjugierten Teiler entweder alle beide von der Form $4n + 1$, oder alle beide von der Form $4n + 3$, so dafs man nichts mehr über die relative Anzahl beider schliefsen kann. In der That zeigt der Anblick der Tafel IV, dafs in dieser Hinsicht eine grofse Unregelmäfsigkeit stattfindet. Ist jedoch a eine Primzahl, so sieht man aus eben dieser Tafel, dafs die Anzahl der quadratischen Teiler von der Form $4n + 1$ beständig um eine Einheit gröfser ist, als die Anzahl der quadratischen Teiler von der Form $4n + 3$. So findet man z. B., dafs die Formel $t^2 + 41u^2$ drei quadratische Teiler von der Form $4n + 1$ und nur zwei von der Form $4n + 3$ besitzt; ebenso dafs die Formel $t^2 + 89u^2$ vier quadratische Teiler von der Form $4n + 1$ und nur drei von der Form $4n + 3$ hat u. s. w.

Man kann sich leicht von dieser Eigenschaft bei vielen andern besonderen Fällen überzeugen; jedoch ist es nicht ebenso leicht, dieselbe in allgemeiner und strenger Weise zu begründen. Wir geben im Folgenden die Reihe der Sätze, welche für diesen Beweis nötig zu sein scheinen. Dieselben bieten zugleich verschiedene bemerkenswerte Resultate, welche dazu beitragen können, die vorstehenden Theorien zu erweitern und zu vervollkommnen.

378.

Satz 1. Ist a eine Primzahl von der Form $4n + 1$, und ist $py^2 + 2qyz + 2mz^2$ einer der quadratischen Teiler der Formel $t^2 + au^2$, welcher ebenfalls von der Form $4n + 1$ ist, so ist die Gleichung $U^2 = py^2 + 2qyz + 2mz^2$ stets auflösbar.

Denn multipliciert man diese Gleichung mit p, und setzt man $py + qz = x$, so erhält man $pU^2 = x^2 + az^2$, eine Gleichung, welche stets möglich ist. (Siehe No. 27 und 198.)

Es braucht nicht erst bemerkt zu werden, dafs, wenn

$$py^2 + 2qyz + 2mz^2$$

ein Teiler von der Form $4n + 3$ wäre, die Gleichung

$$U^2 = py^2 + 2qyz + 2mz^2$$

unmöglich sein würde, da kein Quadrat die Form $4n+3$ besitzen kann.

379.

Satz 2. Ist a eine Primzahl von der Form $8n+1$, so hat die Formel t^2+au^2 stets einen quadratischen Teiler von der Form $fy^2+2gyz+2fz^2$.

Man kann nämlich stets (No. 149) der Gleichung $a=2f^2-g^2$ genügen, woraus folgt, dafs $fy^2+2gyz+2fz^2$ oder der einfachste Ausdruck dieser Formel ein quadratischer Teiler der Formel t^2+au^2 ist.

Man beachte, dafs sich der Teiler $fy^2+2gyz+2fz^2$ von dem zu ihm konjugierten nicht unterscheidet. In diesem Falle reducieren sich demgemäfs die beiden konjugierten Teiler auf einen einzigen, den man einen **singulären Teiler** nennen kann.

380.

Satz 3. Ist a eine Primzahl von der Form $8n+1$, so giebt es stets unendlich viele Werte von f und g, welche der Gleichung $2f^2-g^2=a$ genügen; trotzdem aber kann daraus nur ein einziger quadratischer Teiler der Formel t^2+au^2 sich ergeben.

Denn man findet leich (No. 38), dafs die Reihe der Werte von f und g, welche der Gleichung $2f^2-g^2=a$ genügen, so beschaffen ist, dafs, wenn f' und g' die unmittelbar auf f und g folgenden Werte sind, die Gleichungen bestehen:

$$f'=3f+2g, \quad g'=3g+4f.$$

Aus diesen neuen Werten entsteht der singuläre quadratische Teiler:

$$(3f+2g)y^2+2(3g+4f)yz+2(3f+2g)z^2.$$

Setzt man aber in diesem Teiler:

$$y=2z'-y', \qquad z=y'-z',$$

(wodurch die Allgemeinheit der Veränderlichen y und z nicht beschränkt wird), so erhält man als transformierten Teiler:

$$fy'^2+2gy'z'+2fz'^2,$$

woraus ersichtlich ist, dafs sich in der That der quadratische Teiler $f'y^2+2g'yz+2f'z^2$ nicht von $fy^2+2gyz+2fz^2$ unterscheidet.

Folgerung. Es folgt hieraus, dafs, wenn a eine Primzahl von der Form $8n+1$ ist, die quadratischen Teiler der Formel t^2+au^2 aus mehreren Paaren von konjugierten Teilern und aus einem singulären Teiler bestehen. Die Gesamtzahl dieser Teiler ist somit stets eine ungerade Zahl, und es ist daher unmöglich, dafs die Anzahl der Teiler von der Form $4n+1$ geich der Anzahl der Teiler von der Form $4n+3$ sei.

381.

Satz 4. Das Quadrat eines quadratischen Teilers $py^2 + 2qyz + 2\pi z^2$ und das Quadrat des zu ihm konjugierten Teilers $2py^2 + 2qyz + \pi z^2$ sind in einem und demselben quadratischen Teiler $p^2y^2 + 2\varphi yz + \psi z^2$ enthalten.

Denn bestimmt man dem in No. 363 angegebenen Verfahren gemäfs μ und ν durch die Gleichung:

$$\pi = p\mu - q\nu,$$

und setzt man sodann:

$$\varphi = q + \nu p, \qquad \psi = \nu^2 + 2\mu$$
$$Y = y^2 - 2\nu yz - 2\mu z^2, \quad Z = 2z(py + qz),$$

so erhält man:

$$(py^2 + 2qyz + 2\pi z^2)^2 = p^2 Y^2 + 2\varphi YZ + \psi Z^2.$$

In dieser Gleichung, welche identisch stattfinden mufs, setzen wir $2y$ an die Stelle von y, und da alsdann Y ebenso wie Z gerade wird, so setzen wir ferner $Y = 2Y'$, $Z = 2Z'$. Dies giebt:

$$Y' = 2y^2 - 2\nu yz - \mu z^2, \quad Z' = z(2py + qz).$$

Werden diese Werte eingesetzt und dividiert man darauf durch 4, so wird:

$$(2py^2 + 2qyz + \pi z^2)^2 = p^2 Y'^2 + 2\varphi Y'Z' + \psi Z'^2.$$

Mithin enthält derselbe quadratische Teiler $p^2y^2 + 2\varphi yz + \psi z^2$, in welchem das Quadrat des Teilers $py^2 + 2qyz + 2\pi z^2$ enthalten ist, auch das Quadrat des zu ihm konjugierten Teilers $2py^2 + 2qyz + \pi z^2$

Folgerung. Ist die Gleichung $U^2 = PY^2 + 2QYZ + RZ^2$ gegeben, und kennt man davon eine in der Formel

$$U = py^2 + 2qyz + 2\pi z^2$$

enthaltene Lösung, so giebt es immer noch eine andere Lösung, welche durch die konjugierte Form $U = 2py^2 + 2qyz + \pi z^2$ geliefert wird. Diese beiden Lösungen verschmelzen zu einer, wenn der Wert von U gleich dem singulären quadratischen Teiler ist, d. h. wenn man $U = fy^2 + 2gyz + 2fz^2$ hat; alsdann würde aber die rechte Seite der gegebenen Gleichung von der Form $2Y^2 + 2YZ + \frac{a+1}{2} Z^2$ sein.

382.

Satz 5. Ist p eine Primzahl ebenso wie a, und hat man $p^2 = M^2 + aN^2$, so wird p oder $2p$ notwendig von derselben Form $t^2 + au^2$ sein, so dafs p entweder zu dem quadratischen Teiler $y^2 + 2yz + (a+1)z^2$ oder zu dem konjugierten $2y^2 + 2yz + \frac{a+1}{2} z^2$ gehört.

Die gegebene Gleichung $p^2 = M^2 + aN^2$ ergiebt nämlich $p^2 - M^2 = aN^2$. Da nun a eine Primzahl ist, so mufs einer der Faktoren $p + M$, $p - M$ durch a teilbar sein, und da das Zeichen von M willkürlich angenommen werden darf, so kann man $p + M = aP$, $p - M = Q$ setzen, wodurch sich $PQ = N^2$ ergiebt. Dieser Gleichung genügt man aber allgemein, indem man mit Zuhülfenahme von neuen unbestimmten Gröfsen: $P = \pi^2 R$, $N = \pi\omega R$, $Q = \omega^2 R$ setzt. Man erhält daher:

$$2p = aP + Q = R(\omega^2 + a\pi^2),$$

woraus man erkennt, dafs R nur 1 oder 2 sein kann. Ist $R = 2$, so wird $p = \omega^2 + a\pi^2$; ist $R = 1$, so wird $2p = \omega^2 + a\pi^2$. Mithin ist p oder $2p$ notwendig von der Form $t^2 + au^2$. Ist aber p von der Form $t^2 + au^2$, so ist es in dem quadratischen Teiler $y^2 + az^2$, welcher derselbe ist wie $y^2 + 2yz + (a+1)z^2$, enthalten. Es kann daher p nur zu diesem einzigen Teiler gehören. Ebenso gehört p, wenn $2p$ die Form $t^2 + au^2$ besitzt, zu dem quadratischen Teiler $2y^2 + 2yz + \frac{a+1}{2} z^2$ und nur zu diesem allein. Mithin mufs, falls $p^2 = M^2 + aN^2$ ist, p zu einem der beiden konjugierten Teiler $y^2 + 2yz + (a+1)z^2$, $2y^2 + 2yz + \frac{a+1}{2} z^2$ gehören.

383.

Satz 6. Ist p eine beliebige Primzahl und a eine Primzahl von der Form $8n+1$, ist ferner $p^2 = 2M^2 + 2MN + \frac{a+1}{2} N^2$, d. h. besitzt $2p^2$ die Form $P^2 + aN^2$, so gehört p notwendig zu dem singulären quadratischen Teiler $fy^2 + 2gyz + 2fz^2$, so dafs $p = f\mu^2 + 2g\mu\nu + 2f\nu^2$ ist.

Denn da a eine Primzahl von der Form $8n + 1$ ist, so kann man $a = 2f^2 - g^2$ setzen, und wird dieser Wert in die Gleichung $2p^2 = P^2 + aN^2$ substituiert, so ergiebt sich:

$$P^2 - 2p^2 = (g^2 - 2f^2)N^2.$$

Da die Zahlen P und p prim zu einander sind, so sieht man, dafs

N als Teiler von $P^2 - 2p^2$ von der Form $\alpha^2 - 2\beta^2$ sein mufs, so dafs man erhält:

$$P^2 - 2p^2 = (g^2 - 2f^2)(\alpha^2 - 2\beta^2)^2.$$

Dieser Gleichung genügt man allgemein, indem man setzt:

$$P + p\sqrt{2} = (g + f\sqrt{2})(\alpha + \beta\sqrt{2})^2.$$

Daraus folgt:

$$p = f\alpha^2 + 2g\alpha\beta + 2f\beta^2.$$

Mithin ist p in dem singulären Teiler $fy^2 + 2gyz + 2fz^2$ enthalten.

384.

Satz 7. Ich behaupte jetzt, dafs die beiden konjugierten Teiler, welche für U genommen der gegebenen Gleichung $U^2 = PY^2 + 2QYZ + RZ^2$ genügen, die einzigen Lösungen sind, welche diese Gleichung besitzen kann.

Um diesen Satz zu beweisen, suchen wir allgemein die Bedingungen, welche stattfinden müssen, damit zwei verschiedene Werte von U, etwa

$$U = py^2 + 2qyz + 2\pi z^2$$
$$U = p'y^2 + 2q'yz + 2\pi' z^2,$$

in gleicher Weise der gegebenen Gleichung

$$U^2 = PY^2 + 2QYZ + RZ^2$$

genügen. In dieser sind Y und Z unbestimmte Gröfsen, die Funktionen der Unbestimmten y und z sein müssen.

Wir nehmen an, dafs die beiden Werte von U derart vorbereitet seien, dafs p und p' Primzahlen bedeuten. Dies vorausgeschickt, findet man zunächst, dafs die Quadrate dieser Werte in zwei Formeln von folgender Art:

$$p^2y^2 + 2\varphi yz + \psi z^2$$
$$p'^2y^2 + 2\varphi' yz + \psi' z^2$$

enthalten sind. Dieselben müssen sich beide auf die gegebene Form $Py^2 + 2Qyz + Rz^2$ reducieren. Man erkennt hieraus, dafs p^2 in der Formel $p'^2y^2 + 2\varphi' yz + \psi' z^2$ und umgekehrt p'^2 in der Formel $p^2y^2 + 2\varphi yz + \psi z^2$ enthalten sein mufs. Man kann daher gleichzeitig setzen:

$$p^2 = p'^2\alpha'^2 + 2\varphi'\alpha'\beta' + \psi'\beta'^2$$
$$p'^2 = p^2\alpha^2 + 2\varphi\alpha\beta + \psi\beta^2.$$

Ist $p^2\alpha + \varphi\beta = \gamma$, so wird $p^2p'^2 = \gamma^2 + a\beta^2$ oder:

$$(pp' + \gamma)(pp' - \gamma) = a\beta^2.$$

Da a eine Primzahl ist und das Zeichen von γ beliebig gewählt werden kann, so kann man annehmen, dafs $pp' + \gamma$ durch a teilbar sei. Setzt man also $\beta = ABC$, so zerfällt die vorstehende Gleichung in die folgenden zwei:

$$pp' + \gamma = aAB^2$$
$$pp' - \gamma = AC^2,$$

und aus diesen folgt:

$$pp' = \frac{1}{2} A(C^2 + aB^2).$$

Da nun p und p' Primzahlen sind, so sind die einzigen Werte, welche man A geben kann, 1, 2, p oder p', $2p$ oder $2p'$.

Man darf aber weder $A = p$ noch $A = 2p$ setzen; denn da alsdann β durch p teilbar wäre, so würde die Gröfse p'^2, welche gleich $p^2\alpha^2 + 2\varphi\alpha\beta + \psi\beta^2$ ist, ebenfalls durch p teilbar sein, was unmöglich ist. Aus demselben Grunde kann A weder gleich p' noch gleich $2p'$ sein.

Setzte man $A = 2$, so erhielte man $pp' = C^2 + aB^2$; es würde würde mithin pp' von der Form $y^2 + az^2$ sein, und die beiden Zahlen p und p' würden zu demselben quadratischen Teiler der Formel $t^2 + au^2$ gehören, was gegen die Voraussetzung ist.

Es bleibt daher nur übrig, $A = 1$ zu setzen. Alsdann erhält man $2pp' = C^2 + aB^2$. Mithin gehören die Zahlen p und $2p'$ zu einem und demselben quadratischen Teiler der Formel $t^2 + au^2$. Die Zahlen p' und $2p'$ gehören aber stets zu zwei einander konjugierten Teilern. Folglich gehören die Zahlen p und p', welche nach Voraussetzung nicht in demselben quadratischen Teiler enthalten sind, notwendig zu zwei konjugierten Teilern, w. z. b. w.

385.

Satz 8. Die Anzahl der die Form $4n + 1$ besitzenden quadratischen Teiler der Formel $t^2 + au^2$, in welcher a eine Primzahl von der Form $8n + 1$ ist, ist immer um eine Einheit gröfser als die Anzahl der quadratischen Teiler derselben Formel, welche von der Form $4n + 3$ sind.

Ist nämlich M die Anzahl der quadratischen Teiler von der Form $4n + 1$ und N die Anzahl der quadratischen Teiler von der Form $4n + 3$, und bezeichnet man durch $A, B, C, D, \cdots$ die Reihe der quadratischen Teiler von der Form $4n + 1$, so besitzt von den Gleichungen $U^2 = A$, $U^2 = B$, $U^2 = C, \cdots$ eine jede zwei verschiedene Lösungen, mit Ausnahme der Gleichung

$$U^2 = 2Y^2 + 2YZ + \frac{a+1}{2} Z^2,$$

welche nur eine Lösung besitzt. Mithin ist die Gesamtzahl der Lösungen $2M - 1$. Diese Lösungen aber, welche alle von einander verschieden sein müssen, enthalten notwendig alle quadratischen Teiler der Formel $t^2 + au^2$, sowohl die von der Form $4n + 1$, wie die von der Form $4n + 3$. Mithin hat man $2M - 1 = M + N$ oder $M = N + 1$, und hierin besteht der Satz, welcher bewiesen werden sollte.

Bemerkung. Da in dem soeben behandelten Falle die Formel $t^2 + au^2$ stets wenigstens drei quadratische Teiler hat, nämlich den Teiler

$$y^2 + 2yz + (a + 1)z^2,$$

den zu ihm konjugierten

$$2y^2 + 2yz + \frac{a+1}{2} z^2$$

und den singulären Teiler

$$2fy^2 + 2gyz + fz^2,$$

welcher nur in dem einzigen ausgeschlossenen Falle $a = 1$ mit den vorigen übereinstimmt, so folgt daraus, dafs es stets wenigstens einen quadratischen Teiler von der Form $4n + 3$ giebt. Dies rechtfertigt die im Artikel 171 gemachte Annahme, von welcher der Beweis des Reciprocitätsgesetzes abhing.

§ 7.

Beweis des Satzes, welcher das zwischen zwei beliebigen Primzahlen bestehende Reciprocitätsgesetz enthält (No. 166).

386.

Hülfssatz. Ist p eine positive Primzahl (aufser 2) und k eine beliebige durch p nicht teilbare ganze Zahl und dividiert man die aufeinanderfolgenden Produkte $k, 2k, 3k, \dots \frac{p-1}{2} k$ durch p, so werden die Reste, welche bei diesen Divisionen übrig bleiben, zum Teil aus Zahlen $a', a'', a''', \dots a^{\lambda}$, welche kleiner als $\frac{1}{2} p$ sind, zum Teil aus Zahlen $b', b'', b''', \dots b^{\mu}$, welche gröfser als $\frac{1}{2} p$ sind, bestehen. Bezeichnet μ die Anzahl dieser letzteren Reste, so behaupte ich, dafs allgemein $\left(\frac{k}{p}\right) = (-1)^{\mu}$ ist, also $\left(\frac{k}{p}\right) = +1$, falls μ gerade, und $\left(\frac{k}{p}\right) = -1$, falls μ ungerade ist.

Zunächst ist klar, dafs die Reste b', b'', b''', $\cdots$ von einander verschieden sind. Denn wenn zwei dieser Reste, welche aus den Vielfachen kA, kA' sich ergeben, einander gleich wären, so müfste die Differenz $k(A' - A)$ durch p teilbar sein. Dies ist aber nicht der Fall, da p eine Primzahl ist, welche weder in k noch in $A' - A$ aufgeht und zwar letzteres deshalb, weil A' und A ungleich und kleiner als $\frac{1}{2}p$ sind. Ebenso wird bewiesen, dafs die Reste a', a'', a''', ... sämtlich von einander verschieden sind.

Es sind demnach die Zahlen $p - b'$, $p - b''$, $p - b'''$,... sämtlich ungleich und kleiner als $\frac{1}{2}p$. Ich behaupte aber, dafs keine von ihnen gleich einer der Zahlen a', a'', a''',... sein kann. Wenn nämlich zwei solche Reste a und b aus den Vielfachen kA, kA' entstehen, so kann man $a = kA - px$, $b = kA' - px'$ setzen. Wäre also $p - b = a$, so würde sich $p(1 + x + x') = k(A + A')$ ergeben; es müfste also $k(A + A')$ durch p teilbar sein. Nun ist aber weder k noch $A + A'$ durch p teilbar, weil A und A' beide kleiner als $\frac{1}{2}p$ sind. Mithin ist die vorige Gleichung unmöglich.

Da nun also die beiden Reihen a', a'', a''', ... a^λ und $p - b'$, $p - b''$, $p - b'''$, ... $p - b^\mu$ aus verschiedenen positiven Zahlen, welche kleiner als $\frac{1}{2}p$ sind, bestehen, da ferner die Gesamtzahl $\lambda + \mu$ der Glieder dieser beiden Reihen gleich $\frac{1}{2}(p - 1)$, also gleich der Anzahl der Vielfachen k, $2k$, $3k$, ... $\frac{p-1}{2}k$ ist, aus denen sie entstehen, so folgt daraus, dafs das Produkt aller dieser Zahlen nur $1 \cdot 2 \cdot 3 \cdots \frac{p-1}{2}$ sein kann, und dafs somit die Gleichheit besteht:

$$a'a''a''' \cdots a^\lambda (p - b')(p - b'') \cdots (p - b^\mu) = 1 \cdot 2 \cdot 3 \cdots \frac{p-1}{2}.$$

Läfst man in dieser die Vielfachen von p weg, so erhält man:

$$a'a''a''' \cdots a^\lambda \cdot b'b''b''' \cdots b^\mu (-1)^\mu = 1 \cdot 2 \cdot 3 \cdots \frac{p-1}{2}.$$

Andrerseits hat man aber auch, ebenfalls bis auf Vielfache von p:

$$k \cdot 2k \cdot 3k \cdots \frac{p-1}{2} k = a'a''a''' \cdots a^\lambda \cdot b'b''b''' \cdots b^\mu,$$

und die linke Seite dieser Gleichung ist gleich:

$$1 \cdot 2 \cdot 3 \cdots \frac{p-1}{2} \cdot k^{\frac{1}{2}(p-1)}.$$

Aus der Vergleichung dieser beiden Gleichungen folgt:

$$1\cdot 2\cdot 3\cdots\cdot\frac{p-1}{2}\cdot k^{\frac{1}{2}(p-1)}(-1)^{\mu}=1\cdot 2\cdot 3\cdots\frac{p-1}{2}.$$

Mithin ist:

$$k^{\frac{1}{2}(p-1)}(-1)^{\mu}=1,$$

oder:

$$k^{\frac{1}{2}(p-1)}=(-1)^{\mu}.$$

Nun ist aber, wenn man die Vielfachen von p wegläfst, $k^{\frac{1}{2}(p-1)}$ der Wert des Ausdrucks $\left(\frac{k}{p}\right)$. Demnach erhält man in Übereinstimmung mit dem Ausspruch unseres Hülfssatzes:

$$\left(\frac{k}{p}\right)=(-1)^{\mu}.$$

387.

Da die Zahl μ, je nachdem sie gerade oder ungerade ist, den Wert des Ausdrucks $\left(\frac{k}{p}\right)$ bestimmt, so ist es von Wichtigkeit, einen analytischen Wert dieser Zahl zu haben. Dazu bemerke ich, dafs, wenn man mit a eine der Zahlen $a', a'', \ldots a^{\lambda}$ und mit b eine der Zahlen $b', b'', \cdots b^{\mu}$ bezeichnet, den schon gemachten Voraussetzungen zufolge $2a<p$ und $2b>p$ ist.

Wie gewöhnlich stellen wir durch $E(x)$ die gröfste in irgend einer Zahlgröfse x enthaltene ganze Zahl dar, so dafs $x-E(x)$ stets ein positiver Bruch, kleiner als die Einheit, ist.

Betrachtet man die verschiedenen Vielfachen $k, 2k, \cdots \frac{p-1}{2}k$, aus denen die Reste $a', b', \ldots$ entspringen, und bezeichnet man insbesondere mit Ak das Vielfache, welches den Rest a, und mit Bk dasjenige, welches den Rest b giebt, so hat man:

$$\frac{Ak}{p}-E\left(\frac{Ak}{p}\right)<\frac{1}{2}$$

$$\frac{Bk}{p}-E\left(\frac{Bk}{p}\right)>\frac{1}{2}.$$

Folglich:

$$E\left(\frac{2Ak}{p}\right)-2E\left(\frac{Ak}{p}\right)=0$$

$$E\left(\frac{2Bk}{p}\right)-2E\left(\frac{Bk}{p}\right)=1.$$

Addiert man alle Gleichungen, welche analog für alle Werte von

A und B von 1 bis $\frac{1}{2}(p-1)$ gelten, so wird offenbar die rechte Seite soviel Einheiten enthalten, als es Zahlen B giebt, und da die Anzahl derselben mit μ bezeichnet worden ist, so erhält man:

$$\left.\begin{array}{l} E\left(\frac{2k}{p}\right)+E\left(\frac{4k}{p}\right)+E\left(\frac{6k}{p}\right)+\cdots+E\left(\frac{(p-1)k}{p}\right) \\ -2E\left(\frac{k}{p}\right)-2E\left(\frac{2k}{p}\right)-2E\left(\frac{3k}{p}\right)-\cdots-2E\left(\frac{\frac{1}{2}(p-1)k}{p}\right) \end{array}\right\}=\mu.$$

Da man ferner von dem Werte von μ nur zu wissen braucht, ob er gerade oder ungerade ist, so kann man in vorstehender Formel die durch 2 teilbaren Glieder weglassen, wodurch sich einfach ergiebt:

$$\mu=E\left(\frac{2k}{p}\right)+E\left(\frac{4k}{p}\right)+E\left(\frac{6k}{p}\right)+\cdots+E\left(\frac{(p-3)k}{p}\right)+E\left(\frac{(p-1)k}{p}\right).$$

388.

Dieser Wert ist einer Vereinfachung fähig. Setzt man zunächst:

$$k=mp+\pi,$$

wo π positiv und kleiner als p ist, so hat man:

$$\frac{p-1}{p}k=k-m-\frac{\pi}{p}=k-m-1+\frac{p-\pi}{p}.$$

Mithin:

$$E\left(\frac{(p-1)k}{p}\right)=k-m-1=k-1-E\left(\frac{k}{p}\right).$$

In ähnlicher Weise ist:

$$E\left(\frac{(p-3)k}{p}\right)=k-1-E\left(\frac{3k}{p}\right),$$

und ebenso bei den andern. Diese Werte hat man in die Formel zu substituieren und dabei zwei Fälle zu unterscheiden, je nachdem p von der Form $4n+1$ oder von der Form $4n+3$ ist.

1) Ist $p=4n+1$, so ist die Anzahl der Glieder

$$E\left(\frac{2k}{p}\right), E\left(\frac{4k}{p}\right)\ldots$$

gleich $2n$. Die n ersten bilden die Reihe:

$$E\left(\frac{2k}{p}\right)+E\left(\frac{4k}{p}\right)+\cdots+E\left(\frac{2nk}{p}\right).$$

Die n andern, in umgekehrter Reihenfolge geschrieben, bilden die Reihe:

$$E\left(\frac{(p-1)k}{p}\right)+E\left(\frac{(p-3)k}{p}\right)+\cdots+E\left(\frac{(2n+2)k}{p}\right),$$

und diese geht der angegebenen Transformation zufolge über in:

$$n(k-1)-E\left(\frac{k}{p}\right)-E\left(\frac{3k}{p}\right)-E\left(\frac{5k}{p}\right)-\cdots-E\left(\frac{(2n-1)k}{p}\right).$$

Mithin erhält man:

$$\mu=\frac{1}{4}(p-1)(k-1)+E\left(\frac{2k}{p}\right)+E\left(\frac{4k}{p}\right)+\cdots+E\left(\frac{2nk}{p}\right)$$
$$-E\left(\frac{k}{p}\right)-E\left(\frac{3k}{p}\right)-\cdots-E\left(\frac{(2n-1)k}{p}\right).$$

Addiert man zur rechten Seite die gerade Zahl

$$2E\left(\frac{k}{p}\right)+2E\left(\frac{3k}{p}\right)+\cdots+2E\left(\frac{(2n-1)k}{p}\right),$$

was mit Rücksicht auf unsern Zweck gestattet ist, so erhält man einfacher:

$$\mu=\frac{1}{4}(p-1)(k-1)+E\left(\frac{k}{p}\right)+E\left(\frac{2k}{p}\right)+E\left(\frac{3k}{p}\right)+\cdots+E\left(\frac{2nk}{p}\right).$$

2) Ist $p=4n+3$, so giebt es $2n+1$ Glieder in dem Werte von μ. Die n ersten sind immer:

$$E\left(\frac{2k}{p}\right)+E\left(\frac{4k}{p}\right)+E\left(\frac{6k}{p}\right)+\cdots+E\left(\frac{2nk}{p}\right);$$

die $n+1$ andern sind:

$$E\left(\frac{(p-1)k}{p}\right)+E\left(\frac{(p-3)k}{p}\right)+\cdots+E\left(\frac{(2n+2)k}{p}\right),$$

und diese gehen durch die angegebenen Transformationen über in:

$$(n+1)(k-1)-E\left(\frac{k}{p}\right)-E\left(\frac{3k}{p}\right)-E\left(\frac{5k}{p}\right)-\cdots-E\left(\frac{(2n+1)k}{p}\right),$$

so dafs man erhält:

$$\mu=\frac{1}{4}(p+1)(k-1)+E\left(\frac{2k}{p}\right)+E\left(\frac{4k}{p}\right)+\cdots+E\left(\frac{2nk}{p}\right)$$
$$-E\left(\frac{k}{p}\right)-E\left(\frac{3k}{p}\right)-\cdots-E\left(\frac{(2n-1)k}{p}\right)$$
$$-E\left(\frac{(2n+1)k}{p}\right),$$

oder wenn man die gerade Zahl

$$2E\left(\frac{k}{p}\right)+2E\left(\frac{3k}{p}\right)+\cdots$$

addiert:

$$\mu=\frac{1}{4}(p+1)(k-1)+E\left(\frac{k}{p}\right)+E\left(\frac{2k}{p}\right)+E\left(\frac{3k}{p}\right)$$
$$+\cdots+E\left(\frac{(2n+1)k}{p}\right).$$

389.

Da im ersten Falle $\frac{1}{4}(p-1)$, im zweiten Falle $\frac{1}{4}(p+1)$ eine ganze Zahl ist, so reducieren sich allgemein die beiden Formeln auf eine einzige, sobald k eine **ungerade** Zahl ist, nämlich auf:

$$\mu = E\left(\frac{k}{p}\right) + E\left(\frac{2k}{p}\right) + E\left(\frac{3k}{p}\right) + \cdots + E\left(\frac{\frac{1}{2}(p-1)k}{p}\right).$$

390.

Ist k eine **gerade** Zahl, so können die beiden Formeln ebenfalls auf eine einzige gebracht werden, nämlich:

$$\mu = \frac{1}{4}(p \pm 1)(k-1) + E\left(\frac{k}{p}\right) + E\left(\frac{2k}{p}\right) + E\left(\frac{3k}{p}\right) + \cdots + E\left(\frac{\frac{1}{2}(p-1)k}{p}\right),$$

vorausgesetzt, daſs man das doppelte Vorzeichen so bestimmt, daſs $\frac{1}{4}(p \pm 1)$ eine ganze Zahl ist. Ja man kann auch für $\frac{1}{4}(p \pm 1)(k-1)$ einfach $\frac{1}{4}(p \pm 1)$ schreiben, da es sich immer nur darum handelt, zu wissen, ob μ gerade oder ungerade ist.

391.

Ist z. B. $k = 2$, so sind alle Glieder $E\left(\frac{2}{p}\right), E\left(\frac{4}{p}\right), \cdots E\left(\frac{p-1}{p}\right)$ gleich Null und man hat einfach $\mu = \frac{1}{4}(p \pm 1)$.

Wenn daher $p = 8n + 1$ oder $8n + 7$ ist, so ist die Zahl μ gerade, und es ist $\left(\frac{2}{p}\right) = +1$.

Wenn dagegen $p = 8n + 3$ oder $8n + 5$ ist, so ist die Zahl μ ungerade, und es ist $\left(\frac{2}{p}\right) = -1$.

Man gelangt daher sehr einfach zu den bekannten Sätzen, welche die Beziehung enthalten, in welcher 2 zu allen andern Primzahlen steht (No. 150), zu Sätzen, deren Beweis für sehr schwierig gehalten wurde, als die Wissenschaft von den Zahlen noch nicht so weit vorgeschritten war.

392.

Es seien jetzt k und p zwei beliebige ungerade **Primzahlen.** Da wir bereits $\left(\frac{k}{p}\right) = (-1)^{\mu}$ gesetzt haben, so setzen wir analog

$\left(\frac{p}{k}\right) = (-1)^{\nu}$. Dann erhalten wir zufolge der Formel in No. 389:

$$\mu + \nu = E\left(\frac{k}{p}\right) + E\left(\frac{2k}{p}\right) + E\left(\frac{3k}{p}\right) + \cdots + E\left(\frac{\frac{1}{2}(p-1)k}{p}\right)$$
$$+ E\left(\frac{p}{k}\right) + E\left(\frac{2p}{k}\right) + E\left(\frac{3p}{k}\right) + \cdots + E\left(\frac{\frac{1}{2}(k-1)p}{k}\right).$$

Nehmen wir an, dafs $k < p$ sei, und setzen wir:

$$\frac{k}{p} = x, \quad p = 2p' + 1, \quad k = 2k' + 1,$$

so ergiebt sich:

$$\mu + \nu = E(x) + E(2x) + E(3x) + \cdots + E(p'x)$$
$$+ E\left(\frac{1}{x}\right) + E\left(\frac{2}{x}\right) + E\left(\frac{3}{x}\right) + \cdots + E\left(\frac{k'}{x}\right).$$

Ich behaupte nun, dafs sich die rechte Seite auf $p'k'$ reduciert. Wir betrachten zunächst die Reihe:

$$Z = E(x) + E(2x) + E(3x) + \cdots + E(p'x),$$

und bemerken, dafs die Glieder dieser Reihe stufenweise wachsen von Null an, welches wegen $x < 1$ der Wert von $E(x)$ ist, bis zu k', dem Werte von $E(p'x)$; denn es ist

$$p'x = \frac{p'k}{p} = k' + \frac{p' - k'}{p} = k' + \frac{p - k}{2p},$$

folglich $E(p'x) = k'$. Wir müssen nun untersuchen, wieviel Glieder in dieser Reihe gleich 1, wieviel gleich 2, u. s. w. sind.

Zu diesem Zwecke nehmen wir unbestimmte Gröfsen m_1, m_2, $m_3, \cdots m_{k'}$ von der Beschaffenheit an, dafs

$$m_1 x = 1, \quad m_2 x = 2, \quad m_3 x = 3, \quad m_4 x = 4, \cdots m_{k'} x = k'$$

ist. Von diesen Zahlen m_1, $m_2, \ldots$ kann keine eine ganze Zahl sein, da ihr allgemeiner Ausdruck $m_z = \frac{z}{x} = \frac{zp}{k}$ und $z < k$ ist. Ist demnach $E(m_z) = M_z$, so dafs m_z zwischen die aufeinanderfolgenden ganzen Zahlen M_z und $M_z + 1$ fällt, so folgt offenbar aus diesen Annahmen:

1) dafs die ersten Glieder $E(x)$, $E(2x), \cdots$ bis $E(M_1 x)$ gleich Null sind. Ihre Anzahl ist gleich M_1.

2) dafs die folgenden Glieder $E((M_1 + 1)x)$, $E((M_1 + 2)x), \cdots$ bis zu $E(M_2 x)$ einschliefslich den Wert 1 haben. Ihre Anzahl ist gleich $M_2 - M_1$.

3) dafs die folgenden Glieder $E((M_2 + 1)x)$, $E((M_2 + 2)x), \cdots$

bis zu $E(M_3 x)$ einschliefslich den Wert 2 haben. Ihre Anzahl ist gleich $M_3 - M_2$.

Und so geht es weiter bis zu den letzten Gliedern, deren Wert k' und deren Anzahl gleich $p' - M_{k'}$ ist.

Vereinigt man demnach alle Glieder, aus denen der Wert von Z besteht, so erhält man:

$$\begin{aligned} Z = 0 \times M_1 &+ 1(M_2 - M_1) \\ &+ 2(M_3 - M_2) \\ &+ 3(M_4 - M_3) \\ &+ \cdots\cdots\cdots \\ &+ (k'-1)(M_{k'} - M_{k'-1}) \\ &+ k'(p' - M_{k'}), \end{aligned}$$

oder, wenn man zusammenzieht:

$$Z = k'p' - M_1 - M_2 - M_3 - \cdots - M_{k'-1} - M_{k'}.$$

Nun ist aber allgemein:

$$M_z = E(m_z) = E\left(\frac{z}{x}\right).$$

Mithin:

$$Z = k'p' - E\left(\frac{1}{x}\right) - E\left(\frac{2}{x}\right) - E\left(\frac{3}{x}\right) - \cdots - E\left(\frac{k'}{x}\right).$$

Setzt man diesen Wert in den von $\mu + \nu$ ein, so folgt daraus die sehr einfache Formel $\mu + \nu = p'k'$, oder:

$$\mu + \nu = \frac{1}{4}(p-1)(k-1).$$

393.

Aus dieser Formel ergiebt sich unmittelbar der Satz, welcher das zwischen zwei beliebigen Primzahlen p und k bestehende **Reciprocitätsgesetz** enthält. Ist eine der Zahlen p und k oder alle beide von der Form $4n + 1$, so wird die Gröfse $\frac{1}{4}(p-1)(k-1)$ eine gerade Zahl; somit sind die Zahlen μ und ν entweder beide gerade oder beide ungerade, und dies giebt $\left(\frac{p}{k}\right) = \left(\frac{k}{p}\right)$.

Sind die Primzahlen p und k alle beide von der Form $4n + 3$, so ist die Gröfse $\frac{1}{4}(p-1)(k-1)$ eine ungerade Zahl; somit mufs von den beiden Zahlen μ und ν die eine gerade, die andere ungerade sein, und dies giebt: $\left(\frac{k}{p}\right) = -\left(\frac{p}{k}\right)$.

Ferner leitet man die allgemeine, allen Fällen genügende Formel aus den Ausdrücken $\left(\frac{k}{p}\right) = (-1)^\mu$, $\left(\frac{p}{k}\right) = (-1)^\nu$ her. Dieselben ergeben:

$$\left(\frac{k}{p}\right) = \left(\frac{p}{k}\right)(-1)^{\mu+\nu} = (-1)^{\frac{p-1}{2}\cdot\frac{k-1}{2}}\left(\frac{p}{k}\right),$$

wie in No. 166.

Auf diese Weise ist allgemein ein Satz bewiesen, den man als den wichtigsten der Zahlentheorie betrachten kann, und der allen denen, welche es versuchten, ihn auf anderem Wege zu beweisen, grofse Schwierigkeiten bereitete.

Der soeben nach Friedrich Gaufs dafür gegebene Beweis ist um so bemerkenswerter, als er auf den elementarsten Prinzipien beruht; wir werden aber im sechsten Hauptteil Gelegenheit haben, einen viel einfacheren Beweis dieses Satzes zu geben, welcher von dem durch seine schönen Entdeckungen in der Theorie der elliptischen Funktionen bekannten Herrn Jacobi aus Königsberg herrührt.

§ 8.

Über ein sehr bemerkenswertes bei der Auszählung der Primzahlen beobachtetes Gesetz.

394.

Obwohl die Reihe der Primzahlen äufserst unregelmäfsig ist, kann man doch mit einer recht befriedigenden Genauigkeit angeben, **wieviele** dieser Zahlen zwischen 1 und einer gegebenen Grenze x vorhanden sind. Die Formel, welche diese Aufgabe löst, ist:

$$y = \frac{x}{\log x - 1{,}08366},$$

wo $\log x$ einen hyperbolischen Logarithmus darstellt. In der That giebt die Vergleichung dieser Formel mit der unmittelbaren in den umfassendsten Tafeln, wie denen von Vega, Chernac oder Burckhardt, vorgenommenen Auszählung die folgenden Resultate:

Grenze x.	Zahl y. Aus der Formel.	Zahl y. Aus den Tafeln.	Grenze x.	Zahl y. Aus der Formel.	Zahl y. Aus den Tafeln.
10000	1230	1230	200000	17982	17984
20000	2268	2263	250000	22035	22045
30000	3252	3246	300000	26023	25988
40000	4205	4204	350000	29961	29977
50000	5136	5134	400000	33854	33861
60000	6049	6058	500000	41533	41538
70000	6949	6936	600000	49096	49093
80000	7838	7837	700000	56565	56535
90000	8717	8713	800000	63955	63937
100000	9588	9592	900000	71279	71268
150000	13844	13849	1000000	78543	78493

395.

Unmöglich kann eine Formel eine ebenso weit ausgedehnte und notwendigerweise häufigen Unregelmäfsigkeiten unterworfene Reihe von Zahlen genauer darstellen. Um ein ohnehin bemerkenswertes Gesetz noch besser zu beleuchten, füge ich hinzu, dafs, als ich nach einem bald auseinanderzusetzenden Verfahren suchte, wie viel Primzahlen zwischen 1 und 1000000 enthalten seien, ich deren 78527 fand, ein Resultat, welches wenig von dem der in den Tafeln vorgenommenen Auszählung und noch weniger von dem durch die Formel gelieferten verschieden ist. Es besteht daher kein Zweifel darüber, nicht nur, dafs das allgemeine Gesetz durch eine Funktion von der Form $\frac{x}{A\log x + B}$ dargestellt wird, sondern auch, dafs die Koefficienten wirklich die sehr angenäherten Werte $A = 1, \cdots,\ B = -1{,}08366$ besitzen. Es bliebe also nur noch übrig, dieses Gesetz von vornherein zu beweisen. Es ist dies eine interessante Untersuchung, über welche wir nachstehend einige Versuche mitteilen.

396.

Nennt man α die Gröfse, um welche man x vermehren mufs, damit y in $y+1$ übergehe, so hat man zur Bestimmung von α die folgende Gleichung, in welcher zur Abkürzung $c = 1{,}08366$ gesetzt ist:

$$1 = \frac{x+\alpha}{\log(x+\alpha) - c} - \frac{x}{\log x - c}.$$

Hieraus erhält man unter der Voraussetzung, dafs x eine sehr grofse Zahl sei:

$$\alpha = (\log x - c + 1)\left(1 + \frac{1}{2x}\right)$$

oder einfach:

$$\alpha = \log x - 0{,}08366,$$

da diese Bestimmungen keine strenge Genauigkeit gestatten.

Es folgt hieraus, dafs in dem Mafse, wie x wächst, die Differenz zwischen zwei x benachbarten Primzahlen ebenfalls wächst, und dafs dieselbe, was ihren mittleren Wert betrifft, mit grofser Annäherung durch $\log x - 0{,}08366$ dargestellt werden kann, so dafs man in einem Intervalle von $2m$ zwischen $x - m$ und $x + m$ enthaltenen Gliedern eben so viele Primzahlen zählen mufs als $\frac{2m}{\log x - 0{,}08366}$ Einheiten enthält, vorausgesetzt dafs m hinreichend klein im Verhältnis zu x ist.

Dieses Resultat stimmt übrigens sehr gut mit der Natur der Primzahlen überein, welche im Allgemeinen um so weiter von einander entfernt sein müssen, je gröfser sie werden. Denn die Wahrscheinlichkeit, dafs eine beliebig herausgegriffene Zahl eine Primzahl ist, nimmt stets in dem Mafse ab, als diese Zahl zunimmt, da die Anzahl der Divisionen, welche man auszuführen hat, um sich zu überzeugen, dafs sie eine Primzahl ist, immer gröfser wird.

397.

Nach dem soeben erhaltenen Resultate scheint es, dafs die convergenten Reihen, welche von dem Gesetz der Primzahlen abhängen, so summiert werden könnten, als ob dieses Gesetz ein regelmäfsiges und von der Art sei, dafs, wenn irgend ein Glied mit x bezeichnet wird, das folgende Glied $x + \log x - c + 1$ ist. Im Folgenden gebe ich einen Versuch, solche Summationen auszuführen. Dieselben sind übrigens zu verificieren, sei es durch numerische Berechnung, sei es durch direktere Methoden.

Wir stellen uns zunächst die Aufgabe, das Produkt

$$z = \left(1 - \frac{1}{3}\right)\left(1 - \frac{1}{5}\right)\left(1 - \frac{1}{7}\right)\left(1 - \frac{1}{11}\right)\cdots\left(1 - \frac{1}{\omega}\right),$$

in welchem die Nenner die aufeinanderfolgenden Primzahlen von 3 bis ω sind, zu berechnen.

Nennt man z' dasjenige, was aus z wird, wenn sich ω in $\omega + \log \omega - c + 1$ oder in $\omega + \alpha$ verwandelt, so ist:

$$z' = z\,\frac{\omega + \alpha - 1}{\omega + \alpha}.$$

Nach den bekannten Formeln aber hat man:

$$z' = z + \alpha \frac{dz}{d\omega} + \frac{1}{2}\alpha^2 \frac{d^2z}{d\omega^2} + \cdots$$

Betrachtet man demnach α als sehr klein im Verhältnis zu ω, was um so genauer ist, je gröfser ω ist, so erhält man sehr nahe:

$$\frac{dz}{z} = \frac{-d\omega}{\omega\alpha} = \frac{-d\alpha}{\alpha},$$

und dies giebt:

$$z = \frac{A}{\alpha} = \frac{A}{\log\omega - 0{,}08366}.$$

Berücksichtigte man die Glieder zweiter Ordnung, so erhielte man genauer:

$$z = \frac{A\left(1 - \frac{1}{2\omega}\right)}{\log\omega - 0{,}08366 + \frac{1}{2\omega}}.$$

Indessen ist der erste Wert hinreichend genau. Setzt man $A = 1{,}104$, so findet man leicht die in Tafel IX enthaltenen Zahlen.

398.

Es sei jetzt die Reihe der Brüche

$$z = \frac{1}{3^2} + \frac{1}{5^2} + \frac{1}{7^2} + \frac{1}{11^2} + \cdots + \frac{1}{\omega^2},$$

in welcher die Nenner die Quadrate der aufeinanderfolgenden Primzahlen sind, zu summieren.

Setzt man $\omega + \alpha$ an die Stelle von ω, so wird:

$$z' - z = \frac{1}{(\omega + \alpha)^2},$$

oder:

$$\alpha \frac{dz}{d\omega} + \frac{1}{2}\alpha^2 \frac{d^2z}{d\omega^2} + \cdots = \frac{1}{\omega^2} - \frac{2\alpha}{\omega^3} + \cdots$$

Folglich:

$$z = A - \frac{1}{\omega(\alpha + 1)} = A - \frac{1}{\omega(\log\omega + 0{,}91634)}.$$

Die Konstante A ist der Wert der ins Unendliche fortgesetzten Reihe. Euler fand denselben gleich 0,202247 (Intr. in Anal. inf. No. 282).

399.

Was die Summe der einfachen reciproken Reihe

$$u = \frac{1}{3} + \frac{1}{5} + \frac{1}{7} + \frac{1}{11} + \cdots + \frac{1}{\omega}$$

anlangt, so kann man dieselbe aus den beiden bereits gefundenen Summen ableiten. Da nämlich

$$\left(1-\frac{1}{3}\right)\left(1-\frac{1}{5}\right)\left(1-\frac{1}{7}\right)\cdots\left(1-\frac{1}{\omega}\right)=\frac{1{,}104}{\log\omega-0{,}08366}$$

ist, so erhält man, wenn man beiderseits die Logarithmen nimmt, nach bekannten Formeln:

$$\left.\begin{aligned}&\frac{1}{3}+\frac{1}{5}+\frac{1}{7}+\cdots+\frac{1}{\omega}\\+&\frac{1}{2}\left(\frac{1}{3^2}+\frac{1}{5^2}+\frac{1}{7^2}+\cdots+\frac{1}{\omega^2}\right)\\+&\frac{1}{3}\left(\frac{1}{3^3}+\frac{1}{5^3}+\frac{1}{7^3}+\cdots+\frac{1}{\omega^3}\right)\\+&\cdots\cdots\cdots\cdots\cdots\cdots\end{aligned}\right\}=\log(\log\omega-0{,}08366)-\log 1{,}104.$$

Nun besitzt die Reihe $\frac{1}{3^2}+\frac{1}{5^2}+\cdots+\frac{1}{\omega^2}$, wenn man die Glieder von der Ordnung $\frac{1}{\omega\log\omega}$ vernachlässigt, die Summe 0,202247; die andern Summen reducieren sich ebenfalls auf Konstanten, deren angenäherte Werte sich leicht bestimmen lassen. Man erhält daher die gesuchte Summe:

$$u=\log(\log\omega-0{,}08366)-0{,}2215.$$

400.

Die Eigenschaft der vorigen Reihe, eine unendliche Summe zu haben, vermag einiges Licht über das allgemeine Gesetz der Primzahlen zu verbreiten.

Betrachtet man nämlich u als eine Funktion von ω, welche der Gleichung

$$u=\frac{1}{3}+\frac{1}{5}+\frac{1}{7}+\frac{1}{11}+\cdots+\frac{1}{\omega}$$

genügt, so erhält man, wenn ω in $\omega+\alpha$ übergeht:

$$\alpha\frac{du}{d\omega}+\frac{\alpha^2}{2}\frac{d^2u}{d\omega^2}+\cdots=\frac{1}{\omega+\alpha}=\frac{1}{\omega}-\frac{\alpha}{\omega^2}+\cdots,$$

und nimmt man an, dafs ω sehr grofs oder α sehr klein im Verhältnis zu ω sei, so reducieren sich diese Reihen auf ihr erstes Glied und geben:

$$du=\frac{1}{\alpha}\frac{d\omega}{\omega}.$$

Unter der nämlichen Voraussetzung eines sehr grofsen ω kann man annehmen, dafs der Wert von α, nach absteigenden Potenzen von ω entwickelt, der folgende ist: $\alpha=A\omega^m+B\omega^n+\cdots$, wobei der Exponent m gröſser ist als die folgenden. Betrachtet man also nur das erste Glied dieser Reihe, so wird:

$$du = \frac{1}{A} \cdot \frac{d\omega}{\omega^{m+1}},$$

folglich:

$$u = C - \frac{1}{mA\omega^m}.$$

Wenn aber m eine positive endliche Gröſse wäre, so würde sich, wenn man $\omega = \infty$ setzte, u auf die Konstante C reducieren, was nicht stattfinden kann, da man weiſs, daſs u alsdann unendlich groſs ist. Andrerseits kann nicht $m = 0$ sein, weil alsdann der Unterschied zweier aufeinanderfolgenden Primzahlen eine Konstante A zur Grenze haben würde, während derselbe der Natur dieser Zahlen zufolge unbegrenzt wachsen muſs. Mithin muſs m unendlich klein sein, und alsdann nimmt $A\omega^m + B\omega^n + \cdots$ die Form $A \log \omega + B$ an. Setzt man also $\alpha = A \log \omega + B$, so ist:

$$du = \frac{1}{\alpha} \cdot \frac{d\omega}{\omega} = \frac{1}{A} \cdot \frac{d\alpha}{\alpha},$$

folglich:

$$u = \frac{1}{A} \log \alpha + C,$$

eine Gröſse, welche unendlich wird, wie es sein muſs, falls ω unendlich ist.

401.

Da man $\alpha = A \log \omega + B$ hat, so kann man hieraus leicht mit Hülfe der Gleichung $y' - y = 1$ oder $\alpha \frac{dy}{d\omega} = 1$ die Funktion y ableiten. Man erhält $dy = \frac{d\omega}{\alpha}$, und wenn man integriert:

$$y = \frac{\omega}{\alpha} + \int \frac{\omega\, d\alpha}{\alpha^2} = \frac{\omega}{\alpha} + \int \frac{A\, d\omega}{\alpha^2} = \frac{\omega}{\alpha} + \frac{A\omega}{\alpha^2} = \frac{\omega}{\alpha - A},$$

also:

$$y = \frac{\omega}{A \log \omega + B - A},$$

und dies stimmt mit der oben angegebenen allgemeinen Formel überein, wenn man $A = 1$, $B = -0{,}08366$ setzt.

Man beachte, daſs wir auf diese Weise mit Hülfe der Integralrechnung eine wesentliche Eigenschaft der Primzahlen erhalten. Alle mathematischen Wahrheiten aber stehen im Zusammenhang mit einander, und alle Hülfsmittel, welche zu ihrer

Entdeckung dienen, sind gleich zulässig. So hat man von der Betrachtung der Funktionen Gebrauch gemacht, um verschiedene fundamentale Sätze aus der Geometrie und Mechanik zu beweisen.

§ 9.

Beweis verschiedener Sätze über die arithmetischen Progressionen.

402.

Es sei die arithmetische Progression gegeben:

$$A - C,\ 2A - C,\ 3A - C, \cdots,\ nA - C, \qquad (Z)$$

in welcher A und C irgendwelche zu einander prime Zahlen sind. Ferner sei ϑ eine Primzahl, welche nicht in A aufgeht. Bestimmt man dann x derartig, dafs $Ax - C$ durch ϑ teilbar ist, so wird der Wert von x allgemein von der Form $x = \alpha + \vartheta z$ sein, woraus man erkennt, dafs die durch ϑ teilbaren Glieder in der gegebenen arithmetischen Progression selbst wieder die arithmetische Progression

$$A\alpha - C,\ A(\alpha + \vartheta) - C,\ A(\alpha + 2\vartheta) - C, \ldots$$

bilden, und dafs es somit unter ϑ aufeinanderfolgenden, an irgend einer Stelle der Progression (Z) gewählten Gliedern stets ein durch ϑ teilbares Glied giebt, welchem eine Reihe anderer gleichfalls durch ϑ teilbarer und von einander um das Intervall ϑ abstehender Glieder vorangeht und nachfolgt.

Nachdem dieses festgestellt ist, sei $\vartheta, \lambda, \mu, \ldots \psi, \omega$ eine Reihe beliebig angenommener und in irgendwelcher Ordnung aufeinanderfolgender Primzahlen, von denen jedoch keine in A aufgeht. Wir untersuchen, welches in der Progression (Z) die gröfste Anzahl von aufeinanderfolgenden Gliedern ist, welche durch irgend eine der Zahlen der Reihe $\vartheta, \lambda, \mu, \ldots \psi, \omega$, die wir die Reihe (a) nennen wollen, teilbar sind. Zu diesem Zwecke müssen wir zunächst die einfachsten Fälle untersuchen.

403.

Betrachtet man zunächst nur **zwei** Primzahlen ϑ, λ, so kann es nicht mehr als zwei aufeinanderfolgende Glieder geben, von denen das eine durch ϑ, das andere durch λ teilbar ist. Diese Glieder können durch (ϑ), (λ) bezeichnet werden. Das auf (λ) folgende Glied kann nicht durch ϑ teilbar sein; denn da das Intervall bis (ϑ) nur zwei Glieder enthält, so müfste $\vartheta = 2$ sein. Dieser Fall ist aber ausgeschlossen, da wir in der Reihe (a) nur ungerade Primzahlen in Betracht ziehen. Aus demselben Grunde kann das Glied, welches (ϑ) vorangeht, nicht durch λ und noch weniger durch ϑ teilbar sein. Mithin ist in diesem ersten Falle das gesuchte Maximum $M = 2$.

404.

Sind **drei** Primzahlen ϑ, λ, μ gegeben, so kann man sich denken, dafs drei aufeinanderfolgende Glieder durch diese Zahlen teilbar seien. Dieselben seien mit (ϑ), (λ), (μ) bezeichnet. Damit das auf (μ) folgende Glied durch ϑ teilbar sei, mufs ϑ gleich 3 sein, und damit das Glied, welches (ϑ) vorangeht, durch μ teilbar sei, mufs μ gleich 3 sein. Da jedoch die betrachteten Primzahlen notwendig von einander verschieden sind, so kann nur eine von diesen Annahmen stattfinden. In dem Falle also, wo $\vartheta = 3$ ist, könnte es vier aufeinanderfolgende Glieder (3), (λ), (μ), (3) geben, von denen jedes durch eine der Primzahlen 3, λ, μ teilbar ist. Unmittelbar hinter diesen vier Gliedern kann man kein fünftes von dieser Beschaffenheit annehmen; denn da der kleinste Wert, welchen λ haben kann, 5 ist, so würde das erste durch 5 teilbare Glied hinter (λ) das siebente und nicht das fünfte sein. Mithin hat man in dem Falle, wo die Reihe (a) aus drei Primzahlen besteht, höchstens $M = 4$; obendrein mufs aber eine dieser Primzahlen gleich 3 sein.

405.

Wir nehmen jetzt an, dafs die Reihe (a) aus **vier** Primzahlen ϑ, λ, μ, ν bestehe, und betrachten vier aufeinanderfolgende, durch diese Zahlen teilbare Glieder, nämlich (ϑ), (λ), (μ), (ν). Soll zu diesen noch ein fünftes hinzutreten, so mufs λ gleich 3 sein; alsdann erhält man die fünf aufeinanderfolgenden Glieder (ϑ), (3), (μ), (ν), (3). Soll zu diesen noch ein sechstes hinzukommen, so ist dies nur möglich, wenn $\vartheta = 5$ ist; denn alsdann würde man die sechs Glieder (5), (3), (μ), (ν), (3), (5) erhalten. Diese Reihe kann weder nach rechts noch nach links weiter fortgesetzt werden; denn da μ und ν gröfser sein müssen wie 5, so gehen die durch μ oder durch ν teilbaren Glieder weit darüber hinaus. Mithin giebt es in dem Falle, wo die Reihe (a) aus vier Gliedern besteht, nur höchstens sechs aufeinanderfolgende Glieder in der Progression (Z), welche durch irgend eins der Glieder der Reihe (a) teilbar sind. Man hat also dann $M = 6$;

jedoch findet dieses Maximum nur statt, wenn zwei der vier Primzahlen gleich 3 und 5 sind.

406.

In der That sieht man ein, dafs die kleinsten Primzahlen am ehesten unter sonst gleichen Umständen den gröfsten Wert von M zu liefern vermögen, da bei gröfseren Primzahlen auch die Abstände der Glieder, deren Teiler sie sind, gröfser werden.

Auf Grund dieser Beobachtung kann man sogleich die natürliche Reihe der Primzahlen $3, 5, 7, \ldots \psi, \omega$ in Betracht ziehen, indem man nur zwei Unbestimmte übrig läfst, wie es in den behandelten Fällen geschehen ist. Das für diese Reihe gefundene Maximum wird um so mehr gelten für die Reihe (a), welche aus einer gleichen Anzahl von Gliedern $\vartheta, \lambda, \mu, \ldots \psi, \omega$ besteht.

Es seien also die fünf Primzahlen $3, 5, 7, \psi, \omega$ gegeben. Wie wir bereits gefunden haben, können wir mit den vier Primzahlen $3, 5, \psi, \omega$ die sechs aufeinanderfolgenden Glieder (5), (3), (ψ), (ω), (3), (5) bilden. Nähme man 7 an Stelle von ψ oder ω, so könnte man höchstens nur die acht Glieder (5), (3), (7), (ω), (3), (5), (ψ), (3) bilden, denn ihre Fortsetzung nach rechts würde erfordern, dafs ω gleich 5, und die nach links, dafs ψ gleich 7 wäre. Man erhält jedoch ein gröfseres Resultat, wenn man ψ und ω so läfst, wie in der ersten Anordnung, und dann (7) auf der einen Seite hinzusetzt. Dies gestattet zu gleicher Zeit, (7) auch auf der andern Seite hinzusetzen, da das Intervall der beiden Glieder (7) und (7) aus sieben Gliedern besteht, wie es sein mufs. Man erhält somit die acht aufeinanderfolgenden Glieder: (7), (5), (3), (ψ), (ω), (3), (5), (7). Ferner aber kann man offenbar noch (3) auf beiden Seiten hinzufügen, weil der erforderliche Abstand von den nächsten Gliedern (3) gewahrt ist. Auf diese Weise erhält man eine Verbindung von zehn Gliedern, nämlich (3), (7), (5), (3), (ψ), (ω), (3), (5), (7), (3). Dieselbe läfst sich aber weder nach rechts noch nach links weiter fortsetzen, da hierzu ω oder ψ gleich 5 sein müfste, was nicht der Fall ist, weil 5 bereits Verwendung gefunden. Mithin ist in dem Falle, wo die Reihe (a) aus fünf Gliedern besteht, das gesuchte Maximum $M = 10$.

407.

Man hätte durch eine einfache Betrachtung unmittelbar zu diesem Resultate gelangen können. Da die durch 3 teilbaren, und durch (3) dargestellten Glieder in einem Abstande von drei Stellen, die durch 5 teilbaren Glieder in einem Abstande von fünf Stellen u. s. w. aufeinanderfolgen, so hat die Reihe der in möglichst grofser Anzahl zu bildenden aufeinanderfolgenden Glieder diese Eigenschaft mit der Reihe der ungeraden Zahlen, bei welcher man von irgend einem Gliede anfangen kann, gemeinschaftlich, da in dieser letzteren Reihe die durch 3, durch 5 u. s. w. teilbaren Glieder ebenfalls in Abständen von 3, von 5 u. s. w. Gliedern aufeinanderfolgen. Will man aber die gröfste Anzahl von aufeinanderfolgenden, durch irgend eine der Primzahlen 3, 5, 7, 11,... teilbaren Gliedern dieser Reihe erhalten, so mufs man die Reihe der ungeraden Zahlen in ihren kleinsten Gliedern d. h. vom Anfang dieser Reihe an betrachten. Denn bei einer weiteren Entfernung würde man durch Primzahlen, welche gröfser als die gegebenen Primzahlen sind, gezwungen werden anzuhalten, und diese würden die Continuität der Glieder, die man bilden will, verhindern. Man mufs daher ganz einfach die Reihe 1, 3, 5, 7, 9, 11,... betrachten. Dieselbe kann man auch nach der entgegengesetzten Richtung hin fortsetzen, also:

$$\cdots -9,\ -7,\ -5,\ -3,\ -1,\ 1,\ 3,\ 5,\ 7,\ 9,\cdots,$$

oder man kann, da es auf die Vorzeichen der Zahlen nicht ankommt, sobald man nur allein auf ihre Eigenschaft, durch eine gegebene Zahl teilbar oder nicht teilbar zu sein, Rücksicht nimmt, die doppelte Reihe betrachten:

$$\cdots 15,\ 13,\ 11,\ 9,\ 7,\ 5,\ 3,\ 1,\ 1,\ 3,\ 5,\ 7,\ 9,\ 11,\ 13,\ 15.\cdots$$

In dieser folgen die durch 3, 5, 7,... teilbaren Glieder immer in Abständen von 3, 5, 7,... Gliedern aufeinander, und diese Reihe hat den Vorteil, dafs sie aus den kleinstmöglichen Gliedern besteht. Bezeichnet man wie oben jedes Glied durch die kleinste Primzahl, welche darin aufgeht, so kann man die Reihe folgendermafsen darstellen:

$$\cdots(3),\ (13),\ (11),\ (3),\ (7),\ (5),\ (3),\ (1),\ (1),\ (3),\ (5),\ (7),\ (3),\ (11),\ (13),\ (3)\cdots$$

408.

Sind jetzt 3, 5, 7, ψ, ω die gegebenen Primzahlen, so setze man in der vorstehenden Reihe die Unbestimmten (ψ), (ω) an die Stelle der beiden Glieder (1) und (1), welche die Mitte einnehmen, und nehme von den vorangehenden und nachfolgenden Gliedern alle diejenigen, welche (7) nicht übersteigen. Auf diese Weise erhält man für den in Rede stehenden Fall unmittelbar die Reihe:

$$(3),\ (7),\ (5),\ (3),\ (\psi),\ (\omega),\ (3),\ (5),\ (7),\ (3),$$

welche aus zehn Gliedern besteht und, wie bereits oben gefunden worden ist, das Maximum $M = 10$ liefert.

Es ist nun nichts leichter, als dieses Resultat für beliebig viele Primzahlen zu verallgemeinern. Hat man z. B. die sechs Primzahlen $3,\ 5,\ 7,\ 11,\ \psi,\ \omega$, so sieht man, daſs die Verbindung, welche die gröſste Anzahl von aufeinanderfolgenden, durch irgend eine dieser Primzahlen teilbaren Gliedern hervorbringt, die folgende ist:

$$(11),\ (3),\ (7),\ (5),\ (3),\ (\psi),\ (\omega),\ (3),\ (5),\ (7),\ (3),\ (11),$$

und diese liefert das Maximum $M = 12$.

Nimmt man noch eine Primzahl hinzu, so daſs die Reihe (a) aus den sieben Gliedern $3,\ 5,\ 7,\ 11,\ 13,\ \psi,\ \omega$ besteht, so erhält man die Verbindung:

$$(3),\ (13),\ (11),\ (3),\ (7),\ (5),\ (3),\ (\psi),\ (\omega),\ (3),\ (5),\ (7),$$
$$(3),\ (11),\ (13),\ (3),$$

welche sechzehn Glieder enthält und $M = 16$ ergiebt. Dieselbe kann nicht weiter fortgesetzt werden, weil das Glied, welches auf der einen oder andern Seite folgen würde, (17) ist. Aber selbst wenn ψ oder ω gleich 17 wäre, so könnte man diese Zahl doch nicht zur Fortsetzung der Reihe verwenden, da sie gegen die Mitte hin einen leeren Platz lassen würde.

409.

Ich bemerke jetzt, daſs die Zahl 16, welche der vorhergehenden Aufgabe genügt, nichts andres ist als $17 - 1$, wo 17 die unmittelbar auf 13 folgende Primzahl ist, und es ist leicht zu sehen, daſs dieses Resultat, in solcher Weise verallgemeinert, richtig ist. Denn die Progression, von welcher wir soeben Gebrauch gemacht haben, ist nichts anderes als die nach entgegengesetzten Richtungen wiederholte Reihe der ungeraden Zahlen $1, 3, 5, 7, 9 \ldots$, bei welcher jedes Glied durch die kleinste darin aufgehende Primzahl bezeichnet ist. Man kann daher das gegenseitige Entsprechen beider Progressionen in folgender Weise zur Anschauung bringen:

$$\overset{*}{17},\ 15,\ 13,\ 11,\ 9,\ 7,\ 5,\ 3,\ 1,\ 1,\ 3,\ 5,\ 7,\ 9,\ 11,\ 13,\ 15,\ \overset{*}{17}$$
$$(3),(13),(11),(3),(7),(5),(3),(\psi),(\omega),(3),(5),(7),(3),(11),(13),(3).$$

Bei dieser Anordnung aber erkennt man deutlich, daſs die Anzahl der Glieder, welche zwischen den beiden mit $\overset{*}{17}$, $\overset{*}{17}$ bezeichneten Gliedern enthalten sind, gleich $17-1$ ist. Mithin hat man $M=17-1$.

Ebenso leicht sieht man allgemein, dafs, wenn die Reihe (a) aus k Primzahlen besteht, von denen zwei, ψ und ω, unbestimmt sind, die andern aber die natürliche Reihe 3, 5, 7, 11, 13, 17,... bis zu $\pi^{(k-2)}$ bilden, das gesuchte Maximum ist:

$$M=\pi^{(k-1)}-1,$$

wobei $\pi^{(k-1)}$ das an $k-1^{\text{ter}}$ Stelle befindliche Glied in der Reihe der Primzahlen 3, 5, 7, 11,... bedeutet.

Diese Formel steht im Einklang mit den von uns gefundenen besonderen Resultaten. Es ergiebt sich aus ihr der folgende allgemeine **Satz:**

410.

Es sei eine beliebige arithmetische Progression $A-C$, $2A-C$, $3A-C, \ldots$ gegeben, in welcher A und C relative Primzahlen sind; es sei ferner eine Reihe $\vartheta, \lambda, \mu, \ldots \psi, \omega$ gegeben, welche aus k ungeraden, beliebig gewählten und in irgendwelcher Reihenfolge angeordneten Primzahlen besteht. Nennt man dann allgemein $\pi^{(z)}$ das z^{te} Glied in der natürlichen Reihe der Primzahlen 3, 5, 7, 11,..., so giebt es unter $\pi^{(k-1)}$ aufeinanderfolgenden Gliedern der gegebenen Progression wenigstens eine, welche durch keine der Primzahlen $\vartheta, \lambda, \mu, \ldots \psi, \omega$ teilbar ist.

Denn wie wir eben bewiesen haben, kann es in der in Rede stehenden Progression höchstens nur $\pi^{(k-1)}-1$ aufeinanderfolgende Glieder geben, welche durch irgend eine der Primzahlen $\vartheta, \lambda, \mu, \ldots \psi, \omega$ teilbar sind. Mithin giebt es unter $\pi^{(k-1)}$ aufeinanderfolgenden Gliedern wenigstens eins, welches durch keine von diesen Zahlen teilbar ist.

Dieser sehr bemerkenswerte Satz läfst mehrere schöne Anwendungen zu. Man kann sich davon durch die beiden Folgerungen, die wir aus ihm ziehen werden, überzeugen.

411.

Wenn die Progression $A-C$, $2A-C$, $3A-C, \ldots$, bis zum n^{ten} Gliede $nA-C$ fortgesetzt ist, so sei L die gröfste in $\sqrt{nA-C}$ enthaltene ganze Zahl; zugleich sei ω die unmittelbar unterhalb L gelegene Primzahl und ψ die Primzahl, welche ω vorangeht. Wählt man dann in der Progression $A - C$, $2A - C$, $3A - C, \ldots$ an irgendwelcher Stelle ψ aufeinanderfolgende Glieder aus, so mufs es dem vorhergehenden Satze zufolge unter diesen ψ Gliedern wenigstens eins geben, welches durch keine der Primzahlen $3, 5, 7, 11, \ldots \psi, \omega$ teilbar ist, und welches somit, wenn die Progression mit dem Gliede $nA - C$ ihr Ende erreicht, eine Primzahl ist.

Die Anzahl der Glieder der Progression, von demjenigen an, welches $\sqrt{nA - C}$ am nächsten liegt, bis zum letzten Gliede $nA - C$, beträgt nahezu $n - \sqrt{\frac{n}{A}}$ (denn man nimmt $C < A$ an, und es ist $\psi < \sqrt{nA}$). Mithin giebt es unter den n Gliedern der betrachteten Progression wenigstens ebensoviel Primzahlen, als in $\frac{n - \sqrt{\frac{n}{A}}}{\sqrt{nA}}$ oder ungefähr in $\sqrt{\frac{n}{A}}$ Einheiten enthalten sind. Diese Zahl kann so grofs werden als man will, wenn man n einen geeigneten Wert giebt. Folglich:

Jede arithmetische Progression, deren erstes Glied und Differenz relative Primzahlen sind, enthält unendlich viele Primzahlen.

Diesen Satz, welcher in der Zahlentheorie von grofsem Nutzen ist, habe ich in den Abhandlungen der Akademie der Wissenschaften vom Jahre 1785 angegeben. Bisher jedoch war ein Beweis desselben noch nicht bekannt, und schien derselbe grofse Schwierigkeiten darzubieten.

412.

Man könnte, falls es nötig wäre, die Grenzen, zwischen denen eine Primzahl liegen mufs, stufenweise verengern; denn die Zahl $\pi^{(k-1)}$, welche die Ausdehnung dieser Grenzen angiebt, nimmt zu gleicher Zeit mit n und zwar im Verhältnis von $\sqrt{n}$ ab. Wenn demnach n kleiner oder die Progression weniger weit fortgesetzt ist, so bedarf man einer geringeren Anzahl von aufeinanderfolgenden Gliedern, um unter ihnen eine Primzahl zu finden, als wenn die Progression eine gröfsere Ausdehnung besitzt. Aus diesem Grunde würde man für die Anzahl der Glieder der Progression, welche Primzahlen sind, eine Zahl gröfser als $\sqrt{\frac{n}{A}}$ finden. Dieses Resultat würde noch gröfser werden, wenn man die ungeraden Primzahlen, welche in A

aufgehen können, ausschliefst; denn ist die Anzahl dieser gleich i, so müfste man an Stelle der im Satze der No. 410 erwähnten Zahl $\pi^{(k-1)}$ die Zahl $\pi^{(k-1-i)}$ nehmen. Jedoch sind diese Bemerkungen minder wichtig, vielmehr genügt es, allgemein bewiesen zu haben, dafs jede arithmetische Progression, in welcher A und C relative Primzahlen sind, unendlich viele Primzahlen enthält. Was die Menge der unter n Gliedern der Progression enthaltenen Primzahlen betrifft, so kann dieselbe nur mittelst anderer Betrachtungen bestimmt werden.

413.

Wir untersuchen jetzt specieller die Progression der **ungeraden** Zahlen $1, 3, 5, 7, 9, \ldots 2n-1$, und stellen uns die Aufgabe zu bestimmen, wie viele Glieder wir zu dieser Progression hinzufügen müssen, damit sich unter diesen Gliedern notwendig eine Primzahl vorfinde.

Ist ψ die Primzahl, welche der Aufgabe genügt, und ω die unmittelbar auf ψ folgende Primzahl, so mufs unserm Satze zufolge ω die gröfste in $\sqrt{2n+2\psi-1}$ enthaltene Primzahl, mithin

$$\omega^2 - 2\psi + 1 < 2n$$

sein. Es kann aber $\omega - \psi$ nicht kleiner als 2 sein; folglich erhält man:

$$\omega^2 - 2\omega + 1 < 2n - 4,$$

somit:

$$\omega - 1 < \sqrt{2n-4},$$

und daher:

$$\psi < -1 + \sqrt{2n-4}.$$

Diese allgemeine Lösung liefert den folgenden **Satz:**

Ist ψ die gröfste in $\sqrt{2n-4} - 1$ enthaltene Primzahl, so giebt es unter den ψ, unmittelbar auf $2n-1$ folgenden ungeraden Zahlen stets wenigstens eine Primzahl.

414.

Ist z. B. $2n - 1 = 113$ oder $n = 57$, so ist die gröfste in $\sqrt{110} - 1$ enthaltene Primzahl 7. Mithin giebt es unter den sieben auf 113 folgenden ungeraden Zahlen, welche lauten: 115, 117, 119, 121, 123, 125, 127, notwendig eine Primzahl. Dieselbe ist 127, also gerade die siebente.

Man findet hier die auf 7 bestimmte Grenze gerade von der

erforderlichen Gröfse. Sehr häufig aber, und besonders wenn n sehr grofs ist, ist die gefundene Grenze viel zu weit. Man würde sie noch weiter hinausrücken, dafür aber den Wortlaut des Satzes vereinfachen, wenn man sagte, dafs zwischen L und $L + 2\sqrt{L}$ sich notwendig eine Primzahl vorfinden mufs.

Dieser Satz ist wenigstens ein erster Schritt zur Lösung der als sehr schwierig betrachteten Aufgabe, eine Primzahl zu finden, welche gröfser als eine gegebene Grenze ist.

Bemerkung. Gäbe man n sehr kleine Werte, so würde man finden, dafs dieser Satz einigen Ausnahmen unterworfen ist. Da wir jedoch vorausgesetzt haben, dafs ψ ein Glied der Reihe 3, 5, 7, 11,... sein soll, so mufs $\sqrt{2n - 4} - 1 > 3$ und somit $n > 10$ sein. Alsdann aber giebt es keine Ausnahme.

§ 10.

Es wird bewiesen, dafs jeder quadratische Teiler der Formel $t^2 + Nu^2$ wenigstens eine Zahl Z enthält, welche kleiner als N und prim zu N oder $\frac{1}{2}N$ ist.

415.

Dieser Satz ist notwendig, um den Beweis des Satzes 12 im dritten Hauptteile zu vervollständigen; er findet sich unmittelbar an allen Beispielen, die man sich vorlegen kann, bestätigt, ja man kann sogar den allgemeinen Wert von Z bei einer grofsen Zahl von quadratischen Teilern angeben, welche einen unbestimmten Koefficienten enthalten und sich daher auf unendlich viele Werte von N beziehen. Indessen wollen wir von diesen speciellen Fällen nur diejenigen anführen, welche notwendig sind, um zum allgemeinen Beweise des Satzes zu gelangen.

Da wir hauptsächlich die Formeln der Tafel VIII, welche den Gegenstand des erwähnten Satzes bilden, im Auge haben, so werden wir uns derselben Benennungen bedienen. Es sei also der quadratische Teiler gegeben:

$$\Gamma = cy^2 + 2byz + az^2,$$

in welchem

$$ac - b^2 = N, \quad a \text{ und } c > 2b, \quad \text{und } c < 2\sqrt{\tfrac{1}{3}N}$$

ist. Wir setzen voraus, dafs die drei Zahlen a, b, c keinen gemeinschaftlichen Teiler haben; denn hätten sie einen solchen, so könnte der ausgesprochene Satz offenbar nicht stattfinden.

416.

Nachdem dieses festgestellt ist, bemerken wir zunächst, dafs es zwei Hauptfälle giebt, in denen man den Wert von Z unmittelbar erhält.

1) Wenn die eine der beiden Zahlen a und c entweder keinen oder nur den Teiler 2 mit N gemeinsam hat, so kann man diese Zahl für Z nehmen.

2) Wenn in dem gegebenen quadratischen Teiler das zweite Glied fehlt, so dafs man $\Gamma = cy^2 + az^2$ und $N = ac$ hat, so ist ersichtlich, dafs die in Γ enthaltene Zahl $c + a$ kleiner als ac ist und mit ac keinen gemeinschaftlichen Teiler hat. Demnach ist in diesem Falle allgemein $Z = c + a$.

Es handelt sich also nur noch darum, die Fälle zu untersuchen, wo b von Null verschieden ist, und jeder der Koefficienten a und c mit N einen gemeinschaftlichen Teiler hat.

Unter dieser doppelten Voraussetzung kann man die gesuchte Zahl nicht nur in der gegebenen Formel $cy^2 + 2byz + az^2$, sondern auch in der weniger allgemeinen Formel $cy^2 + 2by + a$ finden. Wir werden daher zeigen, dafs man stets der Gleichung

$$Z = cy^2 + 2by + a$$

genügen kann, wenn man annimmt, dafs Z kleiner als N und prim zu N oder $\frac{1}{2}N$ ist.

417.

Es sei $\vartheta^2\lambda$ der gröfste Teiler, welchen c und N gemeinsam haben. Wir stellen diesen Teiler in der angegebenen Weise dar, um auszudrücken, dafs λ nur ungleiche Faktoren besitzt, und um aus der Gleichung $ac - b^2 = N$ schliefsen zu können, dafs $\vartheta\lambda$ der gröfste gemeinschaftliche Teiler von c und b ist. Ist daher:

$$c = \vartheta^2\lambda c', \quad b = \vartheta\lambda b', \quad N = \vartheta^2\lambda N',$$

so erhält man:

$$N' = ac' - \lambda b'^2,$$

und der Teiler Z geht über in:

$$Z = \vartheta^2\lambda c'y^2 + 2\vartheta\lambda b'y + a.$$

Ich bemerke nun zunächst, dafs Z keinen gemeinschaftlichen Teiler mit $\vartheta\lambda$ haben kann; denn wenn eine und dieselbe Primzahl ω

in Z und $\vartheta\lambda$ aufginge, so würde dieselbe der vorstehenden Gleichung zufolge offenbar auch in a aufgehen. Es würden daher die drei Koefficienten a, b, c durch eine und dieselbe Zahl teilbar sein, was gegen die Voraussetzung ist.

Es ist aber $N = \vartheta^2 \lambda N'$. Wenn es demnach zwischen Z und N einen gemeinsamen Teiler giebt, so wird dieser Teiler auch den beiden Zahlen Z und N' gemeinsam sein, und umgekehrt, wenn Z und N' prim zu einander sind, so werden es Z und N, wie die Aufgabe es verlangt, ebenfalls sein.

Es reduciert sich demnach alles darauf zu bewirken, dafs Z und N' unter einander keinen gemeinschaftlichen Teiler haben. Multipliciert man nun den Wert von Z mit c', so ergiebt sich:

$$c'Z = \lambda(\vartheta c'y + b')^2 + N',$$

und ferner sind die Zahlen c' und N' prim zu einander, da $\vartheta^2\lambda$ der gröfste gemeinschaftliche Teiler von c und N ist. Mithin ist man sicher, dafs Z und N keinen ungeraden gemeinschaftlichen Teiler haben, wenn man es so einrichtet, dafs $\vartheta c'y + b'$ und N' prim zu einander sind.

418.

Nennt man $\alpha', \alpha'', \alpha''', \ldots \alpha^{(i)}$ die i verschiedenen ungeraden Primzahlen, welche in N' aufgehen können, bezeichnet man ferner mit $\mu^{(i-1)}$ das $i - 1^{\text{te}}$ Glied in der natürlichen Reihe der Primzahlen 3, 5, 7, 11, ..., und bildet man dem allgemeinen Gliede $\vartheta c'y + b'$ gemäfs, wo $\vartheta c'$ und b' prim zu einander sind, die nach beiden Seiten hin unbegrenzte arithmetische Progression:

$$\cdots - 2\vartheta c' + b', \quad -\vartheta c' + b', \quad b', \quad \vartheta c' + b', \quad 2\vartheta c' + b', \cdots,$$

so giebt es, wie in No. 410 bewiesen worden ist, unter $\mu^{(i-1)}$ aufeinanderfolgenden Gliedern dieser Progression wenigstens eins, welches durch keine der Primzahlen $\alpha', \alpha'', \alpha''', \ldots \alpha^{(i)}$ teilbar und somit notwendig prim zu N' ist.

Man findet daher auf diese Weise beliebig viele Werte von Z, welche mit N keinen gemeinschaftlichen Teiler haben. Es ist aber noch zu zeigen, dafs es unter diesen Werten wenigstens einen giebt, welcher kleiner ist als N.

419.

Wir bemerken zunächst, dafs man, um die Grenzen der Werte von y zu erhalten, für welche Z kleiner wird als N, die Gleichung

$$N = cy^2 + 2by + a$$

auflösen mufs; dieselbe liefert als diese Grenzen die Werte:

$$y' = \frac{-b + \sqrt{cN - c}}{c}, \quad y'' = \frac{-b - \sqrt{cN - c}}{c}.{}^{*)}$$

Ihre Differenz $\frac{2}{c}\sqrt{cN - c}$ stellt nahezu die Anzahl der Werte von y dar, für welche $Z < N$ ist. Denn beachtet man, dafs $b < \frac{1}{2}c$ ist, so findet man mit Hülfe der vorstehenden Werte leicht, dafs die Anzahl dieser Werte gleich der gröfsten in $\frac{2}{c}\sqrt{cN - c}$ enthaltenen ganzen Zahl oder höchstens um eine Einheit gröfser als diese ganze Zahl ist. Bezeichnet man also jene Zahl mit n', so hat man:

$$n' = E\left(\frac{2\sqrt{cN - c}}{c}\right)$$

oder in gewissen Fällen:

$$n' = 1 + E\left(\frac{2\sqrt{cN - c}}{c}\right).$$

Indessen kann man allgemein den ersten Wert festhalten, wodurch die Rechnung nur noch beweiskräftiger für unsern Satz wird.

Diesem Werte kann man eine bequemere Form geben. Da die beiden Zahlen a und c mit N einen gemeinschaftlichen Teiler haben und b nicht gleich Null ist, so mufs b wenigstens durch zwei von einander verschiedene ungerade Primzahlen teilbar sein. Es kann daher b nicht kleiner als 3×5 sein, und da $c > 2b$ ist, so mufs $c > 30$ sein.

Dieselbe Zahl c, die wir als die kleinere der beiden Zahlen a und c angenommen haben, ist $< 2\sqrt{\frac{1}{3}N}$, und da $cN - c > (c-1)N$ ist, so kann der Wert von n' auf die Form gebracht werden:

$$n' > 2\sqrt{\frac{c-1}{c} \cdot \frac{N}{2\sqrt{\frac{1}{3}N}} \cdot \frac{2\sqrt{\frac{1}{3}N}}{c}}.$$

Hierin ist $\frac{c-1}{c} > \frac{29}{30}$ und $\frac{2\sqrt{\frac{1}{3}N}}{c} > 1$. Mithin ergiebt sich:

$$n' > \frac{183}{100}\sqrt[4]{N}.$$

Es ist jetzt zu zeigen, dafs, welches auch die Anzahl der verschiedenen Primfaktoren von N' sein möge, doch stets $\mu^{(i-1)} < n'$ ist.

---

*) Diese Werte sind inkorrekt, insofern an Stelle von $\sqrt{cN - c}$ überall $\sqrt{cN - N}$ zu setzen ist. Hierdurch wird indessen der schliefsliche Grenzwert für n' nicht beeinflufst, da später wieder der richtige Wert $\sqrt{cN - N}$ eingeführt wird. Anm. d. Übers.

420.

Wir nehmen den Wert $N'=ac'-\lambda b'^2$ wieder auf und setzen voraus, dafs der gröfste gemeinschaftliche Teiler von a und N gleich $\mu^2\nu$ sei, wo μ^2 der gröfste in ihm enthaltene quadratische Faktor ist. Alsdann mufs b' durch $\mu\nu$ teilbar sein. Setzt man also:

$$a=\mu^2\nu a', \quad b'=\mu\nu b'',$$

so erhält man:

$$N'=\mu^2\nu(a'c'-\lambda\nu b''^2).$$

Der Faktor μ^2 könnte sich auf 1 reducieren, ν dagegen ist ein ungerader Faktor, der notwendig bleiben mufs, da der Beweis unter der Annahme geführt wird, dafs a und N einen andern gemeinschaftlichen Teiler als 2 haben. Was den andern Faktor $a'c'-\lambda\nu b''^2$ anlangt, so kann man zeigen, dafs er gröfser ist als $3\lambda\nu b''^2$. Denn da a und c beide gröfser als $2b$ sind, so hat man $ac>4b^2$ und somit $a'c'>4\lambda\nu b''^2$. Hiernach sieht man, dafs N' nicht weniger als zwei verschiedene ungerade Faktoren haben, oder dafs i nicht kleiner als 2 sein kann. Wir wollen nun der Reihe nach die verschiedenen Fälle untersuchen, welche je nach den verschiedenen Werten von i stattfinden.

1) Wir nehmen an, dafs N' nur **zwei** Faktoren ν und α habe. Da alsdann i gleich 2 ist, so hat man $\mu^{(i-1)}=\mu^{(1)}=3$, weil 3 das erste Glied der Reihe 3, 5, 7, 11, ... ist. Man hat demnach zu beweisen, dafs n' gröfser ist als 3.

Da einerseits $N'=\nu\alpha$, andererseits $N'>3\lambda\nu^2b''^2$ ist, so ist umsomehr $\alpha>3\lambda\nu$, und da die kleinsten Zahlen, welche für λ und ν genommen werden können, 3 und 5 sind, so ist $\alpha>45$. Mithin darf man α nicht kleiner als 46 oder 47 annehmen; man kann $\alpha=46$ setzen, da der Faktor 2 nichts an dem Resultate, das man haben will, ändert. Alsdann hat man $N=\vartheta^2\lambda N'=\vartheta^2\lambda\nu\cdot 46$. Der kleinste Wert von N ist also $N=3\cdot5\cdot46=690$, woraus folgt:

$$n'>\frac{183}{100}\sqrt[4]{690}>9{,}37.$$

Wenn daher N' nur zwei ungerade Primfaktoren besitzt, so ist $n'>\mu^{(i-1)}$.

2) Wir setzen voraus, dafs N' **drei** Primfaktoren besitze, und ferner, dafs diese Faktoren von einander verschieden seien, damit der Wert von i um so gröfser werde. Setzt man also $N'=\nu\alpha\beta$, $i=3$, wodurch sich $\mu^{(i-2)}=\mu^{(2)}=5$ ergiebt, so mufs ebenfalls $N'>3\nu^2\lambda b''^2$ und somit $\alpha\beta>3\nu\lambda$ sein. Das Minimum der Gröfse

$3\nu\lambda$ ist $3 \cdot 3 \cdot 5$ oder 45, also $\alpha\beta > 45$. Da aber die Zahlen α und β ungleich und von 3 und 5 verschieden sein müssen, so darf man für α und β keine kleineren Werte nehmen als 7 und 11. Diese geben $N' = \nu \cdot 7 \cdot 11$, und der kleinste Wert von $N = \vartheta^2 \lambda N'$ wird $\lambda\nu \cdot 7 \cdot 11$ oder $3 \cdot 5 \cdot 7 \cdot 11$. Offenbar ist aber $\sqrt[4]{3 \cdot 5 \cdot 7 \cdot 11} > 5$. Mithin hat man $n' > \mu^{(i-1)}$.

3) Ist $N' = \nu\alpha\beta\gamma$, und sind diese vier Faktoren ungerade und von einander verschieden, so ist $i = 4$ und $\mu^{(i-1)} = \mu^{(3)} = 7$. In diesem Falle ist der kleinste Wert von $N = \vartheta^2 \lambda \nu \alpha \beta \gamma$ gleich $3 \cdot 5 \cdot 7 \cdot 11 \cdot 13$. Nun ist aber $\sqrt[4]{3 \cdot 5 \cdot 7 \cdot 11 \cdot 13}$ oder $\sqrt[4]{7 \cdot 11 \cdot 13 \cdot 15}$ offenbar gröfser als 7. Mithin hat man ebenfalls $n' > \mu^{(i-1)}$.

4) Nimmt man noch einen Faktor hinzu, so ist $i = 5$, $\mu^{(i-1)} = 11$, und der kleinste Wert von N ist $3 \cdot 5 \cdot 7 \cdot 11 \cdot 13 \cdot 17$ oder $11 \cdot 13 \cdot 17 \cdot 105$. Da nun $\sqrt[4]{N} > 22$ ist, so ist $n' > \frac{183}{100} \sqrt[4]{N} > \mu^{(i-1)}$.

Die Ungleichheit wird offenbar zu Gunsten von n' immer gröfser und gröfser, je mehr die Anzahl der Faktoren über drei hinaus wächst. Mithin ist der Satz streng bewiesen, sobald N' eine beliebige Anzahl von **ungeraden ungleichen** Faktoren besitzt.

Kommen in N' **gleiche** Faktoren vor, so treten dieselben nur als einfache Faktoren in den Wert von i und somit in den von $\mu^{(i-1)}$ ein. Jedoch nimmt $\sqrt[4]{N}$ immer mehr zu und die Ungleichheit wird zu Gunsten von n' noch viel gröfser. Ebenso verhält es sich mit dem Faktor 2, welcher zwar den Wert von n', nicht aber den von $\mu^{(i-1)}$ vergröfsert.

Mithin kann man in allen Fällen, welche nicht zu den Fällen 1 und 2 in No. 416 gehören, stets eine oder mehere Zahlen Z finden, welche kleiner als N und prim zu N oder $\frac{1}{2} N$ sind.

§ 11.

Methode zur Bestimmung der Anzahl der Glieder in einer beliebigen arithmetischen Progression, welche durch keine der in einer gegebenen Reihe enthaltenen Primzahlen teilbar sind.

421.

Wir betrachten wiederum die arithmetische Progression:

$$A - C, \quad 2A - C, \quad 3A - C, \cdots nA - C,$$

in welcher A und C zu einander prim sind. Ist dann ϑ eine Primzahl, welche nicht in A aufgeht, bestimmt man ferner die Zahl $\vartheta^0 < \vartheta$ so, dafs $A\vartheta^0 + C$ durch ϑ teilbar ist, und setzt man $x = \vartheta z - \vartheta^0$ so wird für alle in dieser Formel enthaltenen Werte von x der Ausdruck $Ax - C$ durch ϑ teilbar sein. Nachdem dieses festgestellt ist, fragen wir, wie viele durch ϑ nicht teilbare Glieder es in der gegebenen Progression giebt, wenn die Anzahl aller Glieder gleich n ist.

Ist n ein Vielfaches von ϑ, so ist offenbar die Anzahl der durch ϑ teilbaren Glieder gleich $\frac{n}{\vartheta}$. Wird daher die Anzahl der durch ϑ nicht teilbaren Glieder y genannt, so ist:

$$y = n - \frac{n}{\vartheta} = n\left(1 - \frac{1}{\vartheta}\right).$$

Ist dagegen n kein Vielfaches von ϑ, so giebt die vorhergehende Formel bis auf einen Bruch die Anzahl der durch ϑ nicht teilbaren Glieder an. Um aber eine in allen Fällen genaue Formel zu erhalten, bemerken wir, dafs die durch ϑ teilbaren Glieder die Reihe bilden: $A(\vartheta - \vartheta^0) - C$, $A(2\vartheta - \vartheta^0) - C$, $A(3\vartheta - \vartheta^0) - C$, ... bis zu einem Gliede $kA\vartheta - A\vartheta^0 - C$, das $An - C$ möglichst nahe liegt und kleiner als $An - C$ ist.

Bezeichnen wir, wie gewöhnlich, mit $E\left(\frac{n + \vartheta^0}{\vartheta}\right)$ die gröfste in $\frac{n + \vartheta^0}{\vartheta}$ enthaltene ganze Zahl, so ist diese ganze Zahl der Wert von k. Mithin ist die Anzahl der durch ϑ teilbaren Glieder in der gegebenen Progression gleich $E\left(\frac{n + \vartheta^0}{\vartheta}\right)$, und somit die Anzahl der durch ϑ nicht teilbaren Glieder gleich:

$$y = n - E\left(\frac{n + \vartheta^0}{\vartheta}\right).$$

Wenn n durch ϑ teilbar ist, so ist die gröfste in $\frac{n + \vartheta^0}{\vartheta}$ enthaltene ganze Zahl, welches auch ϑ^0 sein möge, gleich $\frac{n}{\vartheta}$, da ϑ^0 positiv und kleiner als ϑ ist. Es ist also dann $y = n - \frac{n}{\vartheta}$, wie oben.

422.

Es seien jetzt ϑ und λ zwei nicht in A aufgehende Primzahlen, und es werde die Aufgabe gestellt zu bestimmen, wieviel Glieder es in der nämlichen Progression giebt, die weder durch ϑ noch durch λ teilbar sind.

Bezeichnen wir allgemein durch Δ^0 die positive und unterhalb Δ liegende Zahl, für welche $A\Delta^0 + C$ durch Δ teilbar ist, so giebt der Ausdruck $E\left(\frac{n+\vartheta^0}{\vartheta}\right)$ die Anzahl der durch ϑ teilbaren Glieder in der gegebenen Reihe und $E\left(\frac{n+\lambda^0}{\lambda}\right)$ die Anzahl der durch λ teilbaren Glieder an. Zieht man beide Zahlen von der Gesamtzahl n ab, so bleibt

$$n - E\left(\frac{n+\vartheta^0}{\vartheta}\right) - E\left(\frac{n+\lambda^0}{\lambda}\right)$$

übrig. Auf diese Weise würde man jedoch die durch $\vartheta\lambda$ teilbaren Glieder zweimal abgezogen haben; um sie daher nur einmal abzuziehen, wie die Aufgabe es verlangt, mufs man zu der vorstehenden Gröfse die Anzahl der durch $\vartheta\lambda$ teilbaren Glieder, welche gleich $E\left(\frac{n+(\vartheta\lambda)^0}{\vartheta\lambda}\right)$ ist, addieren. Man erhält so die gesuchte Zahl:

$$y = n - E\left(\frac{n+\vartheta^0}{\vartheta}\right) + E\left(\frac{n+(\vartheta\lambda)^0}{\vartheta\lambda}\right) - E\left(\frac{n+\lambda^0}{\lambda}\right).$$

In dem Falle, wo n ein Vielfaches von $\vartheta\lambda$ ist, geht diese Formel über in:

$$y = n\left(1-\frac{1}{\vartheta}\right)\left(1-\frac{1}{\lambda}\right).$$

423.

Allgemein seien $\vartheta, \lambda, \mu, \ldots \psi, \omega$ beliebig viele Primzahlen (aufser 2), von denen keine in A aufgeht, und es werde die Aufgabe gestellt, zu bestimmen, wieviel Glieder es in der Progression $A - C$, $2A - C$, $\ldots$ $nA - C$ giebt, welche durch keine von diesen Primzahlen teilbar sind.

Hierbei mufs man zwei Fälle unterscheiden.

1) Ist n ein Vielfaches des Produktes $\vartheta\lambda\mu\ldots\psi\omega$, so ist die gesuchte Anzahl:

$$y = n\left(1-\frac{1}{\vartheta}\right)\left(1-\frac{1}{\lambda}\right)\left(1-\frac{1}{\mu}\right)\cdots\left(1-\frac{1}{\omega}\right). \qquad (a')$$

Diese nämliche Formel liefert allgemein für jeden Wert von n ein **angenähertes** Resultat. Indessen könnte die Annäherung ziemlich mangelhaft werden, wenn das Produkt $\vartheta\lambda\mu\ldots\psi\omega$ gleich einer sehr hohen Potenz von n wäre.

2) Was auch n sein möge, man erhält stets die **richtige** Lösung mit Hülfe der Formel:

$$y = n - \Sigma E\left(\frac{n+\vartheta^0}{\vartheta}\right) + \Sigma E\left(\frac{n+(\vartheta\lambda)^0}{\vartheta\lambda}\right) - \Sigma E\left(\frac{n+(\vartheta\lambda\mu)^0}{\vartheta\lambda\mu}\right) + \cdots \quad (b')$$

Darin bedeutet

$$\Sigma E\left(\frac{n+\vartheta^0}{\vartheta}\right)$$

die Summe der ganzen Zahlen $E\left(\frac{n+\vartheta^0}{\vartheta}\right)$, $E\left(\frac{n+\lambda^0}{\lambda}\right)\cdots$, welche von den einfachen Zahlen ϑ, λ, ... herrühren;

$$\Sigma E\left(\frac{n+(\vartheta\lambda)^0}{\vartheta\lambda}\right)$$

die Summe der ganzen Zahlen $E\left(\frac{n+(\vartheta\lambda)^0}{\vartheta\lambda}\right)$, $E\left(\frac{n+(\vartheta\mu)^0}{\vartheta\mu}\right), \cdots$, welche von den Produkten je zweier dieser Zahlen herrühren u. s. w.

Diese Gröſsen müssen für alle möglichen Kombinationen gebildet und mit denselben Vorzeichen versehen werden, wie die Glieder mit gleichem Nenner in der Entwicklung des Produktes

$$n\left(1-\frac{z}{\vartheta}\right)\left(1-\frac{z}{\lambda}\right)\left(1-\frac{z}{\mu}\right)\cdots\left(1-\frac{z}{\omega}\right).$$

Man muſs jedoch beachten, daſs in der Formel (b') die Glieder nicht weiter fortgesetzt werden dürfen, als die Nenner Δ das letzte Glied der gegebenen Reihe $An - C$ nicht übersteigen. Denn ist Δ gröſser als $An - C$, so ist die Zahl Δ^0, für welche $A\Delta^0 + C$ durch Δ teilbar wird, kleiner als $\Delta - n$, und daher $E\left(\frac{n+\Delta^0}{\Delta}\right) = 0$.

In dem Falle, wo n ein Vielfaches des Produktes $\vartheta\lambda\mu\ldots\psi\omega$ ist, reduciert sich jedes Glied $E\left(\frac{n+\Delta^0}{\Delta}\right)$ der Formel (b') auf $\frac{n}{\Delta}$; man kommt daher genau auf die Formel (a') zurück.

Ist allgemein $n = k\Omega + m$, so besteht der Wert von y

1) aus dem Teile $k(\vartheta-1)(\lambda-1)\cdots(\omega-1)$, welcher dem Werte $n = k\Omega$ entspricht, und

2) aus dem Teile, welcher dem Teile $n = m$ entspricht und durch die Formel (b') gegeben wird.

424.

In dem besonderen Falle, wo man die Progression der ungeraden Zahlen 1, 3, 5, ... $2n-1$ betrachtet, hat man $A=2$, $C=1$, und der Wert von Δ^0, für welchen $2\Delta^0+1$ durch Δ teilbar wird, ist allgemein $\Delta^0 = \frac{1}{2}(\Delta - 1)$. Dies gestattet, alle Glieder der Formel (b') unmittelbar zu bilden, und zwar ist jedes gleich $\pm E\left(\frac{n+\frac{1}{2}(\Delta-1)}{\Delta}\right)$.

Soll man z. B. bestimmen, wieviel Glieder unter den 100 ersten Gliedern der Progression 1, 3, 5, 7, 9, ... es giebt, die durch keine von den Primzahlen 3, 5, 7, 11 teilbar sind, so giebt die allgemeine Formel:

$$\begin{aligned} y = 100 &- E\left(\frac{101}{3}\right) + E\left(\frac{107}{15}\right) - E\left(\frac{152}{105}\right) \\ &- E\left(\frac{102}{5}\right) + E\left(\frac{110}{21}\right) - E\left(\frac{182}{165}\right) \\ &- E\left(\frac{103}{7}\right) + E\left(\frac{116}{33}\right) \\ &- E\left(\frac{105}{11}\right) + E\left(\frac{117}{35}\right) \\ &\qquad\qquad + E\left(\frac{127}{55}\right) \\ &\qquad\qquad + E\left(\frac{138}{77}\right). \end{aligned}$$

Weiter hat man nicht zu gehen, weil die andern aus den Faktoren 3, 5, 7, 11 gebildeten Produkte 199, das letzte Glied der gegebenen Reihe, übersteigen. Berechnet man also die ganzen Zahlen, so erhält man $y = 43$.

Die Näherungsformel (a') giebt für denselben Fall:

$$y = 100 \cdot \frac{2}{3} \cdot \frac{4}{5} \cdot \frac{6}{7} \cdot \frac{10}{11} = 41\frac{43}{77},$$

was sich nur wenig von der Wahrheit entfernt.

425.

Wir untersuchen nun s p e c i e l l e r die R e i h e d e r **ungeraden** Z a h l e n 1, 3, 5, 7, . . bis $2n - 1 = a$ und b e z e i c h n e n zur Abkürzung mit $T\left(\frac{n}{\omega}\right)$ die Anzahl der Glieder dieser Progression, welche übrig bleiben, nachdem man diejenigen weggelassen hat, die durch irgend eine der aufeinanderfolgenden Primzahlen 3, 5, 7, 11, ... ω teilbar sind. Wir unterscheiden hierbei z w e i F ä l l e.

Ist $\omega > \sqrt{a}$, so sind alle in Betracht kommenden Glieder Primzahlen. B e z e i c h n e n wir daher durch $N(\omega, a)$ die Anzahl der Primzahlen von ω bis a, diese beiden Zahlen mit eingeschlossen, so hat man:

$$T\left(\frac{n}{\omega}\right) = N(\omega, a).$$

Was die Zahl $N(\omega, a)$ angeht, so findet man dieselbe entweder aus den Tafeln oder mittelst der Näherungsformel:

$$N(\omega, a) = 1 + \frac{a}{\log a - c} - \frac{\omega}{\log \omega - c},$$

in welcher $c = 1{,}08366$ ist.

2) Ist $\omega < \sqrt{a}$, so bezeichnen wir mit ω', ω'', ... die Primzahlen, welche auf ω folgen von ω bis zu $\sqrt{a}$, ferner mit $a', a'', a''' \ldots$ die gröfsten in den Brüchen $\frac{a}{\omega'}$, $\frac{a}{\omega''}$, $\frac{a}{\omega'''}$, $\cdots$ enthaltenen ungeraden ganzen Zahlen. Alsdann kommen unter den Gliedern, deren Anzahl durch $T\left(\frac{n}{\omega}\right)$ dargestellt ist, zunächst alle Primzahlen von ω' bis a vor, und diese geben zusammen mit dem ersten Gliede 1, welches stets zu den übrigbleibenden gehört, die Zahl $N(\omega', a) + 1$ oder $N(\omega, a)$. Sodann treten darunter auf die Zahlen, welche aus der Multiplikation von ω' mit jeder der Primzahlen von ω' bis a' entstehen und deren Anzahl $N(\omega', a')$ ist, u. s. w. Man erhält daher:

$$T\left(\frac{n}{\omega}\right) = N(\omega, a) + N(\omega', a') + N(\omega'', a'') + \cdots$$

Diese Gröfse kann man leicht mit Hülfe einer hinreichend weit sich erstreckenden Primzahltafel berechnen. Fängt man nämlich bei den letzten Gliedern an und kennt man z. B. den Wert von $N(\omega'', a'')$, so findet man daraus $N(\omega', a') = N(\omega'', a'') + N(\underline{a''}, a')$, wo der Ausdruck $N(\underline{a''}, a')$ die Anzahl der Primzahlen von a'' bis a' einschliefslich, oder, falls a'' keine Primzahl ist, diese Zahl vermehrt um eine Einheit bezeichnet.

426.

Um eine **Anwendung** von diesen Formeln zu geben, suchen wir den Wert von $T\left(\frac{626}{13}\right)$ d. h. die Anzahl der Glieder der Progression 1, 3, 5, 7, ... 1251, welche durch keine der Primzahlen 3, 5, 7, 11, 13 teilbar sind.

Zunächst finde ich, dafs es von 13 bis 1251 im Ganzen 199 Primzahlen giebt, so dafs also $N(13, 1251) = 199$ ist. Sodann dividiere ich 1251 durch die Primzahlen 17, 19, 23, 29, 31, welche zwischen 13 und $\sqrt{1251}$ liegen. Die daraus entstehenden ungeraden Quotienten sind 73, 65, 53, 43, 39. Aus der Tafel findet man aber $N(31, 39) = 2$, $N(29, 43) = 2 + N(\underline{39}, 43) = 5$, $N(23, 53) = 5 + N(\underline{43}, 53) = 8$, $N(19, 65) = 8 + N(\underline{53}, 65) = 11$, $N(17, 73) = 11 + N(\underline{65}, 73) = 15$. Die Summe dieser Zahlen ist 41; mithin $T\left(\frac{626}{13}\right) = 199 + 41 = 240$.

Die Näherungsformel (a') giebt in demselben Falle:

$$T\left(\frac{626}{13}\right) = 626 \times 0{,}3836 = 240.$$

Jedoch ist das Resultat nicht immer ebenso genau. So würde ebendiese Formel

$$T\left(\frac{10638}{43}\right) = 10638 \times 0{,}28344 = 3015$$

ergeben, während der wahre Wert dieser Gröfse 2987 ist.

427.

Die Gröfse $T\left(\frac{n}{\omega}\right)$ oder allgemein $P\left(\frac{n}{\omega}\right)$, welche sich auf irgend eine Progression $A - C$, $2A - C$, $3A - C$, ... $nA - C$ bezieht, und bei welcher man beliebige Primteiler $\vartheta, \lambda, \mu, \ldots \psi, \omega$ voraussetzt, läfst sich auf andere Gröfsen derselben Art zurückführen, bei welchen die Reihe der Teiler weniger ausgedehnt ist.

Der Wert von $P\left(\frac{n}{\omega}\right)$, welcher durch die Formel (b') gegeben wird, ist nämlich:

$$n - \Sigma E\left(\frac{n + \vartheta^0}{\vartheta}\right) + \Sigma E\left(\frac{n + (\vartheta\lambda)^0}{\vartheta\lambda}\right) - \cdots.$$

Man bemerkt hierin zunächst eine Reihe von Gliedern, welche ω nicht enthalten, und deren Summe durch $P\left(\frac{n}{\psi}\right)$ dargestellt wird, was voraussetzt, dafs die Reihe der Teiler ϑ, λ, μ, ... als letztes Glied ψ hat. Die anderen Glieder, welche ω enthalten, sind allgemein $- E\left(\frac{n + \omega^0}{\omega}\right) + \Sigma E\left(\frac{n + (\omega\vartheta)^0}{\omega\vartheta}\right) - \cdots$. Betrachten wir irgend eines dieser Glieder $E\left(\frac{n + \alpha}{\omega\Delta}\right)$ und setzen wir, da die Zahl α den Ausdruck $A\alpha + C$ durch $\omega\Delta$ teilbar machen soll, $\alpha = k\omega + \beta$, wo β positiv und kleiner wie ω ist, so geht das Glied $E\left(\frac{n + \alpha}{\omega\Delta}\right)$ über in $E\left(\frac{n + k\omega + \beta}{\omega\Delta}\right)$.

Ist ferner $n + \beta = n'\omega + \gamma$, wo γ positiv und kleiner als ω ist, so hat man:

$$E\left(\frac{n + \alpha}{\omega\Delta}\right) = E\left(\frac{n'\omega + k\omega + \gamma}{\omega\Delta}\right) = E\left(\frac{n' + k}{\Delta}\right).$$

Will man sehen, was die Zahl k bedeutet, so mufs man den Wert $\alpha = k\omega + \beta$ in die Gröfse $A\alpha + C$ einsetzen, wodurch sich

$$\frac{Ak\omega + A\beta + C}{\omega\Delta} = e$$

ergiebt. Hieraus ersieht man, dafs $A\beta + C$ durch ω teilbar sein mufs, und dafs somit β dasselbe ist, was wir oben ω^0 genannt haben. Setzt man also $\beta = \omega^0$ und ferner $\frac{A\omega^0 + C}{\omega} = C'$, so mufs die Gröfse k

der Gleichung $\frac{Ak + C'}{\Delta} = e$ genügen, so dafs man ferner $k = \Delta^0$ erhält.

Vereinigt man nun alle Glieder $E\left(\frac{n' + \Delta^0}{\Delta}\right)$ mit Rücksicht auf die ihnen zukommenden Zeichen, so wird ihre Summe dargestellt durch $-P'\left(\frac{n'}{\psi}\right)$, wo $P'\left(\frac{n'}{\psi}\right)$ die Anzahl der Glieder bedeutet, welche von der Progression $A - C'$, $2A - C'$, ... $n'A - C'$ übrigbleiben, nachdem man davon alle durch irgend eine der Primzahlen $\vartheta, \lambda, \mu, \ldots \psi$ teilbaren Glieder abgezogen hat. Man erhält daher schliefslich:

$$P\left(\frac{n}{\omega}\right) = P\left(\frac{n}{\psi}\right) - P'\left(\frac{n'}{\psi}\right), \qquad (c')$$

eine Formel, welche zur Bestimmung der Gröfse $P\left(\frac{n}{\omega}\right)$ mittelst zweier andern ähnlichen Gröfsen dient, bei denen aber eine Primzahl weniger in Betracht zu ziehen ist.

Da die Zahl C' im Allgemeinen verschieden ist von C, so ist die Progression $A - C'$, $2A - C'$, ... ebenfalls von der gegebenen Progression verschieden; sie besitzen jedoch beide dieselbe Differenz A. Aus diesem Grunde haben wir die auf diese neue Progression bezügliche Gröfse $P'\left(\frac{n'}{\psi}\right)$ durch einen dem Buchstaben P hinzugefügten Strich von der andern unterschieden.

Übrigens sieht man, dafs C' unmittelbar durch den Wert $C' = \frac{A\omega^0 + C}{\omega}$ und ebenso n' durch die Formel $n' = E\left(\frac{n + \omega^0}{\omega}\right)$ gefunden wird.

428.

Die beiden Progressionen, von denen soeben die Rede war, reducieren sich auf eine einzige, wenn $A = 2$, $C = 1$, oder wenn es sich um die Progression 1, 3, 5, ... $2n - 1$ handelt. Alsdann hat man:

$$\omega^0 = \frac{1}{2}(\omega - 1),\quad C' = 1,\quad n' = E\left(\frac{n + \frac{1}{2}(\omega - 1)}{\omega}\right),$$

und unsere Reduktionsformel geht über in:

$$T\left(\frac{n}{\omega}\right) = T\left(\frac{n}{\psi}\right) - T\left(\frac{n'}{\psi}\right). \qquad (d')$$

Diese Formel enthält eine Art von Algorithmus, der nützliche Anwendungen zuläfst.

Wir nehmen z. B. an, dafs man mit Hülfe der Tafel der Primzahlen blofs von 1 bis 100 wissen wolle, wieviel Primzahlen es von 1 bis 1000 giebt. Die Primzahl, welche unmittelbar unterhalb $\sqrt{1000}$

liegt, ist 31. Sucht man also den Wert von $T\left(\frac{500}{31}\right)$, wobei man alle Primzahlen von 3 bis 31 als Teiler betrachtet, so braucht man zu dem Resultate nur noch 11 zu addieren, weil 31 die zwölfte Primzahl ist. Nun ist nach der Formel (d'):

$$T\left(\frac{500}{31}\right)=T\left(\frac{500}{29}\right)-T\left(\frac{16}{29}\right)$$
$$T\left(\frac{500}{29}\right)=T\left(\frac{500}{23}\right)-T\left(\frac{17}{23}\right)$$
$$T\left(\frac{500}{23}\right)=T\left(\frac{500}{19}\right)-T\left(\frac{22}{19}\right)$$
$$T\left(\frac{500}{19}\right)=T\left(\frac{500}{17}\right)-T\left(\frac{26}{17}\right)$$
$$T\left(\frac{500}{17}\right)=T\left(\frac{500}{13}\right)-T\left(\frac{29}{13}\right)$$
$$T\left(\frac{500}{13}\right)=T\left(\frac{500}{11}\right)-T\left(\frac{38}{11}\right)$$
$$T\left(\frac{500}{11}\right)=T\left(\frac{500}{7}\right)-T\left(\frac{45}{7}\right).$$

Man findet ferner aus der Primzahltafel von 1 bis 100:

$$T\left(\frac{16}{29}\right)=2,\quad T\left(\frac{17}{23}\right)=3,\quad T\left(\frac{22}{19}\right)=7,\quad T\left(\frac{26}{17}\right)=9,$$
$$T\left(\frac{29}{13}\right)=11,\quad T\left(\frac{38}{11}\right)=17,\quad T\left(\frac{45}{7}\right)=21.$$

Die Summe dieser Zahlen ist 70. Ferner erhält man mittelst der Formel (b'):

$$T\left(\frac{500}{7}\right)=228,$$

mithin:

$$T\left(\frac{500}{31}\right)=228-70=158.$$

Addiert man hierzu 11, so ist das Resultat 169. In der That giebt es 169 Primzahlen zwischen 1 und 1000.

Durch ein ähnliches Verfahren überzeugt man sich, dafs es zwischen 1 und 1 000 000: 78 527 Primzahlen giebt, ein Resultat, welches zur Bestätigung der Formel in No. 394 dient.

429.

Kehren wir zur allgemeinen Formel (b') zurück und nennen wir ε die kleinste positive Zahl, für welche $A\varepsilon+C$ durch Ω teilbar wird, so können wir mittelst der einen Zahl ε die verschiedenen Glieder der Formel (b') in bequemer Weise transformieren. Ist z. B.

$E\left(\frac{n+\Delta^0}{\Delta}\right)$ eines dieser Glieder, wobei Δ allgemein ein Teiler von Ω sein soll, so kann man $\varepsilon = \Delta z + \delta$ setzen, wo δ positiv und kleiner als Δ ist. Alsdann geht $A\varepsilon + C$ über in $A\Delta z + A\delta + C$, und da diese Gröfse durch Ω und umsomehr durch Δ teilbar ist, so mufs $A\delta + C$ durch Δ teilbar sein. Dies giebt $\Delta^0 = \delta = \varepsilon - \Delta z$. Man hat daher:

$$E\left(\frac{n+\Delta^0}{\Delta}\right) = E\left(\frac{n+\varepsilon}{\Delta}\right) - z = E\left(\frac{n+\varepsilon}{\Delta}\right) - E\left(\frac{\varepsilon}{\Delta}\right).$$

Macht man eine ähnliche Transformation bei jedem der Glieder, aus denen die Formel (b') zusammengesetzt ist, so erhält man als allgemeines Resultat:

$$P\left(\frac{n}{\omega}\right) = \Pi\left(\frac{n+\varepsilon}{\omega}\right) - \Pi\left(\frac{\varepsilon}{\omega}\right), \qquad (e')$$

wo Π eine ähnliche Funktion wie P und deren allgemeiner Wert der folgende ist:

$$\Pi\left(\frac{n}{\omega}\right) = n - \Sigma E\left(\frac{n}{\vartheta}\right) + \Sigma E\left(\frac{n}{\vartheta\lambda}\right) - \Sigma E\left(\frac{n}{\vartheta\lambda\mu}\right) + \cdots \qquad (f')$$

430.

Dieser Wert der Funktion Π läfst erkennen, dafs er nichts anderes ist als die auf die einfache Progression der natürlichen Zahlen $1, 2, 3, \ldots n$ angewandte Funktion P, und dafs derselbe demnach die Anzahl der Glieder dieser Progression bezeichnet, welche übrig bleiben, nachdem man die durch irgend eine der Primzahlen $\vartheta, \lambda, \mu, \ldots \omega$ teilbaren Glieder ausgeschlossen hat. In der That hat man in dem Falle, wo das allgemeine Glied $An - C$ sich auf n reduciert, $A = 1$, $C = 0$, und der Wert von ε, für welchen $A\varepsilon + C$ durch Ω teilbar wird, ist einfach $\varepsilon = 0$, so dafs sich alsdann P in Π verwandelt.

Die Funktion Π ist ebenso wie die Funktion P gleich Null, wenn $n = 0$ ist; und ist n negativ, so hat man allgemein:

$$\Pi\left(\frac{-n}{\omega}\right) = -\Pi\left(\frac{n-1}{\omega}\right),$$

denn die Reihe $1, 2, 3, \ldots n$ ist ein Teil der allgemeineren Reihe $\cdots -3, -2, -1, 0, 1, 2, 3, 4, \cdots$

Nach dem, was wir schon in No. 423 bemerkt haben, ergiebt sich, wenn $n = k\Omega + m$ ist und $\Omega' = (\vartheta - 1)(\lambda - 1)(\mu - 1)\ldots(\omega - 1)$ gesetzt wird:

$$P\left(\frac{k\Omega + m}{\omega}\right) = k\Omega' + P\left(\frac{m}{\omega}\right). \qquad (g')$$

Diese Eigenschaft wird daher auch für die Funktionen Π und T, welche nur besondere Fälle der Funktion P sind, gelten.

Die Funktion $P\left(\frac{n}{\omega}\right)$ stimmt mit der Gröfse $Z\left(\frac{n}{\omega}\right) = n \cdot \frac{\Omega'}{\Omega}$ stets dann überein, wenn n ein Vielfaches von Ω ist. Daraus sieht man, dafs $Z\left(\frac{n}{\omega}\right)$ als der mittlere Wert von $P\left(\frac{n}{\omega}\right)$ betrachtet werden kann, so dafs also $P\left(\frac{n}{\omega}\right) - Z\left(\frac{n}{\omega}\right)$ eine Gröfse ist, welche nach der positiven oder negativen Seite hin gewisse Grenzen nicht übersteigen kann.

Die Gröfse $Z\left(\frac{n}{\omega}\right)$ nimmt beständig um $\frac{\Omega'}{\Omega}$ zu, wenn n um eine Einheit wächst; die Funktion $P\left(\frac{n}{\omega}\right)$ nimmt dagegen nicht so regelmäfsig zu; wenn jedoch n zu $n + \Omega$ geworden ist, so haben sie beide um dieselbe Gröfse Ω' zugenommen. Allgemein sieht man, dafs, weil das $n+1^{\text{te}}$ Glied der Reihe $A-C$, $2A-C$, ... gleich $(n+1)A-C$ ist, die Differenz $P\left(\frac{n+1}{\omega}\right) - P\left(\frac{n}{\omega}\right)$ gleich Null oder gleich 1 ist, je nachdem $(n+1)A - C$ durch einen der Faktoren von Ω teilbar oder nicht teilbar ist.

431.

Betrachtet man die Progression 1, 3, 5, ... $2n - 1$, so verwandelt sich die Funktion P in T, und es ist $\varepsilon = \frac{1}{2}(\Omega - 1)$ zu setzen. Ist also $\frac{1}{2}(\Omega - 1) = \sigma$, so erhält man:

$$T\left(\frac{n}{\omega}\right) = \Pi\left(\frac{n+\sigma}{\omega}\right) - \Pi\left(\frac{\sigma}{\omega}\right).$$

Aus dieser Gleichung folgt, wenn man das Zeichen von n ändert:

$$T\left(\frac{-n}{\omega}\right) = \Pi\left(\frac{\sigma-n}{\omega}\right) - \Pi\left(\frac{\sigma}{\omega}\right).$$

Da aber die Progression 1, 3, 5, 7, .., nach der negativen Seite hin fortgesetzt, -1, -3, -5, ... lautet, so ist offenbar:

$$T\left(\frac{-n}{\omega}\right) = -T\left(\frac{n}{\omega}\right).$$

Folglich erhält man aus den beiden vorhergehenden Gleichungen:

$$\Pi\left(\frac{\sigma+n}{\omega}\right) + \Pi\left(\frac{\sigma-n}{\omega}\right) = 2\Pi\left(\frac{\sigma}{\omega}\right).$$

Setzt man hierin $n = \sigma$, so folgt daraus:

$$\Pi\left(\frac{2\sigma}{\omega}\right) = 2\Pi\left(\frac{\sigma}{\omega}\right).$$

Da aber $2\sigma + 1 = \Omega$ ist, so ist offenbar:

$$\Pi\left(\frac{2\sigma}{\omega}\right) = \Pi\left(\frac{2\sigma+1}{\omega}\right) = \Omega';$$

mithin:

$$\Pi\left(\frac{\sigma}{\omega}\right) = \frac{1}{2}\Omega'.$$

Hierdurch ergeben sich die beiden Formeln:

$$\Pi\left(\frac{\sigma+n}{\omega}\right) + \Pi\left(\frac{\sigma-n}{\omega}\right) = \Omega' \qquad (h')$$

$$T\left(\frac{n}{\omega}\right) = \Pi\left(\frac{n+\sigma}{\omega}\right) - \frac{1}{2}\Omega'. \qquad (i')$$

Umgekehrt folgt aus der letzteren:

$$\Pi\left(\frac{n}{\omega}\right) = T\left(\frac{n-\sigma}{\omega}\right) + \frac{1}{2}\Omega', \qquad (k')$$

und setzt man diesen Wert in die Formel (e') ein, so erhält man den allgemeinen Ausdruck von P als Funktion von T, nämlich:

$$P\left(\frac{n}{\omega}\right) = T\left(\frac{n+\varepsilon-\sigma}{\omega}\right) - T\left(\frac{\varepsilon-\sigma}{\omega}\right). \qquad (l')$$

Hieraus folgt, dafs eine beliebige Progression $A-C, 2A-C, \ldots nA-C$ ebensoviel zu Ω prime Glieder enthält, als es deren in einer gleichen Anzahl von aufeinanderfolgenden Gliedern der Reihe der ungeraden Zahlen giebt, wenn man diese aufeinanderfolgenden Glieder nicht vom Anfang der Reihe, sondern von dem Gliede $2\varepsilon - 2\sigma + 1$ an bis zu dem Gliede $2n + 2\varepsilon - 2\sigma + 1$ einschliefslich nimmt.

Diese Eigenschaft stellt eine sehr bemerkenswerte **Beziehung** zwischen einer **beliebigen arithmetischen** Progression und der **einfachen** Progression der **ungeraden** Zahlen fest. Nach dem soeben erhaltenen Resultate müssen nämlich, wenn man diese beiden Progressionen Glied für Glied folgendermafsen anordnet:

. . . .	. . . .
$-A-C$	$2\varepsilon - 2\sigma - 3$
$-C$	$2\varepsilon - 2\sigma - 1$
$A-C$	$2\varepsilon - 2\sigma + 1$
$2A-C$	$2\varepsilon - 2\sigma + 3$
. . . .	. . . .
$nA-C$	$2\varepsilon - 2\sigma + 2n - 1$
. . . .	. . . .

irgend zwei entsprechende Glieder durch einen der Faktoren von Ω entweder alle beide teilbar oder alle beide nicht teilbar sein. Dies kann man aber leicht unabhängig von der vorstehenden Theorie bestätigen. Denn da irgend zwei entsprechende Glieder durch $nA-C$ und $2\varepsilon + 2n - 2\sigma - 1$ dargestellt werden, so gehen diese Glieder, wenn man beachtet, dafs $A\varepsilon + C$ durch Ω teilbar und $2\sigma + 1 = \Omega$ ist, nach Weglassung der Vielfachen von Ω bezüglich über in $A(n + \varepsilon)$ und $2(n + \varepsilon)$. Dieselben sind daher entweder alle beide prim zu Ω oder alle beide nicht prim zu Ω, je nachdem $n + \varepsilon$ prim oder nicht prim zu Ω ist.

Aus dieser Eigenschaft oder aus der Gleichung (l') folgt ferner, dafs, wenn es in der Reihe 1, 3, 5, 7, 9,... nicht mehr als α aufeinanderfolgende Glieder giebt, welche durch irgend einen der Faktoren von Ω teilbar sind, es auch in einer beliebigen arithmetischen Progression $A - C$, $2A - C, \ldots$ nicht mehr als α aufeinanderfolgende Glieder geben kann, welche mit Ω einen gemeinschaftlichen Teiler haben. Denn nimmt die Gröfse $T\left(\frac{n+\varepsilon-\sigma}{\omega}\right)$ um eine Einheit zu, wenn n in $n + \alpha$ übergeht, so mufs zu gleicher Zeit $P\left(\frac{n}{\omega}\right)$, welches in $P\left(\frac{n+\alpha}{\omega}\right)$ übergeht, um eine Einheit zunehmen. Dies stimmt mit dem Satze in No. 410 überein.

432.

Die Funktionen Π, T, P besitzen noch einige andere ziemlich bemerkenswerte Eigenschaften. Da nämlich die Progression 1, 2, 3 $\cdots 2n$, auf welche sich $\Pi\left(\frac{2n}{\omega}\right)$ bezieht, aus der Progression 1, 3, 5, $\ldots 2n - 1$, auf welche sich $T\left(\frac{n}{\omega}\right)$ bezieht, und der Progression 2, 4, 6, $\ldots 2n$, deren Glieder durch 2 dividiert die Reihe 1, 2, 3 $\ldots n$ geben, zusammengesetzt ist, so erhält man offenbar allgemein:

$$T\left(\frac{n}{\omega}\right) = \Pi\left(\frac{2n}{\omega}\right) - \Pi\left(\frac{n}{\omega}\right). \qquad (m')$$

Anolog würde man finden:

$$T\left(\frac{n}{\omega}\right) = \Pi\left(\frac{2n-1}{\omega}\right) - \Pi\left(\frac{n-1}{\omega}\right), \qquad (n')$$

und da $P\left(\frac{n}{\omega}\right) = \Pi\left(\frac{n+\varepsilon}{\omega}\right) - \Pi\left(\frac{\varepsilon}{\omega}\right)$ ist, so giebt diese Gleichung, wenn man $n = \varepsilon$ setzt:

$$P\left(\frac{\varepsilon}{\omega}\right) = \Pi\left(\frac{2\varepsilon}{\omega}\right) - \Pi\left(\frac{\varepsilon}{\omega}\right) = T\left(\frac{\varepsilon}{\omega}\right). \qquad (p').$$

Setzt man in der Formel (l') $n = \varepsilon$, so erhält man:

$$T\left(\frac{\varepsilon}{\omega}\right) = T\left(\frac{2\varepsilon-\sigma}{\omega}\right) - T\left(\frac{\varepsilon-\sigma}{\omega}\right).$$

In dieser letzteren Gleichung ist aber ε willkürlich, da von der Progression, aus welcher ε entstanden war, keine Spur mehr übrig ist. Mithin hat man für ein beliebiges n:

$$T\left(\frac{n}{\omega}\right) = T\left(\frac{2n-\sigma}{\omega}\right) - T\left(\frac{n-\sigma}{\omega}\right). \qquad (q').$$

Diese Formel könnte man auch aus der Verbindung der Gleichungen (k') und (m') ableiten.

433.

Wir stellen uns jetzt die Aufgabe zu bestimmen, wieviel Primzahlen es in der Progression

$$A - C,\ 2A - C,\ 3A - C, \ldots nA - C$$

giebt, wobei wir wie oben A und C als relative Primzahlen und ferner A gerade und $C < A$ voraussetzen.

Während die Zahl A dieselbe bleibt, kann man für C eine beliebige der Zahlen, welche prim zu A und kleiner als A sind, nehmen, und wenn man die Reihe dieser Werte durch $C_1, C_2, C_3, \ldots C_k$ darstellt, so findet man die Anzahl k derselben bekanntlich mittelst der Formel:

$$k = \frac{1}{2} A\left(1 - \frac{1}{\alpha}\right)\left(1 - \frac{1}{\beta}\right)\left(1 - \frac{1}{\gamma}\right)\cdots,$$

in welcher $\alpha, \beta, \gamma, \ldots$ die verschiedenen ungeraden Primzahlen sind, die in A aufgehen.

Daher sieht man, dafs die gegebene Progression ein Teil eines Systems von k ähnlichen Progressionen ist, deren allgemeine Glieder durch $nA - C_1,\ nA - C_2,\ nA - C_3, \ldots nA - C_k$ dargestellt werden.

Nachdem dieses festgestellt ist, werden, wenn man an einem bestimmten Werte von n, den wir sehr grofs im Verhältnis zu A annehmen, festhält, alle Primzahlen, welche kleiner als nA sind, mit Ausnahme derjenigen, welche in A aufgehen, in diesen Progressionen enthalten sein, und unser Ziel ist zu beweisen, dafs sie gleichmäfsig auf dieselben verteilt sind, d. h. wenn P die Anzahl der Primzahlen bedeutet, welche in der Progression, deren allgemeines Glied $nA - C_p$ ist, enthalten sind, und Q die Anzahl der Primzahlen, welche in der Progression, deren allgemeines Glied $nA - C_q$ ist, vorkommen, wo n in beiden Fällen dasselbe ist, dafs das Verhältnis $\frac{P}{Q}$ beliebig wenig von 1 verschieden wird, wenn man n einen hinreichend grofsen Wert beilegt.

434.

Ist ϑ eine Primzahl, welche kleiner ist als $\sqrt{nA}$ und nicht in A aufgeht, und ϑ^0 eine positive Zahl, kleiner als ϑ, und von der Beschaffenheit, dafs $A\vartheta^0 + C$ durch ϑ teilbar ist, so haben wir oben in No. 421 gezeigt, dafs die Anzahl der durch ϑ teilbaren Glieder der Progression, deren allgemeines Glied durch $nA - C$ dargestellt wird, ausgedrückt ist durch $E\left(\frac{n+\vartheta^0}{\vartheta}\right)$.

Sind nun α und β zwei Werte von ϑ^0, die sich auf zwei besondere Werte von C z. B. C_p und C_q beziehen, so ist ersichtlich, dafs die beiden durch $E\left(\frac{n+\alpha}{\vartheta}\right)$, $E\left(\frac{n+\beta}{\vartheta}\right)$ bezeichneten Zahlen entweder gleich sind oder sich nur höchstens um eine Einheit unterscheiden können. Mithin ist die Anzahl der durch ϑ teilbaren Glieder der Progression, deren allgemeines Glied $nA - C_p$ ist, gleich der Anzahl der analogen Glieder in der Progression, deren allgemeines Glied $nA - C_q$ ist, oder von dieser höchstens um eine Einheit verschieden. Ebenso verhält es sich mit den durch ϑ nicht teilbaren Gliedern, deren Anzahl in der einen und der andern Progression höchstens um eine Einheit verschieden sein kann.

435.

Sind $\vartheta, \lambda, \mu \ldots$ die verschiedenen Primzahlen, welche kleiner als $\sqrt{nA}$ sind und in A nicht aufgehen, ist ferner N_p die Anzahl der Glieder der Progression $A - C_p, 2A - C_p, \ldots nA - C_p$, welche übrig bleiben, nachdem alle durch eine der Primzahlen $\vartheta, \lambda, \mu, \ldots$ teilbaren Glieder ausgeschieden sind, ebenso N_q die analoge, auf die Progression $A - C_q, 2A - C_q, \ldots nA - C_q$ sich beziehende Zahl, so kann dem vorhergehenden Resultate zufolge die Differenz zwischen N_p und N_q niemals gröfser sein als die Anzahl der Primzahlen, welche kleiner als $\sqrt{nA}$ sind. Wir bezeichnen diese Anzahl durch $m = \varphi(\sqrt{nA})$.

Andrerseits müssen die Zahlen $N_1, N_2, \ldots N_k$, welche den k verschiedenen Werten von C entsprechen, in ihrer Gesamtheit die verschiedenen Primzahlen ergeben, welche zwischen $\sqrt{nA}$ und nA enthalten sind. Die Summe dieser Zahlen wird somit dargestellt durch $M = \varphi(nA) - \varphi(\sqrt{nA})$.

Diese beiden Bedingungen können nur dann erfüllt werden, wenn man allgemein hat:

$$N_p = \frac{M}{k} + x_p,$$

wo $\frac{M}{k}$ eine für alle Werte von p von $p = 1$ bis $p = k$ konstante Gröfse und x_p ein veränderlicher, positiver oder negativer, Teil ist, welcher m nicht übersteigen kann und derart ist, dafs die Summe der sämtlichen Gröfsen x_p gleich Null ist.

436.

Je gröfser aber n wird, um so kleiner wird die Zahl m im Vergleich zu M und selbst im Vergleich zu $\frac{M}{k}$ *). Daraus folgt, dafs das Verhältnis der beiden durch N_p und N_q bezeichneten Zahlen als der Einheit gleich betrachtet werden mufs, wenn n sehr grofs geworden ist, und dafs somit die M Primzahlen, welche zwischen $\sqrt{nA}$ und nA enthalten sind, sich gleichmäfsig auf unsere k Progressionen verteilen. Eine ähnliche Gleichmäfsigkeit findet statt bei der Verteilung der zwischen $\sqrt[4]{nA}$ und $\sqrt{nA}$ enthaltenen Primzahlen u. s. f. Je tiefer man ferner von den höheren Grenzen zu den niederen herabsteigt, um so schneller nehmen die zu M analogen Zahlen ab, und die kleine Ungleichmäfsigkeit, welche bei der Verteilung der Primzahlen auf die k Progressionen stattfinden könnte, würde ohne merklichen Einflufs auf die Verteilung sein, welche sich aus dem ersten Werte von M ergiebt. Wir können daher aus allen diesen Betrachtungen den **Satz** ableiten:

Die Reihe der Primzahlen (mit Ausnahme derer, welche in A aufgehen) verteilt sich auf die k verschiedenen Progressionen, welche den allgemeinen Gliedern $nA - C_1$, $nA - C_2$, $nA - C_3, \ldots nA - C_k$ gemäfs gebildet sind, gleichmäfsig, so dafs, wenn mit $\varphi(nA)$ die Gesamtzahl der Primzahlen von 1 bis zur Grenze nA bezeichnet wird, jede dieser bis zu n Gliedern fortgesetzten Progressionen ungefähr

---

*) Dieser an und für sich ziemlich evidente Satz läfst sich leicht mit Hülfe des in § 8 gegebenen Gesetzes bestätigen. Diesem Gesetze zufolge hat man nämlich:

$$M + m = \frac{nA}{\log(nA) - c}, \quad m = \frac{\sqrt{nA}}{\frac{1}{2}\log(nA) - c},$$

mithin:

$$\frac{M}{m} + 1 = \frac{1}{2}\sqrt{nA} \cdot \frac{\log(nA) - 2c}{\log(nA) - c},$$

eine Gröfse, welche so grofs wird, als man will, wenn man die Zahl n mehr und mehr wachsen läfst. Anm. d. Verf.

ebensoviel Primzahlen enthält, als die Gröfse $\frac{1}{k}\,\varphi(nA)$ Einheiten besitzt.

Aus § 8 wissen wir, welches der angenäherte Wert von $\varphi(nA)$ ist. Es ergiebt sich daraus, dafs die Formel

$$x = \frac{1}{k} \cdot \frac{nA}{\log(nA) - 1{,}08366}$$

mit hinreichender Genauigkeit zeigt, wieviel Primzahlen es in der Progression $A - C$, $2A - C$, $3A - C, \ldots nA - C$ giebt.

So ist z. B. in der Progression 59, 119, 179, ..., deren allgemeines Glied $60n - 1$ ist, die Zahl k, welche sich aus den einfachen Faktoren 2, 3, 5 der Zahl 60 ergiebt, gleich $30\left(1 - \frac{1}{3}\right)\left(1 - \frac{1}{5}\right) = 16$, mithin:

$$x = \frac{\frac{15}{4}n}{\log(60n) - 1{,}08366}.$$

Demnach mufs man unter den 100 000 ersten Gliedern dieser Progression ungefähr 25 820 Primzahlen finden, also ein wenig mehr als den vierten Teil aller Glieder.

437.

Nunmehr ist es leicht zu bestimmen, wieviel Primzahlen ein gegebener quadratischer Teiler $\Delta = py^2 + 2qyz + rz^2$ der Formel $t^2 + au^2$ enthält, welche kleiner sind als eine gegebene Grenze N.

Bezeichnet zu dem Zwecke $\varphi(N)$ die Gesamtzahl der Primzahlen welche kleiner sind als N, so drückt $\frac{1}{2}\,\varphi(N)$ die Anzahl der Primteiler von $t^2 + au^2$ aus. Nehmen wir an, dafs die quadratischen Teiler dieser Formel in k Gruppen zerfallen, deren jede, wie wir in den Artikeln 207 und 208, deren Resultate sich unmittelbar in den Tafeln IV, V, VI, VII bestätigt finden, gesehen haben, eine gleiche Anzahl von linearen Formen $4ax + \alpha$ oder $2ax + \alpha$ enthält, so mufs jede Gruppe ebenso viele Primzahlen enthalten, als es in der Gröfse $\frac{1}{2k}\,\varphi(N)$ Einheiten giebt. Wird sodann die Anzahl der quadratischen Teiler, welche in der Gruppe, zu welcher Δ gehört, enthalten sind, mit μ*) bezeichnet, wobei darauf zu achten ist, dafs

*) Diese Zahl μ ist dieselbe in allen Gruppen, in welche die sämtlichen quadratischen Teiler einer und derselben Formel $t^2 + au^2$ zerfallen, wie man aus den angeführten Tafeln sehen kann. Anm. d. Verf.

man jeden ambigen Teiler, d. h. jeden Teiler, welcher zu einem der drei Fälle $q = 0$, $r = 2q$, $p = r$ gehört, nur für $\frac{1}{2}$ rechnet, so ist $\frac{1}{2k\mu}\varphi(N)$ die Anzahl der Primzahlen, welche in dem Teiler Δ enthalten und kleiner als N sind, falls dieser Teiler nicht ambig ist. Ist derselbe aber ambig, so ist die Anzahl der Primzahlen nur halb so grofs, nämlich gleich $\frac{1}{4k\mu}\varphi(N)$.

Dieses Resultat gründet sich einerseits darauf, dafs die verschiedenen Formen $4ax + \alpha$ oder $2ax + \alpha$, welche jeder Gruppe von quadratischen Teilern entsprechen, arithmetische Progressionen darstellen, auf welche sich alle Primzahlen, welche Teiler von $t^2 + au^2$ sind, und deren Gesamtanzahl $\frac{1}{2}\varphi(N)$ ist, gleichmäfsig verteilen.

Andrerseits beruht dasselbe darauf, dafs, wenn man gemäfs den allgemeinen Gliedern $\Delta = py^2 + 2qyh + rh^2$, $\Delta' = p'y^2 + 2q'yh + r'h^2$, in denen Δ und Δ' zwei zu derselben Gruppe gehörige quadratische Teiler sind, und in denen h einen und denselben konstanten Wert besitzt, während y nach und nach die Werte $0, 1, 2, 3, 4, \ldots$ annimmt, zwei Reihen bildet, diese beiden Reihen mit den arithmetischen Reihen die Eigenschaft gemeinsam haben, dafs die durch dieselbe Primzahl ϑ teilbaren Glieder in einem Zwischenraum von ϑ Gliedern auf einander folgen, woraus man schliefsen kann, dafs sie eine gleiche Anzahl von Primzahlen, welche in der Formel $t^2 + au^2$ aufgehen, enthalten müssen, und zwar wird diese Gleichheit um so genauer sein, je gröfser die Grenze N ist.

438.

Betrachten wir z. B. in der Tafel IV die Formel $t^2 + 69u^2$ und den quadratischen Teiler derselben $\Delta = 2y^2 + 2yz + 35z^2$, so gehört dieser Teiler zu einer aus zwei ambigen Teilern bestehenden Gruppe, und die Anzahl der Gruppen ist 4. Demnach hat man $k = 4$, $\mu = 2 \cdot \frac{1}{2} = 1$, und dies giebt die gesuchte Zahl $x = \frac{1}{16}\varphi(N)$. Setzt man daher die gegebene Grenze $N = 100\,000$, so erhält man mit Hülfe der bekannten Formel: $\varphi(N) = 9588$ und $x = \frac{1}{16}\varphi(N) = 599$, d. h. es mufs 599 Primzahlen geben, welche in dem quadratischen Teiler $2y^2 + 2yz + 35z^2$ enthalten und kleiner als 100 000 sind.

Betrachten wir ferner in der Tafel VI die Formel $t^2 + 106u^2$ und den quadratischen Teiler derselben $\Delta = 22y^2 + 4yz + 5z^2$, so bildet dieser Teiler zusammen mit dem ambigen Teiler $2y^2 + 53z^2$ die eine der beiden Gruppen, welche alle quadratischen Teiler von $t^2 + 106u^2$ enthalten. Man hat daher $k = 2$, $\mu = 1\frac{1}{2}$ und somit $x = \frac{1}{6}\varphi(N)$.

Um endlich dieselben Formeln auf die in der Tafel V enthaltenen Teiler anzuwenden, mufs man die quadratischen Teiler mit ungeraden Koefficienten in der in No. 221 angegebenen Weise auf Teiler von der gewöhnlichen Form $py^2 + 2qyz + rz^2$ reducieren. Nehmen wir als Beispiel die Formel $t^2 + 83u^2$, welche die beiden, eine einzige Gruppe bildenden, quadratischen Teiler $y^2 + yz + 21z^2$ und $3y^2 + yz + 7z^2$ besitzt, so verwandelt sich der erste in die beiden Teiler:

$$y^2 + 83z^2$$
$$4y^2 + 2yz + 21z^2,$$

der zweite in drei andere, nämlich:

$$7y^2 + 2yz + 12z^2$$
$$3y^2 + 2yz + 28z^2$$
$$9y^2 + 8yz + 11z^2.$$

Will man also wissen, wieviel Primzahlen, kleiner als N, in jedem dieser fünf quadratischen Teiler enthalten sind, so hat man $k = 1$ und $\mu = 4\frac{1}{2}$ zu setzen, weil es unter den fünf Teilern einen ambigen giebt. Man erhält daher für jeden der vier vollständigen oder nicht ambigen Teiler $x = \frac{1}{9}\varphi(N)$ und für den ambigen Teiler $y^2 + 83z^2$: $x = \frac{1}{18}\varphi(N)$.

§ 12.

Methode zur Vervollständigung der Auflösung der unbestimmten Gleichungen zweiten Grades in ganzen Zahlen.

439.

In dem ersten Hauptteile haben wir die Methoden angegeben, welche zur ganzzahligen Auflösung der unbestimmten Gleichungen zweiten Grades, welche die Form $ay^2 + byz + cz^2 = H$ haben, führen. Auf diese Form läfst sich nämlich jede gegebene Gleichung zweiten Grades bringen; jedoch bleibt noch eine Bedingung zu erfüllen übrig, wenn die betreffende Gleichung Glieder ersten Grades enthält.

Ist allgemein

$$ay^2 + byz + cz^2 + dy + fz + g = 0$$

die gegebene Gleichung, so setzen wir, um die Glieder, welche die Unbestimmten in erster Potenz enthalten, wegzuschaffen:

$$y = \frac{y' + \alpha}{\vartheta}, \quad z = \frac{z' + \beta}{\vartheta},$$

und erhalten so die transformierte Gleichung:

$$\begin{aligned} 0 = ay'^2 + by'z' + cz'^2 + 2a\alpha y' + 2c\beta z' + a\alpha^2 + d\alpha\vartheta \\ b\beta y' + b\alpha z' + b\alpha\beta + f\beta\vartheta \\ d\vartheta y' + f\vartheta z' + c\beta^2 + g\vartheta^2. \end{aligned}$$

Setzen wir also:

$$2a\alpha + b\beta + d\vartheta = 0$$
$$2c\beta + b\alpha + f\vartheta = 0,$$

so ergiebt sich:

$$\frac{\alpha}{\vartheta} = \frac{2cd - fb}{b^2 - 4ac}, \quad \frac{\beta}{\vartheta} = \frac{2af - db}{b^2 - 4ac},$$

woraus man erkennt, daſs, wenn man in der gegebenen Gleichung unmittelbar setzt:

$$y = \frac{y' + 2cd - fb}{b^2 - 4ac}, \quad z = \frac{z' + 2af - db}{b^2 - 4ac},$$

die transformierte Gleichung erhalten wird:

$$ay'^2 + by'z' + cz'^2 = -(af^2 - bdf + cd^2)(b^2 - 4ac) - g(b^2 - 4ac)^2.$$

Ich bemerke nun, daſs man voraussetzen darf, daſs die Koefficienten a, b, c der Glieder zweiten Grades in der gegebenen Gleichung keinen gemeinsamen Teiler haben. Denn hätten sie einen gemeinschaftlichen Teiler ω, so müſste $dy + fz + g$ ebenfalls durch ω teilbar sein; diese Bedingung ist aber durch Einführung einer neuen Unbestimmten an Stelle von y oder z leicht zu erfüllen, und alsdann ist die ganze Gleichung durch ω teilbar.

Ferner bemerke ich, daſs man von dem Falle, wo $b^2 - 4ac$ eine negative Gröſse ist, absehen kann, weil alsdann die Anzahl der Lösungen der transformierten Gleichung eine beschränkte ist, und das einfachste Verfahren, sie zu finden, darin besteht, daſs man nach einander die gefundenen Werte von y' und z' in die Formeln

$$y = \frac{y' + 2cd - fb}{b^2 - 4ac}, \quad z = \frac{z' + 2af - db}{b^2 - 4ac}$$

einsetzt und zusieht, welches diejenigen sind, für welche y und z ganze Zahlen werden.

Man kann sich ferner der Mühe überheben, den Fall zu discutieren, wo $b^2 - 4ac$, obwohl positiv, einer Quadratzahl gleich ist, weil alsdann die transformierte Gleichung ebenfalls nur eine beschränkte Anzahl von Lösungen hat (No. 78). Es bleibt also nur der Fall zu untersuchen übrig, wo $b^2 - 4ac$ eine positive, nicht quadratische Zahl ist.

440.

Alsdann besitzt die transformierte Gleichung, falls sie überhaupt lösbar ist, unendlich viele Lösungen, welche in einem oder mehreren Systemen enthalten sind, und jedes System kann dargestellt werden durch die Formeln:

$$y' = \gamma F + \delta G$$
$$z' = \varepsilon F + \zeta G$$
$$(\varphi + \psi\sqrt{b^2 - 4ac})^n = F + G\sqrt{b^2 - 4ac}.$$

Um die Betrachtung besonderer Fälle zu vermeiden, nehmen wir an, dafs diese Formeln derartig vorbereitet seien, dafs die Zahlen γ, δ, ε, ζ, φ, ψ ganze Zahlen sind, und dafs der Exponent n eine beliebige Zahl ist. Zuweilen giebt die unmittelbare Auflösung für diese Koefficienten mit dem Bruche $\frac{1}{2}$ behaftete Zahlen, auch kann es vorkommen, dafs der Exponent n von bestimmter gerader oder ungerader Form ist. Jedoch ist es in allen Fällen leicht, die Formeln auf die vorausgesetzte Form zurückzuführen, in welcher alle Zahlen ganz und der Exponent n beliebig ist. Ferner mufs man sich erinnern, dafs stets

$$\varphi^2 - \psi^2(b^2 - 4ac) = 1$$

ist.

Dies vorausgeschickt, handelt es sich darum, allgemein einen Wert von n zu finden, dafs die Gröfsen:

$$y = \frac{\gamma F + \delta G + \alpha}{b^2 - 4ac}, \quad z = \frac{\varepsilon F + \zeta G + \beta}{b^2 - 4ac}$$

ganze Zahlen werden. Nun hat man:

$$F = \varphi^n + \frac{n(n-1)}{1 \cdot 2}\varphi^{n-2}\psi^2(b^2 - 4ac) + \cdots$$

$$G = n\varphi^{n-1}\psi + \frac{n(n-1)(n-2)}{1 \cdot 2 \cdot 3}\varphi^{n-3}\psi^3(b^2 - 4ac) + \cdots$$

Setzt man daher diese Werte von F und G ein, so sieht man, dafs die Aufgabe sich darauf reduciert, n so zu bestimmen, dafs die Gröfsen:

$$\frac{\gamma\varphi^n + \delta n\varphi^{n-1}\psi + \alpha}{b^2 - 4ac}, \quad \frac{\varepsilon\varphi^n + \zeta n\varphi^{n-1}\psi + \beta}{b^2 - 4ac}$$

ganze Zahlen werden. Zu diesem Zwecke unterscheiden wir zwei Fälle, je nachdem n gerade oder ungerade ist.

1) Ist $n = 2m$, so giebt die Gleichung $\varphi^2 - \psi^2(b^2 - 4ac) = 1$, wenn man die Vielfachen von $b^2 - 4ac$ wegläfst, $\varphi^{2m} = 1$. Man kann daher $\alpha\varphi^{2m}$ und $\beta\varphi^{2m}$ an die Stelle von α und β setzen, und wenn man dann den Faktor φ^{2m-1}, welcher mit $b^2 - 4ac$ keinen Faktor gemeinschaftlich haben kann, unterdrückt, so findet man, dafs die Bestimmung von m nur noch von den Gleichungen ersten Grades

$$\frac{(\alpha + \gamma)\varphi + 2\delta\psi m}{b^2 - 4ac} = e, \quad \frac{(\beta + \varepsilon)\varphi + 2\zeta\psi m}{b^2 - 4ac} = e$$

abhängt. Dieselben müssen mit einander im Einklang stehen, wenn die gegebene Gleichung in ganzen Zahlen lösbar sein soll.

2) Ist $n = 2m + 1$, so hat man ebenfalls, wenn man die Vielfachen von $b^2 - 4ac$ wegläfst, $\alpha = \alpha\varphi^{2m}$ und $\beta = \beta\varphi^{2m}$, und die Bestimmung von m hängt von den Gleichungen ersten Grades

$$\frac{\gamma\varphi + \alpha + (2m + 1)\delta\psi}{b^2 - 4ac} = e, \quad \frac{\varepsilon\varphi + \beta + (2m + 1)\zeta\psi}{b^2 - 4ac} = e$$

ab, welche ebenfalls mit einander im Einklang stehen müssen.

In allen Fällen findet man also die passenden Werte des Exponenten n durch die einfache Auflösung einer unbestimmten Gleichung ersten Grades, und da der aus dieser Lösung sich ergebende Wert von n allgemein von der Form $\nu + (b^2 - 4ac)k$ ist, wo k eine unbestimmte Zahl bedeutet, so folgt daraus, dafs es unendlich viele Werte von n giebt, die der Aufgabe genügen, so dafs man auch unendlich viele ganzzahlige Lösungen der gegebenen Gleichung erhält. Man mufs ferner beachten, dafs jede der Zahlen F und G mit beliebigem Vorzeichen genommen werden kann. Dies giebt vier besonders zu untersuchende Kombinationen, aus denen verschiedene Lösungen sich ergeben können.

441.

Zur Vervollständigung dieser Theorie stellen wir uns jetzt die folgende **Aufgabe:**

Wenn die Zahlen F und G durch die Formel

$$(\varphi + \psi\sqrt{A})^n = F + G\sqrt{A},$$

in welcher der Exponent n unbestimmt und $\varphi^2 - \psi^2 \sqrt{A} = 1$ ist, gegeben sind, so sollen alle Werte von n von der Beschaffenheit gefunden werden, dafs die Gröfse $\lambda F + \mu G + \nu$ durch eine Primzahl ω, die nicht in $A\psi$ aufgeht, teilbar sei.

Ein Verfahren, welches von Lagrange (Abh. der Berliner Ak. 1767) für die Auflösung dieser Aufgabe angegeben worden ist, besteht in Folgendem:

Wir nehmen zunächst an, dafs man einen Wert des Exponenten n kenne, welcher der Aufgabe genügt. Ist dieser Wert p, so mufs, wenn man $(\varphi + \psi\sqrt{A})^p = f + g\sqrt{A}$ setzt, die Gröfse $\frac{\lambda f + \mu g + \nu}{\omega}$ eine ganze Zahl sein. Wir suchen sodann einen Exponenten q, so dafs, wenn man $(\varphi + \psi\sqrt{A})^q = f' + g'\sqrt{A}$ setzt, die Zahl g' durch ω teilbar ist. Ein solcher Exponent existiert sicher, da man stets der Gleichung $x^2 - A\omega^2 y^2 = 1$ genügen kann. Ist dieser Exponent gefunden, so kann man gleichzeitig annehmen, dafs $f' - 1$ durch ω teilbar ist. Wäre dieses nicht der Fall, so könnte man den Exponenten q verdoppeln und würde, wenn man

$$(\varphi + \psi\sqrt{A})^{2q} = (f' + g'\sqrt{A})^2 = f'' + g''\sqrt{A}$$

setzte, erhalten

$$f'' = f'^2 + Ag'^2 = 1 + 2Ag'^2 \quad \text{und} \quad g'' = 2f'g',$$

so dafs $f'' - 1$ und g'' zu gleicher Zeit durch ω teilbar wären. Führt man also die passenden Vorbereitungen aus, so findet man stets einen Exponenten q von der Art, dafs, wenn man $(\varphi + \psi\sqrt{A})^q = f' + g'\sqrt{A}$ setzt, die Zahlen $f' - 1$ und g' beide durch ω teilbar sind.

Wir behaupten jetzt, dafs, wenn man $n = qx + p$ setzt, die gegebene Grösse $\lambda F + \mu G + \nu$ durch ω teilbar ist, welches auch die ganze Zahl x sein möge. Denn ist:

$$(f' + g'\sqrt{A})^x = F' + G'\sqrt{A},$$

so erhält man:

$$F + G\sqrt{A} = (f + g\sqrt{A})(F' + G'\sqrt{A})$$

und hieraus folgt:

$$F = fF' + gAG', \quad G = fG' + gF'$$

und

$$\lambda F + \mu G + \nu = (\lambda f + \mu g)F' + (\lambda g A + \mu f)G' + \nu.$$

Da jedoch die entwickelten Werte von F' und G' sind:

$$F' = f'^x + \frac{x(x-1)}{1 \cdot 2} f'^{x-2} g'^2 A + \cdots$$

$$G' = x f'^{x-1} g' + \cdots,$$

so erhält man, wenn man die Vielfachen von ω wegläfst:

$$G' = 0, \quad \text{und} \quad F' = f'^x = 1.$$

Nach Weglassung derselben Vielfachen reduciert sich also die Gröfse $\lambda F + \mu G + \nu$ auf $\lambda f + \mu g + \nu$, sie ist daher teilbar durch ω.

Da alle in der Formel $n = qx + p$ enthaltenen Werte von n der Aufgabe genügen, so giebt es stets einen unter diesen Werten, welcher kleiner als q ist, so dafs man immer $p < q$ annehmen kann. Um also den Exponenten p zu erhalten, welcher die erste Lösung giebt, mufs man $\varphi + \psi \sqrt{A}$ der Reihe nach auf die Potenzen vom Grade 0, 1, 2, 3, ... $q - 1$ erheben und versuchen, für jede durch $f + g\sqrt{A}$ dargestellte Potenz, ob sich die Gröfse $\lambda f + \mu g + \nu$ durch ω teilen läfst. Man kann auch die Reihe der Gröfsen $\lambda f + \mu g$ direkt bilden, wenn man beachtet, dafs diese Reihe rekurrent und ihre Beziehungsskala $2\varphi, -1$ ist, woraus sich ergiebt, dafs man mit Hülfe der beiden ersten bekannten Glieder λ, $\lambda\varphi + \mu\psi$ leicht alle andern bilden kann. Diese Rechnungen sind um so leichter, als man die Vielfachen von ω, so oft sie vorkommen, weglassen kann. Wenn die Aufgabe möglich ist, so mufs man unter den q ersten Gliedern der in Rede stehenden Reihe eins oder mehrere finden, für welche $\lambda f + \mu g + \nu = 0$ ist.

442.

Kennt man den kleinsten Exponenten p, für welchen $\lambda f + \mu g + \nu$ durch eine Primzahl teilbar ist, so kann man folgendes Verfahren einschlagen, um a priori einen Wert von n zu bestimmen, für welchen $\lambda F + \mu G + \nu$ durch eine gegebene Potenz von ω teilbar wird.

Wir bemerken zunächst, dafs man allgemein die Gleichung

$$\frac{L + Mx + N\omega + P\omega^2 + Q\omega^3 + \cdots}{\omega^m} = e,$$

in welcher L und M gegebene Zahlen und $N, P, Q, \ldots$ beliebige ganze Funktionen von x sind, aufzulösen im Stande ist. Dazu mufs man x so bestimmen, dafs $\frac{L + Mx}{\omega}$ eine ganze Zahl ist. Hat man $x = l + \omega x'$ gefunden und setzt man diesen Wert in die gegebene Gleichung ein, so wird dieselbe von der Form:

$$\frac{L' + M'x' + N'\omega + P'\omega^2 + Q'\omega^3 + \cdots}{\omega^{m-1}} = e,$$

also eine Gleichung von ähnlicher Art wie die gegebene, in welcher jeder der Nenner von einem um eine Einheit niedrigeren Grade ist. Durch eine Reihe von ähnlichen Rechnungen erhält man also:

$$x = l + \omega x', \; x' = l' + \omega x'', \; x'' = l'' + \omega x''', \ldots$$

und hieraus folgt:

$$x = l + l'\omega + l''\omega^2 + l'''\omega^3 + \cdots$$

bis zu einem Gliede von der Form $\omega^m x^{(m)}$, in welchem $x^{(m)}$ eine neue Unbestimmte vorstellt.

Will man z. B. den Wert von n so bestimmen, dafs die Gröfse $\lambda F + \mu G + \nu$ durch ω^3 teilbar ist, so setze man wie oben $n = qx + p$. Setzt man ferner, während alles ebenso bleibt wie vorher,

$$\lambda f + \mu g = \lambda', \quad \lambda g A + \mu f = \mu',$$

so erhält man:

$$\lambda F + \mu G + \nu = \lambda' F' + \mu' G' + \nu.$$

In diese Gröfse, welche bereits, für beliebige Werte von x, durch ω teilbar ist, mufs man für F' und G' ihre entwickelten Werte einsetzen, indem man die dritte und die höheren Potenzen von g' wegläfst. Diese Werte sind:

$$F' = f'^x + \frac{x(x-1)}{1 \cdot 2} g'^2 A f'^{x-2}$$

$$G' = x f'^{x-1} g'.$$

Wir unterscheiden nun zwei Fälle, je nachdem x gerade oder ungerade ist.

1) Ist x gerade, so kann man $\nu(f'^2 - g'^2 A)^{\frac{x}{2}}$ an Stelle von ν setzen und diese Gröfse entwickeln, indem man die Glieder, welche g'^3 oder eine höhere Potenz von g' enthalten, wegläfst. Durch diese Substitutionen geht die gegebene Gleichung

$$\frac{\lambda' F' + \mu' G' + \nu}{\omega^3} = e$$

über in:

$$\frac{\lambda'\left(f'^x + \frac{x(x-1)}{1 \cdot 2} f'^{x-2} g'^2 A\right) + \mu' x f'^{x-1} g' + \nu\left(f'^x - \frac{x}{2} f'^{x-2} g'^2 A\right)}{\omega^3} = e.$$

Da nun f' nicht durch ω teilbar ist, weil $f' - 1$ es ist, so kann man den gemeinsamen Faktor f'^{x-2} im Zähler unterdrücken, wodurch die Veränderliche aus den Exponenten verschwindet. Setzt man ferner:

$$g' = \omega h', \quad \lambda' + \nu = \omega L,$$

so geht die aufzulösende Gleichung über in:

$$\frac{Lf'^2 + \mu' f\, h' x + \left(\lambda' \frac{x(x-1)}{1 \cdot 2} - \nu \frac{x}{2}\right) h'^2 A \omega}{\omega^2} = e,$$

und da diese Gleichung nach der vorhergehenden Methode behandelt werden kann, so erhält man das Resultat von der Form

$$x = l + l'\omega + \omega^2 x'',$$

wo die Unbestimmte x'' derart zu wählen ist, daſs x gerade wird.

2) Ist x ungerade, so muſs man $\nu(f'^2 - g'^2 A)^{\frac{x-1}{2}}$ an die Stelle von ν setzen; im Übrigen ist die Rechnung vollständig analog derjenigen im ersten Falle.

Man erkennt jetzt auch den Weg, den man einzuschlagen hat, wenn man bewirken will, daſs eine Gröſse von der Form $\lambda F + \mu G + \nu$ durch eine beliebige Zahl P teilbar werde. Wenn man P in seine Primfaktoren zerlegt hat und ω^m einer dieser Faktoren ist, so suche man die Werte von n von der Beschaffenheit, daſs die gegebene Gröſse durch ω teilbar ist, und ebenso der Reihe nach in Bezug auf jeden der anderen Faktoren. Man erhält dadurch verschiedene besondere Werte von n, die man mit einander verbinden muſs, um einen allgemeinen Wert zu erhalten, welcher allen Bedingungen genügt. Die Aufgabe wird nur dann lösbar sein, wenn alle diese Bedingungen erfüllt werden können.

443.

Wir bemerken noch, daſs der Wert von q, dessen man bei der vorhergehenden Lösung bedarf (No. 441) direkt nach dem folgenden **Satze** angegeben werden kann:

Ist $\varphi^2 - A\psi^2 = 1$ und sucht man einen Exponenten q von der Art, daſs $(\varphi + \psi\sqrt{A})^q - 1$ durch eine Primzahl ω, welche nicht in $A\psi$ aufgeht, teilbar ist, so kann man $q = \omega - 1$ setzen, falls $\left(\frac{A}{\omega}\right) = +1$, und $q = \omega + 1$, falls $\left(\frac{A}{\omega}\right) = -$ ist.

Man findet nämlich wie in No. 129, daſs die Gröſse

$$(\varphi + \psi\sqrt{A})^\omega - (\varphi + \psi\sqrt{A})$$

durch ω geteilt denselben Rest läſst, wie eine Gröſse derselben Art

$$(\varphi - k + \psi\sqrt{A})^\omega - (\varphi - k + \psi\sqrt{A}),$$

in welcher k eine beliebige ganze Zahl ist. Ist $k = \varphi$, so erhält man also, wenn man die Vielfachen von ω wegläſst:

$$(\varphi + \psi \sqrt{A})^{\omega} - (\varphi + \psi \sqrt{A}) = (\psi \sqrt{A})^{\omega} - \psi \sqrt{A},$$

und die rechte Seite geht wegen $\psi^{\omega} = \psi$ über in:

$$\psi \sqrt{A}\,(A^{\frac{\omega-1}{2}} - 1) \quad \text{oder} \quad \psi \sqrt{A}\left[\left(\frac{A}{\omega}\right) - 1\right].$$

Ist erstens $\left(\frac{A}{\omega}\right) = 1$, so erhält man:

$$(\varphi + \psi \sqrt{A})^{\omega} - (\varphi + \psi \sqrt{A}) = 0.$$

Mithin ist $(\varphi + \psi \sqrt{A})^{\omega-1} - 1$ durch ω teilbar; man kann somit $q = \omega - 1$ setzen.

Ist zweitens $\left(\frac{A}{\omega}\right) = -1$, so erhält man:

$$(\varphi + \psi \sqrt{A})^{\omega} = \varphi - \psi \sqrt{A},$$

mithin:

$$(\varphi + \psi \sqrt{A})^{\omega+1} = \varphi^2 - A\psi^2 = 1.$$

Somit kann man $q = \omega + 1$ setzen.

§ 13.

Über die Gleichung $x^3 + ay^3 = bz^3$.

444.

Nehmen wir an, dafs eine Lösung dieser Gleichung durch die Werte $x = f$, $y = g$, $z = h$ gegeben werde, und setzen wir, während wir den Wert $z = h$ beibehalten, $x = f + \omega$, $y = g - n\omega$, so erhalten wir, nachdem wir eingesetzt haben:

$$\begin{aligned} 0 = {} & 3f^2 + 3f\omega + \omega^2 \\ & - an(3g^2 - 3gn\omega + n^2\omega^2). \end{aligned}$$

Ist $f^2 - ag^2 n = 0$ oder $n = \frac{f^2}{ag^2}$, so giebt die übrigbleibende Gleichung:

$$\omega = \frac{3(f + agn^2)}{an^3 - 1} = \frac{3afg^3}{f^3 - ag^3},$$

mithin:

$$x = \frac{f^4 + 2afg^3}{f^3 - ag^3}, \quad y = -\frac{g(2f^3 + ag^3)}{f^3 - ag^3}.$$

Somit genügt man der gegebenen Gleichung durch die neuen Werte

$$
\begin{aligned}
x &= \quad f(f^3 + 2ag^3) = f' \\
y &= -g(2f^3 + ag^3) = g' \\
z &= \quad h(f^3 - ag^3) = h'.
\end{aligned}
$$

Diese zweite Lösung liefert eine dritte, welche durch die Formeln ausgedrückt ist:

$$
\begin{aligned}
x &= \quad f'(f'^3 + 2ag'^3) = f'' \\
y &= -g'(2f'^3 + ag'^3) = g'' \\
z &= \quad h'(f'^3 - ag'^3) = h''
\end{aligned}
$$

u. s. f. ins Unendliche.

Werden die Zahlen f, g, h, welche die erste Lösung geben, als von der ersten Ordnung betrachtet, so sind die Zahlen f', g', h', welche die zweite Lösung geben, von der vierten Ordnung, die Zahlen f'', g'', h'', welche die dritte Lösung geben, von der sechzehnten Ordnung, mit andern Worten: Die Anzahl der Ziffern einer Lösung ist ungefähr das Vierfache der Anzahl der Ziffern der vorhergehenden Lösung.

Geht man von einer solchen Lösung, z. B. der dritten aus, so kann man aus ihr in aufsteigender Richtung die vierte, fünfte, sechste u. s. w. Lösung erhalten, und zwar geschieht dies mit Hülfe der vorstehenden Formeln. Man kann aber auch in absteigender Richtung die zweite und darauf die erste Lösung erhalten. Dazu bedarf es aber neuer Formeln, die wir suchen wollen.

445.

Es handelt sich also allgemein darum, die Werte von x, y, z aus den gegebenen Gröfsen x', y', z' mittelst der Gleichungen:

$$
\begin{aligned}
x' &= \quad x(x^3 + 2ay^3) \\
y' &= -y(2x^3 + ay^3) \\
z' &= \quad z(x^3 - ay^3)
\end{aligned}
$$

abzuleiten.

Setzt man zu dem Zwecke $y' = mx'$, $z' = nx'$, sodann $y = px$, $z = qx$, so erhält man:

$$
\begin{aligned}
x' &= \quad x^4(1 + 2ap^3) & \qquad m &= -\frac{p(2 + ap^3)}{1 + 2ap^3} \\
y' &= -x^4p(2 + ap^3) & & \\
z' &= \quad x^4q(1 - ap^3) & \qquad n &= \frac{q(1 - ap^3)}{1 + 2ap^3}.
\end{aligned}
$$

Es wird demnach die Gleichung zur Bestimmung von p:

$$ap^4 + 2amp^3 + 2p + m = 0,$$

eine Gleichung, welche sich sehr einfach lösen läfst. Bringt man dieselbe nämlich auf die Form:

$$(p^2 + mp + \lambda)^2 - (\mu p + \nu)^2 = 0,$$

so erhält man zur Bestimmung von λ, μ, ν die Gleichungen:

$$m^2 + 2\lambda - \mu^2 = 0$$

$$m\lambda - \mu\nu = \frac{1}{a}$$

$$\lambda^2 - \nu^2 = \frac{m}{a},$$

und hieraus folgt:

$$\mu^2 = 2\lambda + m^2$$

$$\nu^2 = \lambda^2 - \frac{m}{a}$$

$$\left(m\lambda - \frac{1}{a}\right)^2 = \left(\lambda^2 - \frac{m}{a}\right)(2\lambda + m^2).$$

Die letzte giebt:

$$\lambda^3 = \frac{1 + am^3}{2a^2},$$

und somit:

$$\lambda = \sqrt[3]{\frac{1 + am^3}{2a^2}} = n\sqrt[3]{\frac{b}{2a^2}}.$$

Ist λ bekannt, so erhält man unmittelbar:

$$\mu = \sqrt{2\lambda + m^2}$$

$$\nu = \frac{1}{\mu}\left(m\lambda - \frac{1}{a}\right).$$

Sodann hat man zur Bestimmung von p die beiden Gleichungen zweiten Grades:

$$p^2 + (m + \mu)p + \lambda + \nu = 0$$

$$p^2 + (m - \mu)p + \lambda - \nu = 0,$$

aus denen sich die folgenden vier Werte ergeben:

$$p = -\frac{1}{2}(m + \mu) \pm \sqrt{\frac{1}{4}(m + \mu)^2 - \lambda - \nu}$$

$$p = -\frac{1}{2}(m - \mu) \pm \sqrt{\frac{1}{4}(m - \mu)^2 - \lambda + \nu}.$$

Ist p bekannt, so erhält man q durch die Gleichung:

$$q = \frac{n(1 + 2ap^3)}{1 - ap^3} = -\frac{np}{p + m},$$

und sodann x durch die Gleichung:

$$x^4 = \frac{x'}{1+2ap^3} = -\frac{x'(p+2m)}{3p};$$

und vermittelst dieses Wertes findet man $y = px$, $z = qx$.

Übrigens braucht man nicht erst den Wert von x, welcher irrational oder selbst imaginär sein könnte, zu kennen; denn offenbar kann man an Stelle der drei Werte x, px, qx einfach, als ob $x = 1$ wäre, die Werte 1, p, q nehmen. Somit reduciert sich alles darauf, den Wert von p durch die Gleichung

$$ap^4 + 2amp^3 + 2p + m = 0$$

zu bestimmen, und zwar wird dieser Wert nur dann eine Lösung geben, wenn er rational ist.

446.

Wir nehmen an, dafs man dieser Gleichung durch den Wert $p = k$ genüge, aus welchem

$$a = -\frac{1}{k^3}\,\frac{2k+m}{k+2m}$$

folgt. Die vorstehenden Gleichungen zwischen λ, μ, ν müssen mit der Gleichung $p^2 + (m+\mu)p + \lambda + \nu = 0$ verbunden werden. Da dieselbe durch den Wert $p = k$ befriedigt wird, so ergiebt sich aus ihr:

$$\lambda + \nu = -k^2 - (m+\mu)k.$$

Es ist aber:

$$2\lambda = \mu^2 - m^2,$$

mithin:

$$2\nu = m^2 - 2mk - 2k^2 - 2\mu k - \mu^2.$$

Multipliciert man mit μ und setzt sodann für $\mu\nu$ seinen Wert $m\lambda - \frac{1}{a}$ oder $\frac{1}{2}m(\mu^2 - m^2) - \frac{1}{a}$, so erhält man:

$$m(\mu^2 - m^2) - \frac{2}{a} = -\mu^3 - 2k\mu^2 + (m^2 - 2mk - 2k^2)\mu$$

oder:

$$\mu^3 + (2k+m)\mu^2 + (2k^2 + 2mk - m^2)\mu - m^3 - \frac{2}{a} = 0.$$

Diese Gleichung bestimmt unmittelbar den Wert von μ. Dieselbe wird homogen in Bezug auf μ, m und k, wenn man für $\frac{2}{a}$ seinen Wert $-2k^3\,\frac{k+2m}{2k+m}$ einsetzt. Man kann sie nämlich folgendermafsen schreiben:

$$0 = (2k+m)\mu^3 + (2k+m)^2\mu^2 + (2k+m)(2k^2 + 2km - m^2)\mu + 2k^3(k+2m) - m^3(2k+m).$$

Diese Gleichung ist sehr bemerkenswert, insofern man ihr durch den Wert

$$\mu = \sqrt{m^2 + 2\lambda}$$

genügt, während λ durch die Formel

$$\lambda = \sqrt[3]{\frac{1 + am^3}{2a^2}} = (k^2 + km)\sqrt[3]{\frac{k^2 + km - 2m^2}{8k^2 + 8km + 2m^2}}$$

bestimmt wird. Man findet leicht, dafs die Gleichung in μ eine reelle und zwei imaginäre Wurzeln hat. Man sieht also, dafs die reelle Wurzel durch die Formel $\sqrt{m^2 + 2\lambda}$ gegeben ist, d. h. durch eine Quadratwurzel aus einer Gröfse, welche aus dem rationalen Teile m^2 und dem eine Kubikwurzel darstellenden Teile 2λ besteht. Diese Form der Wurzel einer Gleichung dritten Grades ist nicht dieselbe wie die, welche die Cardanische Formel giebt, da letztere aus einem rationalen Teile verbunden mit zwei Kubikwurzeln aus Gröfsen von der Form $A + \sqrt{B}$, $A - \sqrt{B}$ besteht.

447.

Wir wollen nun die Gleichungen dritten Grades, welche sich ebenso lösen lassen, wie die Gleichung in μ, a priori zu bestimmen suchen.

Betrachten wir zu dem Zwecke die Gleichung:

$$x^3 + Ax^2 + Bx + C = 0,$$

und setzen wir $x^2 = M + y$, so ergiebt sich:

$$x(y + M + B) = -Ay - AM - C,$$

und wenn wir beide Seiten ins Quadrat erheben:

$$(y + M)(y^2 + 2[M + B]y + [M + B]^2) - (Ay + AM + C)^2 = 0,$$

oder entwickelt:

$$\left.\begin{array}{lll} y^3 + 2(M + B)y^2 + (M + B)^2 y & + M(M + B)^2 \\ + \qquad My^2 + 2M(M + B)y & - (AM + C)^2 \\ - \qquad A^2 y^2 - 2A(AM + C)y & \end{array}\right\} = 0.$$

Sollen nun in dieser Gleichung die mit y^2 und y behafteten Glieder verschwinden, so mufs man den beiden Bedingungsgleichungen genügen:

$$A^2 = 3M + 2B$$

$$2AC = B^2 - 3M^2.$$

Eliminirt man also M, so ist die Bedingungsgleichung:

$$3B^2 - 6AC = (A^2 - 2B)^2$$

oder:

$$A^4 - 4A^2B + B^2 + 6AC = 0.$$

Sodann erhält man:

$$M = \frac{1}{3}(A^2 - 2B),$$

und die Gleichung zur Bestimmung von y wird:

$$y^3 = (AM + C)^2 - M(M + B)^2 = C^2 - M^3 = C^2 - \frac{1}{27}(A^2 - 2B)^3.$$

Substituiert man an Stelle von C seinen Wert $\frac{-A^4 + 4A^2B - B^2}{6A}$, so folgt:

$$27y^3 = \frac{(A^2 + B)^3(3B - A^2)}{4A^2},$$

$$y = \frac{A^2 + B}{3}\sqrt[3]{\frac{3B - A^2}{4A^2}},$$

und somit:

$$x = \sqrt{\frac{A^2 - 2B}{3} + \frac{A^2 + B}{3}\sqrt[3]{\frac{3B - A^2}{4A^2}}}.$$

Diese Auflösungsformel ist weit einfacher als die, welche die gewöhnliche Cardanische Formel geben würde. Indessen liegt der Gedanke nahe, daſs sie beide nicht wesentlich von einander verschieden sein dürfen, und daſs sich somit die zusammengesetztere auf die einfachere zurückführen lasse. Dies wollen wir im Folgenden zeigen.

448.

Wenn man in der gegebenen Gleichung

$$x^3 + Ax^2 + Bx + C = 0$$

setzt $x = \frac{z - A}{3}$, so erhält man die transformierte Gleichung:

$$z^3 + pz + q = 0,$$

in welcher

$$p = -3A^2 + 9B$$
$$q = 2A^3 - 9AB + 27C$$

ist. Setzt man an Stelle von C seinen Wert, ausgedrückt durch A und B, so wird:

$$q = -\frac{5A^4 - 18A^2B + 9B^2}{2A},$$

und hieraus folgt:

$$\frac{1}{4}q^2 + \frac{1}{27}p^3 = \frac{9A^8 - 36A^6B - 18A^4B^2 + 108A^2B^3 + 81B^4}{16A^2},$$

$$\sqrt{\frac{1}{4}q^2 + \frac{1}{27}p^3} = \frac{3A^4 - 6A^2B - 9B^2}{4A}$$

$$-\frac{1}{2}q + \sqrt{\frac{1}{4}q^2 + \frac{1}{27}p^3} = 2A(A^2 - 3B)$$

$$-\frac{1}{2}q - \sqrt{\frac{1}{4}q^2 + \frac{1}{27}p^3} = \frac{(A^2 - 3B)^2}{2A}.$$

Ist daher:

$$\sqrt[3]{2A(A^2 - 3B)} = t,$$

so erhält man:

$$\sqrt[3]{\frac{(A^2 - 3B)^2}{2A}} = \frac{t^2}{2A},$$

und somit:

$$z = t + \frac{t^2}{2A}.$$

Ist z bekannt, so wird:

$$x = \frac{1}{3}\left(-A + t + \frac{t^2}{2A}\right),$$

also:

$$x^2 = \frac{1}{9}\left(A^2 - 2At + \frac{t^3}{A} + \frac{t^4}{4A^2}\right)$$

oder endlich:

$$x = \sqrt{\frac{A^2 - 2B}{3} + \frac{A^2 + B}{3}\sqrt[3]{\frac{3B - A^2}{4A^2}}},$$

und dies stimmt mit der zuerst erhaltenen Formel, welche, wie man sieht, der einfachste Ausdruck von x ist, überein.

449.

Um eine Anwendung der vorhergehenden Formeln zu geben, betrachten wir die Gleichung:

$$x^3 + y^3 = 7z^3,$$

welcher man genügt, indem man den Unbestimmten x, y, z bezüglich die Werte 2, — 1, 1 beilegt. Hieraus leitet man die zweite Lösung 12, 15, 9 oder einfacher, indem man den gemeinsamen Faktor unterdrückt, 4, 5, 3 her. Diese liefert in ähnlicher Weise eine dritte 1265, — 1256, 183, und so fort in aufsteigender Linie ins Unendliche.

Um dieselbe Reihe in entgegengesetzter Richtung fortzusetzen, betrachten wir die Lösung 5, 4, 3 als gegeben. Wollen wir daraus nach der Methode des Artikel 445 die erste Lösung ableiten, so haben wir $x' = 5$, $y' = 4$, $z' = 3$. Dies giebt $m = \frac{4}{5} = 0{,}8$, $n = \frac{3}{5} = 0{,}6$ und die Gleichung zur Bestimmung von p ist:

$$p^4 + \frac{8}{5}p^3 + 2p + \frac{4}{5} = 0.$$

Hieraus folgt:

$$p = -2, \quad q = \frac{n(1+2p^3)}{1-p^3} = -1.$$

Man erhält daher unmittelbar die Lösung 1, p, q oder 1, -2, -1 oder 2, -1, 1, und dies ist in der That die erste Lösung, von der wir ausgegangen waren.

Dasselbe Resultat würde man, jedoch weniger leicht, aus den allgemeinen Formeln ableiten, bei denen man von den Hülfsgrößsen λ, μ, ν Gebrauch macht, um den Wert von p zu bestimmen. Man erhielte alsdann:

$$\lambda = \sqrt[3]{\frac{1+m^3}{2}} = \frac{3}{5}\sqrt[3]{\frac{7}{2}}$$

$$\mu = \sqrt{\frac{16}{25} + \frac{3}{5}\sqrt[3]{28}}$$

$$\nu = \frac{1}{\mu}\left(\frac{4}{5}\lambda - 1\right),$$

oder näherungsweise:

$$\lambda = \quad 0{,}9109768$$
$$\mu = \quad 1{,}5690611$$
$$\nu = -0{,}1728540.$$

Sodann werden die beiden Gleichungen zur Bestimmung von p:

$$p^2 + 2{,}3690611p + 0{,}7381228 = 0$$
$$p^2 - 0{,}7690611p + 1{,}0838308 = 0.$$

Die zweite Gleichung hat zwei imaginäre Wurzeln; die erste giebt die beiden reellen Wurzeln $p = -2{,}000000$, $p = -0{,}3690611$, jedoch ist der Wert $p = -2$, der, wie wir wissen, richtig ist, der allein brauchbare. Man kann dies auch ohne Hülfe der Decimalbrüche finden, wenn man beachtet, dafs man im gegenwärtigen Falle, wo $m = \frac{4}{5}$ ist, erhält: $\mu = \frac{16}{15} + \frac{8}{9}\lambda - \frac{10}{27}\lambda^2$, und ferner

$$\lambda + \nu = 2\mu - \frac{12}{5}.$$

Dieser Wert giebt, in die Formel

$$p = -\frac{1}{2}(m+\mu) \pm \sqrt{\frac{1}{4}(m+\mu)^2 - \lambda - \nu}$$

eingesetzt, die beiden Wurzeln:

$$p = -2 \quad \text{und} \quad p = \frac{6}{5} - \mu = \frac{2}{15} - \frac{8}{9}\lambda + \frac{10}{27}\lambda^2.$$

450.

Man kann bemerken, daſs die Formeln des Artikel 444, auf die Gleichung

$$x^3 + y^3 = A$$

angewandt, das Hülfsmittel an die Hand geben zur Auffindung von unendlich vielen Lösungen dieser Gleichung, sobald man eine einzige solche kennt, so daſs also die Summe zweier gegebenen Kuben $f^3 + g^3$ auf unendlich viele Arten in die Summe zweier andern Kuben transformiert werden könnte. Denn setzt man:

$$f' = \frac{f(f^3 + 2g^3)}{f^3 - g^3}, \quad g' = -\frac{g(2f^3 + g^3)}{f^3 - g^3},$$

so folgt aus diesen Formeln die Gleichung:

$$f^3 + g^3 = f'^3 + g'^3.$$

Mittelst analoger Formeln erhält man:

$$f'^3 + g'^3 = f''^3 + g''^3$$

u. s. f. ins Unendliche. Hätte man also $f^3 + g^3 = h^3$, so würde diese Lösung der Gleichung $x^3 + y^3 + z^3 = 0$ unendlich viele andere liefern. Wir wissen jedoch, daſs eine solche erste Lösung nicht existiert.

451.

Wir beschlieſsen diesen Paragraphen mit einem Satze, der bei verschiedenen Untersuchungen aus der unbestimmten Analysis von Vorteil sein kann.

Satz. Hat die Gleichung $x^3 - px^2 + qx - r = 0$ drei rationale Wurzeln, so muſs die Gröſse

$$A = p^2q^2 - 4q^3 + 18pqr - 4p^3r - 27r^2$$

ein vollständiges Quadrat sein.

Sind nämlich α, β, γ die drei rationalen Wurzeln der gegebenen Gleichung, und sucht man die Werte der Gröſsen y und z, welche auf folgende Weise gebildet sind:

$$y = \alpha^2\beta + \beta^2\gamma + \gamma^2\alpha$$
$$z = \alpha^2\gamma + \beta^2\alpha + \gamma^2\beta,$$

so müssen diese Gröſsen ebenfalls rational sein. Nun findet man aber nach bekannten Formeln:

$$y + z = pq - 3r$$
$$yz = q^3 + p^3r - 6pqr + gr^2,$$

mithin:

$$(y - z)^2 = p^2q^2 - 4q^3 + 18pqr - 4p^3r - 27r^2.$$

Es mufs somit die rechte Seite ein vollständiges Quadrat sein.

Nennen wir diese rechte Seite Q^2, so ist

$$Q = \pm (y - z) = \pm (\alpha - \beta)(\beta - \gamma)(\gamma - \alpha),$$

und die vorstehende Gleichung läfst sich auf die Form bringen:

$$4(p^2 - 3q)^3 = (2p^3 - 9pq + 27r)^2 + 27Q^2.$$

Nimmt man also an, dafs die Zahlen p, q, r ganze Zahlen seien, und bringt man $p^2 - 3q$ auf die Form $2^n(2m + 1)$, so mufs n gerade und zugleich $2m + 1$ von der Form $f^2 + 3g^2$ sein; denn wenn eine von diesen beiden Bedingungen nicht stattfände, so könnte man die linke Seite der Gleichung nicht auf die Form $P^2 + 27Q^2$, welches die der rechten Seite ist, bringen.

Endlich folgt aus eben diesem Satze, dafs, wenn die Gleichung

$$x^3 - px^2 + qx - r = 0$$

drei rationale Wurzeln hat, der Ausdruck einer von diesen Wurzeln, welcher durch die Cardanische Formel dargestellt wird, immer von der Form ist:

$$x = \frac{1}{3}p + \sqrt[3]{A + B\sqrt{-\frac{1}{3}}} + \sqrt[3]{A - B\sqrt{-\frac{1}{3}}},$$

wobei A und B und ebenso auch $\sqrt[3]{A^2 + \frac{1}{3}B^2}$ rational sind.

Stellt man durch

$$V^3 - pV^2 + qV - r = 0$$

die Gleichung dar, deren, positiv oder negativ genommene, Wurzeln x, y, z der Gleichung

$$x^n + y^n + z^n = 0$$

genügen sollen, wo n eine Primzahl ist, so kann man die linke Seite durch eine Funktion von p, q, r ausdrücken, welche, gleich Null gesetzt, die erste Gleichung des Problems ist. Aufserdem mufs die Funktion

$$4(p^2 - 3q)^3 - (2p^3 - 9pq + 27r)^2,$$

welche für alle Werte von n dieselbe ist, von der Form $27Q^2$ sein.

Diese beiden Gleichungen können, wenigstens in speciellen Fällen, die Auflösung der Gleichung $x^n + y^n + z^n = 0$ erheblich erleichtern oder zum Beweis der Unmöglichkeit derselben führen. Man kann ferner noch Folgendes bemerken:

1) Der Koefficient p, welcher gleich der Summe $x + y + z$ ist,

ist, wie weiter unten (im sechsten Hauptteil) gezeigt werden wird, stets eine gerade durch n^2 teilbare Zahl.

2) Der Koefficient q, welcher gleich $xy + yz + zx$ ist, ist stets eine ungerade, mit entgegengesetztem Vorzeichen wie p behaftete Zahl, welche weder mit p noch mit r einen gemeinsamen Teiler hat.

3) r ist eine gerade Zahl von entgegengesetztem Vorzeichen wie p und teilbar durch n^2.

Man kann in allen Fällen $p = 1$ setzen und sodann q und r als rationale Gröfsen betrachten, die man durch diese beiden Gleichungen bestimmen mufs.

§ 14.

Methode zur Auflösung der Gleichung $y^2 = a + bx + cx^2 + dx^3 + ex^4$ in rationalen Zahlen.

452.

Nachdem wir dazu geführt worden sind, die Auflösung der unbestimmten Gleichungen zweiten Grades ausführlich zu behandeln, müssen wir einer Methode Erwähnung thun, welche von Fermat für die rationale Auflösung der Gleichung

$$y^2 = a + bx + cx^2 + dx^3 + ex^4,$$

deren rechte Seite ein rationales, den vierten Grad nicht übersteigendes Polynom ist, angegeben worden ist. Die hauptsächlichsten Fälle, in denen die Auflösung möglich ist, sind folgende.

1) Wenn die Zahl a gleich einer positiven Quadratzahl f^2 ist, so geben die Werte $x = 0$, $y = f$ unmittelbar eine Lösung der gegebenen Gleichung. Um eine andere Lösung zu erhalten, setzen wir:

$$a + bx + cx^2 + dx^3 + ex^4 = (f + gx + hx^2)^2.$$

Dies giebt, wenn wir entwickeln und ordnen:

$$\begin{aligned} 0 = \; & f^2 + 2fgx + 2fhx^2 + 2ghx^3 + h^2x^4 \\ & - a - bx - cx^2 - dx^3 - ex^4 \\ & + g^2x^2. \end{aligned}$$

Nun ist bereits $f^2 = a$. Setzt man, um die beiden folgenden Glieder verschwinden zu lassen,

$$2fg - b = 0, \quad 2fh - c + g^2 = 0,$$

so erhält man die Werte der Koefficienten g und h, nämlich:

$$g = \frac{b}{2f}, \quad h = \frac{c - g^2}{2f}.$$

Da hierdurch die Gleichung auf die beiden einzigen Glieder, welche x^3 und x^4 enthalten, reduciert ist, so folgt daraus ein rationaler Wert von x, nämlich:

$$x = \frac{2gh - d}{e - h^2}.$$

Dieser Wert giebt somit eine neue Lösung der gegebenen Gleichung in rationalen Zahlen, wofern nicht $2gh = d$ oder $e = h^2$ ist.

Bezeichnet man die zweite Lösung durch $x = m$, und setzt man allgemein $x = m + x'$, so geht die rechte Seite, nach Einsetzung dieses Wertes in die gegebene Gleichung, über in

$$a' + b'x' + c'x'^2 + d'x'^3 + e'x'^4,$$

in welcher a' ebenfalls ein positives Quadrat ist. Man kann also in derselben Weise verfahren, um einen neuen Wert von x' zu erhalten, und so fort ins Unendliche. Hieraus sieht man, dafs ein erster bekannter Wert von x genügt, um unendlich viele andere zu finden, abgesehen von einigen besonderen Fällen, die fast nur eintreten können, wenn es absolut unmöglich ist, der gegebenen Gleichung anders als durch die zuerst gegebenen Werte zu genügen.

2) Ist der Koefficient e des Gliedes ex^4 gleich einer positiven Quadratzahl h^2, so setze man:

$$a + bx + cx^2 + dx^3 + ex^4 = (f + gx + hx^2)^2.$$

Dies giebt, wenn man entwickelt und vereinfacht:

$$\begin{aligned} 0 = \;& f^2 + 2fgx + 2fhx^2 + 2ghx^3 \\ & - a - bx - cx^2 - dx^3 \\ & + g^2x^2. \end{aligned}$$

Jetzt kann man die Glieder mit x^2 und x^3 zum Verschwinden bringen, wenn man setzt:

$$g = \frac{d}{2h}, \quad f = \frac{c - g^2}{2h}.$$

Alsdann reduciert sich die Gleichung auf eine Gleichung ersten Grades und diese giebt:

$$x = \frac{a - f^2}{2fg - b}.$$

Diese Lösung liefert sodann, wie im vorhergehenden Falle, unendlich viele Lösungen; jedoch darf $2fg - b$ nicht gleich Null sein.

3) Ist die gegebene Gleichung von der Form:

$$y^2 = f^2 + bx + cx^2 + dx^3 + h^2x^4,$$

so dafs sie zu gleicher Zeit zu den beiden vorhergehenden Fällen gehört, so kann man von jedem der beiden angegebenen Hülfsmittel Gebrauch machen. Man kann auch sogleich

$$y = f + gx \pm hx^2$$

setzen, und dies giebt, wenn man einsetzt, entwickelt und die möglichen Vereinfachungen vornimmt:

$$\begin{aligned} 0 = 2fgx &\pm 2fhx^2 \pm 2ghx^3 \\ - bx &- \quad cx^2 - \quad dx^3 \\ &+ \quad g^2x^2. \end{aligned}$$

Dieser Gleichung kann man aber auf zwei verschiedene Arten genügen, einmal, indem man $g = \frac{b}{2f}$ setzt, wodurch sich

$$x = \frac{c - g^2 \mp 2fh}{\pm 2gh - d}$$

ergiebt, das andere Mal, indem man $g = \pm \frac{d}{2h}$ setzt, wodurch man

$$x = \frac{2fg - b}{c - g^2 \mp 2fh}$$

erhält.

4) Hat man eine durch $x = m$ bezeichnete Lösung, so setze man $x = m + x'$; dadurch wird die Gleichung auf den ersten Fall zurückgeführt.

Wir könnten eine grofse Zahl von Anwendungen dieser Methode hinzufügen, die sich aus Problemen der unbestimmten Analysis ergeben, deren Lösung von Euler in mehreren von seinen Abhandlungen und im zweiten Bande seiner Algebra angegeben worden ist. Wir beschränken uns jedoch auf ein oder zwei Beispiele dieser Art, um eine Vorstellung von diesem Zweige der Analysis zu geben. Derselbe erfordert grofsen Scharfsinn bei der Wahl der zur Lösung führenden Hülfsmittel, steht jedoch als zu speciell nur in einer entfernten Beziehung zu unserm Gegenstande.

453.

Wir stellen uns die Aufgabe, drei Zahlen x, y, z von der Beschaffenheit zu finden, dafs die drei Formeln

$$x^2 + y^2 + 2z^2, \quad x^2 + z^2 + 2y^2, \quad y^2 + z^2 + 2x^2$$

Quadratzahlen darstellen.

Da man voraussetzen kann, dafs diese Zahlen keinen gemeinschaftlichen Teiler haben, so ist leicht zu sehen, dafs sie alle drei ungerade sein müssen. Man kann daher

$$y = x + 2p, \quad z = x + 2q$$

setzen und erhält:

$$x^2 + y^2 + 2z^2 = 4x^2 + 4(p + 2q)x + 4(p^2 + 2q^2).$$

Setzen wir diese Gröfse gleich $4(x + f)^2$, so folgt daraus:

$$x = \frac{p^2 + 2q^2 - f^2}{2f - p - 2q}.$$

Die zweite Formel giebt analog:

$$x = \frac{q^2 + 2p^2 - g^2}{2g - q - 2p},$$

und um diese beiden Werte in Übereinstimmung zu bringen, setzen wir:

$$\begin{aligned} p^2 + 2q^2 - f^2 &= q^2 + 2p^2 - g^2 \\ 2f - p - 2q &= 2g - q - 2p. \end{aligned}$$

Hieraus erhalten wir rationale Werte von f und g, nämlich:

$$f = \frac{1}{4}(5q + 3p), \quad g = \frac{1}{4}(5p + 3q),$$

und vermöge dieser geht der Wert von x über in:

$$x = \frac{7p^2 - 30pq + 7q^2}{8(p + q)}.$$

Dieser Wert genügt bereits den beiden ersten Bedingungen. Ferner erhält man die entsprechenden Werte von y und z durch die Formeln:

$$y = x + 2p, \quad z = x + 2q,$$

so dafs man, nach Unterdrückung des gemeinsamen Nenners, setzen kann:

$$\begin{aligned} x &= 7p^2 - 30pq + 7q^2 \\ y &= 23p^2 - 14pq + 7q^2 \\ z &= 7p^2 - 14pq + 23q^2. \end{aligned}$$

Substituiert man diese Werte in die Formel $y^2 + z^2 + 2x^2$ und setzt man $\frac{p}{q} = 1 + \vartheta$, so hat man noch der Bedingung zu genügen:

$$1 + 2\vartheta + 2\vartheta^2 + \vartheta^3 + \frac{169}{256}\vartheta^4 = \text{einer Quadratzahl.}$$

Nun findet man ohne weiteres $\vartheta = 0$, oder $\vartheta = -1$, oder $\vartheta = -2$; jedoch ergiebt sich hieraus keine Lösung. Ist also, der vorstehenden Methode gemäfs,

$$1 + 2\vartheta + 2\vartheta^2 + \vartheta^3 + \frac{169}{256}\vartheta^4 = \left(1 + \alpha\vartheta + \frac{13}{16}\vartheta^2\right)^2,$$

und entwickelt man diese Gleichung, so erhält man, wenn man $\alpha = \frac{8}{13}$ setzt, $\vartheta = 208$, demnach $p = 209$, $q = 1$, und hierdurch ergiebt sich die folgende Lösung:

$$u = 18\,719, \quad y = 62\,609, \quad z = 18\,929.$$

Es würde leicht sein, aus diesen noch mehrere andere zu finden, jedoch würden dieselben wahrscheinlich komplicierter sein, obwohl die von uns angewandte Methode nicht besagt, dafs die gefundenen Zahlen die kleinsten seien, welche der Aufgabe genügen.

454.

Es sei ferner die Aufgabe gestellt, drei ungleiche Quadratzahlen x^2, y^2, z^2 von der Beschaffenheit zu finden, dafs die drei Formeln

$$x^2 + y^2 - z^2, \quad x^2 + z^2 - y^2, \quad y^2 + z^2 - x^2$$

Quadratzahlen darstellen.

Man findet leicht, dafs die ersten beiden Bedingungen erfüllt werden, wenn man setzt:

$$x = r^2 + s^2$$
$$y = r^2 + rs - s^2$$
$$z = r^2 - rs - s^2.$$

Man hat also nur noch die dritte Bedingung zu befriedigen, und diese geht durch die Substitution dieser Werte über in:

$$r^4 - 4r^2s^2 + s^4 = \text{einer Quadratzahl.}$$

Ist $r = \vartheta s$, so reduciert sich die Aufgabe darauf, zu bewirken, dafs

$$\vartheta^4 - 4\vartheta^2 + 1$$

eine Quadratzahl werde. Man könnte $\vartheta = 0$ oder $\vartheta = 2$ setzen, jedoch würde sich hieraus keine passende Lösung ergeben. Um andere Werte zu erhalten, sei $\vartheta = 2 + \varphi$; dadurch erhält man:

$$1 + 16\varphi + 20\varphi^2 + 8\varphi^3 + \varphi^4 = \text{einer Quadratzahl.}$$

Setzen wir diese Gröfse gleich $(1 + 8\varphi + \alpha\varphi^2)^2$ und nehmen wir sodann $\alpha = 1$, so finden wir $\varphi = -\frac{23}{4}$, mithin $\vartheta = -\frac{15}{4}$, $r = 15$, $s = 4$, und hieraus folgt die nachstehende Lösung:

$$x = 241, \quad y = 269, \quad z = 149.$$

Dies sind wahrscheinlich die kleinsten Werte, welche der Aufgabe genügen. Man hätte auch $\alpha = -22$ setzen können, wodurch man $\varphi = \frac{120}{161}$, $\vartheta = \frac{442}{161}$, oder $r = 442$, $s = 161$ erhalten hätte. Hieraus aber würden sich Werte ergeben, die weit beträchtlicher sind, als die vorhergehenden.

Man kann auch einen andern Weg einschlagen, um zu bewirken, daſs die Gröſse $1+16\varphi+20\varphi^2+8\varphi^3+\varphi^4$ gleich einer Quadratzahl werde. Stellen wir dieses Quadrat durch $(1+m\varphi+n\varphi^2)^2$ dar, so erhalten wir, wenn wir diese Gröſsen gleichsetzen und entwickeln:

$$\begin{aligned} 0 = \; & 2m\varphi + 2n\varphi^2 + 2mn\varphi^3 + n^2\varphi^4 \\ & -16\varphi - 20\varphi^2 - 8\varphi^3 - \varphi^4 \\ & + m^2\varphi^2. \end{aligned}$$

Setzt man:

$$\varphi = \frac{16-2m}{2n+m^2-20} = \frac{8-2mn}{n^2-1},$$

so erhält man zwischen m und n die Gleichung:

$$(8+m)n^2 + (m^3-20m-8)n - 4m^2 + m + 72 = 0.$$

Um nun einen rationalen Wert von n zu erhalten, setzen wir $m=-8$; dadurch ergiebt sich $n=-\frac{8}{15}$, $\varphi=\frac{121}{161}$, und dies ist die zweite der beiden, mittelst der andern Methode gefundenen, Lösungen.

§ 15.

Entwicklung des ins Unendliche fortgesetzten Produkts: $(1-x)(1-x^2)(1-x^3)\ldots.$

455.

Wir betrachten allgemeiner das Produkt:

$$(1+xz)(1+x^2z)(1+x^3z)(1+x^4z)\ldots$$

und nehmen an, daſs dieses Produkt, nach Potenzen von z entwickelt, die Reihe ergebe:

$$1+Pz+Qz^2+Rz^3+\cdots.$$

Setzt man xz an die Stelle von z, so erhält man:

$$(1+x^2z)(1+x^3z)(1+x^4z)\cdots = 1+Pxz+Qx^2z^2+\cdots,$$

und somit:

$$1+Pz+Qz^2+Rz^3+\cdots = (1+xz)(1+Pxz+Qx^2z^2+\cdots).$$

Entwickelt man die rechte Seite, und setzt darauf die Koefficienten gleicher Potenzen von z einander gleich, so ergiebt sich:

$$P = \frac{x}{1-x}$$

$$Q = \frac{Px^2}{1-x^2} = \frac{x^3}{(1-x)(1-x^2)}$$

$$R = \frac{Qx^3}{1-x^3} = \frac{x^6}{(1-x)(1-x^2)(1-x^3)}$$

$$S = \frac{Rx^4}{1-x^4} = \frac{x^{10}}{(1-x)(1-x^2)(1-x^3)(1-x^4)}$$

u. s. w.

Ist $z = -1$, so wird das gegebene Produkt

$$(1-x)(1-x^2)(1-x^3)\ldots,$$

welches wir X nennen wollen, ausgedrückt durch die Reihe:

$$(A) \qquad 1 - \frac{x}{1-x} + \frac{x^3}{(1-x)(1-x^2)} - \frac{x^6}{(1-x)(1-x^2)(1-x^3)} + \frac{x^{10}}{(1-x)(1-x^2)(1-x^3)(1-x^4)} - \cdots,$$

und zwar sieht man, dafs die Zähler die Trigonalzahlen 1, 3, 6, 10, 15, ... zu Exponenten haben. Wir wollen jetzt zeigen, wie man aus den Nennern der Reihe nach die Faktoren $1-x$, $1-x^2$, $1-x^3$, ... wegschaffen kann.

456.

Hierzu verwandeln wir jedes Glied der Reihe in zwei andere, nämlich:

$$\frac{x}{1-x} \text{ in } x + \frac{x^2}{1-x}$$

$$\frac{x^3}{(1-x)(1-x^2)} \text{ in } \frac{x^3}{1-x} + \frac{x^5}{(1-x)(1-x^2)}$$

$$\frac{x^6}{(1-x)(1-x^2)(1-x^3)} \text{ in } \frac{x^6}{(1-x)(1-x^2)} + \frac{x^9}{(1-x)(1-x^2)(1-x^3)}$$

u. s. w.

Hierdurch geht die Reihe (A), wenn man das erste Glied 1 bei Seite läfst, über in:

$$-x - \frac{x^2}{1-x} + \frac{x^5}{(1-x)(1-x^2)} - \frac{x^9}{(1-x)(1-x^2)(1-x^3)} + \cdots$$

$$+ \frac{x^3}{1-x} - \frac{x^6}{(1-x)(1-x^2)} + \frac{x^{10}}{(1-x)(1-x^2)(1-x^3)} - \cdots$$

oder, wenn man reduciert:

$$(B) \qquad -x - x^2 + \frac{x^5}{1-x^2} - \frac{x^9}{(1-x^2)(1-x^3)} + \frac{x^{14}}{(1-x^2)(1-x^3)(1-x^4)} - \cdots.$$

Da es wesentlich ist, das Gesetz zu bemerken, welches die Exponenten 2, 5, 9, 14, ... befolgen, werfen wir einen Blick auf das unten folgende Schema, in welchem dasselbe klar hervortritt.

Die erste Horizontalreihe ist die der natürlichen Zahlen, die zweite ist die Reihe der Trigonalzahlen oder der Exponenten der Zähler in der ersten Reihe (A). Addiert man zu jeder Trigonalzahl die darüberstehende Zahl der natürlichen Zahlenreihe, so erhält man die Reihe 2, 5, 9, 14, 20, ..., also die Reihe der Exponenten von x in der Reihe (B), wenn man davon das erste Glied $-x$ ausnimmt, dessen Exponent 1 in der Tafel unmittelbar über 2, anstatt neben 2 wie in der Reihe (B) steht.

Nachdem dies vorausgeschickt ist, sehen wir, dafs der Faktor $1-x$ aus den verschiedenen Nennern verschwunden ist. Entfernen wir ebenso den Faktor $1-x^2$, so geschieht dies, indem wir setzen:

$$\frac{x^5}{1-x^2} = x^5 + \frac{x^7}{1-x^2}$$

$$\frac{x^9}{(1-x^2)(1-x^3)} = \frac{x^9}{1-x^2} + \frac{x^{12}}{(1-x^2)(1-x^3)}$$

$$\frac{x^{14}}{(1-x^2)(1-x^3)(1-x^4)} = \frac{x^{14}}{(1-x^2)(1-x^3)} + \frac{x^{18}}{(1-x^2)(1-x^3)(1-x^4)}$$

u. s. w.

Hierdurch geht die Reihe (B), wenn man den ganzen Teil $-x-x^2$ wegläfst, über in:

$$x^5 + \frac{x^7}{1-x^2} - \frac{x^{12}}{(1-x^2)(1-x^3)} + \frac{x^{18}}{(1-x^2)(1-x^3)(1-x^4)} - \cdots$$
$$- \frac{x^9}{1-x^2} + \frac{x^{14}}{(1-x^2)(1-x^3)} - \frac{x^{20}}{(1-x^2)(1-x^3)(1-x^4)} + \cdots$$

oder, wenn man vereinfacht,

$$(C) \qquad x^5 + x^7 - \frac{x^{12}}{1-x^3} + \frac{x^{18}}{(1-x^3)(1-x^4)} - \frac{x^{25}}{(1-x^3)(1-x^4)(1-x^5)} + \cdots$$

Die Exponenten 5, 7, 12, 18, 25, ..., welche mit Ausnahme des ersten 5 die Reihe (C) der Tafel bilden, ergeben sich aus den vorhergehenden 5, 9, 14, 20, ..., indem man zu letzteren die senkrecht darüberstehenden Zahlen der natürlichen Zahlenreihe addiert. Was den Exponenten 5 der Reihe C anlangt, so steht derselbe in der Tafel unmittelbar über 7, gleich als ob er zur vorhergehenden Reihe (B) gehörte.

Trennen wir den ganzen Teil $x^5 + x^7$ von der Reihe (C) ab, und geben wir dem übrigbleibenden Teile die Form:

$$- x^{12} - \frac{x^{15}}{1-x^3} + \frac{x^{22}}{(1-x^3)(1-x^4)} - \frac{x^{30}}{(1-x^3)(1-x^4)(1-x^5)} + \cdots$$

$$+ \frac{x^{18}}{1-x^3} - \frac{x^{25}}{(1-x^3)(1-x^4)} + \frac{x^{33}}{(1-x^3)(1-x^4)(1-x^5)} - \cdots,$$

so erhalten wir, wenn wir vereinfachen, die vierte Reihe:

$$(D) \qquad - x^{12} - x^{15} + \frac{x^{22}}{1-x^4} - \frac{x^{30}}{(1-x^4)(1-x^5)} + \frac{x^{39}}{(1-x^4)(1-x^5)(1-x^6)} - \cdots,$$

bei welcher der Faktor $1 - x^3$ nicht mehr in den Nennern vorkommt. Es treten darin die Exponenten 12, 15, 30, 39, ... auf, welche mit Ausnahme des ersten die Reihe (D) in der Tafel bilden. Man erhält dieselben aus den vorhergehenden 12, 18, 25, 33, ... wenn man zu jedem der letzteren die darüberstehende Zahl aus der natürlichen Zahlenreihe addiert.

Man sieht, dafs es unnötig ist, diese Rechnung noch weiter fortzusetzen, dafs man sich vielmehr darauf beschränken kann, die Tafel weiter zu berechnen, indem man in jeder Vertikalreihe zu jeder Zahl die an der Spitze der Vertikalreihe stehende Zahl aus der natürlichen Zahlenreihe addiert. Alsdann sind die letzten beiden Glieder jeder Vertikalreihe die Exponenten von x in der vereinfachten Reihe oder in dem gesuchten Produkt. Was die Vorzeichen dieser beiden Glieder anlangt, so geht aus unserer Rechnung deutlich hervor, dafs sie positiv sind bei den Vertikalreihen von gerader Ordnung und negativ bei denen von ungerader Ordnung.

Natürliche Zahlen:	1,	2,	3,	4,	5,	6,	7,	8,	9, ...
(A)	1,	3,	6,	10,	15,	21,	28,	36,	45, ...
(B)	2,	5,	9,	14,	20,	27,	35,	44,	54, ...
(C)		7,	12,	18,	25,	33,	42,	52,	63, ...
(D)			15,	22,	30,	39,	49,	60,	72, ...
(E)				26,	35,	45,	56,	68,	81, ...
(F)					40,	51,	63,	76,	90, ...
(G)						57,	70,	84,	99, ...

Mithin ist das gesuchte Produkt:

$$X = 1 - x - x^2 + x^5 + x^7 - x^{12} - x^{15} + x^{22} + x^{26} - x^{35} - x^{40} + x^{51} + x^{57} - \cdots.$$

457.

Was das Gesetz der Exponenten dieses Produkts angeht, so ist dasselbe leicht zu finden. Denn da alle Vertikalkolonnen arithmetische Progressionen sind, so erhält man, wenn man mit k die Zahl aus der natürlichen Zahlenreihe, welche die Ordnung einer Kolonne angiebt, bezeichnet, für das letzte Glied dieser Kolonne $\frac{1}{2}k(k+1)+k^2$ oder $\frac{1}{2}(3k^2+k)$, und für das vorletzte Glied $\frac{1}{2}k(k+1)+k(k-1)$ oder $\frac{1}{2}(3k^2-k)$. Mithin besitzt die Reihe der Exponenten 2, 7, 15, 26, 40, 57, ... das allgemeine Glied $\frac{1}{2}(3k^2+k)$ und die Reihe der Exponenten 1, 5, 12, 22, 35, 51, ... das allgemeine Glied $\frac{1}{2}(3k^2-k)$; folglich kann das gesuchte Produkt X nur solche Potenzen von x enthalten, welche sich durch $x^{\frac{1}{2}(3k^2\pm k)}$, wo k eine ganze Zahl ist, darstellen lassen. Diese Potenzen haben den Koefficienten $+1$, wenn k gerade ist, und -1, wenn k ungerade ist.

Die Reihe 1, 5, 12, 22, 35, ..., deren allgemeines Glied $\frac{1}{2}(3k^2-k)$ lautet, ist eigentlich die der Pentagonalzahlen (siehe oben No. 156); jedoch gehört die andere Reihe 2, 7, 15, 26, 40, ... ebenfalls zu denselben Zahlen. Man erhält sie nämlich, wenn man k die Werte -1, -2, -3, ... beilegt, d. h. das Zeichen von k ändert. In der That bilden die beiden Reihen nur eine einzige, welche aus demselben allgemeinen Gliede $\frac{1}{2}(3k^2-k)$ abgeleitet wird, wie man im Folgenden sieht:

k	-4,	-3,	-2,	-1,	0,	1,	2,	3,	4,	···
Pentagonalzahlen:	26,	15,	7,	2,	0,	1,	5,	12,	22,	···

Ist Nx^n ein beliebiges Glied, welches in der Entwicklung des Produkts mehrerer Faktoren $1-x^\alpha$, $1-x^\beta$, $1-x^\gamma$, ..., die in endlicher oder unendlicher Anzahl vorhanden sein können, vorkommt, so stellt der Koefficient N allgemein die Differenz zwischen der Zahl dar, welche angiebt, wie oft sich die Zahl n durch Addition einer geraden Anzahl der Exponenten α, β, γ, .. bilden läſst, und der Zahl, welche angiebt, wie oft die Zahl n durch Addition einer ungeraden Anzahl dieser Exponenten entstehen kann.

458.

Aus dem soeben bewiesenen Gesetze ergeben sich somit für die Entwicklung des ins Unendliche fortgesetzten Produkts

$$(1-x)(1-x^2)(1-x^3)\cdots$$

die folgenden **Sätze**:

1) Jede Zahl, welche nicht Pentagonalzahl d. h. nicht unter der Form $\frac{1}{2}(3k^2 \pm k)$ enthalten ist, läfst sich auf ebenso viele Arten durch Addition einer geraden Anzahl der natürlichen Zahlen 1, 2, 3, 4, ... bilden, wie durch Addition einer ungeraden Anzahl derselben Zahlen.

2) Jede gerade, oder einem geraden Werte von k entsprechende Pentagonalzahl, läfst sich einmal mehr durch Addition einer geraden Anzahl der natürlichen Zahlen, als durch Addition einer ungeraden Anzahl derselben Zahlen bilden.

3) Das Umgekehrte findet statt bei jeder ungeraden Pentagonalzahl.

Dieselbe Entwicklung bietet noch andere weit bemerkenswertere Eigenschaften dar, welche man in dem Kapitel de Partitione Numerorum von Euler's Introd. in Anal. inf. und im I. Teile des III. Bandes der Nova Acta Petrop. findet.

§ 16.

Über ähnliche Funktionen, welche, mit einander multipliciert, Produkte von derselben Form geben.

459.

Wie wir bereits in § 4 gesehen haben, besitzen die verschiedenen quadratischen Teiler einer und derselben Formel $t^2 + au^2$ die Eigenschaft, dafs, wenn man zwei oder mehrere, gleiche oder verschiedene Teiler mit einander multipliciert, das Produkt stets durch einen der quadratischen Teiler derselben Formel sich darstellen läfst. Eine analoge Eigenschaft zeigt sich bei gewissen **homogenen** Funktionen aller Grade, nämlich bei den Polynomen dritten Grades mit drei Veränderlichen, bei den Polynomen vierten Grades mit vier Veränderlichen, u. s. w. Wir wollen dies darlegen, indem wir mit den Polynomen zweiten Grades mit zwei Veränderlichen beginnen, wodurch wir auf die bekannten Formeln wieder zurückkommen.

Sind α und β die beiden Wurzeln der Gleichung zweiten Grades:

$$p^2 - ap + b = 0,$$

so kann man die Formel zweiten Grades

$$x^2 + axy + by^2$$

als das Produkt der beiden Faktoren

$$(x + \alpha y)(x + \beta y)$$

betrachten, da man $\alpha + \beta = a$, $\alpha\beta = b$ hat. Ebenso stellt die Formel

$$x_1^2 + ax_1y_1 + by_1^2,$$

welche in ähnlicher Weise aus zwei andern Veränderlichen x_1, y_1 gebildet ist, das Produkt der beiden einfachen Faktoren

$$(x_1 + \alpha y_1)(x_1 + \beta y_1)$$

dar.

Will man jetzt diese beiden Formeln mit einander multiplicieren, so nehme man zunächst das Produkt der beiden Faktoren

$$(x + \alpha y)(x_1 + \alpha y_1).$$

Dasselbe ist:

$$xx_1 + \alpha(xy_1 + yx_1) + \alpha^2 yy_1,$$

oder, wenn man $a\alpha - b$ an Stelle von α^2 setzt:

$$xx_1 - byy_1 + \alpha(xy_1 + yx_1 + ayy_1).$$

Setzt man zur Abkürzung:

$$X = xx_1 - byy_1$$
$$Y = xy_1 + yx_1 + ayy_1,$$

so erhält man:

$$(x + \alpha y)(x_1 + \alpha y_1) = X + \alpha Y.$$

Aus demselben Grunde hat man, wenn man β für α setzt:

$$(x + \beta y)(x_1 + \beta y_1) = X + \beta Y.$$

Multipliciert man diese beiden Gleichungen mit einander, so ist die linke Seite das Produkt der beiden gegebenen Polynome und die rechte verwandelt sich in $X^2 + aXY + bY^2$. Hieraus erkennt man, daſs das Produkt der beiden ähnlichen Funktionen

$$x^2 + axy + by^2, \quad x_1^2 + ax_1y_1 + by_1^2$$

dargestellt wird durch eine Funktion derselben Art, nämlich:

$$X^2 + aXY + bY^2.$$

Man kann jedoch das Produkt der beiden gegebenen Polynome noch auf eine zweite Art bilden.

460.

Multipliciert man nämlich zuerst $x + \alpha y$ mit $x_1 + \beta y_1$, so wird das Produkt gleich $xx_1 + \alpha y x_1 + \beta x y_1 + \alpha\beta y y_1$, oder, wenn man die Werte $\beta = a - \alpha$, $\alpha\beta = b$ einsetzt:

$$xx_1 + axy_1 + byy_1 + \alpha(yx_1 - xy_1).$$

Somit kann man X und Y die Werte geben:

$$X = xx_1 + axy_1 + byy_1$$
$$Y = yx_1 - xy_1,$$

und das gesuchte Produkt wird ebenfalls dargestellt durch:

$$X^2 + aXY + bY^2.$$

Daraus, dafs das Produkt zweier Faktoren von der Form

$$x^2 + axy + by^2$$

auf zwei verschiedene Arten auf die gleiche Form

$$X^2 + aXY + bY^2$$

gebracht werden kann, folgt, dafs das Produkt dreier Faktoren wie

$$x^2 + axy + by^2, \quad x_1^2 + ax_1y_1 + by_1^2, \quad x_2^2 + ax_2y_2 + by_2^2$$

sich auf vier verschiedene Arten auf diese Form bringen läfst, dafs das Produkt von vier Faktoren achtmal von derselben Form ist u. s. w.

Hat man allgemein n Faktoren von der Form

$$x^2 + axy + by^2,$$

so ist ihr Produkt 2^{n-1}-mal von derselben Form.

461.

Wenn die in Rede stehenden n Faktoren einander gleich sind, so erhält man auf ebensoviele Arten:

$$(x^2 + axy + by^2)^n = X^2 + aXY + bY^2.$$

Aber diese Gleichung hat nur eine Lösung, wenn man will, dafs die unbestimmten Gröfsen X und Y keinen gemeinschaftlichen Faktor haben.

Um diese Lösung direkt zu finden, kann man sich der Gleichung

$$X + \alpha Y = (x + \alpha y)^n$$

oder

$$X + \frac{1}{2} aY + Y\sqrt{\frac{a^2}{4} - b} = \left(x + \frac{1}{2} ay + y\sqrt{\frac{a^2}{4} - b}\right)^n$$

bedienen. Aus dieser erhält man:

$$Y =$$
$$n\left(x + \frac{1}{2} ay\right)^{n-1} y + \frac{n(n-1)(n-2)}{1 \cdot 2 \cdot 3}\left(x + \frac{1}{2} ay\right)^{n-3} y^3\left(\frac{a^2}{4} - b\right) + \cdots$$

$$X + \frac{1}{2} aY =$$
$$\left(x + \frac{1}{2} ay\right)^n + \frac{n(n-1)}{1 \cdot 2}\left(x + \frac{1}{2} ay\right)^{n-2} y^2\left(\frac{a^2}{4} - b\right) + \cdots$$

Auf diese Weise kennt man allgemein die beiden Funktionen X und Y für jeden Wert von n.

462.

Nehmen wir jetzt an, dafs α, β, γ die drei Wurzeln der Gleichung

$$p^3 - ap^2 + bp - c = 0$$

seien, und entwickeln wir das Produkt der drei Faktoren:

$$(x + \alpha y + \alpha^2 z)(x + \beta y + \beta^2 z)(x + \gamma y + \gamma^2 z),$$

so finden wir den folgenden Ausdruck:

$$\begin{aligned} x^3 &+ (\alpha + \beta + \gamma) x^2 y + (\alpha^2 + \beta^2 + \gamma^2) x^2 z + (\alpha\beta + \alpha\gamma + \beta\gamma) xy^2 \\ &+ (\alpha^2\beta + \beta^2\gamma + \gamma^2\alpha + \alpha^2\gamma + \beta^2\alpha + \gamma^2\beta) xyz \\ &+ (\alpha^2\beta^2 + \beta^2\gamma^2 + \gamma^2\alpha^2) xz^2 + \alpha\beta\gamma y^3 + (\alpha^2\beta\gamma + \beta^2\gamma\alpha + \gamma^2\alpha\beta) y^2 z \\ &+ (\alpha^2\beta^2\gamma + \beta^2\gamma^2\alpha + \gamma^2\alpha^2\beta) yz^2 + \alpha^2\beta^2\gamma^2 z^3. \end{aligned}$$

In diesem Ausdrucke sind sämtliche Koefficienten symmetrische Funktionen der Wurzeln α, β, γ; sie können somit durch die Koefficienten der Gleichung in p ausgedrückt werden. Das in Rede stehende Produkt reduciert sich also auf eine vollkommen rationale Funktion, nämlich:

$$\begin{aligned} x^3 + ax^2y + (a^2 - 2b) x^2 z + bxy^2 + (ab - 3c) xyz + (b^2 - 2ac) xz^2 \\ + cy^3 + acy^2 z + bcyz^2 + c^2 z^3, \end{aligned}$$

und diese Funktion, welche wir mit $\Phi(x, y, z)$ bezeichnen, besitzt die Eigenschaft, dafs, wenn man mehrere solche Funktionen, in denen die Gröfsen a, b, c dieselben bleiben, mit einander multipliciert, das Produkt stets eine Funktion von derselben Form ist.

463.

Nehmen wir nämlich an, dafs man die vorige Funktion $\Phi(x, y, z)$ mit einer ähnlichen Funktion $\Phi(x_1, y_1, z_1)$, in welcher die Konstanten a, b, c dieselben sind, multiplicieren solle, so reduciert sich diese Aufgabe darauf, das Produkt der sechs Faktoren zu bilden:

$$x + \alpha y + \alpha^2 z\,, \quad x + \beta y + \beta^2 z\,, \quad x + \gamma y + \gamma^2 z$$
$$x_1 + \alpha y_1 + \alpha^2 z_1, \quad x_1 + \beta y_1 + \beta^2 z_1, \quad x_1 + \gamma y_1 + \gamma^2 z_1.$$

Multipliciert man nun zunächst $x + \alpha y + \alpha^2 z$ mit $x_1 + \alpha y_1 + \alpha^2 z_1$ und setzt dann in dem Produkte an Stelle von α^3 und α^4 ihre Werte:

$$\alpha^3 = a\alpha^2 - b\alpha + c, \qquad \alpha^4 = (a^2 - b)\,\alpha^2 - (ab - c)\,\alpha + ac,$$

so wird dieses Produkt ausgedrückt durch $X + \alpha Y + \alpha^2 Z$, wenn man setzt:

$$X = xx_1 + c(yz_1 + zy_1) + aczz_1$$
$$Y = xy_1 + yx_1 - b(yz_1 + zy_1) - (ab - c)\,zz_1$$
$$Z = xz_1 + zx_1 + yy_1 + a(yz_1 + zy_1) + (a^2 - b)\,zz_1.$$

Man sieht also, dafs das Produkt der beiden gegebenen Funktionen $\Phi(x, y, z)$, $\Phi(x_1, y_1, z_1)$ gleich ist dem Produkte der drei Faktoren:

$$(X + \alpha Y + \alpha^2 Z)\,(X + \beta Y + \beta^2 Z)\,(X + \gamma Y + \gamma^2 Z)$$

und somit gleich der durch $\Phi(X, Y, Z)$ bezeichneten Funktion, welche lautet:

$$X^3 + aX^2 Y + (a^2 - 2b)\,X^2 Z + bXY^2 + (ab - 3c)\,XYZ$$
$$+ (b^2 - 2ac)\,XZ^2 + cY^3 + acY^2 Z + bcYZ^2 + c^2 Z^3.$$

464.

Nehmen wir nun an, dafs dieses Produkt mit einer dritten, den beiden andern ähnlichen Funktion $\Phi(x_2, y_2, z_2)$ multipliciert werden solle, so mufs man offenbar setzen:

$$X_1 = Xx_2 + c(Yz_2 + Zy_2) + acZz_2$$
$$Y_1 = Xy_2 + Yx_2 - b(Yz_2 + Zy_2) - (ab - c)\,Zz_2$$
$$Z_1 = Xz_2 + Zx_2 + Yy_2 + a(Yz_2 + Zy_2) + (a^2 - b)\,Zz_2,$$

und das Produkt der Funktionen, um die es sich handelt, wird ausgedrückt durch die ähnliche Funktion $\Phi(X_1, Y_1, Z_1)$.

Ebenso verhält es sich bei einer beliebigen Anzahl von Funktionen und somit bei einer beliebigen Potenz derselben Funktion. In diesem letzteren Falle kann man zum Resultate jedoch durch ein einfacheres Verfahren, als das der successiven Multiplikation ist, gelangen.

Man kann nämlich mittelst verschiedener bekannter Methoden direkt die Gröſsen X, Y, Z derart bestimmen, daſs man hat:

$$(x + \alpha y + \alpha^2 z)^n = X + \alpha Y + \alpha^2 Z.$$

Dazu hat man nur die linke Seite nach Potenzen von α zu entwickeln und an Stelle der Potenzen, welche höher sind als α^2, ihre vermittelst der Gleichung $\alpha^3 = a\alpha^2 - b\alpha + c$ reducierten Werte zu substituieren. Hierdurch wird die Gröſse $\Phi^n(x, y, z)$, welche die n^{te} Potenz der Funktion $\Phi(x, y, z)$ bezeichnet, ausgedrückt durch $\Phi(X, Y, Z)$.

465.

Im Falle $n = 2$ findet man unmittelbar mit Hülfe der Formeln des Artikel 463, wenn man darin $x_1 = x$, $y_1 = y$, $z_1 = z$ setzt:

$$X = x^2 + 2cyz + acz^2$$
$$Y = 2xy - 2byz - (ab - c)z^2$$
$$Z = 2xz + y^2 + 2ayz + (a^2 - b)z^2.$$

Diese Werte genügen der Gleichung

$$\Phi^2(x, y, z) = \Phi(X, Y, Z),$$

welches auch die drei Unbestimmten x, y, z sein mögen.

Stellt man zwischen diesen drei Unbestimmten die Beziehung

$$0 = 2xz + y^2 + 2ayz + (a^2 - b)z^2$$

fest, wodurch sich $Z = 0$ ergiebt, so reduciert sich $\Phi(X, Y, Z)$ auf

$$X^3 + aX^2Y + bXY^2 + cY^3,$$

woraus folgt, daſs die Gleichung

$$X^3 + aX^2Y + bXY^2 + cY^3 = V^2$$

sich allgemein auflösen läſst. Denn nimmt man die Unbestimmten derart an, daſs die Bedingungsgleichung $Z = 0$ erfüllt ist, so sind die für X und Y sich ergebenden Werte von solcher Beschaffenheit, daſs man gleichzeitig $V = \Phi(x, y, z)$ hat.

Setzt man zu dem Zwecke $y = (u - a)z$, wodurch sich

$$z = \frac{2x}{b - u^2}, \quad y = \frac{2x(u - a)}{b - u^2}$$

ergiebt, so erhält man die Lösung:

$$X = \frac{bu^2}{(b - u^2)^2}(u^4 - 2bu^2 + 8cu + b^2 - 4ac)$$

$$Y = -\frac{4x^2}{(b - u^2)^2}(u^3 - au^2 + bu - c)$$

$$V = \frac{x^3}{(b - u^2)^3}\left\{\begin{matrix} -u^6 + 2au^5 - 5bu^4 + 20cu^3 + (5b^2 - 20ac)u^2 \\ + (8a^2c - 2ab^2 - 4bc)u + b^3 - 4abc + 8c^2 \end{matrix}\right\}.$$

Will man, dafs die Funktionen X und Y keinen gemeinschaftlichen Teiler haben, so kann man $u = \frac{y}{z}$, $x = (u^2 - b) z^2$ setzen, und genügt sodann der Gleichung

$$X^3 + aX^2 Y + bXY^2 + cY^3 = V^2$$

durch die Werte:

$$\begin{aligned} X &= y^4 - 2by^2z^2 + 8cyz^3 + (b^2 - 4ac) z^4 \\ Y &= -4z(y^3 - ay^2z + byz^2 - cz^3) \\ V &= y^6 - 2ay^5z + 5by^4z^2 - 20cy^3z^3 - (5b^2 - 20ac) y^2z^4 \\ &\quad - (8a^2c - 2ab^2 - 4bc) yz^5 - (b^3 - 4abc + 8c^2) z^6. \end{aligned}$$

Dies sind die Formeln, welche sich aus der Annahme $Z = 0$ ergeben. Die Annahmen $X = 0$, $Y = 0$ würden zu ähnlichen Formeln führen, vermittelst deren die Gleichungen

$$cY^3 + acY^2Z + bcYZ^2 + c^2Z^3 = V^2$$

$$X^3 + (a^2 - 2b) X^2Z + (b^2 - 2ac) XZ^2 + c^2Z^3 = V^2$$

allgemein gelöst würden.

466.

Betrachten wir jetzt die Gleichung vierten Grades

$$p^4 - ap^3 + bp^2 - cp + d = 0,$$

deren Wurzeln α, β, γ, δ seien, und bilden wir mit Hülfe dieser Wurzeln die vier Polynome:

$$\begin{gathered} x + \alpha y + \alpha^2 z + \alpha^3 u \\ x + \beta y + \beta^2 z + \beta^3 u \\ x + \gamma y + \gamma^2 z + \gamma^3 u \\ x + \delta y + \delta^2 z + \delta^3 u, \end{gathered}$$

so ist das Produkt dieser vier Polynome eine symmetrische Funktion der Wurzeln α, β, γ, δ; denn es bleibt dieses Produkt offenbar ungeändert, wenn man diese Wurzeln irgendwie mit einander vertauscht. Diese Funktion ist somit ein in Bezug auf x, y, z, u homogenes Polynom vierten Grades, dessen Koefficienten sich durch die gegebenen Gröfsen a, b, c, d ausdrücken lassen, wenn man die bekannten Formeln zur Bestimmung einer symmetrischen Funktion der Wurzeln einer gegebenen Gleichung anwendet.

Da jedoch die grofse Menge der Glieder, aus denen ein solches Produkt besteht, einige Schwierigkeiten bei der Bestimmung der Koefficienten bereiten könnte, so kann man annehmen, dafs der

Faktor $x + \alpha y + \alpha^2 u + \alpha^3 z$ und die drei andern diesem ähnlichen die Wurzeln der Gleichung vierten Grades sind:

$$\varrho^4 - A\varrho^3 + B\varrho^2 - C\varrho + D = 0,$$

welche man erhält, indem man p aus den beiden Gleichungen

$$\varrho = x + py + p^2 z + p^3 u$$
$$0 = p^4 - ap^3 + bp^2 - cp + d$$

eliminiert. Mit Hülfe dieser Elimination erhält man die Koefficienten A, B, C, D als Funktionen von x, y, z, u, a, b, c, d, und da D das Produkt der vier Werte von ϱ ist, so ist offenbar D die gesuchte Funktion, welche sich aus dem Produkte unserer vier Polynome ergiebt.

467.

Wird diese Funktion durch $\Phi(x, y, z, u)$ dargestellt, und soll dieselbe mit einer ähnlichen Funktion $\Phi(x_1, y_1, z_1, u_1)$, in welcher die Gröfsen a, b, c, d dieselben sind, multipliciert werden, so braucht man nur das Produkt der beiden Polynome zu betrachten:

$$x + \alpha y + \alpha^2 z + \alpha^3 u$$
$$x_1 + \alpha y_1 + \alpha^2 z_1 + \alpha^3 u_1.$$

Ist dieses Produkt gleich $X + \alpha Y + \alpha^2 Z + \alpha^3 U$, so findet man:

$$X = xx_1 - d(uy_1 + zz_1 + yu_1) - ad(uz_1 + zu_1) - (a^2 - b)duu_1$$
$$Y = yx_1 + xy_1 + c(uy_1 + zz_1 + yu_1) + (ac - d)(uz_1 + zu_1) + (a^2c - bc - ad)uu_1$$
$$Z = zx_1 + yy_1 + xz_1 - b(uy_1 + zz_1 + yu_1) - (ab - c)(uz_1 + zu_1) - (a^2b - b^2 - ac + d)uu_1$$
$$U = ux_1 + zy_1 + yz_1 + xu_1 + a(uy_1 + zz_1 + yu_1) + (a^2 - b)(uz_1 + zu_1) + (a^3 - 2ab + c)uu_1,$$

und das Produkt der beiden gegebenen Funktionen ist $\Phi(X, Y, Z, U)$. Ebenso verhält es sich bei dem Produkt von drei oder einer gröfseren Zahl von Funktionen. Wir glauben jedoch diese Art von Untersuchungen, welche auf alle Grade anwendbar sind, aber zu immer verwickelteren Resultaten führen, nicht weiter ausdehnen zu brauchen.

§ 17.

Über einige Aufgaben, welche sich mehr oder weniger direkt auf die unbestimmte Analysis beziehen.

468.

Unter den zahlreichen Aufgaben aus der unbestimmten Analysis, deren Lösung wir Euler verdanken, wählen wir die beiden folgenden aus, welche sich in seiner Korrespondenz mit Lagrange*) finden.

Aufgabe 1. Fünf Zahlen x, y, z, u, v von der Beschaffenheit zu finden, dafs die um eine Einheit vermehrten Produkte von je zweien dieser Zahlen eine Quadratzahl ergeben.

Um zunächst die drei ersten Zahlen x, y, z so zu bestimmen, dafs die drei Gröfsen $xy+1$, $yz+1$, $zx+1$ Quadratzahlen sind, nehme man das Quadrat l^2 beliebig an und zerlege l^2-1 in zwei Faktoren m und n, so dafs man hat $l^2-1=mn$. Alsdann sind die gesuchten drei Zahlen: m, n, $m+n+2l$, und diese kann man bezüglich für x, y, z nehmen. Man erhält nämlich mittelst dieser Werte:

$$xy+1=l^2$$
$$yz+1=n(m+n+2l)+1=(n+l)^2$$
$$zx+1=m(m+n+2l)+1=(m+l)^2.$$

Sucht man sodann eine vierte Zahl u von der Art, dafs, wenn man sie mit den drei ersten Zahlen x, y, z verbindet, drei neue Gröfsen $ux+1$, $uy+1$, $uz+1$ entstehen, welche gleich Quadraten sind, so wird diese Bedingung erfüllt, wenn man setzt:

$$u=4l(l+m)(l+n).$$

In der That erhält man mittelst dieser Werte:

$$ux+1=4lm(l+m)(l+n)+(l^2-mn)^2=(l^2+2lm+mn)^2$$
$$uy+1=4ln(l+m)(l+n)+(l^2-mn)^2=(l^2+2ln+mn)^2$$
$$uz+1=4l(l+m)(l+n)(m+n+2l)+(l^2-mn)^2$$
$$=(3l^2+2l[m+n]+mn)^2.$$

Sucht man endlich eine fünfte Zahl v, welche, mit den andern vier verbunden, jede der Gröfsen $vx+1$, $vy+1$, $vz+1$, $vu+1$ zu einem Quadrate macht, so bezeichne man zunächst durch

---

*) Siehe die in der Bibliothek des Instituts niedergelegten Manuskripte von Lagrange. Anm. d. Verf.

$$\xi^4 - p\xi^3 + q\xi^2 - r\xi + s = 0$$

die Gleichung vierten Grades, deren Wurzeln x, y, z, u sind; alsdann bestimmt sich die gesuchte Zahl v rational durch die Formel:

$$v = \frac{4r + 2p(s+1)}{(s-1)^2}.$$

469.

Um die Richtigkeit dieser nach Euler angegebenen Lösung darzuthun, mufs man zeigen, dafs die Gröfse $\xi v + 1$, ohne dafs ξ specialisiert würde, ein Quadrat und somit die Gröfse

$$4r\xi + 2p(s+1)\xi + (s-1)^2$$

ebenfalls ein Quadrat ist. Nun giebt aber die Gleichung für ξ:

$$4r\xi = 4\xi^4 - 4p\xi^3 + 4q\xi^2 + 4s;$$

mithin reduciert sich Alles darauf, zu beweisen, dafs die Gröfse

$$4\xi^4 - 4p\xi^3 + 4q\xi^2 + 2p(s+1)\xi + (s+1)^2$$

für jeden Wert von ξ ein Quadrat ist.

Nun sieht man, dafs diese Gröfse wirklich das Quadrat von $2\xi^2 - p\xi - s - 1$ darstellt, sobald die Bedingung

$$q + s + 1 = \frac{1}{4}p^2$$

erfüllt ist. Nachdem die Aufgabe bis auf diesen Punkt reduciert ist, bilden wir die Gleichungen:

$$p = m + n + z + u$$
$$q = mn + (m+n)(z+u) + zu$$
$$p^2 - 4q = (m + n - z - u)^2 - 4mn - 4zu$$
$$= (2l + u)^2 - 4(l^2 - 1) - 4zu$$
$$4(s+1) = 4mnuz + 4 = 4zu(l^2 - 1) + 4,$$

mithin:

$$p^2 - 4q - 4(s+1) = u(u + 4l - 4l^2 z).$$

Andrerseits sieht man leicht, dafs $u = 4l^2 z - 4l$ ist und dafs somit, da die rechte Seite der letzten Gleichung verschwindet, die in Frage kommende Bedingung erfüllt ist.

Jetzt hat man nur noch die vier Werte von ξ in die allgemeine Formel

$$v\xi + 1 = \left(\frac{2\xi^2 - p\xi - s - 1}{s - 1}\right)^2$$

zu substituieren, wodurch man die vier folgenden Resultate erhält:

$$vx + 1 = \left(\frac{2m^2 - pm - s - 1}{s - 1}\right)^2$$

$$vy + 1 = \left(\frac{2n^2 - pn - s - 1}{s - 1}\right)^2$$

$$vz + 1 = \left(\frac{2z^2 - pz - s - 1}{s - 1}\right)^2$$

$$vu + 1 = \left(\frac{2u^2 - pu - s - 1}{s - 1}\right)^2.$$

Ist z. B. $m = 1$, $n = 3$, $l = 2$, so erhält man $x = 1$, $y = 3$, $z = 8$, $u = 120$, $v = \frac{777480}{(2879)^2}$, und diese fünf Zahlen x, y, z, u, v sind so beschaffen, daſs das um eine Einheit vermehrte Produkt von je zweien derselben ein Quadrat ist.

470.

A	B	C	D
E	F	G	H
J	K	L	M
N	O	P	Q

Aufgabe 2. In ein wie in der nebenstehenden Figur in 16 Felder geteiltes Quadrat soll man 16 Zahlen A, B, $C, \ldots Q$ einschreiben, welche folgenden Bedingungen genügen:

1) daſs die Summe der Quadrate der Zahlen in jeder der vier Horizontalreihen, ferner auch in jeder der vier Vertikalreihen und in beiden Diagonalen dieselbe ist. Dies giebt 10 Bedingungen.

2) daſs, wenn man in zwei beliebigen Horizontalreihen die über einander stehenden Zahlen multipliciert und die Produkte addiert, diese Summe, z. B. $AE + BF + CG + DH$, stets gleich Null ist, und daſs dasselbe gelten soll bei zwei beliebigen Vertikalreihen. Dies giebt 12 Bedingungen.

Man hätte also im Ganzen 22 Bedingungen zu erfüllen und nur 16 Unbekannte. Indessen bemerkt Euler, daſs es unendlich viele Arten giebt, dieser Aufgabe zu genügen. Er war im Besitz der allgemeinen Lösung derselben und gab als Beispiel das folgende Quadrat:

$$\begin{array}{rrrr} 68, & -29, & 41, & -37 \\ -17, & 31, & 79, & 32 \\ 59, & 28, & -23, & 61 \\ -11, & -77, & 8, & 49. \end{array}$$

Die Auflösung dieses Problems ist nicht veröffentlicht worden, und es wäre sehr zu wünschen, daſs dies geschehe, wenn man sie unter den noch nicht gedruckten Manuskripten des Verfassers finden könnte; denn wie man sieht, würde es sehr schwierig sein, sie wiederherzustellen

471.

In der Einleitung, Artikel X, haben wir gesehen, dafs, wenn eine gegebene Zahl N die Form $2^n \cdot \alpha\beta\gamma\cdots$ besitzt, wo α, β, γ, ... ungleiche Primzahlen sind, die Summe der Teiler der Zahl N gegeben ist durch die Formel:

$$(2^{n+1}-1)(1+\alpha)(1+\beta)(1+\gamma)\cdots$$

Hätte man an Stelle des einfachen Faktors α den doppelten Faktor α^2, so würde dieser Faktor in der Formel anstatt durch $1+\alpha$ durch $1+\alpha+\alpha^2$ oder $\frac{\alpha^3-1}{\alpha-1}$ vertreten sein, ebenso würde bei dem Faktor α^3 die Formel den Faktor $1+\alpha+\alpha^2+\alpha^3$ oder $\frac{\alpha^4-1}{\alpha-1}$ enthalten, u. s. w. Dasselbe findet Anwendung auf die andern Faktoren, die auch nicht einfach zu sein brauchen. Wir geben im Folgenden einige Anwendungen dieser Formel.

I. Hat man n so gewählt, dafs 2^n-1 eine Primzahl ist, und setzt man:

$$N = 2^{n-1}(2^n-1),$$

so ist die Summe der Teiler der Zahl N der vorher angegebenen Formel zufolge gleich

$$2^n(2^n-1);$$

mithin ist die Summe doppelt so grofs als die Zahl N, oder, was auf dasselbe hinauskommt, die Zahl N ist gleich der Summe ihrer aliquoten Teile. Die einfachsten derartigen Zahlen, denen man den Namen „**vollkommene** Zahlen" beigelegt hat, sind:

$$2^2(2^3-1)=28,\quad 2^4(2^5-1)=496,\quad 2^6(2^7-1)=8128,$$
$$2^{12}(2^{13}-1)=2^{12}\cdot 8191 = 33550336 \text{ u. s. w.}$$

II. Will man eine Zahl N von der Beschaffenheit haben, dafs die Summe ihrer Teiler, N mit einbegriffen, dreimal so grofs als N sei, und setzt man $N=2^n\cdot\alpha\beta\gamma\ldots$, wo α, β, γ.. ungleiche Primzahlen sind, so mufs man der Gleichung

$$(2^{n+1}-1)(1+\alpha)(1+\beta)(1+\gamma)\cdots = 3.2^n\cdot\alpha\beta\gamma\cdots$$

oder der Gleichung

$$\frac{1+\alpha}{\alpha}\cdot\frac{1+\beta}{\beta}\cdot\frac{1+\gamma}{\gamma}\cdot\ldots = \frac{3\cdot 2^n}{2^{n+1}-1}$$

Genüge leisten.

Ist $n = 2$, so wird die rechte Seite gleich $\frac{12}{7}$. Setzt man also $\alpha = 7$, so erhält man $\frac{1+\beta}{\beta} \cdot \frac{1+\gamma}{\gamma} \cdots = \frac{12}{8} = \frac{3}{2}$, eine Gleichung, die unmöglich ist, weil die Nenner $\beta, \gamma, \cdots$ ungerade sind.

Ist $n = 3$, so erhält man $\frac{1+\alpha}{\alpha} \cdot \frac{1+\beta}{\beta} \cdots = \frac{24}{15} = \frac{8}{5}$. Daraus ergiebt sich $\alpha = 5$ und $\frac{1+\beta}{\beta} \cdots = \frac{8}{6} = \frac{4}{3}$; mithin ist $\beta = 3$, und eine der gesuchten Zahlen ist $2^3 \cdot 3 \cdot 5 = 120$.

Die Annahme $n = 4$ führt zu etwas Unmöglichem. Ist daher $n = 5$, so wird $\frac{1+\alpha}{\alpha} \cdot \frac{1+\beta}{\beta} \cdots = \frac{96}{63} = \frac{32}{3 \cdot 7}$. Ist also $\alpha = 3, \beta = 7$, so erhält man $\frac{1+\gamma}{\gamma} \cdots = \frac{32}{4 \cdot 8} = 1$. Mithin sind keine andern Primzahlen weiter anzuwenden als 3 und 7, und es ist die zweite der gesuchten Zahlen gleich $2^5 \cdot 3 \cdot 7 = 672$.

Da die Fälle $n = 6$ und $n = 7$ zu keinem Resultate führen, so sei $n = 8$. Dann ist $\frac{1+\alpha}{\alpha} \cdot \frac{1+\beta}{\beta} \cdots = \frac{768}{7 \cdot 73}$. Setzt man $\alpha = 7$, $\beta = 73$, so wird $\frac{1+\gamma}{\gamma} \cdot \frac{1+\delta}{\delta} \cdots = \frac{768}{8 \cdot 74} = \frac{48}{37}$. Ist $\gamma = 37, \delta = 19$, so ergiebt sich $\frac{1+\varepsilon}{\varepsilon} \cdots = \frac{6}{5}$. Hieraus folgt schliefslich $\varepsilon = 5$, und die gesuchte Zahl ist $N = 2^8 \cdot 5 \cdot 7 \cdot 19 \cdot 37 \cdot 73$. Dieses Resultat bestätigt man unmittelbar durch die allgemeine Formel, aus welcher sich die Summe der Teiler gleich

$$(2^9 - 1)\, 6 \cdot 8 \cdot 20 \cdot 38 \cdot 74 = 2^8 \cdot 3 \cdot 5 \cdot 7 \cdot 19 \cdot 37 \cdot 73 = 3N$$

ergiebt.

III. Um eine Zahl N von der Beschaffenheit zu erhalten, dafs die Summe ihrer Teiler, N mit einbegriffen, viermal so grofs als n ist, mufs man die Gleichung auflösen:

$$\frac{1+\alpha}{\alpha} \cdot \frac{1+\beta}{\beta} \cdots = \frac{4 \cdot 2^n}{2^{n+1} - 1}.$$

Ist $n = 3$, so ist die rechte Seite gleich $\frac{32}{15} = \frac{6}{5} \cdot \frac{16}{9}$. Man erhält daher zunächst $\alpha = 5$. Wegen des Faktors $\frac{16}{9}$ aber erkennt man, dafs, wenn man $\beta = 3$ setzt, der Faktor β^2 an die Stelle von β tritt. Man mufs also $\frac{1+\beta+\beta^2}{\beta^2} = \frac{13}{9}$ an Stelle von $\frac{1+\beta}{\beta}$ nehmen und setzen $\frac{16}{9} = \frac{13}{9} \cdot \frac{16}{13}$. Ist dann $\gamma = 13$, so setze man $\frac{16}{13} = \frac{14}{13} \cdot \frac{8}{7}$.

Dies giebt schliefslich $\delta = 7$ und die gesuchte Zahl ist:

$$N = 2^3 \cdot 3^2 \cdot 5 \cdot 7 \cdot 13 = 32760.$$

Setzt man $n = 5$, so findet man in ähnlicher Weise

$$N = 2^5 \cdot 3^3 \cdot 5 \cdot 7 = 30240,$$

eine Zahl, die noch einfacher ist als die vorhergehende.

IV. Will man eine Zahl N von der Beschaffenheit finden, dafs die Summe ihrer Teiler, N mit einbegriffen, fünfmal so grofs als N sei, so mufs, wenn man die höchste in N aufgehende Potenz von 2 mit 2^n bezeichnet, der allgemeinen Formel zufolge $\frac{5 \cdot 2^n}{2^{n+1}-1}$ gleich dem Produkte mehrerer Faktoren sein, von denen jeder bei einem einfachen in N aufgehenden Faktor α die Form $\frac{1+\alpha}{\alpha}$, bei jedem doppelten Faktor α^2 die Form $\frac{1+\alpha+\alpha^2}{\alpha^2}$ u. s. w. besitzt.

Ist $n = 7$, so erhält man:

$$\frac{640}{255} = \frac{128}{3 \cdot 17} = \frac{1+17}{17} \cdot \frac{64}{27}, \; \frac{64}{33} = \frac{1+3+3^2+3^3}{3^3} \cdot \frac{64}{40}, \; \frac{64}{40} = \frac{8}{5} = \frac{1+5}{5} \cdot \frac{4}{3}.$$

Der Faktor $\frac{4}{3}$ zeigt an, dafs die gesuchte Zahl durch 3^4 teilbar ist; mithin mufs man die Rechnung von Neuem anfangen und setzen:

$$\frac{64}{27} = \frac{3 \cdot 64}{3^4} = \frac{1+3+3^2+3^3+3^4}{3^4} \cdot \frac{3 \cdot 64}{11^2},$$

sodann:

$$\frac{192}{11^2} = \frac{1+11+11^2}{11^2} \cdot \frac{192}{133}, \quad \frac{192}{133} = \frac{8}{7} \cdot \frac{20}{19} \cdot \frac{6}{5}.$$

Da alle diese Faktoren von der Form $\frac{1+\alpha}{\alpha}$ sind, so ist die Rechnung beendet und die gesuchte Zahl ist:

$$N = 2^7 \cdot 3^4 \cdot 11^2 \cdot 5 \cdot 7 \cdot 17 \cdot 19.$$

In gleicher Weise würde man finden:

$$N = 2^7 \cdot 3^5 \cdot 7^2 \cdot 5 \cdot 13 \cdot 17 \cdot 19,$$

eine Zahl, die ein wenig einfacher ist als die vorhergehende.

472.

Wir stellen uns jetzt die Aufgabe, zwei Zahlen A und B von der Beschaffenheit zu finden, dafs eine jede von ihnen gleich der Summe der Teiler der andern, diese nicht mit einbegriffen, ist. Wir nehmen, um die Auflösung zu erleichtern, an, dafs diese beiden Zahlen dargestellt seien durch $A = 2^m \cdot \gamma$, $B = 2^m \cdot \alpha\beta$, wo α, β, γ Primzahlen sind. Da die Bedingung der

Aufgabe erfordert, daſs die Summe der Teiler von A sowohl wie die Summe der Teiler von B gleich $A + B$ sei, so erhalten wir die doppelte Gleichung:

$$(2^{m+1} - 1)(1 + \gamma) = (2^{m+1} - 1)(1 + \alpha)(1 + \beta) = 2^m(\alpha\beta + \gamma).$$

Hieraus folgt zuerst:

$$1 + \gamma = (1 + \alpha)(1 + \beta),$$

oder:

$$\gamma = \alpha + \beta + \alpha\beta;$$

ferner:

$$\alpha\beta - (2^m - 1)(\alpha + \beta) = 2^{m+1} - 1.$$

Diese läſst sich auf die Form bringen:

$$(\alpha - 2^m + 1)(\beta - 2^m + 1) = 2^{2m}.$$

Hiernach scheint es, als ob jede Art, 2^{2m} in ungleiche Faktoren zu zerlegen, eine Lösung geben müſste.

Die erste Art der Zerlegung, welche sich darbietet, besteht darin, daſs man setzt:

$$\left.\begin{aligned}\alpha - 2^m + 1 &= 2^{m-1}\\ \beta - 2^m + 1 &= 2^{m+1}\end{aligned}\right\} \text{ dies giebt: } \left\{\begin{aligned}\alpha &= 3 \cdot 2^{m-1} - 1\\ \beta &= 3 \cdot 2^m - 1\end{aligned}\right.$$

$$\text{und hieraus folgt:} \qquad \gamma = 9 \cdot 2^{2m-1} - 1.$$

Damit jedoch diese Lösung zulässig sei, müssen die auf diese Weise bestimmten Zahlen α, β, γ Primzahlen sein. Giebt man m der Reihe nach die Werte 2, 3, 4, . . ., so erhält man die in der nachstehenden Tafel enthaltenen Werte:

m	α	β	γ	A	B
2	5	11	71	284	220
3	11	23	287		
4	23	47	1151	18416	17296
5	47	95	4607		
6	95	191	18431		
7	191	383	73727	9437056	9363584
8	383	767	294911		
9	767	1535	1179647		
10	1535	3071	4718591		
11	3071	6143			
12	6143	12287			
13	12287	24575			
14	24575	49151			
15	49151	98303			

Wie man sieht, sind die Zahlen 2, 4, 7, für m gesetzt, von der Art, dafs die daraus entstehenden Werte von α, β, γ Primzahlen sind. Dies giebt die drei Lösungen, welche in der Kolonne A und in der Kolonne B enthalten sind. Jedoch giebt diese Tafel, bis zu $m = 15$ fortgesetzt, keine Lösung weiter.

Um eine andere Auflösungsformel zu erhalten, kehren wir zu der Gleichung

$$(\alpha - 2^m + 1)(\beta - 2^m + 1) = 2^{2m}$$

zurück. Dieselbe läfst sich allgemein in zwei andere zerlegen wie folgt:

$$\alpha - 2^m + 1 = 2^{m-\mu}$$
$$\beta - 2^m + 1 = 2^{m+\mu},$$

und aus diesen ergiebt sich:

$$\alpha = (2^\mu + 1)2^{m-\mu} - 1$$
$$\beta = (2^\mu + 1)2^m - 1$$
$$\gamma = (2^\mu + 1)^2 2^{2m-\mu} - 1.$$

Die Zahl μ, welche in diesen Formeln willkürlich bleibt, mufs ungerade sein, denn wäre sie gerade, so würde der Wert von γ allgemein von der Form $p^2 - 1$ und somit keine Primzahl sein.

Wir hatten den Fall $\mu = 1$ bereits gehabt. Wir dürfen aber nicht $\mu = 3$ setzen, weil alsdann $2^\mu + 1 = 9$ wäre, und es somit unter den Werten von α und β stets einen gäbe, welcher in der Form $p^2 - 1$, die nur einer zusammengesetzten Zahl zukommen kann, enthalten wäre.

Es sei also $\mu = 5$. Dann erhält man die Formeln:

$$\alpha = 33 \cdot 2^{m-5} - 1$$
$$\beta = 33 \cdot 2^m - 1$$
$$\gamma = (33)^2 \cdot 2^{2m-5} - 1.$$

Setzt man $m = 8$, so ergiebt sich $\alpha = 263$, $\beta = 8447$, $\gamma = 2230271$; jedoch folgt hieraus keine Lösung, weil γ durch 463 teilbar ist. Einige weitere Versuche in Bezug auf den Wert von m sind ebensowenig von Erfolg.

Setzt man endlich $\mu = 7$, so erhält man die neuen Formeln:

$$\alpha = 129 \cdot 2^{m-7} - 1$$
$$\beta = 129 \cdot 2^m - 1$$
$$\gamma = (129)^2 \cdot 2^{2m-7} - 1.$$

Ist $m = 8$, so wird $\alpha = 257$, $\beta = 33023$, $\gamma = 8520191$. Hieraus ergiebt sich, da die beiden ersten Zahlen Primzahlen sind, eine Lösung, falls auch γ eine Primzahl ist. Diese Lösung würde sein $A = 2^8 \cdot \gamma$, $B = 2^8 \cdot \alpha\beta$.

Die Aufgaben, die wir soeben behandelt haben, gehören zu denjenigen, mit welchen sich die Mathematiker zur Zeit Fermat's d. h. gegen die Mitte des 17ten Jahrhunderts beschäftigten. Wir haben dieselben hier angeführt, weil die Methode, welche zu ihrer Auflösung führt, nicht allgemein bekannt ist. Man vergleiche über diesen Gegenstand den dritten Band der Briefe von Descartes und die „Influence de Fermat sur son siècle" betitelte Schrift von Genty.

§ 18.

Über eine andere Aufgabe, welche durch die Art, wie man zu ihrer Auflösung gelangt, bemerkenswert ist.

473.

Die Liebhaber des Schachspiels wissen, dafs man den Springer von einem gegebenen Felde aus die 64 Felder des Schachbrettes durchlaufen lassen kann, ohne dafs derselbe zweimal über das nämliche Feld hinwegginge. Einige Mathematiker haben sich mit dieser Aufgabe beschäftigt und dieselbe analytisch behandeln wollen; jedoch ist Euler der einzige, dem es gelungen ist, in systematischer Weise eine grofse Anzahl von Lösungen derselben zu finden (Abh. der Ak. d. W. zu Berlin. 1759). Das Verfahren dieses berühmten Gelehrten ist ebenso sicher wie geistreich; es besteht darin, dafs man die Lösung mittelst eines wirklichen Ganges des Springers zunächst probeweise versucht. Es gelingt leicht, diesen Gang soweit fortzusetzen, dafs nur noch eine kleine Anzahl von Feldern zu durchlaufen bleibt. Die durchlaufenen Felder werden auf dem Papier (wo man sich ein Schachbrett von geringer Ausdehnung zeichnet) der Reihe nach mit den Ziffern 1, 2, 3 bis 58 bezeichnet, falls 58 das Feld ist, bei welchem man anhalten mufs. Die übrig bleibenden Felder werden durch die Buchstaben a, b, c,... bezeichnet.

Es handelt sich sodann darum, die übrigbleibenden Felder unter diejenigen einzureihen, welche einen Umlauf bilden und durch Ziffern markiert sind. Dies läfst sich ausführen mit Hülfe mehrerer allgemeiner Regeln, welche von Euler angegeben sind, und die wir darlegen wollen an einem Beispiele, bei welchem sie fast alle Anwendung finden.

474.

Wir nehmen an, dafs man den Springer vom Felde 1 aus die Felder 2, 3, 4,... bis zum Felde 60, bei welchem man anzuhalten gezwungen ist, habe durchlaufen lassen, so dafs also noch vier leere Felder übrigbleiben, die wir mit den Buchstaben a, b, c, d bezeichnen, wie aus folgendem Schema ersichtlich ist:

(1)

55.	58.	29.	40.	27.	44.	19.	22
60.	39.	56.	43.	30.	21.	26.	45
57.	54.	59.	28.	41.	18.	23.	20
38.	51.	42.	31.	8.	25.	46.	17
53.	32.	37.	a.	47.	16.	9.	24
50.	3.	52.	33.	36.	7.	12.	15
1.	35.	5.	48.	b.	14.	c.	10
4.	49.	2.	35.	6.	11.	d.	13.

Ich bemerke zunächst, dafs der Springer von dem Felde 1 auf die Felder 32, 52, 2, von dem Felde 60 auf die drei Felder 29, 59, 51 und von dem Felde a auf die acht Felder 3, 51, 59, 41, 25, 7, b, 5 übergehen kann, was ich folgendermafsen darstelle:

$$1 \{ 32, 52, 2 \cdots A$$
$$60 \{ 29, 59, 51, \cdots B$$
$$a \{ 3, 51, 59, 41, 25, 7, b, 5.$$

Jedesmal nun, wenn eine der Zahlen A, welche zu dem Felde 1 gehören, derart ist, dafs sich $A - 1$ unter den zum Felde 60 gehörenden Zahlen B vorfindet (wie es bei diesem Falle zutrifft, wo man $A = 52$ und $B = 51$ nehmen kann), kehrt der Umlauf 1, 2, 3,$\cdots$ 60, welcher nicht in sich zurückkehrt, weil man von dem Felde 60 nicht zum Felde 1 übergehen kann, wieder in sich zurück, wenn man ihn aus den beiden Teilen:

$$60, 59, \cdots A : 1, 2, 3 \cdots B,$$

welche in unserm Beispiel lauten:

$$60, 59, \cdots 52 : 1, 2, 3 \cdots 51,$$

zusammensetzt. Um diese Vertauschung auszudrücken, ist es besser, ein neues Schema anzufertigen, welches aus dem vorhergehenden entsteht, wenn man alle Zahlen des Teiles 1, 2, 3...51 an ihrem Platze läfst, dagegen die Reihe 60, 59,... 52 durch die umgekehrte

10*

Reihe 52, 53,... 60 ersetzt, d. h. wenn man von 112 jede der Zahlen von 52 bis 60 abzieht. Das neue aus dieser Operation sich ergebende Schema ist folgendes:

(II)

57.	54.	29.	40.	27.	44.	19.	22
52.	39.	56.	43.	30.	21.	26.	45
55.	58.	53.	28.	41.	18.	23.	20
38.	51.	42.	31.	8.	25.	46.	17
59.	32.	37.	*a*.	47.	16.	9.	24
50.	3.	60.	33.	36.	7.	12.	15
1.	34.	5.	48.	*b*.	14.	*c*.	70
4.	49.	2.	35.	6.	11.	*d*.	13.

Das Schema (I) bot einen Umlauf von 60 Feldern dar, welcher nicht in sich zurückkehrte. Dieses zweite Schema giebt einen in sich zurückkehrenden Umlauf, da man von dem Felde 60 auf das Feld 1 übergehen kann und umgekehrt. Ein solcher Umlauf hat aber den Vorteil, dafs man in denselben irgend eins der fehlenden Felder *a*, *b*, *c*, *d* einreihen kann. Wir wählen das Feld *a*, weil man von dem Felde *a* nach einander zu den Feldern *b* und *d* gelangen kann, so dafs die drei Felder *a*, *b*, *d* auf einmal in den Umlauf eintreten.

475.

Da es acht Felder giebt, von welchen aus der Springer nach dem Felde *a* gelangen kann, nämlich 51, 53, 41, 25, 7, *b*, 5, 3, so erhält man (da *b* nicht gerechnet werden darf) 7 Arten, die Operation auszuführen. Dieselben würden alle in gleicher Weise zum Ziele führen.

Wählt man das Feld 51, so kann man den neuen, aus 63 Feldern bestehenden Umlauf folgendermafsen festsetzen:

52, 53, . . . 60 | 1, 2, 3, . . . 51, *a*, *b*, *d*.

Man mufs daher ein drittes Schema bilden, welches aus dem Schema (II) entsteht, indem man 1, 2, 3,.. 9 an die Stelle der Reihe 52, 53,.. 60 setzt, d. h. indem man 51 von jeder dieser Zahlen abzieht, sodann 9 zu jeder Zahl der Reihe 1, 2, 3, . . . 51 addiert und schliefslich 61, 62, 63 an die Stelle von *a*, *b*, *d* setzt. Das Resultat ist folgendes:

(III)

6.	3.	38.	49.	36.	53.	28.	31
1.	48.	5.	52.	39.	30.	35.	54
4.	7.	2.	37.	50.	27.	32.	29
47.	60.	51.	40.	17.	34.	55.	26
8.	41.	46.	61.	56.	25.	18.	33
59.	12.	9.	42.	45.	16.	21.	24
10.	43.	14.	57.	62.	23.	*c*.	19
13.	58.	11.	44.	15.	20.	63.	22.

Es ist daher nur noch das 64te Feld c in den Umlauf einzureihen. Zu dem Zwecke bemerken wir, dafs man von dem Felde 25 zum Felde c, ebenso wie vom Felde 24 zum Felde 63 gelangt, so dafs man den vollständigen Umlauf bilden kann:

$$1,\ 2,\ 3 \cdots 24 \mid 63,\ 62, \cdots 25,\ c.$$

Um denselben in einem vierten Schema darzustellen, hat man in dem Schema (III) an den Zahlen 1, 2, 3, $\cdots$ 24 nichts zu ändern, ferner 25 an die Stelle von 63, 26 an die Stelle von 62 u. s. w. zu setzen, d. h. von 88 alle Zahlen von 25 bis 63 abzuziehen, und endlich 64 an die Stelle von c zu setzen. Das Resultat dieser Operation ist folgendes:

(IV)

6.	3.	50.	39.	52.	35.	60.	57
1.	40.	5.	36.	49.	58.	53.	34
4.	7.	2.	51.	38.	61.	56.	59
41.	28.	37.	48.	17.	54.	33.	62
8.	47.	42.	27.	32.	63.	18.	55
29.	12.	9.	46.	43.	16.	21.	24
10.	45.	14.	31.	26.	23.	64.	19
13.	30.	11.	44.	15.	20.	25.	22.

Da in diesem neuen Schema alle Felder ausgefüllt sind, so ist das Problem gelöst, d. h. der Springer wird, wenn er vom Felde 1 aus auf die durch 2, 3, $\cdots$ bezeichneten Felder übergeht, alle Felder des Schachbrettes durchlaufen, ohne auf dasselbe Feld zweimal zu gelangen. Jedoch kehrt der Gang, den wir soeben skizziert haben, nicht in sich zurück, da man vom Felde 64 nicht zum Felde 1 übergehen kann. Mithin haben wir die allgemeine Aufgabe noch nicht gelöst, da diese voraussetzt, dafs der Springer von einem beliebigen Felde ausgehe.

476.

Um der Aufgabe allgemein zu genügen, müssen wir ein Mittel finden, um den nicht in sich zurückkehrenden Umlauf, welchen das Schema (IV) an die Hand giebt, in einen in sich zurückkehrenden zu verwandeln.

Bei dem gegenwärtigen Zustande des Schemas (IV) sind die äufsersten Felder 1 und 64 zu weit von einander entfernt, als dafs man durch eine einzige Operation einen in sich zurückkehrenden Umlauf erhalten könnte. Man kann nur die Endfelder einander wieder nähern, wenn man an Stelle des Umlaufs des Schemas den folgenden Umlauf setzt:

64, 63,··· 28 | 1, 2, 3 ··· 27.

Um denselben darzustellen, hat man in dem Schema (IV) an den Zahlen 64 bis 28 nichts zu ändern, dagegen für jede der Zahlen von 1 bis 27 die Ergänzung derselben zu 28 zu nehmen, wodurch man das folgende Schema erhält:

(V)

22.	25.	50.	39.	52.	35.	60.	57
27.	40.	23.	36.	49.	58.	53.	34
24.	21.	26.	51.	38.	61.	56.	59
41.	28.	37.	48.	11.	54.	33.	62
20.	47.	42.	1.	32.	63.	10.	55
29.	16.	19.	46.	43.	12.	7.	4
18.	45.	14.	31.	2.	5.	64.	9
15.	30.	17.	44.	13.	8.	3.	6.

Nun sind die den beiden Endfeldern benachbarten Felder die folgenden:

1 { 26, 38, 54, 12, 2, 14, 16, 28

64 { 13*, 43, 63, 55,

und da die Zahl 14 der ersten Zeile die Zahl 13 der zweiten Zeile um eine Einheit übersteigt, so kann man einen in sich zurückkehrenden Umlauf bilden mit Hülfe der beiden Reihen:

64, 63,··· 14 | 1, 2, 3,··· 13,

und zwar erhält man das neue, diesen Umlauf darstellende Schema aus dem vorhergehenden, indem man an Stelle der Zahlen 1, 2,··· 13 ihre Ergänzung zu 14 setzt. Dies giebt das sechste Schema:

(VI)

22.	25.	50.	39.	52.	35.	60.	57
27.	40.	23.	36.	49.	58.	53.	34
24.	21.	26.	51.	38.	61.	56.	59
41.	28.	37.	48.	3.	54.	33.	62
20.	47.	42.	13.	32.	63.	4.	55
29.	16.	19.	46.	43.	2.	7.	10
18.	45.	14.	31.	12.	9.	64.	5
15.	30.	17.	44.	1.	6.	11.	8.

Wir haben behauptet, dafs bei einem solchen in sich zurückkehrenden Gange, wie wir ihn soeben in diesem letzten Schema erhalten haben, der Springer von einem beliebig gegebenen Felde aus alle Felder des Schachbrettes durchlaufen kann, und zwar kann dies auf zweierlei Weise geschehen.

Will man nämlich z. B. vom Felde 38 ausgehen, so kann man zwischen den beiden folgenden Gängen, von denen der eine die Umkehrung des andern ist, wählen:

38, 39, · · ·, 63, 64, 1, 2, . . . 37

38, 37, · · ·, 2, 1, 64, 63, · · · 39.

Demnach ist die Aufgabe durch das Schema (VI) in ihrer ganzen Allgemeinheit gelöst. Wir werden aber sogleich zeigen, dafs man aus einer bekannten Lösung unmittelbar eine grofse Anzahl anderer erhält. Zunächst jedoch wollen wir noch ein zweites Beispiel für die Art und Weise geben, wie man einen nicht in sich zurückkehrenden Umlauf zu einem in sich zurückkehrenden macht.

477.

Zu diesem Zwecke sei das folgende Schema gegeben:

54.	41.	12.	25.	60.	57.	14.	23
11.	26.	55.	40.	13.	24.	49.	58
42.	53.	10.	61.	56.	59.	22.	15
9.	62.	27.	52.	39.	48.	31.	50
28.	43.	8.	47.	30.	51.	16.	21
63.	46.	29.	38.	5.	20.	35.	32
44.	7.	2.	19.	34.	37.	4.	17
1.	64.	45.	6.	3.	18.	33.	26.

Weil die den beiden Endfeldern 1 und 63 benachbarten Felder die folgenden sind:

1 { 2, 46

64 { 19, 29, 63,

kann man den Gang des Schemas in drei andere umwandeln, nämlich

64, 63, · · · 46 | 1, 2, 3, · · · 45

1, 2, 3, · · · 19 | 64, 63, · · · 20

1, 2, 3, · · · 29 | 64, 63, · · · 30.

Indessen gewähren diese drei Kombinationen wenig Vorteil, weil die

Felder 1 und 64 nur den Übergang zu zwei oder drei andern Feldern gestatten. Nach einigen Versuchen findet man, dafs der folgende, aus drei Teilen bestehende Umlauf

30, 31, ⋯ 46 | 1, 2, 3, ⋯ 29 | 64, 63, ⋯ 47

den Vorzug verdient, weil die Endfelder 30 und 47 in die Mitte des Schemas kommen, und daher mehr Aussicht vorhanden ist, dafs man durch sie zu einem in sich zurückkehrenden Umlauf gelange.

Um diesen neuen Gang darzustellen, mufs man in dem gegebenen Schema 29 von den Zahlen von 30 bis 46 abziehen, ferner 17 zu den Zahlen der zweiten Reihe 1, 2, ... 29 addieren und schliefslich alle Glieder der dritten Reihe 64, 63, ... 47 von 111 subtrahieren. Man erhält so das folgende Schema:

57.	12.	29.	42.	51.	54.	31.	40
28.	43.	56.	11.	30.	41.	62.	53
13.	58.	27.	50.	55.	52.	39.	32
26.	49.	44.	59.	10.	63.	2.	61
45.	14.	25.	64.	1.	60.	33.	38
48.	17.	46.	9.	22.	37.	6.	3
15.	24.	19.	36.	5.	8.	21.	34
18.	47.	16.	23.	20.	35.	4.	7.

Bei diesem Gange kann man von jedem der beiden Endfelder 1 und 64 zu acht andern Feldern übergehen, nämlich:

1 { 2, 6, 8, 36, 46, 44, 50, 52 ... a

64 { 63, 37, 5, 19, 17, 49, 27, 55 ... b.

Ist jetzt a eine Zahl der ersten Reihe, und findet man unter den Gliedern b der zweiten Reihe die Zahl $a - 1$, so kann man einen in sich zurückkehrenden Gang aus den folgenden beiden Teilen bilden:

1, 2, ⋯ $a - 1$ | 64, 63, ⋯ a.

Dies trifft nun zu, wenn man $a = 6$ und $a = 50$ setzt, weil sich 5 und 49 unter den Zahlen b vorfinden. Man erhält somit die beiden folgenden in sich zurückkehrenden Umläufe:

1, 2, ⋯ 5 | 64, 63, ⋯ 6

1, 2, ⋯ 49 | 64, 63, ⋯ 50.

Hieraus ergeben sich die beiden Schemata:

(*M*)

13.	58.	41.	28.	19.	16.	39.	30
42.	27.	14.	59.	40.	29.	8.	17
57.	12.	43.	20.	15.	18.	31.	38
44.	21.	26.	11.	60.	7.	2.	9
25.	56.	45.	6.	1.	10.	37.	32
22.	53.	24.	61.	48.	33.	64.	3
55.	46.	51.	34.	5.	62.	49.	36
52.	23.	54.	47.	50.	35.	4.	63.

(*N*)

57.	12.	29.	42.	63.	60.	31.	40
28.	43.	58.	11.	30.	41.	52.	61
13.	56.	27.	64.	59.	62.	39.	32
26.	49.	44.	55.	10.	51.	2.	53
45.	14.	25.	50.	1.	54.	33.	38
48.	17.	46.	9.	22.	37.	6.	3
15.	24.	19.	36.	5.	8.	21.	34
18.	47.	16.	23.	20.	35.	4.	7.

Wir kennen nun bereits drei in sich zurückkehrende Gänge, deren jeder, wenn man von einem gegebenen Felde ausgeht, zwei Auflösungen des gegebenen Problems giebt. Wir werden überdies zeigen, dafs jedes solches Schema wie *M* drei andere liefert, welche gleichfalls die Aufgabe lösen.

478.

Um jedoch die verschiedenen in sich zurückkehrenden Gänge, die man finden kann, und deren Anzahl ohne Zweifel sehr grofs ist, leichter mit einander vergleichen zu können, bemerken wir zunächst, dafs es sich empfiehlt festzusetzen, dafs beständig das erste Feld auf der linken Seite der letzten Zeile als das Feld 1 genommen werden solle. Dies geschieht bei dem Schema *M*, indem man von allen Zahlen, welche gröfser als 51 sind, 51 abzieht und zu allen andern 13 addiert, und diese Operation wird in analoger Weise bei jedem andern Schema ausgeführt. Die neue Form, welche die beiden Schemata *M* und *N* annehmen, ist demnach:

(*M*)

26.	7.	54.	41.	32.	29.	52.	43
55.	40.	27.	8.	53.	42.	21.	30
6.	25.	56.	33.	28.	31.	44.	51
57.	34.	39.	24.	9.	20.	15.	22
38.	5.	58.	19.	14.	23.	50.	45
35.	2.	37.	10.	61.	46.	13.	16
4.	59.	64.	47.	18.	11.	62.	49
1.	36.	3.	60.	63.	48.	17.	12.

(*N*)

40.	59.	12.	25.	46.	43.	14.	23
11.	26.	41.	58.	13.	24.	35.	44
60.	39.	10.	47.	42.	45.	22.	15
9.	32.	27.	38.	57.	34.	49.	36
28.	61.	8.	33.	48.	37.	16.	21
31.	64.	29.	56.	5.	20.	53.	50
62.	7.	2.	19.	52.	55.	4.	17
1.	30.	63.	6.	3.	18.	51.	54.

Ist z. B. das Schema (*M*) gegeben, so kann man dasselbe um die durch das Feld 1 gehende Diagonale sich drehen lassen, so dafs die Horizontalreihe $1, 36, \cdots 12$ die Stelle der Vertikalreihe $1, 4, \cdots 26$ einnimmt und umgekehrt. Da jedoch dabei die relative Lage der Felder gegen einander dieselbe bleibt, so werden wir diese beiden Formen nur als eine einzige betrachten.

Man kann auch, indem man die Zahl 1 auf dem ersten Felde beibehält, die Zahlen der andern Felder ändern, indem man an Stelle jeder Zahl die Ergänzung derselben zu 66 setzt. Auf diese Weise würde das Schema (*M*) ein zweites liefern, nämlich:

(*m*)

40.	59.	12.	25.	34.	37.	14.	23
11.	26.	39.	58.	13.	24.	45.	36
60.	41.	10.	33.	38.	35.	22.	15
9.	32.	27.	42.	57.	46.	51.	44
28.	61.	8.	47.	52.	43.	16.	21
31.	64.	29.	56.	5.	20.	53.	50
62.	7.	2.	19.	48.	55.	4.	17
1.	30.	63.	6.	3.	18.	49.	54.

Aber dieses zweite Schema, welches man als die Umkehrung oder das Reciproke des ersten betrachten kann, giebt in Wirklichkeit keine neue Lösung des Problems. Denn das Feld des Schachbretts, welches im Schema (M) mit 20 bezeichnet ist, ist im Schema (m) mit 66 — 20 oder 46 bezeichnet und die beiden Gänge, welche im Schema (M) die Aufgabe lösen, unterscheiden sich von den beiden Gängen, welche im Schema (m) die Lösung geben, nur insofern, als sie durch verschiedene Zahlen bezeichnet sind. So geht z. B. der durch 20, 21, 22, $\cdots$ 64, 1, 2, $\cdots$ 19 im Schema (M) angedeutete Umlauf nach und nach über dieselben Felder des Schachbretts, als im Schema (m) der durch 46, 45, 44, $\cdots$ 2, 1, 64, $\cdots$ 47 angedeutete Gang.

479.

Um jetzt wirkliche Änderungen im Schema (M) herbeizuführen, mufs man annehmen, dafs dieses Schema, welches die Horizontalreihe 1. 36. 3 $\cdots$ 12 zur Grundlinie hat, nach und nach jede der drei andern Seiten das Schachbretts als Grundlinie erhält.

Nimmt man die Seite 12. 49. 16 $\cdots$ 43 zur Grundlinie, so mufs man 11 von allen Zahlen abziehen, wodurch sich die Form ergiebt:

	54.	57.	24.	27.	46.	59.	44.	15
	25.	48.	55.	58.	23.	14.	29.	60
	56.	53.	26.	47.	28.	45.	16.	43
	49.	36.	63.	8.	13.	22.	61.	30
(M_1)	52.	7.	50.	3.	62.	17.	42.	21
	37.	64.	35.	12.	9.	20.	31.	18
	6.	51.	2.	39.	4.	33.	10.	41
	1.	38.	5.	34.	11.	40.	19.	32.

Die beiden andern Seiten geben in analoger Weise die beiden folgenden Schemata:

	34.	39.	6.	21.	18.	25.	58.	23
	7.	20.	33.	40.	5.	22.	17.	26
	38.	35.	4.	19.	32.	59.	24.	57
(M_2)	3.	8.	45.	36.	41.	16.	27.	60
	44.	37.	42.	31.	46.	61.	56.	15
	9.	2.	53.	50.	55.	14.	47.	28
	52.	43.	64.	11.	30.	49.	62.	13
	1.	10.	51.	54.	63.	12.	29.	48.

(M_3)

18.	5.	26.	61.	20.	55.	24.	51
27.	60.	19.	54.	25.	52.	37.	56
4.	17.	6.	59.	62.	21.	50.	23
7.	28.	3.	48.	53.	36.	57.	38
16.	47.	8.	63.	58.	49.	22.	35
29.	2.	31.	14.	33.	12.	39.	42
46.	15.	64.	9.	44.	41.	34.	11
1.	30.	45.	32.	13.	10.	43.	40.

Somit liefert jeder in sich zurückkehrende Gang, wie der, welcher durch das Schema (M) dargestellt ist, drei andere durch die Schemata (M_1), (M_2), (M_3) dargestellte Umläufe, und da jedes Schema zwei Lösungen des Problems giebt, so geben die vier Schemata deren acht. Wir haben ferner noch zwei andere Schemata (VI) und (N) von derselben Art wie das Schema (M) gebildet. Mithin kennen wir bereits 24 Lösungen des allgemeinen Problems, und es wäre leicht, eine noch viel gröfsere Anzahl zu finden.

480.

Es werde z. B. wiederum das Schema (M) genommen, und es werde vorausgesetzt, dafs man von dem Felde A übergehen könne zu den Feldern a, b, $c\ldots$ und von dem Felde $A+1$ übergehen könne zu den Feldern a', b', $c'\ldots$, was wir folgendermafsen ausdrücken:

$$A\ \{\ a,\ b,\ c, \ldots$$
$$A+1\ \{\ a', b', c', \ldots$$

Findet sich unter den Zahlen a', b', c', ... die Zahl $a+1$, so kann man aus dem durch das Schema gegebenen in sich zurückkehrenden Gange einen andern, ebenfalls in sich zurückkehrenden, ableiten, nämlich:

$$a,\ a-1,\ a-2, \cdots A+1 \mid a+1,\ a+2, \cdots A.$$

Jedoch ist der Fall $a=A+1$ und der Fall $A=a+1$, welche zu keinem Resultate führen, auszunehmen.

So kann man aus dem Schema (M) die folgenden 11 in sich zurückkehrenden Gänge ableiten:

58, 57, ··· 10 | 59, 60, ··· 64, 1, 2, 3, ··· 9
59, 58, ··· 11 | 60, 61, ··· 64, 1, 2, 3, ··· 10
53, 52, ··· 25 | 54, 55, ··· 64, 1, 2, 3, ··· 24
37, 36, ··· 25 | 38, 39, ··· 64, 1, 2, 3, ··· 24
54, 53, ··· 34 | 55, 56, ··· 64, 1, 2, 3, ··· 33.

24, 23, ⋯ 1, 64, 63, ⋯ 38 | 25, 26, ⋯ 37
62, 61, ⋯ · · · ⋯ 46 | 63, 64, 1, 2, ⋯ 45
24, 23, ⋯ 1, 64, 63, ⋯ 54 | 25, 26, ⋯ 53
33, 32, ⋯ 1, 64, 63, ⋯ 55 | 34, 35, ⋯ 54
10, 9, ⋯ 1, 64, 63, ⋯ 60 | 11, 12, ⋯ 59
45, 44, ⋯ 1, 64, 63 | 46, 47, ⋯ 62.

Der erste Umlauf wird aus dem Schema (M) gebildet, indem man von 68 alle Zahlen von 10 bis 58 abzieht und die andern Zahlen ungeändert läſst; man erhält so das neue Schema:

42.	7.	14.	27.	36.	39.	16.	25
13.	28.	41.	8.	15.	26.	47.	38
6.	43.	12.	35.	40.	37.	24.	17
11.	34.	29.	44.	9.	48.	53.	46
30.	5.	10.	49.	54.	45.	18.	23
33.	2.	31.	58.	61.	22.	55.	52
4.	59.	64.	21.	50.	57.	62.	19
1.	32.	3.	60.	63.	20.	51.	56.

Bildet man ebenso die 10 andern Schemata, welche sich aus den angegebenen Umläufen ergeben, so erhält man 12 Haupt-Schemata, deren jedes vier Formen annehmen kann. Dies giebt im ganzen 48 Schemata, von denen jedes zwei Lösungen des allgemeinen Problems liefert.

481.

Um aus dem durch das Schema (M) dargestellten Umlauf elf andere Umläufe derselben Art abzuleiten, haben wir nur nötig, den ersten Umlauf in zwei Teile, welche sich in geeigneter Weise einander anpassen, zu zerlegen. Man könnte aber auch denselben Umlauf in drei oder mehr Teile derart zerlegen, daſs sie einen in sich zurückkehrenden Umlauf bilden. Dies würde neue Lösungen in fast unbeschränkter Anzahl ergeben.

Nehmen wir z. B. an, daſs, wenn man vom Felde a zum Felde b und vom Felde $a+1$ zum Felde c gelangt, man zu gleicher Zeit auch vom Felde $b-1$ auf das Feld $c+1$ übergehen könne, was wir folgendermaſsen ausdrücken:

$$a \{ b, \quad a+1 \{ c, \quad b-1 \{ c+1,$$

so erhält man folgenden neuen aus drei Teilen bestehenden in sich zurückkehrenden Gang:

$c+1, c+2, \cdots 64, 1, 2, \cdots a \mid b, b+1, \cdots c \mid a+1, a+2, \cdots b-1.$

Derselbe setzt nur voraus, dafs $b > a + 2$ und $c > b$ sei.

Ein aus dem Schema (M) sich ergebendes Beispiel liefert folgenden stets in sich zurückkehrenden Gang:

$$54, 55, \cdots 64, 1, 2, \cdots 19 \mid 34, 35, \cdots 53 \mid 20, 21, \cdots 33.$$

Um das Schema zu bilden, welches denselben darstellt, mufs man in dem Schema (M) erstens alle Zahlen von 54 bis 64 und von 1 bis 19 an ihrem Platze lassen, zweitens alle Zahlen von 34 bis 53 um 14 vermindern, drittens alle Zahlen von 20 bis 33 um 20 vermehren. Das Ergebnis dieser Operation ist folgendes:

46.	7.	54.	27.	52.	49.	38.	29
55.	26.	47.	8.	39.	28.	41.	50
6.	45.	56.	53.	48.	51.	30.	37
57.	20.	25.	44.	9.	40.	15.	42
24.	5.	58.	19.	14.	43.	36.	31
21.	2.	23.	10.	61.	32.	13.	16
4.	59.	64.	33.	18.	11.	62.	35
1.	22.	3.	60.	63.	34.	17.	12.

Nach denselben Prinzipien würde man noch viele andere in sich zurückkehrende Gänge erhalten. Daraus ist ersichtlich, wie sehr die Anzahl der Lösungen vervielfältigt werden kann, sobald einmal ein in sich zurückkehrender Gang bekannt ist.

482.

Man kann auch der Lösung besondere Bedingungen auferlegen, wodurch zwar die Anzahl der Lösungen verringert werden, aber doch noch sehr beträchtlich sein wird. Nimmt man z. B. an, dafs die Zahlen 1, 2, 3, ... 32 die vier unteren Zeilen des Schemas, und die 32 andern die vier oberen Zeilen ausfüllen sollen, so genügt man der ersten Bedingung in folgender Weise:

3.	26.	7.	32.	1.	20.	15.	18
8.	31.	2.	27.	6.	17.	12.	21
25.	4.	29.	10.	23.	14.	19.	16
30.	9.	24.	5.	28.	11.	22.	13,

und wenn man zu allen diesen Zahlen 32 addiert, so erhält man vier andere Zeilen, welche alle Zahlen von 33 bis 64 enthalten.

Jedoch läfst sich dieser zweite Teil dem ersten nicht derart anpassen, dafs sie beide ein einziges Schema von 1 bis 64 bilden.

Um diese zweite Bedingung zu erfüllen, giebt Euler den ersten Teil in folgender Anordnung:

22.	7.	32.	1.	24.	13.	18.	15
31.	2.	23.	6.	19.	16.	27.	12
8.	21.	4.	29.	10.	25.	14.	17
3.	30.	9.	20.	5.	28.	11.	26.

Nach seiner Vorschrift hat man sodann zu allen diesen Zahlen 32 zu addieren und das Resultat in umgekehrter Richtung zu schreiben, indem man die Zahlen von links nach rechts nimmt und die letzte Zeile zur ersten macht. Fügt man diesen zweiten Teil dem ersten hinzu, so ergiebt sich das vollständige Schema:

	58.	43.	60.	37.	52.	41.	62.	35	
	49.	46.	57.	42.	61.	36.	53.	40	
	44.	59.	48.	51.	38.	55.	34.	63	
a	47.	50.	45.	56.	33.	64.	39.	54	. . . . *b*
	22.	7.	32.	1.	24.	13.	18.	15	
	31.	2.	23.	6.	19.	16.	27.	12	
	8.	21.	4.	29.	10.	25.	14.	17	
	3.	30.	9.	20.	5.	28.	11.	26.	

Man sieht hieraus, dafs die symmetrisch gegenüberliegenden Zahlen in den beiden durch die Linie *ab* getrennten Hälften sich beständig von einander um 32 unterscheiden. So hat man 58 — 26 = 32, 57 — 25 = 32, u. s. w. Dieselbe Eigenschaft besteht bei den vier Formen, welche dieses Schema annehmen kann.

Da man vom Felde 1 auf das Feld 16 und vom Felde 64 auf das Feld 15 übergehen kann, so läfst sich der vorstehende Gang in den folgenden 1, 2, ... 15 | 64, 63, ... 16 verwandeln. Dies giebt das neue Schema:

	58.	43.	60.	37.	52.	41.	62.	35	
	49.	46.	57.	42.	61.	36.	53.	40	
	44.	59.	48.	51.	38.	55.	34.	63	
a	47.	50.	45.	56.	33.	64.	39.	54	. . . . *b*
	22.	9.	32.	15.	24.	3.	18.	1	
	31.	14.	23.	10.	19.	16.	27.	4	
	8.	21.	12.	29.	6.	25.	2.	17	
	13.	30.	7.	20.	11.	28.	5.	26	

Dieses Schema, in welchem nur die untere Hälfte geändert ist, besitzt aber nicht mehr die auf die Differenz ähnlich gelegener Zahlen bezügliche Eigenschaft des vorhergehenden. Um ihm dieselbe zu verschaffen, müfste man den oberen Teil des Schemas dadurch bilden, dafs man 32 zu den Zahlen des unteren Teils hinzufügt und diese Zahlen in umgekehrter Reihenfolge schreibt.

483.

Will man wissen, wieviel Lösungen das gegebene Problem haben könne, so besteht ein Hülfsmittel, dessen man sich bei dieser Untersuchung von sehr schwieriger Natur bedienen könnte, in Folgendem: Wir haben mindestens 50 Gänge, von denen jeder zwei Lösungen liefert, gefunden. Auf diese 50 Gänge kann man das Kennzeichen des Artikel 478, durch welches sie von allen andern unterschieden werden, anwenden. Wir nehmen an, dafs man durch ein analoges Verfahren weit mehr Gänge als 50, welche demselben Kennzeichen unterliegen, bilde. Ist diese Zahl gleich n und ist N die Anzahl aller möglichen Gänge, welche von einander verschieden sind und sämtlich der Aufgabe genügen, so wird es, wenn n hinreichend grofs ist, notwendigerweise vorkommen, dafs es unter den n gefundenen Gängen einige gleiche giebt, so dafs sich die Zahl n auf $n - a$ verschiedene Gänge reduciert.

Nachdem dies vorausgeschickt ist, findet man leicht die Gleichung:

$$\frac{n-a}{N} = 1 - \left(\frac{N-1}{N}\right)^n,$$

und hieraus folgt:

$$N = \frac{n^2}{2a},$$

ein Wert, der um so mehr dem wahren Werte nahekommt, je gröfser n ist.

Fünfter Hauptteil.

Anwendung der unbestimmten Analysis bei der Auflösung der Gleichung $x^n - 1 = 0$, in welcher n eine Primzahl ist.

§ 1.

Grundlagen dieser neuen Theorie.

484.

Sondert man von der linken Seite den Faktor $x - 1$ ab und setzt man:

$$X = \frac{x^n - 1}{x - 1} = x^{n-1} + x^{n-2} + x^{n-3} + \cdots + x + 1,$$

so besitzt bekanntlich nach dem Cotesischen Satze das Polynom X den allgemeinen Faktor:

$$x^2 - 2x \cos \frac{2k\pi}{n} + 1,$$

wobei k eine beliebige durch n nicht teilbare Zahl ist, so dafs man, wenn man k der Reihe nach die Werte $1, 2, 3, \cdots \frac{1}{2}(n-1)$ beilegt, alle Faktoren erhält, aus denen dieses Polynom zusammengesetzt ist.

Die Kenntnis der Analysten von der Auflösung der Gleichung $x^n - 1 = 0$ beschränkte sich nahezu auf diesen einzigen Satz, als Gauss sein ausgezeichnetes Werk „Disquisitiones arithmeticae" veröffentlichte. Man findet in diesem eine neue und sehr vollständige Theorie der Auflösung eben jener Gleichung oder, was auf dasselbe hinauskommt, der Teilung des Kreisumfanges in n gleiche Teile.

Da diese Theorie eine der interessantesten Anwendungen der unbestimmten Analysis ist und dieselbe zu sehr merkwürdigen Resultaten führt, so glaubten wir unsern Lesern einen Gefallen zu erweisen, wenn wir dieselbe hier mit neuen Entwicklungen darlegen.

485.

Nennt man r irgend eine der **imaginären** Wurzeln der Gleichung

$$x^n - 1 = 0,$$

d. h. setzt man:

$$r = \cos\frac{2k\pi}{n} + \sqrt{-1}\sin\frac{2k\pi}{n},$$

wo k irgend eine durch n nicht teilbare Zahl bedeutet, so sind die sämtlichen Wurzeln dieser Gleichung dargestellt durch $r, r^2, r^3, \ldots r^n$. Sondert man von diesen die Wurzel $r^n = 1$ ab, so bleiben für die Wurzeln der Gleichung $X = 0$ die folgenden Werte:

$$x = r,\ r^2,\ r^3,\ \ldots\ r^{n-1}.$$

Allgemein stellt daher r^α eine beliebige Wurzel der Gleichung $X = 0$ dar, vorausgesetzt, dafs α weder Null noch ein Vielfaches von n sei.

Bei dieser Einschränkung giebt es nur $n - 1$ verschiedene Werte, welche in dem Ausdrucke $x = r^\alpha$ enthalten sind. Denn wäre $\alpha = nk + i$, so würde offenbar $r^\alpha = r^i$ sein, da $r^n = 1$ ist, und aus demselben Grunde hätte man: $r^{-\alpha} = r^{n-\alpha} = r^{kn-\alpha}$.

Ferner zeigt man leicht, dafs die $n - 1$ vorstehenden Werte von einander verschieden sind. Denn wäre $r^\alpha = r^\beta$, wo α und β kleiner als n sind, so würde daraus folgen: $r^\varepsilon = 1$, wobei $\varepsilon = \pm(\alpha - \beta)$ und somit kleiner als n ist. Da aber n eine Primzahl ist, so können die beiden Gleichungen $r^n = 1$ und $r^\varepsilon = 1$ nicht zu gleicher Zeit stattfinden, es müfste denn $r = 1$ sein, was gegen die Voraussetzung ist.

486.

Hiernach läfst sich das Polynom X auf die Form bringen:

$$X = (x - r)(x - r^2)(x - r^3)\cdots(x - r^{n-1}),$$

und da man r^2 oder allgemein r^α für r setzen kann, so hat man auch:

$$X = (x - r^2)(x - r^4)(x - r^6)\cdots(x - r^{2n-2}),$$

und allgemein:

$$X = (x - r^\alpha)(x - r^{2\alpha})(x - r^{3\alpha})\cdots(x - r^{n\alpha-\alpha}).$$

Da nun zweite Glied des Polynoms X den Koefficienten $+1$ hat, so erhält man:

$$0 = 1 + r + r^2 + r^3 + \cdots + r^{n-1},$$

und allgemein:

$$0 = 1 + r^\alpha + r^{2\alpha} + r^{3\alpha} + \cdots + r^{n\alpha-\alpha}.$$

Diese Gleichungen gelten, ohne dafs man diejenige der Wurzeln der Gleichung $X=0$, welche man für r nimmt, bestimmt anzugeben hätte.

487.

Satz. Ist $\varphi(r, s, t, u, \ldots)$ eine ganze rationale Funktion*) der Wurzeln $r, s, t, u, \ldots$ der Gleichung $X=0$ oder nur einiger von ihnen, und substituiert man in dieser Funktion für die Wurzeln $r, s, t, u, \ldots$ der Reihe nach ihre Quadrate, ihre Kuben und schliefslich ihre n^{ten} Potenzen, welche sich auf die Einheit reducieren, so ist die Summe der so gebildeten Funktionen

$$\varphi(r, s, t, \cdots) + \varphi(r^2, s^2, t^2, \cdots) + \cdots + \varphi(r^n, s^n, t^n, \cdots)$$

gleich einem Vielfachen von n.

Da nämlich jedes einzelne Glied der Funktion φ von der Form $Ar^\alpha s^\beta t^\gamma \ldots$ ist, und die Wurzeln $s, t, u, \ldots$ bestimmte Potenzen einer derselben r sind, so ist klar, dafs dieses Glied sich stets auf die Form Ar^ε reduciert, wobei man $\varepsilon < n$ annehmen kann. Mithin nimmt die ganze Funktion $\varphi(r, s, t, u, \ldots)$ die Form an:

$$A' + A''r + A'''r^2 + \cdots + A^{(n)}r^{n-1}.$$

Setzt man darauf r^2 an die Stelle von r, wodurch sich zugleich s in s^2, t in t^2, u. s. w. verwandelt, so wird die Funktion

$$\varphi(r^2, s^2, t^2, u^2, \ldots)$$

dargestellt sein durch:

$$A' + A''r^2 + A'''r^4 + \cdots + A^{(n)}r^{2n-2},$$

und allgemein die Funktion $\varphi(r^\alpha, s^\alpha, t^\alpha, \ldots)$ durch:

$$A' + A''r^\alpha + A'''r^{2\alpha} + \cdots + A^{(n)}r^{(n-1)\alpha}.$$

Mithin ist die Summe aller dieser Funktionen, bis zu $\varphi(r^n, s^n, t^n, \ldots)$ einschliefslich, gleich:

$$\begin{aligned} nA' &+ A''(r + r^2 + r^3 + \cdots + r^n) \\ &+ A'''(r^2 + r^4 + r^6 + \cdots + r^{2n}) \\ &+ \cdot\ \cdot\ \cdot\ \cdot\ \cdot\ \cdot\ \cdot\ \cdot\ \cdot\ \cdot\ \cdot\ \cdot\ \cdot \\ &+ A^{(n)}(r^{n-1} + r^{2n-2} + r^{3n-3} + \cdots + r^{n(n-1)}). \end{aligned}$$

Diese Gröfse reduciert sich aber auf nA' (No. 486) und ist demnach ein Vielfaches von n.

*) Man nennt ganze rationale Funktion der Gröfsen $r, s, t, u, \ldots$ jede aus beliebig vielen Gliedern von der Form $Ar^\alpha s^\beta t^\gamma \ldots$, wo A eine ganze Zahl ist, bestehende Funktion. Anm. d. Verf.

Man beachte wohl, dafs dieser Satz gilt, wie viele der Wurzeln r, s, t, ... auch in der Funktion φ vorkommen mögen.

488.

Satz. Wenn das Polynom

$$Z = x^m + Ax^{m-1} + Bx^{m-2} + Cx^{m-3} + \cdots,$$

in welchem die Koefficienten A, B, C, ... ganze Zahlen sind, durch das Polynom

$$P = x^n + ax^{n-1} + bx^{n-2} + \cdots,$$

dessen Koefficienten a, b, c, ... sämtlich rational sind, teilbar ist, so müssen diese letzteren ebenfalls ganze Zahlen sein.

Hat man nämlich alle Glieder von P, das erste x^n ausgenommen, auf einen und denselben Nenner gebracht, und ist dieser Nenner gleich $\alpha^\mu \Delta$, wo α^μ die höchste Potenz einer der in ihm aufgehenden Primzahlen bedeutet, so kann man setzen (No. 14):

$$P = P' + \frac{P''}{\alpha^\mu} + \frac{P'''}{\Delta},$$

wo P', P'', P''' Polynome von x sind, deren Koefficienten ganze Zahlen sind, und zwar das erste vom Grade n und somit mit dem Gliede x^n beginnend, die beiden andern höchstens vom Grade $n-1$. Nennt man Q den Quotienten, welcher sich bei der Division von Z durch P ergiebt, so kann man in ähnlicher Weise setzen:

$$Q = Q' + \frac{Q''}{\alpha^\nu} + \frac{Q'''}{\Delta}.$$

Da sich nun das Produkt PQ in ein Polynom verwandeln soll, dessen Koefficienten ganze Zahlen sind, so mufs das Glied $\frac{P''Q''}{\alpha^{\mu+\nu}}$ von selbst verschwinden, weil die andern in ihren Nennern nur Potenzen von α von niedrigerem Grade besitzen. Mithin ist wenigstens eine der Gröfsen P'' und Q'' gleich Null. Dies kann aber nicht P'' sein, da P in seinen Nennern α^μ enthält. Folglich ist $Q'' = 0$, d. h. es kommt α nicht in den Nennern von Q vor. Dasselbe kann man von den andern Primzahlen behaupten, welche als Nenner in den Koefficienten von P auftreten. Folglich enthält der Quotient Q keinen Bruch, und er mufs somit eine ganze Funktion sein. Nachdem dieses festgestellt ist, hat man:

$$Z = PQ = P'Q + \frac{P''Q}{\alpha^\mu} + \frac{P'''Q}{\Delta}.$$

Da aber Z eine ganze Funktion ist, so mufs $\frac{P''Q}{\alpha^\mu}$ ebenfalls eine solche sein. Nun wird einerseits der Bruch $\frac{P''}{\alpha^{\mu}}$ als irreduktibel betrachtet, andrerseits ist der Quotient Q, dessen erstes Glied x^{m-n} ist, nicht teilbar durch α^{μ}. Mithin kann das Polynom P unter seinen Koefficienten keinen Bruch enthalten.

489.

Satz. Das Polynom X, bei welchem n stets als Primzahl vorausgesetzt wird, läfst sich nicht in zwei rationale Faktoren zerlegen.

Denn nehmen wir an, dafs das Polynom X vom Grade $n-1$ das Polynom vom niedrigeren Grade

$$P = x^{\nu} + ax^{\nu-1} + bx^{\nu-2} + \cdots + hx + k$$

zum Faktor habe, so müssen dem vorigen Satze zufolge alle Koefficienten $a, b, c, \ldots$ ganze Zahlen sein. Ferner kann man bemerken, dafs ν gerade und k positiv sein mufs; denn wären diese Bedingungen nicht gleichzeitig erfüllt, so würde die Gleichung $P = 0$ wenigstens eine reelle Wurzel haben, und diese würde auch eine Wurzel der Gleichung $X = 0$ sein. Man weifs aber, dafs diese nur imaginäre Wurzeln besitzt.

Sind $r, s, t, u, \ldots$ die Wurzeln der Gleichung $P = 0$, so dafs die identische Gleichung besteht:

$$P = (x-r)(x-s)(x-t)(x-u)\ldots,$$

wobei die Anzahl der Faktoren $x-r$, $x-s$, ... gleich ν ist, so kann man in dieser Gleichung x einen beliebigen Wert geben. Ist daher $x = 1$, und nennen wir p' das, was aus P wird, so ist:

$$p' = (1-r)(1-s)(1-t)(1-u)\cdots$$

Die Zahl p' besitzt auch den Wert $1 + a + b + c. + \cdots$, sie ist demnach eine ganze Zahl. Ferner mufs sie positiv sein, da alle Wurzeln $r, s, t, \ldots$ imaginär sind.

Mit Hülfe der Gleichung $P = 0$, deren Wurzeln $r, s, t, u, \ldots$ sind, kann man leicht eine andere Gleichung $P^{(\alpha)} = 0$ bilden, welche $r^{\alpha}, s^{\alpha}, t^{\alpha}, \ldots$ zu Wurzeln hat, und, weil die Koefficienten des Polynoms P ganze Zahlen sind, und der erste derselben gleich 1 ist, so sind die Koefficienten des Polynoms P von demselben Grade ebenfalls ganze Zahlen, wie aus bekannten Formeln sich ergiebt. Setzt man also $x = 1$ in jedem der Polynome $P^{(\alpha)}$, und sind die so entstehenden Zahlen der Reihe nach:

$$p'' \;\;\; = (1 - r^2)(1 - s^2)(1 - t^2)(1 - u^2)\cdots$$
$$p''' \;\;\; = (1 - r^3)(1 - s^3)(1 - t^3)(1 - u^3)\cdots$$
$$\cdots\cdots\cdots\cdots\cdots\cdots\cdots\cdots$$
$$p^{(n-1)} = (1 - r^{n-1})(1 - s^{n-1})(1 - t^{n-1})(1 - u^{n-1})\cdots,$$

so sind alle diese Zahlen $p', p'', p''', \ldots p^{(n-1)}$ offenbar positive ganze Zahlen.

Multipliciert man jetzt alle Gleichungen mit einander, und beachtet man, dafs zufolge der Gleichung $X = (x - r)(x - s)(x - t)\cdots$ für jede der Wurzeln $r, s, t, \ldots$ die Gleichung gilt:

$$(1 - r)(1 - r^2)(1 - r^3)\cdots(1 - r^{n-1}) = n$$
$$(1 - s)(1 - s^2)(1 - s^3)\cdots(1 - s^{n-1}) = n$$

u. s. w.,

so wird das Produkt:

$$p'p''p'''\cdots p^{(n-1)} = n^{\nu}.$$

Da aber alle Gröfsen $p', p'', \ldots p^{(n-1)}$ positive ganze Zahlen sind, und ihre Anzahl $n - 1$ gröfser als ν ist, so müssen, wenn ihr Produkt n^{ν} sein soll, einige von ihnen gleich n oder einer Potenz von n und die andern gleich der Einheit sein. Die Anzahl der letzteren kann nicht kleiner sein als $n - 1 - \nu$. Nennt man dieselbe k, so ist offenbar die Summe $p' + p'' + \cdots + p^{(n-1)}$ von der Form $k + An$. Nun haben wir (No. 487) bewiesen, dafs dieselbe Summe, wenn man $p^{(n)}$, welches gleich Null ist, noch mit hinzunimmt, ein Vielfaches von n ist. Es müfste somit $k + An = Bn$ sein, eine Gleichung, welche nicht stattfinden kann, da $k < \nu$ und $> n - 1 - \nu$ oder $= n - 1 - \nu$ ist. Wenn demnach P ein Teiler der Funktion X ist, so können die Koefficienten von P keine ganzen Zahlen sein. Mithin kann die Funktion X nur irrationale Faktoren haben.

Bemerkung. Dieser Satz würde nicht gelten, wenn n eine zusammengesetzte Zahl wäre. Denn ist $n = \alpha\beta$, wo α und β zwei ungerade Zahlen bedeuten, welche Primzahlen oder keine Primzahlen sind, so kann man

$$X = \frac{x^n - 1}{x - 1} = \frac{x^{\alpha} - 1}{x - 1} \cdot \frac{x^{\alpha\beta} - 1}{x^{\alpha} - 1}$$

setzen. Nennt man daher P das Polynom $x^{\alpha-1} + x^{\alpha-2} + \cdots$, welches gleich $\frac{x^{\alpha} - 1}{x - 1}$, und Q das Polynom $x^{\alpha\beta-\alpha} + x^{\alpha\beta-2\alpha} + \cdots$, welches gleich $\frac{x^{\alpha\beta} - 1}{x^{\alpha} - 1}$ ist, so erhält man: $X = PQ$.

490.

Da bewiesen worden ist, dafs das Polynom X keinen rationalen Faktor haben kann, wenn n eine Primzahl ist, so kann die Auflösung der Gleichung $X = 0$ nur so bewerkstelligt werden, dafs man X in irrationale Faktoren zerlegt. **Die Theorie**, die wir, Gauss folgend, auseinandersetzen werden, **hat** nun **den Beweis des folgenden, sehr allgemeinen, Satzes zum Ziele:**

Hat man $n-1$ in Primfaktoren $a, b, c, \ldots$ zerlegt, so dafs

$$n - 1 = a^\alpha b^\beta c^\gamma \cdots$$

ist, so läfst sich die Auflösung der Gleichung $X = 0$, oder, was auf dasselbe hinauskommt, der Gleichung $x^n - 1 = 0$ immer zurückführen auf die Auflösung **mehrerer** Gleichungen von **niedrigerem** Grade, nämlich auf α Gleichungen vom Grade a, auf β Gleichungen vom Grade b, auf γ Gleichungen vom Grade c u. s. w.

Ist z. B. $n = 73$, wodurch sich $n - 1 = 2^3 \cdot 3^2$ ergiebt, so wird die Auflösung der Gleichung $x^{73} - 1 = 0$ bewerkstelligt mit Hülfe dreier Gleichungen zweiten Grades und zweier Gleichungen dritten Grades.

Ist $n = 17$, also $n - 1 = 2^4$, so folgt die Auflösung der Gleichung $x^{17} - 1 = 0$ aus der Auflösung von vier Gleichungen zweiten Grades.

Man kann somit den Kreisumfang in siebzehn gleiche Teile auf elementar-geometrischem Wege teilen, eine Thatsache, an deren Möglichkeit man vor dem Bekanntwerden des Gaussschen Beweises weit entfernt war zu glauben.

Allgemein läfst sich, wenn die Primzahl n von der Form $2^m + 1$ ist, die Auflösung der Gleichung $x^n - 1 = 0$ auf diejenige von m Gleichungen zweiten Grades zurückführen; man hat sogar nur $m-1$ solcher Gleichungen nötig, wenn es sich um die Teilung des Kreises in n gleiche Teile handelt.

Wir bemerken, dafs $2^m + 1$ keine Primzahl sein könnte, wenn m ungerade wäre oder auch nur einen ungeraden Teiler hätte. Denn die Zahl $2^{2k+1} + 1$ hat den Faktor 3 und $2^{\alpha\beta} + 1$ hat den Faktor $2^\alpha + 1$, wenn β ungerade ist. Mithin kann $2^m + 1$ nur Primzahl sein, wenn m eine Potenz von 2 ist; aber auch dann ist es nicht immer Primzahl. Z. B. ist dies nicht der Fall, wenn $m = 2^5 = 32$.

Nimmt man nach den schon bekannten Fällen $m = 1, 2, 4$ den Fall $m = 8$, so ergiebt sich $n = 2^8 + 1 = 257$, und dies ist eine

Primzahl. Mithin kann man den Kreisumfang auf elementar-geometrischem Wege in 257 gleiche Teile teilen, und zwar geschieht dies mit Hülfe von sieben Gleichungen des zweiten Grades.

Die Peripherie des Kreises läfst sich auf geometrischem Wege auch in 255 und 256 Teile teilen, weil $255 = 3 \cdot 5 \cdot 17$ und $256 = 2^8$ ist. Demnach besitzen die drei aufeinanderfolgenden Zahlen 255, 256, 257 die Eigenschaft, dafs für sie die Teilung des Kreisumfanges in ebensoviele gleiche Teile auf elementare Weise möglich ist. Bei den niedrigeren Zahlen müfste man bis zu 15, 16, 17 herabgehen, um einer gleichen Eigenschaft zu begegnen.

Ferner sieht man, weil $2^{16} + 1 = 65537$ ebenfalls eine Primzahl ist, und wenn man beachtet, dafs

$$2^{16} - 1 = (2^8 - 1)(2^8 + 1) = 255 \cdot 257$$

ist, dafs die drei aufeinanderfolgenden Zahlen 65535, 65536, 65537, obwohl sehr grofs, ebenfalls die nämliche Eigenschaft besitzen. Indessen kann man diese Reihe nicht unmittelbar weiter fortsetzen, weil $2^{32} + 1$ keine Primzahl ist.

491.

Da jede Wurzel der Gleichung $X = 0$ durch r^α, wo α weder gleich Null noch ein Vielfaches von n ist, dargestellt werden kann, so werden wir diese Wurzel durch den **abgekürzten Ausdruck** (α) **bezeichnen.** Hiernach sind zwei Wurzeln (α) und (β) dieselben, wenn $\alpha - \beta$ durch n teilbar ist, und von einander verschieden, wenn dies nicht der Fall ist. Ferner folgt aus der Erklärung dieser Wurzeln:

$$(\alpha) \cdot (\beta) = (\alpha + \beta), \qquad (\alpha)^m = (m\alpha),$$

Eigenschaften, welche denen der Logarithmen analog sind. Ferner bemerke man, dafs

$$(0) = 1, \quad (n) = 1, \quad \text{und allgemein } (kn) = 1$$

ist, weil durch diese Ausdrücke die Gröfsen r^0, r^n, r^{kn} dargestellt werden, und diese gleich der Einheit sind.

Die sämtlichen Wurzeln der Gleichung $X = 0$ werden dargestellt durch die Reihe:

$$(1),\ (2),\ (3),\ \ldots,\ (n-1).$$

Da man aber für r allgemein r^α nehmen kann, vorausgesetzt, dafs α nicht durch n teilbar ist, so werden die nämlichen Wurzeln auch dargestellt durch die Reihe:

$$(\alpha), (2\alpha), (3\alpha), \ldots, ([n-1]\alpha),$$

welche sich von der ersten nur durch die Reihenfolge ihrer Glieder unterscheidet.

492.

Betrachten wir jetzt die unbestimmte Gleichung:

$$z^{n-1} - 1 = \mathfrak{M}(n),$$

deren rechte Seite ein beliebiges Vielfaches von n bedeutet, so sind die $n-1$ Wurzeln dieser Gleichung, welche wir positiv und kleiner als n voraussetzen, bekanntlich die Reihe der natürlichen Zahlen $1, 2, 3, \ldots n-1$. Ferner weiſs man, daſs es immer möglich ist, eine Zahl g zu finden, deren aufeinanderfolgende Potenzen sämtliche Wurzeln derselben Gleichung geben, so daſs die Reihe $g, g^2, g^3, g^4, \ldots g^{n-1}$ oder, was auf dasselbe hinauskommt, die Reihe $1, g, g^2, \ldots g^{n-2}$, wenn man die Vielfachen von n wegläſst, dieselben Glieder giebt, welche in der Reihe $1, 2, 3, \ldots n-1$ enthalten, aber in einer verschiedenen Reihenfolge geordnet sind*).

Diese Zahl g, welche auf eine Primzahl n bezogen mit dem Namen **„primitive Wurzel"** bezeichnet wird, ist so beschaffen, daſs $g^{n-1} = 1$ ist, und daſs keine Potenz von g, deren Exponent kleiner als $n-1$ ist, sich auf 1 reducieren kann, wenn man die Vielfachen von n wegläſst. Und da $n-1$ eine gerade Zahl ist, so erfordert dieselbe Eigenschaft, daſs $g^{\frac{1}{2}(n-1)} = -1$ sei, und daſs keine andere Potenz von g, deren Exponent kleiner als $\frac{1}{2}(n-1)$ ist, sich durch Weglassung der Vielfachen von n auf -1 reducieren könne.

493.

Nachdem dieses festgestellt ist, kann man, wenn α eine beliebige durch n nicht teilbare Zahl bedeutet, stets einen Exponenten μ von der Beschaffenheit finden, daſs $g^\mu = \alpha$ d. h. $g^\mu - \alpha = \mathfrak{M}(n)$ ist.

*) Man kann hieraus folgern, daſs nach Weglassung der Vielfachen von n das Produkt $g^1 \cdot g^2 \cdot g^3 \cdots g^{n-1}$ oder $g^{\frac{1}{2}n(n-1)}$ gleich dem Produkte $1 \cdot 2 \cdot 3 \cdots (n-1)$ ist. Weil man aber der Eigenschaft der Zahl g zufolge $g^{\frac{1}{2}(n-1)} = -1$ und somit $g^{\frac{1}{2}n(n-1)} = (-1)^n = -1$ haben muſs, so folgt hieraus, daſs das um eine Einheit vermehrte Produkt $1 \cdot 2 \cdot 3 \cdots (n-1)$ durch n teilbar ist. Dies ist der Wilson'sche Satz (No. 130). Anm. d. Verf.

Denn die Zahl α ist, nötigenfalls um das in ihr möglicherweise enthaltene Vielfache von n vermindert, in der Reihe $g, g^2, g^3, \ldots g^{n-1}$ enthalten, welche, was die Reste der Division durch n anlangt, der Reihe $1, 2, 3 \ldots n-1$ äquivalent ist.

Mittelst der primitiven Wurzel g kann man daher alle Wurzeln der Gleichung $X = 0$ durch

$$(\alpha),\ (\alpha g),\ (\alpha g^2),\ \ldots\ (\alpha g^{n-2})$$

ausdrücken, wobei α irgend eine durch n nicht teilbare Zahl bedeutet. Denn setzt man $\alpha = g^\mu$, so geht diese Reihe über in:

$$(g^\mu),\ (g^{\mu+1}),\ (g^{\mu+2}),\ \ldots\ (g^{\mu+n-2}),$$

und da das folgende Glied

$$(g^{\mu+n-1}) = g^\mu \cdot (g^{n-1}) = (g^\mu)$$

ist, so sieht man, dafs diese Reihe cyklisch oder in sich selbst zurückkehrend ist, und dafs man sie somit bei irgend einem Gliede anfangen kann. Dieselbe ist demnach der Reihe (g), (g^2), $(g^3), \ldots (g^{n-1})$ äquivalent.

494.

Eben diese Wurzeln würden auch, allerdings in **verschiedener Reihenfolge,** durch die Reihe

$$(\alpha),\ (\alpha G),\ (\alpha G^2),\ \ldots\ (\alpha G^{n-1})$$

ausgedrückt werden, wenn G eine andere primitive Wurzel der Gleichung $z^{n-1} - 1 = \mathfrak{M}(n)$ wäre. Bekanntlich (No. 341) ist aber für eine und dieselbe Primzahl n die Anzahl der primitiven Wurzeln, welche der Gleichung $z^{n-1} - 1 = \mathfrak{M}(n)$ genügen, stets dieselbe wie die Anzahl der Zahlen, welche prim zu $n-1$ und kleiner als $n-1$ sind. So giebt es z. B. für $n = 41$ sechszehn solche Zahlen, nämlich:

6, 7, 11, 12; 13, 15, 17, 19; 22, 24, 26, 28, 29, 30, 34, 35.

Man erhält sie sämtlich aus den Potenzen einer von ihnen, wenn man diejenigen Potenzen wegläfst, deren Exponenten mit $n-1$ einen gemeinschaftlichen Teiler haben. In unserm Falle sind dies diejenigen Potenzen, deren Exponent eine ungerade und durch 5 nicht teilbare Zahl ist*).

---

*) Nach Euler ist der kleinste Wert von g für alle Primzahlen von 3 bis 41:

n	3,	5,	7,	11,	13,	17,	19,	23,	29,	31,	37,	41
g	2,	2,	3,	2,	2,	3,	2,	5,	2,	3,	2,	6.

Anm. d. Verf.

495.

Es sei k ein beliebiger Teiler von $n-1$, welcher prim oder nicht prim sein kann, so dafs $n-1=mk$ ist. Geht man dann aus von einem beliebigen Gliede (g^λ) der Reihe (1), (g), (g^2), ... (g^{n-2}), welche alle Wurzeln der Gleichung $X=0$ in sich enthält und bildet man eine neue Reihe:

$$(g^\lambda),\ (g^{\lambda+k}),\ (g^{\lambda+2k}),\ \ldots\ (g^{\lambda+mk-k}),$$

so kann diese aus m Gliedern bestehende Reihe oder **Periode** immer als cyklisch oder in sich selbst zurückkehrend angesehen werden, da das Glied $(g^{\lambda+mk})$, welches auf das m^{te} Glied folgt, der Bedingungsgleichung $g^{mk}=g^{n-1}=1$ zufolge, gleich dem ersten Gliede (g^λ) ist.

Man kann λ alle Werte von 1 bis k geben; auf diese Weise erhält man k Perioden, von denen jede aus m Gliedern besteht.

Nennen wir allgemein $(m:g^\lambda)$ die Summe der m Wurzeln, welche die Periode, deren erstes Glied g^λ ist, bilden, so erhalten wir der Reihe nach:

$$\begin{aligned}
(m:g) &= (g) + (g^{1+k}) + (g^{1+2k}) + \cdots + (g^{1+mk-k})\\
(m:g^2) &= (g^2) + (g^{2+k}) + (g^{2+2k}) + \cdots + (g^{2+mk-k})\\
(m:g^3) &= (g^3) + (g^{3+k}) + (g^{3+2k}) + \cdots + (g^{3+mk-k})\\
&\ldots\ldots\ldots\ldots\ldots\ldots\\
(m:g^k) &= (g^k) + (g^{2k}) + (g^{3k}) + \cdots + (g^{mk}).
\end{aligned}$$

Offenbar enthalten die k Perioden, deren jede aus m Gliedern besteht, sämtliche Wurzeln der Gleichung $X=0$ in sich, da man in ihnen alle Glieder der Reihe (g), (g^2), (g^3), ... (g^{n-1}) vorfindet; und eine ähnliche Zerlegung findet statt für alle andern Werte von m und k, deren Produkt mk gleich der gegebenen Zahl $n-1$ ist.

Es ist wesentlich zu bemerken, dafs, wenn (α) und (β) zwei Glieder **einer und derselben** Periode sind, diese Periode sowohl durch $(m:\alpha)$ als auch durch $(m:\beta)$ bezeichnet werden kann. Denn da eine jede Periode in sich zurückkehrt, so kann ein beliebiges Glied derselben als erstes betrachtet werden. So kann z. B. die in dem vorstehenden System durch $(m:g^k)$ bezeichnete Periode auch durch $(m:1)$ bezeichnet werden, weil ihr letztes Glied $g^{mk}=g^{n-1}=1$ ist. Dadurch würde man als Ausdruck derselben Periode erhalten:

$$(m:1) = (1) + (g^k) + (g^{2k}) + \cdots + (g^{mk-k}).$$

496.

Diese Eigenschaften, welche sich auf die primitive Wurzel g beziehen, gelten in gleicher Weise in Bezug auf jede andere primitive Wurzel G. Jedoch giebt uns dies sogleich eine **Aufgabe** zu lösen, nämlich die, zu entscheiden, ob, wenn dieselben Faktoren m und k, deren Produkt $n-1$ ist, beibehalten werden, die k durch $(m:G^\mu)$ bezeichneten Perioden dieselben sind, wie die durch $(m:g^\lambda)$ bezeichneten k Perioden. Dafs letzteres in der That der Fall ist, kann man folgendermafsen beweisen.

Wir stellen uns die Aufgabe, die beiden Perioden:

$$(m:g^\lambda) = (g^\lambda) + (g^{\lambda+k}) + (g^{\lambda+2k}) + \cdots + (g^{\lambda+mk-k})$$
$$(m:G^\mu) = (G^\mu) + (G^{\mu+k}) + (G^{\mu+2k}) + \cdots + (G^{\mu+mk-k})$$

mit einander zu vergleichen.

Dazu bemerke ich zunächst, dafs man $G = g^\alpha$ setzen kann, wo α eine Zahl bedeutet, welche prim zu mk ist. Wenn man sodann $G^\mu = g^{\lambda+k\nu}$ oder $g^{\alpha\mu} = g^{\lambda+k\nu}$ erhalten würde, so braucht man nur der Gleichung $\lambda = \alpha\mu - k\nu$ zu genügen, d. h. die gegebene Zahl $\alpha\mu$ um das möglicherweise in ihr enthaltene Vielfache von k zu vermindern; der Rest wird der Wert von λ sein. Man findet also auf diese Weise einen Wert für λ von der Art, dafs die gegebene Wurzel (G^μ) mit der Wurzel $(g^{\lambda+k\nu})$ übereinstimmt. Ebenso findet man, dafs jede andere Wurzel $(G^{\mu+hk})$, welche in der Periode $(m:G^\mu)$ enthalten ist, mit einer der in der Periode $(m:g^\lambda)$ enthaltenen Wurzeln übereinstimmt. Und da jede dieser Perioden aus einer gleichen Anzahl von einander verschiedener Glieder besteht, so müssen, wenn zu jedem der einen ein diesem gleiches in der andern vorkommt, notwendigerweise diese beiden Perioden einander gleich sein, gleich als ob sie beide die Summe derselben, nur in verschiedener Reihenfolge angeordneten, Glieder wären.

Wendet man dieselben Schlüsse auf die andern Werte von μ an, so folgt daraus, dafs die k mittelst der primitiven Wurzel G gebildeten Perioden von m Gliedern von den k analogen, mittelst der primitiven Wurzel g gebildeten Perioden nur insofern verschieden sind, als die Reihenfolge sowohl der Perioden unter einander, als auch der Glieder, aus denen eine jede Periode besteht, eine andere sein kann.

497.

Jedesmal wenn m eine zusammengesetzte Zahl ist, wenn man also $m = m'k'$ setzen kann, läfst sich jede solche Periode von m Gliedern, wie $(m:g^\lambda)$, in k' durch $(m':g^\mu)$ bezeichnete Perioden von m' Gliedern zerlegen, wobei man μ der Reihe nach alle Werte $1, 2, 3, \ldots k'$ beilegt. Man mufs sich hierzu denken, dafs die m Glieder, welche die Periode $(m:g^\lambda)$ bilden, nämlich

$$(g^\lambda) + (g^{\lambda+k}) + (g^{\lambda+2k}) + \cdots + (g^{\lambda+mk-k}),$$

zu je zweien genommen werden, falls $k' = 2$, zu je dreien, falls $k' = 3$ ist, und so fort. Dies ergiebt die folgenden k' Teilperioden:

$$(m':g^\lambda) = (g^\lambda) + (g^{\lambda+k'k}) + (g^{\lambda+2k'k}) + \cdots + (g^{\lambda+mk-k'k})$$

$$(m':g^{\lambda+k}) = (g^{\lambda+k}) + (g^{\lambda+k+k'k}) + (g^{\lambda+k+2k'k}) + \cdots + (g^{\lambda+k+mk-k'k})$$

$$\cdots\cdots\cdots\cdots\cdots\cdots\cdots\cdots$$

$$(m':g^{\lambda+k'k-k}) = (g^{\lambda+k'k-k}) + (g^{\lambda+2k'k-k}) + \cdots + (g^{\lambda+mk-k}).$$

Man sieht von selbst, dafs, wenn m' ebenfalls eine zusammengesetzte Zahl ist und $m' = m''k''$ gesetzt wird, jede Periode von m' Gliedern in k'' Perioden von m'' Gliedern zerlegt werden kann, und so fort, bis das letzte Glied der abnehmenden Reihe $m, m', m'', \ldots$ gleich 1 ist. Für diese Grenze reduciert sich die Periode auf ein einziges Glied, welches eine der Wurzeln der gegebenen Gleichung $X = 0$ ist.

498.

Da übrigens $n - 1$ stets eine gerade Zahl ist, so läfst sich die Bildung der Perioden immer so einrichten, dafs die letzten Perioden, welche zu bestimmen sind, Perioden von **zwei** Gliedern sind, welche immer zwei zu einander reciproke Wurzeln enthalten, so dafs, wenn $(2:\alpha)$ eine dieser Perioden darstellt, allgemein

$$(2:\alpha) = r^\alpha + r^{n-\alpha} = r^\alpha + r^{-\alpha}$$

ist. Man erlangt auf diese Weise den Vorteil, dafs man im Laufe der Rechnung **nur Gleichungen** aufzulösen hat, deren **Wurzeln sämtlich reell** sind. Kennt man dann schliefslich vermöge der letzten Gleichung zum Beispiel den Wert der Periode $(2:\alpha)$, welcher immer durch $2\cos\mu$ dargestellt werden kann, so erhält man die Gleichung:

$$r^\alpha + r^{-\alpha} = 2\cos\mu,$$

und hieraus folgt:

$$r^{\alpha} = \cos\mu + \sqrt{-1}\,\sin\mu.$$

Dieser Wert einer der Wurzeln der Gleichung $X = 0$ reicht hin, um alle andern zu finden, welche durch die Formel

$$x = (\cos\mu + \sqrt{-1}\,\sin\mu)^k = \cos k\mu + \sqrt{-1}\,\sin k\mu,$$

in welcher k ein beliebiges Glied aus der Reihe $1, 2, 3, \ldots n-1$ ist, dargestellt werden. Man weifs überdies, dafs μ stets ein Vielfaches von $\frac{2\pi}{n}$ ist.

499.

Die Reihenfolge der soeben angedeuteten Operationen beruht darauf, dafs in jeder Periode $(m:\alpha)$, in welcher m eine gerade Zahl ist, und deren entwickelter Wert durch

$$(m:\alpha) = (\alpha) + (\alpha g^k) + (\alpha g^{2k}) + \cdots + (\alpha g^{mk-k})\,^{*})$$

dargestellt wird, neben jedem Gliede (α) stets noch das Glied $(\alpha g^{\frac{1}{2}mk})$ auftritt. Dieses letztere ist dasselbe wie $(-\alpha)$, da $(g^{\frac{1}{2}mk}) = -1$ ist, d. h. man findet in derselben Periode gleichzeitig die beiden Glieder r^{α} und $r^{-\alpha}$, welche zu einander reciprok sind. Was über das Glied (α) gesagt ist, gilt für jedes andere Glied der Periode, da man ein beliebiges Glied als erstes nehmen kann. Mithin besteht jede Periode $(m:\alpha)$, in welcher m eine gerade Zahl ist, aus zwei Teilen von der Beschaffenheit, dafs die Glieder des einen die Komplemente oder die Reciproken zu den Gliedern des andern sind.

500.

Es ist jetzt noch zu zeigen, wie man die Gleichung, welche zu Wurzeln die k verschiedenen durch $(m:\alpha)$ bezeichneten Perioden hat, und ebenso die Gleichungen, welche zur Bestimmung der abnehmenden Perioden $(m':\alpha)$, $(m'':\alpha)$ u. s. w. dienen, bilden kann. Es geschieht dies leicht mit Hülfe des folgenden Satzes, welcher für diesen Zweig der Analysis von aufserordentlicher Wichtigkeit ist.

*) Diese Formel, welche in der des Artikel 497 enthalten ist, kann jede Periode derselben darstellen, die entweder direkt gebildet oder aus anderen Perioden durch successive Zerlegungen abgeleitet ist; denn die Zahlen m und k können sich auf mehrere Arten ändern, wofern sie nur der einen Bedingung, dafs ihr Produkt $mk = n - 1$ sei, genügen. Anm. d. Verf.

Fundamentalsatz.

Sind $(m:\alpha)$, $(m:\beta)$ zwei gleichartige oder aus gleichviel Gliedern bestehende Perioden, die im Übrigen gleich oder ungleich sein können, so erhält man, wenn man das Produkt dieser beiden Perioden mit Π bezeichnet und $k = \frac{n-1}{m}$, $h = g^k$ setzt,

$$\Pi = (m:\alpha+\beta) + (m:\alpha h+\beta) + (m:\alpha h^2+\beta) + \cdots + (m:\alpha h^{m-1}+\beta),$$

d. h. das Produkt Π ist gleich der Summe der Perioden von derselben Art, welche die Glieder $(\alpha+\beta)$, $(\alpha h+\beta)$, $(\alpha h^2+\beta), \cdots (\alpha h^{m-1}+\beta)$ enthalten.

In der That giebt die Entwicklung der Glieder, welche in den beiden gegebenen Perioden enthalten sind,

$$(m:\alpha) = (\alpha) + (\alpha h) + (\alpha h^2) + \cdots + (\alpha h^{m-1})$$
$$(m:\beta) = (\beta) + (\beta h) + (\beta h^2) + \cdots + (\beta h^{m-1}).$$

Das Produkt dieser beiden Polynome kann aber zufolge der Formel $(\alpha)\cdot(\beta) = (\alpha+\beta)$ in folgender Weise gebildet und angeordnet werden:

$$\begin{array}{l} (\alpha+\beta) \quad + (\alpha h+\beta) \quad + (\alpha h^2+\beta) \quad + \cdots + (\alpha h^{m-1}+\beta) \\ + (\alpha h+\beta h) \quad + (\alpha h^2+\beta h) \quad + (\alpha h^3+\beta h) \quad + \cdots + (\alpha h^{m-1}+\beta h) \\ + (\alpha h^2+\beta h^2) + (\alpha h^3+\beta h^2) + (\alpha h^4+\beta h^2) + \cdots + (\alpha h^{m-1}+\beta h^2) \\ \cdot\quad\cdot\quad\cdot\quad\cdot\quad\cdot\quad\cdot\quad\cdot\quad\cdot\quad\cdot\quad\cdot\quad\cdot\quad\cdot \\ + (\alpha h^{m-1}+\beta h^{m-1}) + (\alpha h^m+\beta h^{m-1}) + (\alpha h^{m+1}+\beta h^{m-1}) + \cdots \\ \qquad\qquad + (\alpha h^{2m-1}+\beta h^{m-1}). \end{array}$$

Nimmt man die Summe der verschiedenen Vertikalkolonnen, von denen jede eine und dieselbe Periode bildet, so erhält man das gesuchte Produkt:

$$\Pi = (m:\alpha+\beta) + (m:\alpha h+\beta) + (m:\alpha h^2+\beta) + \cdots + (m:\alpha h^{m-1}+\beta).$$

Die verschiedenen Teile, aus denen das Produkt Π besteht, reducieren sich stets entweder auf die Periode $(m:0)$ oder $(m:n)$, deren Wert m ist, da sie die Summe von m Gliedern, die gleich r^0 oder r^n sind, darstellt, oder auf eine der Perioden $(m:1)$, $(m:g)$, $(m:g^2)\cdots(m:g^{k-1})$. Mithin erhält man allgemein:

$$\Pi = Am + A'(m:1) + A''(m:g) + A'''(m:g^2) + \cdots$$

Und da die Anzahl der in dem Produkte Π enthaltenen Perioden m

beträgt, so muſs auch die Summe der Koefficienten

$$A + A' + A'' + \cdots = m$$

sein, wobei diese Koefficienten ganze positive Zahlen oder Null sind.

501.

Da sich das Produkt zweier Gröſsen von der Form $(m:\alpha)$ stets auf die Summe mehrerer Gröſsen derselben Art zurückführen läſst, so ist klar, daſs sich auch das Produkt aus beliebig vielen solchen Gröſsen und somit auch ihre Potenzen und Produkte aus diesen Potenzen immer auf einen solchen linearen Ausdruck wie

$$Am + A'(m:1) + A''(m:g) + \cdots,$$

in welchem die Koefficienten A, A', A'',... positive ganze Zahlen oder Null sind, zurückführen lassen.

Besteht demnach eine Funktion F aus mehreren solchen Gliedern wie $Nt^\lambda u^\mu v^\nu \ldots$, worin N eine ganze Zahl ist, und t^λ, u^μ, v^ν,... irgendwelche Potenzen der Perioden $t = (m:\alpha)$, $u = (m:\beta)$, $v = (m:\gamma)$,... bezeichnen, welche aus den k die sämtlichen Wurzeln der Gleichung $X = 0$ enthaltenden Perioden von m Gliedern nach Willkür herausgegriffen sind, so läſst sich diese Funktion ebenfalls auf die Form $Am + A'(m:1) + A''(m:g) + \cdots$ bringen, in welcher die Koefficienten A, A', A'',... ganze Zahlen sind.

Wenn man sodann an Stelle von t, u, v,... die Perioden $(m:i\alpha)$, $(m:i\beta)$, $(m:i\gamma)$,..., in denen i irgend eine ganze, durch n nicht teilbare Zahl bedeutet, substituiert, so ist das Resultat gleich

$$Am + A'(m:i) + A''(m:ig) + \cdots$$

Denn die in Rede stehende Änderung wird ausgeführt, indem man einfach r^i für r setzt, wodurch jede durch (α) bezeichnete Wurzel in $(i\alpha)$ übergeht.

Wir denken uns nun, daſs man t der Reihe nach alle Werte $(m:\alpha)$, $(m:\alpha g)$, $(m:\alpha g^2)$,... gebe, welche die Reihe der k Perioden von m Gliedern bilden, wenn man mit dem Gliede $(m:\alpha)$ anfängt, daſs ferner gleichzeitig u die aufeinanderfolgenden Werte $(m:\beta)$, $(m:\beta g)$, $(m:\beta g^2)$,... und v die Werte $(m:\gamma)$, $(m:\gamma g)$, $(m:\gamma g^2)$,... annehme u. s. w. Dadurch ergeben sich k verschiedene Resultate, in denen jede Gröſse t, u, v,... die k verschiedenen Werte, welche die Periode von m Gliedern besitzen kann, erhalten hat. Die Summe der k Werte der Funktion F, welche aus allen diesen Substitutionen sich ergeben, ist alsdann:

$$Akm + A'\Sigma(m:1) + A''\Sigma(m:g) + A'''\Sigma(m:g^2) + \cdots$$

In dieser Formel stellt $\Sigma(m:1)$ die Summe der k Perioden $(m:1) + (m:g) + (m:g^2) + \cdots + (m:g^{k-1})$, welche gleich -1 ist, dar. Die anderen analogen Summen $\Sigma(m:g)$, $\Sigma(m:g^2), \ldots$, von denen jede aus ebensoviel Perioden gebildet ist, haben sämtlich denselben Wert. Mithin ist die Summe der Funktionen F allgemein gleich

$$Akm - A' - A'' - A''' - \cdots;$$

dieselbe ist somit stets gleich einer bestimmten ganzen Zahl.

502.

Die Eigenschaft der Wurzeln der Gleichung k^{ten} Grades, welche die Perioden $(m:1)$, $(m:g)$, $(m:g^2), \ldots$ liefert, ist somit von folgender Art: Ist eine ganze rationale Funktion Z dieser Wurzeln oder einiger von ihnen, welche mit $t, u, v, \ldots$ bezeichnet seien, gegeben, und denkt man sich, dafs die Gröfsen $t, u, v, \ldots$, welche zuerst $(m:\alpha)$, $(m:\beta)$, $(m:\gamma), \ldots$ sind, bei einer ersten Substitution die Werte $(m:\alpha g)$, $(m:\beta g)$, $(m:\gamma g), \ldots$, bei einer zweiten Substitution die Werte $(m:\alpha g^2)$, $(m:\beta g^2)$, $(m:\gamma g^2) \ldots$ und so weiter annehmen, so dafs also nach $k-1$ Substitutionen eine jede dieser Gröfsen den ganzen Cyklus von Werten, welche jede Periode von m Gliedern annehmen kann, durchlaufen hat, so ist die Summe aller Werte der Funktion Z gleich einer leicht zu bestimmenden ganzen Zahl.

503.

Wenn die Funktion F der Wurzeln $t, u, v, \ldots$ der Gleichung k^{ten} Grades **alle** Wurzeln enthält, und wenn dieselbe so beschaffen ist, dafs man darin zwei der Wurzeln beliebig mit einander vertauschen kann, so läfst sich diese Funktion, welche man in der Regel eine symmetrische Funktion (fonction invariable) nennt, unmittelbar bestimmen, da man alsdann, ohne an der Funktion irgend etwas zu ändern, rg an die Stelle von r setzen kann, und somit $A' = A'' = A''' = \cdots$ ist, da der Wert

$$Am + A'(m:1) + A''(m:g) + A'''(m:g^2) + \cdots$$

derselbe sein mufs wie

$$Am + A'(m:g) + A''(m:g^2) + A'''(m:g^3) + \cdots$$

Folglich reduciert sich der Wert der Funktion F auf $Am - A'$.

Demnach kann man mit Hülfe des Satzes in Artikel 500 leicht die Koefficienten der Gleichung k^{ten} Grades, welche die Perioden

$(m:1)$, $(m:g)$, ... $(m:g^{k-1})$ zu Wurzeln hat, in ganzen Zahlen ausdrücken. Diese Gleichung besitzt die sehr **bemerkenswerte Eigenschaft**, dafs, wenn eine ihrer Wurzeln bekannt ist, alle andern sich leicht aus dieser ableiten lassen.

Bezeichnen wir nämlich durch p, p', p'', ... $p^{(k-1)}$ die Perioden $(m:\alpha)$, $(m:\alpha g)$, $(m:\alpha g^2)$, ... $(m:\alpha g^{k-1})$, so erhält man, da die Summe dieser Gröfsen dieselbe ist wie die Summe der Wurzeln der Gleichung $X = 0$, nämlich gleich -1, als erste Gleichung:

$$0 = 1 + p + p' + p'' + \cdots$$

Entwickelt man sodann die aufeinanderfolgenden Potenzen p^2, p^3,.., um sie auf die lineare Form zu bringen, zufolge des Satzes im Artikel 500, so erhält man $k-1$ andere Gleichungen:

$$p^2 = am + a'p + a''p' + a'''p'' + \cdots$$
$$p^3 = bm + b'p + b''p' + b'''p'' + \cdots$$
$$p^4 = cm + c'p + c''p' + c'''p'' + \cdots$$

u. s. w.,

worin die Koefficienten positive ganze Zahlen sein müssen.

Da diese k Gleichungen die Unbekannten p', p'', p''', ... $p^{(k-1)}$ linear enthalten, so kann man mittelst der ersten $k-1$ Gleichungen die Werte dieser Unbekannten finden; dieselben sind sämtlich von der Form:

$$A + A'p + A''p^2 + \cdots + A^{(k-1)}p^{k-1},$$

worin A, A', A'', ... rationale Koefficienten sind.

Ferner sieht man, dafs, wenn man alle diese Werte in die letzte Gleichung, welche den Wert von p^k giebt, einsetzt, man die Gleichung k^{ten} Grades in p erhält, welche die k Perioden $(m:1)$, $(m:g)$,... zu Wurzeln hat. Es ist dies einer der einfachsten Wege, um zu dieser Gleichung zu gelangen; dieselbe ist stets von der **Form**:

$$p^k + p^{k-1} + \alpha p^{k-2} + \beta p^{k-3} + \cdots = 0. \qquad (A)$$

504.

Wir müssen jetzt zeigen, dafs sich das Polynom X mit Hülfe der Wurzeln der Gleichung (A) in k Faktoren vom Grade m zerlegen läfst.

Ist zu dem Zwecke

$$x^m - Ax^{m-1} + Bx^{m-2} - Cx^{m-3} + \cdots = 0$$

die Gleichung m^{ten} Grades, welche die verschiedenen Glieder (α), (αh), (αh^2), ... (αh^{m-1}), deren Summe unter der Annahme $h = g^k$ die

Periode $(m:\alpha)$ bildet, zu Wurzeln hat, so hat man zunächst:

$$(A = m:\alpha)$$

und die andern Koefficienten $B, C, D, \ldots$ dieser Gleichung lassen sich, da sie symmetrische Funktionen der Wurzeln (α), (αh), $(\alpha h^2), \ldots$ sind, in linearer Weise durch die Perioden $(m:1)$, $(m:g)$, $(m:g^2), \ldots$ oder durch die Wurzeln $p, p', p'', \ldots$ der Gleichung (A) ausdrücken.

Das einfachste Verfahren, die in Rede stehenden Koefficienten zu bestimmen, besteht darin, dafs man zunächst die Summe der Quadrate der Wurzeln (α), $(\alpha h), \ldots$, welche die Periode $(m:\alpha)$ bilden, sodann die Summe ihrer Kuben, die Summe ihrer vierten Potenzen u. s. w. sucht. Bezeichnen wir mit S_2 die Summe der Quadrate dieser Wurzeln, d. h. die Summe der Glieder (2α), $(2\alpha h)$, $(2\alpha h^2), \ldots$ so ist diese Summe gleich der Periode $(m:2\alpha)$. Mithin erhält man:

$$S_2 = (m:2\alpha).$$

In analoger Weise hat man:

$$S_3 = (m:3\alpha), \quad S_4 = (m:4\alpha), \ldots,$$

Werte, von denen jeder durch eine der Wurzeln der Gleichung (A) gegeben wird. Aus diesen bekannten Gröfsen kann man nun leicht die Koefficienten $A, B, C, D, \ldots$ ableiten mittelst der Formeln:

$$\begin{aligned} A &= S_1 = (m:\alpha) \\ 2B &= AS_1 - S_2 \\ 3C &= BS_1 - AS_2 + S_3 \\ 4D &= CS_1 - BS_2 + AS_3 - S_4 \end{aligned}$$

u. s. w.

Sodann wird der Ausdruck jedes Koefficienten von B an mit Hülfe des Satzes in Artikel 500 linear gemacht; auf diese Weise wird jeder derselben von der Form:

$$\alpha + \beta p + \gamma p' + \delta p'' + \cdots,$$

wo $\alpha, \beta, \gamma, \ldots$ ganze Zahlen und $p, p', p'', \ldots p^{(k-1)}$ die Wurzeln der Gleichung (A) sind. Man kann sogar aus diesem Ausdruck wenigstens eine der Wurzeln p fortschaffen mittelst der Gleichung:

$$0 = 1 + p + p' + p'' + \cdots$$

Nachdem dieses festgestellt ist, sieht man, dafs die Gleichung m^{ten} Grades, welche die in der Periode $(m:\alpha)$ enthaltenen Glieder zu Wurzeln hat, von der Form ist:

$$0 = P + Qp + Rp' + Sp'' + \cdots,$$

wobei P ein Polynom in x vom Grade m und $Q, R, S, \ldots$ andere

Polynome von niedrigerem Grade sind, deren sämtliche Koefficienten ganze Zahlen sind.

Beachtet man sodann, dafs, wenn man αh für α setzt, die Periode $(m:\alpha)$ oder p in $(m:\alpha h)$ oder p', dafs ferner zu gleicher Zeit p' in p'' übergeht, und dafs somit alle diese Gröfsen um eine Stelle vorrücken, indem die letzte durch diese Verschiebung in die erste übergeht, so sieht man, dafs der gefundene Faktor der Gleichung $X=0$ alle andern von derselben Ordnung giebt, wenn man, um von einem Faktor zum folgenden überzugehen, die Buchstaben p um eine Stelle vorrücken läfst. Auf diese Weise erhält man der Reihe nach die Faktoren von X:

$$P+Qp+Rp'+Sp''+\cdots$$
$$P+Qp'+Rp''+Sp'''+\cdots$$
$$P+Qp''+Rp'''+Sp^{\mathrm{IV}}+\cdots$$

u. s. w.,

und solcher Formen giebt es k.

Mittelst derartiger Rechnungen zerlegt man die Gleichung $X=0$ vom Grade $n-1$ oder mk in k andere Gleichungen vom Grade m, und zwar läfst sich dies auf soviel verschiedene Arten ausführen, als man die gegebene Zahl $n-1$ durch das Produkt zweier Faktoren m und k darzustellen im Stande ist.

505.

Wir gehen jetzt über zur **weiteren Teilung** der Periode $(m:\alpha)$, welche für die Methode, die wir entwickeln, notwendig ist, wenn man zur vollständigen Lösung der Gleichung $X=0$ gelangen will. Nehmen wir also an, dafs $m=m'k'$ sei, so handelt es sich darum, die Gleichung k'^{ten} Grades zu bilden, welche die Perioden $(m':\alpha)$, $(m':\alpha h)$, $(m':\alpha h^2)$, $\ldots (m':\alpha h^{k'-1})$, in die die gegebene Periode $(m:\alpha)$ zerfällt, wenn man $h=g$ und $\alpha=g^\lambda$ setzt, zu Wurzeln hat.

Bezeichnen wir die Perioden $(m':\alpha)$, $(m':\alpha h)$, $(m':\alpha h^2)$, $(m':\alpha h^3)$,... respektive mit $t, s, u, v, \ldots$, und ist φ eine ganze rationale Funktion der Gröfsen $t, s, u, v, \ldots$ oder einiger von ihnen, so kann diese Funktion stets auf die lineare Form:

$$Am'+A'(m':\alpha)+A''(m':\alpha g)+A'''(m':\alpha g^2)+\cdots,$$

in welcher die Koefficienten ganze Zahlen sind, falls dies bei den Koefficienten der Funktion φ der Fall ist, zurückgeführt werden. Man beweist dies, wie in No. 501; denn die Reihe $(m':1)$, $(m':g)$, $(m':g^2)$..., welche bis zu kk' Gliedern fortgesetzt ist, unterscheidet sich von der auf gleichviel Glieder fortgesetzten Reihe $(m':\alpha)$, $(m':\alpha g)$, $(m':\alpha g^2)$, ... nur durch die Wahl des ersten Gliedes, welche aber bei einer in sich zurückkehrenden Reihe beliebig ist.

Nehmen wir jetzt an, dafs man αh an die Stelle von α setze, und dafs durch diese Substitutionen die Gröfsen t, s, u, v ... in t', s', u', v',... übergehen, so wird die hierdurch aus φ entstandene Funktion φ' ausgedrückt durch die Reihe:

$$Am' + A'(m':\alpha h) + A''(m':\alpha hg) + A'''(m':\alpha hg^2) + \cdots$$

Setzt man wiederum αh für α, wodurch die Gröfsen t', s', u', v', ... in t'', s'', u'', v'' ... übergehen, so verwandelt sich die Funktion φ' in eine neue Funktion φ'', deren Wert

$$Am' + A'(m':\alpha h^2) + A''(m':\alpha h^2 g) + A'''(m':\alpha h^2 g^2) + \cdots$$

ist. Setzt man diese Substitutionen weiter fort, bis die Anzahl der Funktionen $\varphi, \varphi', \varphi''$, ... gleich k' ist, so nimmt die Gröfse t allmählich alle Werte t, t', t'', ... $t^{(k'-1)}$ der Perioden von m' Gliedern, welche die Periode $(m:\alpha)$ bilden, an; die andern Gröfsen s, u, v, ... durchlaufen ebenfalls denselben Cyklus, eine jede von einem verschiedenen Punkte aus, und bezeichnet man die Summe der so entstehenden Funktionen φ mit $S(\varphi)$, so erhält man:

$$\begin{aligned} S(\varphi) &= Am'k' \\ &+ A'\left[(m':\alpha) + (m':\alpha h) + (m':\alpha h^2) + \cdots + (m':\alpha h^{k'-1})\right] \\ &+ A''\left[(m':\alpha g) + (m':\alpha gh) + (m':\alpha gh^2) + \cdots + (m':\alpha gh^{k'-1})\right] \\ &+ A'''\left[(m':\alpha g^2) + (m':\alpha g^2 h) + (m':\alpha g^2 h^2) + \cdots + (m':\alpha g^2 h^{k'-1})\right] \\ &+ \cdots\cdots\cdots\cdots\cdots\cdots , \end{aligned}$$

und dieser Ausdruck reduciert sich auf den folgenden:

$$S(\varphi) = Am + A'(m:\alpha) + A''(m:\alpha g) + A'''(m:\alpha g^2) + \cdots$$

Mithin drückt sich die Summe der Funktionen φ stets in linearer Weise durch die Gröfsen $(m:\alpha)$, $(m:\alpha g)$, ... aus, d. h. durch die als bekannt vorausgesetzten Wurzeln der Gleichung k^{ten} Grades, deren Bildung wir gezeigt haben.

Es ist noch zu bemerken, dafs die Anzahl der Glieder, welche in dem Werte von φ bis zu $kk' + 1$ steigen könnte, in dem Werte von $S(\varphi)$ sich auf höchstens $k + 1$ reduciert. Denn da es nur k verschiedene Werte für die Perioden von m Gliedern giebt, nämlich: $(m:\alpha)$, $(m:\alpha g)$, $(m:\alpha g^2)$, ... $(m:\alpha g^{k-1})$, so werden die Glieder, welche hinter diesen kämen, nämlich $(m:\alpha g^k)$, $(m:\alpha g^{k+1})$, ..., wieder die Reihe $(m:\alpha)$, $(m:\alpha g)$ ... ergeben, und dies findet, wenn man von

$A'(m:\alpha)$ ab rechnet, immer von k zu k Gliedern statt. Nennen wir daher B' die Summe der Koefficienten der Periode $(m:\alpha)$, B'' die Summe der Koefficienten der Periode $(m:\alpha g)$, u. s. w., so erhält man durch eine Reihe von höchstens $k+1$ Gliedern die gesuchte Summe:

$$S(\varphi) = Am + B'(m:\alpha) + B''(m:\alpha g) + B'''(m:\alpha g^2) + \cdots$$

506.

Dieses Resultat, welches für jede gegebene ganze rationale Funktion φ der Gröfsen $t, s, u, v, \ldots$ oder einiger von ihnen stattfindet, gilt umsomehr in dem Falle, wo φ eine symmetrische Funktion der k' Gröfsen $t, s, u, v, \ldots$ ist. Denn alsdann besteht die Vertauschung, durch welche diese Gröfsen in $t', s', u', v', \ldots$ übergehen, darin, dafs jede der Gröfsen $t, s, u, v, \ldots$ um eine Stelle vorrückt, so dafs t in s, s in u, u in v, und so weiter übergeht bis zur letzten, welche ihrerseits sich in die erste t verwandelt. Durch diese Vertauschung bleibt aber die Funktion φ stets dieselbe, so dafs man $\varphi = \varphi' = \varphi'' = \cdots$ und somit $S(\varphi) = k'\varphi$ erhält. Man mufs demnach den für $S(\varphi)$ gefundenen Wert durch k' dividieren; indessen kann man in diesem Falle den Wert von φ auch unmittelbar finden. Setzt man nämlich in dem Werte:

$$\varphi = Am' + A'(m':\alpha) + A''(m':\alpha g) + A'''(m':\alpha g^2) + \cdots$$

αh oder αg^k an die Stelle von α, so mufs dieser Wert ungeändert bleiben, es müssen demnach offenbar alle in dieser Formel enthaltenen Glieder $(m':\alpha)$, $(m':\alpha g^k)$, $(m':\alpha g^{2k}), \cdots (m':\alpha g^{kk'-k})$ denselben Koefficienten A' haben, wie das erste Glied $(m':\alpha)$. In analoger Weise ist A'' der gemeinsame Koefficient aller Glieder $(m':\alpha g)$, $(m':\alpha g^{k+1})$, $(m':\alpha g^{2k+1}), \cdots (m':\alpha g^{kk'-k+1})$, welche die Periode $(m:\alpha g)$ bilden, u. s. w. Mithin erhält man in dem Falle, wo φ eine symmetrische Funktion der k' Wurzeln $t, s, u, v, \ldots$ ist, einfach:

$$\varphi = Am' + A'(m:\alpha) + A''(m:\alpha g) + A'''(m:\alpha g^2) + \cdots,$$

und diese Reihe besitzt nicht mehr denn höchstens $k+1$ Glieder.

507.

Hieraus folgt:

1) Wenn man die Gleichung k'^{ten} Grades bilden will, welche die Teilperioden $(m':\alpha)$, $(m':\alpha h)$, $(m':\alpha h^2) \ldots$, aus denen die Gesamtperiode $(m:\alpha)$ zusammengesetzt ist, zu Wurzeln hat, so mufs man mit Hülfe der vorher genannten Formeln den Wert der Koefficienten, welche symmetrische Funktionen der Wurzeln sind, suchen. Alle diese

Koefficienten drücken sich, ebenso wie die Funktion φ, in linearer Weise durch die Perioden $(m:\alpha)$, $(m:\alpha g)$, ... d. h. durch die bereits bekannten Wurzeln der Gleichung k^{ten} Grades aus.

2) Die Gleichung desselben Grades k, welche die Teilperioden $(m':\alpha g)$, $(m':\alpha g h)$, $(m':\alpha g h^2)$, ..., aus denen sich die Gesamtperiode $(m:\alpha g)$ zusammensetzt, zu Wurzeln hat, leitet man unmittelbar aus dieser Gleichung, deren Bildung wir soeben angegeben haben, ab, indem man in dieser einfach αg an die Stelle von α setzt, d. h. indem in dem Ausdruck eines jeden Koefficienten die Gröfsen $(m:\alpha)$, $(m:\alpha g)$, $m:\alpha g^2)$, ... um eine Stelle vorrückt, so dafs man, wenn diese letzteren durch p, p', p'', ... bezeichnet werden, den Index jedes Gliedes um eine Einheit erhöht, wobei noch zu beachten, dafs durch diese Erhöhung das letzte Glied $p^{(k-1)}$ gleich dem ersten p wird.

In analoger Weise bildet man die Gleichungen für die Teilperioden, welche aus der Zerlegung der anderen Perioden $(m:\alpha g^2)$, $(m:\alpha g^3)$, u. s. w. entspringen.

3) Schliefslich braucht man nur eine einzige von diesen Gleichungen k^{ten} Grades aufzulösen, oder sogar nur eine einzige Wurzel dieser Gleichung zn kennen. Denn mit Hülfe dieser Wurzel und ihrer Potenzen kann man alle andern Wurzeln bestimmen, was ebenso wie in No. 503 bewiesen wird. Wir gehen indessen auf die Einzelheiten dieses Beweises nicht ein, sondern beschränken uns darauf, weiter unten Rechnungsbeispiele, welche denselben ersetzen, anzuführen.

508.

Hat man die Gleichungen vom Grade k', welche die in jeder Periode von m Gliedern enthaltenen Perioden von m' Gliedern zu Wurzeln haben, gebildet, so bleibt noch zu zeigen übrig, auf welche Weise man für jede dieser Gleichungen den entsprechenden Faktor der Gleichung $X = 0$ findet.

Bezeichnen wir durch

$$x^{m'} - Ax^{m'-1} + Bx^{m'-2} - Cx^{m'-3} + \cdots = 0$$

die Gleichung m'^{ten} Grades, welche die verschiedenen, die Periode $(m':\alpha)$ bildenden Glieder (α), $(\alpha h')$, $(\alpha h'^2)$, ... zu Wurzeln hat, so ist die Summe der Wurzeln $(m':\alpha)$ oder abgekürzt q_α, die Summe ihrer Quadrate gleich $(m':2\alpha)$ oder $q_{2\alpha}$, die Summe ihrer Kuben $(m':3\alpha)$ oder $q_{3\alpha}$, u. s. w. Da diese Summen bekannt sind, weil dies mit sämtlichen Perioden q der Fall ist, so ergeben sich daraus die Werte der Koefficienten A, B, C, ... mittelst der Gleichungen:

$$A = q_\alpha$$
$$2B = Aq_\alpha - q_{2\alpha}$$
$$3C = Bq_\alpha - Aq_{2\alpha} + q_{3\alpha}$$
$$4D = Cq_\alpha - Bq_{2\alpha} + Aq_{3\alpha} - q_{4\alpha}$$
u. s. w.

Darauf mache man den Ausdruck dieser Koefficienten mit Hülfe des Satzes in Artikel 500 linear; auf diese Weise erhält jeder von ihnen die Form $\alpha + \beta q + \gamma q' + \delta q'' + \cdots$, wo die Reihe $q, q', q'', \cdots$ die Perioden in ihrer natürlichen Reihenfolge $(m':1), (m':g), (m':g^2), \cdots$ darstellt. Mithin ist der der Periode $(m':\alpha)$ entsprechende Faktor der Gleichung $X = 0$ von der Form:

$$P + Qq + Rq' + Sq'' + \cdots = 0,$$

wobei P ein Polynom m'^{ten} Grades in x ist und $Q, R, S, \ldots$ andere Polynome von niedrigerem Grade sind.

Aus diesem Faktor kann man der Reihe nach alle andern erhalten, indem man, wie schon in No. 504 gezeigt wurde, die Indices der Buchstaben q um eine Einheit erhöht. Man erhält auf diese Weise die kk' Faktoren vom Grade m', in welche sich die Gleichung $X = 0$ zerlegen läfst.

Diese Theorie wird noch mehr Licht erhalten, wenn wir sie auf Beispiele anwenden; vor Allem aber wird es zweckmäfsig sein, zu zeigen, wie man für jede Primzahl $n = km + 1$, wo wir der Reihe nach $k = 2, 3, 4$ und 5 annehmen, die Gleichung k^{ten} Grades, welche die Perioden $(m:\alpha), (m:\alpha g^2), \ldots (m:\alpha g^{k-1})$ zu Wurzeln hat, wirklich bilden kann. Diese Untersuchung wird uns zu mehreren sehr bemerkenswerten Sätzen der Analysis führen.

§ 2.

Allgemeine Bildung der Gleichung k^{ten} Grades für die Werte $k = 2, 3, 4, 5$.

509.

Erster Fall $n = 2m + 1, \quad k = 2$.

In diesem Falle zerfällt die Periode $(2m:1)$ in zwei andere:

$$(m:1) = (1) + (g^2) + (g^4) + (g^6) + \cdots (g^{2m-2})$$
$$(m:g) = (g) + (g^3) + (g^5) + (g^7) + \cdots (g^{2m-1}).$$

Sind p und p' diese beiden Perioden, so hat man zunächst:

$$p + p' = -1,$$

sodann:

$$pp' = (m:1+g) + (m:1+g^3) + (m:1+g^5) + \cdots + (m:1+g^{2m-1}).$$

Da sich alle Perioden von der Form $(m:\alpha)$ auf die beiden $(m:1)$ und $(m:g)$ zurückführen lassen, wozu man noch den Ausdruck $(m:0)$, welcher nicht eigentlich eine Periode, dessen Wert vielmehr gleich m ist, hinzufügen mufs, so folgt daraus, dafs der Wert des Produktes pp' sich auf die Form bringen läfst:

$$pp' = Am + A'p + A''p',$$

in welcher

$$A + A' + A'' = m$$

ist, weil m die Anzahl der den Wert von pp' bildenden Perioden $(m:1+g)$, $(m:1+g^3)$, $(m:1+g^5), \ldots (m:1+g^{2m-1})$ ist. Da ferner in dieser Gleichung die Gröfsen p und p' mit einander vertauscht werden können, so hat man $A' = A''$, mithin:

$$pp' = Am - A'$$

und

$$A + 2A' = m.$$

Wir müssen jetzt zwei Fälle unterscheiden, je nachdem m gerade oder ungerade ist.

Es sei zuerst m ungerade. Da stets $g^m = -1$ d. h. $g^m + 1 = \mathfrak{M}(n)$ ist, so mufs es in der Reihe $1+g$, $1+g^3$, $1+g^5, \cdots 1+g^{2m-1}$ notwendig ein Glied geben, welches gleich Null ist, und zwar nur ein solches, wegen der besonderen Bedeutung der Zahl g. Man hat also in diesem Falle $A = 1$ und $A' = \frac{1}{2}(m-1)$, folglich:

$$pp' = \frac{1}{2}(m+1).$$

Ist zweitens m gerade, so hat man ebenfalls $g^m = -1$, und daher giebt es in der Reihe $1+g$, $1+g^3$, $1+g^5, \ldots$ kein Glied, welches gleich Null wäre. Es ist daher $A = 0$, $A' = \frac{1}{2}m$, und

$$pp' = -\frac{1}{2}m.$$

Hieraus ergiebt sich, dafs die Gleichung, welche p und p' zu Wurzeln hat,

falls m ungerade oder n von der Form $4i+3$ ist, die folgende:

$$p^2 + p + \frac{1}{2}(m+1) = 0,$$

und falls m gerade oder n von der Form $4i+1$ ist, die folgende ist:

$$p^2 + p - \frac{1}{2}m = 0.$$

Man erhält daher:

$$p = -\frac{1}{2} \pm \frac{1}{2}\sqrt{-n}, \quad \text{falls } n \text{ von der Form } 4i + 3,$$

und

$$p = -\frac{1}{2} \pm \frac{1}{2}\sqrt{n}, \quad \text{falls } n \text{ von der Form } 4i + 1 \text{ ist.}$$

In diesem letzteren Falle ist die Differenz der beiden Werte von p gleich $\sqrt{n}$.

510.

Ist

$$x^m - ax^{m-1} + bx^{m-2} - cx^{m-3} + \cdots = 0$$

die Gleichung, welche alle die Periode $(m:1)$ bildenden Glieder zu Wurzeln hat, so ist der Koefficient $a = (m:1) = p$. Was die andern Koefficienten $b, c, d, \ldots$ anlangt, so findet man ihre Werte nach der Methode des Artikel 504, und zwar werden dieselben von der Form $B + B'p + B''p'$. Daraus sieht man, dafs, wenn

$$Z = x^m - ax^{m-1} + bx^{m-2} - cx^{m-3} + \cdots$$

gesetzt wird, das Polynom Z sich auf die Form

$$Z = P + Qp + Rp'$$

bringen läfst, in welcher P ein Polynom m^{ten} Grades in x und Q, R Polynome von niedrigerem Grade sind.

Betrachtet man in gleicher Weise den Faktor:

$$Z' = x^m - a'x^{m-1} + b'x^{m-2} - c'x^{m-3} + \cdots,$$

welcher, gleich Null gesetzt, alle in der Periode $(m:g)$ enthaltenen Wurzeln giebt, so erhält man nach No. 504:

$$Z' = P + Qp' + Rp.$$

Nunmehr hat man die Werte von p und p' für die beiden bereits unterschiedenen Fälle einzusetzen.

1) Ist n von der Form $4i + 3$, so ist:

$$p = -\frac{1}{2} + \frac{1}{2}\sqrt{-n}, \qquad p' = -\frac{1}{2} - \frac{1}{2}\sqrt{-n},$$

somit:

$$Z = P - \frac{1}{2}(Q + R) + \frac{1}{2}(Q - R)\sqrt{-n}$$

$$Z' = P - \frac{1}{2}(Q + R) - \frac{1}{2}(Q - R)\sqrt{-n}.$$

Da aber $X = ZZ'$ ist, so erhält man in diesem Falle:

$$4X = (2P - Q - R)^2 + n(Q - R)^2.$$

2) Ist n von der Form $4i + 1$, so ergeben sich die Werte von p und p' aus denselben Formeln, wenn man darin einfach das Vorzeichen von n ändert. Man erhält daher in diesem Falle:

$$4X = (2P - Q - R)^2 - n(Q - R)^2.$$

Hieraus ergiebt sich der folgende bemerkenswerte **Satz:**

Ist n eine beliebige Primzahl und X der Quotient, welcher sich bei der Division von $x^n - 1$ durch $x - 1$ ergiebt, so kann man stets zwei Polynome Y und Z finden, welche der Gleichung $4X = Y^2 \pm nZ^2$ genügen, wo das obere Zeichen gilt, falls n von der Form $4i + 3$, das untere, falls n von der Form $4i + 1$ ist.

Im ersten Falle läfst sich das Polynom $4X$ in zwei **imaginäre** Faktoren $(Y + Z\sqrt{-n})(Y - Z\sqrt{-n})$, im zweiten dagegen in zwei **reelle** Faktoren $(Y + Z\sqrt{n})(Y - Z\sqrt{n})$ zerlegen.

Der Beweis dieses Satzes dürfte ohne die Hülfe der unbestimmten Analysis sehr schwierig sein. Man erkennt hieraus, dafs diese Art von Analysis nicht auf Untersuchungen über die Eigenschaften der Zahlen beschränkt ist, sondern dafs sie auch der Vervollkommnung der algebraischen Analysis förderlich sein kann.

511.

Weifs man a priori, dafs die Funktion $4X$ auf die Form $Y^2 \pm nZ^2$ gebracht werden kann, so ist es leicht, die Werte der Polynome Y und Z in den verschiedenen Fällen zu bestimmen. Zu diesem Zwecke sieht man zunächst, dafs, wenn die Vielfachen von n weggelassen werden, $Y^2 = 4X$ wird. Um daher den Wert von Y zu erhalten, mufs man aus $4X$ die Quadratwurzel ziehen. Dies giebt die beiden ersten Glieder $2x^m + x^{m-1}$. Die weitere Berechnung geschieht so, dafs man zu den ersten Gliedern der Reste passende Vielfache von n addiert, damit alle Glieder der Wurzel ganzzahlige und möglichst kleine Koefficienten erhalten. Kennt man Y, so ergiebt sich Z aus der Gleichung $Z^2 = \pm \frac{4X - Y^2}{n}$, wobei die Rechnung ohne jede Vernachlässigung ausgeführt wird. Übrigens besteht ein Verfahren, um die soeben angegebene Operation bedeutend zu vereinfachen, in Folgendem.

Wirft man die Vielfachen von n ab, so hat man:

$$Y = 2\sqrt{X} \text{ und } X = \frac{x^{2m+1} - 1}{x - 1} = x^{2m}\left(1 - \frac{1}{x}\right)^{-1}\left(1 - \frac{1}{x^{2m+1}}\right).$$

Da man jedoch für den Wert von Y nur positive Potenzen von x, welche kleiner als x^m sind, nötig hat, so kann man offenbar den Faktor $1 - x^{-2m-1}$ unterdrücken, weil derselbe erst hinter den Potenzen x^{-m} von Einflufs sein würde. Man erhält daher:

$$Y = 2x^m\left(1 - \frac{1}{x}\right)^{-\frac{1}{2}}$$

oder:

$$Y = 2x^m + x^{m-1} + \frac{3}{4}x^{m-2} + \frac{3 \cdot 5}{4 \cdot 6}x^{m-3} + \frac{3 \cdot 5 \cdot 7}{4 \cdot 6 \cdot 8}x^{m-4} + \cdots$$

Man hat jetzt nur noch den Koefficienten $\frac{3}{4}, \frac{3 \cdot 5}{4 \cdot 6}, \frac{3 \cdot 5 \cdot 7}{4 \cdot 6 \cdot 8}, \ldots$ Werte beizulegen, welche durch möglichst kleine, positive oder negative, ganze Zahlen ausgedrückt sind. Dies geschieht in jedem besonderen Falle sehr leicht, indem man zu den Zählern dieser Brüche diejenigen, positiven oder negativen, Vielfachen von n addiert, für welche die Division der Zähler durch die Nenner aufgeht. Überdies dient jeder auf diese Weise reducierte Koefficient zur Bildung des folgenden. Hat man z. B. für $\frac{3 \cdot 5 \cdot 7}{4 \cdot 6 \cdot 8}$ den Wert $\pm k$ gefunden, so ist der folgende Koefficient gleich $\pm \frac{9k}{10}$, und dieser ist auf eine ganze Zahl zu reducieren, indem man nötigenfalls ein Vielfaches von n zum Zähler addiert. Die Rechnung ist übrigens zu Ende, wenn man zu dem mittleren oder den beiden mittleren Gliedern des Polynoms Y gelangt ist, weil allgemein die gleichweit von den äufseren Koefficienten abstehenden Koefficienten einander gleich sind; dieselben haben ferner dasselbe Zeichen, wenn n von der Form $4i + 1$, und verschiedene Zeichen, wenn n von der Form $4i + 3$ ist.

512.

Es giebt noch ein einfacheres Verfahren, um die Funktion Y unmittelbar zu bestimmen. In der Entwicklung der Potenz $(x-1)^n$ sind nämlich die Koefficienten sämtlicher Glieder, das erste und letzte ausgenommen, teilbar durch n. Man kann daher setzen:

$$(x - 1)^n = x^n - 1 - nT,$$

oder:

$$x^n - 1 = (x - 1)^n + nT,$$

mithin:

$$4X(x - 1) = (x - 1)(Y^2 \pm nZ^2) = 4(x - 1)^n + 4nT.$$

Läfst man in dieser Gleichung die Vielfachen von n weg, so wird:

$$(x-1)Y^2 = 4(x-1)^n,$$

folglich:

$$Y^2 = 4(x-1)^{2m}, \quad \text{und} \quad Y = 2(x-1)^m.$$

Mithin hat man allgemein:

$$Y = 2x^m - 2mx^{m-1} + 2m \cdot \frac{m-1}{2} x^{m-2} - 2m \cdot \frac{(m-1)(m-2)}{2 \cdot 3} x^{m-3} + \cdots,$$

und in dieser Entwicklung hat man nur noch die Koefficienten unter $\frac{1}{2}n$ herabzudrücken, indem man die möglicherweise darin enthaltenen Vielfachen von n wegläſst. Hierdurch wird z. B. der Koefficient des zweiten Gliedes $-2m$ auf $+1$, der des dritten auf $\frac{n \mp 3}{4}$ reduciert u. s. w.

Eine Bemerkung, welche der entwickelte Wert von Y liefert, besteht darin, daſs keiner der Koefficienten desselben gleich Null ist, da n unter den Faktoren des Produkts $m(m-1)(m-2)\ldots$ nicht vorkommen kann. Demnach besitzt das Polynom Y vom Grade m stets $m+1$ Glieder. Dies ist nicht ebenso der Fall bei dem Polynome Z, welches vom $(m-1)^{\text{ten}}$ Grade ist, und in welchem mehrere Glieder fehlen können.

Eine Tafel, in welcher man die Werte der Polynome Y und Z für alle Primzahlen von 3 bis 29 findet, ist die folgende:

n	Werte der Polynome Y und Z.	
3	$Y = 2x + 1, \quad Z = 1$	$Y = x + 2, \quad Z = x$
5	$Y = 2x^2 + x + 2$ $Z = x$	
7	$Y = 2x^3 + x^2 - x - 2$ $Z = x^2 + x$	
11	$Y = 2x^5 + x^4 - 2x^3 + 2x^2 - x - 2$ $Z = x^4 + x$	
13	$Y = 2x^6 + x^5 + 4x^4 - x^3 + 4x^2 + x + 2$ $Z = x^5 + x^3 + x$	
17	$Y = 2x^8 + x^7 + 5x^6 + 7x^5 + 4x^4 + 7x^3 + 5x^2 + x + 2$ $Z = x^7 + x^6 + x^5 + 2x^4 + x^3 + x^2 + x$	

n	Werte der Polynome Y und Z.
19	$Y = 2x^9 + x^8 - 4x^7 + 3x^6 + 5x^5 - 5x^4 - 3x^3 + 4x^2 - x - 2$ $Z = x^8 - x^6 + x^5 + x^4 - x^3 + x$
23	$Y = 2x^{11} + x^{10} - 5x^9 - 8x^8 - 7x^7 - 4x^6 + 4x^5 + 7x^4 + 8x^3$ $+ 5x^2 - x - 2$ $Z = x^{10} + x^9 - x^7 - 2x^6 - 2x^5 - x^4 + x^2 + x$
29	$Y = 2x^{14} + x^{13} + 8x^{12} - 3x^{11} + x^{10} - 2x^9 + 3x^8 + 9x^7$ $+ 2 + x + 8x^2 - 3x^3 + x^4 - 2x^5 + 3x^6$ $Z = x^{13} + x^{11} - x^{10} + x^8 + x^7 + x^6 - x^4 + x^3 + x.$

513.

Zweiter Fall. $n = 3m + 1,\ k = 3.$

In diesem Falle zerlegt sich die Periode $(3m:1)$, welche alle Wurzeln der Gleichung $X = 0$ enthält, in drei andere $(m:1)$, $(m:g)$, $(m:g^2)$, deren entwickelte Werte sind:

$$(m:1) = (1) + (g^3) + (g^6) + \cdots + (g^{3m-3})$$
$$(m:g) = (g) + (g^4) + (g^7) + \cdots + (g^{3m-2})$$
$$(m:g^2) = (g^2) + (g^5) + (g^8) + \cdots + (g^{3m-1}).$$

Diese drei Gröfsen seien mit p, p', p'' bezeichnet. Da man weifs, dafs ihre Summe

$$p + p' + p'' = -1$$

ist, so kann man annehmen, dafs diese drei Gröfsen die Wurzeln der Gleichung

$$p^3 + p^2 + Pp - Q = 0$$

seien, in welcher

$$P = pp' + p'p'' + p''p$$
$$Q = pp'p''$$

ist.

Um die Werte dieser Koefffcienten zu finden, mufs man zunächst denjenigen des Produkts pp' kennen. Dem allgemeinen Satze zufolge ist nun dieses Produkt gleich der Summe der m Perioden $(m:\alpha)$, in denen α der Reihe nach die Werte $1 + g$, $g^3 + g$, $g^6 + g, \ldots$ besitzt. Von diesen Werten kann sich keiner auf ein Vielfaches von n reducieren, da zufolge der Eigenschaft der primitiven Wurzel g

$$g^{3\mu} = -1 \text{ oder } g^{3\mu} + 1 = \mathfrak{M}(n)$$

ist, wo $\mu = \frac{1}{2} m$, und somit nicht gleichzeitig $g^{3i-1} = -1$ sein kann. Es enthält daher der Wert des Produkts pp' nicht die Periode $(m:0)$. Derselbe mufs sich also auf die Form bringen lassen:

$$pp' = Ap + Bp' + Cp'',$$

in welcher A, B, C positive ganze Zahlen von der Beschaffenheit sind, dafs ihre Summe

$$A + B + C = m$$

ist. Aus diesem Werte leitet man die Werte der beiden andern Produkte her, nämlich:

$$p'p'' = Ap' + Bp'' + Cp$$
$$p''p = Ap'' + Bp + Cp',$$

und da die Summe dieser drei Produkte gleich

$$(A + B + C)(p + p' + p'') = -m$$

ist, so hat man:

$$P = -m.$$

Um das Produkt $pp'p''$ zu erhalten, bringen wir pp' auf die Form:

$$pp' = -C + (A - C)p + (B - C)p'.$$

Multipliciert man sodann auf beiden Seiten mit p'' und setzt die Werte von pp'' und $p'p''$ ein, so ergiebt sich:

$$pp'p'' = -Cp'' + (A - C)(Ap'' + Bp + Cp') + (B - C)(Ap' + Bp'' + Cp).$$

Da die linke Seite eine symmetrische Funktion von p, p', p'' ist, so mufs auch die rechte Seite eine solche sein; dieselbe mufs sich demnach auf die Form $M(p + p' + p'')$ und im Weiteren auf $-M$ reducieren. Daraus folgt die Bedingung:

$$A^2 + B^2 + C^2 - AB - BC - CA = C$$

und diese giebt, mit der Gleichung $A + B + C = m$ verbunden, das Resultat:

$$4n = (9C - n - 1)^2 + 27(A - B)^2.$$

514.

Diese Gleichung bestimmt vollständig den Koefficienten C und ebenso $A - B$. Denn da n eine Primzahl von der Form $3m + 1$ ist, so kann man immer $n = \alpha^2 + 3\beta^2$ setzen. Ist nun erstens β durch 3 teilbar, und setzt man $\beta = 3\gamma$, so erhält man $4n = (2\alpha)^2 + 27(2\beta)^2$

oder $4n = a^2 + 27b^2$. Ist aber zweitens β nicht durch 3 teilbar, so mufs, da α nie durch 3 teilbar sein kann, eine der beiden Zahlen $\alpha + \beta$, $\alpha - \beta$ durch 3 teilbar sein. Bringt man nun $4n$ auf die Form $(\alpha \pm 3\beta)^2 + 3(\alpha \mp \beta)^2$, so kann man $\alpha \pm 3\beta = a$, $\alpha \mp \beta = 3b$ setzen, wodurch man ebenfalls $4n = a^2 + 27b^2$ erhält, und ferner sieht man, dafs $4n$ nur einmal von dieser Form sein kann.

Hiernach hat man:

$$C = \frac{n + 1 \pm a}{9}, \quad A - B = \pm b;$$

und es wird:

$$pp'p'' = C^2 - AB = C^2 - \frac{1}{4}(m - C)^2 + \frac{1}{4}b^2,$$

mithin:

$$Q = \frac{(3C - m)(C + m) + b^2}{4} = \frac{nC - m^2}{3},$$

und dieser Wert ist, obwohl er in gebrochener Form erscheint, stets eine ganze Zahl. Die gesuchte Gleichung ist also allgemein:

$$p^3 + p^2 - mp + \frac{1}{3}(m^2 - nC) = 0.$$

515.

Ist z. B. $n = 991$, so ist $m = 330$, $4n = 61^2 + 27 \cdot 3^2$, und daher:

$$a = 61, \quad C = \frac{992 + 61}{9} = 117, \quad \frac{1}{3}(nC - m^2) = 2349.$$

In ähnlicher Weise findet man für die Primzahlen unter 100 die folgenden Resultate:

$n =$	7,	13,	19,	31,	37,	43,	61,	67,	73,	97
$m =$	2,	4,	6,	10,	12,	14,	20,	22,	24,	32
$Q =$	1,	−1,	7,	8,	−11,	−8,	9,	−5,	27,	79.

Auf diese Weise bildet man also beliebig viele Gleichungen von der Form:

$$p^3 + p^2 - mp - Q = 0,$$

deren Eigenschaft darin besteht, dafs, wenn eine Wurzel derselben bekannt ist und mit p bezeichnet wird, die beiden andern p', p'' durch die Formeln gegeben werden:

$$p' = \frac{-C + (A - C)p}{p + C - B}$$

$$p'' = \frac{-C + (B - C)p}{p + C - A}.$$

Man sieht hieraus, dafs, wenn die eine Wurzel durch einen Kettenbruch dargestellt ist, derselbe zur unmittelbaren Bestimmung der beiden andern Wurzeln dient, und dafs es somit unendlich viele Gleichungen dritten Grades giebt, welche diese Eigenschaft besitzen. Wir haben bereits in Artikel 105 für den Fall $n = 7$ ein Beispiel einer solchen Gleichung gegeben.

516.

Sind die drei Wurzeln p, p', p'' gefunden, so läfst sich das Polynom X in drei Faktoren

$$P + Qp + Rp', \quad P + Qp' + Rp'', \quad P + Qp'' + Rp$$

zerlegen, in denen P, Q, R Polynome in x mit ganzzahligen Koefficienten bezeichnen, und zwar das erstere vom Grade m, die beiden andern von niedrigerem Grade. Die Polynome werden nach der in No. 504 angegebenen Methode bestimmt; sie müssen allgemein der Gleichung genügen:

$$3P - Q - R = \sqrt[3]{27X} = 3x^m + x^{m-1} + \frac{4}{6}x^{m-2} + \frac{4 \cdot 7}{6 \cdot 7}x^{m-3} + \cdots,$$

in welcher man die Brüche ebenso wie in No. 511 wegschafft.

So erhält man z. B. für den Fall $n = 19$,

$$\begin{aligned} P &= x^6 + 2x^4 - 2x^3 + 2x^2 + 1 \\ Q &= - x^5 - 2x^3 - x \\ R &= - x^4 - x^3 - x^2. \end{aligned}$$

517.

Dritter Fall. $n = 4m + 1, \; k = 4.$

In diesem Falle handelt es sich darum, die Gleichung vierten Grades zu bilden, welche die Perioden $(m : 1)$, $(m : g)$, $(m : g^2)$, $(m : g^3)$ zu Wurzeln hat. Wir bezeichnen dieselben respektive durch p, p', p'', p''', und die entwickelten Werte derselben sind:

$$\begin{aligned} p &= (1) + (g^4) + (g^8) + \cdots + (g^{4m-4}) \\ p' &= (g) + (g^5) + (g^9) + \cdots + (g^{4m-3}) \\ p'' &= (g^2) + (g^6) + (g^{10}) + \cdots + (g^{4m-2}) \\ p''' &= (g^3) + (g^7) + (g^{11}) + \cdots + (g^{4m-1}). \end{aligned}$$

Wir müssen zwei Fälle unterscheiden, je nachdem m gerade oder ungerade ist.

1) Ist m gerade, und setzt man $m = 2\mu$ oder $n = 8\mu + 1$,

so erhält man auf eine einzige Weise $n = a^2 + 16b^2$. Dadurch ergiebt sich:

$$C = \frac{4\mu + 1 \pm a}{8},$$

und die gesuchte Gleichung wird:

$$p^4 + p^3 - 3\mu p^2 + (4\mu^2 - nC)p + \frac{1}{4}\mu^2 - n\left(\frac{1}{2}\mu - C\right)^2 = 0.$$

2) Ist m ungerade, und setzt man $m = 2\mu + 1$ oder $n = 8\mu + 5$, so kann man nur auf eine einzige Weise der Gleichung $n = a^2 + 4b^2$ genügen. Dadurch ergiebt sich:

$$C = \frac{4\mu + 1 \pm a}{8},$$

und die gesuchte Gleichung wird:

$$p^4 + p^3 + (\mu + 1)p^2 + (m^2 - nC)p + \left(1 + \frac{3}{2}\mu\right)^2 - n\left(C - \frac{1}{2}\mu\right)^2 = 0.$$

518.

Da der zweite Fall kaum einer Anwendung fähig sein dürfte, weil die Gleichung vierten Grades in diesem Falle vier imaginäre Wurzeln besitzt, so beschränken wir uns darauf, die auf den ersten Fall bezügliche Gleichung zu beweisen, da diese Gleichung stets vier reelle Wurzeln hat.

In diesem Falle genügt die primitive Wurzel g stets der Gleichung:

$$g^{2m} = -1,$$

und da

$$pp' = (m:1+g) + (m:1+g^5) + (m:1+g^9) + \cdots + (m:1+g^{4m-3})$$

ist, so ist ersichtlich, dafs keines der Glieder $1+g$, $1+g^5$, $1+g^9, \cdots$ gleich Null sein kann, und dafs somit die Periode $(m:0)$, deren Wert gleich m ist, nicht unter den m Perioden, welche den Wert von pp' bilden, enthalten ist. Demgemäfs setzen wir:

$$pp' = Ap + Bp' + Cp'' + Dp''',$$

wo A, B, C, D positive ganze Zahlen bedeuten, deren Summe

$$A + B + C + D = m$$

ist. Diese Gleichung und die drei aus ihr entstehenden analogen Gleichungen geben die Produkte von je zwei aufeinanderfolgenden Gliedern der Reihe p, p', p'', p''', nämlich:

$$\begin{aligned}
pp' &= Ap + Bp' + Cp'' + Dp''' \\
p'p'' &= Ap' + Bp'' + Cp''' + Dp \\
p''p''' &= Ap'' + Bp''' + Cp + Dp' \\
p'''p &= Ap''' + Bp + Cp' + Dp''.
\end{aligned}$$

Hieraus ergiebt sich für die Summe der Produkte zweier benachbarten Glieder:

$$S(pp') = (A + B + C + D)(p + p' + p'' + p''') = - m.$$

Um in ähnlicher Weise die Summe der Produkte von zwei nicht benachbarten Gliedern zu erhalten, bemerke ich, dafs man dem Satze in Artikel 500 zufolge hat:

$$pp'' = (m:1+g^2) + (m:1+g^6) + (m:1+g^{10}) + \cdots + (m:1+g^{4m-2}),$$

und da man in der Reihe $1 + g^2$, $1 + g^6$, $\cdots$ das Glied $1 + g^{2m}$ oder $1 + g^{4\mu}$, welches sich auf Null reduciert, nicht antrifft, so folgt, dafs die Periode $(m:0)$ unter den m Perioden, welche den Wert von pp'' bilden, ebenfalls nicht vorkommt. Man kann daher

$$pp'' = Fp + Gp' + Hp'' + Jp'''$$

setzen, wo F, G, H, J positive ganze Zahlen sind, deren Summe

$$F + G + H + J = m$$

ist. Hieraus folgt, wenn man die Buchstaben p um eine Stelle vorrücken läfst,

$$p'p''' = Fp' + Gp'' + Hp''' + Jp.$$

Läfst man auch in dieser Formel die Buchstaben p um eine Stelle vorrücken, so entsteht:

$$p''p = Fp'' + Gp''' + Hp + Jp'.$$

Durch Vergleichung dieses Ausdrucks mit dem zuerst für pp'' angenommenen erhält man $H = F$, $J = G$. Mithin werden die beiden Produkte pp'', $p'p'''$ folgendermafsen ausgedrückt:

$$pp'' = F(p + p'') + G(p' + p''')$$
$$p'p''' = F(p' + p''') + G(p'' + p)$$

und zu gleicher Zeit ist:

$$F + G = \frac{1}{2} m = \mu.$$

Bezeichnen wir wie gewöhnlich durch $S(pp'')$ die Summe der vier Werte, welche pp'' annimmt, wenn man jeden der Faktoren dieses Produkts den vollständigen Cyklus der Werte von p durchlaufen läfst, so wird diese Summe gleich $-m$, gleichwie $S(pp')$. Da aber die nämlichen Glieder zweimal darin vorkommen, so ergiebt sich:

$$pp'' + p'p''' = \frac{1}{2} S(pp'') = - \frac{1}{2} m = - \mu.$$

519.

Stellen wir jetzt durch

$$p^4 + p^3 + Pp^2 - Qp + R = 0$$

die Gleichung dar, deren Wurzeln p, p', p'', p''' sind, so hat man offenbar:

$$P = S(pp') + \frac{1}{2} S(pp'') = -\frac{3}{2} m = -3\mu.$$

Um in ähnlicher Weise den Koefficienten Q zu finden, bemerke ich, dafs dieser Koefficient, welcher gleich

$$pp'p'' + p'p''p''' + p''p'''p + p'''pp'$$

ist, durch das eine Glied $S(pp'p'')$ dargestellt wird. Bringt man nun den Wert von pp' auf die Form:

$$pp' = -C + (A - C)p + (B - C)p' + (D - C)p''',$$

und multipliciert sodann jede Seite mit p'', so erhält man:

$$pp'p'' = -Cp'' + (A - C)pp'' + (B - C)p'p'' + (D - C)p''p'''.$$

Diese Gleichung liefert noch drei andere ähnliche Gleichungen. Die Summe dieser vier Gleichungen giebt den Wert von $S(pp'p'')$ oder:

$$Q = -CS(p'') + (A - C)S(pp'') + (B - C)S(p'p'') + (D - C)S(p''p''').$$

Nun ist aber:

$$S(p'') = S(p) = -1$$
$$S(pp'') = S(p'p'') = S(p''p''') = -m,$$

mithin:

$$Q = C - (A + B + D - 3C)m = C - m(m - 4C) = nC - m^2.$$

Man könnte auch den Wert von pp' auf die Form bringen:

$$pp' = -D + (A - D)p + (B - D)p' + (C - D)p'',$$

und multipliciert man beiderseits mit p''', so erhielte man den Wert von $S(pp'p''')$ oder $Q = nD - m^2$. Folglich ist:

$$D = C.$$

Einen dritten Wert des Koefficienten Q kann man aus dem Produkte pp'', welches sich auf die Form

$$pp'' = -G + (F - G)(p + p'')$$

bringen läfst, ableiten. Multipliciert man beiderseits mit p', bildet sodann die drei andern analogen Produkte und addiert alle vier, so ergiebt sich ihre Summe $Q = nG - m^2$. Folglich ist:

$$G = C.$$

Vermöge dieser Resultate gehen die Werte der Produkte pp', pp'' über in:

$$pp' = Ap + Bp' + Cp'' + Cp'''$$
$$pp'' = -C + (\mu - 2C)(p + p'').$$

Aus der zweiten Gleichung leitet man den Wert von $p'p'''$ her; multipliciert man denselben mit dem Werte von pp'', so ergiebt sich $pp'p''p'''$ oder:

$$R = C^2 + C(\mu - 2C) + (\mu - 2C)^2 S(pp'),$$

und da $S(pp') = -m$ ist, so wird:

$$R = C^2 + (\mu - 2C)C - 2\mu(\mu - 2C)^2$$

oder:

$$R = \frac{1}{4}\mu^2 - n\left(C - \frac{1}{2}\mu\right)^2.$$

Die Gleichung, welche die vier Werte von p zu Wurzeln hat, ist also:

$$p^4 + p^3 - 3\mu p^2 + (4\mu^2 - nC)p + \frac{1}{4}\mu^2 - n\left(C - \frac{1}{2}\mu\right)^2 = 0.$$

Es ist daher nur noch die in den Koefficienten vorkommende Gröfse C zu bestimmen.

520.

Multiplicieren wir zu diesem Zwecke den Wert von pp'' mit p', und setzen wir die linearen Ausdrücke für pp' und $p'p''$ ein, so erhalten wir:

$$pp'p'' = -Cp' + 2(\mu - 2C)^2 p' - 2C(\mu - 2C)$$
$$+ (\mu - 2C)(A - C)p + (\mu - 2C)(B - C)p''.$$

Multiplicieren wir ferner auf beiden Seiten mit p''', und reducieren wir sodann die rechte Seite auf lineare Glieder, so folgt:

$$pp'p''p''' = [2(\mu - 2C)^2 - C][C(p + p'') + (\mu - C)(p' + p''')]$$
$$+ (\mu - 2C)(A - C)(Ap''' + Bp + Cp' + Cp'')$$
$$+ (\mu - 2C)(B - C)(Ap'' + Bp''' + Cp + Cp')$$
$$- 2C(\mu - 2C)p'''.$$

Da die linke Seite eine symmetrische Funktion von p, p', p'', p''' ist, so mufs sich die rechte Seite auf die Form $M(p + p' + p'' + p''')$ oder $-M$ bringen lassen. Dadurch ergeben sich drei Gleichungen, welche zu der einen Bedingung

$$(A - C)^2 + (B - C)^2 = 2C$$

führen. Und da ferner

$$A + B + 2C = 2\mu$$

ist, so ergeben diese beiden Gleichungen eine dritte:

$$n = (8C - 4\mu - 1)^2 + 16(B + C - \mu)^2.$$

Diese letztere Gleichung genügt zur Bestimmung von C und selbst von B; denn da n eine Primzahl von der Form $8n+1$ ist, so hat man stets nur auf eine Weise: $n = a^2 + 16b^2$. Es mufs daher

$$8C - 4\mu - 1 = \pm a$$
$$B + C - \mu = \pm b,$$

und somit

$$C = \frac{4\mu + 1 \pm a}{8}$$

sein, ein Wert, welcher stets eine ganze Zahl ist, wenn man a mit dem passenden Vorzeichen nimmt.

Ist demnach eine Primzahl n von der Form $8\mu + 1$ gegeben, so kann man immer a priori die Gleichung vierten Grades bilden, welche die vier Perioden p, p', p'', p''' zu Wurzeln hat. Hierdurch ist man imstande, das Polynom X vom Grade $4m$ allgemein in vier Faktoren vom Grade m, welche diesen vier Perioden entsprechen, zu zerlegen.

521.

Man kann übrigens bemerken, dafs die Gleichung vierten Grades in p sich leicht in zwei Gleichungen vom zweiten Grade zerlegen läfst, von denen die eine $p^2 - \alpha p + \beta = 0$ die Wurzeln p und p'', die andere $p^2 - \gamma p + \delta = 0$ die Wurzeln p' und p''' liefert. Man hat nämlich zur Bestimmung der Koefficienten α, β, γ, δ die Gleichungen:

$$\alpha = p + p'', \qquad \beta = pp'' = -C + (\mu - 2C)\alpha$$
$$\gamma = p' + p''', \qquad \delta = p'p''' = -C + (\mu - 2C)\gamma.$$

Die beiden Gleichungen zweiten Grades sind demnach:

$$p^2 - C - \alpha(p - \mu + 2C) = 0$$
$$p^2 - C - \gamma(p - \mu + 2C) = 0.$$

Es sind also nur noch α und γ zu bestimmen. Nun ist aber:

$$\alpha + \gamma = p + p' + p'' + p''' = -1$$
$$\alpha\gamma = pp' + p'p'' + p''p''' + p'''p = -\mu.$$

Mithin sind α und γ die beiden Wurzeln der Gleichung:

$$y^2 + y - 2\mu = 0,$$

aus welcher folgt:

$$\alpha = -\frac{1}{2} + \frac{1}{2}\sqrt{n}, \quad \gamma = -\frac{1}{2} - \frac{1}{2}\sqrt{n}.$$

Man kann in der That mit Hülfe dieser Werte leicht bestätigen, dafs das Produkt der beiden obigen Gleichungen, nämlich:

$$(p^2 - C)^2 + (p^2 - C)(p - \mu + 2C) - 2\mu(p - \mu + 2C)^2 = 0$$

sich auf die schon gefundene Gleichung

$$p^4 + p^3 - 3\mu p^2 + (4\mu^2 - nC)p + \frac{1}{4}\mu^2 - n\left(C - \frac{1}{2}\mu\right)^2 = 0$$

reduciert.

522.

Kennt man eine Wurzel dieser Gleichung, welche p heifsen möge, so läfst sich eine jede der drei andern Wurzeln p', p'', p''' ausdrücken durch eine Funktion von der Form $\alpha + \beta p + \gamma p^2 + \delta p^3$. Im gegenwärtigen Falle aber erhält man einen noch einfacheren Ausdruck dieser Wurzeln mit Hülfe der folgenden Formeln, welche sich aus den bewiesenen Formeln ergeben:

$$p' = \frac{-C + (A - C)p}{p + C - B}$$

$$p'' = \frac{-C + (\mu - 2C)p}{p + 2C - \mu}$$

$$p''' = \frac{-C + (B - C)p}{p + C - A}.$$

Was die in diesen Formeln vorkommenden Werte von A und B betrifft, so ergeben sich dieselben aus den Gleichungen:

$$A = \mu - C \mp b, \quad B = \mu C \pm b.$$

Nimmt man in diesen Werten von den doppelten Vorzeichen die oberen oder unteren, so bewirkt diese Veränderung der Vorzeichen nur, dafs sich A in B und gleichzeitig p' in p''' verwandelt. Man kann also für jede Zahl $n = 8\mu + 1$ eine Gleichung vierten Grades von der Beschaffenheit bilden, dafs die Kettenbruchentwicklung der einen Wurzel zugleich die Entwicklung der drei andern Wurzeln liefert. Eine Tafel dieser Gleichungen für alle Primzahlen von der Form $8\mu + 1$, welche kleiner sind als 100, ist die folgende:

n	Gleichung in p	C	A, B
17	$0 = p^4 + p^3 - 6p^2 - p + 1$	1	2, 0
41	$0 = p^4 + p^3 - 15p^2 + 18p - 4$	2	4, 2
73	$0 = p^4 + p^3 - 27p^2 - 41p + 16$	5	6, 2
89	$0 = p^4 + p^3 - 33p^2 + 39p + 8$	5	8, 4
97	$0 = p^4 + p^3 - 36p^2 + 91p - 61$	5	8, 6

273.

Vierter Fall. $n = 5m + 1,\; k = 5.$

Die Periode $(5m:1)$, welche die Summe der Wurzeln der Gleichung $X = 0$ darstellt, zerfällt in fünf Perioden von m Gliedern, nämlich: $(m:1)$, $(m:g)$, $(m:g^2)$, $(m:g^3)$, $(m:g^4)$, die wir respektive mit $p, p', p'', p''', p^{\mathrm{IV}}$ bezeichnen, und deren entwickelte Werte sind:

$$\begin{aligned}
p &= (1) + (g^5) + (g^{10}) + \cdots + (g^{5m-5})\\
p' &= (g) + (g^6) + (g^{11}) + \cdots + (g^{5m-4})\\
p'' &= (g^2) + (g^7) + (g^{12}) + \cdots + (g^{5m-3})\\
p''' &= (g^3) + (g^8) + (g^{13}) + \cdots + (g^{5m-2})\\
p^{\mathrm{IV}} &= (g^4) + (g^9) + (g^{14}) + \cdots + (g^{5m-1}).
\end{aligned}$$

Um die Gleichung zu erhalten, welche diese fünf Werte von p zu Wurzeln hat, betrachten wir zunächst die allgemeinen Werte der Produkte pp', pp'', aus denen sich die Werte der in zwei Gruppen zerfallenden Produkte von je zweien der Wurzeln folgendermafsen ergeben:

$$\begin{aligned}
pp' &= Ap + Bp' + Cp'' + Dp''' + Ep^{\mathrm{IV}}\\
p'p'' &= Ap' + Bp'' + Cp''' + Dp^{\mathrm{IV}} + Ep\\
p''p''' &= Ap'' + Bp''' + Cp^{\mathrm{IV}} + Dp + Ep'\\
p'''p^{\mathrm{IV}} &= Ap''' + Bp^{\mathrm{IV}} + Cp + Dp' + Ep''\\
p^{\mathrm{IV}}p &= Ap^{\mathrm{IV}} + Bp + Cp' + Dp'' + Ep'''.
\end{aligned}$$

$$\begin{aligned}
pp'' &= A'p + B'p' + C'p'' + D'p''' + E'p^{\mathrm{IV}}\\
p'p''' &= A'p' + B'p'' + C'p''' + D'p^{\mathrm{IV}} + E'p\\
p''p^{\mathrm{IV}} &= A'p'' + B'p''' + C'p^{\mathrm{IV}} + D'p + E'p'\\
p'''p &= A'p''' + B'p^{\mathrm{IV}} + C'p + D'p' + E'p''\\
p^{\mathrm{IV}}p' &= A'p^{\mathrm{IV}} + B'p + C'p' + D'p'' + E'p'''.
\end{aligned}$$

In diesen Formeln bezeichnen die Koefficienten $A, A', B, B', \ldots$ solche positive ganze Zahlen oder Nullen, dafs

$$m = A + B + C + D + E = A' + B' + C' + D' + E'$$

ist. Da man ferner stets $S(p) = -1$ hat, so wird die Gleichung in p von der Form:

$$0 = p^5 + p^4 + Pp^3 - Qp^2 + Rp - \Omega = 0.$$

524.

Unsere Aufgabe besteht jetzt darin, dafs man, um analoge Resultate wie in den vorhergehenden Fällen zu erhalten, die Koefficienten P, Q, R, Ω aus der blofsen Kenntnis der Primzahl n von der Form $5m+1$ bestimmen solle.

Man erhält zunächst:
$$S(pp') = (A+B+C+D+E)(p+p'+p''+p'''+p^{\text{IV}}) = -m$$
und analog:
$$S(pp'') = -m.$$
Hieraus folgt:
$$P = S(pp') + S(pp'') = -2m$$
und:
$$S(p^2) = [S(p)]^2 - 2P = 1 + 4m = n - m.$$
Multipliciert man den Wert von pp' mit p'', so erhält man:
$$pp'p'' = App'' + Bp'p'' + Cp''^2 + Dp'''p'' + Ep^{\text{IV}}p''.$$
Läfst man nach und nach die Buchstaben p um eine Stelle vorrücken, so ergeben sich vier andere analoge Gleichungen. Die Summe aller dieser Gleichungen wird:
$$S(pp'p'') = (A+B+D+E)(-m) + C(n-m) = nC - m^2.$$
Multipliciert man in ähnlicher Weise den Wert von pp' mit p^{IV}, so folgt daraus ebenso:
$$S(pp'p^{\text{IV}}) = nE - m^2.$$
Da aber $S(pp'p^{\text{IV}})$ die Summe der nämlichen fünf Glieder ist, aus denen $S(pp'p'')$ besteht, so erhält man allgemein:
$$E = C.$$

Ein andrer Wert derselben Summe wird gefunden, wenn man pp'' mit p' multipliciert. Es ergiebt sich so $S(pp'p'') = nB' - m^2$, folglich:
$$B' = C = E.$$
Ebenso lassen sich drei Ausdrücke für die Summe $S(pp'p''')$ finden. Der erste, welcher aus der Multiplikation von pp' mit p''' entspringt, ist:
$$S(pp'p''') = nD - m^2.$$
Der zweite, welcher aus der Multiplikation von pp''' mit p' entspringt, ist:
$$S(pp'p''') = nE' - m^2.$$
Der dritte, welcher aus der Multiplikation von $p'p'''$ mit p entspringt, ist:
$$S(pp'p''') = nD' - m^2.$$
Mithin ergiebt sich:
$$D' = E' = D.$$

Durch ein ähnliches Verfahren findet man:

$$S(p^2p') = nA - m^2, \quad S(p^2p'') = nA' - m^2$$
$$S(pp'^2) = nB - m^2, \quad S(pp''^2) = nC' - m^2.$$

Hiernach gehen die allgemeinen Werte von pp' und pp'' über in:

$$pp' = Ap + Bp' + Cp'' + Dp''' + Cp^{IV}$$
$$pp'' = A'p + Cp' + C'p'' + Dp''' + Dp^{IV},$$

so dafs also nur noch sechs unbestimmte Koefficienten A, B, C, D, A', C' übrig bleiben, zwischen denen überdies noch die beiden Gleichungen bestehen:

$$A + B + 2C + D = m$$
$$A' + C' + C + 2D = m.$$

Da man $S(pp'p'') = nC - m^2$ und $S(pp'p''') = nD - m^2$ gefunden hat, und die Summe dieser beiden Gröfsen gerade die Summe der Produkte von je drei Wurzeln p darstellt, so hat man ferner die Gleichung:

$$Q = n(C + D) - 2m^2.$$

525.

Um nun andere Beziehungen zwischen den noch zu bestimmenden Koefficienten aufzufinden, bringe ich zunächst den Wert von pp' auf die folgende Form:

$$pp' = -C + (A - C)p + (B - C)p' + (D - C)p'''.$$

Multipliciert man sodann beiderseits mit p'', und ersetzt darauf die Produkte pp'', $p'p''$, $p'''p''$ durch ihre linearen Werte, so erhält man:

$$\begin{aligned} pp'p'' = -Cp'' &+ (A - C)(A'p + Cp' + C'p'' + Dp''' + Dp^{IV}) \\ &+ (B - C)(Ap' + Bp'' + Cp''' + Dp^{IV} + Cp) \\ &+ (D - C)(Ap'' + Bp''' + Cp^{IV} + Dp + Cp'). \end{aligned}$$

Ebenso erhält man, wenn man den Wert von $p'p''$ mit p multipliciert:

$$\begin{aligned} pp'p'' = -Cp &+ (A - C)(Ap + Bp' + Cp'' + Dp''' + Cp^{IV}) \\ &+ (B - C)(A'p + Cp' + C'p'' + Dp''' + Dp^{IV}) \\ &+ (D - C)(Ap^{IV} + Bp + Cp' + Dp'' + Cp'''). \end{aligned}$$

Vergleicht man diese beiden Werte, so findet man, dafs die Koefficienten von p', p''', p^{IV} identisch sind, und dafs die beiden andern zu derselben Bedingungsgleichung führen, nämlich:

$$(A - B)A' = C^2 - C(A + 2B - D + 1) + A^2 + BD - D^2.$$

Sucht man endlich zwei lineare Werte für das Produkt $pp'p'''$, indem man einmal pp' mit p''', das andere Mal pp''' mit p' multipliciert, so führt die Vergleichung der beiden Ausdrücke zu einer neuen Bedingungsgleichung, nämlich:

$$A'C' = -AB + (A + B - D)^2 + C^2 - CD + D^2 - C - D.$$

Andere Versuche, die wir durch Vergleichung der Werte der Produkte von vier Buchstaben angestellt haben, haben kein Resultat weiter ergeben. Demnach haben wir zur Bestimmung der sechs Unbekannten A, B, C, D, A', C', nur die beiden vorstehenden Gleichungen und die beiden früher gefundenen, wodurch die Aufgabe ziemlich unbestimmt bleibt. Jedoch werden wir sehen, dafs man, wenn man die beiden letzten Gleichungen auf eine geeignete Form bringt, aus ihnen entweder eine bestimmte Lösung der Aufgabe oder zwei Lösungen ableiten kann, deren Unterschied nur auf der Menge der Werte, welche für die primitive Wurzel g genommen werden dürfen, beruht, aber keinen Einflufs übt auf die Koefficienten der Gleichung in p.

526.

Wir haben noch die Koefficienten R und Ω dieser Gleichung zu bestimmen. Zu dem Zwecke nehmen wir den oben für $pp'p''$ gefundenen Wert wieder auf und bringen denselben auf die Form:

$$pp'p'' = M + M'p + M''p' + M'''p''.$$

Dabei ist gesetzt:

$$\begin{aligned}
M &= C^2 + CD - D(A + B) = C^2 + 3CD + D^2 - mD \\
M' &= A'(B - C) + (A - C)(A - D) + C^2 - BC - C \\
M'' &= (A - D)(B - D) - (C - D)^2 \\
M''' &= C'(B - C) + A(C - D) + D(D - B).
\end{aligned}$$

Multipliciert man den Wert von $pp'p''$ mit p''', und wendet man das Zeichen S auf beide Seiten an, so findet man:

$$S(pp'p''p''') \text{ oder } R = -M + (M' + M'' + M''')(-m).$$

Die Gleichung

$$pp'p'' = M + M'p + M''p' + M'''p''$$

aber giebt:

$$S(pp'p'') = 5M - M' - M'' - M''' = nC - m^2;$$

mithin:

$$M' + M'' + M''' = 5M - nC + m^2,$$

folglich:

$$R = mn(C + D) - n(C^2 + 3CD + D^2) - m^3.$$

Um den Wert des letzten Koefficienten $\Omega = pp'p''p'''p^{IV}$ zu erhalten, multipliciere ich den Wert von $pp'p''$ mit $p'''p^{IV}$ und wende auf beide Seiten das Zeichen S an; dadurch wird $S(pp'p''p'''p^{IV})$ oder

$$5\Omega = MS(p'''p^{IV}) + M'S(pp'''p^{IV}) + M''S(p'p'''p^{IV}) + M'''S(p''p'''p^{IV}).$$

Substituiert man nun die bekannten Werte:

$$\begin{aligned} S(p'''p^{IV}) &= -m \\ S(pp'''p^{IV}) &= S(pp'p'') = nC - m^2 \\ S(p'p'''p^{IV}) &= S(pp'p''') = nD - m^2 \\ S(p''p'''p^{IV}) &= S(pp'p'') = nC - m^2, \end{aligned}$$

so erhält man:

$$5\Omega = -mM + (M' + M''')(nC - m^2) + M''(nD - m^2),$$

und hieraus ergiebt sich:

$$\Omega = \frac{1}{5}(nW - m^4),$$

wenn

$$\begin{aligned} W = -C^2 + mC(2C + D) - 2C^3 + (A + B)^2(2C + D) \\ + (AB + 2CD)(D - C) \end{aligned}$$

gesetzt wird. Man braucht daher nur die vier Koefficienten A, B, C, D zu kennen oder nur drei von ihnen, da $A + B + 2C + D = m$ ist; alsdann wird die Gleichung fünften Grades in p vollständig bestimmt sein.

527.

Um jetzt zur Bestimmung dieser Koefficienten überzugehen, bemerke ich, dafs die Gleichungen in No. 525 auf die folgende Form gebracht werden können:

$$\begin{aligned} 16n = 50(A' - C')^2 + 50(A - B)^2 + 125(C - D)^2 \\ + (25C + 25D - 2n - 2)^2 \end{aligned}$$

$$(A - B)^2 - 2(A - B)(A' - C') = 4C + 5(C - D)^2 - (5C - m)^2.$$

Setzt man:

$$C + D = a, \quad C - D = b, \quad A - B = y, \quad A' - C' = z,$$

so findet man zunächst mittelst der ersten Gleichung, dafs die Grenzen für a die folgenden sind:

$$a > \frac{2}{25}(n + 1 - 2\sqrt{n}), \quad a < \frac{2}{25}(n + 1 + 2\sqrt{n}).$$

Man hat demnach für a der Reihe nach alle ganzen, zwischen diesen beiden Grenzen liegenden Zahlen versuchsweise zu setzen. Macht man dann:

$$8a - (5a - 2m)^2 = F,$$

so erhält man die Gleichung:

$$y^2 + z^2 = \frac{1}{2}(F - 5b^2).$$

Man mufs daher für jeden Wert von a die Zahl b von derselben Art nehmen wie a und kleiner als $\sqrt{\frac{1}{5}F}$; ferner darf die Zahl $\frac{1}{2}(F - 5b^2)$, da sie den Wert von $y^2 + z^2$ darstellt, als Faktor keine ungerade Potenz einer Primzahl von der Form $4i - 1$ enthalten. Sind diese ersten Bedingungen erfüllt, so kann man die Werte von y und z auf eine oder mehrere Arten bestimmen und hat dann nur noch der Gleichung

$$G = y^2 - 2yz$$

Genüge zu leisten, in welcher

$$G = 4C + 5b^2 - (5C - m)^2 \quad \text{und} \quad C = \frac{1}{2}(a + b)$$

gesetzt ist.

528.

Erstes Beispiel.

Ist $n = 41$, $m = 8$, so sind die Grenzen von a: $a > 2{,}3$ und $a < 4{,}4$. Es sind daher die versuchsweise für a zu setzenden Werte $a = 3$ und $a = 4$.

Ist zuerst $a = 4$, so wird $F = 32 - 4^2 = 16$, ferner b gerade und $< \sqrt{\frac{16}{5}}$, mithin $b = 0$ und $y^2 + z^2 = 8$. Dieser Gleichung genügt man, wenn man $y = 2$, $z = \pm 2$ setzt (man braucht nämlich nicht $y = -2$ zu nehmen, da sich hierfür kein anderes Resultat ergiebt, wie für $y = 2$). Mittelst der Werte $a = 4 = C + D$, $b = 0 = C - D$ erhält man dann:

$$C = D = 2 \quad \text{und} \quad G = 4C + 5b^2 - (5C - m)^2 = 4.$$

Alsdann aber ist die Gleichung $G = y^2 - 2yz$, welche in $4 = 4 \pm 8$ übergeht, nicht erfüllt. Es kann somit der Wert $a = 4$ nicht stattfinden.

Wir haben also noch den Wert $a = 3$ zu versuchen; derselbe ergiebt $F = 23$, b ungerade und $< \sqrt{\frac{23}{5}}$, somit $b = 1$ und $y^2 + z^2 = 9$.

Hierdurch erhält man die beiden Lösungen $y = 3$, $z = 0$ und $y = 0$, $z = \pm 3$. Die zweite genügt nicht der Gleichung $G = y^2 - 2yz$, in welcher $G = 9$ ist. Mithin mufs die erste stattfinden. In der That geben die Gleichungen $C + D = 3$, $C - D = 1$ die Werte

$$C = 2, \quad D = 1, \quad G = 8 + 5 - 4 = 9,$$

und da $y = 3$, $z = 0$ ist, so ist auch die Gleichung

$$y^2 - 2yz = 9 = G$$

erfüllt.

Man erhält daher als einzige Lösung die Werte:

$$C = 2, \quad D = 1, \quad A + B = m - 2C - D = 3, \quad A - B = y = 3,$$

somit $A = 3$, $B = 0$. Berechnet man mit Hülfe dieser Werte die Koefficienten Q, R, Ω der Gleichung in p, so wird diese Gleichung für den Fall $n = 41$:

$$p^5 + p^4 - 16p^3 + 5p^2 + 21p - 9 = 0.$$

529.

Zweites Beispiel.

Ist $n = 641$, $m = 128$, so sind die Grenzen von a:

$$\frac{2}{25}(642 \pm 2\sqrt{641}).$$

Man hat daher der Reihe nach $a = 48, 49, 50, 51, 52, 53, 54, 55$ zu setzen und für jeden Wert von a den Wert von b gleichartig mit a und kleiner als $\sqrt{\frac{1}{5}F}$ anzunehmen. Man sieht sodann nach, ob sich $\frac{1}{2}(F - 5b^2)$, welches der Wert von $y^2 + z^2$ ist, in zwei Quadrate zerlegen läfst, was erfordert, dafs diese Zahl keine ungerade Potenz einer Primzahl von der Form $4i - 1$ als Faktor besitze. Ist diese Bedingung erfüllt, so bleibt noch zu untersuchen, ob die Bedingung $G = y^2 - 2yz$ erfüllt ist.

In der folgenden Tafel sind die Einzelheiten aller dieser Rechnungen zusammengefafst:

a	b, C, D,	F	y^2+z^2	y, z	G	y^2-2yz
48	0, 24, 24	128	64	8, 0	32	64
				0, ± 8		0
	2, 25, 23		54			
	4, 26, 22		24			
49	1, 25, 24	271	133			
	3, 26, 23		113	7, ± 8	145	49 ∓ 112
	5, 27, 22		73	3, ± 8	184	9 ∓ 48
	7, 28, 21		13	3, ± 2	213	9 ∓ 12
50	0, 25, 25	364	182			
	2, 26, 24		172			
	4, 27, 23		142			
	6, 28, 22		92			
	8, 29, 21		22			
51	1, 26, 25	407	201			
	3, 27, 24		181	10, ± 9	104	100 ∓ 180
	5, 28, 23		141			
	7, 29, 22		81	0, ± 9	72	0
	9, 30, 21		1	1, 0	41	1
				10, ± 10		100 ∓ 200
52	0, 26, 26	400	200	14, ± 2	100	196 ∓ 56
				2, ± 14		4 ∓ 56
	2, 27, 25		190			
	4, 28, 24		160	12, ± 4	48	144 — 96 (Lösung)
				4, ± 12		16 ∓ 96
	6, 29, 23		110			
	8, 30, 22		40	6, ± 2	— 44	36 ∓ 24
				2, ± 6		4 ∓ 24
53	1, 27, 26	343	169	12, ± 5	64	144 ∓ 120
	3, 28, 25		149	7, ± 10	13	49 ∓ 140
	5, 29, 24		109	10, ± 3	— 48	100 ∓ 60
	7, 30, 23		49	7, 0	— 119	49
54	0, 27, 27	236	118			
	2, 28, 26		108			
	4, 29, 25		78			
	6, 30, 24		28			
55	1, 28, 27	79	37	1, ± 6	— 27	1 ∓ 12
	3, 29, 26		17	4, ± 1	— 128	16 ∓ 18.

Man sieht aus dieser Tafel, dafs nur in einem einzigen Falle die Gleichung $G = y^2 - 2yz$ befriedigt ist. In diesem Falle ist:

$$C = 28, \quad D = 24, \quad A + B = m - 2C - D = 48, \quad A - B = 12,$$
$$A = 30, \quad B = 18.$$

Berechnet man mittelst dieser Werte die Koefficienten Q, R, Ω, so erhält man für den Fall $n = 641$ die gesuchte Gleichung:

$$p^5 + p^4 - 256p^3 - 564p^2 + 5328p - 5120 = 0.$$

Wir bemerken noch im Allgemeinen, dafs mehrere Lösungen zu einem und demselben Resultate führen können, weil die durch A, B, C, D bezeichneten Koefficienten von der zu ihrer Bildung gewählten primitiven Wurzel g abhängen. Indessen beschränken sich alle Veränderungen darauf, dafs eine Vertauschung zwischen C und D stattfindet, wodurch sich zu gleicher Zeit A und B resp. in A' und C' verwandeln, so dafs $A - B$ in $A' - C'$ übergeht. Die Werte der Koefficienten Q und R ändern sich durch die Vertauschung zwischen C und D nicht. Was den Koefficienten Ω betrifft, so kann man in dem Ausdruck desselben gleichzeitig C in D, D in C, $A + B$ in $A' + C'$ oder $m - 2D - C$ und AB in $A'C'$ umändern. Denn setzt man die beiden Ausdrücke einander gleich, so erhält man die Bedingungsgleichung:

$$AB + A'C' = m^2 - (4m + 1)(C + D) + 5C^2 + 7CD + 5D^2,$$

die wir schon oben (No. 525) gefunden haben.

§ 3.

Anwendung der Theorie auf numerische Beispiele.

530.

Erstes Beispiel. $n = 7$.

Da die kleinste Zahl, welche der Gleichung $g^3 + 1 = \mathfrak{M}(7)$ genügt, $g = 3$ ist, so mufs man die Reihe der Potenzen von 3 bilden, indem man die Vielfachen von 7 wegläfst. Diese Reihe ist:

$$1, \quad 3, \quad 2, \quad 6, \quad 4, \quad 5.$$

Mithin müssen die Potenzen von r, welche die sechs Wurzeln der Gleichung $X = 0$ oder der Gleichung

$$x^6 + x^5 + x^4 + x^3 + x^2 + x + 1 = 0$$

bilden, in folgender Anordnung genommen werden:

$$r^1, \quad r^3, \quad r^2, \quad r^6, \quad r^4, \quad r^5.$$

Ihre Summe bildet die Periode von sechs Gliedern, welche durch $(6:1)$ oder durch $(1, 3, 2, 6, 4, 5)$ bezeichnet wurde.

Diese Periode zerfällt in drei andere von zwei Gliedern $(2:1)$, $(2:3)$, $(2:2)$, welche wir einfacher durch p, p', p'' bezeichnen, und deren Werte sind:

$$\begin{aligned} p &= r^1 + r^6 \\ p' &= r^3 + r^4 \\ p'' &= r^2 + r^5. \end{aligned}$$

Hieraus erhält man unmittelbar, wenn man beachtet, daſs $r^7 = 1$ ist:

$$\begin{aligned} pp' &= r^4 + r^2 + r^5 + r^3 = p' + p'' \\ p'p'' &= r^5 + r^6 + r + r^2 = p'' + p \\ p''p &= r^3 + r + r^6 + r^4 = p + p'. \end{aligned}$$

Dies giebt zunächst:

$$S(pp') = 2(p + p' + p'') = -2.$$

Multipliciert man sodann den Wert von pp' mit p'', so folgt:

$$pp'p'' = p'p'' + p''^2 = p'' + p + r^4 + 2 + r^3 = 2 + p + p' + p'' = 1.$$

Mithin ist die Gleichung dritten Grades, deren Wurzeln p, p', p'' sind:

$$p^3 + p^2 - 2p - 1 = 0. \qquad (A)$$

Ist diese Gleichung, deren drei Wurzeln reell sind, nach den gewöhnlichen Regeln aufgelöst, so kennt man die Gröſsen:

$$\begin{aligned} p &= r + r^6 = 2\cos\frac{2k\pi}{7} \\ p' &= r^3 + r^4 = 2\cos\frac{6k\pi}{7} \\ p'' &= r^2 + r^5 = 2\cos\frac{4k\pi}{7}. \end{aligned}$$

Hierin ist k eine beliebige, durch 7 nicht teilbare Zahl. Setzt man $k = 1$, so sind die Wurzeln:

$$\begin{aligned} p &= 2\cos\frac{2\pi}{7}, \\ p' &= 2\cos\frac{6\pi}{7} = -2\cos\frac{\pi}{7}, \\ p'' &= 2\cos\frac{4\pi}{7} = -2\cos\frac{3\pi}{7}, \end{aligned}$$

von denen die erste positiv, die beiden andern negativ sind.

Es stellt demnach die positive Wurzel der Gleichung (A) den Wert von $2\cos\frac{2\pi}{7}$ dar; daraus folgt unmittelbar die Wurzel:

$$r = \cos\frac{2\pi}{7} + \sqrt{-1}\sin\frac{2\pi}{7}.$$

Sodann bestimmen sich die fünf andern Wurzeln der Gleichung $X = 0$ durch die aufeinanderfolgenden Potenzen r^2, r^3, r^4, r^5, r^6.

Kennt man eine Wurzel der Gleichung (A), und bezeichnet man dieselbe durch p, so erhält man die andern mittelst einer rationalen Formel, wie folgt:

$$p'' = p^2 - 2 \qquad = - \frac{1}{1+p}$$

$$p' = 1 - p - p^2 = -1 - \frac{1}{p}.$$

Dies stimmt mit den trigonometrischen Werten dieser Wurzeln überein.

Übrigens ist diese Lösung für den Fall $n = 7$ vollständig derjenigen analog, die man mittelst der gewöhnlichen Methoden erhalten würde. Da nämlich die Gleichung $X = 0$ zu denen gehört, welche man reciproke nennt, oder in denen man $\frac{1}{x}$ für x setzen kann, so läfst sich dieselbe durch die Substitution $x^2 + 1 = zx$ auf den dritten Grad zurückführen, und zwar wird sie:

$$z^3 + z^2 - 2z - 1 = 0.$$

Dies ist dieselbe Gleichung wie (A). Von derselben haben wir oben in No. 105 die numerische Auflösung mittelst der Kettenbrüche gegeben.

531.

Zweites Beispiel. $n = 11$.

Wir nehmen in diesem Falle die primitive Wurzel $g = 2$, welche der Gleichung $g^5 = -1$ genügt, und bilden mittelst der Potenzen von 2 die Reihe der zehn Wurzeln der Gleichung $X = 0$, wodurch wir die Periode

$$(10:1) \text{ oder } (1, 2, 4, 8, 5, 10, 9, 7, 3, 6)$$

erhalten. Diese Periode zerfällt in fünf andere von zwei Gliedern, nämlich:

$$p = r + r^{10}$$
$$p' = r^2 + r^9$$
$$p'' = r^4 + r^7$$
$$p''' = r^3 + r^8$$
$$p^{\mathrm{IV}} = r^5 + r^6,$$

und diese Werte geben unmittelbar die Gleichungen:

$$p^2 = 2 + p', \quad pp' = p + p''', \quad pp'' = p''' + p^{\mathrm{IV}}.$$

Hieraus leitet man alle diejenigen ab, welche die Produkte von zwei Dimensionen durch lineare Werte ausdrücken, nämlich:

$$\begin{array}{lll} p^2 = 2 + p', & pp' = p + p''', & pp'' = p''' + p^{IV} \\ p'^2 = 2 + p'', & p'p'' = p' + p^{IV}, & p'p''' = p^{IV} + p \\ p''^2 = 2 + p''', & p''p''' = p'' + p, & p''p^{IV} = p + p' \\ p'''^2 = 2 + p^{IV}, & p'''p^{IV} = p''' + p', & p'''p = p' + p'' \\ p^{IV\,2} = 2 + p, & p^{IV}p = p^{IV} + p'', & p^{IV}p' = p'' + p'''. \end{array}$$

Aus diesen Formeln ergeben sich die Werte von vier Wurzeln ausgedrückt als Funktionen der fünften, nämlich:

$$\begin{aligned} p' &= p^2 - 2 \\ p'' &= p^4 - 4p^2 + 2 \\ p''' &= p^3 - 3p \\ p^{IV} &= p^5 - 5p^3 + 5p. \end{aligned}$$

Substituiert man diese Werte in die Gleichung

$$0 = 1 + p + p' + p'' + p''' + p^{IV},$$

so erhält man die Gleichung fünften Grades:

$$p^5 + p^4 - 4p^3 - 3p^2 + 3p + 1 = 0, \qquad (A)$$

deren Wurzeln gleich

$$2\cos\frac{2\pi}{11}, \quad 2\cos\frac{4\pi}{11}, \quad -2\cos\frac{5\pi}{11}, \quad -2\cos\frac{3\pi}{11}, \quad -2\cos\frac{\pi}{11}$$

sein müssen. Die gröfste der beiden positiven Wurzeln dieser Gleichung stellt daher den Wert von $2\cos\frac{2\pi}{11}$ dar. Aus diesem ergiebt sich die Wurzel:

$$r = \cos\frac{2\pi}{11} + \sqrt{-1}\,\sin\frac{2\pi}{11},$$

und hieraus erhält man wieder die neun andern Wurzeln der Gleichung $X = 0$.

Wir haben, um zu vorstehendem Resultat zu gelangen, die allgemeine Methode angewendet; man würde aber einfacher dazu gelangt sein, wenn man in der Gleichung $X = 0$ die Substitution $x^2 + 1 = px$ gemacht hätte.

Bisher ist es nicht recht ersichtlich geworden, worin der Vorteil der neuen Methode bei der Auflösung der Gleichung $x^n - 1 = 0$ besteht. Dieser Vorteil wird sich aber bei den folgenden Beispielen deutlicher zeigen.

532.

Drittes Beispiel. $n = 13$.

Mittelst der primitiven Wurzel $g = 2$, welche der Gleichung $g^6 = -1$ oder $g^6 + 1 = \mathfrak{M}(13)$ genügt, bildet man die Reihe der Exponenten von r in der Anordnung 1, 2, 4, 8, 3, 6, 12, 11, 9, 5, 10, 7, welche zugleich diejenige der den Wurzeln der Gleichung $X = 0$ gleichen Potenzen ist. Diese Wurzeln, in Zwischenräumen von je dreien genommen, bilden drei Perioden von vier Gliedern, die wir, indem wir uns darauf beschränken, die Exponenten der in ihnen auftretenden Potenzen von r anzugeben, folgendermaſsen bezeichnen:

$$p = (4:1) = (1,\ 8,\ 12,\ \ 5)$$
$$p' = (4:2) = (2,\ 3,\ 11,\ 10)$$
$$p'' = (4:4) = (4,\ 6,\ \ 9,\ \ 7).$$

Hieraus folgt nach dem Satze des Artikel 500:

$$pp' = p + 2p' + p'' = -1 + p'$$
$$p^2 = 4 + p' + 2p'' = 3 - p + p''.$$

Jede dieser Gleichungen liefert zwei andere; indessen braucht man dieselben nur mit der gewöhnlichen Gleichung $0 = 1 + p + p' + p''$ zu verbinden, um die Gleichung zu erhalten:

$$p^3 + p^2 - 4p + 1 = 0. \qquad (A)$$

Diese Gleichung dient zur Bestimmung der drei Wurzeln p, p', p''. Kennt man eine dieser Wurzeln, welche mit p bezeichnet werden möge, so findet man die beiden andern unmittelbar aus den Formeln:

$$p' = \frac{1}{1-p} = 2 - 2p - p^2$$
$$p'' = \frac{1}{1-p'} = 1 - \frac{1}{p} = p^2 + p - 3.$$

Jetzt müssen wir wieder jede Periode von vier Gliedern in zwei andere von zwei Gliedern zerlegen, nämlich*):

*) Bei der Bezeichnung der Indices von q wird man dieselbe Reihenfolge bemerken, die man angewendet haben würde, wenn man in der alle Wurzeln enthaltenden Periode (12 : 1) oder (1, 2, 4, 8, . . . 10, 7) die Glieder in Zwischenräumen von je sechsen genommen hätte, wodurch die Reihe der Perioden von zwei Gliedern $q = (1:12)$, $q' = (2:11)$, . . . entstanden wäre. Es liegt daher keine Willkür in dieser Bezeichnung. Anm. d. Verf.

$$p = q + q''', \quad \begin{cases} q = (1:12) = r^1 + r^{12} \\ q''' = (8:\ 5) = r^8 + r^5 \end{cases}$$

$$p' = q' + q^{IV}, \quad \begin{cases} q' = (2:11) = r^2 + r^{11} \\ q^{IV} = (3:10) = r^3 + r^{10} \end{cases}$$

$$p'' = q'' + q^{V}, \quad \begin{cases} q'' = (4:\ 9) = r^4 + r^9 \\ q^{V} = (6:\ 7) = r^6 + r^7. \end{cases}$$

Man findet ferner die Produkte:

$$qq''' = q'' + q^V = p'', \quad q'q^{IV} = p, \quad q''q^V = p'.$$

Daher sind

q und q''' die Wurzeln der Gleichung: $q^2 - pq + p'' = 0$

q' und q^{IV} " " " " $q^2 - p'q + p = 0$

q'' und q^V " " " " $q^2 - p''q + p' = 0.$

Ferner sieht man leicht, dafs, wenn man für p'' die negative Wurzel der Gleichung (A) nimmt, die Gleichung $q^2 - pq + p'' = 0$ die beiden Wurzeln $q = 2\cos\frac{2\pi}{13}$, $q''' = -2\cos\frac{3\pi}{13}$ besitzt. Aus der positiven Wurzel q dieser Gleichung bildet man dann eine Wurzel der Gleichung $X = 0$, nämlich:

$$r = \cos\frac{2\pi}{13} + \sqrt{-1}\sin\frac{2\pi}{13},$$

und diese ergiebt sodann alle andern durch ihre aufeinanderfolgenden Potenzen $r, r^2, r^3, \ldots r^{12}$.

Handelt es sich nur um die Teilung des Kreises in 13 gleiche Teile, so braucht man nur die Wurzel $q = 2\cos\frac{2\pi}{13}$ zu kennen, die man, in Übereinstimmung mit der allgemeinen Theorie, aus der Auflösung der Gleichung (A) vom dritten Grade und derjenigen der Gleichung zweiten Grades $q^2 - pq + p'' = 0$ erhält.

533.

Viertes Beispiel. $n = 17$.

Der primitiven Wurzel $g = 3$ gemäfs, welche der Gleichung

$$g^8 + 1 = \mathfrak{M}(17)$$

genügt, müssen die Potenzen von r, welche die Wurzeln der Gleichung $X = 0$ sind, nach der Reihenfolge der Exponenten

1, 3, 9, 10, 13, 5, 15, 11; 16, 14, 8, 7, 4, 12, 2, 6

geordnet werden. Diese Wurzeln zerfallen in zwei Perioden (8 : 1) und (8 : 3), deren Werte, wenn die Potenzen von r nur durch ihre Exponenten angedeutet werden, die folgenden sind:

$$p = (8:1) = (1,\ 9,\ 13,\ 15,\ 16,\ 8,\ 4,\ 2)$$
$$p' = (8:3) = (3,\ 10,\ 5,\ 11,\ 14,\ 7,\ 12,\ 6).$$

Diese Werte geben:

$$\begin{aligned} pp' &= (8:\ 4) + (8:11) + (8:\ 6) + (8:12) \\ &\quad + (8:15) + (8:\ 8) + (8:13) + (8:\ 7) \\ &= 4p + 4p' = -4. \end{aligned}$$

Mithin sind die beiden Gröfsen p und p' die Wurzeln der Gleichung:

$$p^2 + p - 4 = 0.$$

Sodann mufs man die Periode p oder (8 : 1) in zwei andere von vier Gliedern (4 : 1) und (4 : 9), die wir mit q und q'' bezeichnen, und ebenso die Periode p' oder (8 : 3) in zwei andere (4 : 3) und (4 : 10), welche mit q' und q''' bezeichnet sein mögen, folgendermafsen zerlegen:

$$p = q + q'', \quad \begin{cases} q = (\ 1,\ 13,\ 16,\ 4) \\ q'' = (\ 9,\ 15,\ 8,\ 2) \end{cases}$$
$$p' = q' + q''', \quad \begin{cases} q' = (\ 3,\ 5,\ 14,\ 12) \\ q''' = (10,\ 11,\ 7,\ 6). \end{cases}$$

Hieraus folgt:

$$\begin{aligned} qq'' &= (4:10) + (4:16) + (4:9) + (4:3) \\ &= q''' + q + q'' + q' = p' + p = -1 \end{aligned}$$

und analog $q'q''' = -1$. Mithin sind

q und q'' die Wurzeln der Gleichung: $q^2 - pq - 1 = 0$

q' und q''' „ „ „ „ $q^2 - p'q - 1 = 0$.

Endlich zerfällt jede Periode von vier Gliedern in zwei Perioden von zwei Gliedern, die wir folgendermafsen bezeichnen:

$$q = t + t^{\mathrm{IV}}, \quad \begin{Bmatrix} t = r^1 + r^{16} \\ t^{\mathrm{IV}} = r^{13} + r^4 \end{Bmatrix}, \quad tt^{\mathrm{IV}} = q', \quad t^2 - qt + q' = 0$$

$$q' = t' + t^{\mathrm{V}}, \quad \begin{Bmatrix} t' = r^3 + r^{14} \\ t^{\mathrm{V}} = r^5 + r^{12} \end{Bmatrix}, \quad t't^{\mathrm{V}} = q'', \quad t^2 - q't + q'' = 0$$

$$q'' = t'' + t^{\mathrm{VI}}, \quad \begin{Bmatrix} t'' = r^9 + r^8 \\ t^{\mathrm{VI}} = r^{15} + r^2 \end{Bmatrix}, \quad t''t^{\mathrm{VI}} = q''', \quad t^2 - q''t + q''' = 0$$

$$q''' = t''' + t^{\mathrm{VII}}, \quad \begin{Bmatrix} t''' = r^{10} + r^7 \\ t^{\mathrm{VII}} = r^{11} + r^6 \end{Bmatrix}, \quad t'''t^{\mathrm{VII}} = q, \quad t^2 - q'''t + q = 0.$$

534.

Bei der Auflösung dieser Gleichungen sind drei Zweideutigkeiten unvermeidlich*), nämlich:

eine in dem aus der Gleichung $p^2 + p - 4 = 0$ abgeleiteten Werte von p,

eine in dem aus der Gleichung $q^2 - pq - 1 = 0$ abgeleiteten Werte von q,

eine in dem aus der Gleichung $t^2 - qt + q' = 0$ abgeleiteten Werte von t.

Hieraus ergeben sich acht verschiedene Werte von t, was im Einklang steht mit dem gegenwärtigen Stand der Sache. Denn da man allgemein

$$r = \cos\frac{2k\pi}{17} + \sqrt{-1}\sin\frac{2k\pi}{17}$$

und somit

$$t = 2\cos\frac{2k\pi}{17}$$

hat, so kann man k nach Belieben die Werte 1, 2, 3, 4, 5, 6, 7, 8 beilegen, wodurch sich für t die acht Werte ergeben:

$$2\cos\frac{2\pi}{17}, \quad 2\cos\frac{4\pi}{17}, \quad 2\cos\frac{6\pi}{17}, \quad 2\cos\frac{8\pi}{17},$$

$$2\cos\frac{10\pi}{17}, \quad 2\cos\frac{12\pi}{17}, \quad 2\cos\frac{14\pi}{17}, \quad 2\cos\frac{16\pi}{17}.$$

Eine gröfsere Anzahl giebt es nicht, da $17 - k$ und allgemein $17i \pm k$ zu demselben Resultate führt wie k.

Um die Resultate in Zahlen auszudrücken, kann man zunächst $t = 2\cos\omega$ setzen, wo ω den Bogen $\frac{2k\pi}{17}$ bedeutet. Dies giebt:

$$t = 2\cos\omega, \quad t' = 2\cos 3\omega, \quad t'' = 2\cos 9\omega, \quad t''' = 2\cos 7\omega$$

$$t^{\mathrm{IV}} = 2\cos 13\omega, \quad t^{\mathrm{V}} = 2\cos 5\omega, \quad t^{\mathrm{VI}} = 2\cos 15\omega, \quad t^{\mathrm{VII}} = 2\cos 11\omega.$$

Substituiert man diese Werte in die Werte von q, so erhält man:

$$\begin{aligned}
q &= 2\cos\omega + 2\cos 13\omega = 4\cos 6\omega\cos 7\omega \\
q' &= 2\cos 3\omega + 2\cos 5\omega = 4\cos\omega\cos 4\omega \\
q'' &= 2\cos 9\omega + 2\cos 15\omega = 4\cos 3\omega\cos 12\omega \\
q''' &= 2\cos 7\omega + 2\cos 11\omega = 4\cos 2\omega\cos 9\omega.
\end{aligned}$$

*) Eine weitere Zweideutigkeit ist nicht zu befürchten. Denn ist p bestimmt, so folgt daraus $p' = -1 - p$; ist q bekannt, so erhält man die drei andern q', q'', q''', indem sich dieselben als Funktionen von q darstellen lassen; ist ebenso t bekannt, so ergeben sich daraus t', t'', ... Anm. d. Verf.

Endlich folgt aus diesen:

$$p = 4\cos 6\omega \cos 7\omega + 4\cos 3\omega \cos 12\omega$$
$$p' = 4\cos \omega \cos 4\omega + 4\cos 2\omega \cos 9\omega.$$

535.

Diese Formeln gelten, ohne dafs k ein besonderer Wert beigelegt würde. Setzt man $k = 1$, so wird $\omega = \frac{2\pi}{17}$, und man erkennt unmittelbar und ohne Rechnung, dafs q und q' positiv, q'' und q''' dagegen negativ sind. Zugleich hat man:

$$p = 4\cos\frac{3\pi}{17}\cos\frac{5\pi}{17} - 4\cos\frac{6\pi}{17}\cos\frac{7\pi}{17}$$
$$p' = 4\cos\frac{2\pi}{17}\cos\frac{8\pi}{17} - 4\cos\frac{\pi}{17}\cos\frac{4\pi}{17},$$

und diese Formeln zeigen, dafs p positiv und p' negativ ist. Diese Andeutungen reichen aus, um die Lösung so einzurichten, dafs jede Zweideutigkeit vermieden wird.

Da nämlich p und p' die Wurzeln der Gleichung $p^2 + p - 4 = 0$ sind, so erhält man:

$$p = -\frac{1}{2} + \frac{1}{2}\sqrt{17}$$
$$p' = -\frac{1}{2} - \frac{1}{2}\sqrt{17}.$$

Da ferner die Gleichung $q^2 - pq - 1 = 0$ die Gröfsen q und q'' zu Wurzeln hat, so folgt:

$$q = \frac{1}{2}p + \frac{1}{2}\sqrt{p^2 + 4}$$
$$q'' = \frac{1}{2}p - \frac{1}{2}\sqrt{p^2 + 4}.$$

Setzt man zur Abkürzung:

$$\alpha = \sqrt{17}, \qquad \beta = \sqrt{2\alpha^2 - 2\alpha},$$

so wird:

$$q = \frac{1}{4}(\alpha - 1 + \beta), \quad q'' = \frac{1}{4}(\alpha - 1 - \beta).$$

Was q' anlangt, welches positiv sein mufs, so kann man dasselbe aus der Gleichung $q^2 - p'q - 1 = 0$ ableiten, welche giebt:

$$q' = \frac{1}{2}p' + \sqrt{\frac{1}{4}p'^2 + 1} = \frac{1}{4}\left[-\alpha - 1 + \sqrt{2\alpha^2 + 2\alpha}\right]$$

oder:

$$q' = \frac{\alpha+1}{16}(\beta - 4).$$

Kennt man die Werte von q und q', so liefert die Gleichung

$$t^2 - qt + q' = 0,$$

welche die Gröfsen $t = 2\cos\frac{2\pi}{17}$, $t^{IV} = 2\cos\frac{8\pi}{17} = 2\sin\frac{\pi}{34}$ zu Wurzeln hat, die Werte:

$$\cos\frac{2\pi}{17} = \frac{1}{4}q + \frac{1}{4}\sqrt{q^2 - 4q'} = \frac{1}{16}(\alpha - 1 + \beta) + \frac{1}{8}\sqrt{(\alpha+3)(\alpha - \frac{1}{2}\beta)}$$

$$\sin\frac{\pi}{34} = \frac{1}{4}q - \frac{1}{4}\sqrt{q^2 - 4q'} = \frac{1}{16}(\alpha - 1 + \beta) - \frac{1}{8}\sqrt{(\alpha+3)(\alpha - \frac{1}{2}\beta)}.$$

Somit erhält man mittelst der Ausziehung von drei Quadratwurzeln den Wert von $2\sin\frac{\pi}{34}$, welcher die Seite des regulären Polygons von 34 Seiten, und den Wert von $2(1 - \cos\frac{2\pi}{17})$, welcher das Quadrat der Seite des regulären Polygons von 17 Seiten darstellt. Zu gleicher Zeit ergiebt sich aus der Formel $x = \cos\frac{2\pi}{17} + \sqrt{-1}\sin\frac{2\pi}{17}$ eine Wurzel der Gleichung $X = 0$, welche dann zur Bestimmung aller andern dient.

536.

Handelte es sich darum, die Gleichung $x^{257} - 1 = 0$ aufzulösen oder den Kreisumfang in 257 gleiche Teile zu teilen, so würde diese Aufgabe kaum schwieriger sein, wie die soeben gelöste; man würde nur vier Gleichungen zweiten Grades mehr aufzulösen haben, so dafs sich ein reguläres Polygon von 257 Seiten einem Kreise in elementargeometrischer Weise ebenso gut einschreiben läfst, wie ein solches von 17 Seiten. Ebenso verhält es sich mit dem regulären Polygon von $2^{16} + 1$ oder 65537 Seiten, das sich ebenfalls auf elementare Weise konstruieren läfst. Dasselbe gilt von den Polygonen von 2^{16} und von $2^{16} - 1$ Seiten, da

$$2^{16} - 1 = (2^8 - 1)(2^8 + 1) = 255 \cdot 257 = 15 \cdot 17 \cdot 257$$

ist.

Wenn man nämlich auf einem gegebenen Kreise C den Bogen, welcher gleich $\frac{1}{15}C$, und den Bogen, welcher gleich $\frac{1}{17}C$ ist, konstruieren kann, so ist ihre Differenz gleich $\frac{2}{255}C$, und die Hälfte dieser Differenz giebt den Bogen, welcher $\frac{1}{255}C$ ist. Kennt man ferner diesen Bogen und den Bogen, welcher gleich $\frac{1}{257}C$ ist, so kennt man auch den Bogen, welcher gleich $\left(\frac{1}{255}-\frac{1}{257}\right)C$ oder $\frac{2}{255\cdot 257}C$ ist, und dessen Hälfte die Seite des regulären Polygons von 65535 Seiten zur Sehne hat.

537.

Fünftes Beispiel. $n=41$.

Wir bringen die Zahl $n-1$ auf die Form $8\cdot 5$ und bilden zunächst die Gleichung fünften Grades, welche die Perioden

$$p=(8:1),\ p'=(8:g),\ p''=(8:g^2),\ p'''=(8:g^3),\ p^{IV}=(8:g^4)$$

zu Wurzeln hat. Die einfachen, in diesen Perioden enthaltenen Wurzeln bestimmen sich mit Hülfe der primitiven Wurzel $g=13$*), welche der Gleichung $g^{20}+1=\mathfrak{M}(41)$ oder einfach $g^{20}\equiv -1$ genügt, ohne dafs $g^4\equiv -1$ wäre, folgendermafsen:

$$\begin{aligned}
p &= (1,\ 38,\ 9,\ 14,\ 40,\ 3,\ 32,\ 27)\\
p' &= (13,\ 2,\ 35,\ 18,\ 28,\ 39,\ 6,\ 23)\\
p'' &= (5,\ 26,\ 4,\ 29,\ 36,\ 15,\ 37,\ 12)\\
p''' &= (24,\ 10,\ 11,\ 8,\ 17,\ 31,\ 30,\ 33)\\
p^{IV} &= (25,\ 7,\ 20,\ 22,\ 16,\ 34,\ 21,\ 19).
\end{aligned}$$

Hieraus erhält man mittelst des Satzes in Artikel 500 die linearen Werte von pp', pp'', p^2 und aller derjenigen Gröfsen, die aus diesen sich ergeben, nämlich:

$$\begin{aligned}
pp' &= 3p+2p''+p'''+2p^{IV}, & pp'' &= 2p+2p'+2p''+p'''+p^{IV}\\
p'p'' &= 3p'+2p'''+p^{IV}+2p, & p'p''' &= 2p'+2p''+2p'''+p^{IV}+p\\
p''p''' &= 3p''+2p^{IV}+p+2p', & p''p^{IV} &= 2p''+2p'''+2p^{IV}+p+p'\\
p'''p^{IV} &= 3p'''+2p+p'+2p'', & p'''p &= 2p'''+2p^{IV}+2p+p'+p''\\
p^{IV}p &= 3p^{IV}+2p'+p''+2p''', & p^{IV}p' &= 2p^{IV}+2p+2p'+p''+p''',
\end{aligned}$$

$$\begin{aligned}
p^2 &= 8+3p'+2p''+2p'''\\
p'^2 &= 8+3p''+2p'''+2p^{IV}\\
p''^2 &= 8+3p'''+2p^{IV}+2p\\
p'''^2 &= 8+3p^{IV}+2p+2p'\\
p^{IV2} &= 8+3p+2p'+2p''.
\end{aligned}$$

*) Von den 16 Werten, welche in diesem Falle die primitive Wurzel haben kann, haben wir den Wert 13 gewählt. Diese 16 Werte sind

$$\pm(6,\ 7,\ 11,\ 12,\ 13,\ 15,\ 17,\ 19).$$

Anm. d. Verf.

Mittelst dieser Gleichungen lassen sich die Werte von p', p'', p''', p^{IV} leicht durch p ausdrücken, wodurch man ziemlich schnell zu der gesuchten Gleichung fünften Grades gelangt.

Verbindet man nämlich den Wert von p^2 mit der Gleichung:

$$0 = 1 + p + p' + p'' + p''' + p^{IV},$$

so ergiebt sich zunächst:

$$p^2 + 2p - 6 = p' - 2p^{IV}.$$

Multipliciert man jede Seite mit p und substituiert dann auf der rechten Seite die linearen Werte von pp' und pp^{IV}, so folgt:

$$p^3 + 2p^2 - 13p - 4 = 4p'' + p'''.$$

Multipliciert man diese wiederum mit p und führt die analogen Vereinfachungen aus, so erhält man:

$$p^4 + 2p^3 - 13p^2 - 8p + 6 = 3p' + 3p''.$$

Wird auch diese noch mit p multipliciert, so entsteht:

$$p^5 + 2p^4 - 13p^3 - 8p^2 - 3p + 6 = 6p'' + 3p^{IV}.$$

Aus diesen Gleichungen ergeben sich zwei Werte für $9p^{IV}$. Setzt man dieselben einander gleich, so ergiebt sich die gesuchte Gleichung:

$$p^5 + p^4 - 16p^3 + 5p^2 + 21p - 9 = 0. \qquad (A)$$

Dieselbe würde man direkt aus den Formeln des Artikel 503 gefunden haben. Diese nämlichen Gleichungen ergeben die Werte von p', p'', p''', p^{IV}, ausgedrückt als Funktionen von p, wie folgt:

$$\begin{aligned}
9p' &= 2p^4 + 2p^3 - 29p^2 + 10p + 12\\
9p'' &= p^4 + 4p^3 - 10p^2 - 34p + 6\\
9p''' &= -4p^4 - 7p^3 + 58p^2 + 19p - 60\\
9p^{IV} &= p^4 + p^3 - 19p^2 - 4p + 33
\end{aligned}$$

oder einfacher:

$$\begin{aligned}
3p' &= p^2 - 10 + \frac{6}{p}\\
3p'' &= p^3 + 2p^2 - 13p - 5 + \frac{3}{p}\\
3p''' &= -p^3 - 2p^2 + 13p + 8 - \frac{12}{p}\\
3p^{IV} &= -p^2 - 3p + 4 + \frac{3}{p}.
\end{aligned}$$

Um eine Vorstellung von diesen Werten zu geben, setzen wir die Näherungswerte dieser Wurzeln her, wobei wir mit p die gröfste der positiven Wurzeln bezeichnen:

$$
\begin{aligned}
p &= 3{,}0625390796\\
p' &= 0{,}4461014296\\
p'' &= 1{,}2162875038\\
p''' &= -1{,}1958668406\\
p^{IV} &= -4{,}5290611724.
\end{aligned}
$$

538.

Nunmehr müssen wir jede der fünf Perioden von 8 Gliedern, welche wir mit $p, p', \dots p^{IV}$ bezeichnet hatten, in zwei andere mit dem Buchstaben q bezeichnete zerlegen, wie folgt:

$$
\begin{aligned}
p &= q + q^{V}, && \begin{cases} q = (1, 9, 40, 32) \\ q^{V} = (38, 14, 3, 27) \end{cases}\\
p' &= q' + q^{VI}, && \begin{cases} q' = (13, 35, 28, 6) \\ q^{VI} = (2, 18, 39, 23) \end{cases}\\
p'' &= q'' + q^{VII}, && \begin{cases} q'' = (5, 4, 36, 37) \\ q^{VII} = (26, 29, 15, 12) \end{cases}\\
p''' &= q''' + q^{VIII}, && \begin{cases} q''' = (24, 11, 17, 30) \\ q^{VIII} = (10, 8, 31, 33) \end{cases}\\
p^{IV} &= q^{IV} + q^{IX}, && \begin{cases} q^{IV} = (25, 20, 16, 21) \\ q^{IX} = (7, 22, 34, 19). \end{cases}
\end{aligned}
$$

Das Produkt qq^{V} ist die Summe der vier Perioden (4:39), (4:15), (4:4), (4:28). Diese Perioden sind q^{VI}, q^{VII}, q'', q', und ihre Summe ist gleich $p' + p''$. Mithin ist die Gleichung zweiten Grades, deren Wurzeln q und q^{V} sind, die folgende:

$$q^2 - pq + p' + p'' = 0.$$

Aus dieser ergeben sich dann alle andern, wie folgt:

Wurzeln:	q und q^{V}	Gleichung:	$q^2 - pq + p' + p'' = 0$
„	q' und q^{VI}	„	$q^2 - p'q + p'' + p''' = 0$
„	q'' und q^{VII}	„	$q^2 - p''q + p''' + p^{IV} = 0$
„	q''' und q^{VIII}	„	$q^2 - p'''q + p^{IV} + p = 0$
„	q^{IV} und q^{IX}	„	$q^2 - p^{IV}q + p + p' = 0.$

539.

Endlich ist noch jede der mit q bezeichneten Perioden von vier Gliedern in zwei andere von zwei Gliedern zu zerlegen. Wir bezeichnen diese Perioden durch den Buchstaben t. Die Werte von t

und die Gleichungen, durch welche je zwei von ihnen bestimmt werden, sind folgende:

$$q = t + t^{X}, \quad \begin{Bmatrix} t = r^1 + r^{40} \\ t^{X} = r^9 + r^{32} \end{Bmatrix}, \quad t^2 - qt + q^{VIII} = 0$$

$$q' = t' + t^{XI}, \quad \begin{Bmatrix} t' = r^{13} + r^{28} \\ t^{XI} = r^{35} + r^{6} \end{Bmatrix}, \quad t^2 - q't + q^{IX} = 0$$

$$q'' = t'' + t^{XII}, \quad \begin{Bmatrix} t'' = r^5 + r^{36} \\ t^{XII} = r^4 + r^{37} \end{Bmatrix}, \quad t^2 - q''t + q = 0$$

$$q''' = t''' + t^{XIII}, \quad \begin{Bmatrix} t''' = r^{24} + r^{17} \\ t^{XIII} = r^{11} + r^{30} \end{Bmatrix}, \quad t^2 - q'''t + q' = 0$$

$$q^{IV} = t^{IV} + t^{XIV}, \quad \begin{Bmatrix} t^{IV} = r^{25} + r^{16} \\ t^{XIV} = r^{20} + r^{21} \end{Bmatrix}, \quad t^2 - q^{IV}t + q'' = 0$$

$$q^{V} = t^{V} + t^{XV}, \quad \begin{Bmatrix} t^{V} = r^{38} + r^{3} \\ t^{XV} = r^{14} + r^{27} \end{Bmatrix}, \quad t^2 - q^{V}t + q''' = 0$$

$$q^{VI} = t^{VI} + t^{XVI}, \quad \begin{Bmatrix} t^{VI} = r^{2} + r^{39} \\ t^{XVI} = r^{18} + r^{23} \end{Bmatrix}, \quad t^2 - q^{VI}t + q^{IV} = 0$$

$$q^{VII} = t^{VII} + t^{XVII}, \quad \begin{Bmatrix} t^{VII} = r^{26} + r^{15} \\ t^{XVII} = r^{29} + r^{12} \end{Bmatrix}, \quad t^2 - q^{VII}t + q^{V} = 0$$

$$q^{VIII} = t^{VIII} + t^{XVIII}, \quad \begin{Bmatrix} t^{VIII} = r^{10} + r^{31} \\ t^{XVIII} = r^{8} + r^{33} \end{Bmatrix}, \quad t^2 - q^{VIII}t + q^{VI} = 0$$

$$q^{IX} = t^{IX} + t^{XIX}, \quad \begin{Bmatrix} t^{IX} = r^{7} + r^{34} \\ t^{XIX} = r^{22} + r^{19} \end{Bmatrix}, \quad t^2 - q^{IX}t + q^{VII} = 0.$$

Die Gleichung zweiten Grades, welche q und q^{V} zu Wurzeln hat, bestimmt nicht, welche von diesen beiden Wurzeln für q genommen werden mufs. Ebenso verhält es sich mit der Gleichung, welche q' und q^{VI} zu Wurzeln hat, und ebenso mit den drei andern analogen. Um in dieser Hinsicht jede Unbestimmtheit, diejenige ausgenommen, welche zwischen q und q^{V} besteht, und die nicht zu umgehen ist, zu beseitigen, mufs man in Übereinstimmung mit der vorstehenden Theorie die Werte der Potenzen q^2, q^3, q^4, q^5 der Wurzel q linear ausdrücken durch $q, q', q'', \ldots q^{IX}$. Diese Werte bringt man dann auf eine Form, in welcher sie nur die Unbekannten q', q'', q''', q^{IV} enthalten; dies geht, da man für die andern Wurzeln die Ausdrücke

$$q^{V} = p - q, \quad q^{VI} = p' - q', \quad q^{VII} = p'' - q'', \quad q^{VIII} = p''' - q''',$$
$$q^{IX} = p^{IV} - q^{IV}$$

substituieren kann. Auf diese Weise erhält man vier Gleichungen, mittelst deren man q', q'', q''', q^{IV} durch die Potenzen von q ohne jede Zweideutigkeit ausdrücken kann. Dadurch werden zugleich die andern Wurzeln q^{V}, q^{VI},... q^{IX} mitbestimmt.

540.

Ist daher zwischen den beiden Wurzeln der Gleichung

$$q^2 - pq + p' + p'' = 0$$

die Bestimmung, welches der Wert von q sein solle, getroffen, so werden alle andern Gröfsen q', q'',... bekannt und eindeutig gegeben sein. Geht man sodann von den Perioden q mit vier Gliedern zu den zweigliedrigen Perioden t über, welche durch zehn Gleichungen vom zweiten Grade bestimmt werden, so tritt eine erste Zweideutigkeit, die sich nicht umgehen läfst, bei dem Werte von t auf, da man für diese die eine der beiden Wurzeln der Gleichung

$$t^2 - qt + q^{VIII} = 0,$$

und zwar gleichgültig welche, nehmen kann. Sodann aber läfst sich jede Zweideutigkeit bei der Bestimmung der 19 andern Wurzeln t', t'',... t^{XIX} vermeiden, wenn man sich desselben Verfahrens bedient, welches wir bei den Wurzeln q', q'',... q^{IX} angegeben haben. Indessen sind die hierzu erforderlichen Rechnungen von einer abschreckenden Länge, und es liegt allerdings darin ein Mangel der soeben entwickelten Methode, dafs sie kein einfaches, aus demselben Gebiet der Analysis herrührendes Hülfsmittel an die Hand giebt, um jede Zweideutigkeit bei der Bestimmung der Perioden, welche aus den Perioden höherer Ordnung abgeleitet sind, zu beseitigen. Gauss, der Begründer dieser Methode, hat selbst diesen Übelstand gefühlt und, um demselben abzuhelfen, vorgeschlagen, dafs man sich der, aus einer Tafel der natürlichen Sinus zu entnehmenden, Näherungswerte der verschiedenen Glieder, welche man sucht, bedienen solle. So hat man in unserm Beispiele

$$r = \cos\frac{2k\pi}{41} + \sqrt{-1}\,\sin\frac{2k\pi}{41},$$

also allgemein:

$$r^a + r^{n-a} = 2\cos\frac{2ka\pi}{41}.$$

Setzt man der Kürze wegen $k = 1$, so ergiebt sich:

$$r^a + r^{n-a} = 2\cos\frac{2a\pi}{41}.$$

Mit Hülfe dieser Formel lassen sich die Gröfsen q, q',... auf eine sehr einfache und bestimmte Weise folgendermafsen ausdrücken:

$$q = 2\cos\frac{2\pi}{41} + 2\cos\frac{18\pi}{41}$$

$$q' = 2\cos\frac{26\pi}{41} + 2\cos\frac{12\pi}{41}$$

$$q'' = 2\cos\frac{10\pi}{41} + 2\cos\frac{8\pi}{41}$$

u. s. w.

Geht man sodann von den aus vier Gliedern bestehenden Perioden q zu den Perioden von zwei Gliedern, die wir mit t bezeichnet haben, über, so erhält man für die letzteren die sehr einfachen Werte:

$$t = 2\cos\frac{2\pi}{41}, \quad t^{\mathrm{X}} = 2\cos\frac{18\pi}{41}$$

$$t' = 2\cos\frac{26\pi}{41}, \quad t^{\mathrm{XI}} = 2\cos\frac{12\pi}{41}$$

$$t'' = 2\cos\frac{10\pi}{41}, \quad t^{\mathrm{XII}} = 2\cos\frac{8\pi}{41}$$

u. s. w.

Nimmt man nun für diese Gröfsen die angenäherten Werte, mit den ihnen zukommenden Vorzeichen versehen, so ist bei der Auflösung der quadratischen Gleichungen, welche die verschiedenen Werte von q und t geben, keine Zweideutigkeit mehr zu befürchten.

541.

Man erkennt übrigens a priori den Grund, warum die allgemeine Lösung so vielen Zweideutigkeiten unterliegt, selbst wenn man sich aller Hülfsmittel bedient, welche die Methode, um aus einer gegebenen Periode alle andern von derselben Gliederzahl abzuleiten, an die Hand giebt. Derselbe besteht darin, dafs die allgemeine Lösung gilt, welches auch der Wert der ganzen Zahl k sein möge; und da diese Zahl alle Werte von 1 bis $n - 1$ annehmen kann, so ist klar, dafs jede Veränderung des Wertes von k die Reihenfolge der aus einer und derselben Anzahl von Gliedern bestehenden Perioden verändern mufs.

So kann man bei dem Beispiel $n - 1 = 40$, mit dem wir uns beschäftigen, für k vierzig verschiedene Werte nehmen; unter diesen giebt es je zwei, welche dieselben Werte von t hervorbringen, da der Wert $t = 2\cos\frac{2k\pi}{n}$ sich nicht ändert, wenn man $n - k$ für k setzt. Man mufs daher für eine und dieselbe Wurzel t^{α}, in welcher α konstant ist, 20 verschiedene Werte finden, und diese 20 Werte, die alle unter einander verschieden sind, stellen die vollständige Reihe $t, t', t'', \dots t^{\mathrm{XIX}}$ dar.

Die Zahl 20, welche aus den drei Faktoren $5 \cdot 2 \cdot 2$ zusammengesetzt ist, erklärt sich in natürlicher Weise durch die fünf Werte von p, welche aus der Gleichung (A) sich ergeben, durch die zwei Werte von q, die man aus der Gleichung $q^2 - pq + p' + p'' = 0$ erhält, und durch die zwei Werte von t, die aus der Gleichung $t^2 - qt + q^{\mathrm{VIII}} = 0$ entspringen.

542.

Will man nur das schliefsliche Resultat haben, sei es, um sämtliche Wurzeln der Gleichung $X = 0$ zu erhalten, oder sei es, um die Peripherie des Kreises in n gleiche Teile zu teilen, so kann man die soeben angeführten Schwierigkeiten gröfstenteils vermeiden, und man bedarf nur einen kleinen Anzahl von Versuchen, um zu einer oder mehreren Lösungen in der einfachsten Form, deren sie fähig sind, zu gelangen. Wir wollen dies an dem Falle $n = 41$ erläutern.

Zunächst mufs man den angenäherten Wert einer Wurzel der Gleichung suchen und sodann aus dieser Wurzel, welche mit p bezeichnet sei, die vier andern, welche wir $p', p'', p''', p^{\mathrm{IV}}$ genannt haben, bestimmen. Das Resultat dieser Rechnung, für welche wir oben die erforderlichen Formeln angegeben haben, ist folgendes:

Angenäherte Werte der Wurzeln.	Logarithmen derselben.
$p = 3{,}0625390796$	0,48608163926
$p' = 0{,}4461014296$	9,6494332150
$p'' = 1{,}2162875038$	0,08503624496
$p''' = -1{,}1958668406$	0,0776828238
$p^{\mathrm{IV}} = -4{,}5290611724$	0,6560081866

Mittelst dieser Wurzeln berechnet man die Werte von q und q^{V}, ebenso die von q'' und q^{VII}, nämlich:

q und q^{V} nach der Formel:

$$q = \frac{1}{2}p \pm \sqrt{\frac{1}{4}p^2 - p' - p''} = \begin{cases} 2{,}3573430658 \\ 0{,}7051960138, \end{cases}$$

q'' und q^{VII} nach der Formel:

$$q = \frac{1}{2}p'' \pm \sqrt{\frac{1}{4}p''^2 - p''' - p^{\mathrm{IV}}} = \begin{cases} 3{,}0769019087 \\ -1{,}8606144049. \end{cases}$$

Wir bemerken ferner, dafs sich unter den Gleichungen, welche je zwei der zwanzig Werte von t bestimmen, die Gleichung

$$t^2 - q''t + q = 0$$

findet, aus der man die folgenden beiden Werte erhält:

$$t = \frac{1}{2}q'' \pm \sqrt{\left(\frac{1}{2}q''\right)^2 - q}.$$

Nach dem vorstehenden Resultate mufs aber q eine der beiden Zahlen 2,357 ...., 0,705 .... und q'' eine der beiden Zahlen 3,0769 ...., — 1,8606 .... sein. Somit kann man nur folgende vier Annahmen machen:

$$\text{I}\begin{cases} q = 2{,}3573430658 \\ q'' = 3{,}0769019087 \end{cases} \qquad \text{II}\begin{cases} q = 2{,}3573430658 \\ q'' = -1{,}8606144049 \end{cases}$$

$$\text{III}\begin{cases} q = 0{,}7051960138 \\ q'' = 3{,}0769019087 \end{cases} \qquad \text{IV}\begin{cases} q = 0{,}7051960138 \\ q'' = -1{,}8606144049. \end{cases}$$

Die zweite Annahme kann nicht stattfinden, weil die daraus sich ergebenden Werte von t imaginär sein würden. Die dritte Annahme kann ebenfalls nicht gelten, weil sich daraus ein Wert von t ergäbe, der gröfser als 2 wäre, und der somit nicht, wie es sein mufs, durch $2 \cos \omega$ dargestellt werden könnte. Man hat daher nur die Werte von t zu berechnen, welche sich aus der ersten und vierten Annahme ergeben. Diese Werte sind:

$$\text{Bei der I. Annahme}\begin{cases} t = 1{,}6358587205 = 2\cos(35^0\,7'\,19'',0244) \\ t = 1{,}4410431882 = 2\cos(43^0\,54'\,8'',7804) \end{cases}$$

$$\text{Bei der II. Annahme}\begin{cases} t = -0{,}52996300385 = 2\cos(105^0\,21'\,57'',07311) \\ t = -1{,}33065140105 = 2\cos(131^0\,42'\,26'',34157). \end{cases}$$

Nun hat man aber:

$$\frac{8\pi}{41} = 35^0\ 7'19'',02439, \qquad \frac{10\pi}{41} = 43^0 54'\ 8'',78049$$

$$\frac{24\pi}{41} = 105^0 21' 57'',07317, \qquad \frac{30\pi}{41} = 131^0 42' 26'',34146.$$

Mithin kann man hieraus schliefsen, dafs die vier bei unsern beiden Annahmen gefundenen Werte von t genau gleich $2 \cos \frac{8\pi}{41}$, $2 \cos \frac{10\pi}{41}$, $2 \cos \frac{24\pi}{41}$, $2 \cos \frac{30\pi}{41}$ sein würden, wenn man in den Formeln die genauen Werte der Wurzeln $p, p', p'', p''', p^{\text{IV}}$ substituiert hätte. Daraus ergeben sich die folgenden vier Lösungen:

1. Lösung:

$$2\cos\frac{8\pi}{41}=\frac{1}{2}q''+\frac{1}{2}\sqrt{q''^2-4q}$$

2. Lösung:

$$2\cos\frac{10\pi}{41}=\frac{1}{2}q''-\frac{1}{2}\sqrt{q''^2-4q}$$

$$\left\{\begin{aligned} q &= \frac{1}{2}p+\frac{1}{2}\sqrt{p^2-4p'-4p''} \\ q'' &= \frac{1}{2}p''+\frac{1}{2}\sqrt{p''^2-4p'''-4p^{IV}} \end{aligned}\right.$$

3. Lösung:

$$2\cos\frac{24\pi}{41}=\frac{1}{2}q''+\frac{1}{2}\sqrt{q''^2-4q}$$

4. Lösung:

$$2\cos\frac{30\pi}{41}=\frac{1}{2}q''-\frac{1}{2}\sqrt{q''^2-4q}$$

$$\left\{\begin{aligned} q &= \frac{1}{2}p-\frac{1}{2}\sqrt{p^2-4p'-4p''} \\ q'' &= \frac{1}{2}p''-\frac{1}{2}\sqrt{p''^2-4p'''-4p^{IV}}. \end{aligned}\right.$$

Eine einzige von diesen Lösungen genügt, um alle Wurzeln der Gleichung $X=0$ zu erhalten. Denn setzt man z. B.

$$r=\cos\frac{8\pi}{41}+\sqrt{-1}\sin\frac{8\pi}{41},$$

so erhält man aus dieser Wurzel alle andern durch die aufeinanderfolgenden Potenzen $r^2, r^3, \ldots r^{40}$.

543.

Wir wollen jetzt zusehen, welchen Vorteil diese Untersuchung gewährt, wenn es gilt, die Funktion X vom $n-1^{\text{ten}}$ Grade in Faktoren zu zerlegen, deren Grade Teiler von $n-1$ sind.

Will man die Funktion X nur in zwei Faktoren vom Grade $m=\frac{1}{2}(n-1)$ zerlegen, so braucht man $4X$ nur auf die Form $Y^2 \pm nZ^2$ zu bringen, nämlich auf die Form Y^2+nZ^2, wenn n von der Form $4i-1$, und auf die Form Y^2-nZ^2, wenn n von der Form $4i+1$ ist. Nur in diesem letzteren Falle sind die Faktoren m^{ten} Grades reell, da $4X=(Y+Z\sqrt{n})(Y-Z\sqrt{n})$ ist.

Allgemein kann man, wenn $n-1=mk$ gesetzt wird, das Polynom X vom Grade mk in k Polynome vom Grade m zerlegen. Dies giebt so viel mögliche Zerlegungen, als es Arten giebt, die Zahl $n-1$ als Produkt zweier Faktoren darzustellen.

In dem Beispiele, mit dem wir uns beschäftigen und in welchem $n-1=40=2^3.5$ ist, kann man das Polynom X vom 40ten Grade auf fünf verschiedene Arten zerlegen, nämlich:

in 2 Faktoren vom Grade 20
in 4 Faktoren vom Grade 10
in 5 Faktoren vom Grade 8
in 10 Faktoren vom Grade 4
in 20 Faktoren vom Grade 2.

Wir wollen diese verschiedenen Fälle entwickeln.

Nach den vorhergehenden Rechnungen sind die zwanzig Faktoren zweiten Grades:

$$\begin{aligned} T &= x^2 - tx + 1 \\ T' &= x^2 - t'x + 1 \\ T'' &= x^2 - t''x + 1 \\ &\cdots\cdots\cdots \\ T^{XIX} &= x^2 - t^{XIX}x + 1. \end{aligned}$$

Durch Multiplikation der beiden Faktoren T und T^{X} bildet man den Faktor Q vom vierten Grade; ebenso erhält man durch Multiplikation der beiden Faktoren T' und T^{XI} den Faktor Q' u. s. w. bis zum Faktor Q^{IX}, so dafs die zehn Faktoren $Q, Q', Q'', \ldots Q^{IX}$ folgendermafsen ausgedrückt werden:

$$\begin{aligned} Q &= (x^2+1)^2 - x(x^2+1)q + q^{VIII}x^2 \\ Q' &= (x^2+1)^2 - x(x^2+1)q' + q^{IX}\,x^2 \\ Q'' &= (x^2+1)^2 - x(x^2+1)q'' + qx^2 \\ &\cdots\cdots\cdots\cdots\cdots \\ Q^{IX} &= (x^2+1)^2 - x(x^2+1)q^{IX} + q^{VII}\,x^2. \end{aligned}$$

Die Faktoren achten Grades werden gebildet durch Multiplikation zweier Faktoren vierten Grades von der Art wie

$P = QQ^{V}$, $P' = Q'Q^{VI}$, $P'' = Q''Q^{VII}$, $P''' = Q^{VIII}Q'''$, $P^{IV} = Q^{IV}Q^{IX}$.

Man erhält auf diese Weise:

$$\begin{aligned} P = (x^2+1)^4 - x(x^2+1)^3(q+q^{V}) + x^2(x^2+1)^2(q'''+q^{VIII}+qq^{V}) \\ - x^3(x^2+1)(qq'''+q^{V}q^{VIII}) + x^4q'''q^{VIII}. \end{aligned}$$

Werden in diesem Ausdrucke zunächst die Koefficienten auf die lineare Form gebracht und sodann durch die Wurzeln p ausgedrückt, so erhält man, da sich aus dem Werte des Faktors P sogleich die vier andern ergeben, das System dieser Faktoren in folgender Form:

$$
\begin{aligned}
P\ \ &= (x^2+1)^4 - x(x^2+1)^3 p + x^2(x^2+1)^2(p'+p''+p''') \\
&\quad + x^3(x^2+1)(1+p) + x^4(p+p^{IV}) \\
P'\ &= (x^2+1)^4 - x(x^2+1)^3 p' + x^2(x^2+1)^2(p''+p'''+p^{IV}) \\
&\quad + x^3(x^2+1)(1+p') + x^4(p'+p) \\
P'' &= (x^2+1)^4 - x(x^2+1)^3 p'' + x^2(x^2+1)^2(p'''+p^{IV}+p) \\
&\quad + x^3(x^2+1)(1+p'') + x^4(p''+p') \\
P''' &= (x^2+1)^4 - x(x^2+1)^3 p''' + x^2(x^2+1)^2(p^{IV}+p+p') \\
&\quad + x^3(x^2+1)(1+p''') + x^4(p'''+p'') \\
P^{IV} &= (x^2+1)^4 - x(x^2+1)^3 p^{IV} + x^2(x^2+1)^2(p+p'+p'') \\
&\quad + x^3(x^2+1)(1+p^{IV}) + x^4(p^{IV}+p''').
\end{aligned}
$$

544.

Die zwei Faktoren vom zwanzigsten Grade, welche in dem Polynom X aufgehen, haben wir bereits gebildet; wir suchen daher jetzt die vier Faktoren zehnten Grades. Zu diesem Zwecke müssen wir zunächst die Werte der vier Perioden

$$\varrho = (10:1),\quad \varrho' = (10:g),\quad \varrho'' = (10:g^2),\quad \varrho''' = (10:g^3)$$

haben, deren Entwicklung, wenn stets $g = 13$ genommen wird, folgendermafsen lautet:

$$
\begin{aligned}
\varrho\ \ &= (\ 1,\ 25,\ 10,\ \ 4,\ 18;\ 40,\ 16,\ 31,\ 37,\ 23) \\
\varrho'\ &= (13,\ 38,\ \ 7,\ 11,\ 29;\ 28,\ \ 3,\ 34,\ 30,\ 12) \\
\varrho'' &= (\ 5,\ \ 2,\ \ 9,\ 20,\ \ 8;\ 36,\ 39,\ 32,\ 21,\ 33) \\
\varrho''' &= (24,\ 26,\ 35,\ 14,\ 22;\ 17,\ 15,\ \ 6,\ 27,\ 19).
\end{aligned}
$$

Hieraus ergiebt sich dem Satze des Artikel 500 zufolge:

$$
\begin{aligned}
&\varrho^2 = 8 - 2\varrho + \varrho'' + 2\varrho''', && \varrho\varrho' = -2 + 2\varrho', && \varrho\varrho'' = -2 + \varrho + \varrho'' \\
&\varrho'^2 = 8 - 2\varrho' + \varrho''' + 2\varrho, && \varrho'\varrho'' = -2 + 2\varrho'', && \varrho'\varrho''' = -2 + \varrho' + \varrho'''. \\
&\varrho''^2 = 8 - 2\varrho'' + \varrho + 2\varrho', && \varrho''\varrho''' = -2 + 2\varrho''', \\
&\varrho'''^2 = 8 - 2\varrho''' + \varrho' + 2\varrho'', && \varrho'''\varrho = -2 + 2\varrho.
\end{aligned}
$$

Um die Gleichung vierten Grades, durch welche ϱ bestimmt wird, zu erhalten, bilden wir der Reihe nach die Gleichungen:

$$
\begin{aligned}
\varrho^2 + 2\varrho - 8 &= \varrho'' + 2\varrho''' \\
\varrho^3 + 2\varrho^2 - 13\varrho + 6 &= \varrho'' \\
\varrho^4 + 2\varrho^3 - 13\varrho^2 + 5\varrho + 2 &= \varrho''
\end{aligned}
$$

und erhalten aus den beiden letzteren die gesuchte Gleichung:

$$\varrho^4 + \varrho^3 - 15\,\varrho^2 + 18\varrho - 4 = 0.$$

Dieses Resultat hätte man auch direkt mittelst der Formel in No. 517 erhalten können; man findet dasselbe in der Tafel der No. 522.

Kennt man eine Wurzel ϱ dieser Gleichung, so erhält man die drei andern in der einfachsten Weise durch die Formeln:

$$\varrho' = \frac{2}{2-\varrho}, \quad \varrho'' = 1 + \frac{1}{1-\varrho}, \quad \varrho''' = 2 - \frac{2}{\varrho}.$$

Ubrigens läfst sich die in Rede stehende Gleichung in zwei Gleichungen zweiten Grades zerlegen, und zwar sind dieselben, wenn man $\alpha = \sqrt{41}$ setzt,

$$\varrho^2 - \frac{1}{2}\varrho(\alpha - 1) + \frac{1}{2}(\alpha - 5) = 0$$

$$\varrho^2 + \frac{1}{2}\varrho(\alpha + 1) - \frac{1}{2}(\alpha + 5) = 0,$$

und hieraus ergiebt sich:

$$\left.\begin{matrix}\varrho \\ \varrho''\end{matrix}\right\} = \frac{1}{4}(\alpha - 1) \pm \frac{1}{4}\sqrt{2\alpha^2 - 10\alpha}$$

$$\left.\begin{matrix}\varrho' \\ \varrho'''\end{matrix}\right\} = -\frac{1}{4}(\alpha + 1) \pm \frac{1}{4}\sqrt{2\alpha^2 + 10\alpha}.$$

Die angenäherten numerischen Werte sind:

$$\begin{aligned}
\alpha &= 6{,}40312423809 \\
\sqrt{2\alpha^2 - 10\alpha} &= 4{,}23895713816 \\
\sqrt{2\alpha^2 + 10\alpha} &= 12{,}08433872337 \\
\varrho &= 0{,}29104177498 \\
\varrho' &= 1{,}17030362132 \\
\varrho'' &= 2{,}410520344065 \\
\varrho''' &= -4{,}871865820365.
\end{aligned}$$

Mit Hülfe der Kettenbrüche würde man die folgenden Werte, die sich aus einander ableiten und nahezu ebenso angenähert sind, wie die vorstehenden, finden:

$$\varrho = \frac{5065}{17403}, \quad \varrho' = \frac{34806}{29741}, \quad \varrho'' = \frac{29741}{12338}, \quad \varrho''' = -\frac{24676}{5065}.$$

Es ist bemerkenswert, dafs man die Wurzeln ϱ, ϱ', ϱ'', ϱ''' aus den oben für t, t', t'', ... gefundenen Werten erhalten kann. Man hat nämlich:

$$\begin{aligned}
\varrho &= t + t^{\mathrm{IV}} + t^{\mathrm{VIII}} + t^{\mathrm{XII}} + t^{\mathrm{XVI}} \\
\varrho &= t' + t^{\mathrm{V}} + t^{\mathrm{IX}} + t^{\mathrm{XIII}} + t^{\mathrm{XVII}} \\
\varrho'' &= t'' + t^{\mathrm{VI}} + t^{\mathrm{X}} + t^{\mathrm{XIV}} + t^{\mathrm{XVIII}} \\
\varrho''' &= t''' + t^{\mathrm{VII}} + t^{\mathrm{XI}} + t^{\mathrm{XV}} + t^{\mathrm{XIX}}.
\end{aligned}$$

Mithin drücken sich die Werte von ϱ, welche durch einfache Quadratwurzeln dargestellt werden, auch durch die Gröfsen t aus, von denen jede von einer Gleichung fünften Grades und zwei Gleichungen zweiten Grades abhängt. Diese Identität dürfte man bei Anwendung der später angegebenen Werte von p nicht leicht nachträglich beweisen können.

545.

Will man jetzt den Faktor zehnten Grades haben, welcher alle Wurzeln der Periode ϱ enthält, so hat man nur das Produkt zu bilden:

$$x^5(y-t)(y-t^{\mathrm{IV}})(y-t^{\mathrm{VIII}})(y-t^{\mathrm{XII}})(y-t^{\mathrm{XVI}}),$$

worin $y=\frac{x^2+1}{x}$ ist. Stellen wir die Entwicklung dieses Produkts durch

$$x^5(y^5-\alpha y^4+\beta y^3-\gamma y^2+\delta y-\varepsilon)$$

dar, so haben wir zunächst:

$$\alpha=\varrho.$$

Ferner erhalten wir aus den Werten:

$$t=r+r^{40},\quad t^{\mathrm{IV}}=r^{16}+r^{25},\quad t^{\mathrm{VIII}}=r^{10}+r^{31},\quad t^{\mathrm{XII}}=r^4+r^{37},$$
$$t^{\mathrm{XVI}}=r^{18}+r^{23}$$

die folgenden Gleichungen:

$$\begin{aligned}
\beta &= S(tt^{\mathrm{IV}})+S(tt^{\mathrm{VIII}}) &&= -1-\varrho+\varrho''' \\
\gamma &= S(tt^{\mathrm{IV}}t^{\mathrm{VIII}})+S(tt^{\mathrm{IV}}t^{\mathrm{XII}}) &&= -2-\varrho+\varrho' \\
\delta &= S(tt^{\mathrm{IV}}t^{\mathrm{VIII}}t^{\mathrm{XII}}) &&= -3-\varrho''-3\varrho''' \\
\varepsilon &= tt^{\mathrm{IV}}t^{\mathrm{VIII}}t^{\mathrm{XII}}t^{\mathrm{XVI}} &&= 1-\varrho.
\end{aligned}$$

Mithin ist das gesuchte Polynom zehnten Grades:

$$(x^2+1)^5-\varrho x(x^2+1)^4-(1+\varrho-\varrho''')x^2(x^2+1)^3$$
$$+(2+\varrho-\varrho')x^3(x^2+1)^2-(3+\varrho''+3\varrho''')x^4(x^2+1)-(1-\varrho)x^5.$$

Diese Funktion giebt im Verein mit den vier andern, die daraus entstehen, wenn man jeden Buchstaben ϱ um eine Stelle vorrücken läfst, die vier Faktoren, deren Produkt gleich X ist. Auf diese Weise ist also die Gleichung vierzigsten Grades $X=0$ unmittelbar in vier andere vom zehnten Grade zerlegt, deren Koefficienten nur von den durch einfache Ausziehung von Quadratwurzeln bestimmten Gröfsen ϱ abhängen.

§ 4.

Reduktionsmethode zur Vervollständigung der vorstehenden Theorie.

546.

Es dürfte nicht unnützlich sein, die soeben von uns entwickelte Theorie in wenige Worte zusammenzufassen.

Ist die Gleichung $x^n - 1 = 0$, in welcher der Exponent n eine **Primzahl** ist, gegeben, und sieht man von dem Faktor $x - 1$ ab, so reduciert sich alles auf die Bestimmung der imaginären Wurzeln der Gleichung $X = 0$, und da jede Wurzel von der Form

$$\cos\frac{2k\pi}{n} + \sqrt{-1}\sin\frac{2k\pi}{n}$$

ist, so braucht man nur einen der reellen Werte von $x + \frac{1}{x}$, welcher stets durch $2\cos\frac{2k\pi}{n}$ dargestellt wird, zu haben. Hierzu gelangt man durch die Auflösung einer Reihe von Gleichungen, deren Grade, mit einander multipliciert, das Produkt $\frac{1}{2}(n-1)$ ergeben, und deren Wurzeln sämtlich reell sind.

Ist k die gröſste Primzahl, welche in $n - 1$ aufgeht, und ist $n - 1 = mk$, so bildet man zuerst die Gleichung vom Grade k, welche die Perioden von m Gliedern, nämlich $(m:1)$, $(m:g)$, $(m:g^2), \cdots (m:g^{k-1})$, worin g eine der primitiven Wurzeln von n ist, zu Wurzeln hat. Diese Gleichung, welche von der Form $p^k + p^{k-1} + \alpha' p^{k-2} + \beta' p^{k-3} + \cdots = 0$ ist, und deren Koefficienten stets ganze Zahlen sind, besitzt die folgenden zwei bemerkenswerten Eigenschaften:

1) Wenn die Wurzeln $p, p', p'', \ldots$ die Werte der Perioden von m Gliedern in der Reihenfolge $(m:1)$, $(m:g)$, $(m:g^2), \ldots$ oder allgemein in der Reihenfolge $(m:\alpha)$, $(m:\alpha g)$, $(m:\alpha g^2), \ldots$ sind, und wenn eine dieser Wurzeln bekannt ist und mit p bezeichnet wird, so ergeben sich alle folgenden $p', p'', \ldots p^{(k-1)}$ aus p und den aufeinanderfolgenden Potenzen $p^2, p^3, \ldots p^{k-1}$ durch einen Ausdruck von der Form $A + Bp + Cp^2 + \cdots + Lp^{k-1}$, in welchem die Koefficienten $A, B, \ldots$ rationale Zahlen sind.

2) Ist eine rationale ganze Funktion φ der Wurzeln $p, p', p'', \ldots$ oder nur einiger von ihnen gegeben, und läſst man die Buchstaben p um eine Stelle vorrücken, um nach und nach von der Funktion φ zur Funktion φ', darauf von der Funktion φ' zur Funktion φ'' u. s. w. überzugehen, bis man zur Funktion $\varphi^{(k-1)}$ gelangt, so ist die mit $S(\varphi)$ bezeichnete Summe dieser k Funktionen gleich einer ganzen Zahl.

Bei diesen fortlaufenden Veränderungen der Funktion φ nimmt jede in ihr vorkommende Wurzel $p^{(\alpha)}$ nach und nach alle Werte $p^{(\alpha)}$, $p^{(\alpha+1)}$, $p^{(\alpha+2)}, \ldots p^{(\alpha-1)}$ an, welche in der Reihe $p, p', p'', \ldots p^{(k-1)}$ enthalten sind. In dieser Reihe, welche in sich selbst zurückkehrt, kann jedes beliebige Glied als erstes Glied genommen werden.

547.

Ist die Gleichung in p gelöst, und nennen wir k' die gröſste Primzahl, welche in m aufgeht (wo k' auch gleich k sein kann), so daſs $m = m'k'$ ist, so muſs man die Periode $p = (m:\alpha)$ in k' Perioden von m' Gliedern, nämlich in $(m':\alpha)$, $(m':\alpha h)$, $(m':\alpha h^2), \ldots (m':\alpha h^{k'-1})$, wo $h = g^k$ ist, zerlegen. Diese Perioden, welche durch q, $q^{(k)}$, $q^{(2k)}, \ldots q^{(k'k-k)}$ bezeichnet sein mögen, sind die Wurzeln einer Gleichung in q vom Grade k', deren Koefficienten sich sämtlich in linearer Weise durch die bekannten Wurzeln $p, p', p'', \ldots$ ausdrücken lassen.

Die andern Perioden von m Gliedern, nämlich: $(m:\alpha g)$, $(m:\alpha g^2), \ldots$ zerfallen ebenfalls in k' Perioden von m' Gliedern mittelst einer Reihe von Gleichungen in q, welche aus der ersten gefundenen Gleichung entstehen, wenn man nach und nach die Buchstaben p um eine Stelle vorrücken läſst. Man braucht jedoch nur die erste von diesen Gleichungen aufzulösen; denn aus einer gegebenen Wurzel q dieser Gleichung kann man die Werte aller andern Perioden von m' Gliedern mittelst rationaler Ausdrücke, in denen keine Unbestimmtheit übrig bleibt, ableiten. Ebenso findet man, daſs, wenn irgend eine ganze rationale Funktion der Wurzel q oder nur einiger von ihnen nach und nach kk' Werte erhält, indem man jede Wurzel $q^{(\alpha)}$ den ganzen Cyklus von Werten, welche sie überhaupt annehmen kann, durchlaufen läſst, die mit $S(\varphi)$ bezeichnete Summe aller dieser Funktionen in linearer Weise durch die bekannten Wurzeln $p, p', p'' \ldots$ ausgedrückt werden kann.

Setzt man diese Zerlegungen so lange fort, bis das letzte Glied der Reihe $m, m', m'', \ldots$ gleich 2 ist, so erhält man schlieſslich die Gleichungen, welche die allgemein durch $x^{\mu} + x^{-\mu}$ dargestellten Perioden von zwei Gliedern zu Wurzeln haben, und die somit die vollständige Lösung des Problems geben.

548.

Die Theorie, deren hauptsächlichste Ergebnisse wir soeben angegeben haben, läſst die Auflösung der Gleichungen in $p, q, \ldots$ übrig, welche in Bezug auf die Anzahl der Glieder vollständig sind und in mancher Hinsicht gröfsere Schwierigkeiten darbieten können, als die Gleichung $x^n - 1 = 0$, welche den Hauptgegenstand unsrer Untersuchungen bildet. Um diesem Übelstande abzuhelfen, hat Gauss eine besondere Methode angegeben, mittelst welcher sich die Auflösung der in Rede stehenden Hülfsgleichungen in jedem Falle auf die Auflösung einer zweigliedrigen Gleichung von demselben Grade, in welcher das bekannte Glied die Form $a + b\sqrt{-1}$ besitzt, zurückführen läfst, so dafs alsdann eine vollständige Gleichung k^{ten} Grades aufgelöst werden kann durch die Teilung eines Winkels, dessen Cosinus und Sinus bekannt oder wenigstens bestimmt sind, wenn die Teilung des Kreises in k gleiche Teile als bekannt vorausgesetzt wird.

Diese Reduktionsmethode ist um so bemerkenswerter, als sie zu der Zeit, wo sie ihr Erfinder veröffentlichte, von den Mathematikern als das erste einigermafsen allgemeine Beispiel der Auflösung von den vierten Grad übersteigenden Gleichungen, welches bis dahin bekannt geworden war, betrachtet werden durfte.

Wir werden hier diese Methode unter einem neuen Gesichtspunkte entwickeln, welcher die Anwendungen bedeutend erleichtern und die Weitläufigkeit, welche bis dahin bei dieser Art von Rechnungen unvermeidlich schien, vollständig beseitigen wird.

Um den Geist der Methode und das Gesetz der Resultate leichter begreiflich zu machen, werden wir nicht blofs einen speciellen Fall betrachten, sondern allgemein die Gleichung fünften Grades auflösen, welche die fünf Perioden von m Gliedern, die bei der Annahme $n = 5m + 1$ auftreten, zu Wurzeln hat. Sodann werden wir zeigen, wie man die Gleichung siebenten Grades, welche in dem Falle $n = 7m + 1$ stattfindet, auflösen könne.

549.

Über die Hülfsgleichung fünften Grades, welche in dem Falle $n = 5m + 1$ aufzulösen ist.

Diese oben durch

$$0 = p^5 + p^4 + Pp^3 - Qp^2 + Rp - \Omega$$

dargestellte Gleichung hat zu Wurzeln die fünf Perioden von m Gliedern, in welche die alle Wurzeln der Gleichung $X = 0$ enthaltende Periode $(5m:1)$ zerfällt.

Sind $p, p', p'', p''', p^{\text{IV}}$ die fünf Wurzeln der in Rede stehenden Gleichung, so setzen wir:

$$T = p + p'R + p''R^2 + p'''R^3 + p^{\text{IV}}R^4,$$

wo R eine der imaginären Wurzeln der Gleichung $R^5 - 1 = 0$ ist. Erhebt man den Wert von T ins Quadrat, und bringt man das Resultat auf die Form:

$$T^2 = a + bR^2 + cR^4 + dR^6 + eR^8,$$

so sieht man leicht, dafs a, b, c, d, e die folgenden Werte haben:

$$\begin{aligned} a &= p^2 + 2p'p^{IV} + 2p''p''' \\ b &= p'^2 + 2p''p + 2p'''p^{IV} \\ c &= p''^2 + 2p'''p' + 2p^{IV}p \\ d &= p'''^2 + 2p^{IV}p'' + 2pp' \\ e &= p^{IV2} + 2pp''' + 2p'p''. \end{aligned}$$

In jedem besonderen Falle mufs man diese Koefficienten, je nach dem Werte, welchen man für die primitive Wurzel genommen hat, auf die lineare Form bringen, und man sieht von vornherein, dafs, wenn sich der Koefficient a durch

$$\alpha p + \beta p' + \gamma p'' + \delta p''' + \varepsilon p^{IV}$$

darstellen läfst, der Koefficient b durch dieselbe Formel ausgedrückt wird, wenn man darin nur die Buchstaben p um eine Stelle vorrücken läfst und p^V als gleichbedeutend mit p ansieht. Ebenso verfährt man, um den Ausdruck der folgenden Koefficienten c, d, e zu erhalten. Auf diese Weise wird der Wert von T^2 folgendermafsen dargestellt:

$$\begin{aligned} T^2 = {} & \alpha p + \beta p' + \gamma p'' + \delta p''' + \varepsilon p^{IV} \\ & + R^2(\alpha p' + \beta p'' + \gamma p''' + \delta p^{IV} + \varepsilon p) \\ & + R^4(\alpha p'' + \beta p''' + \gamma p^{IV} + \delta p + \varepsilon p') \\ & + R^6(\alpha p''' + \beta p^{IV} + \gamma p + \delta p' + \varepsilon p'') \\ & + R^8(\alpha p^{IV} + \beta p + \gamma p' + \delta p'' + \varepsilon p'''). \end{aligned}$$

550.

Wir bemerken jetzt, dafs dieser selbe Wert, wenn man ihn nach den Wurzeln p, p', p'', p''', p^{IV} ordnet, die folgende Form annimmt:

$$\begin{aligned} T^2 = {} & p\ (\alpha + \varepsilon R^2 + \delta R^4 + \gamma R^6 + \beta R^8) \\ & + p'\ (\beta + \alpha R^2 + \varepsilon R^4 + \delta R^6 + \gamma R^8) \\ & + p''\ (\gamma + \beta R^2 + \alpha R^4 + \varepsilon R^6 + \delta R^8) \\ & + p'''\ (\delta + \gamma R^2 + \beta R^4 + \alpha R^6 + \varepsilon R^8) \\ & + p^{IV}(\varepsilon + \delta R^2 + \gamma R^4 + \beta R^6 + \alpha R^8). \end{aligned}$$

Nennen wir A die Funktion von R, mit welcher p multipliciert ist, so ist leicht zu sehen, dafs AR^2, AR^4, AR^6, AR^8 in analoger Weise die Funktionen von R darstellen, mit denen p', p'', p''', p^{IV} multipliciert sind. Setzt man also:

$$A = \alpha + \varepsilon R^2 + \delta R^4 + \gamma R^6 + \beta R^8,$$

so erhält man:

$$T^2 = A(p + p'R^2 + p''R^4 + p'''R^6 + p^{IV}R^8).$$

In dieser Formel ist die rechte Seite das Produkt aus A, welches eine Funktion von R allein ist, und dem Polynom

$$p + p'R^2 + p''R^4 + p'''R^6 + p^{IV}R^8,$$

welches nichts anderes ist als das Polynom T, wenn man darin R^2 an die Stelle von R setzt. In ähnlicher Weise könnte man R^3 und R^4 an die Stelle von R setzen und so die vier Polynome bilden:

$$(1)\quad \begin{aligned} T &= p + p'R + p''R^2 + p'''R^3 + p^{IV}R^4 \\ T' &= p + p'R^2 + p''R^4 + p'''R^6 + p^{IV}R^8 \\ T'' &= p + p'R^3 + p''R^6 + p'''R^9 + p^{IV}R^{12} \\ T''' &= p + p'R^4 + p''R^8 + p'''R^{12} + p^{IV}R^{16}. \end{aligned}$$

Es ist auch gut, die vier Polynome zu betrachten, die in ähnlicher Weise aus dem ersten A gebildet sind, nämlich:

$$(2)\quad \begin{aligned} A &= \alpha + \varepsilon R^2 + \delta R^4 + \gamma R^6 + \beta R^8 \\ A' &= \alpha + \varepsilon R^4 + \delta R^8 + \gamma R^{12} + \beta R^{16} \\ A'' &= \alpha + \varepsilon R^6 + \delta R^{12} + \gamma R^{18} + \beta R^{24} \\ A''' &= \alpha + \varepsilon R^8 + \delta R^{16} + \gamma R^{24} + \beta R^{32}. \end{aligned}$$

Diese beiden Arten von Funktionen werden uns ebenso **allgemeine** wie interessante **Sätze** liefern.

551.

Der erste von diesen Sätzen ist derjenige, welchen das in der bereits gefundenen Gleichung

$$T^2 = AT'$$

enthaltene Resultat darstellt. Derselbe gilt, welches auch die zu der aufzulösenden Gleichung gehörige Primzahl n von der Form $5m + 1$ sein möge. Untersuchen wir jetzt die Folgerungen, die man aus diesem ersten Resultate ziehen kann.

Die Gleichung $T^2 = AT'$, in welcher man der Reihe nach R^2, R^3, R^4 an die Stelle von R setzen kann, liefert drei andere, so dafs man die vier Gleichungen erhält:

(3) $T^2 = AT'$; $T'^2 = A'T'''$; $T''^2 = A''T$; $T'''^2 = A'''T''$,

und multipliciert man diese mit einander, so folgt:

$$TT'T''T''' = AA'A''A'''.$$

Man sieht ferner, daſs sich die drei Polynome T', T'', T''' in folgender Weise rational mit Hülfe von T ausdrücken lassen:

$$T' = \frac{T^2}{A}; \quad T'' = \frac{T^4}{A^2 A'}; \quad T''' = \frac{T^8}{A^4 A'^2 A'''};$$

und setzt man diese Werte in die Gleichung $TT'T''T''' = AA'A''A'''$ oder in die Gleichung $T''^2 = A''T$ ein, so ergiebt sich in beiden Fällen das Resultat:

(4) $$T^{15} = A^8 A'^4 A'''^2 A''.$$

Auf diese Weise haben wir bereits ein Mittel zur Bestimmung des Polynoms T als Funktion der Gröſsen A, welche sämtlich bekannt sind; denn wenn die Zahl n gegeben ist, kann man leicht die Koefficienten α, β, γ, δ, ε, welche in dem linearen Werte von

$$a = p^2 + 2p''p''' + 2p'p^{\mathrm{IV}}$$

vorkommen, und welche sämtlich ganze Zahlen sind, ermitteln. Setzt man z. B. $n = 41$ und nimmt man als primitive Wurzel die Zahl $g = 13$, so findet man nach Artikel 537:

$$a = -2p + 3p' + 2p'' - 4p''',$$

und dies giebt in unserm Falle:

$$\alpha = -2, \quad \beta = 3, \quad \gamma = 2, \quad \delta = -4, \quad \varepsilon = 0.$$

Kennt man T, so leitet man daraus mit Hülfe der vorstehenden Formeln die Werte von T', T'', T''' her. Addiert man sodann die vier Gleichungen (1) und verbindet damit die Gleichung:

$$-1 = p + p' + p'' + p''' + p^{\mathrm{IV}},$$

so erhält man zur Bestimmung von p die Gleichung:

(5) $$5p = -1 + T + T' + T'' + T'''.$$

Man erkennt daher unmittelbar die Möglichkeit, die Wurzel p mittelst der Gröſsen A, welche Funktionen von R sind, zu bestimmen. Indessen würde diese Auflösung zu kompliciert sein, da bei ihr T durch die Gleichung (4) d. h. durch Ausziehung einer 15ten Wurzel bestimmt würde, während es, wie wir jetzt zeigen wollen, leicht ist, sie bloſs mit Hülfe einer fünften Wurzel zu bestimmen.

552.

Multipliciert man die beiden Polynome T und T''', welche ähnliche Funktionen von R und R^4 sind, mit einander, so wird das Produkt:

$$TT''' = \Sigma p^2 + R\Sigma pp' + R^2\Sigma pp'' + R^3\Sigma pp''' + R^4\Sigma pp^{\mathrm{IV}}.$$

Setzt man aber stets $n = 5m + 1$, so ist, wie wir oben (Artikel 524) gefunden haben:

$$\Sigma p^2 = n - m;\ \Sigma pp' = \Sigma pp'' = \Sigma pp''' = \Sigma pp^{\mathrm{IV}} = -m,$$

mithin:

$$TT''' = n - m(1 + R + R^2 + R^3 + R^4)$$

oder einfach:

$$TT''' = n,$$

da die Gleichung

$$R^5 - 1 = 0,$$

deren linke Seite $= (R-1)(1 + R + R^2 + R^3 + R^4)$ ist, die Gleichung

$$0 = 1 + R + R^2 + R^3 + R^4$$

nach sich zieht, weil nicht $R - 1 = 0$ gesetzt werden darf.

In analoger Weise würde man $T'T'' = n$ finden; jedoch ist leicht zu sehen, dafs diese Gleichung nur eine Folge der vorhergehenden ist. Wird nämlich T durch $\Phi(R)$ bezeichnet, so ist:

$$T' = \Phi(R^2),\quad T'' = \Phi(R^3),\quad T''' = \Phi(R^4),$$

und die Gleichung $TT''' = n$ geht über in:

$$\Phi(R)\cdot\Phi(R^4) = n.$$

Setzen wir in dieser Gleichung R^2 an die Stelle von R, so erhalten wir, da sich alsdann R^8 auf R^3 reduciert:

$$\Phi(R^2)\cdot\Phi(R^3) = n \text{ oder } T'T'' = n.$$

553.

Die Eigenschaften, die wir soeben für die Funktionen T bewiesen haben, gelten in gleicher Weise für die Funktionen A. Denn werden die zweite und die dritte der Gleichungen (3) mit einander multipliciert, so giebt das Produkt:

$$(T'T'')^2 = A'A''TT''',$$

oder:

$$n^2 = nA'A'',$$

mithin:

$$A'A'' = n.$$

Multipliciert man ebenso die erste und vierte jener Gleichungen, so erhält man:

$$(TT''')^2 = AA'''T'T'' \quad\text{oder}\quad n^2 = nAA''',$$

mithin:

$$AA''' = n.$$

Man hat daher die beiden Systeme von Gleichungen:

$$n = TT''' = T'T''$$
$$n = AA''' = A'A''.$$

Da man allgemein

$$R = \cos\frac{2k\pi}{5} + \sqrt{-1}\sin\frac{2k\pi}{5}$$

setzen kann, wo k eine der Zahlen 1, 2, 3, 4 ist, so ist ersichtlich, dafs die Gröfse A als ganze rationale Funktion von R durch die Formel sich ausdrücken läfst:

$$A = r(\cos\vartheta + \sqrt{-1}\sin\vartheta),$$

und da $AA''' = n$ ist, so folgt hieraus:

$$A''' = \frac{n}{r}(\cos\vartheta - \sqrt{-1}\sin\vartheta).$$

Andrerseits erhält man den Wert:

$$A + A''' = 2\alpha + \varepsilon\left(R^2 + \frac{1}{R^2}\right) + \delta\left(R^4 + \frac{1}{R^4}\right)$$
$$+ \gamma\left(R^6 + \frac{1}{R^6}\right) + \beta\left(R^8 + \frac{1}{R^8}\right),$$

woraus folgt, dafs $A + A'''$ eine reelle Gröfse ist, welche sich folgendermafsen darstellt:

$$A + A''' = 2\alpha + 2\varepsilon\cos\frac{4k\pi}{5} + 2\delta\cos\frac{8k\pi}{5} + 2\gamma\cos\frac{12k\pi}{5} + 2\beta\cos\frac{16k\pi}{5}.$$

Demnach mufs

$$r - \frac{n}{r} = 0 \quad \text{oder } r = \sqrt{n}$$

sein, und es ist somit allgemein:

$$A = n^{\frac{1}{2}}(\cos\vartheta + \sqrt{-1}\sin\vartheta),$$

d. h. der reelle Modul der imaginären Gröfse A ist stets gleich $n^{\frac{1}{2}}$. In analoger Weise findet man:

$$A' = n^{\frac{1}{2}}(\cos\vartheta' + \sqrt{-1}\sin\vartheta'),$$

und aus diesen beiden Formeln folgt:

$$A'' = n^{\frac{1}{2}}(\cos\vartheta' - \sqrt{-1}\sin\vartheta')$$
$$A''' = n^{\frac{1}{2}}(\cos\vartheta - \sqrt{-1}\sin\vartheta).$$

554.

Wir müssen jetzt a priori zeigen, daſs die Form der Werte von T dieselbe ist, wie die der Gröſsen A, und daſs $n^{\frac{1}{2}}$ ebenfalls der Modul jener Gröſsen ist.

In der That haben wir gefunden $TT''' = n$, und die Summe der Gröſsen T, T''' läſst sich auf die Form bringen:

$$T + T''' = 2p + p'\left(R + \frac{1}{R}\right) + p''\left(R^2 + \frac{1}{R^2}\right) + p'''\left(R^3 + \frac{1}{R^3}\right) + p^{\mathrm{IV}}\left(R^4 + \frac{1}{R^4}\right).$$

Man sieht hieraus, daſs die Summe gleich der reellen Gröſse ist:

$$T + T''' = 2p + 2(p' + p^{\mathrm{IV}}) \cos \frac{2k\pi}{5} + 2(p'' + p''') \cos \frac{4k\pi}{5}.$$

Setzt man also wiederum:

$$T = \varrho\,(\cos\varphi + \sqrt{-1}\,\sin\varphi),$$

so wird:

$$T''' = \frac{n}{\varrho}\,(\cos\varphi - \sqrt{-1}\,\sin\varphi),$$

und da $T + T'''$ eine reelle Gröſse ist, so muſs

$$\varrho - \frac{n}{\varrho} = 0 \quad \text{oder} \quad \varrho = n^{\frac{1}{2}}$$

sein. Mithin müssen die beiden Gröſsen T und T''' die Form haben:

$$T \;= n^{\frac{1}{2}}\,(\cos\varphi + \sqrt{-1}\,\sin\varphi)$$

$$T''' = n^{\frac{1}{2}}\,(\cos\varphi - \sqrt{-1}\,\sin\varphi).$$

Dasselbe beweist man von den Gröſsen T' und T'', für welche die Gleichungen bestehen:

$$T' = n^{\frac{1}{2}}\,(\cos\varphi' + \sqrt{-1}\,\sin\varphi')$$

$$T'' = n^{\frac{1}{2}}\,(\cos\varphi' - \sqrt{-1}\,\sin\varphi').$$

Jedoch leitet man diese Eigenschaft unmittelbarer aus denjenigen Werten von T, T', T'', T''' her, welche mit Hülfe der Gröſsen A, A', A'', A''' ausgedrückt sind.

555.

Die beiden Gleichungen $T^2 = AT'$, $T'^2 = A'T'''$ ergeben nämlich:

$$T^4 = A^2T'^2 = A^2A'T''',$$

und somit:

$$T^5 = nA^2A'.$$

Substituiert man hierin die Werte:

$$A = n^{\frac{1}{2}}(\cos\vartheta + \sqrt{-1}\sin\vartheta), \quad A' = n^{\frac{1}{2}}(\cos\vartheta' + \sqrt{-1}\sin\vartheta'),$$

so erhält man:

$$T^5 = n^{\frac{5}{2}}(\cos(2\vartheta + \vartheta') + \sqrt{-1}\sin(2\vartheta + \vartheta'))$$

und daher:

$$T = n^{\frac{5}{2}}\left(\cos\frac{2\vartheta + \vartheta'}{5} + \sqrt{-1}\sin\frac{2\vartheta + \vartheta'}{5}\right),$$

ein Ausdruck, aus dem man erkennt, dafs in der That der Faktor $n^{\frac{1}{2}}$ der reelle Modul der imaginären Gröfse T ist.

Der Wert von T, den wir soeben gefunden haben, schliefst implicite fünf verschiedene Werte ein. Denn die Gröfse, durch welche T^5 ausgedrückt wird, kann auch in der Form geschrieben werden:

$$T^5 = n^{\frac{5}{2}}(\cos(2\vartheta + \vartheta' + 2i\pi) + \sqrt{-1}\sin(2\vartheta + \vartheta' + 2i\pi)),$$

wo i eine beliebige der Zahlen 0, 1, 2, 3, 4 ist. Hieraus ergeben sich, wenn man $\omega = \frac{2\vartheta + \vartheta'}{5}$ setzt, die folgenden fünf Lösungen:

$$T = n^{\frac{5}{2}}(\cos\omega + \sqrt{-1}\sin\omega)$$

$$T = n^{\frac{1}{2}}\left(\cos\left(\omega + \frac{2\pi}{5}\right) + \sqrt{-1}\sin\left(\omega + \frac{2\pi}{5}\right)\right)$$

$$T = n^{\frac{1}{2}}\left(\cos\left(\omega + \frac{4\pi}{5}\right) + \sqrt{-1}\sin\left(\omega + \frac{4\pi}{5}\right)\right)$$

$$T = n^{\frac{1}{2}}\left(\cos\left(\omega + \frac{6\pi}{5}\right) + \sqrt{-1}\sin\left(\omega + \frac{6\pi}{5}\right)\right)$$

$$T = n^{\frac{1}{2}}\left(\cos\left(\omega + \frac{8\pi}{5}\right) + \sqrt{-1}\sin\left(\omega + \frac{8\pi}{5}\right)\right).$$

556.

Hat man für T nach Belieben einen von diesen fünf Werten gewählt, so werden die drei andern Gröfsen T', T'', T''' vollständig bestimmt sein.

Denn nimmt man $T = n^{\frac{1}{2}}(\cos\omega + \sqrt{-1}\sin\omega)$, und substituiert man diesen Wert sowie den von $A = n^{\frac{1}{2}}(\cos\vartheta + \sqrt{-1}\sin\vartheta)$ in die Gleichung $T' = \frac{T^2}{A}$, so erhält man:

$$T' = n^{\frac{1}{2}}\left(\cos(2\omega - \vartheta) + \sqrt{-1}\sin(2\omega - \vartheta)\right).$$

Sodann ergiebt sich aus den Gleichungen $TT''' = n$, $T'T'' = n$:

$$T'' = n^{\frac{1}{2}}\left(\cos(2\omega - \vartheta) - \sqrt{-1}\sin(2\omega - \vartheta)\right)$$

$$T''' = n^{\frac{1}{2}}(\cos\omega \qquad - \sqrt{-1}\sin\omega).$$

Um nun die Wurzeln p, p', p'', p''', p^{IV} zu bestimmen, haben wir nur noch die Werte von T, T', T'', T''' in die Gleichung (5) einzusetzen, wodurch wir erhalten:

$$p = -\frac{1}{5} + \frac{2n^{\frac{1}{2}}}{5}[\cos\omega + \cos(2\omega - \vartheta)].$$

Diese Formel, welche den Wert der Wurzel p liefert, giebt in gleicher Weise den Wert der vier andern Wurzeln p', p'', p''', p^{IV}, sei es in der durch die primitive Wurzel g bestimmten Ordnung, sei es in der umgekehrten Ordnung, vorausgesetzt, dafs an Stelle von ω der Reihe nach $\omega + \frac{2\pi}{5}$, $\omega + \frac{4\pi}{5}$, $\omega + \frac{6\pi}{5}$, $\omega + \frac{8\pi}{5}$ gesetzt wird.

Man erhält also auf diese Weise die allgemeine Auflösung der gegebenen Gleichung. Dieselbe hängt nur von der Fünfteilung eines Winkels $\omega = 2\vartheta + \vartheta'$ ab, den man geometrisch konstruieren kann.

557.

Wir kehren zu den Formeln, welche die Werte der Winkel ϑ und ϑ' ergeben, zurück. Setzt man $\frac{2k\pi}{5} = \mu$, so erhält man:

$$R = \cos\mu + \sqrt{-1}\sin\mu$$

$$R^2 = \cos 2\mu + \sqrt{-1}\sin\mu$$

$$R^3 = \cos 2\mu - \sqrt{-1}\sin 2\mu$$

$$R^4 = \cos\mu - \sqrt{-1}\sin\mu,$$

und die Gleichung $0 = 1 + R + R^2 + R^3 + R^4$ geht über in:

$$0 = 1 + 2\cos\mu + 2\cos 2\mu.$$

Diese Gleichung, welche man auf die Form

$$0 = 4\cos^2\mu + 2\cos\mu - 1$$

bringen kann, giebt allgemein:

$$\cos\mu = \frac{-1 \pm \sqrt{5}}{4},$$

so dafs $\cos\mu$ stets einen von diesen beiden Werten besitzt, welches auch die Zahl k sein möge, wofern dieselbe nur nicht durch 5 teilbar ist. Setzt man z. B. $k = 1$, oder $\mu = \frac{2\pi}{5} = 72^0$, so wird:

$$\cos\mu = \frac{-1 + \sqrt{5}}{4}, \quad \cos 2\mu = \frac{-1 - \sqrt{5}}{4}.$$

Substituiert man, nachdem dies vorausgeschickt ist, den Wert von R in die Gleichung:

$$A = \alpha + \varepsilon R^2 + \delta R^4 + \gamma R^6 + \beta R^8,$$

und setzt man zu gleicher Zeit für A seinen Wert:

$$n^{\frac{1}{2}}(\cos\vartheta + \sqrt{-1}\sin\vartheta),$$

so erhält man zur Bestimmung von ϑ die beiden Gleichungen*):

$$n^{\frac{1}{2}}\cos\vartheta = \alpha + (\gamma + \delta)\cos\mu + (\varepsilon + \beta)\cos 2\mu$$
$$n^{\frac{1}{2}}\sin\vartheta = (\gamma - \delta)\sin\mu + (\varepsilon - \beta)\sin 2\mu.$$

Sodann braucht man nur 2μ für μ zu setzen, um den Wert von A', welcher durch $n^{\frac{1}{2}}(\cos\vartheta' + \sqrt{-1}\sin\vartheta')$ dargestellt wird, zu erhalten, so dafs sich ergiebt:

$$n^{\frac{1}{2}}\cos\vartheta' = \alpha + (\gamma + \delta)\cos 2\mu + (\varepsilon + \beta)\cos\mu$$
$$n^{\frac{1}{2}}\sin\vartheta' = (\gamma - \delta)\sin 2\mu - (\varepsilon - \beta)\sin\mu.$$

---

*) Man erhält hier zwei Gleichungen zur Bestimmung des Winkels oder Bogens ϑ. Der Grund hiervon ist der, dafs der Endpunkt des Bogens ϑ ein Punkt des Kreisumfanges ist, welcher nur durch seine beiden Koordinaten $\cos\vartheta$ und $\sin\vartheta$ vollständig bestimmt sein kann, und zwar müssen die Werte der letzteren auch hinsichtlich ihrer Vorzeichen bekannt sein. Wenn nur eine dieser Koordinaten bekannt wäre, würde dieselbe zwei Punkten des Umfanges gemeinsam sein, und es wäre ungewifs, durch welchen von diesen beiden Punkten der Bogen ϑ bestimmt werden müfste. Was den Faktor $n^{\frac{1}{2}}$, mit welchem $\cos\vartheta$ und $\sin\vartheta$ behaftet sind, angeht, so ist derselbe, weil er den Modul einer imaginären Gröfse darstellt, stets positiv zu nehmen. Denn in der Formel

$$r(\cos\varphi + \sqrt{-1}\sin\varphi),$$

welche eine beliebige imaginäre Gröfse darstellt, darf der Modul r stets positiv vorausgesetzt werden, da man ja dadurch, dafs man $\pi + \varphi$ für φ setzt, das Vorzeichen dieser Gröfse nach Belieben zu ändern imstande ist.

Anm. d. Verf.

In den besonderen Fällen folgen aus dem gegebenen Werte der Primzahl $n = 5m + 1$ und dem Werte der Zahl g, welche eine primitive Wurzel von n ist, die Werte der Koefficienten $\alpha, \beta, \gamma, \delta, \varepsilon$, wie wir dies bei dem Falle $n = 41$, $g = 13$ (Artikel 551) gesehen haben, wo wir $\alpha = -2$, $\beta = 3$, $\gamma = 2$, $\delta = -4$, $\varepsilon = 0$ fanden. Man mufs demnach die Winkel ϑ und ϑ', aus denen sich $\omega = \frac{2\vartheta + \vartheta'}{5}$ ergiebt, durch die vorstehenden Formeln als vollkommen bestimmt ansehen, so dafs in dem Ausdrucke der Wurzel p, welcher implicite den der andern Wurzeln p', p'', p''', p^{IV} einschliefst, nichts Unbekanntes mehr übrig bleibt. Jedoch wollen wir die Gleichungen für ϑ und ϑ' benutzen, um daraus einige allgemeine Beziehungen zwischen den Koefficienten $\alpha, \beta, \gamma, \delta, \varepsilon$ abzuleiten.

558.

Wir bemerken zunächst, dafs allgemein die Gleichung gilt:

$$\alpha + \beta + \gamma + \delta + \varepsilon = -1.$$

Man setze nämlich wie oben:

$$a = p^2 + 2p''p''' + 2p'p^{IV},$$

und stelle ebendiese Gröfse, nachdem man sie auf lineare Glieder reduciert hat, durch die Formel

$$a = \alpha p + \beta p' + \gamma p'' + \delta p''' + \varepsilon p^{IV}$$

dar. Betrachtet man dann die andern vier Koefficienten b, c, d, e, welche aus dem Koefficienten a entstehen, indem man nach und nach jeden der Buchstaben p, p', p'', p''', p^{IV} um eine Stelle vorrücken läfst und dabei p für p^V setzt, so wird man für die Summe der so gebildeten fünf Werte zwei verschiedene Ausdrücke erhalten. Der erste derselben ist:

$$\Sigma a = \Sigma p^2 + 2\Sigma p''p''' + 2\Sigma p'p^{IV}.$$

Es ist aber:

$$\Sigma p^2 = n - m; \quad \Sigma p''p''' = \Sigma pp' = -m; \quad \Sigma p'p^{IV} = \Sigma pp'' = -m,$$

mithin:

$$\Sigma a = n - 5m = 1.$$

Der zweite Ausdruck ist:

$$\Sigma a = (\alpha + \beta + \gamma + \delta + \varepsilon)\Sigma p,$$

und da $\Sigma p = -1$, so giebt die Gleichsetzung der beiden Werte von Σa:

$$\Sigma \alpha \text{ oder } \alpha + \beta + \gamma + \delta + \varepsilon = -1.$$

Erhebt man jetzt die beiden Gleichungen, welche die Werte von $n^{\frac{1}{2}} \cos \vartheta$ und $n^{\frac{1}{2}} \sin \vartheta$ ergeben, ins Quadrat und addiert sie sodann, so findet man:

$$\begin{aligned} n = \alpha^2 + \beta^2 + \gamma^2 + \delta^2 + \varepsilon^2 &+ 2\alpha(\gamma + \delta)\cos\mu \quad + 2\alpha(\varepsilon + \beta)\cos 2\mu \\ &+ 2(\gamma\varepsilon + \beta\delta)\cos\mu + 2(\beta\gamma + \delta\varepsilon)\cos 2\mu \\ &+ 2\beta\varepsilon\cos\mu \qquad\quad + 2\gamma\delta\cos 2\mu. \end{aligned}$$

Setzt man:

$$\begin{aligned} P &= \alpha^2 + \beta^2 + \gamma^2 + \delta^2 + \varepsilon^2 = \Sigma\alpha^2 \\ Q &= \alpha\gamma + \beta\delta + \gamma\varepsilon + \delta\alpha + \varepsilon\beta = \Sigma\alpha\gamma \\ R &= \alpha\beta + \beta\gamma + \gamma\delta + \delta\varepsilon + \varepsilon\alpha = \Sigma\alpha\beta, \end{aligned}$$

so wird:

$$n = P + 2Q\cos\mu + 2R\cos 2\mu.$$

Wird 2μ für μ gesetzt, so erhält man das Resultat, welches in analoger Weise die beiden, den Winkel ϑ' bestimmenden Gleichungen ergeben würden, nämlich:

$$n = P + 2Q\cos 2\mu + 2R\cos\mu.$$

Setzt man diese beiden Werte einander gleich, so folgt daraus zunächst:

$$Q = R,$$

und sodann:

$$n = P + 2Q(\cos 2\mu + \cos\mu) = P - Q.$$

$P + 2Q + 2R$ ist aber offenbar das Quadrat der Summe

$$\alpha + \beta + \gamma + \delta + \varepsilon,$$

und da diese Summe gleich -1 ist, so hat man $P + 4Q = 1$, mithin $n = 1 - 5Q$ und $Q = -m$. Hieraus sieht man, dafs die Koefficienten α, β, γ, δ, ε den folgenden Gleichungen genügen:

$$\begin{aligned} 1 + 4m &= \alpha^2 + \beta^2 + \gamma^2 + \delta^2 + \varepsilon^2 = \Sigma\alpha^2 \\ -m &= \alpha\beta + \beta\gamma + \gamma\delta + \delta\varepsilon + \varepsilon\alpha = \Sigma\alpha\beta \\ -m &= \alpha\gamma + \beta\delta + \gamma\varepsilon + \delta\alpha + \varepsilon\beta = \Sigma\alpha\gamma, \end{aligned}$$

von denen eine die Folge der Gleichung

$$-1 = \alpha + \beta + \gamma + \delta + \varepsilon$$

ist. Die erste zeigt allgemein, dafs die gröfste der Gröfsen α, β, γ, δ, ε, abgesehen vom Vorzeichen, kleiner als $\sqrt{1 + 4m}$ und gröfser als $\sqrt{\frac{1 + 4m}{5}}$ sein mufs.

559.

Da wir nur drei Gleichungen zur Bestimmung der fünf Gröfsen α, β, γ, δ, ε gefunden haben, so sieht man, dafs die Aufgabe, sie von vornherein blofs aus der Primzahl $n = 5m + 1$ abzuleiten, sehr unbestimmt ist.

Wir haben oben (No. 524) die Formeln gefunden:

$$pp' = Ap + Bp' + Cp'' + Dp''' + Cp^{IV}$$
$$pp'' = A'p + Cp' + C'p'' + Dp''' + Dp^{IV}.$$

Hierin treten sechs Koefficienten A, B, A', C', C, D auf, zwischen denen die zwei einfachen Gleichungen:

$$A + B = m - 2C - D$$
$$A' + C' = m - C - 2D$$

und zwei andere verwickeltere bestehen, nämlich:

$$A'C' + AB = (A + B - D)^2 + C^2 - CD + D^2 - C - D$$
$$A'(A - B) = C^2 - C(A + 2B - D + 1) + A^2 + BD - D^2.$$

Man erkennt hieraus, dafs man noch über zwei von den sechs Unbestimmten zu verfügen hätte, gleichwie wir soeben gefunden haben, dafs noch zwei von den fünf Unbestimmten α, β, γ, δ, ε zu bestimmen bleiben.

Diese Resultate bringt man leicht in Übereinstimmung mit einander, wenn man den Wert von a, welcher gleich

$$p^2 + 2p''p''' + 2p'p^{IV}$$

ist, auf die lineare Form $\alpha p + \beta p' + \gamma p'' + \delta p''' + \varepsilon p^{IV}$ bringt. Dies giebt:

$$\alpha = -1 - 2m + 5(C + D)$$
$$\beta = 2C' - B - D$$
$$\gamma = 2A - C' - C$$
$$\delta = 2B - A' - C$$
$$\varepsilon = 2A' - A - D.$$

Denn substituiert man diese Werte in die Gleichung:

$$\alpha^2 + \beta^2 + \gamma^2 + \delta^2 + \varepsilon^2 = 4m + 1,$$

so erhält man als Resultat die Bedingungsgleichung:

$$AB + A'C' = m^2 - (4m + 1)(C + D) + 5C^2 + 7CD + D^2.$$

Dieselbe läfst sich, wenn man

$$a = C + D, \quad b = C - D, \quad t = A - B, \quad u = A' - C'$$

setzt, auf die Form bringen:

$$0 = 4m^2 - 4a(5m + 2) + 25a^2 + 5b^2 + 2t^2 + 2u^2.$$

Eine zweite Bedingungsgleichung ergiebt sich aus der Gleichung:

$$0 = \Sigma\alpha\beta - \Sigma\alpha\gamma,$$

welche man auch folgendermafsen schreiben kann:

$$t^2 - 4tu - u^2 = (4 + 10m)b - 25ab.$$

Man findet aber leicht, dafs diese beiden Bedingungsgleichungen mit den beiden übereinstimmen, welche wir im vorigen Artikel angeführt haben, und die oben auf einem sehr verschiedenen Wege gefunden worden sind; und es scheint nicht, als ob noch eine dritte existierte, vermittelst deren die Unbestimmtheit, welche hinsichtlich der Koefficienten A, B, A', C', C, D übrig bleibt, vermindert werden könnte. Übrigens liegt diese Unbestimmtheit in der Natur der Sache, da die in Rede stehenden Koefficienten von der Wahl der zu ihrer Bestimmung dienenden primitiven Wurzel abhängen; andrerseits aber mufs man beachten, dafs keiner dieser Koefficienten negativ sein darf, und man kann aus den bereits gefundenen Resultaten schliefsen, dafs die Unbestimmtheit, welche noch in Bezug auf dieselben besteht, sich darauf reduciert, dafs, wenn C mit D vertauscht wird, gleichzeitig $A - B$ in $C' - A'$ übergeht.

Dies bestätigen auch die vier in Artikel 557 zur Bestimmung von ϑ und ϑ' gegebenen Gleichungen. Denn da diese Winkel dieselben bleiben müssen, welchen Wert man auch für die primitive Wurzel genommen haben möge, und sich nur höchstens gegenseitig vertauschen können, so kann die Änderung der primitiven Wurzel keine andere Wirkung hinsichtlich der Koefficienten β, γ, δ, ε hervorbringen, als dafs γ und δ durch β und ε und ebenso β und ε durch γ und δ ersetzt werden; in jedem Falle aber bleibt α dasselbe.

560.

Wenden wir jetzt die vorstehenden Formeln auf den Fall $n = 41$ oder $m = 8$ an, so erhalten wir aus Artikel 528 die Werte:

$$A = 3, \quad B = 0, \quad C = 2, \quad D = 1, \quad A' = 2, \quad C' = 2,$$

und hieraus:

$$\alpha = -2, \quad \beta = 3, \quad \gamma = 2, \quad \delta = -4, \quad \varepsilon = 0.$$

Die Winkel ϑ und ϑ' ergeben sich sodann aus den folgenden Gleichungen, in denen $\mu = \frac{2k\pi}{5}$ gesetzt ist:

$$n^{\frac{1}{2}} \cos \vartheta = -2 - 2 \cos \mu + 3 \cos 2\mu$$
$$n^{\frac{1}{2}} \sin \vartheta = \phantom{-2 - {}} 6 \sin \mu - 3 \sin 2\mu$$
$$n^{\frac{1}{2}} \cos \vartheta' = -2 - 2 \cos 2\mu + 3 \cos \mu$$
$$n^{\frac{1}{2}} \sin \vartheta' = \phantom{-2 - {}} 6 \sin 2\mu + 3 \sin \mu.$$

Ist $k = 1$, so wird, wie in Artikel 557:

$$\cos \mu = \frac{-1 + \sqrt{5}}{4}, \qquad \cos 2\mu = \frac{-1 - \sqrt{5}}{4}.$$

Substituiert man diese Werte in die von $\cos \vartheta$ und $\cos \vartheta'$, so ergiebt sich:

$$\cos \vartheta = \frac{-9 - 5\sqrt{5}}{2\sqrt{41}}, \qquad \cos \vartheta' = \frac{-9 + 5\sqrt{5}}{2\sqrt{41}},$$

oder einfacher für die trigonometrische Berechnung:

$$\sin \vartheta = \sqrt{\frac{45\sqrt{5}}{82}} \cos 72^0, \qquad \sin \vartheta' = \sqrt{\frac{45\sqrt{5}}{82}} \cos 36^0.$$

Dies giebt mit Rücksicht auf den negativen Wert von $\cos \vartheta$:

$$\vartheta = 141^0\ 59'\ 26'',21430$$
$$\vartheta' = 85^0\ 6'\ 59'',81875$$
$$2\vartheta + \vartheta' = 369^0\ 5'\ 52'',24735$$
$$\omega = 73^0\ 49'\ 10'',44947.$$

Mit Hülfe dieser Werte von ϑ, ϑ' und ω werden die fünf Werte der Wurzel p, genau und näherungsweise, folgendermafsen ausgedrückt:

$$p = -\frac{1}{5} + \frac{2}{5}(41)^{\frac{1}{2}}[\cos \omega + \cos(2\omega - \vartheta)] = 3{,}0625390840$$

$$p = -\frac{1}{5} + \frac{2}{5}(41)^{\frac{1}{2}}[\cos(\omega + \mu) + \cos(2\omega + 2\mu - \vartheta)] = -4{,}5290611770$$

$$p = -\frac{1}{5} + \frac{2}{5}(41)^{\frac{1}{2}}[\cos(\omega + 2\mu) + \cos(2\omega + 4\mu - \vartheta)] = -1{,}1958668420$$

$$p = -\frac{1}{5} + \frac{2}{5}(41)^{\frac{1}{2}}[\cos(\omega + 3\mu) + \cos(2\omega + 6\mu - \vartheta)] = 1{,}2162875050$$

$$p = -\frac{1}{5} + \frac{2}{5}(41)^{\frac{1}{2}}[\cos(\omega + 4\mu) + \cos(2\omega + 8\mu - \vartheta)] = 0{,}4461014295.$$

Was die Reihenfolge dieser fünf Wurzeln anlangt, so ist sie die umgekehrte von der, welche die Formeln des Artikel 537 ergeben. Man erhält daher, wenn man $p = 3{,}0625390840$ setzt, dieselben Werte von p', p'', p''', p^{IV}, welche wir oben gefunden haben, abgesehen von den kleinen Fehlern, welche den trigonometrischen Tafeln für zehn Decimalstellen zugeschrieben werden dürfen.

Mittelst dieser Werte von p, p', ... erhält man, wie in No. 542, eine der Gröfsen $\cos\frac{8\pi}{41}$, $\cos\frac{10\pi}{41}$, $\cdots$, welche entweder zur vollständigen Auflösung der Gleichung 40ten Grades $X = 0$ oder zur Teilung des Kreisumfanges in 41 gleiche Teile dienen, und da die Gröfsen p, deren angenäherte Werte wir gegeben haben, sich genau durch fünfte Wurzeln aus Gröfsen von der Form $M + N\sqrt{-1}$ ausdrücken lassen, so kann man offenbar auch alle Wurzeln der Gleichung $x^{41} - 1 = 0$ durch solche Wurzeln in Verbindung mit Wurzeln zweiten Grades ausdrücken.

561.

Wendete man dieselbe Reduktionsmethode auf die Hülfsgleichung

$$p^5 + p^4 - 4p^3 - 3p^2 + 3p + 1 = 0$$

an, welche sich auf die Gleichung $x^{11} - 1 = 0$ bezieht, so würde man zu denselben Resultaten gelangen, welche sich in den Abhandlungen der Akademie der Wissenschaften vom Jahre 1771 Seite 416 finden. Es scheint daher, als ob man **Vandermonde** die **erste Idee** dieser Art von Untersuchungen zu verdanken habe, vermittelst deren man imstande ist, alle Wurzeln einer Gleichung fünften Grades, von welcher die Gleichung $x^{11} - 1 = 0$ abhängt, in expliciter Weise auszudrücken. Man mufs sogar hinzufügen, dafs dieser Autor von seiner Methode behauptet, dafs sie auf die Auflösung einer jeden zweigliedrigen Gleichung anwendbar sei. Indessen hat er für dieselbe nicht die zur Rechtfertigung seiner Behauptung erforderlichen Entwicklungen angegeben.

562.

Von der Hülfsgleichung siebenten Grades, welche unter der Annahme $n = 7m + 1$ die Perioden von m Gliedern zu Wurzeln hat.

Wir stellen durch p, p', p'', p''', p^{IV}, p^{V}, p^{VI} die Wurzeln der Gleichung dar, welche aufgelöst werden soll, und welche stets die Form besitzt:

$$p^7 + p^6 + Pp^5 + \cdots - \Omega = 0.$$

Bezeichnen wir sodann durch R eine der imaginären Wurzeln der Gleichung $R^7 - 1 = 0$, d. h. bedeutet R den Ausdruck:

$$R = \cos\frac{2k\pi}{7} + \sqrt{-1}\sin\frac{2k\pi}{7},$$

wo k eine der Zahlen 1, 2, 3, 4, 5, 6 ist, so setzen wir:

$$T = p + p'R + p''R^2 + p'''R^3 + p^{IV}R^4 + p^{V}R^5 + p^{VI}R^6.$$

Erhebt man sodann diese Gröfse ins Quadrat und setzt man:

$$T^2 = a + bR^2 + cR^4 + dR^6 + eR^8 + fR^{10} + gR^{12},$$

so erhält man, wie leicht zu sehen:

$$\begin{aligned}
a &= p^2 + 2p'p^{VI} + 2p''p^{V} + 2p'''p^{IV}\\
b &= p'^2 + 2p''p + 2p'''p^{VI} + 2p^{IV}p^{V}\\
c &= p''^2 + 2p'''p' + 2p^{IV}p + 2p^{V}p^{VI}\\
d &= p'''^2 + 2p^{IV}p'' + 2p^{V}p' + 2p^{VI}p\\
e &= p^{IV\,2} + 2p^{V}p''' + 2p^{VI}p'' + 2pp'\\
f &= p^{V2} + 2p^{VI}p^{IV} + 2pp''' + 2p'p''\\
g &= p^{VI\,2} + 2pp^{V} + 2p'p^{IV} + 2p''p'''.
\end{aligned}$$

Ferner hat man diese Koefficienten auf die lineare Form zu reducieren, so dafs sich ergiebt:

$$a = \alpha p + \beta p' + \gamma p'' + \delta p''' + \varepsilon p^{IV} + \zeta p^{V} + \eta p^{VI}.$$

Wie man sieht, kann man aus dem Ausdrucke von a denjenigen der folgenden Koefficienten b, c, d, ... ableiten; denn um von einem Gliede zum folgenden überzugehen, braucht man nur alle Buchstaben p, p', p'', ... um eine Stelle vorrücken zu lassen, während die Koefficienten α, β, γ, ... dieselben bleiben. Man erhält daher folgenden Ausdruck von T^2:

$$\begin{aligned}
T^2 = &\quad\ \ \alpha p + \beta p' + \gamma p'' + \delta p''' + \varepsilon p^{IV} + \zeta p^{V} + \eta p^{VI}\\
&+ R^2(\alpha p' + \beta p'' + \gamma p''' + \delta p^{IV} + \varepsilon p^{V} + \zeta p^{VI} + \eta p)\\
&+ R^4(\alpha p'' + \beta p''' + \gamma p^{IV} + \delta p^{V} + \varepsilon p^{VI} + \zeta p + \eta p')\\
&+ R^6(\alpha p''' + \beta p^{IV} + \gamma p^{V} + \delta p^{VI} + \varepsilon p + \zeta p' + \eta p'')\\
&+ R^8(\alpha p^{IV} + \beta p^{V} + \gamma p^{VI} + \delta p + \varepsilon p' + \zeta p'' + \eta p''')\\
&+ R^{10}(\alpha p^{V} + \beta p^{VI} + \gamma p + \delta p' + \varepsilon p'' + \zeta p''' + \eta p^{IV})\\
&+ R^{12}(\alpha p^{VI} + \beta p + \gamma p' + \delta p'' + \varepsilon p''' + \zeta p^{IV} + \eta p^{V}).
\end{aligned}$$

563.

Ordnet man eben diese Gröfse in Bezug auf die Wurzeln p, p', p'', ... so wird dieselbe:

$$
\begin{aligned}
T^2 = \; & p\;(\alpha + \eta R^2 + \zeta R^4 + \varepsilon R^6 + \delta R^8 + \gamma R^{10} + \beta R^{12}) \\
& + p'\;(\beta + \alpha R^2 + \eta R^4 + \zeta R^6 + \varepsilon R^8 + \delta R^{10} + \gamma R^{12}) \\
& + p''\;(\gamma + \beta R^2 + \alpha R^4 + \eta R^6 + \zeta R^8 + \varepsilon R^{10} + \delta R^{12}) \\
& + p'''\;(\delta + \gamma R^2 + \beta R^4 + \alpha R^6 + \eta R^8 + \zeta R^{10} + \varepsilon R^{12}) \\
& + p^{\mathrm{IV}}(\varepsilon + \delta R^2 + \gamma R^4 + \beta R^6 + \alpha R^8 + \eta R^{10} + \zeta R^{12}) \\
& + p^{\mathrm{V}}\;(\zeta + \varepsilon R^2 + \delta R^4 + \gamma R^6 + \beta R^8 + \alpha R^{10} + \eta R^{12}) \\
& + p^{\mathrm{VI}}(\eta + \zeta R^2 + \varepsilon R^4 + \delta R^6 + \gamma R^8 + \beta R^{10} + \alpha R^{12}).
\end{aligned}
$$

Nennt man jetzt A den Koefficienten von p, so sieht man leicht, dafs die Koefficienten von p', p'', p''', ... bezüglich sind: AR^2, AR^4, AR^6, ..., so dafs man erhält:

$$T = A(p + p'R^2 + p''R^4 + p'''R^6 + p^{\mathrm{IV}}R^8 + p^{\mathrm{V}}R^{10} + p^{\mathrm{VI}}R^{12}).$$

Die rechte Seite reduciert sich auf AT', wenn man mit T' dasjenige bezeichnet, was aus T wird, wenn man R^2 an die Stelle von R setzt. In analoger Weise bezeichnen wir mit T'' dasjenige, was aus T wird, wenn man R^3 an die Stelle von R setzt; und, indem wir so fortfahren, bilden wir die sechs Polynome:

$$
\begin{aligned}
T\;\; &= p + p'R + p''R^2 + p'''R^3 + p^{\mathrm{IV}}R^4 + p^{\mathrm{V}}R^5 + p^{\mathrm{VI}}R^6 \\
T'\; &= p + p'R^2 + p''R^4 + p'''R^6 + p^{\mathrm{IV}}R^8 + p^{\mathrm{V}}R^{10} + p^{\mathrm{VI}}R^{12} \\
T'' &= p + p'R^3 + p''R^6 + p'''R^9 + p^{\mathrm{IV}}R^{12} + p^{\mathrm{V}}R^{15} + p^{\mathrm{VI}}R^{18} \\
T''' &= p + p'R^4 + p''R^8 + p'''R^{12} + p^{\mathrm{IV}}R^{16} + p^{\mathrm{V}}R^{20} + p^{\mathrm{VI}}R^{24} \\
T^{\mathrm{IV}} &= p + p'R^5 + p''R^{10} + p'''R^{15} + p^{\mathrm{IV}}R^{20} + p^{\mathrm{V}}R^{25} + p^{\mathrm{VI}}R^{30} \\
T^{\mathrm{V}} &= p + p'R^6 + p''R^{12} + p'''R^{18} + p^{\mathrm{IV}}R^{24} + p^{\mathrm{V}}R^{30} + p^{\mathrm{VI}}R^{36}.
\end{aligned}
$$

Der siebente analog gebildete und durch T^{VI} zu bezeichnende Ausdruck würde sich auf $p + p' + p'' + p''' + p^{\mathrm{IV}} + p^{\mathrm{V}} + p^{\mathrm{VI}}$ reducieren, also auf eine Gröfse, welche gleich -1 ist.

Wir müssen noch das System der Werte für A angeben, welches sich folgendermafsen darstellt:

$$
\begin{aligned}
A\;\; &= \alpha + \eta R^2 + \zeta R^4 + \varepsilon R^6 + \delta R^8 + \gamma R^{10} + \beta R^{12} \\
A'\; &= \alpha + \eta R^4 + \zeta R^8 + \varepsilon R^{12} + \delta R^{16} + \gamma R^{20} + \beta R^{24} \\
A'' &= \alpha + \eta R^6 + \zeta R^{12} + \varepsilon R^{18} + \delta R^{24} + \gamma R^{30} + \beta R^{36} \\
A''' &= \alpha + \eta R^8 + \zeta R^{16} + \varepsilon R^{24} + \delta R^{32} + \gamma R^{40} + \beta R^{48} \\
A^{\mathrm{IV}} &= \alpha + \eta R^{10} + \zeta R^{20} + \varepsilon R^{30} + \delta R^{40} + \gamma R^{50} + \beta R^{60} \\
A^{\mathrm{V}} &= \alpha + \eta R^{12} + \zeta R^{24} + \varepsilon R^{36} + \delta R^{48} + \gamma R^{60} + \beta R^{72}.
\end{aligned}
$$

564.

Nachdem dieses vorausgeschickt ist, liefert die Gleichung

$$T^2 = AT',$$

wenn man in ihr der Reihe nach R^2, R^3, R^4, R^5, R^6 an die Stelle von R setzt, die sechs Gleichungen:

$$T^2 = AT', \quad T'^2 = A'T''', \quad T''^2 = A''T^{\mathrm{V}},$$
$$T'''^2 = A'''T, \quad T^{\mathrm{IV}\,2} = A^{\mathrm{IV}}T'', \quad T^{\mathrm{V}\,2} = A^{\mathrm{V}}T^{\mathrm{IV}}.$$

Multipliciert man sodann die Werte von T und T^{V}, so erhält man:

$$TT^{\mathrm{V}} = \Sigma p^2 + R\Sigma pp' + R^2\Sigma pp'' + R^3\Sigma pp''' + R^4\Sigma pp^{\mathrm{IV}} + R^5\Sigma pp^{\mathrm{V}} + R^6\Sigma pp^{\mathrm{VI}}.$$

Es ist aber allgemein:

$$\Sigma p^2 = n - m,$$
$$\Sigma pp' = \Sigma pp'' = \Sigma pp''' = \Sigma pp^{\mathrm{IV}} = \Sigma pp^{\mathrm{V}} = \Sigma pp^{\mathrm{VI}} = -m;$$

mithin:

$$TT^{\mathrm{V}} = n - m(1 + R + R^2 + R^3 + R^4 + R^5 + R^6) = n.$$

In ähnlicher Weise findet man:

$$T'T^{\mathrm{IV}} = n, \quad T''T''' = n.$$

Übrigens kann man diese beiden Gleichungen leicht aus der ersten $TT^{\mathrm{V}} = n$ ableiten, wenn man sie auf die Form $\Phi(R)\cdot\Phi\left(\frac{1}{R}\right) = n$ bringt. Man braucht dazu in dieser Form nur R^2 und R^3 für R zu setzen.

Endlich kann man, wie in Artikel 554, beweisen, dafs die Gröfsen T, T', T'', ... alle von der Form

$$n^{\frac{1}{2}}(\cos\varphi + \sqrt{-1}\sin\varphi)$$

sind, so dafs der reelle Modul dieser Gröfsen beständig gleich $n^{\frac{1}{2}}$ ist.

Ebenso verhält es sich mit den Gröfsen A, A', ..., was sich direkt beweisen läfst. Jedoch können diese Eigenschaften auch aus denen der Polynome T abgeleitet werden. Denn multipliciert man die beiden Gleichungen $T^2 = AT'$ und $T^{\mathrm{V}2} = A^{\mathrm{V}}T^{\mathrm{IV}}$ mit einander, so wird:

$$(TT^{\mathrm{V}})^2 = AA^{\mathrm{V}}T'T^{\mathrm{IV}},$$

oder:

$$n^2 = nAA^{\mathrm{V}}, \quad \text{mithin:} \quad n = AA^{\mathrm{V}}.$$

Ebenso findet man: $A'A^{\mathrm{IV}} = n$ und $A''A''' = n$. Endlich folgt daraus, dafs wir

$$T = n^{\frac{1}{2}}(\cos\varphi + \sqrt{-1}\sin\varphi), \quad T' = n^{\frac{1}{2}}(\cos\varphi' + \sqrt{-1}\sin\varphi')$$

setzen können, die Gleichung:

$$\frac{T'^2}{T'} \text{ oder } A = n^{\frac{1}{2}}\left(\cos(2\varphi - \varphi') + \sqrt{-1}\sin(2\varphi - \varphi')\right),$$

und somit ist der reelle Modul der Gröfse A ebenfalls gleich $n^{\frac{1}{2}}$, und dies gilt in gleicher Weise von den andern analogen Gröfsen A', A'', ...

565.

Wir wollen jetzt zusehen, wie man den Wert von T als Funktion der Gröfsen A ausdrücken könne. Wir haben zunächst:

$$T^4 = A^2 T'^2 = A^2 A' T''',$$

folglich:

$$T^8 = A^4 A'^2 T'''^2 = A^4 A'^2 A''' T,$$

oder:

$$T^7 = A^4 A'^2 A'''.$$

Demnach läfst sich das Polynom T mittelst der Gröfsen A, welche Funktionen allein von R sind, ausdrücken.

Setzt man $\frac{2k\pi}{7} = \mu$, wo k eine beliebige der Zahlen 1, 2, 3, 4, 5, 6 ist, so erhält man:

$$\begin{aligned}
R &= \cos\mu + \sqrt{-1}\sin\mu \\
R^2 &= \cos 2\mu + \sqrt{-1}\sin 2\mu \\
R^3 &= \cos 3\mu + \sqrt{-1}\sin 3\mu \\
R^4 &= \cos 3\mu - \sqrt{-1}\sin 3\mu \\
R^5 &= \cos 2\mu - \sqrt{-1}\sin 2\mu \\
R^6 &= \cos\mu - \sqrt{-1}\sin\mu,
\end{aligned}$$

und da die Gleichung $R^7 - 1 = 0$, nachdem sie von dem Faktor $R - 1$ befreit ist, nichts andres ist als

$$0 = 1 + R + R^2 + R^3 + R^4 + R^5 + R^6,$$

so genügt der Winkel μ der Gleichung:

$$0 = 1 + 2\cos\mu + 2\cos 2\mu + 2\cos 3\mu,$$

oder, wenn man $2\cos\mu = x$ setzt, der Gleichung:

$$0 = x^3 + x^2 - 2x - 1.$$

Die drei Wurzeln dieser Gleichung sind $2\cos\mu$, $2\cos 2\mu$, $2\cos 3\mu$; von diesen ist eine positiv und zwei negativ.

Setzt man z. B. $k = 1$, so erhält man näherungsweise:

$$2 \cos \mu = \frac{63889}{51235} = 1{,}2469796037$$

$$2 \cos 2\mu = -\frac{51235}{115124} = -0{,}4450418678$$

$$2 \cos 3\mu = -\frac{115124}{63889} = -1{,}8019377362.$$

Substituiert man die Werte von R und seiner Potenzen in die Formel:

$$A = \alpha + \eta R^2 + \zeta R^4 + \cdots = n^{\frac{1}{2}}(\cos\vartheta + \sqrt{-1}\sin\vartheta),$$

so ergeben sich zur Bestimmung des Winkels ϑ die Gleichungen:

$$n^{\frac{1}{2}}\cos\vartheta = \alpha + (\eta+\beta)\cos 2\mu + (\zeta+\gamma)\cos 3\mu + (\varepsilon+\delta)\cos\mu$$

$$n^{\frac{1}{2}}\sin\vartheta = (\eta-\beta)\sin 2\mu + (\gamma-\zeta)\sin 3\mu + (\delta-\varepsilon)\sin\mu.$$

Setzt man in analoger Weise:

$$A' = n^{\frac{1}{2}}(\cos\vartheta' + \sqrt{-1}\sin\vartheta')$$

$$A'' = n^{\frac{1}{2}}(\cos\vartheta'' + \sqrt{-1}\sin\vartheta'')$$

$$A''' = n^{\frac{1}{2}}(\cos\vartheta'' - \sqrt{-1}\sin\vartheta''),$$

so erhält man zur Bestimmung von ϑ' und ϑ'' Gleichungen, welche man aus den vorstehenden dadurch ableitet, daſs man nach einander 2μ und 3μ an die Stelle von μ setzt. Es ergiebt sich so:

$$n^{\frac{1}{2}}\cos\vartheta' = \alpha + (\eta+\beta)\cos 3\mu + (\zeta+\gamma)\cos\mu + (\varepsilon+\delta)\cos 2\mu$$

$$n^{\frac{1}{2}}\sin\vartheta' = -(\eta-\beta)\sin 3\mu - (\gamma-\zeta)\sin\mu + (\delta-\varepsilon)\sin 2\mu.$$

$$n^{\frac{1}{2}}\cos\vartheta'' = \alpha + (\eta+\beta)\cos\mu + (\zeta+\gamma)\cos 2\mu + (\varepsilon+\delta)\cos 3\mu$$

$$n^{\frac{1}{2}}\sin\vartheta'' = -(\eta-\beta)\sin\mu + (\gamma-\zeta)\sin 2\mu + (\delta-\varepsilon)\sin 3\mu.$$

Sind auf diese Weise die drei Winkel zwischen 0^0 und 360^0 gefunden, so ergiebt die Einsetzung der Werte von A in die Gleichung $T^7 = A^4 A'^2 A'''$:

$$T^7 = n^{\frac{7}{2}}\left[\cos(4\vartheta + 2\vartheta' - \vartheta'') + \sqrt{-1}\sin(4\vartheta + 2\vartheta' - \vartheta'')\right].$$

Setzt man daher:

$$\omega = \frac{4\vartheta + 2\vartheta' - \vartheta''}{7},$$

so erhält man:

$$T = n^{\frac{1}{2}}(\cos\omega + \sqrt{-1}\sin\omega),$$

wobei zu bemerken ist, dafs man in diesem Werte, welcher deren sieben einschliefst, der Reihe nach ω um $\frac{2\pi}{7}$, $\frac{4\pi}{7}$, $\frac{6\pi}{7}$, $\frac{8\pi}{7}$, $\frac{10\pi}{7}$, $\frac{12\pi}{7}$ vermehren kann.

566.

Mittelst des Wertes von T sind nun die Werte von T', T'', T''', T^{IV}, T^{V} ohne Zweideutigkeit zu bestimmen. Dazu haben wir die Gleichungen:

$$T' = \frac{T^2}{A}, \quad T''' = \frac{T'^2}{A'}, \quad T'' = \frac{n}{T'''}, \quad T^{\mathrm{IV}} = \frac{n}{T'}, \quad T^{\mathrm{V}} = \frac{n}{T}.$$

Aus diesen folgt:

$$\begin{aligned}
T' &= n^{\frac{1}{2}}\left[\cos(2\omega - \vartheta) + \sqrt{-1}\sin(2\omega - \vartheta)\right] \\
T''' &= n^{\frac{1}{2}}\left[\cos(4\omega - 2\vartheta - \vartheta') + \sqrt{-1}\sin(4\omega - 2\vartheta - \vartheta')\right] \\
T'' &= n^{\frac{1}{2}}\left[\cos(4\omega - 2\vartheta - \vartheta') - \sqrt{-1}\sin(4\omega - 2\vartheta - \vartheta')\right] \\
T^{\mathrm{IV}} &= n^{\frac{1}{2}}\left[\cos(2\omega - \vartheta) - \sqrt{-1}\sin(2\omega - \vartheta)\right] \\
T^{\mathrm{V}} &= n^{\frac{1}{2}}\left[\cos\omega - \sqrt{-1}\sin\omega\right].
\end{aligned}$$

Addiert man aber alle Werte von T, $T' \ldots$ bis T^{VI}, welches gleich -1 ist, so erhält man:

$$-1 + T + T' + T'' + T''' + T^{\mathrm{IV}} + T^{\mathrm{V}} = 7p.$$

Mithin:

$$p = -\frac{1}{7} + \frac{2n^{\frac{1}{2}}}{7}\left[\cos\omega + \cos(2\omega - \vartheta) + \cos(4\omega - 2\vartheta - \vartheta')\right].$$

Mittelst dieser Formel findet man zu gleicher Zeit die sechs andern Werte von p; man hat dazu nur an Stelle von ω der Reihe nach $\omega + \frac{2\pi}{7}$, $\omega + \frac{4\pi}{7}$, $\ldots\ \omega + \frac{12\pi}{7}$ zu setzen.

Bei den Anwendungen auf besondere Werte von n mufs man die Koefficienten α, β, γ, $\ldots$ η auf dem gewöhnlichen Wege bestimmen. Dies geschieht mit Hülfe eines Wertes der primitiven Wurzel g, den man beliebig wählen kann.

567.

Wir bemerken noch, daſs die gefundenen Gleichungen auſser der bekannten Gleichung

$$-1 = \alpha + \beta + \gamma + \delta + \varepsilon + \zeta + \eta$$

noch drei Bedingungsgleichungen zwischen den Koefficienten $\alpha, \beta, \gamma, \ldots \eta$ liefern. Erhebt man nämlich die für $n^{\frac{1}{2}} \cos \vartheta$, $n^{\frac{1}{2}} \sin \vartheta$ gefundenen Werte ins Quadrat, und addiert man sodann diese beiden Quadrate, so findet man die Bedingungsgleichung:

$$n = L + 2M \cos \mu + 2N \cos 2\mu + 2P \cos 3\mu,$$

in welcher

$$L = \alpha^2 + \beta^2 + \gamma^2 + \delta^2 + \varepsilon^2 + \zeta^2 + \eta^2 = \Sigma \alpha^2$$
$$M = \alpha\delta + \beta\varepsilon + \gamma\zeta + \delta\eta + \varepsilon\alpha + \zeta\beta + \eta\gamma = \Sigma \alpha\delta$$
$$N = \alpha\beta + \beta\gamma + \gamma\delta + \delta\varepsilon + \varepsilon\zeta + \zeta\eta + \eta\alpha = \Sigma \alpha\beta$$
$$P = \alpha\gamma + \beta\delta + \gamma\varepsilon + \delta\zeta + \varepsilon\eta + \zeta\alpha + \eta\beta = \Sigma \alpha\gamma$$

ist. Ferner ist zu beachten, daſs $L + 2M + 2N + 2P$ das Quadrat der Gröſse $\alpha + \beta + \gamma + \delta + \varepsilon + \zeta + \eta$, welche den Wert -1 besitzt, ist und daſs somit die Gleichung besteht:

$$1 = L + 2M + 2N + 2P.$$

Sodann kann man in unsrer Gleichung μ in 2μ verwandeln; dies ergiebt dasselbe Resultat, welches man aus den Werten von $n^{\frac{1}{2}} \cos \vartheta'$, $n^{\frac{1}{2}} \sin \vartheta'$ erhalten würde. Ebenso kann man μ in 3μ verwandeln, wodurch man dasjenige Resultat erhält, welches aus der Elimination von ϑ'' entstehen würde. Mithin erhält man die beiden andern Gleichungen:

$$n = L + 2M \cos 2\mu + 2N \cos 3\mu + 2P \cos \mu$$
$$n = L + 2M \cos 3\mu + 2N \cos \mu + 2P \cos 2\mu.$$

Setzt man jetzt für $2\cos 3\mu$ seinen Wert $-1 - \cos\mu - 2\cos 2\mu$, so wird:

$$n = L - P + 2(M - P) \cos \mu + 2(N - P) \cos 2\mu.$$

Da nun die Gröſsen $\cos \mu$ und $\cos 2\mu$ auf einander nicht reducierbare irrationale Gröſsen sind, so muſs, damit diese Gleichung bestehe,

$$M = P, \quad N = P$$

sein. Mithin ergiebt sich:

$$n = L - M.$$

Ferner haben wir gefunden:

$$1 = L + 2M + 2N + 2P,$$

folglich:

$$1 = L + 6M,$$

oder:

$$L = 1 - 6M.$$

Hieraus folgt:

$$n = 1 - 7M,$$

also:

$$M = N = P = -m, \quad L = 1 + 6m.$$

Man erhält daher die vier Bedingungsgleichungen:

$$\begin{aligned}
1 + 6m &= \alpha^2 + \beta^2 + \gamma^2 + \delta^2 + \varepsilon^2 + \zeta^2 + \eta^2 = \Sigma\alpha^2 \\
-m &= \alpha\beta + \beta\gamma + \gamma\delta + \delta\varepsilon + \varepsilon\zeta + \zeta\eta + \eta\alpha = \Sigma\alpha\beta \\
-m &= \alpha\gamma + \beta\delta + \gamma\varepsilon + \delta\zeta + \varepsilon\eta + \zeta\alpha + \eta\beta = \Sigma\alpha\gamma \\
-m &= \alpha\delta + \beta\varepsilon + \gamma\zeta + \delta\eta + \varepsilon\alpha + \zeta\beta + \eta\gamma = \Sigma\alpha\delta.
\end{aligned}$$

Durch diese Gleichungen wird bereits die Gleichung

$$\alpha + \beta + \gamma + \delta + \varepsilon + \zeta + \eta = -1$$

ausgedrückt; letztere liefert also keine neue Bedingungsgleichung.

Aus der ersten Gleichung erkennt man noch, dafs die gröfste der Gröfsen α, β, γ, ... η kleiner als $\sqrt{1 + 6m}$ aber gröfser als $\sqrt{\frac{1 + 6m}{7}}$ ist.

568.

Nachdem wir die neue Reduktionsmethode für die allgemeinen Fälle $n = 5m + 1$ und $n = 7m + 1$ hinreichend auseinandergesetzt haben, glauben wir nicht nötig zu haben, noch weitere Anwendungen davon zu geben. Wie man sieht, gelangt man immer auf möglichst einfache Weise zur Auflösung der Hülfsgleichung, welche die Perioden von m Gliedern, in welche die, alle Wurzeln der gegebenen Gleichung $X = 0$ enthaltende, Periode $(n - 1 : 1)$ zerfällt, zu Wurzeln hat.

Da die Hülfsgleichung dritten Grades, welche im Falle $n = 3m + 1$ stattfindet, und deren allgemeinen Typus wir in No. 514 angegeben haben, mittelst der gewöhnlichen Methoden sich leicht behandeln läfst, so haben wir uns bisher mit derselben nicht beschäftigen zu müssen geglaubt. Um jedoch diese Theorie mit möglichster Gleichmäfsigkeit darzulegen, wird es nicht unnützlich sein, wenn wir unsere allgemeine Reduktionsmethode auch auf diese Gleichung anwenden.

569.

Die im Falle $n = 3m + 1$ aufzulösende Gleichung lautet:

$$p^3 + p^2 - mp + \frac{1}{3}(m^2 - nC) = 0.$$

Um C zu bestimmen, mufs man $4n$ auf die Form $4n = \mathfrak{a}^2 + 27b^2$ bringen, was immer möglich ist. Alsdann erhält man $C = \frac{n+1\pm\mathfrak{a}}{9}$, wobei von dem doppelten Vorzeichen dasjenige zu nehmen ist, für welches $\frac{2\pm\mathfrak{a}}{3}$ eine ganze Zahl ist.

Sodann bezeichne man mit p, p', p'' die Wurzeln der vorstehenden Gleichung und setze der allgemeinen Methode gemäfs:

$$T = p + p'R + p''R^2$$
$$T' = p + p'R^2 + p''R^4,$$

wo R eine imaginäre Wurzel der Gleichung $R^3 - 1 = 0$ ist. Nimmt man dann

$$T^2 = a + bR^2 + cR^4$$

an, so wird:

$$a = p^2 + 2p'p'', \qquad b = p'^2 + 2p''p, \qquad c = p''^2 + 2pp'.$$

Wie gewöhnlich hat man sodann a auf die lineare Form

$$a = \alpha p + \beta p' + \gamma p''$$

zu bringen; aus diesem Werte von a ergeben sich die der beiden andern Koefficienten b und c, indem man nach und nach die Gröfsen p um eine Stelle vorrücken läfst und dabei p''' als gleichbedeutend mit p ansieht.

Ordnet man darauf den Wert von T^2 in Bezug auf die p, und setzt man:

$$A = \alpha + \gamma R^2 + \beta R^4$$
$$A' = \alpha + \gamma R^4 + \beta R^8,$$

so ergiebt sich:

$$T^2 = AT' \quad \text{und} \quad T'^2 = A'T.$$

Endlich findet man auf dem schon angegebenen Wege:

$$TT' = n,$$

und dies beweist, dafs man zu gleicher Zeit

$$T = n^{\frac{1}{2}}(\cos\omega + \sqrt{-1}\sin\omega)$$
$$T' = n^{\frac{1}{2}}(\cos\omega - \sqrt{-1}\sin\omega)$$

setzen kann. Aus den beiden Gleichungen $T^2 = AT'$ und $T'^2 = A'T$ erhält man aber $(TT')^2 = AA'TT'$, und somit:

$$AA' = TT' = n.$$

Man kann daher gleichzeitig setzen:

$$A = n^{\frac{1}{2}}(\cos\vartheta + \sqrt{-1}\sin\vartheta)$$
$$A' = n^{\frac{1}{2}}(\cos\vartheta - \sqrt{-1}\sin\vartheta).$$

Aus den beiden Gleichungen $T^2 = AT'$ und $T'^2 = A'T$ erhält man aber ferner: $T^4 = A^2T'^2 = A^2A'T$ oder:

$$T^3 = nA.$$

Sobald daher der Wert von A bekannt ist, ergiebt sich unmittelbar der Wert von T.

Bezeichnet man nun den Winkel $\frac{2k\pi}{3}$, wo k gleich 1 oder 2 ist, mit μ, so ist:

$$R = \cos\mu + \sqrt{-1}\sin\mu$$
$$R^2 = \cos\mu - \sqrt{-1}\sin\mu.$$

Die Gleichung $0 = 1 + R + R^2$ giebt daher:

$$0 = 1 + 2\cos\mu,$$

oder:

$$\cos\mu = -\frac{1}{2},$$

und in gleicher Weise wird $\cos 2\mu = -\frac{1}{2}$.

Substituiert man die Werte von R und von R^2 in die Gleichung:

$$A = \alpha + \gamma R^2 + \beta R^4 = n^{\frac{1}{2}}(\cos\vartheta + \sqrt{-1}\sin\vartheta),$$

so erhält man zur Bestimmung von ϑ die beiden Gleichungen:

$$n^{\frac{1}{2}}\cos\vartheta = \alpha + (\gamma + \beta)\cos\mu = \alpha - \frac{1}{2}(\gamma + \beta)$$
$$n^{\frac{1}{2}}\sin\vartheta = (\beta - \gamma)\sin\mu;$$

und da stets $\alpha + \beta + \gamma = -1$ ist, so giebt die erste Gleichung:

$$n^{\frac{1}{2}}\cos\vartheta = \frac{1}{2}(1 + 3\alpha).$$

Mittelst der linearen Werte von p^2 und pp' findet man aber allgemein:

$$\alpha = 3C - m - 1,$$

mithin:

$$n^{\frac{1}{2}}\cos\vartheta = \frac{1}{2}(9C - n - 1) = \pm\frac{1}{2}\mathrm{a},$$

oder

$$\cos\vartheta = \pm \frac{a}{2n^{\frac{1}{2}}}.$$

In diesem Werte von $\cos\vartheta$ ist das Vorzeichen nicht willkürlich; dasselbe bestimmt sich vielmehr durch die Bedingung, dafs $n + 1 \pm a$ durch 9 teilbar sein mufs. Mithin hat man nur zwischen den beiden Werten ϑ und $-\vartheta$ oder zwischen ϑ und $2\pi - \vartheta$ zu wählen; indessen zeigt der Wert von $n^{\frac{1}{2}} \sin\vartheta = (\beta - \gamma)\sin\mu$, welcher das Vorzeichen von $\sin\vartheta$ bestimmt, an, welcher von diesen beiden Werten zu nehmen ist.

570.

Ist der Winkel ϑ auf diese Weise mittelst der beiden Werte von $\cos\vartheta$ und $\sin\vartheta$ bestimmt, so giebt die Gleichung

$$T^3 = nA = n^{\frac{3}{2}}(\cos\vartheta + \sqrt{-1}\sin\vartheta),$$

verbunden mit der Gleichung $TT' = n$, die beiden Werte:

$$T = n^{\frac{1}{2}}\left(\cos\frac{\vartheta}{3} + \sqrt{-1}\sin\frac{\vartheta}{3}\right)$$

$$T' = n^{\frac{1}{2}}\left(\cos\frac{\vartheta}{3} - \sqrt{-1}\sin\frac{\vartheta}{3}\right).$$

Addiert man aber die drei Gleichungen:

$$\begin{aligned} -1 &= p + p' + p'' \\ T &= p + p'R + p''R^2 \\ T' &= p + p'R^2 + p''R^4, \end{aligned}$$

so erhält man $-1 + T + T' = 3p$, mithin:

$$p = -\frac{1}{3} + \frac{2n^{\frac{1}{2}}}{3}\cos\frac{\vartheta}{3},$$

und da man an die Stelle von ϑ der Reihe nach $\vartheta + 2\pi$ und $\vartheta + 4\pi$ setzen kann, so lassen sich die drei Wurzeln der aufzulösenden Gleichung folgendermafsen ausdrücken:

$$\begin{aligned} p &= -\frac{1}{3} + \frac{2n^{\frac{1}{2}}}{3}\cos\frac{\vartheta}{3} \\ p' &= -\frac{1}{3} + \frac{2n^{\frac{1}{2}}}{3}\cos\frac{\vartheta + 2\pi}{3} \\ p'' &= -\frac{1}{3} + \frac{2n^{\frac{1}{2}}}{3}\cos\frac{\vartheta + 4\pi}{3}. \end{aligned}$$

571.

Wir haben behauptet, dafs dieselbe Lösung schneller mittelst der gewöhnlichen Methode gefunden werden könnte. In der That, setzt man in der gegebenen Gleichung $p = \frac{x-1}{3}$, so erhält man die transformierte Gleichung:

$$x^3 - 3nx \mp n\mathfrak{a} = 0,$$

und aus dieser folgt nach der Cardanischen Formel:

$$x = \sqrt[3]{\pm\frac{n\mathfrak{a}}{2} + \frac{n}{2}b\sqrt{-b}} + \sqrt[3]{\pm\frac{n\mathfrak{a}}{2} - \frac{n}{2}b\sqrt{-b}}.$$

Ist daher:

$$\pm\frac{\mathfrak{a}}{2} = n^{\frac{1}{2}}\cos\vartheta, \qquad \frac{b\sqrt{b}}{2} = n^{\frac{1}{2}}\sin\vartheta,$$

so ergiebt sich:

$$x = \sqrt[3]{n^{\frac{3}{2}}(\cos\vartheta + \sqrt{-1}\sin\vartheta)} + \sqrt[3]{n^{\frac{3}{2}}(\cos\vartheta - \sqrt{-1}\sin\vartheta)},$$

oder:

$$x = 2n^{\frac{1}{2}}\cos\frac{\vartheta}{3},$$

und dies stimmt mit dem vorhergehenden Resultate überein.

Ist z. B. $n = 991$, so ist die aufzulösende Gleichung (Artikel 515):

$$p^3 + p^2 - 330p - 2349 = 0.$$

Ferner hat man $4n = 61^2 + 27 \cdot 3^2$, wodurch man $\mathfrak{a} = 61$, $b = 31$ erhält, und da $\mathfrak{a}$ mit dem Zeichen $+$ genommen werden mufs, damit $n + 1 + \mathfrak{a}$ durch 9 teilbar sei, so mufs man

$$\cos\vartheta = \frac{61}{2\sqrt{991}}$$

setzen. Die Wurzeln der in Rede stehenden Gleichung sind alsdann:

$$p = -\frac{1}{3} + \frac{2n^{\frac{1}{2}}}{3}\cos\frac{\vartheta}{3}$$

$$p' = -\frac{1}{3} + \frac{2n^{\frac{1}{2}}}{3}\cos\frac{\vartheta + 2\pi}{3}$$

$$p'' = -\frac{1}{3} + \frac{2n^{\frac{1}{2}}}{3}\cos\frac{\vartheta + 4\pi}{3}.$$

Diese Gleichung besitzt überdies die Eigenschaft, dafs, wenn eine Wurzel p derselben gegeben ist, die beiden andern p' und p'' sich rational mittelst der Formeln ausdrücken lassen:

$$p' = \frac{-117 - 12p}{p + 9}, \qquad p'' = \frac{-117 - 9p}{p + 12}.$$

572.

Wie wir gesehen haben, hat man, nachdem die Gleichung k^{ten} Grades in p aufgelöst ist, nach einander die k Gleichungen k'^{ten} Grades in q, sodann die kk' Gleichungen k''^{ten} Grades in r und so weiter aufzulösen, bis man zu den Gleichungen gelangt, welche die $\frac{n-1}{2}$ Perioden von zwei Gliedern zu Wurzeln haben.

Bei diesen aufeinanderfolgenden Hülfsgleichungen vom Grade k', k'' ... lassen sich die Koefficienten stets in linearer Weise durch die Wurzeln der vorhergehenden Gleichung ausdrücken, und auf jede von ihnen läfst sich die Reduktionsmethode anwenden, die wir bei der Auflösung der Gleichung in p auseinandergesetzt haben. Jedoch sieht man, dafs die Formeln sehr verwickelt werden, wenn es, je nach der Anzahl der Faktoren von $n-1$, Hülfsgleichungen von verschiedenen Graden gäbe; dieselben würden auch Mehrdeutigkeiten enthalten, deren Anzahl von einer Hülfsgleichung zur andern wachsen würde. Es würde daher sehr schwierig sein, auf diesem Wege zu dem Endresultat, welches den Wert einer jeden durch $x^{\mu}+x^{-\mu}$ oder die reelle Gröfse $2\cos\frac{2\mu\pi}{n}$ dargestellten Periode von zwei Gliedern ergiebt, zu gelangen.

Glücklicherweise kann man sich der Mühe überheben, die verschiedenen Hülfsgleichungen der Reihe nach aufzulösen, da es ein viel einfacheres Mittel giebt, um direkt zum gewünschten Resultate zu gelangen. Es besteht darin, dafs man sogleich die Gleichung $\frac{n-1}{2}^{\text{ten}}$ Grades in p betrachtet, welche die durch $r^{\mu}+r^{-\mu}$ oder durch $2\cos\frac{2\mu\pi}{n}$ dargestellten $\frac{n-1}{2}$ Perioden von zwei Gliedern zu Wurzeln hat. Diese Gleichung, deren sämtliche Koefficienten bekannte ganze Zahlen sind, läfst sich mittelst derselben Reduktionsmethode lösen, die wir bei den Werten $k=5$, 7, 3 in Anwendung gebracht haben, und die daraus sich ergebenden allgemeinen Formeln sind unendlich viel einfacher als diejenigen, die man mittelst der Auflösung der aufeinanderfolgenden Hülfsgleichungen erhalten würde. Dies wollen wir in dem folgenden Paragraphen näher darlegen.

§ 5.

Verfahren, um zur allgemeinen Auflösung der Gleichung $X = 0$ zu gelangen.

573.

Mittelst der Substitution

$$x + \frac{1}{x} = p$$

läfst sich die Gleichung $X=0$, welche vom Grade $n-1=2k$ ist, auf eine Gleichung vom Grade k zurückführen, nämlich auf die Gleichung:

$$(A)\qquad 0 = \begin{cases} p^k - (k-1)\,p^{k-2} + \dfrac{(k-2)(k-3)}{1\cdot 2}\,p^{k-4} \\ \qquad - \dfrac{(k-3)(k-4)(k-5)}{1\cdot 2\cdot 3}\,p^{k-6} + \cdots \\ + p^{k-1} - (k-2)\,p^{k-3} + \dfrac{(k-3)(k-4)}{1\cdot 2}\,p^{k-5} \\ \qquad - \dfrac{(k-4)(k-5)(k-6)}{1\cdot 2\cdot 3}\,p^{k-7} + \cdots . \end{cases}$$

Bezeichnet man nämlich mit P_k das Polynom

$$p^k - (k-1)\,p^{k-2} + \frac{(k-2)(k-3)}{1\cdot 2}\,p^{k-4} - \frac{(k-3)(k-4)(k-5)}{1\cdot 2\cdot 3}\,p^{k-6} + \cdots,$$

welches bis auf $\frac{k+2}{2}$ oder $\frac{k+1}{2}$ Glieder fortzusetzen ist, je nachdem k gerade oder ungerade ist, und bildet man in analoger Weise die Polynome P_{k-1} und P_{k-2}, indem man an Stelle von k nach einander $k-1$ und $k-2$ setzt, so erhält man, wie leicht zu sehen, allgemein:

$$P_k = p\,P_{k-1} - P_{k-2},$$

so dafs also die unendliche Reihe

$$P_0 + P_1 z + P_2 z^2 + \cdots + P_k z^k + \cdots$$

eine rekurrente Reihe ist, welche aus der Entwicklung eines Bruches mit dem Nenner $1 - pz + z^2$ entsteht. Da ferner $p = x + x^{-1}$ ist, so ist dieser Nenner das Produkt der beiden Faktoren:

$$(1 - xz)\,(1 - x^{-1}z),$$

und hieraus folgt, dafs sich das allgemeine Glied P_k folgendermafsen ausdrücken läfst:

$$P_k = \alpha x^k + \beta x^{-k},$$

wo α und β Konstanten sind.

Setzt man aber nach einander $k=0$ und $k=1$, wodurch sich $P_0=1$ und $P_1=p=x+x^{-1}$ ergiebt, so erhält man zur Bestimmung von α und β die Gleichungen:

$$1=\alpha+\beta$$

$$x+x^{-1}=\alpha x+\beta x^{-1},$$

und aus diesen folgt:

$$\alpha=-\frac{x^2}{1-x^2},\quad \beta=\frac{1}{1-x^2}.$$

Man hat daher:

$$P_k\ =\frac{x^{-k}-x^{k+2}}{1-x^2}$$

$$P_{k-1}=\frac{x^{-k+1}-x^{k+1}}{1-x^2},$$

und endlich:

$$P_k+P_{k-1}=x^{-k}\cdot\frac{1-x^{2k+1}}{1-x}=x^{-k}X.$$

Mithin wird die Gleichung $X=0$ allgemein durch eine Gleichung in p vom Grade k dargestellt, welche lautet $P_k+P_{k-1}=0$.

574.

Nunmehr müssen wir auf die Gleichung (A), in welcher $k=\frac{n-1}{2}$ ist, dieselbe Reduktionsmethode anwenden, von welcher wir schon im vorhergehenden Paragraphen verschiedene Beispiele gegeben haben. Diese Methode, die bereits einigen Modifikationen unterliegt, sobald k keine Primzahl ist, macht ziemlich beträchtliche Änderungen erforderlich, sobald k eine gerade Zahl ist, und besonders sobald diese Zahl mehrere Teiler hat. Deshalb wollen wir nach einander verschiedene Werte von n betrachten, die wir so wählen, daſs sich in den verschiedenen Beispielen, deren Lösung wir geben werden, so ziemlich alle Schwierigkeiten vereinigt finden, die sich bei jedem andern gegebenen Falle darbieten können.

575.

Erstes Beispiel. $n=31,\quad k=15.$

Alsdann ist die Gleichung, um deren Auflösung es sich handelt, die folgende:

$$0=\left\{\begin{array}{l} p^{15}-14p^{13}+78p^{11}-220p^9+330p^7-252p^5+84p^3-8p \\ +p^{14}-13p^{12}-66p^{10}-165p^8+210p^6-126p^4+28p^2-1, \end{array}\right.$$

und man weiſs von vornherein, daſs alle ihre Wurzeln reell und von der Form $p = 2\cos\frac{2i\pi}{31}$ sind.

Nimmt man als primitive Wurzel von 13 die Zahl $g = 3$, so werden die verschiedenen Wurzeln unserer Gleichung in der Reihenfolge, welche für sie durch die Werte $p = (2:1)$, $p' = (2:g)$, $p'' = (2:g^2), \ldots$ angegeben wird, folgendermaſsen dargestellt:

$$\begin{array}{lll}
p\;\;\; = r^1 + r^{-1}, & p^{\mathrm{V}}\;\; = r^5 + r^{-5}, & p^{\mathrm{X}}\;\; = r^6 + r^{-6} \\
p'\;\; = r^3 + r^{-3}, & p^{\mathrm{VI}}\; = r^{15} + r^{-15}, & p^{\mathrm{XI}}\; = r^{13} + r^{-13} \\
p''\; = r^9 + r^{-9}, & p^{\mathrm{VII}} = r^{14} + r^{-14}, & p^{\mathrm{XII}} = r^8 + r^{-8} \\
p''' = r^4 + r^{-4}, & p^{\mathrm{VIII}} = r^{11} + r^{-11}, & p^{\mathrm{XIII}} = r^7 + r^{-7} \\
p^{\mathrm{IV}} = r^{12} + r^{-12}, & p^{\mathrm{IX}}\; = r^2 + r^{-2}, & p^{\mathrm{XIV}} = r^{10} + r^{-10}.
\end{array}$$

Mit Hülfe dieser Werte muſs man den Koefficienten

$$\begin{aligned} a = p^2 + 2p'p^{\mathrm{XIV}} + 2p''p^{\mathrm{XIII}} + 2p'''p^{\mathrm{XII}} + 2p^{\mathrm{IV}}p^{\mathrm{XI}} \\ + 2p^{\mathrm{V}}p^{\mathrm{X}} + 2p^{\mathrm{VI}}p^{\mathrm{IX}} + 2p^{\mathrm{VII}}p^{\mathrm{VIII}} \end{aligned}$$

auf die lineare Form bringen. Nun findet man aber unmittelbar den entwickelten Wert der verschiedenen Glieder, aus denen die rechte Seite besteht, nämlich:

$$\begin{array}{ll}
p^2 = 2 + p^{\mathrm{IX}}\;\;, & p^{\mathrm{IV}}\,p^{\mathrm{XI}} = p + p^{\mathrm{X}} \\
p'p^{\mathrm{XIV}} = p^{\mathrm{XI}} + p^{\mathrm{XIII}}, & p^{\mathrm{V}}p^{\mathrm{X}} = p + p^{\mathrm{VIII}} \\
p''p^{\mathrm{XIII}} = p^{\mathrm{VI}} + p^{\mathrm{IX}}\;, & p^{\mathrm{VI}}p^{\mathrm{IX}} = p^{\mathrm{VII}} + p^{\mathrm{XI}} \\
p'''p^{\mathrm{XII}} = p''' + p^{\mathrm{IV}}\;, & p^{\mathrm{VII}}p^{\mathrm{VIII}} = p' + p^{\mathrm{X}},
\end{array}$$

folglich:

$$\begin{aligned} a = 2 + 4p + 2p' + 2p''' + 2p^{\mathrm{IV}} + 2p^{\mathrm{VI}} + 2p^{\mathrm{VII}} + 2p^{\mathrm{VIII}} + 3p^{\mathrm{IX}} \\ + 4p^{\mathrm{X}} + 4p^{\mathrm{XI}} + 2p^{\mathrm{XIII}}, \end{aligned}$$

oder, wenn man für 2 seinen Wert $-2p - 2p' - 2p'' - \cdots$ setzt:

$$a = 2p - 2p'' - 2p^{\mathrm{V}} + p^{\mathrm{IX}} + 2p^{\mathrm{X}} + 2p^{\mathrm{XI}} - 2p^{\mathrm{XII}} - 2p^{\mathrm{XIV}}.$$

576.

Es sei R eine imaginäre Wurzel der Gleichung $R^{15} - 1 = 0$ und zwar eine von denen, welche die Eigenschaft besitzen, daſs sie durch ihre aufeinanderfolgenden Potenzen R^2, R^3, $R^4, \ldots$ alle andern Wurzeln derselben Gleichung hervorbringen. Man kann etwa

$$R = \cos\frac{2\pi}{15} + \sqrt{-1}\sin\frac{2\pi}{15},$$

oder allgemein

$$R = \cos\frac{2k\pi}{15} + \sqrt{-1}\sin\frac{2k\pi}{15}$$

nehmen, wo k eine der acht Zahlen ist, welche kleiner als 15 und prim zu 15 sind. Wie wir gesehen haben, kann man die Funktion A, welche in der Gleichung $T^2 = AT'$ vorkommt, aus dem soeben gefundenen linearen Werte des Koefficienten a herleiten; man hat dazu nur jedes Glied $p^{(\mu)}$ in $R^{30-2\mu}$ zu verwandeln. Dies giebt:

$$(1) \qquad A = 2 - 2R^2 - 2R^6 + 2R^8 + 2R^{10} + R^{12} - 2R^{20} - 2R^{26}.$$

Setzt man also wie gewöhnlich:

$$(2) \qquad T = p + p'R + p''R^2 + p'''R^3 + \cdots + p^{\text{XIV}}R^{14},$$

so erhält man die Gleichung $T^2 = AT'$, aus der sich noch mehrere andere für die Lösung unserer Aufgabe sehr brauchbare Gleichungen ergeben. Denn man mufs sich erinnern, dafs wir mit T', T'', T'''... diejenigen Gröfsen bezeichnet haben, welche aus dem Polynom T entstehen, wenn man nach einander R^2, R^3, R^4,... an die Stelle von R setzt. Ebenso bezeichnen A', A'', A''',... diejenigen Gröfsen, welche aus dem durch die Gleichung (1) bestimmten Polynom hervorgehen, wenn man darin R^2, R^3, R^4,... für R substituiert. Hiernach ergiebt die Gleichung $T^2 = AT'$ und diejenigen, welche aus ihr entstehen, die folgende Reihe von Gleichungen:

$$(3) \qquad \begin{array}{lll}
T^2 = AT', & T'^2 = A'T''', & T''^2 = A''T^{\text{V}}, \\
T'''^2 = A'''T^{\text{VII}}, & T^{\text{IV}2} = A^{\text{IV}}T^{\text{IX}}, & T^{\text{V}2} = A^{\text{V}}T^{\text{XI}}, \\
T^{\text{VI}2} = A^{\text{VI}}T^{\text{XIII}}, & T^{\text{VII}2} = A^{\text{VII}}T, & T^{\text{VIII}2} = A^{\text{VIII}}T'', \\
T^{\text{IX}2} = A^{\text{IX}}T^{\text{IV}}, & T^{\text{X}2} = A^{\text{X}}T^{\text{VI}}, & T^{\text{XI}2} = A^{\text{XI}}T^{\text{VIII}}, \\
T^{\text{XII}2} = A^{\text{XII}}T^{\text{X}}, & T^{\text{XIII}2} = A^{\text{XIII}}T^{\text{XII}}. &
\end{array}$$

Ferner läfst sich, wie im vorigen Paragraphen, leicht zeigen, dafs die Funktionen T der Gleichung $T^{(i)}T^{(13-i)} = n$ genügen, und dafs dasselbe von den Funktionen A gilt, so dafs man also folgende doppelte Reihe von Gleichungen erhält:

$$(4) \qquad \begin{aligned}
n &= TT^{\text{XIII}} = T'T^{\text{XII}} = T''T^{\text{XI}} = T'''T^{\text{X}} = T^{\text{IV}}T^{\text{IX}} = T^{\text{V}}T^{\text{VIII}} \\
&= T^{\text{VI}}T^{\text{VII}}, \\
n &= AA^{\text{XIII}} = A'A^{\text{XII}} = A''A^{\text{XI}} = A'''A^{\text{X}} = A^{\text{IV}}A^{\text{IX}} = A^{\text{V}}A^{\text{VIII}} \\
&= A^{\text{VI}}A^{\text{VII}}.
\end{aligned}$$

Diese Gleichungen enthalten die Hauptelemente der allgemeinen Lösung, die wir entwickeln wollen.

577.

Zunächst müssen wir die Bestimmung der Winkel ϑ, ϑ', $\vartheta''\ldots$, welche vermittelst der allgemeinen Formel

$$A^{(m)} = n^{\frac{1}{2}} (\cos \vartheta^{(m)} + \sqrt{-1} \sin \vartheta^{(m)})$$

die Werte der Grössen A, A', A'', ... ergeben, in Angriff nehmen. Nachdem wir hierzu bereits $R = \cos\mu + \sqrt{-1}\sin\mu$ und $\mu = \frac{2\pi}{15} = 24^0$ gesetzt haben, wissen wir, dafs $A^{(m)}$ aus A entsteht, wenn man in dem Ausdruck von $A : R^{m+1}$ an die Stelle von R setzt. Man erhält daher aus der Gleichung (1) allgemein:

$$\begin{aligned} A^{(m)} = 2 - 2R^{2m+2} - 2R^{6m+6} + 2R^{8m+8} + 2R^{10m+10} \\ + R^{12m+12} - 2R^{20m+20} - 2R^{26m+26}; \end{aligned}$$

und diese Formel reduciert sich wegen $R^{15} = 1$ auf die folgende:

$$\begin{aligned} (5)\quad A^{(m)} = 2 - 2R^{2m+2} - 2R^{6m+6} + 2R^{8m+8} + 2R^{10m+10} \\ + R^{12m+12} - 2R^{5m+5} - 2R^{11m+11}. \end{aligned}$$

Hieraus ergeben sich zur Bestimmung des Winkels $\vartheta^{(m)}$ zwei allgemeine Gleichungen, nämlich:

$$\begin{aligned} n^{\frac{1}{2}}\cos\vartheta^{(m)} = 2 - 2\cos(2m+2)\mu - 2\cos(5m+5)\mu - 2\cos(6m+6)\mu \\ + 2\cos(8m+8)\mu + 2\cos(10m+10)\mu - 2\cos(11m+11)\mu \\ + \cos(12m+12)\mu. \end{aligned}$$

$$\begin{aligned} n^{\frac{1}{2}}\sin\vartheta^{(m)} = -2\sin(2m+2)\mu - 2\sin(5m+5)\mu - 2\sin(6m+6)\mu \\ + 2\sin(8m+8)\mu + 2\sin(10m+10)\mu - 2\sin(11m+11)\mu \\ + \sin(12m+12)\mu. \end{aligned}$$

Da jedoch $15\mu = 2\pi$ ist, so hat man allgemein:

$$\cos(15a \pm b)\mu = \cos b\mu \quad \text{und} \quad \sin(15a \pm b)\mu = \pm \sin b\mu,$$

und hierdurch nehmen diese beiden Gleichungen die folgende Form an:

$$\begin{aligned} n^{\frac{1}{2}}\cos\vartheta^{(m)} = 2 - 2\cos(2m+2)\mu + \cos(3m+3)\mu - 2\cos(4m+4)\mu \\ - 2\cos(6m+6)\mu + 2\cos(7m+7)\mu, \end{aligned}$$

$$\begin{aligned} n^{\frac{1}{2}}\sin\vartheta^{(m)} = -2\sin(2m+2)\mu - \sin(3m+3)\mu + 2\sin(4m+4)\mu \\ - 4\sin(5m+5)\mu - 2\sin(6m+6)\mu - 2\sin(7m+7)\mu. \end{aligned}$$

Hieraus ergeben sich die besonderen Formeln:

$$n^{\frac{1}{2}}\cos\vartheta = 2 - 2\cos 2\mu + \cos 3\mu - 2\cos 4\mu - 2\cos 6\mu + 2\cos 7\mu$$

$$n^{\frac{1}{2}}\sin\vartheta = -2\sin 2\mu - \sin 3\mu + 2\sin 4\mu - 4\sin 5\mu - 2\sin 6\mu - 2\sin 7\mu.$$

$$n^{\frac{1}{2}}\cos\vartheta' = 2 - 2\cos 4\mu + \cos 6\mu - 2\cos 7\mu - 2\cos 3\mu + 2\cos\mu$$

$$n^{\frac{1}{2}}\sin\vartheta' = -2\sin 4\mu - \sin 6\mu - 2\sin 7\mu + 4\sin 5\mu + 2\sin 3\mu + 2\sin\mu.$$

$$n^{\frac{1}{2}}\cos\vartheta'' = 2 + \cos 6\mu - 4\cos 3\mu$$

$$n^{\frac{1}{2}}\sin\vartheta'' = -4\sin 3\mu - 3\sin 6\mu.$$

$$n^{\frac{1}{2}}\cos\vartheta''' = 2 - 2\cos\mu + 2\cos 2\mu - \cos 6\mu - 2\cos 7\mu$$

$$n^{\frac{1}{2}}\sin\vartheta''' = 2\sin\mu + 2\sin 2\mu + \sin 3\mu - 4\sin 5\mu + 2\sin 6\mu + 2\sin 7\mu.$$

$$n^{\frac{1}{2}}\cos\vartheta^{\mathrm{IV}} = 1 - 2\cos 5\mu = 2$$

$$n^{\frac{1}{2}}\sin\vartheta^{\mathrm{IV}} = 6\sin 5\mu = 3\sqrt{3}.$$

$$n^{\frac{1}{2}}\cos\vartheta^{\mathrm{V}} = 2 + \cos 3\mu - 4\cos 6\mu$$

$$n^{\frac{1}{2}}\sin\vartheta^{\mathrm{V}} = 3\sin 3\mu - 4\sin 6\mu.$$

$$n^{\frac{1}{2}}\cos\vartheta^{\mathrm{VII}} = 2 - 2\cos\mu - 2\cos 2\mu - 2\cos 3\mu + 2\cos 4\mu + \cos 6\mu$$

$$n^{\frac{1}{2}}\sin\vartheta^{\mathrm{VII}} = -2\sin\mu + 2\sin 2\mu - 2\sin 3\mu + 2\sin 4\mu + 4\sin 5\mu + \sin 6\mu.$$

Diese Werte lassen sich mit Hülfe der bekannten Eigenschaften des Winkels $\mu = \frac{2\pi}{15} = 24^0$ noch weiter vereinfachen. Nach diesen Eigenschaften hat man nämlich:

$$\cos 4\mu = \frac{1}{2} + \cos 3\mu - \cos\mu$$

$$\cos 5\mu = -\frac{1}{2}$$

$$\cos 6\mu = -\frac{1}{2} - \cos 3\mu \quad , \quad \sin 6\mu = \sin 4\mu - \sin\mu$$

$$\cos 7\mu = -\cos 2\mu - \cos 3\mu \quad , \quad \sin 7\mu = \sin 3\mu - \sin 2\mu.$$

Hieraus erhält man die folgenden genauen und angenäherten Werte:

$$n^{\frac{1}{2}}\cos\vartheta \quad = 2 + 2\cos\mu - 4\cos 2\mu - \cos 3\mu \quad = \quad 0{,}841551495475$$

$$n^{\frac{1}{2}}\cos\vartheta' \quad = \frac{1}{2} + 4\cos\mu + 2\cos 2\mu - 3\cos 3\mu \quad = \quad 4{,}565392060163$$

$$n^{\frac{1}{2}}\cos\vartheta'' \quad = \frac{3}{2} - 5\cos 3\mu \quad = - 0{,}045084971875$$

$$n^{\frac{1}{2}}\cos\vartheta''' \quad = 3 - 2\cos\mu + 4\cos 2\mu + 5\cos 3\mu \quad = \quad 5{,}394516482025$$

$$n^{\frac{1}{2}}\cos\vartheta^{IV} = 2 \quad = \quad 2$$

$$n^{\frac{1}{2}}\cos\vartheta^{V} \quad = 4 + 5\cos 3\mu \quad = \quad 5{,}545084971875$$

$$n^{\frac{1}{2}}\cos\vartheta^{VII} = \frac{5}{2} - 4\cos\mu - 2\cos 2\mu - \cos 3\mu \quad = - 2{,}801460037663$$

$$n^{\frac{1}{2}}\sin\vartheta \quad = 2\sin\mu - 3\sin 3\mu - 4\sin 5\mu \quad = - 5{,}503797877871$$

$$n^{\frac{1}{2}}\sin\vartheta' \quad = 2\sin 2\mu - 3\sin 6\mu + 4\sin 5\mu \quad = \quad 3{,}187035509215$$

$$n^{\frac{1}{2}}\sin\vartheta'' \quad = - 4\sin 3\mu - 3\sin 6\mu \quad = - 5{,}567581822057$$

$$n^{\frac{1}{2}}\sin\vartheta''' \quad = 3\sin 3\mu + 2\sin 4\mu - 4\sin 5\mu \quad = \quad 1{,}378110724284$$

$$n^{\frac{1}{2}}\sin\vartheta^{IV} = 6\sin 5\mu \quad = \quad 5{,}196152422706$$

$$n^{\frac{1}{2}}\sin\vartheta^{V} \quad = 3\sin 3\mu - 4\sin 6\mu \quad = \quad 0{,}502028539715$$

$$n^{\frac{1}{2}}\sin\vartheta^{VII} = 2\sin 2\mu - 2\sin 3\mu + 3\sin 6\mu + 4\sin 5\mu \quad = \quad 4{,}811633990380.$$

Aus diesen numerischen Werten erkennt man, dafs von diesen sieben Winkeln zwei, nämlich ϑ und ϑ'', negative Sinus haben, d. h. zwischen 180^0 und 360^0 enthalten sind. Die fünf andern liegen zwischen 0 und 180^0. Das Resultat der Berechnung dieser Winkel bis auf eine Genauigkeit von einem Milliontel einer Sekunde ist folgendes:

$$\begin{aligned}
\vartheta &= -81^0\,18'\,23'',727116\\
\vartheta' &= 34^0\,55'\,6'',050634\\
\vartheta'' &= -90^0\,27'\,50'',247518\\
\vartheta''' &= 14^0\,19'\,50'',090193\\
\vartheta^{IV} &= 68^0\,56'\,53'',792033\\
\vartheta^{V} &= 5^0\,10'\,23'',569784\\
\vartheta^{VII} &= 120^0\,12'\,32'',728371.
\end{aligned}$$

Wir kennen somit sämtliche Werte der Hülfsgröfsen A, A', A'' bis A^{XIII}, denn es ist allgemein:

$$A^{(m)} = n^{\frac{1}{2}}\left(\cos\vartheta^{(m)} + \sqrt{-1}\sin\vartheta^{(m)}\right),$$

und sein Komplement:

$$A^{(13-m)} = n^{\frac{1}{2}}\left(\cos\vartheta^{(m)} - \sqrt{-1}\sin\vartheta^{(m)}\right).$$

578.

Gehen wir jetzt zur Bestimmung der Gröfsen T, welche den Hauptzweck dieser Rechnungen bildet, über, so können wir zunächst aus den Gleichungen (3) die folgenden Werte ableiten:

$$\begin{aligned}
T' &= \frac{T^2}{A}\\
T''' &= \frac{T'^2}{A'} = \frac{T^4}{A^2A'}\\
T^{VII} &= \frac{T'''^2}{A'''} = \frac{T^8}{A^4A'^2A'''}\\
T &= \frac{T^{VII\,2}}{A^{VII}} = \frac{T^{16}}{A^8A'^4A'''^2A^{VII}}.
\end{aligned}$$

Aus der letzteren folgt:

$$T^{15} = A^8A'^4A'''^2A^{VII},$$

oder, wenn man die Werte von A, A', A''', A^{VII} einsetzt:

$$T^{15} = n^{\frac{15}{2}}\Big[\cos(8\vartheta + 4\vartheta' + 2\vartheta''' + \vartheta^{VII}) + \sqrt{-1}\sin(8\vartheta + 4\vartheta' + 2\vartheta''' + \vartheta^{VII})\Big].$$

Nimmt man also den Winkel ω so, dafs

$$\omega = \frac{8\vartheta + 4\vartheta' + 2\vartheta''' + \vartheta^{VII}}{15}$$

ist, so wird der Wert von T:

$$T = n^{\frac{1}{2}}\cos\omega + \sqrt{-1}\sin\omega).$$

Ist T bekannt und setzt man:

$$T' = n^{\frac{1}{2}}(\cos\omega' + \sqrt{-1}\sin\omega')$$

$$T''' = n^{\frac{1}{2}}(\cos\omega''' + \sqrt{-1}\sin\omega''')$$

und allgemein:

$$T^{(m)} = n^{\frac{1}{2}}(\cos\omega^{(m)} + \sqrt{-1}\sin\omega^{(m)}),$$

so ergeben die Gleichungen $T' = \frac{T^2}{A}$, $T''' = \frac{T'^2}{A'}$, $T^{\mathrm{VII}} = \frac{T'''^2}{A'''}$ unmittelbar:

$$\omega' = 2\omega - \vartheta$$

$$\omega''' = 4\omega - 2\vartheta - \vartheta'$$

$$\omega^{\mathrm{VII}} = 8\omega - 4\vartheta - 2\vartheta' - \vartheta'''.$$

Auf diese Weise kennt man also bereits die vier Funktionen T, T', T''', T^{VII} und ihre Komplemente T^{XIII}, T^{XII}, T^{X}, T^{VI}, und die Summe dieser acht Funktionen wird, wie man sieht, dargestellt durch

$$2n^{\frac{1}{2}}\left[\cos\omega + \cos(2\omega - \vartheta) + \cos(4\omega - 2\vartheta - \vartheta') + \cos(8\omega - 4\vartheta - 2\vartheta' - \vartheta''')\right].$$

579.

Um die Funktionen T'' und T^{V} zu erhalten, bemerken wir, dafs sich aus den Gleichungen (3) ergiebt:

$$T^{\mathrm{V}} = \frac{T''^2}{A''}, \quad T^{\mathrm{XI}} = \frac{T^{\mathrm{V}2}}{A^{\mathrm{V}}} = \frac{T''^4}{A''^2 A^{\mathrm{V}}}.$$

Da ferner $T'' T^{\mathrm{XI}} = n$ ist, so folgt:

$$T''^5 = = nA''^2 A^{\mathrm{V}},$$

oder:

$$T''^5 = n^{\frac{5}{2}}\left[\cos(2\vartheta'' + \vartheta^{\mathrm{V}}) + \sqrt{-1}\sin(2\vartheta'' + \vartheta^{\mathrm{V}})\right].$$

Setzt man also:

$$\omega'' = \frac{2\vartheta'' + \vartheta^{\mathrm{V}}}{5},$$

so erhält man:

$$T'' = n^{\frac{1}{2}}(\cos\omega'' + \sqrt{-1}\sin\omega'').$$

Aus diesem Werte ergiebt sich sodann:

$$T^{\mathrm{V}} = \frac{T''^2}{A''} = n^{\frac{1}{2}}(\cos(2\omega'' - \vartheta'') + \sqrt{-1}\sin(2\omega'' - \vartheta'')),$$

und aus diesen beiden Funktionen folgen ihre Komplemente oder die zu ihnen inversen Funktionen, nämlich:

$$T^{\mathrm{XI}} = n^{\frac{1}{2}}(\cos\omega'' - \sqrt{-1}\sin\omega'')$$

$$T^{\mathrm{VIII}} = n^{\frac{1}{2}}(\cos(2\omega'' - \vartheta'') - \sqrt{-1}\sin(2\omega'' - \vartheta'')).$$

Es würde somit die Summe dieser vier Funktionen sein gleich

$$2n^{\frac{1}{2}}(\cos\omega'' + \cos(2\omega'' - \vartheta'')).$$

Hier bietet sich jedoch eine Schwierigkeit dar.

Wenn wir T'' aus T''^5 ableiten, so könnte der in dem Ausdruck von T''^5 enthaltene Winkel $2\vartheta'' + \vartheta^{\mathrm{V}}$, anstatt einfach durch $2\vartheta'' + \vartheta^{\mathrm{V}}$ bezeichnet zu werden, auch durch $2\vartheta'' + \vartheta^{\mathrm{V}} + 2i\pi$ dargestellt werden, wobei i eine beliebige positive oder negative ganze Zahl ist. Mithin könnte der Wert von ω'', den wir daraus abgeleitet haben, allgemeiner durch

$$\omega'' = \frac{2\vartheta'' + \vartheta^{\mathrm{V}}}{5} + \frac{2i\pi}{5}$$

ausgedrückt werden. Es giebt daher in Wirklichkeit fünf verschiedene Werte von T'', welche sich aus den fünf Werten von ω'', nämlich aus

$$\omega'' = \frac{2\vartheta'' + \vartheta^{\mathrm{V}}}{5}, \quad \omega'' = \frac{2\vartheta'' + \vartheta^{\mathrm{V}}}{5} + \frac{2\pi}{5}, \quad \omega'' = \frac{2\vartheta'' + \vartheta^{\mathrm{V}}}{5} + \frac{4\pi}{5}$$

$$\omega'' = \frac{2\vartheta'' + \vartheta^{\mathrm{V}}}{5} + \frac{6\pi}{5}, \quad \omega'' = \frac{2\vartheta'' + \vartheta^{\mathrm{V}}}{5} + \frac{8\pi}{5}$$

ergeben. Um zu erfahren, welcher von diesen fünf Werten zu nehmen ist, müssen wir ein Mittel suchen, um T'' direkt und ohne Mehrdeutigkeit aus T herzuleiten.

580.

Setzt man zu diesem Zweck $\frac{TT'}{T''} = M$, so behaupte ich, daſs M eine Funktion von R allein und unabhängig von den Wurzeln p ist. Läſst man nämlich die Gröſsen p um eine Stelle vorrücken, so gehen die Polynome T, T', T'' über in $\frac{T}{R}$, $\frac{T'}{R^2}$, $\frac{T''}{R^3}$, es bleibt somit $\frac{TT'}{T''}$ ungeändert. Man hat daher nur mittelst der Gleichung $TT' = MT''$ die Funktion M zu bestimmen. Aus dieser Gleichung folgt aber, dafs M die Form $n^{\frac{1}{2}}(\cos\Theta + \sqrt{-1}\sin\Theta)$ besitzen mufs; denn da man hat:

$$T = n^{\frac{1}{2}}(\cos\omega + \sqrt{-1}\sin\omega)$$

$$T' = n^{\frac{1}{2}}(\cos\omega' + \sqrt{-1}\sin\omega')$$

$$T'' = n^{\frac{1}{2}}(\cos\omega'' + \sqrt{-1}\sin\omega''),$$

so ergiebt sich als Wert von M:

$$M = n^{\frac{1}{2}}[\cos(\omega + \omega' - \omega'') + \sqrt{-1}\sin(\omega + \omega' - \omega'')].$$

Mithin mufs $\omega + \omega' - \omega'' = \Theta$ sein, und ist Θ bekannt, so erhält man aus dieser Gleichung den Wert von ω''.

Um den Wert von M zu erhalten, mufs man das Produkt der beiden Polynome

$$T = p + p'R + p''R^2 + p'''R^3 + \cdots + p^{XIV}R^{14}$$

$$T' = p + p'R^2 + p''R^4 + p'''R^6 + \cdots + p^{XIV}R^{28}$$

entwickeln und die verschiedenen Glieder auf die in $p, p', p'', \ldots$ lineare Form bringen. Bei dieser Entwicklung kann man sich allein auf die Glieder, welche p enthalten, beschränken. Denn da

$$TT' = MT'' = M(p + p'R^3 + p''R^6 + \cdots)$$

sein soll, so ist offenbar M gleich der Summe der Glieder, mit denen p multipliciert ist.

Ich bemerke zunächst, dafs in dem Ausdrucke der Quadrate

$$p^2 = 2 + p^{IX}, \quad p'^2 = 2 + p^{X}, \quad p''^2 = 2 + p^{XI}, \ldots$$

das konstante Glied 2 vorkommt, und dafs 2 durch seinen Wert $-2p - 2p' - 2p'' - \cdots - 2p^{XIV}$ ersetzt werden kann. Mithin enthält das Produkt TT' einen ersten mit p multiplicierten Teil:

$$-2p(1 + R^3 + R^6 + \cdots + R^{42})$$

und zwar geht dieser aus den Gliedern $p^2 + p'^2R^3 + p''^2R^6 + \cdots$ hervor.

Es ist aber leicht zu sehen, dafs sich dieser Teil auf Null reduciert, denn derselbe ist gleich

$$-2p\frac{1-R^{45}}{1-R^3} = -2p\frac{1-R^{15}}{1-R^3}(1 + R^{15} + R^{30}).$$

Nach Voraussetzung sollte jedoch für R ein imaginärer Wert genommen werden, für welchen $R^{15} = 1$, aber nicht $R^3 = 1$ ist. Mithin ergeben die Glieder des Produkts TT', welche mit den Quadraten

$p^2, p'^2, \ldots$ behaftet sind, kein lineares Glied, welches mit p multipliciert wäre. Nur das eine Glied $p^{\text{VI}\,2} R^{18}$, welches sich auf $(2+p) R^{18}$ reduciert, giebt in dem Werte von M einen ersten Teil R^{18} oder R^3.

Werden jetzt die Wurzeln p, welche allgemein durch $r^\alpha + r^{-\alpha}$ ausgedrückt sind, nach der natürlichen Reihenfolge der Exponenten α geordnet, so erhält man:

$$\begin{array}{lll}
p \;\;= r^1 + r^{-1}, & p^{\text{X}} \;\;= r^6 + r^{-6}, & p^{\text{VIII}} = r^{11} + r^{-11} \\
p^{\text{IX}} = r^2 + r^{-2}, & p^{\text{XIII}} = r^7 + r^{-7}, & p^{\text{IV}} \;\;= r^{12} + r^{-12} \\
p' \;\;= r^3 + r^{-3}, & p^{\text{XII}} \;= r^8 + r^{-8}, & p^{\text{XI}} \;\;= r^{13} + r^{-13} \\
p''' = r^4 + r^{-4}, & p'' \;\;= r^9 + r^{-9}, & p^{\text{VII}} \;= r^{14} + r^{-14} \\
p^{\text{V}} \;= r^5 + r^{-5}, & p^{\text{XIV}} = r^{10} + r^{-10}, & p^{\text{VI}} \;\;= r^{15} + r^{-15}.
\end{array}$$

Bei dieser Anordnung erkennt man unmittelbar, dafs das mit p multiplicierte lineare Glied in dem Produkte TT' nur aus dem Produkt von zwei aufeinanderfolgenden Gliedern der vorstehenden Reihe, nämlich aus den Gliedern:

$$pp^{\text{IX}}, \quad p^{\text{IX}}p', \quad p'p''', \quad p'''p^{\text{V}}, \ldots \, p^{\text{VII}}p^{\text{VI}}$$

entstehen kann. Und da jedes dieser Produkte zu zwei Gliedern $p^{(m)}p^{(n)}R^{m+2n}$, $p^{(m)}p^{(n)}R^{2m+n}$ des Produkts TT' gehört, so ergeben sich hieraus zwei Glieder $R^{m+2n} + R^{2m+n}$ in dem Werte von M. Addiert man also alle so gebildeten Gröfsen, und reduciert man, wenn es angeht, die Exponenten mit Hülfe der Gleichung $R^{15} = 1$, so erhält man, wenn man zu dieser Summe noch den bereits gefundenen Teil R^3 hinzufügt, die gesuchte Gröfse:

$$\begin{aligned} M = 2 + 2 + 2R + 4R^3 + 3R^4 + 4R^5 + 2R^6 + 2R^7 \\ + \; R^8 + R^9 + 2R^{10} + 4R^{11} + R^{13} + R^{14}. \end{aligned}$$

Nun bestehen aber zwischen den Potenzen von R allgemeine Relationen. Zunächst hat man die Gleichung:

$$0 = 1 + R + R^2 + R^3 + \cdots + R^{14}.$$

Da ferner der Wert von R derart gewählt ist, dafs weder $1 - R^3 = 0$, noch $1 - R^5 = 0$ ist, so kann man aus der Gleichung $1 - R^{15} = 0$ die beiden folgenden herleiten:

$$0 = 1 + R^3 + R^6 + R^9 + R^{12}$$
$$0 = 1 + R^5 + R^{10}.$$

Mittelst dieser Gleichungen läfst sich der Wert von M folgendermafsen ausdrücken:

$$M = -2R + 3R^3 + 2R^4 + 2R^5 - 2R^6 + 2R^7.$$

Substituiert man die Werte:

$$M = n^{\frac{1}{2}}(\cos\Theta + \sqrt{-1}\sin\Theta), \quad R = \cos\mu + \sqrt{-1}\sin\mu,$$

so erhält man die Gleichungen:

$$n^{\frac{1}{2}}\cos\Theta = 1 - 4\cos\mu - 2\cos 2\mu - 5\cos 3\mu = -2{,}447358071413$$

$$n^{\frac{1}{2}}\sin\Theta = -2\sin 2\mu + 5\sin 3\mu + 2\sin 5\mu = 5{,}001043738090,$$

und aus diesen folgt:

$$\Theta = 116^0\,4'\,32'',571039.$$

581.

Die gefundenen Werte von ϑ, ϑ', ϑ''', ϑ^{VII} geben näherungsweise:

$$15\omega = -361^0\,54'\,32'',705635.$$

Unter der Voraussetzung, dafs $15\omega = 8\vartheta + 4\vartheta' + 2\vartheta''' + \vartheta^{\mathrm{VII}} + 2\pi$ sei, kann man einfach

$$15\omega = -1^0\,54'\,32'',705635$$

nehmen und erhält so:

$$\begin{aligned} \omega &= -0^0\;\,7'\,38'',180376 \\ 2\omega - \vartheta = \omega' &= 81^0\;\,3'\;\,7'',366364 \\ 2\omega - \vartheta' = \omega''' &= 127^0\,11'\;\,8'',682094. \end{aligned}$$

Um hiernach den richtigen Wert von ω'' d. h. denjenigen, welcher dem für ω genommenen Werte entsprechen soll, zu erhalten, mufs man denselben aus der Gleichung $\omega'' = \omega + \omega' - \Theta$ ableiten. Auf diese Weise ergiebt sich:

$$\omega'' = -35^0\,9'\,3'',385051,$$

und dieser Wert stimmt hinreichend genau mit dem ersten der fünf Werte, welche wir oben gegeben haben, überein, nämlich mit:

$$\omega'' = \frac{2\vartheta'' + \vartheta^{\mathrm{V}}}{5} = -35^0\,9'\,3'',385054.$$

Hieraus schliefsen wir, dafs der Winkel Θ vollständig genau, und nicht blofs näherungsweise, der Bedingung

$$\Theta = \omega + \omega' - \frac{1}{5}(2\vartheta'' + \vartheta^{\mathrm{V}}) = 3\omega - \vartheta - \frac{1}{5}(2\vartheta'' + \vartheta^{\mathrm{V}}),$$

oder

$$5\Theta = 15\omega - 5\vartheta - 2\vartheta'' - \vartheta^{\mathrm{V}} = 2\pi + 3\vartheta + 4\vartheta' + 2\vartheta''' + \vartheta^{\mathrm{VII}} - \vartheta^{\mathrm{V}}$$

genügt.

Kennt man ω'', so giebt die Gleichung $T'''^2 = A'' T^{V}$ den Wert von T^{V} mit Hülfe des Winkels:

$$\omega^{V} = 2\omega'' - \vartheta'' = 6\omega - 2\vartheta - 2\Theta - \vartheta''.$$

Es wird daher die Summe der beiden Glieder $T'' + T^{V}$ zusammen mit der Summe ihrer Komplemente $T^{XI} + T^{VIII}$ gleich:

$$2n^{\frac{1}{2}}[\cos(3\omega - \vartheta - \Theta) + \cos(6\omega - 2\vartheta - \vartheta'' - 2\Theta)].$$

582.

Um die Summe sämtlicher Gröfsen $T, T', T'', \ldots T^{XIII}$ zu bilden, hat man nur noch den Wert von T^{IV} und den seines Komplementes T^{IX} zu suchen. Nun ist aber $T^{IV2} = A^{IV} T^{IX}$ und somit

$$T^{IV3} = A^{IV} T^{IV} T^{IX} = nA^{IV}.$$

Setzt man also wie gewöhnlich:

$$T^{IV} = n^{\frac{1}{2}}(\cos\omega^{IV} + \sqrt{-1}\sin\omega^{IV}),$$

so hat man:

$$3\omega^{IV} - \vartheta^{IV} = 0 \quad \text{oder} = 2\pi \quad \text{oder} = 4\pi,$$

wodurch sich für ω^{IV} einer der Werte ergiebt:

$$\frac{\vartheta^{IV}}{3}, \quad \frac{\vartheta^{IV} + 2\pi}{3}, \quad \frac{\vartheta^{IV} + 4\pi}{3}.$$

Um zu erfahren, welcher von diesen drei Werten zugleich mit dem von ω anzuwenden ist, mufs man zu demselben Hülfsmittel seine Zuflucht nehmen, welches zur Bestimmung des Wertes von ω'' führte.

Ist zu dem Zwecke $TT''' = M' T^{IV}$, so beweist man leicht, dafs M' eine Funktion von R und unabhängig von den Wurzeln p ist. Mithin ist M' der Koefficient von p in dem Werte des Produktes TT''', wenn man dasselbe so entwickelt, dafs die verschiedenen Glieder die Wurzeln $p, p', p'', \ldots$ nur linear enthalten. Auf demselben Wege, welcher uns zum Werte von M in der Gleichung $TT' = MT''$ führte, findet man dann:

$$M' = 2R^2 + 2R^6 + 2R^8 + 2R^9 - 5R^{10}.$$

Wird diese Gröfse wie gewöhnlich durch

$$n^{\frac{1}{2}}(\cos\Theta' + \sqrt{-1}\sin\Theta') = M'$$

dargestellt, so ergeben sich zur Bestimmung des Winkels Θ' die beiden Gleichungen:

$$n^{\frac{1}{2}} \cos \Theta' = \frac{1}{2} - 6 \cos 3\mu \qquad = -1{,}354101966250$$

$$n^{\frac{1}{2}} \sin \Theta' = 4 \sin 2\mu - 2 \sin 3\mu + 5 \sin 5\mu \qquad = \quad 5{,}400593288241,$$

und aus diesen folgt:

$$\Theta' = 104^0\, 4'\, 32'',571039.$$

Vergleicht man diesen Wert mit dem von Θ, so mufs man offenbar $\Theta' = \Theta - 12^0 = \Theta - \frac{1}{2}\mu$ haben, und in der That läfst sich diese Gleichung in aller Strenge mit Hülfe der Gleichungen, durch welche die Sinus und Cosinus der Winkel Θ und Θ' bestimmt werden, beweisen.

583.

Kennt man Θ', so erhält man den Wert von ω^{IV}, welcher dem von ω entspricht, nämlich:

$$\omega^{IV} = \omega + \omega''' - \Theta' = 22^0\, 58'\, 57'', 930679.$$

Andrerseits aber hat man:

$$\frac{1}{3}\, \vartheta^{IV} = 22^0\, 58'\, 57'', 930678;$$

mithin stimmt der Wert von ω^{IV} genau mit dem von $\frac{\vartheta^{IV}}{3}$ überein. Hierdurch ergiebt sich die neue Bedingungsgleichung:

$$\omega + \omega''' = \Theta' + \frac{1}{3}\, \vartheta^{IV}$$

oder:

$$5\omega - 2\vartheta - \vartheta' = \Theta' + \frac{1}{3}\, \vartheta^{IV} = \Theta - 12^0 + \frac{1}{3}\, \vartheta^{IV}.$$

Multipliciert man diese Gleichung mit 3, und setzt man an die Stelle von 15ω seinen Wert $8\vartheta + 4\vartheta' + 2\vartheta''' + \vartheta^{VII} + 360^0$, so wird:

$$3\Theta = 2\vartheta + \vartheta' + 2\vartheta''' - \vartheta^{IV} + \vartheta^{VII} + 396^0.$$

Endlich ergiebt die Vergleichung der Werte dieser verschiedenen Winkel die Gleichung:

$$\Theta = \vartheta + \vartheta' - \vartheta'' + 72^0,$$

die man ohne Zweifel in aller Strenge mit Hülfe unserer Formeln würde beweisen können. Wir haben somit zwischen den Winkeln ϑ zwei Gleichungen, nämlich:

$$-\vartheta + \vartheta' + \vartheta^{IV} - \vartheta^{V} = 180^0$$

$$2\vartheta + \vartheta' - 3\vartheta'' = 2\vartheta''' - \vartheta^{V} + \vartheta^{VII},$$

und diese können dazu dienen, um zwei dieser Gröfsen mittelst der fünf andern zu bestimmen.

Vereinigt man jetzt sämtliche Werte T, T',... bis T^{XIII} zu einer Summe, und verbindet man damit die Gleichung

$$-1 = p + p' + p'' + \cdots + p^{\mathrm{XIV}},$$

so erhält man zur Bestimmung von p die Gleichung:

$$15p = -1 + 2n^{\frac{1}{2}}(\cos\omega + \cos\omega' + \cos\omega'' + \cos\omega''' + \cos\omega^{\mathrm{IV}} + \cos\omega^{\mathrm{V}} + \cos\omega^{\mathrm{VII}}),$$

in welche man nur noch die Werte der Winkel ω, so wie sie durch die vorhergehenden Rechnungen bestimmt sind, einzusetzen hat.

Die genauen sowie angenäherten Werte dieser Winkel sind folgende:

$$\begin{array}{llll}
\omega = \omega & & & \\
\omega' = 2\omega + \alpha', & \alpha' = -\vartheta & = & 81^0 18' 23'',727116 \\
\omega'' = 3\omega + \alpha'', & \alpha'' = -\vartheta - \Theta & = & -34^0 46' 8'',843924 \\
\omega''' = 4\omega + \alpha''', & \alpha''' = -2\vartheta - \vartheta' & = & 127^0 41' 41'',403598 \\
\omega^{\mathrm{IV}} = 5\omega + \alpha^{\mathrm{IV}}, & \alpha^{\mathrm{IV}} = \alpha''' - \Theta + \frac{1}{2}\mu & = & 23^0 37' 8'',832558 \\
\omega^{\mathrm{V}} = 6\omega + \alpha^{\mathrm{V}}, & \alpha^{\mathrm{V}} = -2\vartheta - \vartheta'' - 2\Theta & = & 20^0 55' 32'',559670 \\
\omega^{\mathrm{VII}} = 7\omega + \alpha^{\mathrm{VII}}, & \alpha^{\mathrm{VII}} = -4\vartheta - 2\vartheta' - \vartheta''' & = & -118^0 56' 27'',282997.
\end{array}$$

584.

Wir haben nur noch in die allgemeine Formel den oben gefundenen Wert von ω einzusetzen, um diese Formel wenigstens näherungsweise zu berechnen. Dadurch lernen wir diejenige der Wurzeln $p = 2\cos\frac{2i\pi}{31}$ kennen, welche durch die Formel dargestellt wird. Die Werte der verschiedenen Winkel ω, deren Cosinus zu berechnen sind, sind demnach folgende:

$$\begin{array}{lll}
\omega & = & -0^0\ 7'\ 38'',180376 \\
\omega' & = & 81^0\ 13'\ 7'',366363 \\
\omega'' & = & -35^0\ 9'\ 3'',385054 \\
\omega''' & = & 127^0\ 11'\ 8'',682091 \\
\omega^{\mathrm{IV}} & = & 22^0\ 58'\ 57'',930675 \\
\omega^{\mathrm{V}} & = & 20^0\ 9'\ 43'',477410 \\
\omega^{\mathrm{VII}} & = & -119^0\ 57'\ 32'',726010.
\end{array}$$

Es würde für unsern Zweck genügen, diese Cosinus mittelst siebenstelliger Logarithmentafeln zu berechnen. Der gröſseren Genauigkeit wegen geben wir aber hier das Resultat der Rechnung, wie es sich mit Hülfe von vierzehnstelligen Tafeln ergiebt:

$$2n^{\frac{1}{2}}(\cos\omega + \cos\omega') = 12,86749\,02836\,4577$$

$$2n^{\frac{1}{2}}(\cos\omega'' + \cos\omega^{\mathrm{V}}) = 19,55799\,20442\,6960$$

$$2n^{\frac{1}{2}}\cos\omega^{\mathrm{IV}} = 10,25161\,70782\,9619$$

$$42,67709\,94062\,1156$$

$$-1 + 2n^{\frac{1}{2}}(\cos\omega''' + \cos\omega^{\mathrm{VII}}) = -13,29120\,11688\,2311$$

$$30\cos\frac{2i\pi}{31} = 29,38589\,82373\,8845$$

$$\cos\frac{2i\pi}{31} = 0,97952\,99412\,4628.$$

Aus den trigonometrischen Tafeln findet man aber:

$$\cos\frac{2\pi}{31} = 0,97952\,99412\,5247.$$

Mithin sieht man, dafs der durch unsere Formel gegebene Wert von $\frac{1}{2}p$ der Wert von $\cos\frac{2\pi}{31}$ ist.

585.

Wird der Wert von ω der Reihe nach um μ, 2μ, $3\mu, \ldots$, wo μ gleich $\frac{2\pi}{15}$ oder 24^0 ist, vermehrt, und bildet man mit jedem Werte von ω die entsprechenden Werte von ω', $\omega'', \ldots \omega^{\mathrm{V}}$, ω^{VII}, so giebt die Formel der Reihe nach alle andern Werte von p oder von $2\cos\frac{2i\pi}{31}$ in der Reihenfolge p, p', $p'', \ldots p^{\mathrm{XIV}}$, wie sie durch die von uns gewählte primitive Wurzel bestimmt wird, oder in umgekehrter Reihenfolge. Ausgehend von $2\cos\frac{2\pi}{31}$, das wir soeben bestimmt haben, erhalten wir somit die Werte der fünfzehn Wurzeln $2\cos\frac{2i\pi}{31}$ entweder in der Reihenfolge:

$$2\cos\frac{2\pi}{31},\quad 2\cos\frac{6\pi}{31},\quad 2\cos\frac{18\pi}{31},\quad 2\cos\frac{8\pi}{31},\quad 2\cos\frac{24\pi}{31}$$

$$2\cos\frac{10\pi}{31},\quad 2\cos\frac{30\pi}{31},\quad 2\cos\frac{28\pi}{31},\quad 2\cos\frac{22\pi}{31},\quad 2\cos\frac{4\pi}{31}$$

$$2\cos\frac{12\pi}{31},\quad 2\cos\frac{26\pi}{31},\quad 2\cos\frac{16\pi}{31},\quad 2\cos\frac{14\pi}{31},\quad 2\cos\frac{20\pi}{31},$$

wie dieselbe durch die primitive Wurzel $g = 3$ bestimmt wird, oder in der umgekehrten Reihenfolge:

$$2\cos\frac{2\pi}{31},\quad 2\cos\frac{20\pi}{31},\quad 2\cos\frac{14\pi}{31},\quad 2\cos\frac{16\pi}{31}, \text{ u. s. w.}$$

Welche von diesen beiden Reihenfolgen stattfindet, läfst sich leicht bestimmen, wenn man die Formel mit dem um 24^0 vermehrten Werte von ω d. h. mit dem Werte

$$\omega = 23^0\,52'\,21'', 82\ldots$$

berechnet. Eine Vergröfserung des Wertes von ω um μ bringt bei dem Werte von ω' eine solche um 2μ, bei dem Werte von ω'' eine solche von 3μ u. s. w. hervor. Man erhält daher die folgenden Werte:

$$\begin{aligned}
\omega &= 23^0\,52'\,21'', 82\\
\omega' &= 129^0\,\ 3'\,\ 7'', 37\\
\omega'' &= 36^0\,50'\,56'', 615\\
\omega''' &= 223^0\,11'\,\ 8'', 68\\
\omega^{IV} &= 142^0\,58'\,57'', 93\\
\omega^{V} &= 164^0\,\ 9'\,43'', 48\\
\omega^{VII} &= 72^0\,\ 2'\,27'', 27.
\end{aligned}$$

Beschränkt man sich auf sieben Decimalstellen, so ergiebt die Berechnung der Formel $\frac{1}{2}p = -0{,}44039437$. Dieser Cosinus entspricht so genau als möglich dem Winkel $\frac{20\pi}{31} = 116^0\,7'\,44'', 52$.

Vermehrt man also den Wert von ω nach und nach um μ oder 24^0, und berechnet man die entsprechenden Werte von ω', $\omega''\ldots\omega^{VII}$, so erhält man sämtliche Wurzeln der gegebenen Gleichung in der Reihenfolge p, p^{XIV}, $p^{XIII}, \ldots p'$, welche der durch die primitive Wurzel $g = 3$ bestimmten gerade entgegengesetzt ist. Diese Wurzeln würden in der eigentlichen Reihenfolge aufeinander folgen, wenn man den Wert von ω, anstatt denselben beständig um μ zu vermehren, um dieselbe Gröfse vermindert hätte, indem man der Reihe nach an Stelle von ω die Werte $\omega - \mu$, $\omega - 2\mu$, $\omega - 3\mu, \ldots$ setzte.

586.

Wie dem auch sein möge, die allgemeine Formel

$$\begin{aligned}
\frac{1}{2}p = -\frac{1}{30} + \frac{2n^{\frac{1}{2}}}{30}[\cos\omega &+ \cos(2\omega + \alpha') + \cos(3\omega + \alpha'')\\
&+ \cos(4\omega + \alpha''') + \cos(5\omega + \alpha^{IV})\\
&+ \cos(6\omega + \alpha_V) + \cos(8\omega + \alpha^{VII})],
\end{aligned}$$

welche den genauen Wert der Wurzel $\cos \frac{2\pi}{31}$ giebt, wenn man

$$\omega = \frac{8\vartheta + 4\vartheta' + 2\vartheta''' + \vartheta^{VII} + 2\pi}{15}$$

setzt, liefert auch je nach Belieben den Wert jeder andern durch $\cos \frac{2i\pi}{31}$ dargestellten Wurzel. Man braucht dazu nur in der Formel $\omega + m\mu$ an die Stelle von ω zu setzen, wobei m die Stellenzahl von $2i$ in der Reihe

20, 14, 16; 26, 12, 4; 22, 28, 30; 10, 24, 8; 18, 6, 2

bezeichnet.

So mufs man z. B., um direkt den Wert von $\cos \frac{30\pi}{31}$ oder von $-\cos \frac{\pi}{31}$ zu erhalten, in die Formel $\omega + 9\mu$ oder $\omega + 216^0$ an Stelle von ω einsetzen.

Wir sind daher zu einer allgemeinen Formel gelangt, welche je nach Belieben alle Wurzeln der Gleichung in p oder alle Werte von $\cos \frac{2i\pi}{31}$ liefert, wobei i jede zwischen 1 und 15 liegende Zahl bedeutet.

Bei diesem Beispiel lassen sich sämtliche Winkel ϑ geometrisch konstruieren, da die Winkel μ, von denen sie abhängen, nur die Teilung des Kreisumfanges in 15 gleiche Teile voraussetzen. Mithin läfst sich die Teilung des Kreisumfanges in 31 gleiche Teile ausführen mittelst der Teilung eines geometrisch bestimmbaren Bogens 15ω in 15 gleiche Teile.

Diese Teilung in 15 gleiche Teile wird bewirkt mittelst der Teilung desselben Bogens in 5 und in 3 gleiche Teile. Wenn wir nach dem gewöhnlichen Verfahren die Gleichung in p zunächst mit Hülfe einer Gleichung 5ten Grades, sodann mit Hülfe einer Gleichung dritten Grades aufgelost hätten, so würde die erstere Gleichung die Teilung eines Bogens in 5 gleiche Teile, die zweite die Teilung eines andern Bogens in 3 gleiche Teile erfordert haben; es würde also aus diesem Grunde wie aus mehreren andern Gründen die Lösung weniger einfach gewesen sein, wie die, welche wir soeben auseinandergesetzt haben.

587.

Zweites Beispiel. $n = 13$, $k = 6$.

In diesem Falle lautet die aufzulösende Gleichung:

$$0 = p^6 + p^5 - 5p^4 - 4p^3 + 6p^2 + 3p - 1.$$

Sind p, p', p'', p''', p^{IV}, p^{V} die Wurzeln dieser Gleichung und nimmt man als primitive Wurzel von 13 die Zahl $g=2$, so stellen diese Wurzeln die Perioden von zwei Gliedern (2:1), (2:2), (2:4), (2:5), (2:3), (2:6) dar, und, wenn man durch r eine beliebige imaginäre Wurzel der Gleichung $x^{13}-1=0$ bezeichnet, so erhält man:

$$\begin{array}{ll} p = r^1 + r^{-1}, & p''' = r^5 + r^{-5} \\ p' = r^2 + r^{-2}, & p^{IV} = r^3 + r^{-3} \\ p'' = r^4 + r^{-4}, & p^{V} = r^6 + r^{-6}. \end{array}$$

Hieraus ergeben sich die Quadrate sowie die Produkte von je zweien der Wurzeln in linearer Form, wie folgt:

$$\begin{array}{llll} p^2 = 2+p', & pp' = p + p^{IV}, & pp'' = p''' + p^{IV}, & pp''' = p'' + p^{V} \\ p'^2 = 2+p'', & p'p'' = p' + p^{V}, & p'p''' = p^{IV} + p^{V}, & p'p^{IV} = p''' + p \\ p''^2 = 2+p''', & p''p''' = p'' + p, & p''p^{IV} = p^{V} + p, & p''p^{V} = p^{IV} + p'. \\ p'''^2 = 2+p^{IV}, & p'''p^{IV} = p''' + p', & p'''p^{V} = p + p', & \\ p^{IV2} = 2+p^{V}, & p^{IV}p^{V} = p^{IV} + p'', & p^{IV}p = p' + p'', & \\ p^{V2} = 2+p, & p^{V}p = p^{V} + p''', & p^{V}p' = p'' + p''', & \end{array}$$

588.

Es sei R eine imaginäre Wurzel der Gleichung $R^6 - 1 = 0$, und zwar nehmen wir $R = \cos\mu + \sqrt{-1}\sin\mu$, wobei wir $\mu = \frac{2\pi}{6} = 60^0$ setzen. (Wir hätten ebenso gut $\mu = \frac{4\pi}{6}$ setzen können.) Sodann setzen wir:

$$T = p + p'R + p''R^2 + p'''R^3 + p^{IV}R^4 + p^{V}R^5,$$

und bezeichnen wie gewöhnlich mit T', T'', T''', T^{IV} das ,was aus dem Polynome T wird, wenn man darin resp. R^2, R^3, R^4, R^5 an die Stelle von R setzt.

Ist k eine gerade Zahl, wie in unserm Beispiele und in allen denen, wo n die Form $4m+1$ besitzt, so kann man nicht mehr annehmen, dafs der Wert von T^2 allein aus geraden Potenzen von R zusammengesetzt sei, wie wir dies in allen Fällen, wo die Zahl k ungerade ist, gethan haben. Man mufs vielmehr in diesem Falle setzen:

$$\begin{array}{l} T^2 = a + a'R^2 + a''R^4 \\ \quad + bR + b'R^3 + b''R^5, \end{array}$$

und man würde diese Reihen noch weiter, nämlich bis zur Potenz R^{k-1}, fortsetzen müssen, wenn k gröfser als 6 wäre. In dieser Formel unterliegen die Koefficienten a, a', a'' einem gewissen Gesetze, die Koefficienten b, b', b'' aber einem andern Gesetze. Man hat nämlich:

$$\begin{aligned} a &= p^2 + p'''^2 + 2p'p^{\mathrm{V}} + 2p''p^{\mathrm{IV}}, & b &= 2pp' + 2p^{\mathrm{V}}p'' + 2p^{\mathrm{IV}}p''' \\ a' &= p'^2 + p^{\mathrm{IV}2} + 2p''p + 2p'''p^{\mathrm{V}}, & b' &= 2p'p'' + 2pp''' + 2p^{\mathrm{V}}p^{\mathrm{IV}} \\ a'' &= p''^2 + p^{\mathrm{V}2} + 2p'''p' + 2p^{\mathrm{IV}}p, & b'' &= 2p''p''' + 2p'p^{\mathrm{IV}} + 2pp^{\mathrm{V}}. \end{aligned}$$

Diese Koefficienten müssen auf eine lineare Form gebracht werden; jedoch genügt es, die beiden ersten a und b zu berechnen, da man leicht erkennt, dafs die andern aus diesen hervorgehen, wenn man die Buchstaben $p, p', \ldots p^{\mathrm{V}}$ nach und nach um eine Stelle vorrücken läfst. Man erhält auf diese Weise:

$$\begin{aligned} a &= 2 - p' - p^{\mathrm{IV}}, & b &= 2p + 4p' + 2p''' + 4p^{\mathrm{IV}} \\ a' &= 2 - p'' - p^{\mathrm{V}}, & b' &= 2p' + 4p'' + 2p^{\mathrm{IV}} + 4p^{\mathrm{V}} \\ a'' &= 2 - p''' - p, & b'' &= 2p'' + 4p''' + 2p^{\mathrm{V}} + 4p, \end{aligned}$$

und der Wert von T^2 wird:

$$\begin{aligned} T^2 = {} & 2(1 + R^2 + R^4) + R(2p + 4p' + 2p''' + 4p^{\mathrm{IV}}) \\ & - p' - p''R^2 - p'''R^4 + R^3(2p' + 4p'' + 2p^{\mathrm{IV}} + 4p^{\mathrm{V}}) \\ & - p^{\mathrm{IV}} - p^{\mathrm{V}}R^2 - pR^4 + R^5(2p'' + 4p''' + 2p^{\mathrm{V}} + 4p). \end{aligned}$$

Sodann mufs man diese Gröfse nach $p, p', \ldots p^{\mathrm{V}}$ ordnen, nachdem man noch zuvor den konstanten Teil $2 + 2R^2 + 2R^4$*) auf die Form gebracht hat:

$$-(2 + 2R^2 + 2R^4)(p + p' + p'' + p''' + p^{\mathrm{IV}}).$$

Dadurch ergiebt sich:

$$\begin{aligned} T^2 = {} & p\,(-2 + 2R - 2R^2 - 3R^4 + 4R^5) \\ & + p'\,(-3 + 4R - 2R^2 + 2R^3 - 2R^4) \\ & + p''\,(-2 - 3R^2 + 4R^3 - 2R^4 + 2R^5) \\ & + p'''\,(-2 + 2R - 2R^2 - 3R^4 + 4R^5) \\ & + p^{\mathrm{IV}}(-3 + 4R - 2R^2 + 2R^3 - 2R^4) \\ & + p^{\mathrm{V}}\,(-2 - 3R^2 + 4R^3 - 2R^4 + 2R^5). \end{aligned}$$

---

*) Wenn es sich nur darum handelte, den Wert des Koefficienten A oder auch den von A' zu erhalten, so könnte man diesen Teil ganz weglassen, da der für R genommene imaginäre Wert der Gleichung $0 = 1 + R^2 + R^4$ und auch der Gleichung $0 = 1 + R^4 + R^8$, welche aus der vorigen durch Substitution von R^2 an Stelle von R entsteht, Genüge leistet. Da jedoch die allgemeine Formel, durch welche man A ausdrücken will, auch dazu dienen soll, A'' auszudrücken, indem man einfach R^3 für R setzt, so mufs man den in Rede stehenden Teil in dem Ausdrucke von A beibehalten, da die Gröfse $1 + R^2 + R^4$ durch jene Substitution in $1 + R^6 + R^{12}$ übergeht und somit, anstatt gleich Null zu sein, den Wert 3 annimmt. Anm. d. Verf.

Ist A der Koefficient von p in diesem Ausdruck, so sieht man leicht, dafs AR^2 der Koefficient von p', AR^4 der von p'' u. s. w. ist. Setzt man also:

$$A = -2 + 2R - 2R^2 - 3R^4 + 4R^5,$$

so wird:

$$T^2 = AT',$$

eine Gleichung, die, wie man hieraus sieht, für jeden, geraden oder ungeraden, Wert von k besteht.

589.

Der Wert von A kann noch auf eine einfachere Weise gefunden werden, wenn man beachtet, dafs A gleich dem Koefficienten von p in dem entwickelten und auf die lineare Form gebrachten Werte von T^2 sein mufs. Jedoch ist es gut, zunächst die Wurzeln p, welche sämtlich von der Form $r^{\alpha} + r^{-\alpha}$ sind, nach der natürlichen Reihenfolge der Exponenten so wie folgt zu ordnen:

$$p = r^1 + r^{-1}, \quad p' = r^2 + r^{-2}, \quad p^{\mathrm{IV}} = r^3 + r^{-3}$$
$$p'' = r^4 + r^{-4}, \quad p''' = r^5 + r^{-5}, \quad p^{\mathrm{V}} = r^6 + r^{-6}.$$

Hieraus ergiebt sich, dafs die einzigen Produkte je zweier der Buchstaben p, aus denen p entsteht, die folgenden sind: pp', $p'p^{\mathrm{IV}}$, $p^{\mathrm{IV}}p''$, $p''p'''$, $p'''p^{\mathrm{IV}}$.

Nachdem dieses festgestellt ist, giebt die Entwicklung von T^2 einen ersten Teil:

$$p^2 + p'^2R^2 + p''^2R^4 + p'''^2R^6 + p^{\mathrm{IV}\,2}R^8 + p^{\mathrm{V}2}R^{10},$$

in welchen man die Werte $p^2 = 2 + p'$, $p'^2 = 2 + p''$, $p''^2 = 2 + p'''$, u. s. w. einzusetzen hat. Da nun das in allen diesen Werten enthaltene konstante Glied 2 gleich $-2p - 2p' - 2p'' - 2p''' - 2p^{\mathrm{IV}} - 2p^{\mathrm{V}}$ ist, so ist der Teil von A, welcher aus diesem konstanten Gliede entspringt:

$$-2(1 + R^2 + R^4 + R^6 + R^8 + R^{10}).$$

Derselbe könnte bei der Bestimmung von A und A' weggelassen werden, dagegen nicht, wenn es sich um die Bestimmung von A'' handelt, weil alsdann R^3 an die Stelle von R zu setzen ist und somit die Gleichung $0 = 1 + R^2 + R^4 + R^6 + R^8 + R^{10}$ ihre Gültigkeit verliert.

Man bemerkt ferner, dafs das Glied $p^{\mathrm{V}2}R^{10}$, in welchem $p^{\mathrm{V}2} = 2 + p$ ist, einen Koefficienten R^{10} oder R^4 liefert, der ebenfalls zu A hinzugezogen werden mufs.

Der zweite Teil der Entwicklung von T^2, welcher zu berücksichtigen ist, ist derjenige, welchen die Glieder

$$2pp'R + 2p'p^{IV}R^5 + 2p^{IV}p''R^6 + 2p''p'''R^5 + 2p'''p^{V}R^8$$

liefern. Derselbe giebt in dem Ausdrucke von A einen dritten Teil:

$$2R + 2R^5 + 2R^6 + 2R^5 + 2R^8,$$

welcher, mit den beiden andern vereinigt, den vollständigen Wert von A liefert, nämlich:

$$(1) \qquad A = -2 + 2R - 2R^2 - 3R^4 + 4R^5,$$

und dieser stimmt mit dem bereits gefundenen Werte überein.

590.

Die Gleichung $T^2 = AT'$, in welcher man der Reihe nach R^2, R^3, R^4, R^5 an die Stelle von R setzen kann, ergiebt die folgende Reihe von Gleichungen:

$$(2) \qquad \begin{array}{lll} T^2 = AT', & T'^2 = A'T''', & T''^2 = A''T^{V} = -A'', \\ T'''^2 = A'''T', & T^{IV2} = A^{IV}T'''. & \end{array}$$

Hierbei ist zu bemerken, dass in der dritten Gleichung $T''^2 = -A''$ für T^{V} sein Wert -1 gesetzt worden ist, weil T^{V} dasjenige bedeutet, was aus dem Polynom T wird, wenn man R^6 oder 1 an die Stelle von R setzt, und demnach $T^{V} = p + p' + p'' + p''' + p^{IV} + p^{V} = -1$, also $T''^2 = -A''$ ist. Da andrerseits A'' der Wert von A ist, wenn man darin R^3 an die Stelle von R setzt, so bemerken wir, dafs der aus der Gleichung $R^6 - 1 = 0$ erhaltene Wert von R derart gewählt ist, dafs er nicht der Gleichung $R^3 - 1 = 0$ genügt; denn sonst würden die aufeinanderfolgenden Potenzen von R nicht sämtliche Wurzeln der Gleichung $R^6 - 1 = 0$ ergeben. Es mufs demnach dieser Wert der Gleichung $R^3 + 1 = 0$ genügen. Substituiert man aber in der Gleichung (1) für R den Wert $R^3 = -1$, so reduciert sich die rechte Seite auf $-13 = -n$. Folglich hat man:

$$A'' = -n,$$

und daher:

$$T''^2 = n \quad \text{oder} \quad T'' = \pm\sqrt{n}.$$

Dieses Resultat stimmt mit dem des Artikel 588 überein; denn da T'' nichts andres ist als das Polynom T, wenn man darin R^3 oder -1 für R setzt, so wird:

$$T'' = p - p' + p'' - p''' + p^{IV} - p^{V},$$

und diese Gröfse ist nach dem angeführten Artikel gleich $\pm\sqrt{n}$.

Das doppelte Vorzeichen ist hier dadurch gerechtfertigt, dafs die Reihe der Wurzeln $p, p', p'', \ldots p^{V}$ mit einem beliebigen Gliede beginnen kann. Setzt man daher:

$$p - p' + p'' - p''' + p^{IV} - p^{V} = +\sqrt{n},$$

so hat man gleichzeitig:

$$p' - p'' + p''' - p^{IV} + p^{V} - p = -\sqrt{n}.$$

Die andern Folgerungen, welche man aus den Gleichungen (2) ziehen kann, sind:

$$TT^{IV} = AA^{IV}, \qquad T'T''' = A'A'''.$$

Nun beweist man aber leicht die Gleichung:

$$TT^{IV} = T'T''' = n,$$

und demnach analog:

$$AA^{IV} = A'A''' = n.$$

Entwickelt man nämlich das Produkt der beiden Polynome:

$$T\;\; = p + p'R + p''R^2 + p'''R^3 + p^{IV}R^4 + p^{V}R^5$$
$$T^{IV} = p + p'R^5 + p''R^{10} + p'''R^{15} + p^{IV}R^{20} + p^{V}R^{25},$$

so erhält man, wie in ähnlichen Fällen gezeigt wurde:

$$TT^{IV} = \Sigma p^2 + R\Sigma pp' + R^2\Sigma pp'' + R^3\Sigma pp''' + R^4\Sigma pp^{IV} + R^5\Sigma pp^{V}.$$

Nun ist aber:

$$\Sigma p^2 = 2\cdot 6 - 1 = 13 - 2 = n - 2,$$
$$\Sigma pp' = \Sigma pp'' = \Sigma pp''' = \Sigma pp^{IV} = \Sigma pp^{V} = -2;$$

mithin:

$$TT^{IV} = n - 2(1 + R + R^2 + R^3 + R^4 + R^5) = n.$$

Ebenso würde man $T'T''' = n$ und $T''^2 = n$ finden. Man hat daher die doppelte Reihe von Gleichungen:

$$3)\qquad \begin{aligned} n &= TT^{IV} = T'T''' = T''^2 \\ n &= AA^{IV} = A'A'''. \end{aligned}$$

591.

Nunmehr ist es leicht, die Gröfsen T als Funktionen von A zu bestimmen. Aus den Gleichungen (2) ergiebt sich nämlich:

$$T^6 = nA^3A'.$$

Setzt man also:

$$A = n^{\frac{1}{2}}(\cos\vartheta + \sqrt{-1}\sin\vartheta)$$
$$A' = n^{\frac{1}{2}}(\cos\vartheta' + \sqrt{-1}\sin\vartheta'),$$

so wird:

$$T^6 = n^3[\cos(3\vartheta + \vartheta') + \sqrt{-1}\sin(3\vartheta + \vartheta')],$$

und daher:

$$T = n^{\frac{1}{2}}(\cos\omega + \sqrt{-1}\sin\omega),$$

wobei $\omega = \frac{3\vartheta + \vartheta'}{3}$ gesetzt ist. Sodann folgt aus der Gleichung $T^2 = AT'$:

$$T' = n^{\frac{1}{2}}[\cos(2\omega - \vartheta) + \sqrt{-1}\sin(2\omega - \vartheta)].$$

Mittelst der Gröſsen T und T' kennt man auch die zu ihnen inversen T^{IV} und T''', indem man einfach das Vorzeichen von $\sqrt{-1}$ ändert. Substituiert man sodann diese Werte und den Wert von $T'' = \pm\sqrt{n}$ in die Gleichung:

$$6p = -1 + T + T' + T'' + T''' + T^{IV},$$

so erhält man:

$$(4)\qquad p = -\frac{1}{6} \pm \frac{n^{\frac{1}{2}}}{6} + \frac{2n^{\frac{1}{2}}}{6}[\cos\omega + \cos(2\omega - \vartheta)].$$

Diese Formel enthält implicite alle sechs Wurzeln der gegebenen Gleichung in sich.

Es bleiben nur noch die Winkel ϑ und ϑ' zu berechnen. Zu diesem Zwecke muſs man in die Gleichung (1) den Wert

$$R = \cos\mu + \sqrt{-1}\sin\mu$$

einsetzen. Dies giebt:

$$n^{\frac{1}{2}}\cos\vartheta = -2 + 2\cos\mu - 2\cos 2\mu - 3\cos 4\mu + 4\cos 5\mu$$

$$n^{\frac{1}{2}}\sin\vartheta = \qquad 2\sin\mu - 2\sin 2\mu - 3\sin 4\mu + 4\sin 5\mu.$$

Setzt man R^2 an die Stelle von R oder 2μ für μ, so hat man analog:

$$n^{\frac{1}{2}}\cos\vartheta' = -2 + 2\cos 2\mu - 2\cos 4\mu - 3\cos 8\mu + 4\cos 10\mu$$

$$n^{\frac{1}{2}}\sin\vartheta' = \qquad 2\sin 2\mu - 2\sin 4\mu - 3\sin 8\mu + 4\sin 10\mu.$$

Diese Gleichungen, in denen der Winkel $\mu = \frac{2\pi}{6} = 60^0$ ist, reducieren sich auf die folgenden:

$$n^{\frac{1}{2}}\cos\vartheta = 4 - \cos\mu = \frac{7}{2};\quad n^{\frac{1}{2}}\sin\vartheta = -\sin\mu = -\frac{1}{2}\sqrt{3}$$

$$n^{\frac{1}{2}}\cos\vartheta' = -1 - 3\cos\mu = -\frac{5}{2};\quad n^{\frac{1}{2}}\sin\vartheta' = -3\sin\mu = -\frac{3}{2}\sqrt{3}.$$

Hieraus ergeben sich die Näherungswerte:

$$\vartheta = -\ 13^0\,53'\,52'', 3904929$$

$$\vartheta' = -\ 133^0\,53'\,52'', 3904929.$$

Dieselben zeigen, dafs genau $\vartheta' = \vartheta - 120^0$ ist. Man kann dies mit Hülfe der vorstehenden Formeln bestätigen, aus denen

$$\cos(\vartheta - \vartheta') = \cos 2\mu \quad \text{und} \quad \sin(\vartheta - \vartheta') = \sin 2\mu$$

folgt.

Kennt man ϑ und $\vartheta' = \vartheta - 120^0$, so erhält man

$$\omega = \frac{3\vartheta + \vartheta'}{6} = \frac{2}{3}\vartheta' + 60^0,$$

und daher:

$$\omega = -\ 29^0\,15'\,54'', 92699526$$

$$2\omega - \vartheta = -\ 44^0\,37'\,57'', 46349763.$$

592.

Bevor wir diese Werte in die Formel (4) einsetzen, müssen wir, um zu wissen, welches Zeichen man für $n^{\frac{1}{2}}$ zu nehmen hat, den Wert, den T'' haben mufs, wenn es dem für ω genommenen Werte entsprechen soll, von vornherein zu bestimmen suchen.

Dazu müssen wir T'' mittelst der Gleichung $TT' = MT''$, in welcher M eine Funktion von R allein sein mufs, ermitteln. Die zu bestimmende Funktion ist der Koefficient von p in dem entwickelten und auf die lineare Form gebrachten Produkte TT'. Multipliciert man aber die beiden Polynome:

$$T = p + p'R + p''R^2 + p'''R^3 + p^{\mathrm{IV}}R^4 + p^{\mathrm{V}}R^5$$

$$T' = p + p'R^2 + p''R^4 + p'''R^6 + p^{\mathrm{IV}}R^8 + p^{\mathrm{V}}R^{10}$$

mit einander, so erhält man einen ersten Teil:

$$p^2 + p'^2R^3 + p''^2R^6 + p'''^2R^9 + p^{\mathrm{IV}\,2}R^{12} + p^{\mathrm{V}2}R^{15},$$

in welchen man die Werte $p^2 = 2 + p'$, $p'^2 = 2 + p''$, $\ldots p^{\mathrm{V}\,2} = 2 + p$ einzusetzen hat. Wegen des konstanten Gliedes 2 ergiebt sich für M der Teil:

$$2(1 + R^3 + R^6 + R^9 + R^{12} + R^{15}),$$

und dieser reduciert sich auf Null, da man $R^3 = -1$ setzen kann. Sodann liefert das in $p^{\mathrm{V}2}$ enthaltene Glied p für M das Glied R^{15} oder einfach -1.

Der zweite Teil des Produktes TT', den man in Betracht zu ziehen hat, ist:

$$pp'(R+R^2)+p'p^{IV}(R^6+R^9)+p^{IV}p''(R^8+R^{10}) \\ +p''p'''(R^7+R^8)+p'''p^{V}(R^{11}+R^{13}).$$

Derselbe liefert für M die Glieder $R+R^2+R^6+R^9+\cdots$, und fügt man diese zu dem bereits gefundenen Gliede -1 hinzu, so ergiebt sich:

$$M=-1+R+R^2+R^6+R^9+R^8+R^{10}+R^7+R^8+R^{11}+R^{13}.$$

Vereinfacht man diesen Wert mit Hülfe der Gleichung $R^3=-1$, so findet man:

$$M=-1+2R+2R^2=-3+4R.$$

Wird

$$M=n^{\frac{1}{2}}(\cos\Theta+\sqrt{-1}\sin\Theta)$$

gesetzt, so folgt:

$$n^{\frac{1}{2}}\cos\Theta=-3+4\cos\mu=-1$$
$$n^{\frac{1}{2}}\sin\Theta=\quad 4\sin\mu=2\sqrt{3}.$$

Hieraus ergiebt sich der genaue Wert $\Theta=\vartheta+120^0$. Sodann erhält man aus der Gleichung $TT'=MT''$:

$$T''=n^{\frac{1}{2}}[\cos(3\omega-\vartheta-\Theta)+\sqrt{-1}\sin(3\omega-\vartheta-\Theta)]$$

oder:

$$T''=n^{\frac{1}{2}}\cos(-180^0)=-n^{\frac{1}{2}},$$

ein Wert, dessen Zeichen nunmehr bestimmt ist.

593.

Es ist daher nur noch die Formel

$$p=-\frac{1}{6}-\frac{n^{\frac{1}{2}}}{6}+2\,\frac{n^{\frac{1}{2}}}{6}\Big(\cos\omega+\cos(2\omega-\vartheta)\Big)$$

zu berechnen, um zu erfahren, welcher von den sechs durch $2\cos\frac{2i\pi}{13}$ dargestellten Werten von p dem für ω genommenen Werte entspricht. Das Ergebnis dieser Rechnung ist folgendes:

$$\frac{n^{\frac{1}{2}}}{3}\cos\omega = 1,04845\,32790$$

$$\frac{n^{\frac{1}{2}}}{3}\cos(2\omega-\vartheta) = 0,85526\,80937$$

$$1,90372\,13727$$

$$\frac{1}{6}(1+n^{\frac{1}{2}}) = 0,76759\,18792$$

$$1,13612\,94935$$

$$\cos\frac{2i\pi}{13} = 0,56806\,474675.$$

Nun findet man aber, dafs dieser Cosinus zu dem Winkel $\frac{4\pi}{13}$ gehört, denn der nach den trigonometrischen Tafeln berechnete Wert von $\cos\frac{4\pi}{13}$ ist bei Berücksichtigung der dritten Differenzen:

$$\cos\frac{4\pi}{13} = 0,56806\,47467\,31155.$$

Um die andern Werte von p zu erhalten, mufs man in der Formel nach einander $\omega+\mu$, $\omega+2\mu$, $\omega+3\mu$, ... an die Stelle von ω setzen und zugleich jedesmal das Vorzeichen des Gliedes $n^{\frac{1}{2}}$, welches den Wert von T'' darstellt, ändern. Addiert man zunächst 60^0 zu dem ersten Werte

$$\omega = -29^0\,15'\,54'',926995,$$

so erhält man einen zweiten Wert:

$$\omega = 30^0\,44'\,5'',073005,$$

und für diesen lautet die zu berechnende Formel:

$$p = -\frac{1}{6}+\frac{n^{\frac{1}{2}}}{6}+\frac{2n^{\frac{1}{2}}}{6}\left(\cos\omega+\cos(2\omega-\vartheta)\right).$$

Dieselbe liefert das Resultat:

$$\frac{1}{2}p = 0,88545602546,$$

und dieses ist der Wert von $\cos\frac{2\pi}{13}$.

Ordnet man aber die Wurzeln $p, p', p'', p''', p^{IV}, p^{V}$ nach der Reihenfolge, welche die primitive Wurzel $g=2$ für sie bestimmt, so sind dieselben:

$$2\cos\frac{2\pi}{13},\quad 2\cos\frac{2g\pi}{13},\quad 2\cos\frac{2g^2\pi}{13},\quad 2\cos\frac{2g^3\pi}{13},\quad 2\cos\frac{2g^4\pi}{13},$$

$$2\cos\frac{2g^5\pi}{13}.$$

oder wenn man reduciert:

$$2\cos\frac{2\pi}{13},\quad 2\cos\frac{4\pi}{13},\quad 2\cos\frac{8\pi}{13},\quad 2\cos\frac{10\pi}{13},\quad 2\cos\frac{6\pi}{13},\quad 2\cos\frac{12\pi}{13}.$$

Man sieht also, dafs, wenn man mit $2\cos\frac{4\pi}{13}$ beginnt, die Reihenfolge der Wurzeln die umgekehrte ist von derjenigen, welche unsere Formel geben würde. Wie dem aber auch sein möge, die sechs Wurzeln unserer Gleichung lassen sich mittelst der Werte

$$\omega = -29^0\,15'\,54''\ldots,\qquad \vartheta = -13^0\,53'\,52''\ldots$$

in folgender Weise ausdrücken:

$$2\cos\frac{2\pi}{13} = -\frac{1}{6} + \frac{n^{\frac{1}{2}}}{6} + \frac{2n^{\frac{1}{2}}}{6}\left[\cos\left(\omega + \frac{\pi}{3}\right) + \cos\left(2\omega + \frac{2\pi}{3} - \vartheta\right)\right]$$

$$2\cos\frac{4\pi}{13} = -\frac{1}{6} - \frac{n^{\frac{1}{2}}}{6} + \frac{2n^{\frac{1}{2}}}{6}\left[\cos\omega + \cos(2\omega - \vartheta)\right]$$

$$2\cos\frac{8\pi}{13} = -\frac{1}{6} + \frac{n^{\frac{1}{2}}}{6} + \frac{2n^{\frac{1}{2}}}{6}\left[\cos\left(\omega - \frac{\pi}{3}\right) + \cos\left(2\omega - \frac{2\pi}{3} - \vartheta\right)\right]$$

$$2\cos\frac{10\pi}{13} = -\frac{1}{6} - \frac{n^{\frac{1}{2}}}{6} + \frac{2n^{\frac{1}{2}}}{6}\left[\cos\left(\omega - \frac{2\pi}{3}\right) + \cos\left(2\omega - \frac{4\pi}{3} - \vartheta\right)\right]$$

$$2\cos\frac{6\pi}{13} = -\frac{1}{6} + \frac{n^{\frac{1}{2}}}{6} + \frac{2n^{\frac{1}{2}}}{6}\left[\cos(\omega - \pi) + \cos(2\omega - \vartheta)\right]$$

$$2\cos\frac{12\pi}{13} = -\frac{1}{6} - \frac{n^{\frac{1}{2}}}{6} + \frac{2n^{\frac{1}{2}}}{6}\left[\cos\left(\omega - \frac{4\pi}{3}\right) + \cos\left(2\omega - \frac{2\pi}{3} - \vartheta\right)\right].$$

Alle diese Wurzeln kann man auch durch eine einzige Formel ausdrücken. Dieselbe lautet:

$$2\cos\frac{2i\pi}{13} = -\frac{1}{6} - \frac{n^{\frac{1}{2}}\cos m\pi}{6} + \frac{2n^{\frac{1}{2}}}{6}\left[\cos\left(\omega - \frac{m\pi}{3}\right) + \cos\left(2\omega - \frac{2m\pi}{3} - \vartheta\right)\right].$$

Dabei giebt m die Stelle an, an welcher $2i$ in der Reihe 8, 10, 6, 12, 2, 4 steht.

In diesem Falle erhält man die allgemeine Lösung des Problems durch die einfache Dreiteilung eines geometrisch bestimmbaren Bogens ϑ', da $\omega = \frac{2\vartheta'}{3} + \frac{\pi}{3}$ und $\vartheta = \vartheta' + \frac{2\pi}{3}$ ist.

594.

Drittes Beispiel. $n = 41,\ k = 20.$

In diesem Falle lautet die Gleichung 20sten Grades in p, welche aufzulösen ist, folgendermafsen:

$$0=\left\{\begin{array}{l} p^{20}-19p^{18}+\frac{18\cdot 17}{1\cdot 2}p^{16}-\cdots \\ +p^{19}-18p^{17}+\frac{17\cdot 16}{1\cdot 2}p^{15}-\cdots, \end{array}\right.$$

und die Werte der Wurzeln p, p', p'', $\ldots p^{\mathrm{XIX}}$ sind dieselben, wie die, welche oben durch t, t', t'', $\ldots$ t^{XIX} (No. 539) bezeichnet wurden, unter der Voraussetzung jedoch, dafs wiederum $g=13$ als primitive Wurzel von 41 genommen werde.

Die Werte dieser Wurzeln, ausgedrückt als Funktionen von r, wo r eine der imaginären Wurzeln der Gleichung $r^{41}-1=0$ bedeutet, sind folgende:

$$\begin{array}{llll} p &= r^{1}+r^{-1}, & p^{\mathrm{X}} &= r^{9}+r^{-9} \\ p' &= r^{13}+r^{-13}, & p^{\mathrm{XI}} &= r^{6}+r^{-6} \\ p'' &= r^{5}+r^{-5}, & p^{\mathrm{XII}} &= r^{4}+r^{-4} \\ p''' &= r^{17}+r^{-17}, & p^{\mathrm{XIII}} &= r^{11}+r^{-11} \\ p^{\mathrm{IV}} &= r^{16}+r^{-16}, & p^{\mathrm{XIV}} &= r^{20}+r^{-20} \\ p^{\mathrm{V}} &= r^{3}+r^{-3}, & p^{\mathrm{XV}} &= r^{14}+r^{-14} \\ p^{\mathrm{VI}} &= r^{2}+r^{-2}, & p^{\mathrm{XVI}} &= r^{18}+r^{-18} \\ p^{\mathrm{VII}} &= r^{15}+r^{-15}, & p^{\mathrm{XVII}} &= r^{12}+r^{-12} \\ p^{\mathrm{VIII}} &= r^{10}+r^{-10}, & p^{\mathrm{XVIII}} &= r^{8}+r^{-8} \\ p^{\mathrm{IX}} &= r^{7}+r^{-7}, & p^{\mathrm{XIX}} &= r^{19}+r^{-19}. \end{array}$$

Ordnet man eben diese Wurzeln nach der natürlichen Aufeinanderfolge der Exponenten von r, so ergiebt sich folgende Tabelle:

$$\begin{array}{llll} p &= r^{1}+r^{-1}, & p^{\mathrm{XIII}} &= r^{11}+r^{-11} \\ p^{\mathrm{VI}} &= r^{2}+r^{-2}, & p^{\mathrm{XVII}} &= r^{12}+r^{-12} \\ p^{\mathrm{V}} &= r^{3}+r^{-3}, & p' &= r^{13}+r^{-13} \\ p^{\mathrm{XII}} &= r^{4}+r^{-4}, & p^{\mathrm{XV}} &= r^{14}+r^{-14} \\ p'' &= r^{5}+r^{-5}, & p^{\mathrm{VII}} &= r^{15}+r^{-15} \\ p^{\mathrm{XI}} &= r^{6}+r^{-6}, & p^{\mathrm{IV}} &= r^{16}+r^{-16} \\ p^{\mathrm{IX}} &= r^{7}+r^{-7}, & p''' &= r^{17}+r^{-17} \\ p^{\mathrm{XVIII}} &= r^{8}+r^{-8}, & p^{\mathrm{XVI}} &= r^{18}+r^{-18} \\ p^{\mathrm{X}} &= r^{9}+r^{-9}, & p^{\mathrm{XIX}} &= r^{19}+r^{-19} \\ p^{\mathrm{VIII}} &= r^{10}+r^{-10}, & p^{\mathrm{XIV}} &= r^{20}+r^{-20}. \end{array}$$

595.

Es sei R eine imaginäre Wurzel der Gleichung $R^{20}-1=0$, welche derartig gewählt sein soll, dafs sie mittelst ihrer aufeinanderfolgenden Potenzen sämtliche Wurzeln der Gleichung $R^{20}-1=0$ liefert. Diese Bedingung ist erfüllt, wenn man in dem Werte

$$R=\cos\mu+\sqrt{-1}\sin\mu$$

$\mu=\frac{2\pi}{20}$ setzt; sie ist ebenfalls erfüllt, wenn man $\mu=\frac{2i\pi}{20}$ annimmt, wobei i eine der acht Zahlen 1, 3, 7, 9, 11, 13, 17, 19, welche kleiner als 20 und prim zu 20 sind, bedeutet.

Dieses vorausgeschickt, setzen wir wie gewöhnlich:

$$T=p+p'R+p''R^2+p'''R^3+\cdots+p^{\text{XIX}}R^{19},$$

und bezeichnen mit T', T'', T''', ... T^{XVIII} die analogen Polynome, welche dadurch gebildet werden, dafs man in T der Reihe nach R^2, R^3, R^4, ... R^{19} an die Stelle von R setzt. Es handelt sich hiernach darum, die Gröfse A, welche eine Funktion von R allein ist, zu finden, die der Gleichung $T^2=AT'$ genügt.

Zu diesem Zwecke kann man T^2 auf die Form bringen, welche sich aus dem entwickelten Werte von T ergiebt, nämlich:

$$\begin{aligned}T^2 = \quad & a+a'R^2+a''R^4+a'''R^6+\cdots+a^{\text{IX}}R^{18}\\ & +bR+b'R^3+b''R^5+b'''R^7+\cdots+b^{\text{IX}}R^{19}.\end{aligned}$$

Alsdann ist:

$$\begin{aligned}a&=p^2+p^{\text{X}2}+2p'p^{\text{XIX}}+2p''p^{\text{XVIII}}+2p'''p^{\text{XVII}}+\cdots+2p^{\text{IX}}p^{\text{XI}}\\ b&=2pp'+2p''p^{\text{XIX}}+2p'''p^{\text{XVIII}}+2p^{\text{IV}}p^{\text{XVII}}+\cdots+2p^{\text{X}}p^{\text{XI}}.\end{aligned}$$

Diese Werte dienen zugleich dazu, um den Ausdruck der andern Koefficienten a', a'', ..., b', b'', ... zu finden, indem man bei dem Übergange von a zu a', von a' zu a'', u. s. w. die Buchstaben p um eine Stelle vorrücken läfst. Jedoch braucht man diese Operation nur an den auf die lineare Form reducierten Werten von a und b vorzunehmen. Diese Werte sind mit Berücksichtigung der Werte, welche die verschiedenen Produkte von je zwei Buchstaben p unter Voraussetzung der primitiven Wurzel $g=13$ besitzen (Artikel 537), die folgenden:

$$\begin{aligned}a=&-2p-2p''-2p'''-4p^{\text{IV}}-2p^{\text{V}}-p^{\text{VI}}-2p^{\text{VII}}-4p^{\text{VIII}}-2p^{\text{IX}}\\ &-2p^{\text{X}}-2p^{\text{XII}}-2p^{\text{XIII}}-4p^{\text{XIV}}-2p^{\text{XV}}-p^{\text{XVI}}-2p^{\text{XVII}}-4p^{\text{XVIII}}\\ &-2p^{\text{XIX}}\\ b=\quad&2p+2p'+2p''+2p'''+4p^{\text{IV}}+4p^{\text{V}}+4p^{\text{VII}}+2p^{\text{X}}+2p^{\text{XI}}\\ &+2p^{\text{XII}}+2p^{\text{XIII}}+4p^{\text{XIV}}+4p^{\text{XV}}+4p^{\text{XVII}}.\end{aligned}$$

Mit Hülfe dieser Werte findet man unmittelbar den Koefficienten von p in jedem der Glieder des Polynoms

$$a + a'R^2 + a''R^4 + \cdots + a^{\text{IX}}R^{18}.$$

Die Summe derselben ist:

$$-2 - 2R^2 - 4R^4 - 2R^6 - R^8 - 2R^{10} - 4R^{12} - 2R^{14} - 2R^{16}.$$

Nimmt man ebenso den Koefficienten von p in jedem der Glieder des Polynoms

$$bR + b'R^3 + b''R^5 + \cdots + b^{\text{IX}}R^{19},$$

so ist die Summe dieser Koefficienten:

$$2R + 4R^7 + 4R^{11} + 4R^{13} + 2R^{15} + 2R^{17} + 2R^{19}.$$

Vereinigt man diese beiden Summen, so erhält man den vollständigen Wert von A, nämlich:

$$(2)\quad A = \begin{cases} -2 \quad -2R^2 - 4R^4 - 2R^6 - R^8 - 2R^{10} - 4R^{12} - 2R^{14} - 2R^{16} \\ +2R + 4R^7 + 4R^{11} + 4R^{13} + 2R^{15} + 2R^{17} + 2R^{19}. \end{cases}$$

596.

Diesen Wert hätte man einfacher auf dem in Artikel 589 angegebenen Wege finden können. Diese zweite Rechnung, welche zur Bestätigung der ersten dienen möge, ist folgende:

Betrachten wir zunächst in T^2 den Teil, welcher die mit den Quadraten der Wurzeln $p, p', p'', \ldots$ multiplicierten Glieder umfafst, so ist dieser Teil:

$$p^2 + p'^2R^2 + p''^2R^4 + p'''^2R^6 + \cdots + p^{\text{XIX}2}R^{38}.$$

Setzt man hierin die Werte $p^2 = 2 + p^{\text{VI}}$, $p'^2 = 2 + p^{\text{VII}}, \ldots$ ein, so giebt das konstante Glied 2, für welches

$$-2p - 2p' - 2p'' - \cdots - 2p^{\text{XIX}}$$

zu setzen ist, in dem Werte von A einen Koefficienten von p, welcher gleich der Reihe ist:

$$-2(1 + R^2 + R^4 + R^6 + \cdots + R^{38}).$$

Dieser Wert reduciert sich auf Null nicht allein für A, sondern auch für alle daraus abgeleiteten Gröfsen $A', A'', A''', \ldots A^{\text{XVIII}}$ mit alleiniger Ausnahme von A^{IX}, welches aus A entsteht, indem man R^{10} an die Stelle von R setzt. In diesem Falle wird die vorstehende Reihe, anstatt sich auf Null zu reducieren, gleich -40 d. h. allgemein gleich $-n+1$.

Um daher ein vollkommen allgemeines Resultat zu erhalten, müssen wir die vorstehende Reihe beibehalten. Wir können darin nur $R^{10} = 1$ setzen, wodurch sich dieselbe auf

$$-4(1+R^2+R^4+R^6+\cdots+R^{18})$$

reduciert. Aufserdem kommt das Glied $p^{\mathrm{XIV}2}R^{28}$ vor, und, da hierin $p^{\mathrm{XIV}2}=2+p$ ist, so ergiebt dasselbe für A den Koefficienten R^{28} oder R^8.

Wir haben daher nur noch diejenigen Glieder von T^2 in Betracht zu ziehen, welche von der Form $2p^{(\mu)}p^{(\nu)}R^{\mu+\nu}$ sind. Unter diesen Gliedern sind aber der Tabelle (1) zufolge die nachstehenden die einzigen, welche, auf die lineare Form gebracht, p enthalten:

$$\begin{aligned}&2pp^{\mathrm{VI}}R^6 + 2p^{\mathrm{VI}}p^{\mathrm{V}}R^{11} + 2p^{\mathrm{V}}p^{\mathrm{XII}}R^{17} + 2p^{\mathrm{XII}}p''R^{14}\\ &+2p''p^{\mathrm{XI}}R^{13} + 2p^{\mathrm{XI}}p^{\mathrm{IX}}R^{20} + 2p^{\mathrm{IX}}p^{\mathrm{XVIII}}R^{27} + 2p^{\mathrm{XVIII}}p^{\mathrm{X}}R^{28}\\ &+2p^{\mathrm{X}}p^{\mathrm{VIII}}R^{18} + 2p^{\mathrm{VIII}}p^{\mathrm{XIII}}R^{21} + 2p^{\mathrm{XIII}}p^{\mathrm{XVII}}R^{30} + 2p^{\mathrm{XVII}}p'R^{18}\\ &+2p'p^{\mathrm{XV}}R^{16} + 2p^{\mathrm{XV}}p^{\mathrm{VII}}R^{22} + 2p^{\mathrm{VII}}p^{\mathrm{IV}}R^{11} + 2p^{\mathrm{IV}}p'''R^7\\ &+2p'''p^{\mathrm{XVI}}R^{19} + 2p^{\mathrm{XVI}}p^{\mathrm{XIX}}R^{35} + 2p^{\mathrm{XIX}}p^{\mathrm{XIV}}R^{33}.\end{aligned}$$

Der hieraus sich ergebende Teil von A ist somit:

$$\begin{aligned}&2R^6+2R^{11}+2R^{17}+2R^{14}+2R^{13}+2R^{20}+2R^{27}+2R^{28}\\ &+2R^{18}+2R^{21}+2R^{30}+2R^{18}+2R^{16}+2R^{22}+2R^{11}+2R^7\\ &+2R^{19}+2R^{35}+2R^{33},\end{aligned}$$

oder wenn man die Exponenten mit Hülfe der Gleichung $R^{20}=1$ reduciert:

$$\begin{aligned}&2+2R+2R^2+2R^6+4R^7+2R^8+2R^{10}+4R^{11}\\ &\quad+4R^{13}+2R^{14}+2R^{15}+2R^{16}+2R^{17}+4R^{18}+2R^{19}.\end{aligned}$$

Auch diesen Wert kann man noch mit Hülfe der Gleichung

$$0=1+R+R^2+R^3+\cdots+R^{\mathrm{XIX}}$$

vereinfachen, und zwar erhält man:

$$-2R^3-2R^4-2R^5+2R^7-2R^9+2R^{11}-2R^{12}+2R^{13}+2R^{18}.$$

Addiert man jetzt die drei gefundenen Teile, so ergiebt sich:

$$\begin{aligned}A=&-4(1+R^2+R^4+R^6+R^8+R^{10}+R^{12}+R^{14}+R^{16}+R^{18})+R^8\\ &-2R^3-2R^4-2R^5+2R^7-2R^9+2R^{11}-2R^{12}+2R^{13}+2R^{18}.\end{aligned}$$

Verbindet man diesen Wert mit der Gleichung

$$0=1+R+R^2+R^3+\cdots+R^{19},$$

so findet man das bereits in Gleichung (2) angegebene Resultat.

597.

Nachdem wir nunmehr einen Wert von A kennen, aus welchem sich sämtliche Gröfsen $A', A'', \ldots A^{\mathrm{XVII}}$ ohne Ausnahme ableiten lassen, können wir das System der Gleichungen aufstellen, welches aus der Gleichung $T^2 = AT'$ entspringt. Dieses System ist folgendes:

$$\begin{array}{llllll}
T^2 & = AT', & T'^2 & = A'T''', & T''^2 & = A''T^{V}, \\
T'''^2 & = A'''T^{VII}, & T^{IV2} & = A^{IV}T^{IX}, & T^{V2} & = A^{V}T^{XI}, \\
T^{VI2} & = A^{VI}T^{XIII}, & T^{VII2} & = A^{VII}T^{XV}, & T^{VIII2} & = A^{VIII}T^{XVII}, \\
T^{IX2} & = A^{IX}T^{XIX}; & & & & \\
T^{X2} & = A^{X}T', & T^{XI2} & = A^{XI}T''', & T^{XII2} & = A^{XII}T^{V}, \\
T^{XIII2} & = A^{XIII}T^{VII}, & T^{XIV2} & = A^{XIV}T^{IX}, & T^{XV2} & = A^{XV}T^{XI}, \\
T^{XVI2} & = A^{XVI}T^{XIII}, & T^{XVII2} & = A^{XVII}T^{XV}, & T^{XVIII2} & = A^{XVIII}T^{XVII}.
\end{array} \tag{3}$$

Unter diesen Gleichungen bemerkt man die Gleichung:

$$T^{IX2} = A^{IX}T^{XIX},$$

in welcher T^{XIX} dasjenige bedeutet, was aus T wird, wenn man R^{20} oder 1 an die Stelle von R setzt. Es ist demnach $T^{XIX} = \Sigma p = -1$, und daher:

$$T^{IX2} = -A^{IX}.$$

Da aber T^{IX} aus T hervorgeht, wenn man darin R^{20} oder -1 an die Stelle von R setzt, so hat man:

$$T^{IX} = p - p' + p'' - p''' + p^{IV} - p^{V} + \cdots + p^{XVIII} - p^{XIX},$$

und diese Reihe, welche sich auf die Primzahl $n = 41$ bezieht, ist nach der Formel des Artikel 509 gleich $\pm\sqrt{n}$. Wenn also die Gleichung $T^{IX2} = -A^{IX}$ bestehen soll, so mufs $A^{IX} = -n = -41$ sein. Dies ist in der That der Wert, welchen man aus der Formel (2) erhält, wenn man R^{10} oder -1 für R setzt. Mithin ist die in Rede stehende Gleichung bewiesen für den Fall $n = 41$ oder $m = 10$. Indessen findet eine analoge Formel für jeden Wert der Primzahl $n = 4m + 1$ statt. Diese Gleichung ist

$$T^{(m-1)2} = A^{(m-1)}T^{(2m-1)},$$

wobei (wie durch die Parenthesen angedeutet) $m - 1$ und $2m - 1$ Indices aber keine Exponenten sind. In der That stellt $T^{(m-1)}$ die Reihe dar:

$$p - p' + p'' - p''' + \cdots + p^{(2m-2)} - p^{(2m-1)},$$

deren Wert dem angeführten Artikel zufolge gleich $\pm\sqrt{n}$ ist, und da $T^{(2m-1)}$ oder $T^{(k-1)}$ der Wert von T ist, wenn man darin R^k oder 1 an die Stelle von 1 setzt, so hat man:

$$T^{(2m-1)} = p + p' + p'' + \cdots + p^{(2m-1)} = -1.$$

Mithin mufs allgemein sein:

$$A^{(m-1)} = -n,$$

eine Gleichung, die wir soeben in dem Falle $n = 41$ bewiesen haben und die in gleicher Weise bei dem Falle $n = 13$ sich ergeben hatte.

Nachdem so der Fall von A^{IX} erledigt ist, können wir die Gleichung (2) vereinfachen, indem wir die Gleichung

$$0 = 1 + R^2 + R^4 + R^6 + \cdots + R^{18}$$

in Anwendung bringen. Dieselbe gilt für jeden Wert aus der Reihe $R, R^2, R^3, \ldots R^{19}$, das einzige Glied R^{10} ausgenommen, welches sich auf -1 reduciert und das in dem Falle von A^{IX}, mit dem wir uns nicht mehr zu beschäftigen haben, einzusetzen ist.

Mit dieser einzigen Ausnahme läfst sich die Formel (2) auf die Form bringen:

$$A = -2R^3 - 2R^4 - 2R^5 + 2R^7 + R^8 - 2R^9 + 2R^{11} - 2R^{12} + 2R^{13} + 2R^{18},$$

und aus dieser leiten wir sogleich die besonderen Werte A, A', A'', A''', A^{IV}, A^{V}, A^{VI}, A^{VII} und A^{VIII} her.

598.

Die Eigenschaften der Funktionen T und A sind zum gröfsten Teile in den Gleichungen (3) enthalten; indessen giebt es noch für jede dieser Funktionen zwei andere Reihen von Gleichungen. Die erste besteht in der Entwicklung der allgemeinen Gleichung

$$T^{(\alpha)} T^{(k-2-\alpha)} = n,$$

welche in unserm Falle die folgenden zehn Gleichungen umfafst:

$$(5)\quad \begin{aligned} n &= T T^{\mathrm{XVIII}} = T' T^{\mathrm{XVII}} = T'' T^{\mathrm{XVI}} = T''' T^{\mathrm{XV}} = T^{\mathrm{IV}} T^{\mathrm{XIV}} \\ &= T^{\mathrm{V}} T^{\mathrm{XIII}} = T^{\mathrm{VI}} T^{\mathrm{XII}} = T^{\mathrm{VII}} T^{\mathrm{XI}} = T^{\mathrm{VIII}} T^{\mathrm{X}} = T^{\mathrm{IX}2}. \end{aligned}$$

Es würde genügen, wenn wir nur eine von diesen Gleichungen bewiesen, da man aus dieser leicht alle andern ableiten kann; indessen würde dieser Beweis dem bei mehreren andern Beispielen gegebenen vollständig analog sein, so dafs wir uns damit nicht aufzuhalten brauchen.

Multipliciert man jetzt die beiden, aus dem System (3) entnommenen Gleichungen

$$T^2 = A T', \quad T^{\mathrm{XVIII}2} = A^{\mathrm{XVIII}} T^{\mathrm{XVII}}$$

mit einander, so erhält man:

$$(T T^{\mathrm{XVIII}})^2 = (T' T^{\mathrm{XVII}})(A A^{\mathrm{XVIII}})$$

oder:

$$n^2 = nAA^{\mathrm{XVIII}}, \quad \text{also } n = AA^{\mathrm{XVIII}}.$$

In dieser Gleichung kann die Funktion A durch $\Phi(R)$ bezeichnet werden, alsdann wird A^{XVIII} durch $\Phi(R^{19})$ oder $\Phi\left(\frac{1}{R}\right)$ zu bezeichnen sein. Man hat daher: $\Phi(R)\Phi\left(\frac{1}{R}\right) = n$. Setzt man in dieser Gleichung $R^2, R^3, \ldots$ an die Stelle von R, so ergiebt sich $\Phi(R^2)\Phi\left(\frac{1}{R^2}\right) = n$, $\Phi(R^3)\Phi\left(\frac{1}{R^3}\right) = n$, u. s. w., oder $n = A'A^{\mathrm{XVII}}$, $n = A''A^{\mathrm{XVI}}$, u. s. w. Hieraus sieht man, dafs es für die Funktionen A eine Reihe von Gleichungen giebt, die ähnlich ist der für die Funktionen T geltenden Reihe (5), nämlich:

$$(6)\quad \begin{aligned} n &= AA^{\mathrm{XVIII}} = A'A^{\mathrm{XVII}} = A''A^{\mathrm{XVI}} = A'''A^{\mathrm{XV}} = A^{\mathrm{IV}}A^{\mathrm{XIV}} \\ &= A^{\mathrm{V}}A^{\mathrm{XIII}} = A^{\mathrm{VI}}A^{\mathrm{XII}} = A^{\mathrm{VII}}A^{\mathrm{XI}} = A^{\mathrm{VIII}}A^{\mathrm{X}}. \end{aligned}$$

Jedoch läfst sich diese Reihe von neun Gleichungen nicht um eine zehnte vermehren, wie dies bei der Reihe (5) stattfindet. Denn wir haben gezeigt, dafs die Gleichung $A^{\mathrm{IX}2} = n$ unrichtig ist und durch die Gleichung $A^{\mathrm{IX}} = -n$ ersetzt werden mufs.

599.

Aus den beiden Reihen (5) und (6) schliefsen wir, dafs $n^{\frac{1}{2}}$ der reelle Modul der imaginären Gröfsen T und A ist, so dafs wir

$$T = n^{\frac{1}{2}}(\cos\omega + \sqrt{-1}\sin\omega), \quad A = n^{\frac{1}{2}}(\cos\vartheta + \sqrt{-1}\sin\vartheta)$$

$$T' = n^{\frac{1}{2}}(\cos\omega' + \sqrt{-1}\sin\omega'), \quad A' = n^{\frac{1}{2}}(\cos\vartheta' + \sqrt{-1}\sin\vartheta'),$$

und allgemein:

$$T^{(m)} = n^{\frac{1}{2}}(\cos\omega^{(m)} + \sqrt{-1}\sin\omega^{(m)})$$

$$A^{(m)} = n^{\frac{1}{2}}(\cos\vartheta^{(m)} + \sqrt{-1}\sin\vartheta^{(m)})$$

setzen können. Ferner sieht man, dafs die inversen Funktionen von $T^{(m)}$ und $A^{(m)}$, nämlich $T^{(k-2-m)}$ und $A^{(k-2-m)}$ einfach dadurch ausgedrückt werden können, dafs man das Vorzeichen von $\sqrt{-1}$ in den Werten von $T^{(m)}$ und $A^{(m)}$ ändert, also:

$$T^{(k-2-m)} = n^{\frac{1}{2}}(\cos\omega^{(m)} - \sqrt{-1}\sin\omega^{(m)})$$

$$A^{(k-2-m)} = n^{\frac{1}{2}}(\cos\vartheta^{(m)} - \sqrt{-1}\sin\vartheta^{(m)}).$$

Vereinigt man daher die Summe der Funktionen

$$T + T' + T'' + \cdots + T^{\mathrm{VIII}}$$

mit der Summe der inversen Funktionen

$$T^{\mathrm{XVIII}} + T^{\mathrm{XVII}} + T^{\mathrm{XVI}} + \cdots + T^{\mathrm{X}},$$

so wird die Gesamtsumme gleich

$$2n^{\frac{1}{2}}(\cos\omega + \cos\omega' + \cos\omega'' + \cdots + \cos\omega^{\mathrm{VIII}}).$$

Addiert man sodann zu dieser Summe die Funktion $T^{\mathrm{IX}} = \pm\sqrt{n}$ und die Funktion T^{XIX}, welche nichts anderes ist als

$$p + p' + p'' + \cdots + p^{\mathrm{XIX}} = -1,$$

so erhält man die Gleichung:

$$(7)\quad 20p = -1 \pm n^{\frac{1}{2}} + 2n^{\frac{1}{2}}(\cos\omega + \cos\omega' + \cos\omega'' + \cdots + \cos\omega^{\mathrm{VIII}}).$$

Aus dieser kann man alle Wurzeln der Gleichung in p und somit alle Wurzeln der gegebenen Gleichung $X = 0$ ableiten. Denn da jede Wurzel $p = 2\cos\frac{2i\pi}{n}$ ist, so erhält man daraus zwei Wurzeln der Gleichung $X = 0$, nämlich: $x = \cos\frac{2i\pi}{n} \pm \sqrt{-1}\sin\frac{2i\pi}{n}$.

Es reduciert sich demnach alles darauf, die Werte der Winkel $\omega, \omega', \omega'' \ldots \omega^{\mathrm{VIII}}$ zu finden. Dazu müssen wir aber zuerst die ϑ, $\vartheta', \vartheta'', \ldots \vartheta^{\mathrm{VIII}}$, welche zur Bestimmung der Gröfsen $A, A', A'', \ldots A^{\mathrm{VIII}}$ dienen, kennen.

600.

Um die Formel (4) auf jedes Glied $A^{(m)}$ der Reihe $A, A', A'', \ldots A^{\mathrm{VIII}}$ anwendbar zu machen, müssen wir R^{1+m} für R substituieren; dadurch erhalten wir allgemein:

$$A^{(m)} = -2R^{3+3m} - 2R^{4+4m} - 2R^{5+5m} + 2R^{7+7m} + R^{8+8m}$$
$$- 2R^{9+9m} + 2R^{11+11m} - 2R^{12+12m} + 2R^{13+13m} + 2R^{18+18m}.$$

Setzt man sodann:

$$R = \cos\mu + \sqrt{-1}\sin\mu$$

und

$$A^{(m)} = n^{\frac{1}{2}}(\cos\vartheta^{(m)} + \sqrt{-1}\sin\vartheta^{(m)}),$$

so ergeben sich zur Bestimmung von $\vartheta^{(m)}$ die beiden Gleichungen:

$$\begin{aligned}n^{\frac{1}{2}}\cos\vartheta^{(m)} = & -2\cos(3+3m)\mu-2\cos(4+4m)\mu-2\cos(5+5m)\mu\\ & +2\cos(7+7m)\mu+\cos(8+8m)\mu-2\cos(9+9m)\mu\\ & +2\cos(11+11m)\mu-2\cos(12+12m)\mu+2\cos(13+13m)\mu\\ & +2\cos(18+18m)\mu,\end{aligned}$$

$$\begin{aligned}n^{\frac{1}{2}}\sin\vartheta^{(m)} = & -2\sin(3+3m)\mu-2\sin(4+4m)\mu-2\sin(5+5m)\mu\\ & +2\sin(7+7m)\mu+\sin(8+8m)\mu-2\sin(9+9m)\mu\\ & +2\sin(11+11m)\mu-2\sin(12+12m)\mu+2\sin(13+13m)\mu\\ & +2\sin(18+18m)\mu.\end{aligned}$$

Vereinfacht man diese beiden Gleichungen mit Hülfe des Wertes $\omega=\frac{2\pi}{20}$, welcher für eine beliebige ganze Zahl a

$$\cos(20a\mu\pm b\mu)=\cos b\mu$$
$$\sin(20a\mu\pm b\mu)=\pm\sin b\mu$$

giebt, so erhält man:

$$(8)\quad\begin{aligned}n^{\frac{1}{2}}\cos\vartheta^{(m)} = & \; 2\cos(2+2m)\mu-2\cos(3+3m)\mu-2\cos(4+4m)\mu\\ & +4\cos(7+7m)\mu-\cos(8+8m)\mu+2\sin\frac{m\pi}{2},\\ n^{\frac{1}{2}}\sin\vartheta^{(m)} = & -2\sin(2+2m)\mu-2\sin(3+3m)\mu-2\sin(4+4m)\mu\\ & +3\sin(8+8m)\mu-4\sin(9+9m)\mu-2\cos\frac{m\pi}{2}.\end{aligned}$$

Nachstehend geben wir die Resultate, welche diese Formeln liefern, wenn man sie auf die besonderen Werte $m=0, 1, 2, 3, \ldots$ anwendet. Dieselben sind auf die einfachste Form gebracht mit Hülfe der Gleichungen, welche aus dem Werte $10\mu=\pi$ entspringen, nämlich:

$\cos(10-b)\mu=-\cos b\mu;\quad \sin(10-b)\mu=\sin b\mu.$

$\sin\mu=\cos 4\mu,\quad \sin 2\mu=\cos 3\mu,\quad \sin 3\mu=\cos 2\mu,$

$\sin 4\mu=\cos\mu\;;\quad \cos 4\mu=-\frac{1}{2}+\cos 2\mu,\quad \sin 3\mu=\frac{1}{2}+\sin\mu.$

$$n^{\frac{1}{2}}\cos\vartheta=1+\cos 2\mu-6\cos 3\mu=-1{,}71769451937989$$
$$n^{\frac{1}{2}}\sin\vartheta=\sin 2\mu-6\sin 3\mu-2\sin 4\mu=-6{,}16842974654752$$
$$\vartheta=-105^0\,33'\,38'',4567363$$
$$n^{\frac{1}{2}}\cos\vartheta'=\frac{5}{2}+\cos 2\mu=3{,}30901699437495$$
$$n^{\frac{1}{2}}\sin\vartheta'=2\sin 2\mu-7\sin 4\mu=-5{,}48182510948113$$
$$\vartheta'=-58^0\,53'\,0'',18138297$$

$$n^{\frac{1}{2}}\cos\vartheta'' = \quad 6\cos\mu + 2\cos 2\mu - 3\cos 4\mu = \quad 6{,}39732210339598$$

$$n^{\frac{1}{2}}\sin\vartheta'' = -6\sin\mu + 2\sin 2\mu + \sin 4\mu \quad = \quad 0{,}27252505463042$$

$$\vartheta'' = 2^0\ 26'\ 21'',\ 5432637.$$

Diesem Werte zufolge hat man $\vartheta'' = \vartheta + 108^0 = \vartheta + 6\mu$, und in der That kann man mit Hülfe der bekannten Werte von $\sin\vartheta$, $\cos\vartheta$, $\sin\vartheta''$ und $\cos\vartheta''$ beweisen, dafs diese Gleichung in aller Strenge gilt.

$$n^{\frac{1}{2}}\cos\vartheta''' = -1 - 5\cos 2\mu \qquad = -5{,}045084971874735$$

$$n^{\frac{1}{2}}\sin\vartheta''' = -3\sin 2\mu + 6\sin 4\mu \qquad = \quad 3{,}942983340893505$$

$$\vartheta''' = 141^0\ 59'\ 26'',\ 2143000993$$

$$n^{\frac{1}{2}}\cos\vartheta^{IV} = -5$$

$$n^{\frac{1}{2}}\sin\vartheta^{IV} = -4$$

$$\vartheta^{IV} = -141^0\ 20'\ 24'',\ 6902852726$$

$$n^{\frac{1}{2}}\cos\vartheta^{V} = 3 - \cos 2\mu \qquad = \quad 2{,}190983005625053$$

$$n^{\frac{1}{2}}\sin\vartheta^{V} = 7\sin 2\mu + 2\sin 4\mu \qquad = \quad 6{,}016609798637619$$

$$\vartheta^{V} = 69^0\ 59'\ 26'',\ 2143000993 = \vartheta''' - 4\mu.$$

Die Gleichung $\vartheta^V = \vartheta''' - 4\mu$ läfst sich mittelst der Formeln, welche ϑ''' und ϑ^V liefern, in aller Strenge beweisen.

$$n^{\frac{1}{2}}\cos\vartheta^{VI} = \quad \frac{3}{2} - 6\cos\mu - \cos 2\mu \qquad = -5{,}015356092145871$$

$$n^{\frac{1}{2}}\sin\vartheta^{VI} = -6\sin\mu - 2\sin 2\mu - \sin 4\mu \quad = -3{,}980728987129782$$

$$\vartheta^{VI} = -141^0\ 33'\ 38'',\ 4567363 = \vartheta - 2\mu$$

$$n^{\frac{1}{2}}\cos\vartheta^{VII} = -\frac{7}{2} + 5\cos 2\mu \qquad = \quad 0{,}545084971874735$$

$$n^{\frac{1}{2}}\sin\vartheta^{VII} = \quad 6\sin 2\mu + 3\sin 4\mu \qquad = \quad 6{,}379881062640300$$

$$\vartheta^{VII} = 85^0\ 6'\ 59'',\ 81861703 = \vartheta' + 8\mu$$

$$n^{\frac{1}{2}}\cos\vartheta^{VIII} = \quad 1 + \cos 2\mu + 6\cos 3\mu \qquad = -5{,}335728508129785$$

$$n^{\frac{1}{2}}\sin\vartheta^{VIII} = -\sin 2\mu - 6\sin 3\mu + 2\sin 4\mu = -3{,}539774185951847$$

$$\vartheta^{VIII} = -33^0\ 33'\ 38''\ 4567363 = \vartheta + 4\mu.$$

Stellt man alle diese Resultate zusammen, so erhält man nachstehendes System der Werte von ϑ, aus welchem ersichtlich ist, daſs vier dieser Gröſsen, nämlich ϑ, ϑ', ϑ''', ϑ^{IV}, zur Bestimmung der fünf anderen genügen:

$$
(9)\quad
\begin{aligned}
\vartheta &= -105^0\,33'\,38'',4567363 \\
\vartheta' &= -58^0\,53'\,0'',18138297 \\
\vartheta'' &= 2^0\,26'\,21'',5432637 &&= \vartheta + 108^0 \\
\vartheta''' &= 141^0\,59'\,26'',2143000993 \\
\vartheta^{IV} &= -141^0\,20'\,24'',6902852726 \\
\vartheta^{V} &= 69^0\,59'\,26'',2143000993 &&= \vartheta''' - 72^0 \\
\vartheta^{VI} &= -141^0\,33'\,38'',4567363 &&= \vartheta - 36^0 \\
\vartheta^{VII} &= 85^0\,6'\,59'',81861703 &&= \vartheta' + 144^0 \\
\vartheta^{VIII} &= -33^0\,33'\,38'',4567363 &&= \vartheta + 72^0.
\end{aligned}
$$

601.

Wir gehen jetzt über zur Berechnung der Winkel ω. Nach den Gleichungen (3) hat man:

$$
T' = \frac{T^2}{A}\quad,\qquad T''' = \frac{T'^2}{A'} = \frac{T^4}{A^2A'},
$$

$$
T^{VII} = \frac{T'''^2}{A'''} = \frac{T^8}{A^4A'^2A'''},\qquad T^{XV} = \frac{T^{VII^2}}{A^{VII}} = \frac{T^{16}}{A^8A'^4A'''^2A^{VII}}.
$$

Multipliciert man den Wert von T^{XV} mit dem von T''' und beachtet man, daſs nach den Gleichungen (5) $T^{XV}T''' = n$ ist, so giebt das Produkt:

$$T^{20} = nA^{10}A'^5A'''^2A^{VII}.$$

Substituiert man in dieser Gleichung die Werte von A, A', A''', A^{VII}, ausgedrückt als Funktionen von ϑ, ϑ', ϑ''', ϑ^{VII}, und setzt man in gleicher Weise für T seinen Wert als Funktion von ω ein, so erhält man:

$$20\omega = 10\vartheta + 5\vartheta' + 2\vartheta''' + \vartheta^{VII}$$

und somit:

$$
(10)\qquad \omega = \frac{10\vartheta + 6\vartheta' + 2\vartheta''' + 144^0}{20} = \frac{5\vartheta + 3\vartheta' + \vartheta''' + 72^0}{10}.
$$

Setzt man endlich in diese Formel die angenäherten Werte der Winkel ϑ ein, so ergiebt sich der Näherungswert:

$$\omega = -49^0\,2'\,46'',661353031.$$

Diesen Wert haben wir bei der Bestimmung der andern Winkel ω

zu Grunde zu legen, um in der allgemeinen Auflösungsformel jegliche Art von Mehrdeutigkeit zu vermeiden.

Ist ω bekannt, so erhält man die genauen sowie angenäherten Werte der Winkel ω', ω''', ω^{VII}, nämlich:

$$\omega' = 2\omega - \vartheta = 7^0\,28'\;5'',134030238$$
$$\omega''' = 4\omega - 2\vartheta - \vartheta' = 73^0\,49'\,10'',449443446$$
$$\omega^{\mathrm{VII}} = 8\omega - 4\vartheta - 2\vartheta' - \vartheta''' = 5^0\,38'\,54'',684586793.$$

Diese ersten Werte liefern den Wert der Funktionen T, T', T''', T^{VII} und der zu diesen inversen Funktionen T^{XVIII}, T^{XVII}, T^{XV}, T^{XI}.

602.

Um weiter fortzufahren, mufs man zunächst den Wert von T'' mittelst der beiden Gleichungen

$$T''^2 = A''T^{\mathrm{V}}, \qquad T^{\mathrm{V}2} = A^{\mathrm{V}}T^{\mathrm{XI}}$$

suchen. Man erhält aus diesen:

$$T''^4 = A''^2 A^{\mathrm{V}}\, T^{\mathrm{XI}} = \frac{n A''^2 A^{\mathrm{V}}}{T^{\mathrm{VII}}}$$

und somit:

$$4\omega'' = 2\vartheta'' + \vartheta^{\mathrm{V}} - \omega^{\mathrm{VII}}.$$

Da aber die rechte Seite dieser Gleichung nach Belieben um 2π, 4π und 6π vermehrt werden kann, so erhält man vier Werte von ω'', nämlich:

$$\omega'' = \frac{2\vartheta'' + \vartheta^{\mathrm{V}} - \omega^{\mathrm{VII}}}{4} \qquad \omega'' = \frac{2\vartheta'' + \vartheta^{\mathrm{V}} - \omega^{\mathrm{VII}}}{4} + \frac{1}{2}\pi$$

$$\omega'' = \frac{2\vartheta'' + \vartheta^{\mathrm{V}} - \omega^{\mathrm{VII}}}{4} + \pi, \quad \omega'' = \frac{2\vartheta'' + \vartheta^{\mathrm{V}} - \omega^{\mathrm{VII}}}{4} + \frac{3}{2}\pi,$$

und von diesen hat man denjenigen auszuwählen, welcher dem für ω genommenen Werte entsprechen soll.

Um diese Wahl zu treffen, müssen wir zu dem schon mehrfach angewandten Hülfsmittel unsre Zuflucht nehmen; dasselbe besteht darin, dafs man T'' aus dem Produkte TT' mittelst der Gleichung $TT' = MT''$ herleitet, in welcher M eine zu bestimmende Funktion von R allein ist. Ich bemerke zunächst, dafs diese Gröfse M, insofern sie aus der Gleichung $M = \frac{TT'}{T''}$ entspringt, ausgedrückt wird durch:

$$M = n^{\frac{1}{2}}\,[\cos(\omega + \omega' - \omega'') + \sqrt{-1}\,\sin(\omega + \omega' - \omega'')],$$

also dargestellt wird durch einen Ausdruck, der eine ähnliche Form besitzt wie die Gröfsen T, A, T', A', ... Wenn man also direkt

$$M = n^{\frac{1}{2}}(\cos\Theta + \sqrt{-1}\sin\Theta)$$

findet, so hat man $\omega + \omega' - \omega'' = \Theta$, und somit:

$$\omega'' = \omega + \omega' - \Theta = 3\omega - \vartheta - \Theta.$$

Vergleicht man sodann diesen Wert mit den vier bereits gefundenen, so sieht man, welcher von diesen vier Werten genommen werden mufs.

Es reduciert sich somit alles darauf, den Wert von M mit Hülfe der Gleichung $TT' = MT''$ zu bestimmen. Wie man sieht, ist M gleich dem Koefficienten von p in dem entwickelten und auf die lineare Form gebrachten Produkt der Polynome:

$$T = p + p'R + p''R^2 + p'''R^3 + \cdots + p^{\text{XIX}}R^{19}$$
$$T' = p + p'R^2 + p''R^4 + p'''R^6 + \cdots + p^{\text{XIX}}R^{38}.$$

Wir betrachten zuerst den Teil:

$$p^2 + p'^2R^3 + p''^2R^6 + p'''^2R^9 + \cdots + p^{\text{XIX}2}R^{57},$$

in welchem man die Werte der Quadrate $p^2 = 2 + p^{\text{VI}}$, $p'^2 = 2 + p^{\text{VII}}$, u. s. w. zu substituieren hat. Da das allen diesen Quadraten gemeinsame konstante Glied 2 dasselbe ist, wie $-2p - 2p' - \cdots$, so ist der daraus entstehende Koefficient von p, welcher einen Teil von M bildet, der folgende:

$$-2(1 + R^3 + R^6 + R^9 + \cdots + R^{57}).$$

Multipliciert man diese Gröfse mit $1 - R^3$, welches nicht Null ist (auch dann nicht, wenn man für R ein beliebiges Glied der Reihe R^2, R^3, R^4 ... R^{19} setzt), so erhält man als Produkt $-2(1 - R^{60})$ und dieses ist Null. Es kann daher dieser Teil in dem Werte von M vollständig weggelassen werden.

Man braucht daher bei diesem ersten Teile des Produktes TT' nur das eine Glied $p^{\text{XIV}2}R^{42} = (2 + p)R^{42}$ zu berücksichtigen, und dieses giebt für M das Glied R^{42} oder R^2.

Sind p^{μ} und p^{ν} zwei aufeinanderfolgende Glieder des Systemes (1), so giebt es in dem Produkte TT' zwei Glieder

$$p^{\mu}p^{\nu}(R^{2\mu+\nu} + R^{\mu+2\nu}),$$

welche wegen des in $p^{\mu}p^{\nu}$ enthaltenen Teiles p für M die beiden Glieder $R^{2\mu+\nu} + R^{\mu+2\nu}$ geben. Das Ergebnis aller dieser in ähnlicher Weise mit Hülfe des Systemes (1) gebildeten Glieder ist folgendes:

$$\begin{array}{llllll}
pp^{\mathrm{VI}} & \cdots R^6+R^{12}, & p^{\mathrm{XVIII}}p^{\mathrm{X}} & \cdots R^{38}+R^{46}, & p^{\mathrm{VII}}p^{\mathrm{IV}} & \cdots R^{19}+R^{15} \\
p^{\mathrm{VI}}p^{\mathrm{V}} & \cdots R^{16}+R^{17}, & p^{\mathrm{X}}p^{\mathrm{VIII}} & \cdots R^{26}+R^{28}, & p^{\mathrm{IV}}p''' & \cdots R^{11}+R^{10} \\
p^{\mathrm{V}}p^{\mathrm{XII}} & \cdots R^{22}+R^{29}, & p^{\mathrm{VIII}}p^{\mathrm{XIII}} & \cdots R^{29}+R^{34}, & p'''p^{\mathrm{XVI}} & \cdots R^{22}+R^{35} \\
p^{\mathrm{XII}}p'' & \cdots R^{16}+R^{26}, & p^{\mathrm{XIII}}p^{\mathrm{XVII}} & \cdots R^{43}+R^{47}, & p^{\mathrm{XVI}}p^{\mathrm{XIX}} & \cdots R^{51}+R^{54} \\
p''p^{\mathrm{XI}} & \cdots R^{15}+R^{24}, & p^{\mathrm{XVII}}p' & \cdots R^{35}+R^{19}, & p^{\mathrm{XIX}}p^{\mathrm{XIV}} & \cdots R^{47}+R^{52}. \\
p^{\mathrm{XI}}p^{\mathrm{IX}} & \cdots R^{29}+R^{31}, & p'p^{\mathrm{XV}} & \cdots R^{17}+R^{31}, & & \\
p^{\mathrm{IX}}p^{\mathrm{XVIII}} & \cdots R^{36}+R^{45}, & p^{\mathrm{XV}}p^{\mathrm{VII}} & \cdots R^{37}+R^{29}, & &
\end{array}$$

Addiert man alle diese Potenzen von R zu dem bereits gefundenen Gliede R^2, und vereinfacht man die Exponenten mit Hülfe der Gleichung $R^{20}=1$, so ergiebt sich:

$$\begin{aligned}
M = {} & 3R^2 + R^3 + R^4 + R^5 + 4R^6 + 2R^7 + R^8 \\
(11) \qquad & + 4R^9 + R^{10} + 4R^{11} + 2R^{12} + 2R^{14} + 4R^{15} + 3R^{16} \\
& + 3R^{17} + 2R^{18} + R^{19}.
\end{aligned}$$

Wird diese Gröfse mittelst der Gleichungen

$$R^{10} = -1, \qquad 1 - R^2 + R^4 - R^6 + R^8 = 0$$

noch weiter reduciert, so erhält man schliefslich:

$$(12) \qquad M = -5R + 2R^3 - 4R^5 + 2R^9.$$

603.

Substituiert man in diese Formel die Werte:

$$R = \cos\mu + \sqrt{-1}\sin\mu, \qquad M = n^{\frac{1}{2}}(\cos\Theta + \sqrt{-1}\sin\Theta),$$

so ergeben sich zur Bestimmung von Θ die beiden Gleichungen:

$$\begin{aligned}
n^{\frac{1}{2}}\cos\Theta &= -7\cos\mu + 2\cos 3\mu = -5{,}481825109481 \\
n^{\frac{1}{2}}\sin\Theta &= -3 \qquad - \sin\mu \qquad = -3{,}309016994375,
\end{aligned}$$

und aus diesen folgt:

$$\Theta = -148^0\, 53'\, 0'',18138297 = \vartheta' - \frac{1}{2}\pi.$$

Man braucht übrigens nur die Formeln, welche Θ und ϑ' liefern, zu vergleichen, um sich zu überzeugen, dafs die Gleichung

$$\Theta = \vartheta' - \frac{1}{2}\pi$$

nicht nur näherungsweise gilt, sondern in aller Strenge richtig ist.

Kennt man Θ, so giebt die Gleichung $\omega'' = 3\omega - \vartheta - \Theta$:

$$\omega'' = 107^0\, 18'\, 18'',654060177.$$

Andrerseits hat man:

$$\frac{2\vartheta'' + \vartheta^{V} - \omega^{VII}}{4} = 17^0\, 18'\, 18'', 654060177.$$

Man sieht also, dafs derjenige unter den vier oben angeführten Werten von ω'', welchen man als den dem für ω genommenen Werte entsprechenden wählen mufs, der folgende ist:

$$\omega'' = \frac{2\vartheta'' + \vartheta^{V} - \omega^{VII}}{4} + \frac{1}{2}\pi.$$

Man hat auch für ω'' den Ausdruck $\omega'' = 3\omega - \vartheta - \Theta$ oder:

$$\omega'' = 3\omega - \vartheta - \vartheta' + \frac{1}{2}\pi.$$

Sodann ergiebt sich ω^{V} aus der Gleichung $T^{V} = \frac{T''^2}{A''}$, nämlich:

$$\omega^{V} = 2\omega'' - \vartheta'' = 6\omega - 2\vartheta - 2\vartheta' - \vartheta'' + \pi$$

oder:

$$\omega^{V} = 6\omega - 3\vartheta - 2\vartheta' + 72^0 = 212^0\, 10'\, 15'', 764856654.$$

Vermittelst der Winkel ω'' und ω^{V} kennt man jetzt die Funktionen T'' und T^{V} und die zu ihnen inversen Funktionen T^{XVI} und T^{XIII}. Wir müssen also noch die Werte von T^{IV}, T^{VI}, T^{VIII}, welche zugleich die Werte der inversen Funktionen T^{XIV}, T^{XII} und T^{X} ergeben, bestimmen.

604.

Den Wert von T^{IV} kann man aus den Gleichungen $T^{IV2} = A^{IV} T^{IX}$, $T^{IX2} = n$ ableiten, aus denen folgt: $T^{IV4} = nA^{IV2}$, und somit:

$$4\omega^{IV} = 2\vartheta^{IV} + 2h\pi \quad \text{oder} \quad \omega^{IV} = \frac{1}{2}\vartheta^{IV} + \frac{1}{2}h\pi,$$

wo h einen der Werte 0, 1, 2, 3 besitzen mufs.

Um diese Ungewifsheit zu heben, müssen wir wieder zur Gleichung $TT''' = NT^{IV}$ unsre Zuflucht nehmen, in welcher N eine Funktion von R allein ist, die sich folgendermafsen ausdrücken läfst

$$N = n^{\frac{1}{2}}[\cos(\omega + \omega''' - \omega^{IV}) + \sqrt{-1}\,\sin(\omega + \omega''' - \omega^{IV})].$$

Findet man also auf direktem Wege:

$$N = n^{\frac{1}{2}}(\cos\Lambda + \sqrt{-1}\,\sin\Lambda),$$

so wird: $\omega + \omega''' - \omega^{IV} = \Lambda$ oder:

$$\omega^{IV} = \omega + \omega''' - \Lambda.$$

Man hat also auch: $\omega + \omega''' - \Lambda = \frac{1}{2}\vartheta^{IV} + \frac{1}{2}h\pi$, oder:

$$\Lambda = \omega + \omega''' - \frac{1}{2}\vartheta^{IV} - \frac{1}{2}h\pi = 5\omega - 2\vartheta - \vartheta' - \frac{1}{2}\vartheta^{IV} - \frac{1}{2}h\pi.$$

Ferner ist:

$$5\omega = \frac{5}{2}\vartheta + \frac{3}{2}\vartheta' + \frac{1}{2}\vartheta''' + 36^0,$$

mithin:

$$\Lambda = \frac{1}{2}(\vartheta + \vartheta' + \vartheta''' - \vartheta^{IV}) + 36^0 - \frac{1}{2}h\pi,$$

oder in Zahlen ausgedrückt:

$$\Lambda = 95^0 26' 36'',133233051 - \frac{1}{2}h\pi.$$

Der direkt berechnete Wert von N ist nichts anderes als der Koefficient von p in dem Werte des entwickelten und auf die lineare Form gebrachten Produkts TT'''. Auf demselben Wege, der uns zur Bestimmung des Koefficienten M geführt hat, findet man aber:

$$(13)\quad N = \begin{cases} -10(1 + R^5 + R^{10} + R^{15}) + R^{10} \\ +2 + 4R + 2R^2 + 3R^3 + R^4 + R^5 + 3R^6 + 3R^7 + 2R^8 + 3R^9 \\ +2R^{10} + 3R^{12} + 2R^{13} + R^{14} + R^{15} + R^{16} + R^{18} + 2R^{19}. \end{cases}$$

Dieser Wert von N bleibt auch bestehen, wenn man für R setzt $R^2, R^3, R^4, \ldots$ bis R^{19}. Dadurch würde sich N in $N', N'', N''', \ldots N^{XVIII}$ verwandeln. Bei den Werten $N, N'', N^{IV}, \ldots N^{XVIII}$, deren Index gerade ist, kann man aber die Formel vereinfachen, indem man $R^{10} = -1$ und $1 - R^2 + R^4 - R^6 + R^8 = 0$ setzt. Dies giebt den reducierten Wert:

$$(14)\qquad N = -2 + 4R + R^3 - R^4 + 3R^6 + 3R^7.$$

Da es sich hier nur um den ersten Wert von N handelt, welcher dem Werte $R = \cos\mu + \sqrt{-1}\sin\mu$ entspricht und welcher dargestellt wird durch $n^{\frac{1}{2}}(\cos\Lambda + \sqrt{-1}\sin\Lambda)$, so erhält man zur Bestimmung des Wertes von Λ die beiden folgenden Gleichungen:

$$n^{\frac{1}{2}}\cos\Lambda = 4\cos\mu - 4\cos 2\mu - 2\cos 3\mu = -0,607412416904118$$

$$n^{\frac{1}{2}}\sin\Lambda = 2 + 8\sin\mu + 2\sin 4\mu = 6,374248987589876.$$

Aus diesen Gleichungen folgt:

$$\Lambda = 95^0 26' 36'', 13324,$$

mithin ist $h = 0$ und $\omega^{IV} = \frac{1}{2}\vartheta^{IV}$, oder näherungsweise:

$$\omega^{IV} = -70^0 40' 12'', 3451426363.$$

Man kann auch ω^{IV} auf die Form bringen:

$$\omega^{IV} = 5\omega - \frac{5}{2}\vartheta - \frac{3}{2}\vartheta' - \frac{1}{2}\vartheta''' + \frac{1}{2}\vartheta^{IV} - 36^0,$$

welche in der allgemeinen Formel $\omega^{(m)} = (m+1)\omega + \alpha^{(m)}$ enthalten ist. Dabei bedeutet $\alpha^{(m)}$ eine Gröſse, welche nur von den vier Winkeln ϑ, ϑ', ϑ''', ϑ^{IV} und von dem Winkel $\mu = 18^0$ abhängt.

Da der Wert von T^{IV} zugleich mit dem Werte von ω^{IV} bekannt ist, so kennt man auch die inverse Funktion T^{XIV}; überdies bestimmt dieser selbe Wert den von T^{IX} vermittelst der Gleichung: $\frac{T^{IV2}}{A^{IV}} = T^{IX}$. Denn da $\omega^{IV} = \frac{1}{2}\vartheta^{IV}$ ist, so hat man:

$$T^{IV2} = n(\cos\vartheta^{IV} + \sqrt{-1}\sin\vartheta^{IV}) = n^{\frac{1}{2}} A^{IV}$$

und somit:

$$T^{IX} = n^{\frac{1}{2}}.$$

Wir wuſsten bereits, daſs T^{IX} nur $+n^{\frac{1}{2}}$ oder $-n^{\frac{1}{2}}$ sein konnte; es bleibt daher in Bezug auf die Bestimmung von T^{IX} keine Ungewiſsheit mehr übrig.

605.

Wir kommen jetzt zur Bestimmung der Funktionen T^{VI} und T^{VIII}, die nebst den zu ihnen inversen Funktionen T^{XII} und T^{X} allein noch zu bestimmen sind.

T^{VI} kann man aus der Gleichung $T^{VI2} = A^{VI}T^{XIII} = \frac{nA^{VI}}{T^{V}}$ ableiten; dieselbe giebt:

$$2\omega^{VI} = \vartheta^{VI} - \omega^{V}, \text{ oder } 2\omega^{VI} = \vartheta^{VI} - \omega^{V} + 2\pi,$$

mithin:

$$\omega^{VI} = \frac{\vartheta^{VI} - \omega^{V}}{2}, \text{ oder } \omega^{VI} = \frac{\vartheta^{VI} - \omega^{V}}{2} + \pi.$$

Ebenso erhält man T^{VIII} aus der Gleichung

$$T^{VIII2} = A^{VIII}T^{XVII} = \frac{nA^{VIII}}{T'};$$

dieselbe giebt die beiden Werte:

$$\omega^{VIII} = \frac{\vartheta^{VIII} - \omega'}{2}, \quad \omega^{VIII} = \frac{\vartheta^{VIII} - \omega'}{2} + \pi.$$

Um sodann zu entscheiden, welchen Wert man in jedem dieser Fälle nehmen muſs, könnte man das gewöhnliche Verfahren in Anwendung bringen, welches darin besteht, dafs man mit Hülfe der Gleichungen $TT^{VI} = PT^{VII}$, $TT^{VII} = QT^{VIII}$ die Gröfsen P und Q, welche Funktionen von R allein sind, ermittelt. Denn kennt man T und T^{VII}, so geben diese Gleichungen die Werte von T^{VI} und T^{VIII} oder die Werte der Winkel ω^{VI} und ω^{VIII}.

Indessen bietet sich in diesem Falle ein einfacheres Hülfmittel dar, um zu dem gesuchten Resultate zu gelangen; und dieses Hülfsmittel, von dem man auch bei ähnlichen Fällen Gebrauch machen kann, bietet den Vorteil, dafs es eine neue Reihe von Sätzen über die Funktionen T liefert.

606.

Wir nehmen die Gleichung $TT' = MT''$ wieder auf und setzen voraus, dafs man in dieser Gleichung für R der Reihe nach R^2, R^3, $R^4, \ldots$ bis R^{19} substituiere, wodurch sich M in M', M'', $M''', \ldots M^{XVIII}$ verwandeln möge. Auf diese Weise bildet man eine neue Reihe von Gleichungen, welche ebenso viele Sätze über die Funktionen T darstellen, nämlich:

$$
(15)\quad
\begin{array}{llll}
TT' = MT'', & T^{X}T' = M^{X}T^{XII}, \\
T'T''' = M'T^{V}, & T^{XI}T''' = M^{XI}T^{XV}, \\
T''T^{V} = M''T^{VIII}, & T^{XII}T^{V} = M^{XII}T^{XVIII}, \\
T'''T^{VII} = M'''T^{XI}, & T^{XIII}T^{VII} = M^{XIII}T', \\
T^{IV}T^{IX} = M^{IV}T^{XIV}, & T^{XIV}T^{IX} = M^{XIV}T^{IV}, \\
T^{V}T^{XI} = M^{V}T^{XVII}, & T^{XV}T^{XI} = M^{XV}T^{VII}, \\
T^{VI}T^{XIII} = M^{VI}T, & T^{XVI}T^{XIII} = M^{XVI}T^{X}, \\
T^{VII}T^{XV} = M^{VII}T''', & T^{XVII}T^{XV} = M^{XVII}T^{XIII}, \\
T^{VIII}T^{XVII} = M^{VIII}T^{VI}, & T^{XVIII}T^{XVII} = M^{XVIII}T^{XVI}. \\
T^{IX}T^{XIX} = M^{IX}T^{IX}, &
\end{array}
$$

Multipliciert man in der vorstehenden Reihe die beiden äufsersten Gleichungen, sowie je zwei gleichweit von den Enden abstehende Gleichungen mit einander, so bieten die Produkte eine Eigenschaft der Funktionen M dar, die derjenigen der Funktionen A analog ist, und die durch die folgenden Gleichungen ausgedrückt wird:

$$
(16)\quad
\begin{aligned}
n &= MM^{XVIII} = M'M^{XVII} = M''M^{XVI} = M'''M^{XV} = M^{IV}M^{XIV} \\
&= M^{V}M^{XIII} = M^{VI}M^{XII} = M^{VII}M^{XI} = M^{VIII}M^{X}.
\end{aligned}
$$

Jedoch erstreckt sich diese Reihe nicht bis zu der Gleichung $M^{IX2} = n$, welche unrichtig sein würde; vielmehr sieht man aus der zehnten Gleichung des Systems (15), dafs

$$M^{\text{IX}} = T^{\text{XIX}} = -1$$

ist.

Aus diesen Gleichungen geht hervor, dafs ein beliebiges Glied der Reihe M, M', M'', ... dargestellt werden kann durch die Formel:

$$M^{(m)} = n^{\frac{1}{2}}\left(\cos\Theta^{(m)} + \sqrt{-1}\sin\Theta^{(m)}\right).$$

In dem Falle $m=0$ haben wir bereits mit Hülfe der Formel (12)

$$M = n^{\frac{1}{2}}(\cos\Theta + \sqrt{-1}\sin\Theta), \quad \Theta = \vartheta' - \frac{1}{2}\pi.$$

gefunden. Ist m eine gerade Zahl, was bei den Gliedern M'', M^{IV}, M^{VI}, ... stattfindet, so kann man ebenfalls mit Hülfe der Gleichung (12) den zu $M^{(m)}$ gehörigen Winkel $\Theta^{(m)}$ berechnen, indem man in dieser Formel R^{m+1} oder R^{2i+1} für R setzt. Daraus ergeben sich die beiden Gleichungen:

$$(17) \quad \begin{aligned} n^{\frac{1}{2}}\cos\Theta^{(2i)} &= -5\cos(2i+1)\mu + 2\cos(6i+3)\mu \\ &\quad -4\cos(10i+5)\mu + 2\cos(18i+9)\mu, \\ n^{\frac{1}{2}}\sin\Theta^{(2i)} &= -5\sin(2i+1)\mu + 2\sin(6i+3)\mu \\ &\quad -4\sin(10i+5)\mu + 2\sin(18i+9)\mu. \end{aligned}$$

Um z. B. den Wert von Θ'' in der Formel

$$M'' = n^{\frac{1}{2}}(\cos\Theta'' + \sqrt{-1}\sin\Theta'')$$

zu finden, setze man $2i=2$; dies giebt die beiden Gleichungen:

$$\begin{aligned} n^{\frac{1}{2}}\cos\Theta'' &= -2\cos\mu - 7\cos 3\mu \\ n^{\frac{1}{2}}\sin\Theta'' &= \quad 3 - \sin 3\mu. \end{aligned}$$

Vergleicht man diese Gleichungen mit denen, durch welche ϑ^{V} bestimmt wird (Artikel 600), so erhält man:

$$\Theta'' = \vartheta^{\text{V}} + \frac{1}{2}\pi.$$

Um ebenso den Wert von Θ^{VI} zu erhalten, welcher

$$M^{\text{VI}} = n^{\frac{1}{2}}(\cos\Theta^{\text{VI}} + \sqrt{-1}\sin\Theta^{\text{VI}})$$

ergiebt, mufs man $2i=6$ setzen. Dann wird:

$$n^{\frac{1}{2}} \cos \Theta^{VI} = 2 \cos \mu + 7 \cos 3\mu$$

$$n^{\frac{1}{2}} \sin \Theta^{VI} = 3 - \sin 3\mu,$$

mithin:

$$\Theta^{VI} = \pi - \Theta'' = \frac{1}{2}\pi - \vartheta^{V}.$$

Diese beiden Resultate werden uns dazu dienen, um die Lösung unserer Aufgabe zu vervollständigen.

607.

Um zu den Gleichungen (15), welche ebensoviele neue Sätze über die Funktionen T darstellen, zurückzukehren, bemerken wir, dafs die Koefficienten mit ungeradem Index M', M''', $M^{V}, \ldots$, welche entstehen, wenn man in M für R der Reihe nach R^2, R^4, $R^6, \ldots$ substituiert, aus der allgemeinen Formel (11), aber nicht aus der reducierten Formel (12), welche nur für die Koefficienten mit geradem Index gilt, abgeleitet werden müssen. Denn die Gleichung $R^{10} = -1$, deren Gültigkeit die Formel (12) voraussetzt, hört auf richtig zu sein, sobald man R^2, R^4 oder allgemein R^{2i} für R setzt, da $R^{20i} = +1$, aber nicht $R^{20i} = -1$ ist.

Um daher z. B. den Wert von M' zu erhalten, setze man in der Formel (11) R^2 an die Stelle von R. Dadurch wird:

$$M' = -4 - 3R^2 - 2R^6 - 2R^8$$

$$n^{\frac{1}{2}} \cos \Theta' = -5 + \cos 2\mu$$

$$n^{\frac{1}{2}} \sin \Theta' = -5 \sin 2\mu - 2 \sin 4\mu.$$

Hieraus erhält man den genauen Wert:

$$\Theta' = \vartheta' - 72^0 = \vartheta' - 4\mu,$$

und dieser giebt:

$$M' = n^{\frac{1}{2}}\left[\cos(\vartheta' - 4\mu) + \sqrt{-1}\,\sin(\vartheta' - 4\mu)\right].$$

Mit diesem Werte von M' berechnet man direkt den Wert von T^{V} aus der Gleichung $T'T''' = M'T^{V}$, und zwar erhält man:

$$\omega^{V} = \omega' + \omega''' - \vartheta' + 4\mu,$$

oder:

$$\omega^{V} = 6\omega - 3\vartheta - 2\vartheta' + 4\mu,$$

ein Wert, welcher mit dem schon oben gefundenen Werte

$$\omega^{V} = 6\omega - 2\vartheta - 2\vartheta' - \vartheta'' + 10\mu$$

übereinstimmt; denn setzt man beide einander gleich, so findet man $\vartheta'' = \vartheta + 6\mu$, und dies ist in der That der Werth von ϑ''.

Nachdem wir aus den Gleichungen $T^2 = AT'$, $TT' = MT''$ die beiden Reihen von Sätzen, welche in den Gleichungen (3) und (15) enthalten sind, abgeleitet haben, wird man erkennen, dafs es leicht sein würde, eine Reihe von analogen Sätzen aus der Gleichung $TT''' = NT^{IV}$ und vielen andern Gleichungen von derselben Art, wie z. B. aus $TT'' = BT'''$, $TT^{IV} = DT^{V}, \ldots$ abzuleiten. Diese Sätze aber, die so leicht zu vermehren sind, haben keinen Nutzen für den Zweck, den wir im Auge haben, d. h. für die Bestimmung der verschiedenen Polynome T, T' $T'', \ldots$ als Funktionen der Wurzel R. Die kleine Anzahl von Anwendungen, die wir von der Reihe (15) und der Gleichung $TT''' = NT^{IV}$ gemacht haben, reicht nämlich für die in Rede stehende Bestimmung sowie für die allgemeine Auflösung der Gleichung $X = 0$ für den Fall $n = 41$ aus.

608.

Mit Rücksicht auf den Wert $\Theta'' = \vartheta^{V} + \frac{1}{2}\pi$, durch welchen M'' bestimmt wird, giebt nämlich die dritte der Gleichungen (15) d. i. $T''T^{V} = M''T^{VIII}$ den Winkel ω^{VIII}, durch welchen sich T^{VIII} bestimmt, nämlich:

$$\omega^{VIII} = \omega'' + \omega^{V} - \Theta'' = 9\omega - 3\vartheta - 3\vartheta' - \vartheta'' + \pi - \vartheta^{V}$$

oder:

$$\omega^{VIII} = 9\omega - 4\vartheta - 3\vartheta' - \vartheta''' + 144^0.$$

Ferner erhält man aus dem Werte $\Theta^{VI} = \frac{1}{2}\pi - \vartheta^{V} = 162^0 - \vartheta'''$, durch welchen sich M^{VI} bestimmt, den Winkel ω^{VI} mit Hülfe der aus der Reihe (15) entnommenen Gleichung $T^{VI} = \frac{M^{VI}T}{T^{XIII}} = \frac{M^{VI}TT^{V}}{n}$.

Es folgt hieraus:

$$\omega^{VI} = \omega + \omega^{V} + \Theta^{VI} = 7\omega - 2\vartheta - 2\vartheta' - \vartheta'' - \vartheta''' + 2\pi - 18^0,$$

oder, wenn man 2π wegläfst:

$$\omega^{VI} = 7\omega - 3\vartheta - 2\vartheta' - \vartheta''' - 126^0.$$

Diese Werte von ω^{VI} und ω^{VIII} stimmen mit denen des Artikel 605 überein, wenn man letztere in folgender Weise wählt:

$$\omega^{VI} = \frac{\vartheta^{VI} - \omega^{V}}{2} + \pi, \quad \omega^{VIII} = \frac{\vartheta^{VIII} - \omega'}{2} + \pi.$$

Übrigens wird bei diesen Gleichungen ein Unterschied von 2π oder einem Vielfachen von 2π für 0 angesehen, da derselbe in der Lage des durch sie auf dem Kreisumfange bestimmten Punktes keine Änderung hervorbringt.

609.

Um alle Resultate der vorhergehenden Rechnungen auf einmal vor Augen zu haben, stellen wir sie hier nochmals zusammen:

$$
(A)\quad
\begin{aligned}
\omega &= \frac{5\vartheta + 3\vartheta' + \vartheta''' + 72^0}{10} &&= -\ 49^0\ 2'46'',661353031\\
\omega' &= 2\omega + \alpha' &&= 7^0 28'\ 5'',134030238\\
\omega'' &= 3\omega + \alpha'' &&= 107^0 18' 18'',654060177\\
\omega''' &= 4\omega + \alpha''' &&= 73^0 49' 10'',449443446\\
\omega^{IV} &= 5\omega + \alpha^{IV} &&= -\ 70^0 40' 12'',345142636\\
\omega^{V} &= 6\omega + \alpha^{V} &&= -\ 147^0 49' 44'',235143346\\
\omega^{VI} &= 7\omega + \alpha^{VI} &&= -\ 176^0 51' 57'',110796477\\
\omega^{VII} &= 8\omega + \alpha^{VII} &&= 5^0 38' 54'',684586793\\
\omega^{VIII} &= 9\omega + \alpha^{VIII} &&= 159^0 29'\ 8'',204616731
\end{aligned}
$$

$$
\begin{aligned}
\alpha' &= -\vartheta &&= 105^0 33' 38'',4567363\\
\alpha'' &= -\vartheta - \vartheta' + \frac{\pi}{2} &&= 254^0 26' 38'',63811927\\
\alpha''' &= -2\vartheta - \vartheta' &&= 270^0\ 0' 17'',09485557\\
\alpha^{IV} &= -\frac{5}{2}\vartheta - \frac{3}{2}\vartheta' - \frac{1}{2}\vartheta''' + \frac{1}{2}\vartheta^{IV} - \frac{2\pi}{10} &&= 174^0 33' 40'',96162252\\
\alpha^{V} &= -3\vartheta - 2\vartheta' + \frac{4\pi}{10} &&= 146^0 26' 55'',73297484\\
\alpha^{VI} &= -3\vartheta - 2\vartheta' - \vartheta''' - \frac{7\pi}{10} &&= -\ 193^0 32' 30'',48132526\\
\alpha^{VII} &= -4\vartheta - 2\vartheta' - \vartheta''' &&= 38^0\ 1',\ 7'',97541104\\
\alpha^{VIII} &= -4\vartheta - 3\vartheta' - \vartheta''' - \frac{12\pi}{10} &&= -\ 119^0\ 5' 51'',84320599.
\end{aligned}
$$

Substituiert man nunmehr die für $\omega, \omega', \omega'', \ldots \omega^{VIII}$ gefundenen Werte in die Formel

$$p = \frac{-1 + n^{\frac{1}{2}}}{20} + \frac{2n^{\frac{1}{2}}}{20}(\cos\omega + \cos\omega' + \cos\omega'' + \cdots + \cos\omega^{VIII}),$$

so findet man, wenn man die Rechnung nur mit Hülfe von siebenstelligen Logarithmentafeln ausführt:

$$p = 2\cos 79^0\, 1'\, 27'',8.$$

Dieser Wert ist sehr nahe gleich dem von $2\cos\frac{18\pi}{41}$. Somit kennt man die Wurzel, welche durch die mittelst des ersten Wertes von ω berechnete Formel genau dargestellt wird.

610.

Um die andern Wurzeln zu erhalten, mufs man für ω der Reihe nach $\omega + \frac{2\pi}{20}$, $\omega + \frac{4\pi}{20}$, $\omega + \frac{6\pi}{20}, \ldots$ bis $\omega + \frac{38\pi}{20}$ substituieren und dabei folgendes beachten:

1) Bei jeder Substitution mufs das Glied $n^{\frac{1}{2}}$, welches die Gröfse T^{IX} darstellt, sein Zeichen wechseln; denn die Reihe der Wurzeln p, welche durch

$$2 \cos \lambda, \quad 2 \cos \lambda g, \quad 2 \cos \lambda g^2, \quad 2 \cos \lambda g^3, \ldots,$$

wo g die primitive Wurzel von n bedeutet, dargestellt wird, giebt allgemein für T^{IX} den Wert:

$$2 \cos \lambda - 2 \cos \lambda g + 2 \cos \lambda g^2 - 2 \cos \lambda \gamma^3 + - \cdots$$

Derselbe wechselt aber sein Zeichen, wenn das erste Glied $2 \cos \lambda$ durch das folgende $2 \cos \lambda g$ ersetzt wird.

2) Wenn man ω um das Vielfache $h\mu$ oder $h \frac{2\pi}{20}$ vermehrt, mufs man zu gleicher Zeit ω' um $2h\mu$, ω'' um $3h\mu$, ω''' um $4h\mu$ u. s. w. vermehren, wie man aus den soeben angegebenen Gleichungen (A) unmittelbar erkennt.

Führt man hiernach die Rechnung durch, indem man ω um 18^0 vermehrt d. h. ω den neuen Wert

$$\omega = -31^0\, 2'\, 46'', 66 \ldots$$

beilegt und die andern Winkel $\omega', \omega'', \ldots \omega^{\text{VIII}}$ in dem angegebenen Verhältnis vergröfsert, so giebt die Formel, in welcher man überdies das Vorzeichen des alleinstehenden Gliedes $n^{\frac{1}{2}}$ zu ändern hat, als Resultat den Wert von $2 \cos \frac{14\pi}{41}$. Ich bemerke aber, dafs in der Reihe der durch die primitive Wurzel $g = 13$ bestimmten Wurzeln die Wurzel $2 \cos \frac{14\pi}{41}$ der Wurzel $2 \cos \frac{18\pi}{41}$ vorangeht. Daraus folgt, dafs, wenn man nach einander $\omega + \mu$, $\omega + 2\mu$, $\omega + 3\mu, \ldots$ für ω substituiert, diese Substitutionen sämtliche Wurzeln der gegebenen Gleichung in derjenigen Reihenfolge liefern, welche der durch die primitive Wurzel $g = 13$ bestimmten gerade entgegengesetzt ist. Diesem Werte von g zufolge würde man, wenn man von der Wurzel $p = 2 \cos \frac{2\pi}{41}$ ausgeht, die Reihe der Wurzeln $p, p', p'', \ldots$ in folgender Anordnung erhalten:

$$p' = 2\cos\frac{2\pi}{41}, \qquad p' = 2\cos\frac{26\pi}{41}, \qquad p'' = 2\cos\frac{10\pi}{41},$$

$$p''' = 2\cos\frac{34\pi}{41}, \qquad p^{\mathrm{IV}} = 2\cos\frac{32\pi}{41}, \qquad p^{\mathrm{V}} = 2\cos\frac{6\pi}{41},$$

$$p^{\mathrm{VI}} = 2\cos\frac{4\pi}{41}, \qquad p^{\mathrm{VII}} = 2\cos\frac{30\pi}{41}, \qquad p^{\mathrm{VIII}} = 2\cos\frac{20\pi}{41},$$

$$p^{\mathrm{IX}} = 2\cos\frac{14\pi}{41}, \qquad p^{\mathrm{X}} = 2\cos\frac{18\pi}{41}, \qquad p^{\mathrm{XI}} = 2\cos\frac{12\pi}{41},$$

$$p^{\mathrm{XII}} = 2\cos\frac{8\pi}{41}, \qquad p^{\mathrm{XIII}} = 2\cos\frac{22\pi}{41}, \qquad p^{\mathrm{XIV}} = 2\cos\frac{40\pi}{41},$$

$$p^{\mathrm{XV}} = 2\cos\frac{28\pi}{41}, \qquad p^{\mathrm{XVI}} = 2\cos\frac{36\pi}{41}, \qquad p^{\mathrm{XVII}} = 2\cos\frac{24\pi}{41},$$

$$p^{\mathrm{XVIII}} = 2\cos\frac{16\pi}{41}, \qquad p^{\mathrm{XIX}} = 2\cos\frac{38\pi}{41}.$$

Die Formel giebt also, wenn man von dem ersten Gliede $2\cos\frac{18\pi}{41}$, welches man immer mit p bezeichnen kann, ausgeht, die Glieder derselben Reihe in umgekehrter Reihenfolge, so daſs man der Reihe nach erhält:

$$2\cos\frac{18\pi}{41} = -\frac{1}{20} + \frac{n^{\frac{1}{2}}}{20} + \frac{2n^{\frac{1}{2}}}{20}\big[\cos\omega + \cos(2\omega + \alpha') + \cos(3\omega + \alpha'') + \cos(4\omega + \alpha''') + \cdots + \cos(9\omega + \alpha^{\mathrm{VIII}})\big]$$

$$2\cos\frac{14\pi}{41} = -\frac{1}{20} - \frac{n^{\frac{1}{2}}}{20} + \frac{2n^{\frac{1}{2}}}{20}\big[\cos(\omega + \mu) + \cos(2\omega + 2\mu + \alpha') + \cos(3\omega + 3\mu + \alpha'') + \cdots + \cos(9\omega + 9\mu + \alpha^{\mathrm{VIII}})\big]$$

$$2\cos\frac{20\pi}{41} = -\frac{1}{20} + \frac{n^{\frac{1}{2}}}{20} + \frac{2n^{\frac{1}{2}}}{20}\big[\cos(\omega + 2\mu) + \cos(2\omega + 4\mu + \alpha') + \cos(3\omega + 6\mu + \alpha'') + \cdots + \cos(9\omega + 18\mu + \alpha^{\mathrm{VIII}})\big]$$

u. s. w.

Allgemein kann eine beliebige Wurzel $2\cos\frac{2i\pi}{41}$ durch die Formel dargestellt werden:

$$2\cos\frac{2i\pi}{41}$$

$$= -\frac{1}{20} + \frac{n^{\frac{1}{2}}\cos m\pi}{20} + \frac{2n^{\frac{1}{2}}}{20}\big[\cos\Omega + \cos(2\Omega + \alpha') + \cos(3\Omega + \alpha'') + \cos(4\Omega + \alpha''') + \cos(5\Omega + \alpha^{\mathrm{IV}}) + \cos(6\Omega + \alpha^{\mathrm{V}}) + \cos(7\Omega + \alpha^{\mathrm{VI}}) + \cos(8\Omega + \alpha^{\mathrm{VII}}) + \cos(9\Omega + \alpha^{\mathrm{VIII}})\big].$$

Hierin ist $\Omega = \omega + m\mu$ und $m+1$ giebt an, die wievielste Stelle $2i$ in der Reihe 18, 14, 20,... einnimmt, wie aus folgendem Schema zu ersehen ist:

$$\begin{array}{l} 2i = 18, 14, 20, 30, 4; 6, 32, 34, 10, 26;\ 2, 38, 16, 24, 36; 28, 40, 22,\ 8, 12; \\ m = \ 0,\ 1,\ 2,\ 3, 4; 5,\ 6,\ 7,\ 8,\ 9; 10, 11, 12, 13, 14; 15, 16, 17, 18, 19. \end{array}$$

Soll z. B. die Formel den Wert von $2\cos\frac{2\pi}{41}$ darstellen, so mufs man $m = 10$ und $\Omega = \omega + 10\mu = \omega + \pi$ setzen. Hierdurch ergiebt sich das folgende Resultat:

$$2\cos\frac{2\pi}{41}$$

$$= -\frac{1}{20} + \frac{n^{\frac{1}{2}}}{20} + \frac{2n^{\frac{1}{2}}}{20}\left[-\cos\omega + \cos(2\omega + \alpha') - \cos(3\omega + \alpha'') + \cos(4\omega + \alpha''') - \cdots - \cos(9\omega + \alpha^{\mathrm{VIII}})\right].$$

Diese verschiedenen Beispiele, für welche wir die Rechnungen mit der ganzen erforderlichen Ausführlichkeit angegeben haben beweisen, dafs es **stets möglich ist, eine allgemeine Formel zu finden, welche alle Wurzeln der Gleichung in** p **enthält** und nach Belieben irgend eine derselben liefert. Aus diesen Wurzeln kann man dann auch alle Wurzeln der Gleichung $X = 0$ finden, wenn n eine beliebige Primzahl ist.

611.

Viertes Beispiel. $n = 17,\ k = 8.$

Obgleich die Auflösung dieses Beispiels bereits in Artikel 535 gegeben worden ist, dürfte es doch nicht unnützlich sein zu zeigen, wie unsere neue Methode zu einer allgemeinen Formel führt, welche in der einfachsten Form sämtliche Wurzeln der aufzulösenden Gleichung enthält. Diese Gleichung lautet:

$$0 = p^8 + p^7 - 7p^6 - 6p^5 + 15p^4 + 10p^3 - 10p^2 - 4p + 1,$$

und wir nehmen wie gewöhnlich an, dafs ihre Wurzeln $p, p', p'', \ldots p^{\mathrm{VII}}$ seien. Nimmt man den Wert $g = 3$ als primitive Wurzel von 17, so bezeichnen diese Wurzeln die acht Perioden von zwei Gliedern $(2:1)$, $(2:g)$, $(2:g^2), \ldots (2:g^7)$, und müssen dieselben daher in der folgenden Reihenfolge angeordnet werden:

$$\begin{array}{ll} p\ \ = r^1 + r^{-1}, & p^{\mathrm{IV}} = r^4 + r^{-4} \\ p'\ = r^3 + r^{-3}, & p^{\mathrm{V}}\ = r^5 + r^{-5} \\ p'' = r^8 + r^{-8}, & p^{\mathrm{VI}} = r^2 + r^{-2} \\ p''' = r^7 + r^{-7}, & p^{\mathrm{VII}} = r^6 + r^{-6}. \end{array}$$

Mit Rücksicht auf die Anwendungen, welche wir davon zu machen haben, können wir diese nämlichen Wurzeln auch nach der Reihenfolge der Exponenten von r ordnen, wie folgt:

$$(1)\quad \begin{aligned} p &= r^1 + r^{-1}, & p^{V} &= r^5 + r^{-5} \\ p^{VI} &= r^2 + r^{-2}, & p^{VII} &= r^6 + r^{-6} \\ p' &= r^3 + r^{-3}, & p''' &= r^7 + r^{-7} \\ p^{IV} &= r^4 + r^{-4}, & p'' &= r^8 + r^{-8}. \end{aligned}$$

612.

Wir setzen wie gewöhnlich:

$$T = p + p'R + p''R^2 + p'''R^3 + \cdots + p^{VII}R^7,$$

wo R eine imaginäre Wurzel der Gleichung $R^8 - 1 = 0$ bedeutet, und zwar soll diese Wurzel derart gewählt sein, daſs sie mittelst ihrer aufeinanderfolgenden Potenzen alle Wurzeln eben dieser Gleichung giebt. Derart ist z. B. die Wurzel $R = \cos\mu + \sqrt{-1}\sin\mu$, wenn man $\mu = \frac{2\pi}{8} = 45^0$ setzt.

Ebenso bezeichnen wir durch T', T'', T''', T^{IV}, T^{V}, T^{VI} diejenigen Funktionen, in welche T übergeht, wenn man in ihr der Reihe nach R^2, R^3, R^4, R^5, R^6, R^7 für R setzt.

Wir haben nun allgemein gesehen, daſs die Gröſse A in der Gleichung $T^2 = AT'$ eine Funktion von R allein und unabhängig von den Wurzeln p sein muſs, und daſs somit A gleich dem Koefficienten von p in dem entwickelten und auf die lineare Form $Ap + Bp' + Cp'' + \cdots$ gebrachten Werte des Quadrates T^2 ist.

In dieser Entwicklung müssen wir zuerst den Teil

$$p^2 + p'^2R^2 + p''^2R^4 + p'''^2R^6 + p^{IV2}R^8 + p^{V2}R^{10} + p^{VI2}R^{12} + p^{VII2}R^{14}$$

betrachten und in demselben die Werte $p^2 = 2 + p^{VI}$, $p'^2 = 2 + p$, $p'''^2 = 2 + p'$, $\cdots$ substituieren. Da das in jedem dieser Glieder vorkommende konstante Glied 2 gleichwertig ist mit $-2p - 2p' - 2p'' - \cdots$, so ist ersichtlich, daſs die aus diesem ersten Teil der Entwicklung von T^2 herrührenden Glieder von A die folgenden sind:

$$-2(1 + R^2 + R^4 + R^6 + \cdots + R^{14}) + R^4.$$

Der zweite Teil der Entwicklung von T^2 besteht aus einer Reihe von Gliedern von der Form $2p^{\mu}p^{\nu}R^{\mu+\nu}$; von diesen Gliedern aber brauchen wir nur die in Betracht zu ziehen, in denen das Produkt $p^{\mu}p^{\nu}$ die Wurzel p enthält, und wie aus dem System (1) zu ersehen ist, giebt es nur sieben solcher Produkte, welche diese Bedingung erfüllen, nämlich:

$$pp^{VI},\ p^{VI}p',\ p'p^{IV},\ p^{IV}p^{V},\ p^{V}p^{VII},\ p^{VII}p''',\ p'''p''.$$

Jedes Produkt $p^{\mu}p^{\nu}$ giebt an A den Koefficienten $2R^{\mu+\nu}$ ab, und die Summe dieser Koefficienten giebt in dem Werte von A den Teil:

$$2R^6 + 2R^7 + 2R^5 + 2R^9 + 2R^{12} + 2R^{10} + 2R^5.$$

Vereinigt man also diese beiden Teile, so erhält man den vollständigen Wert von A, nämlich:

$$(2)\qquad A = \begin{cases} -2(1 + R^2 + R^4 + R^6 + R^8 + R^{10} + R^{12} + R^{14}) + R^4 \\ + 4R^5 + 2R^6 + 2R^7 + 2R^9 + 2R^{10} + 2R^{12}. \end{cases}$$

613.

Aus dem Vorhergehenden weifs man, dafs man nicht blofs den Wert von A, sondern auch die Gröfsen $A', A'', A''', \ldots A^{VI}$ kennen mufs, welche aus A dadurch, dafs man $R^2, R^3, R^4, \ldots R^7$ an die Stelle von R setzt, also nach demselben Gesetze entstehen, nach welchem die Funktionen $T', T'', T''', \ldots T^{VI}$ aus T hervorgehen. Man mufs daher die Formel (2) als Repräsentant von sieben verschiedenen Gröfsen $A, A', A'', \ldots A^{VI}$ ansehen, welche aus den angegebenen Substitutionen entspringen. Hinsichtlich aller dieser Gröfsen, mit alleiniger Ausnahme von A''', kann man aber den Teil

$$-2(1 + R^2 + R^4 + \cdots + R^{14})$$

gleich Null setzen, weil dieser Teil mit $1 - R^2$ (welches nur verschwindet, wenn man, um A''' zu erhalten, R^4 für R setzt) multipliciert zum Produkte $-2(1 - R^{16}) = 0$ giebt. Mithin reduciert sich der Wert von A in allen Fällen, um welche es sich handelt (den Fall von A''' allein ausgenommen), auf die einfache Form:

$$A = R^4 + 4R^5 + 2R^6 + 2R^7 + 2R^9 + 2R^{10} + 2R^{12}.$$

Wird diese von neuem mittelst der Gleichung $R^8 = 1$ oder, nach Ausschliefsung der Wurzel $R = 1$, mittelst der Gleichung

$$0 = 1 + R + R^2 + \cdots + R^7$$

reduciert, so erhält man:

$$(3)\qquad A = -2 - 2R^3 + R^4 + 2R^5.$$

Diese sehr einfache Formel wird uns der Reihe nach die Werte von $A, A', A'', A^{IV}, A^{V}$ und A^{VI} liefern. Was den Wert von A''' angeht, so mufs derselbe unmittelbar aus der Formel (2) abgeleitet werden, indem man R^4 d. i. -1 an die Stelle von R setzt; denn die

Gleichung $0 = 1 - R^8 = (1 - R^4)(1 + R^4)$ kann nur bestehen, wenn man $R^4 = -1$ annimmt, da nicht $R^4 = 1$ sein kann. Setzt man also -1 für R in die Gleichung (2) ein, so erhält man:

$$A''' = -17 = -n,$$

und dies stimmt mit der bei den andern Beispielen entwickelten Theorie überein.

614.

Setzt man jetzt in die Formel (3) die Werte

$$A = n^{\frac{1}{2}}(\cos\vartheta + \sqrt{-1}\sin\vartheta), \quad R = \cos\mu + \sqrt{-1}\sin\mu$$

ein, so erhält man zur Bestimmung von ϑ die beiden Gleichungen:

$$(4) \qquad \begin{aligned} n^{\frac{1}{2}}\cos\vartheta &= -2 - 2\cos 3\mu + \cos 4\mu + 2\cos 5\mu \\ n^{\frac{1}{2}}\sin\vartheta &= - 2\sin 3\mu + \sin 4\mu + 2\sin 5\mu. \end{aligned}$$

Für $\mu = \frac{2\pi}{8} = 45^0$ wird hieraus:

$$n^{\frac{1}{2}}\cos\vartheta = -3, \quad n^{\frac{1}{2}}\sin\vartheta = -2\sqrt{2},$$

und aus diesen ergiebt sich der angenäherte Wert:

$$\vartheta = -136^0 41' 10'', 12.$$

Um den Wert von ϑ', durch welchen sich der von A' bestimmt, zu erhalten, braucht man nur in den Gleichungen (4) 2μ für μ zu setzen; es kommt dies auf dasselbe hinaus, als ob man in den Gleichungen (3) R^2 für R setzte. Auf diese Weise folgt:

$$\begin{aligned} n^{\frac{1}{2}}\cos\vartheta' &= 2 - 2\cos 6\mu + \cos 8\mu + 2\cos 10\mu = -1 \\ n^{\frac{1}{2}}\sin\vartheta' &= - 2\sin 6\mu + \sin 8\mu + 2\sin 10\mu = 4. \end{aligned}$$

Hieraus erhält man:

$$\vartheta' = 104^0 2' 10'', 48.$$

Um ϑ'' zu erhalten, setzt man analog in den Gleichungen (4) 3μ für μ. Dadurch ergiebt sich:

$$\begin{aligned} n^{\frac{1}{2}}\cos\vartheta'' &= -2 - 2\cos 9\mu + \cos 12\mu + 2\cos 15\mu = -3 \\ n^{\frac{1}{2}}\sin\vartheta'' &= - 2\sin 9\mu + \sin 12\mu + 2\sin 15\mu = -2\sqrt{2}. \end{aligned}$$

Folglich:

$$\vartheta'' = \vartheta = -136^0 41' 10'', 12.$$

Da wir bereits ϑ''', welches den Ausnahmefall bildet, bestimmt haben, so brauchen wir nicht weiter zu gehen, weil man von vornherein weiſs, daſs $A''A^{IV}=n$, $A'A^{V}=n$, $AA^{VI}=n$ sein und man somit $\vartheta^{IV}=-\vartheta''=-\vartheta$, $\vartheta^{V}=-\vartheta'$, $\vartheta^{VI}=-\vartheta$ finden muſs. Man würde dies auch leicht aus den Gleichungen (4) ableiten können. Denn um z. B. ϑ^{IV} zu erhalten, muſs man in den Gleichungen (4) 5μ für μ setzen, wodurch sich ergiebt:

$$n^{\frac{1}{2}}\cos\vartheta^{IV}=-2-2\cos 15\mu+\cos 20\mu+2\cos 25\mu=-3$$

$$n^{\frac{1}{2}}\sin\vartheta^{IV}=\quad -2\sin 15\mu+\sin 20\mu+2\sin 25\mu=\quad 2\sqrt{3};$$

mithin $\vartheta^{IV}=-\vartheta''$.

Ebenso erhält man, wenn man 6μ an die Stelle von μ setzt:

$$n^{\frac{1}{2}}\cos\vartheta^{V}=-2-2\cos 18\mu+\cos 24\mu+2\cos 30\mu=-1$$

$$n^{\frac{1}{2}}\sin\vartheta^{V}=\quad -2\sin 18\mu+\sin 24\mu+2\sin 30\mu=-4,$$

mithin $\vartheta^{V}=-\vartheta'$.

Endlich würde man $\vartheta^{VI}=-\vartheta$ finden. Dies ist eine neue Bestätigung der bekannten Eigenschaften der Gröſsen A.

615.

Wir gehen jetzt über zur Bestimmung der Gröſsen T. Zu dem Zwecke haben wir die Reihe von Gleichungen:

$$(5)\qquad \begin{aligned} &T^2=AT', &&T'^2=A'T''', &&T''^2=A''T^{V},\\ &T'''^2=A'''T^{VII}, &&T^{IV2}=A^{IV}T', &&T^{V2}=A^{V}T''',\\ &T^{VI2}=A^{VI}T^{V}. \end{aligned}$$

Zu diesen kann man noch die beiden Reihen hinzufügen:

$$(6)\qquad \begin{aligned} n&=TT^{VI}=T'T^{V}=T''T^{IV}=T'''^2\\ n&=AA^{VI}=A'A^{V}=A''A^{IV}. \end{aligned}$$

Mittelst der Gleichungen (5) beweist man zunächst die Gleichung $T^4=n^{\frac{1}{2}}A^2A'$; aus dieser folgt, wenn man wie gewöhnlich

$$T=n^{\frac{1}{2}}(\cos\omega+\sqrt{-1}\,\sin\omega)$$

setzt:

$$\omega=\frac{2\vartheta+\vartheta'}{4}=-42^{0}20'2'',44.$$

Kennt man ω und demnach auch T, so wird $T' = \frac{T^2}{A}$, also:

$$\omega' = 2\omega - \vartheta = 52^0 1' 5'',24.$$

Sodann giebt die Gleichung $T''' = \frac{T'^2}{A'}$:

$$\omega''' = 2\omega' - \vartheta' = 4\omega - 2\vartheta - \vartheta' = 0.$$

Dieser Wert lehrt, dafs $T''' = n^{\frac{1}{2}}$ sei. Die Gleichung $T'''^2 = A''' T^{VII}$, in welcher $A''' = -n$ und $T^{VII} = -1$ ist, würde $T'''^2 = n$, und somit $T''' = \pm \sqrt{n}$ geben. Die Ungewifsheit in Bezug auf das Vorzeichen wird also durch den Wert 0 von ω'' beseitigt; denn hierdurch hat man $T''' = + \sqrt{n}$.

Wir kennen also jetzt T und T' und die zu ihnen inversen Funktionen T^{VI} und T^{V}; wir haben daher nur noch die Funktion T'', aus der sich zugleich die Funktion T^{IV} ergiebt, zu bestimmen. Dazu haben wir die Gleichung $T''^2 = A'' T^{V} = \frac{nA''}{T'}$, aus der sich ergiebt:

$$2\omega'' = \vartheta'' - \omega' \quad \text{oder} \quad = \vartheta'' - \omega' + 2\pi.$$

Mithin kann der Wert von ω'' nur einer der beiden Werte sein:

$$\omega'' = \frac{\vartheta'' - \omega'}{2}, \quad \omega'' = \frac{\vartheta'' - \omega'}{2} + \pi,$$

oder in Zahlen ausgedrückt:

$$\omega'' = -\ 94^0 21' \ 7'',68$$
$$\omega'' = \quad 85^0 38' 52'', 32.$$

616.

Um von vornherein zu entscheiden, welchen von diesen beiden Werten man nehmen müsse, damit er dem Werte von ω entspreche, müssen wir von der Gleichung $TT' = MT''$ Gebrauch machen, in welcher M eine Funktion von R allein sein mufs. Wie man sieht, ist M der Koefficient von p in dem entwickelten und auf die lineare Form gebrachten Produkte TT'. Nach der Methode, von welcher wir bereits mehrere Beispiele gegeben haben, findet man aber:

$$M = 2 + 3R + R^3 + R^4 + 3R^5 + 4R^6 + R^7,$$

und dieser Wert reduciert sich der Gleichung $R^4 = -1$ zufolge auf die sehr einfache Form:

$$M = 1 - 4R^2.$$

Setzt man also:

$$M = n^{\frac{1}{2}}(\cos\Theta + \sqrt{-1}\,\sin\Theta) \text{ und } R = \cos\mu + \sqrt{-1}\,\sin\mu,$$

so erhält man zur Bestimmung von Θ die beiden Gleichungen:

$$n^{\frac{1}{2}}\cos\Theta = 1 - 4\cos 2\mu = 1$$

$$n^{\frac{1}{2}}\sin\Theta = -4\sin 2\mu = -4.$$

Oben hatten wir aber gefunden:

$$n^{\frac{1}{2}}\cos\vartheta' = -1, \quad n^{\frac{1}{2}}\sin\vartheta' = 4,$$

mithin ist:

$$\Theta = \vartheta' - \pi.$$

Hiernach erhält man aus der Gleichung $TT' = MT'''$:

$$\omega'' = \omega + \omega' - \Theta = \omega + \omega' - \vartheta' + \pi$$

oder:

$$\omega'' = 3\omega - \vartheta - \vartheta' + \pi = \frac{\vartheta - \omega'}{2} + \pi.$$

Somit sieht man, dafs der zweite der oben gefundenen beiden Werte gelten mufs, nämlich:

$$\omega'' = 3\omega - \vartheta - \vartheta' + \pi = 85^0\,38'\,52'',32.$$

Bildet man jetzt die Summe der drei Gröfsen T, T' T'' und der drei inversen T^{VI}, T^{V}, T^{IV}, und addiert man zu dieser Summe $T''' = n^{\frac{1}{2}}$ und $T^{\mathrm{VII}} = -1$, so erhält man die Formel:

$$p = -\frac{1}{8} + \frac{n^{\frac{4}{2}}}{8} + \frac{2n^{\frac{1}{2}}}{8}(\cos\omega + \cos\omega' + \cos\omega'').$$

Berechnet man diese Formel mit Hülfe der für ω, ω', ω'' gefundenen Werte, so findet man:

$$\frac{1}{2}p = \cos\frac{2i\pi}{17} = 0,93247223.$$

Dieser Cosinus unterscheidet sich nur wenig von dem wahren Werte von $\cos\frac{2\pi}{17}$, welcher $0,93247217$ ist. Man erkennt hieraus, dafs die mit Hülfe der streng richtigen Werte von ϑ und ϑ' berechnete Formel den genauen Wert von $2\cos\frac{2\pi}{17}$ ergeben würde.

617.

Setzt man in der Formel $\omega + \mu$ oder $\omega + 45^0$ an die Stelle von ω, so mufs man ω' um 90^0 und ω'' um 135^0 vermehren, wodurch sich ergiebt:

$$\omega = 2^0\,39'\,57'',56$$
$$\omega' = 142^0\ 1'\ 5'',24$$
$$\omega'' = 220^0\,38'\,52'',32.$$

Hieraus folgt: $2n^{\frac{1}{2}}(\cos\omega + \cos\omega' + \cos\omega'') \qquad = -4{,}5190484.$

Bei diesem zweiten Werte von ω mufs man $n^{\frac{1}{2}}$ mit dem Zeichen — nehmen und demgemäfs von der vorstehenden Gröfse

$1 + n^{\frac{1}{2}} = 5,1231055 \qquad -5{,}1231055$

abziehen; dies giebt für den zweiten Wert von $\frac{1}{2}p$: $\qquad -0{,}60263462.$

Dieses ist aber sehr nahe der Cosinus von $\frac{12\pi}{17}$. Vermehrt man also ω um μ, so folgt auf die Wurzel p, welche $\cos\frac{2\pi}{17}$ war, die Wurzel $2\cos\frac{12\pi}{17}$. Ordnet man aber die Wurzeln $p, p', p'', \ldots p^{\text{VII}}$ nach der durch die primitive Wurzel $g = 3$ bestimmten Reihenfolge, und bringt man dieselben dann auf die Form $2\cos\frac{2i\pi}{17}$, so sind dieselben:

$$p = 2\cos\frac{2\pi}{17},\quad p' = 2\cos\frac{6\pi}{17},\quad p'' = 2\cos\frac{16\pi}{17},\quad p''' = 2\cos\frac{14\pi}{17}$$
$$p^{\text{IV}} = 2\cos\frac{8\pi}{17},\quad p^{\text{V}} = 2\cos\frac{10\pi}{17},\quad p^{\text{VI}} = 2\cos\frac{4\pi}{17},\quad p^{\text{VII}} = 2\cos\frac{12\pi}{17}.$$

Man sieht also, dafs man, um von irgend einem Gliede dieser Reihe zu dem vorhergehenden Gliede überzugehen, gleichzeitig ω um μ, ω' um 2μ, ω'' um 3μ zu vermehren und das Vorzeichen von $n^{\frac{1}{2}}$ zu ändern hat. Man erhält daher alle Wurzeln der gegebenen Gleichung, aber in einer Reihenfolge, welche die umgekehrte ist, wie die durch die primitive Wurzel $g = 3$ bestimmte.

Man würde diese letztere Reihenfolge erhalten, wenn man ω um μ, ω' um 2μ, ω''' um 3μ verminderte.

618.

Hiernach erhalten wir die allgemeine Formel:

$$\cos\frac{2i\pi}{17}$$
$$= \frac{-1 + n^{\frac{1}{2}}\cos m\pi}{16} + \frac{2n^{\frac{1}{2}}}{16}\left[\cos(\omega - m\mu) + \cos(2\omega - 2m\mu - \vartheta) + \cos(3\omega - 3m\mu - \vartheta - \vartheta' + \pi)\right].$$

In derselben giebt die Zahl $m+1$ an, an der wievielsten Stelle sich die Zahl $2i$ in der Reihe

$$2,\ 6,\ 16,\ 14,\ 8,\ 10,\ 4,\ 12$$

befindet. Man kann auch sagen, die Zahl m leite sich aus der Zahl i mittelst der Bedingung her, dafs $3^m \pm i$ durch 17 teilbar sei.

Die gegebenen Gröfsen, welche in unserer allgemeinen Formel vorkommen, reducieren sich auf die beiden einzigen Winkel ϑ und ϑ', welche durch die Gleichungen

$$\cos\vartheta = -\frac{3}{\sqrt{17}}, \quad \sin\vartheta = \frac{-2\sqrt{2}}{\sqrt{17}}$$

$$\cos\vartheta' = -\frac{1}{\sqrt{17}}, \quad \sin\vartheta' = \frac{4}{\sqrt{17}}$$

bestimmt werden. Denn mit Hülfe dieser Winkel, welche sich geometrisch konstruieren lassen, kann man auch die dritte gegebene Gröfse $\omega = \frac{2\vartheta + \vartheta'}{4}$ konstruieren. Man kann demnach mittelst unsrer Formel die verschiedenen Werte von $\cos\frac{2i\pi}{17}$ geometrisch konstruieren. Hierdurch wird alles das bestätigt, was wiederholentlich über die Teilung des Kreisumfanges in 17 gleiche Teile gesagt worden ist.

Sechster Hauptteil.

Beweis verschiedener Sätze aus der unbestimmten Analysis.

§ 1.

Es wird die Aufgabe gestellt, eine gegebene Zahl in vier Quadrate zu zerlegen, derart, daſs die Summe ihrer positiv genommenen Wurzeln gleich einer gegebenen Zahl ist.

619.

Die Aufgabe besteht allgemein darin, den beiden Gleichungen

$$(1)\qquad \begin{aligned} a &= s^2 + t^2 + u^2 + v^2 \\ b &= s + t + u + v, \end{aligned}$$

in welchen a und b gegebene Zahlen sind und die vier Wurzeln s, t, u, v positiv vorausgesetzt werden, Genüge zu leisten.

Zunächst bemerken wir, daſs, weil $x^2 + x$ stets eine gerade Zahl ist, auch $a + b$ eine gerade Zahl sein muſs, und daſs somit die gegebenen Zahlen a und b von derselben Art d. h. entweder beide gerade oder beide ungerade sein müssen.

Wenn ferner die vier Zahlen s, t, u, v einander gleich wären, so würde $a = 4s^2$, $b = 4s$, also $b = \sqrt{4a}$ sein, und wenn von diesen vier Zahlen drei gleich Null wären, so würde man $a = s^2$, $b = s$, also $b = \sqrt{a}$ haben. Mithin muſs allgemein b stets zwischen den Grenzen $\sqrt{a}$ und $\sqrt{4a}$ enthalten sein.

Diese Bedingungen sind nicht die einzigen, welche stattfinden müssen, wenn die Aufgabe möglich sein soll. Bevor wir dieselbe jedoch in ihrer ganzen Allgemeinheit betrachten, wollen wir zunächst den Fall untersuchen, wo eine der Zahlen s, t, u, v gleich Null ist.

620.

In diesem Falle haben wir die Gleichungen aufzulösen:

$$(2) \qquad \begin{aligned} a &= t^2 + u^2 + v^2 \\ b &= t + u + v, \end{aligned}$$

und die Bedingungen dafür, dafs dies möglich sei, sind folgende:

Erstens: Es darf a nicht von der Form $4^k(8n+7)$ sein; denn man weifs, dafs keine Zahl von dieser Form gleich der Summe von drei Quadraten ist.

Zweitens: Die Zahl b mufs stets von derselben Art wie a sein; ferner aber mufs, in diesem Falle, b zwischen den Grenzen $\sqrt{a}$ und $\sqrt{3a}$ liegen. Denn wenn die drei Zahlen t, u, v einander gleich wären, so würde $a = 3t^2$, $b = 3t$, also $b = \sqrt{3a}$ sein; dies ist der gröfste Wert von b; der kleinste Wert ist, wie im allgemeinen Falle, $b = \sqrt{a}$.

Nachdem dieses festgestellt ist, mufs wenigstens eine der drei Zahlen t, u, v von derselben Art wie a sein. Ist t diese Zahl, so müssen die beiden andern u und v alle beide gerade oder alle beide ungerade sein. Setzt man also:

$$u + v = 2p, \qquad u - v = 2q,$$

also:

$$u = p + q, \qquad v = p - q, \qquad t = b - 2p,$$

so hat man nur noch die Gleichung

$$a = (b - 2p)^2 + (p + q)^2 + (p - q)^2,$$

oder die folgende

$$\frac{3a - b^2}{2} = (3p - b)^2 + 3q^2$$

zu befriedigen.

Hieraus sieht man, dafs die dritte, für die Möglichkeit der Lösung erforderliche Bedingung die ist, dafs sich die Zahl $\frac{3a-b^2}{2}$ auf die Form $x^2 + 3y^2$ bringen lassen mufs. Dies findet statt, wenn $\frac{3a-b^2}{2}$ nur einfache Faktoren von der Form $6n+1$ besitzt, zu denen noch der Faktor 3 hinzutreten kann, wenn b durch 3 teilbar ist, und der Faktor 4, wenn a die Form $8n+3$ besitzt, oder wenn a durch 4^k teilbar ist, in welchem Falle b durch 2^k teilbar sein mufs.

Hat man daher:

$$\frac{3a-b^2}{2} = f^2 + 3g^2,$$

so folgt hieraus:

$$q = g, \qquad p = \frac{b \pm f}{3};$$

und wenn die Werte $t = b - 2p$, $u = p + q$, $v = p - q$ alle drei positiv sind, so hat man in ihnen die Lösung der Gleichungen (2).

621.

Erstes Beispiel.

Ist $a = 678$, $b = 40$, so sind die beiden ersten Bedingungen erfüllt. Ferner hat man $\frac{1}{2}(3a - b^2) = 217 = 7 \cdot 31$, und da die Faktoren 7 und 13 von der Form $6n + 1$ sind, so ist auch die dritte Bedingung erfüllt.

Wir haben also nur noch $7 \cdot 31$ auf die Form $f^2 + 3g^2$ zu bringen, und dies läfst sich auf zweierlei Weise ausführen, einmal mittelst der Werte $f = 5$, $g = 8$, sodann mit Hülfe der Werte $f = 13$, $g = 4$. Da man nun in beiden Fällen positive Werte für die unbestimmten Gröfsen t, u, v findet, so ergeben sich daraus die beiden Lösungen:

$$678 = 10^2 + 23^2 + 7^2 \qquad 678 = 22^2 + 13^2 + 5^2$$
$$40 = 10 + 23 + 7 \qquad 40 = 22 + 13 + 5.$$

622.

Zweites Beispiel.

Ist $a = 8003$, $b = 121$, so sind die beiden ersten Bedingungen erfüllt. Die dritte ist ebenfalls erfüllt, da $\frac{1}{2}(3a - b^2) = 4684 = 4 \cdot 1171$ und 1171 eine Primzahl von der Form $6n + 1$ ist. Diese letztere Zahl läfst sich auf die Form $32^2 + 3 \cdot 7^2$ bringen, und nimmt mit 4 oder $1^2 + 3 \cdot 1^2$ multipliciert die beiden Formen $53^2 + 3 \cdot 25^2$ und $11^2 + 3 \cdot 39^2$ an. Diese beiden Formen führen indessen nur zu einer einzigen Lösung, welche lautet:

$$8003 = 83^2 + 33^2 + 5^2$$
$$121 = 83 + 33 + 5.$$

623.

Mittelst der vorhergehenden Formeln kann man in vielen Fällen nicht nur eine gegebene Zahl, welche nicht von der Form $4^k(8n + 7)$ ist, in drei Quadrate zerlegen, sondern auch bewirken, dafs die Summe der Wurzeln dieser Quadrate gleich einer gegebenen Zahl ist.

Will man eine gegebene Zahl N in drei Trigonalzahlen, deren Grundzahlen zusammengenommen eine gegebene Zahl c ergeben, zerlegen, so mufs man den beiden Gleichungen

$$N = \frac{x^2 + x}{2} + \frac{y^2 + y}{2} + \frac{z^2 + z}{2}$$

$$c = x + y + z$$

Genüge leisten. Offenbar ist aber diese Aufgabe in der soeben gelösten enthalten. Man mufs nämlich $a = 8N + 3$, $b = 2c + 3$ setzen und erhält, nachdem man die Werte von t, u, v gefunden hat, die von x, y, z, nämlich $x = \frac{t-1}{2}$, $y = \frac{u-1}{2}$, $z = \frac{v-1}{2}$.

Ist z. B. $N = 1000$ und $c = 59$, so hat man $a = 8003$ und $b = 121$, und hieraus ergiebt sich nach dem zweiten Beispiel $x = 41$, $y = 16$, $z = 2$. Man hat nämlich:

$$1000 = \frac{41 \,.\, 42}{2} + \frac{16 \,.\, 17}{2} + \frac{2 \,.\, 3}{2}$$

$$59 = 41 + 16 + 2.$$

624.

Wir gehen jetzt zur allgemeinen Auflösung der Gleichungen (1) über. Dieselben ergeben zunächst das folgende bemerkenswerte Resultat:

$$4a - b^2 = (s + t - u - v)^2 + (s + u - t - v)^2 + (s + v - t - u)^2,$$

aus welchem man erkennt, dafs $4a - b^2$ in drei Quadrate zerlegbar sein mufs, und dafs somit eine notwendige Bedingung für die Möglichkeit der Aufgabe die ist, dafs $4a - b^2$ nicht von der Form $4^k(8n + 7)$ sein darf.

Ist $4a - b^2$ nicht von dieser Form, so ist es stets auf eine oder mehrere Arten möglich, der Gleichung

$$4a - b^2 = x^2 + y^2 + z^2$$

zu genügen. Man kann daher x, y, z als bekannt ansehen und erhält, wenn man annimmt, dafs s, t, u, v ebenso wie x, y, z ihrer Gröfse nach geordnet seien, zur Bestimmung von s, t, u, v die vier Gleichungen:

$$s + t + u + v = b$$
$$s + t - u - v = x$$
$$s + u - t - v = y$$
$$s + v - t - u = \pm z.$$

In der letzten Gleichung ist $\pm z$ geschrieben worden, weil es trotz der Voraussetzung $s > t > u > v$ doch nicht immer zutrifft, dafs die Summe $s + v$ gröfser wäre als $t + u$.

Nun müssen die aus den vorstehenden Gleichungen sich ergebenden Werte von s, t, u, v positiv sein, da sonst die Aufgabe nur uneigentlich gelöst wäre. Diese Bedingung läfst sich aber stets erfüllen, wenn man den Wert von b passend beschränkt. Um dies zu zeigen, müssen wir nach einander die Fälle untersuchen, in denen a und b ungerade, oder a und b gerade sind.

625.

Erster Fall: a und b sind ungerade.

In diesem Falle ist $4a - b^2$ von der Form $8n + 3$; man kann somit stets der Gleichung genügen:

$$4a - b^2 = x^2 + y^2 + z^2,$$

in welcher $x^2 + y^2 + z^2$ eine der trinären Formen der Zahl $4a - b$ bezeichnet. Sodann leitet man aus den Gleichungen des vorigen Artikels die folgenden Werte der Unbestimmten s, t, u, v ab:

$$(4)\qquad \begin{aligned} s &= \frac{b + x + y \pm z}{4} \\ t &= \frac{b + x}{2} - s \\ u &= \frac{b + y}{2} - s \\ v &= \frac{b \pm z}{2} - s. \end{aligned}$$

Da die Zahlen b, x, y, z sämtlich ungerade sind, so mufs die eine der beiden Zahlen $b + x + y + z$, $b + x + y - z$ von der Form $4n$, die andere von der Form $4n + 2$ sein. Wenn man daher in dem Ausdrucke für s das Vorzeichen von z passend wählt, so erhält man als Wert von s eine ganze Zahl, und daraus ergeben sich sodann auch ganzzahlige Werte für die anderen unbestimmten Gröfsen. Man sieht hieraus, dafs nur eins von den beiden Vorzeichen von z angewendet werden darf, und dafs es somit für jede trinäre Form von $4a - b^2$ nur eine Lösung giebt.

626.

Weil wir $x > y > z$ vorausgesetzt haben, so ist nunmehr klar, dafs die Werte von s, t, u, v stets positiv sein werden, wenn der

Wert von v im ungünstigsten Falle positiv ist, d. h. im Falle man hat:

$$\frac{b-z}{2}-s>0 \quad \text{oder} \quad \frac{b-x-y-z}{4}>0.$$

Dazu reicht es aus, dafs $x+y+z<b+4$ ist; denn es mufs in dem in Rede stehenden Falle stets $b-x-y-z$ durch 4 teilbar sein. Zufolge der Gleichung: $4a-b^2=x^2+y^2+z^2$ hat man aber:

$$x+y+z<\sqrt{3(a-b)^2},$$

und setzt man $(b+4)^2=3(4a-b^2)$, so ergiebt sich aus dieser Gleichung:

$$b=\sqrt{3a-3}-1.$$

Wenn also b, welches stets kleiner als $\sqrt{4a}$ sein mufs, zu gleicher Zeit gröfser als die Grenze $\sqrt{3a-3}-1$ vorausgesetzt wird, so kann man sicher sein, dafs die aus den vorher angegebenen Formeln sich ergebenden Werte der Unbestimmten s, t, u, v sämtlich positiv sind, und dafs somit die Aufgabe gelöst ist.

Ein einziger Fall macht hiervon eine Ausnahme, nämlich der, in welchem zu gleicher Zeit

$$x=y=z=\sqrt{\frac{4a-b^2}{3}} \quad \text{und} \quad b=\sqrt{3a-3}-1$$

ist. Denn alsdann würde hieraus folgen

$$x+y+z=b+v \quad \text{und somit} \quad v=-1.$$

Indessen ist es leicht zu bewirken, dafs dieser besondere Fall nicht eintreten kann; man braucht dazu nur die untere Grenze von b beliebig wenig zu vergröfsern. Wir setzen daher von nun an voraus, dafs die Grenzen von b seien:

$$b>\sqrt{3a-2}-1, \quad b<\sqrt{4a},$$

und unter dieser Voraussetzung geben die Formeln (4) stets positive Werte für die vier unbestimmten Gröfsen s, t, u, v, selbst wenn b gleich seiner unteren Grenze wäre.

627.

Nimmt man die Grenze $b>\sqrt{3a-2}-1$ an, so hat man die Gewifsheit, dafs die Lösung stets in positiven Zahlen gegeben wird; aber es folgt daraus noch nicht, dafs, wenn man b kleiner als diese Grenze (aber gröfser als $\sqrt{a}$) nähme, die Aufgabe nicht in positiven Zahlen gelöst werden könnte. Vielmehr geschieht es ziemlich häufig, besonders wenn a eine grofse Zahl ist, dafs Werte von b, welche kleiner als die angegebene Grenze sind, Lösungen in positiven Zahlen geben, und diese Lösungen werden allemal, wo solche stattfinden, ebenfalls mit Hülfe der Formeln (4) gefunden. Hiervon wird man später eine grofse Anzahl von Beispielen kennen lernen.

628.

Zweitar Fall: a **und** b **sind gerade.**

Da die Zahlen a und b gerade sind, so ist $4a - b^2$ durch 4 teilbar, und da diese Gröfse durch $x^2 + y^2 + z^2$ dargestellt ist, so müssen die drei Zahlen x, y, z gerade sein. Man vereinfacht daher die Gleichung, wenn man $2x$, $2y$, $2z$ an die Stelle von x, y, z setzt, wodurch sich ergiebt:

$$a - \left(\frac{1}{2}b\right)^2 = x^2 + y^2 + z^2. \tag{5}$$

Ist sodann $a - \left(\frac{1}{2}b\right)^2$ nicht von der Form $4^k(8n + 7)$, so wird dieser Gleichung durch jede eigentliche oder uneigentliche trinäre Form der Zahl $a - \left(\frac{1}{2}b\right)^2$ genügt. Kennt man also die drei Zahlen x, y, z, so erhält man zur Bestimmung der Zahlen s, t, u, v die vier Gleichungen:

$$\begin{aligned} s + t + u + v &= b \\ s + t - u - v &= 2x \\ s + u - t - v &= 2y \\ s + v - t - u &= \pm 2z, \end{aligned}$$

und aus diesen folgt:

$$\begin{aligned} s &= \frac{\frac{1}{2}b + x + y \pm z}{2} \\ t &= \frac{1}{2}b - s + x \\ u &= \frac{1}{2}b - s + y \\ v &= \frac{1}{2}b - s \pm z. \end{aligned} \tag{6}$$

Diese Werte sind in den beiden Fällen, welche durch das doppelte Zeichen dargestellt werden, ganze Zahlen; es ergeben sich somit stets zwei Lösungen, mit Ausnahme des Falles $z = 0$, in welchem sich die beiden Lösungen auf eine einzige reducieren.

629.

Damit nun diese Lösungen gültig seien, müssen die vier Zahlen s, t, u, v positiv sein, und dies findet statt, wenn v im ungünstigsten Falle positiv ist, oder wenn $\frac{\frac{1}{2}b - x - y - z}{2} > 0$ ist.

Diese Bedingung ist, wie im ersten Falle, stets erfüllt, wenn man $b > \sqrt{3a-2} - 1$ annimmt. Übrigens kann man aber in Bezug auf die Lösungen, die in gewissen Fällen, wo b kleiner als die angegebene Grenze ist, stattfinden können, dieselben Bemerkungen machen, wie im Artikel 627.

630.

Je nach den verschiedenen Formen der Zahl a sind in Bezug auf die Lösung der vorigen Aufgabe verschiedene Bemerkungen zu machen.

1) Ist a von der Form $4n+2$, so ist die Zahl $a - \frac{1}{4}b^2$ von einer der Formen $4n+1$, $4n+2$, und diese sind nach der im dritten Hauptteile entwickelten Theorie stets in drei Quadrate zerlegbar. Mithin sind in diesem Falle die gegebenen Gleichungen stets auflösbar.

2) Ist a von der Form $8n+4$, so kann man den gegebenen Gleichungen auf zweierlei Arten genügen, indem die Zahlen s, t, u, v entweder alle gerade oder alle ungerade sind. Diese beiden Lösungen werden gegeben durch die Formeln (6), jedoch darf in diesem Falle $a - \frac{1}{4}b^2$ nicht von der Form $4^k(8n+7)$ sein.

3) Ist a von der Form $8(2n+1)$, so müssen die Zahlen s, t, u, v gerade sein, und ist allgemein a von der Form $2^{2k+1}(2n+1)$, so müssen diese Zahlen durch 2^k teilbar sein. Ihre Summe mufs daher ebenfalls durch 2^k und sogar durch 2^{k+1} teilbar sein, weil der Quotient gerade sein mufs. Ist daher $a = 2^{2k}a'$, $b = 2^k b'$, $s = 2^k s'$, $t = 2^k t'$, $u = 2^k u'$, $v = 2^k v'$, so reduciert sich die Lösung der gegebenen Gleichung auf diejenige der Gleichungen:

$$a' = s'^2 + t'^2 + u'^2 + v'^2$$
$$b' = s' + t' + u' + v'.$$

Die letztere ist immer möglich, da alsdann a' von der Form $4n+2$ ist. Man wird jedoch bemerken, dafs es in diesem Falle nicht ausreicht, dafs b zwischen den Grenzen $\sqrt{4a}$ und $\sqrt{3a-2} - 1$ enthalten sei, es mufs vielmehr noch b durch 2^{k+1} teilbar sein. Da die andern Werte von b, welche zwischen den angegebenen Grenzen liegen, der Aufgabe nicht genügen können, so findet man, dafs für dieselben $a - \frac{1}{4}b^2$ von der Form $4^k(8n + 7)$ wird.

Man könnte auch unter die Grenze $\sqrt{3a - 2} - 1$ hinabgehen, um zu versuchen, ob es noch andere Lösungen giebt; jedoch müssen die Werte von b stets durch 2^{k+1} teilbar sein.

4) Ist endlich a von der Form $2^{2k+2}(2n + 1)$, wo k nicht Null ist, so mufs jede der Zahlen s, t, u, v durch 2^k und ihre Summe b durch 2^{k+1} teilbar sein. Setzt man also $a = 2^{2k}a'$, $b = 2^k b'$, $s = 2^k s'$, $t = 2^k t'$, $u = 2^k u'$, $v = 2^k v'$, so reducieren sich die gegebenen Gleichungen auf die folgenden:

$$a' = s'^2 + t'^2 + u'^2 + v'^2$$
$$b' = s' + t' + u' + v',$$

in denen a' von der Form $8n + 4$ ist, und die somit zum zweiten Falle gehören, sowie der vorhergehende zum ersten gehörte.

631.

Die in diesem Paragraphen entwickelte Theorie bildet die Grundlage für den **allgemeinen Beweis des Fermat'schen Satzes**, mit dem wir uns im folgenden Paragraphen beschäftigen werden. Dieselbe kann auch bei mehreren andern Untersuchungen der unbestimmten Analysis von Nutzen sein.

Man erkennt bereits, dafs diese Theorie den beiden ersten Fällen des Satzes über die Polygonalzahlen eine bemerkenswerte Erweiterung giebt, insofern sie die Mittel an die Hand giebt, nicht nur, um eine gegebene Zahl in drei oder vier Quadrate zu zerlegen, sondern auch, um zu bewirken, dafs die Summe der Wurzeln dieser Quadrate gleich einer gegebenen, zwischen gewissen Grenzen liegenden, Zahl werde.

§ 2.

Beweis des Fermat'schen Satzes über die Polygonalzahlen und einiger andrer analoger Sätze.

632.

Wir haben oben (Artikel 156) gezeigt, dafs eine Polygonalzahl von der Ordnung $m + 2$ zum allgemeinen Ausdruck

$$\frac{m}{2}(x^2 - x) + x$$

hat, wo x die Basis der Polygonalzahl oder die Stelle bezeichnet, welche sie unter den Polygonalzahlen derselben Ordnung einnimmt. Dieser Ausdruck beweist, dafs 0 und 1 zwei den Polygonalzahlen aller Ordnungen gemeinsame Glieder sind.

Die **Trigonalzahlen** entspringen aus der Annahme $m = 1$ und die **Quadratzahlen** aus der Annahme $m = 2$. In diesen beiden ersten Fällen ist es gleichgültig, ob man x positiv oder negativ nimmt; man erhält nur eine und dieselbe Reihe, nämlich die der Trigonalzahlen oder die der Quadratzahlen.

Ist aber $m > 2$, so giebt der allgemeine Ausdruck der Polygonalzahlen zwei verschiedene Reihen für jede Ordnung, je nachdem man x positiv oder negativ annimmt. Diese beiden Reihen hängen mit einander durch dasselbe Gesetz zusammen, so dafs die eine nur die Fortsetzung der andern ist. Bei der Anwendung auf den Fermat'schen Satz sieht man jedoch jetzt von der mit negativen Werten von x gebildeten Reihe ab und betrachtet nur die, welche aus den positiven Werten entstanden ist, wie die Tabelle in No. 156 sie darstellt.

633.

Nachdem dieses vorausgeschickt ist, müssen wir beweisen, dafs eine beliebige Zahl sich aus so vielen Polygonalzahlen von der Ordnung $m + 2$ zusammensetzen läfst, als die Zahl $m + 2$ Einheiten enthält.

Die Anzahl der Polygonalzahlen, aus denen sich eine gegebene Zahl zusammensetzen läfst, könnte jedoch kleiner als $m + 2$ sein; betrachtet man aber Null als die ergänzende Polygonalzahl, so kann man die Anzahl der Polygonalzahlen immer gleich $m + 2$ annehmen, in Übereinstimmung mit dem Wortlaut des Satzes.

Da dieser Satz bereits im ersten Bande für den Fall der Trigonalzahlen und der Quadratzahlen, welche die beiden ersten Fälle des allgemeinen Satzes bilden, bewiesen worden ist, so betrachten wir nur die weiteren Fälle, in denen $m > 2$ ist, nämlich $m = 3$ für die Pentagonalzahlen, $m = 4$ für die Hexagonalzahlen, u. s. w.

Nach dem, was wir im vorhergehenden Paragraphen bewiesen haben, bleiben uns nur noch einige wenige Hülfssätze zu begründen übrig, ehe wir zu dem Satze gelangen, welcher den Gegenstand dieses Paragraphen ausmacht.

634.

Satz 1. Ist a eine beliebige ungerade Zahl, welche nicht unter den zehn folgenden 1, 3, 5, 7, 11, 15, 19, 23, 37, 71 enthalten ist, so giebt es stets zwei aufeinanderfolgende ungerade Zahlen c und $c-2$ von der Beschaffenheit, dafs man, wenn man nach einander $b=c$ und $b=c-2$ setzt, den Gleichungen

$$a = s^2 + t^2 + u^2 + v^2$$

$$b = s + t + u + v$$

genügen kann und zwar mit der Bedingung, dafs die Wurzeln s, t, u, v sämtlich positiv sind.

1) Ist nämlich die Differenz zwischen den Grenzen $\sqrt{4a}$ und $\sqrt{3a-2}-1$ gleich 4 oder gröfser als 4, so giebt es zwischen diesen Grenzen wenigstens vier aufeinanderfolgende ganze Zahlen. Von diesen vier Zahlen sind zwei ungerade, und können diese für b genommen werden. Die gegebenen Gleichungen sind also in den beiden Fällen mittelst der Formeln des Artikels 625 auflösbar.

Setzt man nun $\sqrt{4a} - \sqrt{3a-2} + 1 = 4$, so findet man $a = 121$; mithin besitzt die Zahl 121 und alle ungeraden Zahlen, die gröfser als 121 sind, die erwähnte Eigenschaft.

2) Untersucht man sodann alle ungeraden Zahlen unter 121, so findet man, dafs es für einen Teil dieser Zahlen zwei Werte von b giebt, die zwischen den Grenzen $\sqrt{4a}$ und $\sqrt{3a-2}-1$ liegen, und für einen andern Teil nur einen Wert von b.

Im zweiten Falle mufs man mit Hülfe der Formeln des Artikel 625 versuchen, ob nicht die ungerade Zahl, welche nächstniedriger, wenn auch kleiner als die Grenze $\sqrt{3a-2}-1$ ist, für b genommen werden und zu einer Lösung der Gleichungen (1) führen kann, in welcher die Wurzeln s, t, u, v positiv genommen sind.

Dieser Versuch führt bei den meisten der betreffenden Zahlen zum Ziele; es bleiben nur die zehn oben angeführten Werte von a, nämlich: 1, 3, 5, 7, 11, 15, 19, 23, 37, 71 übrig, für welche es nur einen Wert von b giebt, welcher der Aufgabe genügt.

Folgende Tabelle enthält das Resultat dieser Rechnungen:

a	b	a	b
119 ... 111	21, 19	29 ... 25	9, 7*
109	19, 17*	23	9
107 ... 91	19, 17	21	9, 7
89, 87	17, 15*	19	7
85 ... 73	17, 15	17	7, 5*
71	15	15	7
69, 67	15, 13*	13	7, 5*
65 ... 57	15, 13	11	5
55 ... 49	13, 11*	9	5, 3*
47 ... 43	13, 11	7	5
41, 39	11, 9*	5	3
37	11	3	3
35 ... 31	11, 9	1	1

635.

Um die Konstruktion dieser Tabelle leichter verständlich zu machen, wollen wir von jedem der drei Fälle, welche sie darstellt, Beispiele geben.

Erster Fall. Setzt man $a = 65$, so findet man für b die beiden Werte 15 und 13, welche zwischen den Grenzen $\sqrt{260}$ und $\sqrt{193} - 1$ liegen. Dieselben Werte würden auch gelten für die Zahlen 63, 61, 59, 57. So sieht man aus der Tabelle, dafs für alle ungeraden Zahlen zwischen 65 und 57 die entsprechenden Werte von b lauten: 15 und 13.

Zweiter Fall. Setzt man $a = 41$, so findet man zwischen den Grenzen $\sqrt{164}$ und $\sqrt{121} - 1$ nur die eine ungerade Zahl 11. Versucht man aber den folgenden Wert $b = 9$, obwohl er kleiner ist als die Grenze $\sqrt{121} - 1$, so findet man mittelst der Formeln in No. 625, dafs derselbe ebenfalls der Aufgabe genügt, da man $41 = 6^2 + 2^2 + 1^2$ und $9 = 6 + 2 + 1$ hat. Es sind daher in die Tabelle die Werte $b = 11$, $b = 9$, welche zu der Zahl $a = 41$ gehören, aufgenommen worden; jedoch haben wir den zweiten Wert $b = 9$ durch ein Sternchen * unterschieden, um anzudeuten, dafs er kleiner als die Grenze $\sqrt{3a - 2} - 1$ ist.

Dritter Fall. Setzt man $a = 71$, so findet man nur eine ungerade Zahl 15, welche zwischen den, zu diesem Werte von a gehörigen, Grenzen $\sqrt{284}$ und $\sqrt{211} - 1$ enthalten ist. Versucht man darauf den Wert $b = 13$, so ergiebt sich aus den Formeln in No. 625, dafs derselbe nicht zulässig ist, weil eine der Unbestimmten s, t, u, v negativ ist. Es ist daher in die Tabelle nur der eine Wert $b = 15$ als zu der Zahl $a = 71$ gehörig aufgenommen worden.

636.

Satz 2. Es sei a eine beliebige ungerade Zahl; ferner seien $c, c - 2, c - 4, \ldots d$ die verschiedenen aufeinanderfolgenden Werte von b, für welche sich die Gleichungen (1) in positiven Zahlen auflösen lassen, und endlich r ein beliebiges Glied der Reihe $0, 1, 2, 3, \ldots m - 2$.

Betrachtet man dann die Funktion:

$$Z = \frac{m}{2}(a - b) + b + r,$$

in welcher b und r Glieder aus den für sie festgesetzten Reihen sind, und nennt man P oder $P(a)$ den kleinsten und Q oder $Q(a)$ den gröfsten Wert dieser Funktion, so hat man:

$$P(a) = \frac{m}{2}(a - c) + c$$

$$Q(a) = \frac{m}{2}(a - d) + d + m - 2.$$

Nachdem dieses festgestellt ist, behaupte ich: 1) dafs alle zwischen $P(a)$ und $Q(a)$ liegenden ganzen Zahlen durch die Funktion Z dargestellt werden; 2) dafs alle diese Zahlen in $m + 2$ Polygonalzahlen von der Ordnung $m + 2$ zerlegt werden können.

1) Ist nämlich $Z = P(a) + p$, wo p eine beliebige Zahl zwischen 1 und $Q(a) - P(a)$ ist, so erhält man zur Bestimmung von b und r die Gleichung:

$$p = (m - 2)\frac{c - b}{2} + r.$$

Da nun p und $m - 2$ gegebene Zahlen sind, so sieht man, dafs r der Rest ist, welcher bei der Division von p durch $m - 2$ übrig bleibt, und dafs man, wenn man den Quotienten dieser Division q nennt, $\frac{c - b}{2} = q$ oder $b = c - 2q$ erhält.

Hieraus folgt, dafs man für jeden gegebenen Wert von p nur eine Lösung* hat, ausgenommen den Fall, wo der Rest r gleich Null ist. Denn alsdann kann man ohne Unterschied $r = 0$ und $r = m - 2$ setzen, und es giebt daher in diesem Falle zwei Lösungen. Wenn es sich jedoch um die letzte der Zahlen $P(a) + p$, welche gleich $Q(a)$ ist, handelt, mufs man $r = m - 2$ nehmen, und dann giebt es nur eine Lösung, weil für $r = 0$: $b = d - 2$ sein würde, eine Zahl, die nicht in der Reihe $c, c - 2, c - 4, \ldots d$ enthalten ist.

2) Ist $P(a) + p$ oder $P + p$ irgend eine Zahl aus der Reihe $P, P + 1, P + 2, \ldots Q$, so kann man immer

$$P + p = \frac{m}{2}(a - b) + b + r$$

setzen. Substituiert man daher in diesem Ausdruck die Werte von a und b, welche durch die Gleichungen (1) gegeben werden, so erhält man:

$$P + p = \frac{m}{2}(s^2 - s + t^2 - t + u^2 - u + v^2 - v) + r + s + t + u + v.$$

Bezeichnet man also allgemein durch pol. x die Polygonalzahl von der Ordnung $m + 2$, deren Grundzahl x ist, so ist:

$$P + p = \text{pol. } s + \text{pol. } t + \text{pol. } u + \text{pol. } v + r \text{ pol. } 1,$$

d. h. die Zahl $P + p$ ist zusammengesetzt aus vier Polygonalzahlen, deren Grundzahlen s, t, u, v sind, und aus r Polygonalzahlen, welche gleich der Einheit sind. Da nun $r < m - 2$ oder höchstens gleich $m - 2$ ist, so folgt daraus, dafs die Zahl $P + p$ aus $m + 2$ Polygonalzahlen von der Ordnung $m + 2$ zusammengesetzt ist, von denen $m - 2$ gleich Null oder 1 sind.

637.

Satz 3. Ist $a = 121$, so ist der gröfste Wert von b gleich 21, und alsdann ist $P(a) = \frac{m}{2}(a - b) + b = 50m + 21$, eine Zahl, die nach dem vorigen Satze die Summe von vier Polygonalzahlen von der Ordnung $m + 2$ ist.

Dies vorausgeschickt, behaupte ich, dafs jede ganze Zahl, welche gröfser ist als $50m + 21$ die Summe von $m + 2$ Polygonalzahlen von der Ordnung $m + 2$ ist, von denen $m - 2$ gleich Null oder gleich 1 sind.

Ist nämlich a eine beliebige ungerade Zahl, die gröfser ist als 121, so giebt es stets, dem Satze 1 zufolge, zwei aufeinanderfolgende ungerade Zahlen $c, c - 2$, welche zwischen den Grenzen $\sqrt{4a}$ und $\sqrt{3a - 2} - 1$ liegen, und aus dem vorigen Satze folgt, dafs, wenn man

$$P(a) = \frac{m}{2}(a - c) + c$$

$$Q(a) = \frac{m}{2}(a - c + 2) + c - 2 + m - 2$$

setzt, alle zwischen $P(a)$ und $Q(a)$ liegenden ganzen Zahlen die Summe von $m + 2$ Polygonalzahlen von der Ordnung $m + 2$ sind.

Betrachten wir jetzt die Zahl $P(a + 2)$, und ist c' die gröfste in $\sqrt{4a + 8}$ enthaltene ungerade Zahl, so wie c die gröfste in $\sqrt{4a}$ enthaltene ungerade Zahl ist, so müssen wir zwei Fälle unterscheiden, je nachdem $c' = c$ oder $c' = c + 2$ ist; denn offenbar kann man keine andere Annahme über den Wert von c' machen.

638.

Ist $c' = c$, so genügt es, in dem Ausdruck $P(a)$ $a + 2$ an die Stelle von a zu setzen, wodurch man erhält:

$$P(a + 2) = \frac{m}{2}(a + 2 - c) + c.$$

Vergleicht man diesen Wert mit dem von $Q(a)$, so ergiebt sich:

$$P(a + 2) = Q(a) - m + 4.$$

Da nun der kleinste Wert von m gleich 3 ist, so ist ersichtlich, dafs die Zahl $P(a + 2)$ nur in dem einen Falle $m = 3$, in welchem $P(a + 2) = Q(a) + 1$ ist, gröfser ist als $Q(a)$. In jedem andern Falle ist $P(a + 2)$ in der Reihe $P(a)$, $P(a) + 1$, $P(a) + 2, \cdots Q(a)$ enthalten.

Wir haben aber gesehen, dafs alle Zahlen dieser Reihe aus $m + 2$ Polygonalzahlen von der Ordnung $m + 2$ zusammengesetzt sind, und in dem Falle, wo das Glied $P(a + 2)$ aus dieser Reihe heraustrăte und somit zu derselben das Glied $Q(a) + 1$ hinzukäme, würde dieses Glied nur aus vier Polygonalzahlen gebildet sein. Mithin sind alle zwischen $P(a)$ und $P(a + 2)$ einschliefslich enthaltenen ganzen Zahlen aus $m + 2$ Polygonalzahlen von der Ordnung $m + 2$ zusammengesetzt.

639.

Ist zweitens $c' = c + 2$, so hat man:

$$P(a + 2) = \frac{m}{2}(a - c) + c + 2,$$

und somit:

$$P(a + 2) = P(a) + 2 = Q(a) - 2(m - 3).$$

Hieraus sieht man, dafs $P(a+2)$ stets kleiner als $Q(a)$ ist, den einen Fall $m = 3$ ausgenommen, in welchem $P(a+2) = Q(a)$ ist. Mithin sind alle zwischen $P(a)$ und $P(a+2)$ einschliefslich enthaltenen ganzen Zahlen in $m+2$ Polygonalzahlen von der Ordnung $m+2$ zerlegbar.

640.

Beachtet man jetzt, dafs im ersten Falle $P(a+2) = P(a) + m$ und im zweiten $P(a+2) = P(a) + 2$ ist, so kann man daraus schliefsen, dafs, wenn man von einer gegebenen Zahl a z. B. $a = 121$ aus rechnet, die Reihe $P(a)$, $P(a+2)$, $P(a+4)$, ... welche dadurch gebildet ist, dafs man a stets um zwei Einheiten vermehrt, sich ins Unendliche erstreckt. Mithin sind alle ganzen Zahlen von $P(121)$ oder $50m + 21$ an bis ins Unendliche in $m+2$ Polygonalzahlen von der Ordnung $m+2$ zerlegbar.

Es bleibt nur noch zu beweisen, dafs alle Zahlen, welche kleiner sind als $50m + 21$, dieselbe Eigenschaft besitzen. Dies ist der Zweck des folgenden Satzes, durch welchen der allgemeine Beweis des Fermat'schen Satzes vervollständigt wird.

641.

Satz 4. Jede ganze Zahl, welche kleiner als $P(121)$ oder $50m+21$ ist, ist die Summe von $m+2$ Polygonalzahlen von der Ordnung $m+2$, von denen $m-2$ gleich Null oder gleich 1 sind.

Ist zuerst $a = 5$, so sieht man aus der Tabelle in No. 634, dafs 3 der einzige zugehörige Wert von b ist. Setzt man also $c = d = 3$, so geben die Formeln in No. 636:

$$P(5) = m + 3$$
$$Q(5) = 2m + 1.$$

Unterhalb $P(5)$ hat man die Zahlen 1, 2, 3, ... $m+2$; dieselben sind aus sovielen der Einheit gleichen Polygonalzahlen zusammengesetzt, als sie Einheiten besitzen. Mithin gilt der Satz auch in Bezug auf diese; ja man sieht, dafs die letzte von diesen Zahlen $m+2$ durch eine einzige Polygonalzahl dargestellt wird, nämlich durch pol. 2.

Die Zahlen von $P(5)$ bis $Q(5)$ sind so, wie der Satz besagt, zusammengesetzt, da diese Eigenschaft allgemein für alle Zahlen von

$P(a)$ bis $Q(a)$ stattfindet. Mithin ist unser Satz bestätigt bis zur Zahl $Q(5) = 2m + 1$.

Ist jetzt $a = 7$, so erhält man der Tabelle in No. 634 zufolge $c = d = 5$, und dies giebt:

$$P(7) = m + 5$$

$$Q(7) = 2m + 3.$$

Da 3 der kleinste Wert von m ist, so sieht man, daſs $P(7)$ nur in dem einen Falle, wo $m = 3$ ist, gröſser als $Q(5)$ ist, und zwar hat man alsdann: $P(7) = Q(5) + 1$. Mithin ist die allgemeine Eigenschaft bestätigt für alle Zahlen von 1 bis $Q(7) = 2m + 3$.

In dieser Weise könnte man die Untersuchung der besonderen Fälle bis zu $P(121)$ fortsetzen. Indessen beschränken wir uns auf einige allgemeine Fälle, welche die Auflösung aller besonderen Fälle einschlieſsen. Es handelt sich allgemein darum, zu untersuchen, ob alle zwischen $P(a)$ und $P(a+2)$ enthaltenen Zahlen dem Satze Genüge leisten, oder ob für einige von diesen Zahlen eine Ausnahme stattfindet.

642.

Erster Fall. Nehmen wir an, daſs es für die Zahl a zwei entsprechende Werte von b, nämlich c und $c-2$, und für die Zahl $a+2$ einen oder mehrere Werte von b gäbe, deren gröſster c sei, so finden wir, wie im Artikel 638, daſs alle Zahlen von $P(a)$ bis $P(a+2)$ dem Satze Genüge leisten.

Zweiter Fall. Nimmt man an, daſs, wenn c und $c-2$ die beiden zu der Zahl a gehörigen Werte von b sind, $c+2$ der gröſste oder einzige Wert von b sei, welcher der Zahl $a+2$ entspricht, so findet man ebenfalls, wie in No. 639, daſs alle Zahlen von $P(a)$ bis $P(a+2)$ dem Satze Genüge leisten.

Dritter Fall. Nimmt man an, daſs b nur den einen der Zahl a entsprechenden Wert c habe, und daſs es für $a+2$ einen oder mehrere Werte von b gebe, deren gröſster $c+2$ sei, so ist in diesem Falle:

$$P(a) = \frac{m}{2}(a-c) + c$$

$$Q(a) = \frac{m}{2}(a-c) + c + m - 2$$

$$P(a+2) = \frac{m}{2}(a-c) + c + 2.$$

Hieraus ist ersichtlich, dafs $P(a+2)$ nur in dem einen Falle $m=3$ gröfser als $Q(a)$ sein kann, und dafs sodann $P(a+2)=Q(a)+1$ ist. In allen andern Fällen ist $P(a+2)$ kleiner oder höchstens ebenso grofs als $Q(a)$, und es genügen somit alle Zahlen von $P(a)$ bis $P(a+2)$ unserm Satze.

Vierter Fall. Nimmt man endlich an, dafs es für a den einzigen Wert $b=c$ und für $a+2$ einen oder mehrere Werte von b gebe, deren gröfster c sei, so hat man:

$$P(a)=\frac{m}{2}(a-c)+c$$

$$Q(a)=\frac{m}{2}(a-c)+c+m-2$$

$$P(a+2)=\frac{m}{2}(a+2-c)+c.$$

Man sieht, dafs in diesem Falle zwischen $Q(a)$ und $P(a+2)$ eine Lücke existiert, denn es ist $P(a+2)=Q(a)+2$, und die dazwischen liegende Zahl, welche fehlt, ist $Q(a)+1$. Abgesehen von dieser Ausnahme gilt somit der Satz auch bis zu $P(a+2)$, wenn er bis zu $P(a)$ bewiesen ist.

643.

Wir brauchen jetzt nur noch einen Blick auf die Tabelle in No. 634 zu werfen, um zu finden, welches die Zahlen $Q(a)+1$ sind, die zu den Ausnahmen im vierten Falle gehören. Diese Zahlen reducieren sich auf vier, nämlich:

$$\begin{aligned} Q(7)+1 &= 2m+4 \\ Q(15)+1 &= 5m+6 \\ Q(23)+1 &= 8m+8 \\ Q(37)+1 &= 14m+10. \end{aligned}$$

Der allgemeine Ausdruck von pol. x (Artikel 632) giebt aber:

$$\begin{aligned} \text{pol.}\,2 &= m+2 \\ \text{pol.}\,3 &= 3m+3 \\ \text{pol.}\,4 &= 6m+4 \\ \text{pol.}\,5 &= 10m+5, \end{aligned}$$

und mit Hülfe dieser Polygonalzahlen kann man die vorstehenden vier Zahlen folgendermafsen ausdrücken:

$$\begin{aligned} 2m + 4 &= 2 \text{ pol. } 2 \\ 5m + 6 &= 4 \text{ pol. } 2 + (m-2) \text{ pol. } 1 \\ 8m + 8 &= \text{pol. } 4 + 2 \text{ pol. } 2. \\ 14m + 10 &= \text{pol. } 5 + \text{pol. } 3 + \text{pol. } 2. \end{aligned}$$

In einem einzigen Falle, nämlich im Falle $5m + 6$, sind $m + 2$ Polygonalzahlen erforderlich; die drei andern erfordern nur zwei oder drei. Mithin sind die Ausnahmen keine Ausnahmen, vielmehr befolgen sie ebenfalls den allgemeinen Satz. Es ist daher jede ganze Zahl die Summe von $m + 2$ Polygonalzahlen von der Ordnung $m + 2$, von denen $m - 2$ gleich Null oder gleich 1 sind.

644.

Der Beweis, den wir soeben von dem Fermat'schen Satze gegeben haben, setzt als bekannt nur den Beweis des ersten Falles dieses Satzes, welcher die Trigonalzahlen betrifft, voraus. Dieser Satz bildet aber einen Teil der allgemeinen Theorie der trinären Formen der Zahlen, die wir im dritten Hauptteile auseinandergesetzt haben. Wir haben ferner gezeigt (No. 157), daſs, wenn man diesen ersten Teil als bewiesen annimmt, daraus unmittelbar folgt, daſs jede ganze Zahl die Summe von vier Quadraten ist, was den zweiten Fall des Fermat'schen Satzes bildet. Mithin folgen aus dem ersten Falle alle andern.

Da man kaum bezweifeln kann, daſs Fermat wirklich im Besitze des allgemeinen Beweises seines Satzes über die Polygonalzahlen gewesen ist, so muſs man glauben, daſs dieser Beweis vollständig verschieden von demjenigen war, den wir soeben dargelegt haben. In der That scheint es zunächst, daſs Fermat keine Kenntnis von der Theorie der trinären Formen der Zahlen hatte, den Fall der Zahlen von der Form $8n + 3$ ausgenommen, welcher auf den ersten Fall seines Satzes zurückkommt, den er jedoch nicht erwähnt, und ferner den Fall der Primzahlen von der Form $8n - 1$ ausgenommen, die, wie er behauptet, von der Form $p^2 + q^2 + 2r^2$ sind, deren Doppeltes die Summe von drei Quadraten ist. Wenn Fermat die betreffende Theorie gekannt hätte, so würde er diese letztere Eigenschaft nicht auf die Primzahlen von der Form $8n - 1$ beschränkt haben, da sie allgemein für alle ungeraden Zahlen gilt. Wenn ferner der Beweis von Fermat derselbe gewesen wäre, wie der vorhergehende, oder sich auf dieselben Prinzipien gegründet hätte, so würde er zweifellos dem Satze die Bedingung hinzugefügt haben, welche demselben eine gröfsere Genauigkeit und Eleganz verleiht, nämlich die, dafs unter den $m+2$ Polygonalzahlen von der Ordnung $m+2$, aus denen sich eine gegebene Zahl zusammensetzen läfst, stets $m-2$ sich befinden, die man gleich Null oder gleich 1 annehmen kann.

Es hat daher Cauchy eine wichtige Entdeckung in der Theorie der Zahlen gemacht, indem er zuerst den Beweis des Fermat'schen Satzes, der durch die von ihm hinzugefügte Bedingung präciser geworden war, angab. Man kann jedoch noch weiter gehen und beweisen, dafs, wenn man eine gewisse für jede Ordnung der Polygonalzahlen leicht anzugebende Grenze überschritten hat, jede gegebene Zahl sich in vier oder höchstens fünf Polygonalzahlen zerlegen läfst. Dieser neue Satz soll den Gegenstand der folgenden Untersuchungen bilden.

645.

Nimmt man an, dafs sich die gegebene Zahl A in vier Polygonalzahlen von der Ordnung $m+2$ zerlegen lasse, so mufs man

$$A = \frac{m}{2}(a-b)+b$$

setzen und die Zahlen a und b so bestimmen, dafs sich die Gleichungen

$$(1)\qquad \begin{aligned} a &= s^2+t^2+u^2+v^2 \\ b &= s+t+u+v \end{aligned}$$

in positiven ganzen Zahlen lösen lassen. Diesen Gleichungen kann man aber genügen, wenn a und b gleichartig sind, wenn ferner b zwischen den Grenzen $\sqrt{4a}$ und $\sqrt{3a-2}-1$ liegt, und wenn endlich a ungerade oder das Doppelte einer ungeraden Zahl ist. Es giebt noch andere Werte von a und b, welche die Auflösung der Gleichungen (1) gestatten würden; indessen reicht es aus, die soeben angeführten zu betrachten.

646.

Setzt man nach einander $b=\sqrt{4a}$, $b=\sqrt{3a-2}-1$, so findet man, dafs die einer gegebenen Zahl A zugehörigen Grenzen von b die folgenden sind:

$$b < \frac{2m-4}{m} + \sqrt{\frac{8A}{m}+\left(\frac{2m-4}{m}\right)^2}$$

$$b > \frac{m-6}{2m} + \sqrt{\frac{6A}{m}-3+\left(\frac{m-6}{2m}\right)^2},$$

und setzt man A als eine grofse Zahl voraus, so hat man nahezu:

$$b < \sqrt{\frac{8A}{m}}, \quad b > \sqrt{\frac{6A}{m}}.$$

Kennt man vermittelst dieser Grenzen die verschiedenen Werte von b, so ergiebt sich a mit Hülfe der Gleichung $a = b + \frac{2}{m}(A - b)$, und da $a - b$ gerade sein soll, so folgt, dafs $\frac{A-b}{m}$ eine ganze Zahl ist. Wird diese ganze Zahl gleich x gesetzt, so erhält man:

$$(2) \qquad \begin{aligned} b &= A - mx \\ a &= b + 2x. \end{aligned}$$

Nachdem dieses vorausgeschickt ist, können wir die folgenden Sätze beweisen.

647.

Satz 5. Ist m eine ungerade Zahl und A irgendeine gegebene Zahl, welche gröfser ist als $28m^3$, so ist A in vier Polygonalzahlen von der Ordnung $m + 2$ zerlegbar.

Da die Grenzen von b bekannt sind, so kennt man auch die von x aus der Gleichung: $x = \frac{A-b}{m}$. Nimmt man an, dafs die Differenz der Grenzen von b gleich $2m$ oder gröfser als $2m$ sei, so ist die Differenz der Grenzen von x gleich 2 oder gröfser als 2; mithin besitzt x wenigstens zwei aufeinanderfolgende Werte h, $h + 1$. Und da m ungerade ist, so ist von den beiden entsprechenden Werten von b, welche sich aus der Gleichung $b = A - mx$ ergeben, der eine gerade, der andere ungerade. Nimmt man den ungeraden Wert, so ist die Zahl a ebenfalls ungerade, da $a = b + 2x$ ist; es lassen sich demnach die Gleichungen (1) auflösen. Damit also die Zahl A in vier Polygonalzahlen von der Ordnung $m + 2$ zerlegbar sei, reicht es aus, dafs man

$$\sqrt{\frac{8A}{m}} - \sqrt{\frac{6A}{m}} > 2m \quad \text{oder} \quad A > m^3(\sqrt{8} + \sqrt{6})^2$$

oder einfacher $A > 28m^3$ habe, was mit dem Wortlaut des Satzes übereinstimmt.

Man sieht, dafs dieser Satz von grofser Allgemeinheit ist, da er auf alle Zahlen, welche gröfser als die Grenze $28m^3$ sind, Anwendung findet und nur voraussetzt, dafs die durch $m + 2$ bezeichnete Ordnung der Polygonalzahlen ungerade sei.

648.

Satz 6. Ist m eine gerade Zahl, so ist jede ungerade Zahl $A > 7m^3$ in vier Polygonalzahlen von der Ordnung $m+2$ zerlegbar und jede gerade Zahl $A + 1 > 7m^3$ zerlegbar in fünf Polygonalzahlen, von denen eine gleich der Einheit ist.

Ist nämlich A ungerade und m gerade, so folgt unmittelbar aus den Gleichungen (2), dafs, welches auch x sein möge, a und b ungerade Zahlen sind. Mithin ist die Auflösung der Gleichungen (1) immer möglich, wenn es einen zwischen den erforderlichen Grenzen liegenden Wert von x giebt, d. h. wenn die Grenzen von b um eine Gröfse, die gröfser als m ist, verschieden sind. Es mufs daher sein:

$$\sqrt{\frac{8A}{m}} - \sqrt{\frac{6A}{m}} > m,$$

also:

$$A > 7m^3.$$

Was den zweiten Teil des Satzes anlangt, so folgt derselbe unmittelbar aus dem ersten, da man, wenn man von der gegebenen Zahl 1 abzieht, eine ungerade Zahl erhält, die in vier Polygonalzahlen von der Ordnung $m + 2$ zerlegbar ist.

649.

Satz 7. Ist m eine gerademal-gerade Zahl oder von der Form $4n$, so ist jede gerade Zahl $A > 28m^3$ in vier Polygonalzahlen von der Ordnung $m + 2$ zerlegbar.

Man hat nämlich $a = A - (m - 2)x$. Giebt es nun für x zwei zwischen den betreffenden Grenzen liegende Werte $x = h$, $x = h + 1$, oder hat man $A > 28m^3$, und nennt man a und a' die beiden entsprechenden Werte von a, so ist: $a - a' = m - 2 = 4n - 2$. Mithin ist von den beiden Zahlen a, a' die eine ungerademal-gerade, und die Auflösung ist möglich.

650.

Satz 8. Ist m eine ungerademal-gerade Zahl oder von der Form $4n + 2$, so ist jede ungerademal-gerade Zahl $A > 7m^3$ in vier Polygonalzahlen von der Ordnung $m + 2$ zerlegbar.

Denn da $a = A - (m - 2)x$ ist und $m - 2$ die Form $4n$ besitzt, so ist, welches auch x sein möge, die Zahl a ungerademal-gerade. Es braucht also nur x einen Wert zu haben, d. h. $A > 7m^3$ zu sein, alsdann ist die Auflösung stets möglich.

Mittelst dieser Sätze wird bewiesen, dafs jede Zahl A, welche eine gewisse Grenze übersteigt, in vier Polygonalzahlen von der Ordnung $m+2$ zerlegt werden kann, den Fall allein ausgenommen, wo $m+2$ und A beide durch 4 teilbar sind. Aber auch dieser Fall kann mittelst des folgenden Satzes auf die Hälfte seiner Ausdehnung zurückgeführt werden.

651.

Satz 9. Ist m ungerademal-gerade oder von der Form $4m'+2$, so ist jede gerademal-gerade Zahl $4A' > 28m^3$ in vier Polygonalzahlen von der Ordnung $m+2$ zerlegbar, vorausgesetzt, dafs $A'-m'$ ungerade ist.

Es ist nämlich $a = 4A' - 4m'x$ und $b = 4A' - (4m'+2)x$. Setzt man nun $\frac{1}{4}a = a'$ und $\frac{1}{2}b = b'$, so kann die Auflösung der Gleichungen (1) vermittelst der Auflösung derselben Gleichungen gegeben werden, wenn man in diesen a' und b' an die Stelle von a und b setzt. Alsdann hätte man:

$$a' = A' - m'x$$
$$b' = 2a' - x.$$

Nun setzt man aber $A'-m'$ als ungerade voraus; ist daher der Wert von x ungerade, so werden die Zahlen a' und b' ungerade sein und die Gleichungen (1) sind auflösbar. Es genügt also hierzu, dafs die Grenzen von x von einander wenigstens um zwei Einheiten verschieden seien, und dies findet statt, wenn $4A' > 28m^3$ ist.

Es ist unnötig, diese Untersuchungen noch weiter fortzusetzen, da, wenn es Fälle giebt, in denen eine die Grenze $28m^3$ übersteigende gerademal-gerade Zahl oder irgend eine andere angebbare Zahl nicht in vier Polygonalzahlen zerlegbar ist, man sicher ist, dafs sich diese Zahl in fünf Polygonalzahlen zerlegen läfst, von denen eine der Einheit gleich ist. Wir wollen jetzt an einem Beispiele zeigen, wie man direkt die Polygonalzahlen bestimmt, aus denen sich eine beliebige gegebene Zahl zusammensetzen läfst.

652.

Es sei die Aufgabe gestellt, die Zahl 6484 in acht oder in weniger Oktogonalzahlen zu zerlegen.

Nach dem allgemeinen Satze mufs $A-r$, worin A die gegebene Zahl 6484 und r gleich einer der Zahlen 0, 1, 2, 3, 4 ist, in vier Oktogonalzahlen zerlegbar sein. Nun sind im Falle $m=6$ die Grenzen von 6 den Formeln des Artikel 646 zufolge:

$$b > \sqrt{A-r-3}, \quad b < \tfrac{4}{3} + \sqrt{\tfrac{4}{3}(A-r) + \tfrac{16}{9}}\,.$$

Diesen Grenzbedingungen genügt man stets, wenn man in der ersten $r = 0$ und in der zweiten $r = 4$ nimmt. Dies giebt:

$$b > \sqrt{6481}, \quad b < \tfrac{4}{3} + \sqrt{8641\tfrac{7}{9}}\,.$$

Mithin kann man für b irgend ein Glied der Reihe 81, 82, 83,... 94 nehmen.

Zur Bestimmung von x hat man die Gleichung:

$$x = \frac{A-r-b}{m} = 1080 - \frac{b+r-4}{6}$$

und aus dieser folgt, dafs $\frac{b+r-4}{6}$ eine ganze Zahl sein mufs. Demnach mufs die Zahl b von einer der Formen $6n + 0$, 1, 2, 3, 4 sein, denen die Werte $r = 4$, 3, 2, 1, 0 entsprechen. Hiernach erhält man mit Berücksichtigung der gefundenen Grenzen zunächst die Werte von b und r und sodann die von x und a wie folgt:

$$\begin{array}{llll}
b = 81, & r = 1, & x = 1067, & a = 2215 \\
b = 82, & r = 0, & x = 1067, & a = 2216 \\
b = 84, & r = 4, & x = 1066, & a = 2216 \\
b = 85, & r = 3, & x = 1066, & a = 2217 \\
b = 86, & r = 2, & x = 1066, & a = 2218 \\
b = 87, & r = 1, & x = 1066, & a = 2219 \\
b = 88, & r = 0, & x = 1066, & a = 2220 \\
b = 90, & r = 4, & x = 1065, & a = 2220 \\
b = 91, & r = 3, & x = 1065, & a = 2221 \\
b = 92, & r = 2, & x = 1065, & a = 2222 \\
b = 93, & r = 1, & x = 1065, & a = 2223 \\
b = 94, & r = 0, & x = 1065, & a = 2224.
\end{array}$$

Hieraus ergeben sich mehrere Lösungen der gestellten Aufgabe.

1) Die drei ungeraden Werte von a und b, denen der Wert $r = 1$ entspricht, geben drei Lösungen, deren Resultat ist, dafs sich die gegebene Zahl 6484 aus vier Oktogonalzahlen und aus einer fünften, welche der Einheit gleich ist, zusammensetzen läfst.

2) Die beiden ungeraden Werte von a und b, denen der Wert $r = 3$ entspricht, geben zwei Lösungen, vermöge deren die gegebene Zahl sich in sieben Oktogonalzahlen, von denen drei der Einheit gleich sind, zerlegen läfst.

3) Die beiden gerademal-geraden Werte von a, welche zu dem Werte $r = 2$ gehören, geben zwei Lösungen, welche durch die gegebene Zahl in sieben Oktogonalzahlen, von denen zwei gleich 1 sind, zerlegt werden kann.

4) Die beiden gerademal-geraden Werte von a, denen der Wert $r = 4$ entspricht, sind ebenfalls zulässig, weil die aus ihnen entstehende Zahl $a - \frac{1}{4}b^2$ in drei Quadrate zerlegbar ist. Man erhält aus ihnen zwei andere Zerlegungen der gegebenen Zahl in acht Oktogonalzahlen, von denen vier gleich 1 sind.

5) Wenn man schliefslich aus den Werten von a und b, welche zu dem Werte $r = 0$ gehören, drei weitere Lösungen ableiten wollte, so würde man finden, dafs solche Lösungen nicht stattfinden, weil die Zahl $a - \frac{1}{4}b^2$ in diesen drei Fällen zu der Form $4^k(8n - 1)$ gehört, welche nicht in drei Quadrate zerlegbar ist. Wir schliefsen hieraus, dafs es unmöglich ist, die gegebene Zahl 6484 nur in vier Oktogonalzahlen zu zerlegen, wenigstens solange b oberhalb der Grenze $\sqrt{3a-2} - 1$ genommen wird. Es kann jedoch vorkommen, dafs, wenn man für b Werte nimmt, die kleiner als diese Grenze sind, sich zulässige Lösungen ergeben.

Die Werte von b, welche zu $r = 0$ gehören, sind nämlich 94, 88 und 82, der unmittelbar darauffolgende ist $b = 76$. Dieser Wert giebt $a = 2212$ und $a - \frac{1}{4}b^2 = 768 = 4^4 \cdot 3$, eine Zahl, die sich in drei Quadrate zerlegen läfst. Sodann ergiebt sich mit Hülfe der Formeln in Artikel 628, dafs eine von diesen Lösungen zulässig ist, da sie $s = 43$, $t = u = v = 11$ giebt. Mithin ist die gegebene Zahl 6484 gleich der Summe der vier Oktogonalzahlen, deren Grundzahlen 43, 11, 11, 11 sind.

Man beachte, dafs die Zahl $6484 > 28m^3$, obwohl sie so gewählt ist, dafs sie nicht unter den Satz 9. fällt, doch nur in vier Oktogonalzahlen zerlegbar ist.

§ 3.

Über die Gleichung $x^3 + y^3 + z^3 = 0$.

653.

Wir setzen voraus, dafs es drei, positive oder negative, ganze Zahlen x, y, z giebt, welche der Gleichung $x^3 + y^3 + z^3 = 0$ genügen unter der Bedingung, dafs diese drei Zahlen prim zu einander und daher zwei von ihnen ungerade und die dritte gerade sei. Wir wollen zusehen, welche Folgerungen sich aus dieser Voraussetzung ergeben. Unser Beweis zerfällt in drei Teile.

Erstens: Eine der Zahlen x, y, z mufs durch 3 teilbar sein.

Denn jede durch 3 nicht teilbare, positive oder negative, Zahl besitzt die Form $3m \pm 1$, und der Kubus derselben

$$27m^3 \pm 27m^2 + 9m \pm 1$$

ist von der Form $9n \pm 1$. Wenn demnach keine der Zahlen x, y, z durch 3 teilbar wäre, so müfste die Summe ihrer Kuben $x^3 + y^3 + z^3$ von einer der Formen $9n \pm 1$, $9n \pm 3$ sein, sie könnte sich daher nicht auf Null reducieren. Mithin ist notwendig eine der Zahlen x, y, z durch 3 teilbar.

Zweitens: Diejenige von den Unbestimmten, welche gerade ist, ist gleichzeitig durch 3 teilbar.

Bezeichnen wir die durch 2 teilbare Unbestimmte mit z, und setzen wir $z = -2^m u$, wo u eine ungerade Zahl ist, so erhalten wir die Gleichung:

$$x^3 + y^3 = 2^{3m} u^3.$$

Wir behaupten, dafs u durch 3 teilbar sein mufs.

Nehmen wir nämlich an, dafs u, falls dies möglich wäre, nicht durch 3 teilbar sei, so ergiebt sich Folgendes: Die linke Seite $x^3 + y^3$ ist das Produkt der beiden Faktoren $x + y$ und $(x + y)^2 - 3xy$, welche nur 3 zum gemeinsamen Teiler haben können. Da nun 3 in der rechten Seite $2^{3m} u^3$ nicht aufgeht, so folgt daraus, dafs diese beiden Faktoren prim zu einander sind. Ihr Produkt soll ein Kubus sein; folglich mufs jeder dieser Faktoren ein Kubus sein. Beachtet man ferner, dafs $x^2 - xy + y^2$ stets eine ungerade Zahl ist, so ergiebt sich, dafs 2^{3m} ein Faktor von $x + y$ sein mufs. Demnach hat man zu setzen:

$$x + y = 2^{3m} \alpha^3$$
$$x^2 - xy + y^2 = \beta^3,$$

so dafs also $u = \alpha\beta$ angenommen ist, wobei β positiv und prim zu α ist.

Bringt man jetzt die zweite Gleichung auf die Form:

$$\beta^3 = \left(\frac{x+y}{2}\right)^2 + 3\left(\frac{x-y}{2}\right)^2,$$

so sieht man, da die rechte Seite von der Form $p^2 + 3q^2$ ist, dafs ihr Teiler β, welches eine ungerade Zahl ist, von derselben Form sein mufs. Setzt man also:

$$\beta = f^2 + 3g^2, \quad \text{ferner} \quad (f + g\sqrt{-3})^3 = F + G\sqrt{-3},$$

woraus sich

$$F = f(f^2 - 9g^2)$$
$$G = 3g(f^2 - g^2)$$

ergiebt, so erhält man:

$$\beta^3 = F^2 + 3G^2.$$

Man kann daher der vorstehenden Gleichung allgemein genügen durch

$$\frac{x+y}{2} = F, \qquad \frac{x-y}{2} = G.$$

Hieraus ergiebt sich:

$$x = f^3 + 3f^2g - 9fg^2 - 3g^3$$
$$y = f^3 - 3f^2g - 9fg^2 + 3g^3.$$

Da nun z als nicht teilbar durch 3 angenommen ist, so mufs eine der Zahlen x, y und somit auch f durch 3 teilbar sein. Alsdann aber würden die beiden Zahlen x und y und somit auch die dritte z durch 3 teilbar sein, was unsrer Voraussetzung widerspricht.

Demnach mufs die durch 2 teilbare Unbestimmte z auch durch 3 teilbar sein; man hat daher allgemein $z = -2^m 3^n u$ zu setzen, wobei u eine zur Zahl 6 relativ prime Zahl bedeutet. Die gegebene Gleichung ist daher stets von der Form:

$$x^3 + y^3 = 2^{3m} 3^{3n} u^3.$$

Drittens: Die Gleichung $x^3 + y^3 = 2^{3m} 3^{3n} u^3$ ist unmöglich.

Wir setzen für den Augenblick voraus, dafs diese Gleichung befriedigt werden könnte, ohne dafs eine der Unbestimmten gleich Null sei. Die beiden Faktoren der linken Seite, nämlich $x + y$ und $x^2 - xy + y^2$, haben 3 als gemeinschaftlichen Faktor, aber keine höhere Potenz von 3, da 3 nicht in xy aufgehen kann; ferner ist der zweite Faktor ungerade. Mithin zerfällt die in Rede stehende Gleichung notwendig in zwei andere, nämlich:

$$x + y = 2^{3m} 3^{3n-1} \alpha^3$$
$$x^2 - xy + y^2 = 3\beta^3,$$

und zugleich ist $u = \alpha\beta$.

Die zweite von diesen Gleichungen läfst sich auf die Form bringen:

$$\beta^3 = \left(\frac{x-y}{2}\right)^2 + 3\left(\frac{x+y}{6}\right)^2,$$

und hieraus folgt, dafs β ebenfalls von der Form $p^2 + 3q^2$ ist. Setzt man also, wie oben:

$$\beta = f^2 + 3g^2 \quad \text{und} \quad \beta^3 = F^2 + 3G^2,$$

so erhält man die Gleichung:

$$\left(\frac{x-y}{2}\right)^2 + 3\left(\frac{x+y}{6}\right)^2 = F^2 + 3G^2,$$

und dieser genügt man allgemein durch:

$$\frac{x-y}{2} = F, \qquad \frac{x+y}{6} = G.$$

Diese letztere giebt, wenn man einsetzt:

$$2^{3m-1} 3^{3n-3} \alpha^3 = g(f^2 - g^2).$$

In dieser Gleichung, in welcher $f^2 - g^2$ eine ungerade Zahl ist, weil $f^2 + 3g^2$ eine solche ist, mufs g durch 2^{3m-1} teilbar sein. Ist daher:

$$g = 2^{3m-1} A, \quad f + g = B, \quad f - g = C,$$

so hat man:

$$(3^{n-1}\alpha)^3 = ABC.$$

Da nun das Produkt ABC ein Kubus ist und die Faktoren A, B, C prim zu einander sind, so mufs jeder von diesen Faktoren ein Kubus sein. Man mufs also setzen:

$$A = \lambda^3, \quad B = \mu^3, \quad C = \nu^3,$$

und dies giebt:

$$f + g = \mu^3, \quad f - g = \nu^3, \quad g = 2^{3m-1}\lambda^3$$

und zugleich:

$$\lambda\mu\nu = 3^{n-1}\alpha.$$

Hieraus folgt die Gleichung:

$$\mu^3 - \nu^3 = 2^{3m}\lambda^3,$$

welche der gegebenen Gleichung ähnlich ist, und bei der man zu beachten hat, dafs eine der drei Zahlen λ, μ, ν den Faktor 3^{n-1} enthalten mufs. Nach dem, was wir unter „Zweitens“ bewiesen haben, mufs aber das Glied $2^m\lambda$, welches bereits durch 2 teilbar ist, notwendig auch durch 3 teilbar sein. Mithin hat man $\lambda = 3^{n-1}\vartheta$ zu setzen, wodurch sich die Gleichung ergiebt:

$$\mu^3 - \nu^3 = (2^m 3^{n-1}\vartheta)^3.$$

Somit erhält man aus der Gleichung $x^3 + y^3 = (2^m 3^n u)^3$, in welcher die eine der unbestimmten Zahlen durch 3^n teilbar ist, eine andere ähnliche Gleichung, in der die entsprechende unbestimmte Gröfse nur durch 3^{n-1} teilbar ist. Wiederholt man daher diese Transformationen so oft, als n Einheiten enthält, so gelangt man zu einer letzten transformierten Gleichung $x'^3 + y'^3 = z'^3$, in welcher keine der Zahlen

x', y', z' durch 3 teilbar ist. Diese Gleichung ist aber nach dem ersten Teile dieses Beweises unmöglich; mithin ist die gegebene Gleichung $x^3 + y^3 + z^3 = 0$ ebenfalls unmöglich.

§ 4.

Über die Gleichung $x^5 + y^5 + z^5 = 0$.

654.

Es ist leicht zu beweisen, dafs eine der Unbestimmten durch 5 und sogar durch 25 teilbar sein mufs. Ist x diese Unbestimmte, und setzt man $x = -5tr$, wo r eine ungerade positive und zu $5t$ relativ prime Zahl bedeutet, so folgt daraus, dafs die Gleichung $y^5 + z^5 = -x^5$ notwendig in zwei andere zerfällt, nämlich:

$$(a) \qquad \begin{aligned} y + z &= 5^4 t^5 \\ y^4 - y^3 z + y^2 z^2 - y z^3 + z^4 &= 5 r^5. \end{aligned}$$

Nachdem dies vorausgeschickt ist, müssen wir zwei Fälle unterscheiden, je nachdem x gerade oder ungerade ist.

655.

Erster Fall: x ist eine gerade Zahl.

Alsdann ist t gerade, y und z sind ungerade und die zweite der Gleichungen (a) läfst sich auf die Form bringen:

$$5\left(\frac{y^2 + z^2}{2}\right)^2 - \left(\frac{y^2 + 2yz + z^2}{2}\right)^2 = 5r^5.$$

Dividiert man durch 5 und setzt man an Stelle von $y^2 + 2yz + z^2$ seinen Wert $5^8 t^{10}$, so hat man:

$$\left(\frac{y^2 + z^2}{2}\right)^2 - 5\left(\frac{5^7 t^{10}}{2}\right)^2 = r^5.$$

Bei unsrer Voraussetzung sind die Zahlen $\frac{1}{2}(y^2 + z^2)$ und $\frac{1}{2} \cdot 5^7 t^{10}$ ganze Zahlen. Ferner mufs, da die linke Seite von der Form $p^2 - 5q^2$ ist, ihr Teiler r ebenfalls von dieser Form sein, so dafs man

$$r = f^2 - 5g^2$$

setzen kann. Setzt man sodann:

$$(f + g\sqrt{5})^5 = F + G\sqrt{5},$$

wodurch sich

$$\begin{aligned} F &= f(f^4 + 50 f^2 g^2 + 125 g^4) \\ G &= 5g(f^4 + 10 f^2 g^2 + 5 g^4) \end{aligned}$$

ergiebt, so wird $r^5 = F^2 - 5G^2$, und somit

$$\left(\frac{y^2+z^2}{2}\right)^2 - 5\left(\frac{5^7t^{10}}{2}\right)^2 = F^2 - 5G^2.$$

Um eine allgemeine Lösung dieser Gleichung zu erhalten, mufs man zwei Zahlen m und n derart wählen, dafs man hat:

$$(9 \pm 4\sqrt{5})^k = m + n\sqrt{5},$$

wobei k eine beliebige ganze Zahl ist. Diese Zahlen genügen allgemein der Gleichung $m^2 - 5n^2 = 1$, und man kann setzen:

$$\frac{y^2+z^2}{2} + \frac{5^7t^{10}}{2}\sqrt{5} = (F + G\sqrt{5})(m + n\sqrt{5}),$$

mithin:

$$\frac{1}{2}(y^2 + z^2) = mF + 5nG$$

$$\frac{1}{2}\cdot 5^7t^{10} = mG + \quad nF.$$

656.

Diese Formeln enthalten unendlich viele Lösungen, da man für k eine beliebige ganze Zahl nehmen kann; diese unendlich vielen Lösungen können aber nur fünf verschiedene Formen annehmen.

Welches nämlich auch der Exponent k sein möge, er ist immer von einer der fünf Formen: $5i$, $5i \pm 1$, $5i \pm 2$. Ich bemerke aber, dafs der unbestimmte Teil $5i$ weggelassen werden kann, gleich als ob er in den Ausdruck von r^5 enthalten wäre. Denn man kann

$$(f + g\sqrt{5})(9 \pm 4\sqrt{5})^i = f' + g'\sqrt{5}$$

setzen und erhält wiederum $r = f'^2 - 5g'^2$, so dafs man in den Werten von F und G nur f' und g' an die Stelle von f und g zu setzen braucht. Wir haben daher nur die fünf Werte $k = 0, \pm 1, \pm 2$ in Betracht zu ziehen, und diesen entsprechen folgende Werte von m und n:

$$m = 1, \quad 9, \quad 161$$
$$n = 0, \quad \pm 4, \quad \pm 72.$$

657.

Wir bemerken ferner, dafs in der Gleichung

$$\frac{1}{2}\cdot 5^7t^{10} = mG + nF,$$

in welcher G stets durch 5 teilbar ist, das Glied nF durch 5 nur dann teilbar sein kann, wenn n durch 5 teilbar ist. Denn da r prim zu $5t$ und sein Wert $f^2 - 5g^2$ ist, so kann f und somit F nicht durch

5 teilbar sein. Mithin kann man von den fünf Werten von n nur den Wert $n = 0$, welcher dem Werte $m = 1$ entspricht, benutzen. Hierdurch ergiebt sich als die einzig zulässige Lösung:

$$\frac{1}{2} \cdot 5^7 t^{10} = G = 5g(f^4 + 10f^2g^2 + 5g^4)$$

oder:

$$\frac{1}{2} \cdot 5^6 t^{10} = g(f^4 + 10f^2g^2 + 5g^4).$$

In dieser Gleichung sind die beiden Faktoren der rechten Seite prim zu einander, und g ist als gerade Zahl anzunehmen. Denn wäre g ungerade, so müfste f gerade sein, und die rechte Seite unsrer Gleichung würde ungerade sein, während die linke sich durch 2^9 teilen läfst, weil t eine gerade Zahl ist. Es folgt hieraus, dafs die vorstehende Gleichung in zwei andere nur in folgender Weise, wobei $t = 2ur'$ angenommen ist, zerlegt werden kann:

$$g = 5^6 2^9 u^{10}$$

$$f^4 + 10f^2g^2 + 5g^4 = r'^{10}.$$

In der zweiten Gleichung läfst sich die linke Seite auf die Form $(f^2 + 5g^2)^2 - 5(2g^2)^2$ bringen; mithin mufs ihr Teiler r' von der Form $p^2 - 5q^2$ sein. Dasselbe ist der Fall bei r'^2, und man kann demnach setzen:

$$r'^2 = f'^2 - 5g'^2, \quad \text{also} \quad r'^{10} = F'^2 - 5G'^2,$$

wo F' und G' Funktionen von derselben Art wie F und G sind. Man erhält daher die Gleichung:

$$(f^2 + 5g^2)^2 - 5(2g^2)^2 = F'^2 - 5G'^2,$$

in welcher $2g^2 = 5^{12} 2^{19} u^{20}$ ist, und findet dann, wie oben, dafs die einzig zulässige Lösung die folgende ist:

$$5^{11} \cdot 2^{19} \cdot u^{20} = g'(f'^4 + 10f'^2g'^2 + 5g'^4).$$

Setzt man ferner $u = u'r''$, wo r'' prim zu $10u'$ ist, so kann diese Gleichung nur auf folgende Art in zwei andere zerfallen:

$$g' = 5^{11} \cdot 2^{19} u'^{20}$$

$$f'^4 + 10f'^2g'^2 + 5g'^4 = r''^{20}.$$

658.

Wir kommen also wieder zu Gleichungen, welche stets dieselbe Form besitzen, und deren Anzahl ins Unendliche vermehrt werden kann.

Da wir nun nach einander $x = -5tr$, $t = 2ur'$, $u = u'r''$, $u' = u''r'''$ u. s. w. gesetzt haben, so ergiebt sich hieraus:

$$t = 2ur' = 2u'r'r'' = 2u''r'r''r''' = \cdots,$$

so dafs also die Anzahl der Faktoren r in dem Ausdruck von t beständig zunimmt. Jeder von diesen Faktoren, welcher durch eine Gleichung von der Form $r^{10m} = f^4 + 10f^2g^2 + 5g^4$ bestimmt wird, wo f und g beständig wachsende Zahlen sind, weil $g' = \frac{1}{5}(2g^2)^2$, $f'^2 > 5g'^2$ ist, ist sicher gröfser als 1 und kann als ganze Zahl nicht kleiner als 2 sein. Wenn man demnach auch annimmt, dafs die Reihe $u, u', u'', \ldots$ die Einheit zur Grenze habe, so wird doch der Wert von t, der aus unendlich vielen Faktoren $2, r', r'', r''', \ldots$, welche nicht kleiner als 2 sein können, zusammengesetzt ist, bald jede gegebene Gröfse übersteigen. Dies steht aber nicht im Einklang mit der Voraussetzung, dafs die ursprünglichen Werte von x, y, z in endlichen Zahlen gegeben seien. Mithin ist die gegebene Gleichung in dem ersten Falle, wo die eine der Unbestimmten gleichzeitig durch 2 und durch 5 teilbar sein soll, unmöglich.

659.

Zweiter Fall: x ist eine ungerade Zahl.

Alsdann ist von den beiden Unbestimmten y und z die eine gerade, die andere ungerade, und die zweite der Gleichungen (a) läfst sich auf die Form bringen:

$$(y^2 - \frac{1}{2}yz + z^2)^2 - 5(\frac{1}{2}yz)^2 = 5r^5.$$

Hieraus sieht man, dafs $\frac{1}{2}yz$ stets eine ganze Zahl ist, und dafs $y^2 - \frac{1}{2}yz + z^2$ durch 5 teilbar sein mufs. In der That hat man:

$$y^2 - \frac{1}{2}yz + z^2 = (y+z)^2 - 5\left(\frac{1}{2}yz\right) = 5^8t^{10} - 5\left(\frac{1}{2}yz\right).$$

Mithin kann die vorige Gleichung folgendermafsen geschrieben werden:

$$\left(\frac{1}{2}yz\right)^2 - 5\left(\frac{y^2 - \frac{1}{2}yz + z^2}{5}\right)^2 = -r^5,$$

und da die ungerade Zahl r ein Teiler einer Zahl von der Form $p^2 - 5q^2$ ist, in welcher p und q prim zu einander sind, so mufs sie selbst von dieser Form sein. Dasselbe gilt von $-r$, da bekanntlich jede Zahl von der Form $p^2 - 5q^2$ auch zugleich von der Form $5a^2 - b^2$ ist. Man kann daher $-r = f^2 - 5g^2$ annehmen, und setzt man wie oben $(f + g\sqrt{5})^5 = F + G\sqrt{5}$, so erhält man $-r^5 = F^2 - 5G^2$ und die aufzulösende Gleichung wird:

$$\left(\frac{1}{2}yz\right)^2 - 5\left(\frac{y^2 - \frac{1}{2}yz + z^2}{5}\right)^2 = F^2 - 5G^2.$$

Ist wiederum $m + n\sqrt{5} = (9 \pm 4\sqrt{5})^k$, so erhält man die allgemeine Lösung dieser Gleichung, wenn man

$$\frac{1}{2} yz + \frac{y^2 - \frac{1}{2}yz + z^2}{5} \sqrt{5} = (F + G\sqrt{5})(m + n\sqrt{5})$$

setzt. Hieraus folgt:

$$\frac{1}{2} yz = mF + 5nG$$

$$\frac{1}{5}(y^2 - \frac{1}{2} yz + z^2) = mG + nF.$$

Aus diesen beiden Gleichungen ergiebt sich:

$$\frac{1}{5}(y + z)^2 = (m + n)F + (m + 5n)G$$

oder:

$$5^7 t^{10} = (m + n)F + (m + 5n)G.$$

660.

Da G stets durch 5 teilbar ist, während F sich nicht durch 5 teilen läfst, so kann diese Gleichung nur bestehen, wenn $m + n$ durch 5 teilbar ist. Aus den fünf oben angegebenen Werten von m und n findet man aber, dafs diese Bedingung nur durch $m = 9$, $n = -4$ erfüllt werden kann, und hieraus folgt:

$$5^7 t^{10} = 5F - 11G,$$

oder, wenn man durch 5 dividiert und die Werte von F und G einsetzt:

$$5^6 t^{10} = f^4(f - 11g) + 10f^2g^2(5f - 11g) + 5g^4(25f - 11g).$$

Aus dieser Gleichung erkennt man, dafs $f - g$ durch 5 teilbar sein mufs. Ist also $f = g + h$, wo h eine durch 5 teilbare Zahl ist, so hat man $f + g\sqrt{5} = h + g(1 + \sqrt{5})$, so dafs man direkt setzen kann:

$$\begin{aligned} F + G\sqrt{5} &= \left[h + g(1 + \sqrt{5})\right]^5 \\ &= h^5 + 5h^4g(1 + \sqrt{5}) + 20h^3g^2(3 + \sqrt{5}) \\ &\quad + 80h^2g^3(2 + \sqrt{5}) + 40hg^4(7 + 3\sqrt{5}) + 16g^5(11 + 5\sqrt{5}). \end{aligned}$$

Hieraus ergeben sich die besonderen Werte von F und G; da wir aber nur die Gröfse $F - \frac{11}{5} G$ brauchen, so können wir in dieser Gleichung $-\frac{11}{5}$ an die Stelle von $\sqrt{5}$ setzen und erhalten so:

$$F - \frac{11}{5} G = h(h^4 - 6h^3g + 16h^2g^2 - 16hg^3 + 16g^4);$$

folglich:

$$5^6 t^{10} = h(h^4 - 6h^3g + 16h^2g^2 - 16hg^3 + 16g^4).$$

661.

Man weifs bereits, dafs h durch 5 teilbar ist, während dies bei g nicht der Fall ist. Beachtet man ferner, dafs h ungerade sein mufs, und dafs somit die beiden Faktoren der rechten Seite prim zu einander sind, so kann man dieser Gleichung nur dadurch genügen, dafs man sie in zwei andere zerlegt, wie folgt:

$$h = 5^6 u^{10}$$

$$h^4 - 6h^3 g + 16h^2 g^2 - 16hg^3 + 16g^4 = r'^{10},$$

wobei $t = ur'$ angenommen und r' prim zu $5u$ ist.

Die zweite Gleichung läfst sich auf die Form bringen:

$$r'^{10} = (h^2 - 3gh + 6g^2)^2 - 5(gh - 2g^2)^2,$$

woraus ersichtlich ist, dafs r' von der Form $p^2 - 5q^2$ sein mufs. Dasselbe gilt von r'^2. Man kann daher $r'^2 = f'^2 - 5g'^2$ setzen, woraus sich $r'^{10} = F'^2 - 5G'^2$ ergiebt, und der vorstehenden Gleichung allgemein genügen durch:

$$h^2 - 3gh + 6g^2 = mF' + 5nG'$$

$$gh - 2g^2 = nF' + mG'.$$

Hieraus erhält man schliefslich h^2 oder

$$5^{12} u^{20} = (m + 3n)F' + (3m + 5n)G'.$$

Da G', aber nicht F', durch 5 teilbar ist, so kann diese Gleichung nur bestehen, wenn $m + 3n$ durch 5 teilbar ist. Die einzigen Werte von m und n, welche genommen werden können, sind daher $m = 161$, $n = -72$, und hierdurch ergiebt sich, wenn man durch 5 dividiert:

$$5^{11} u^{20} = \frac{123}{5} G' - 11 F',$$

oder wenn man die Werte von F' und G' einsetzt:

$$5^{11} u^{20} = f'^4(123g' - 11f') + 10f'^2 g'^2(123g' - 55f')$$
$$+ 5g'^4(123g' - 275f').$$

662.

Diese Gleichung zeigt, dafs $3g' - f'$ durch 5 teilbar ist. Setzt man also $f' = 3g' - h'$, so erhält man:

$$F' + G'\sqrt{5} = \left[-h' + g'(3 + \sqrt{5})\right]^5,$$

oder wenn man entwickelt:

$$F' + G'\sqrt{5} = -h'^5 + 5h'^4 g'(3+\sqrt{5}) - 20h'^3 g'^2 (7+3\sqrt{5})$$
$$+ 80h'^2 g'^3 (9+4\sqrt{5}) - 40h' g'^4 (47+21\sqrt{5})$$
$$+ 16g'^5 (123+55\sqrt{5}).$$

Multipliciert man das Ganze mit -11 und setzt man $-\frac{123}{5}$ an die Stelle von $11\sqrt{5}$, so ergiebt sich $\frac{123}{5} G' - 11F'$ oder:

$$5^{11} u^{20} = h'(11h'^4 - 42h'^3 g' + 64h'^2 g'^2 - 48h' g'^3 + 16g'^4).$$

Da nun h' durch 5 teilbar, dagegen g' nicht durch 5 teilbar ist, so kann diese Gleichung nur auf folgende Weise in zwei andere zerfallen:

$$h' = 5^{11} u'^{20}$$
$$11h'^4 - 42h'^3 g' + 64h'^2 g'^2 - 48h' g'^3 + 16g'^4 = r''^{20},$$

wobei $u = u'r''$ angenommen und r'' prim zu $5u'$ ist.

Diese letztere Gleichung läſst sich auf die Form bringen:

$$4r''^{20} = (8g'^2 - 12g'h' + 7h'^2)^2 - 5h'^4,$$

aus welcher folgt, daſs r'' von der Form $p^2 - 5q^2$ sein muſs. Dasselbe gilt von r''^4. Man kann daher $r''^4 = f''^2 - 5g''^2$ setzen und erhält:

$$r''^{20} = F''^2 - 5G''^2.$$

Ist jetzt $4 = \mu^2 - 5\nu^2$, wo μ und ν ungerade Zahlen sind, so kann man setzen:

$$8g'^2 - 12g'h' + 7h'^2 + h'^2\sqrt{5} = (F'' + G''\sqrt{5})(\mu + \nu\sqrt{5}),$$

demnach:

$$h'^2 = \mu G'' + \nu F''.$$

Da jedoch h' und G'' durch 5 teilbar sind, während F'' sich nicht durch 5 teilen läſst, so kann diese Gleichung nur dann bestehen, wenn ν durch 5 teilbar ist. Und da allgemein

$$\mu + \nu\sqrt{5} = (3+\sqrt{5})(m + n\sqrt{5}),$$

also $\mu = 3m + 5n$, $\nu = m + 3n$ ist, so kann man nur die Werte $m = 161$, $n = -72$ brauchen, woraus sich $\mu = 123$, $\nu = -55$ ergiebt. Man hat daher:

$$5^{22} u''^{40} = 123G'' - 55F''.$$

663.

Wir kommen also wieder auf eine Gleichung zurück, die der bereits betrachteten Gleichung $5^{11}u^{20} = 123G' - 55F'$ ähnlich ist. Daraus folgt, daſs die nämlichen Transformationen bis ins Unendliche fortgesetzt werden können. Dies würde aber voraussetzen, dafs die ursprünglichen Werte der Unbestimmten unendlich grofs seien.

Denn da wir nach einander $x = -5tr$, $t = ur'$, $u = u'r''$, $u' = u''r'''$, u. s. w. gesetzt haben, so wird:

$$t = ur' = u'r'r'' = u''r'r''r''' = \cdots,$$

so dafs also die Anzahl der Faktoren r in dem Ausdrucke von t beständig zunimmt. Diese Faktoren werden bestimmt durch Gleichungen, welche sich auf eine und dieselbe Form bringen lassen, nämlich:

$$r'^{10} = r^2 + 5rh^2 + 5h^4, \quad r''^{20} = r'^4 + 5r'^2h'^2 + 5h'^4, \text{ u. s. w.}$$

Ferner hat man:

$$h = 5^6u^{10}, \quad h' = 5^{11}u'^{20}, \quad h'' = 5^{21}u''^{40}, \text{ u. s. w.,}$$

so dafs die Gröfsen $h, h', h'', \ldots$ sehr schnell wachsen, selbst wenn man annimmt, dafs die Zahlen $u, u', u'', \ldots$ die Einheit zur Grenze haben. Mithin können die Zahlen $r, r', r'', \ldots$, welche stets gröfser als 1 sind, nicht kleiner als 2 sein, und es wird somit der Wert von t unendlich grofs werden. Es läfst daher die Gleichung

$$x^5 + y^5 + z^5 = 0$$

eine Lösung in ganzen Zahlen nicht zu*).

§ 5.

Einige Sätze aus der Analysis nebst neuen Formeln für die Winkelteilung.

664.

Satz 1. Ist n eine beliebige Primzahl aufser 2 und setzt man $x^n - y^n = (x-y)P$, wo P das Polynom $x^{n-1} + yx^{n-2} + y^2x^{n-3} + \cdots + y^{n-1}$ bedeutet, so kann man stets der Gleichung

$$4P = Q^2 \pm nR^2$$

Genüge leisten, wobei das obere oder untere Zeichen gilt, je nachdem n von der Form $4m+3$ oder von der Form $4m+1$ ist.

Dieser Satz ist schon oben in No. 510 bewiesen worden. Wir haben ferner gezeigt, wie man die Werte der Funktionen Q und R

---

*) Einige weitere Untersuchungen über die Gleichung $0 = x^n + y^n + z^n$, in welcher n eine Primzahl und gröfser als 5 ist, kann man in den Abhandlungen der Akademie vom Jahre 1823 nachlesen. Anm. d. Verf.

in beiden Fällen bestimmt, und obwohl die Formeln, die wir im Sinne haben, für $y = 1$ gelten, so können sie doch leicht auf einen beliebigen Wert von y angewendet werden, wenn man das Gesetz der Homogeneität beachtet.

665.

Satz 2. Ist n eine Primzahl **von der Form** $4m + 1$, und setzt man: $(f + g\sqrt{n})^n = F + G\sqrt{n}$, ferner $F = fP$, $G = ngQ$ und daher:

$$P = f^{n-1} + \frac{n(n-1)}{1\cdot 2} f^{n-3}\cdot ng^2 + \frac{n(n-1)(n-2)(n-3)}{1\cdot 2\cdot 3\cdot 4} f^{n-5}\cdot n^2g^4 + \cdots$$

$$Q = f^{n-1} + \frac{(n-1)(n-2)}{1\cdot 2\cdot 3} f^{n-3}\cdot ng^2 + \frac{(n-1)(n-2)(n-3)(n-4)}{1\cdot 2\cdot 3\cdot 4\cdot 5} f^{n-5}\cdot n^2g^4 + \cdots,$$

so behaupte ich, dafs sich die Polynome P und Q allgemein auf die Form $X^2 - nY^2$ bringen lassen. Man kann somit setzen:

$$P = A^2 - nB^2, \qquad Q = C^2 - nD^2,$$

wo A, B, C, D Polynome $2m^{\text{ten}}$ Grades in f und g sind, deren Koefficienten ganze Zahlen sind.

Setzt man nämlich:

$$p = f + g\sqrt{n}, \quad q = f - g\sqrt{n},$$

so wird:

$$P = \frac{p^n + q^n}{p + q}.$$

Nach dem Satze 1. läfst sich aber die Funktion $4P$ auf die Form $X^2 - nY^2$ bringen, in welcher ist:

$$X = \left\{\begin{array}{l} 2p^{2m} - p^{2m-1}q + a_2p^{2m-2}q^2 + a_3p^{2m-3}q^3 + \cdots \\ + 2q^{2m} - pq^{2m-1} + a_2p^2q^{2m-2} + a_3p^3q^{2m-3} + \cdots \end{array}\right\} + a_m p^m q^m$$

$$Y = \left\{\begin{array}{l} p^{2m-1}q + b_2p^{2m-2}q^2 + b_3p^{2m-3}q^3 + \cdots \\ + pq^{2m-1} + b_2p^2q^{2m-2} + b_3p^3q^{2m-3} + \cdots \end{array}\right\} + b_m p^m q^m.$$

Und da allgemein pq rational ist, ebenso wie $p^k + q^k$, wo k eine beliebige ganze Zahl ist, so folgt daraus, dafs sich X und Y auf Polynome von f und g reducieren, die homogen und vom Grade $2m$ sind. Werden diese Polynome durch 2 geteilt, so stellen sie die Werte von A und B in der Gleichung $P = A^2 - nB^2$ dar. Zugleich sieht man, dafs die Funktion P aus zwei reellen Faktoren $A + B\sqrt{n}$ und $A - B\sqrt{n}$ zusammengesetzt ist, die keine Irrationalität weiter enthalten, als $\sqrt{n}$.

Analog hat man:

$$Q = \frac{1}{n} \cdot \frac{p^n - q^n}{p - q}.$$

Setzt man aber:

$$p^n - q^n = (p - q)H,$$

so giebt der Satz 1. ebenfalls:

$$4H = 4nQ = X'^2 - nY'^2,$$

und zwar ist:

$$X' = \left\{ \begin{array}{l} 2p^{2m} + p^{2m-1}q + a_2 p^{2m-2} q^2 - a_3 p^{2m-3} q^3 + \cdots \\ + 2q^{2m} + pq^{2m-1} + a_2 p^2 q^{2m-2} - a_3 p^3 q^{2m-3} + \cdots \end{array} \right\} + a_m(-pq)^m$$

$$Y' = \left\{ \begin{array}{l} -p^{2m-1}q + b_2 p^{2m-2} q^2 - b_3 p^{2m-3} q^3 + \cdots \\ -pq^{2m-1} + b_2 p^2 q^{2m-2} - b_3 p^3 q^{2m-3} + \cdots \end{array} \right\} + b_m(-pq)^m.$$

Diese Werte verwandeln sich ebenso in rationale Polynome von f und g. Der Gleichung $4nQ = X'^2 - nY'^2$ zufolge mufs aber X' durch n teilbar sein; setzt man also $X' = nZ'$, so wird $4Q = nZ'^2 - Y'^2$. Da endlich n eine Primzahl von der Form $4m + 1$ ist, so läfst sich die Funktion Q immer auf die Form $C^2 - nD^2$ bringen. Man braucht dazu nur

$$C + D\sqrt{n} = \left(\frac{1}{2} Y' + \frac{1}{2} Z' \sqrt{n}\right)(t - u\sqrt{n})$$

zu setzen, wo t und u die kleinsten Zahlen sind, die der Gleichung $t^2 - nu^2 = -1$ genügen.

666.

Satz 3. Ist n eine Primzahl von der Form $4m + 3$ und setzt man: $(f + g\sqrt{-n})^n = F + G\sqrt{-n}$, ferner $F = fP$, $G = ngQ$ und daher:

$$P = f^{n-1} - \frac{n(n-1)}{2} f^{n-3} \cdot ng^2 + \frac{n(n-1)(n-2)(n-3)}{2 \cdot 3 \cdot 4} f^{n-5} \cdot n^2 g^4 - \cdots$$

$$Q = f^{n-1} - \frac{(n-1)(n-2)}{2 \cdot 3} f^{n-3} \cdot ng^2 + \frac{(n-1)(n-2)(n-3)(n-4)}{2 \cdot 3 \cdot 4 \cdot 5} f^{n-5} \cdot n^2 g^4 - \cdots,$$

so lassen sich die Polynome P und Q in zwei rationale Faktoren zerlegen, so dafs man erhält:

$$P = AB, \quad Q = CD,$$

wo A, B, C, D Polynome von f und g vom Grade $\frac{1}{2}(n-1)$ sind.

Ist nämlich:

$$p = f + g\sqrt{-n}, \quad q = f - g\sqrt{-n},$$

so erhält man:

$$P = \frac{p^n + p^n}{p+q}.$$

Wegen dieser Form kann man $4P = X^2 + nY^2$ setzen, wenn man

$$X = \begin{cases} \quad 2p^{2m+1} - p^{2m}q + a_2 p^{2m-1}q^2 - a_3 p^{2m-2}q^3 + \cdots \\ + 2q^{2m+1} - pq^{2m} + a_2 p^2 q^{2m-1} - a_3 p^3 q^{2m-2} + \cdots \end{cases}$$

$$Y = \begin{cases} \quad p^{2m}q - b_2 p^{2m-1}q^2 + b_3 p^{2m-2}q^3 - \cdots \\ - pq^{2m} + b_2 p^2 q^{2m-1} - b_3 p^3 q^{2m-2} + \cdots \end{cases}$$

annimmt. Da nun die Gröſsen pq und $p^k + q^k$ reell und rational sind, so ist es die Gröſse X ebenfalls. Was den Wert von Y anlangt, so ist derselbe gleich dem Produkte von $p - q$ und dem Polynom:

$$Z = pq \cdot \frac{p^{2m-1} - q^{2m-1}}{p-q} - b_2 p^2 q^2 \frac{p^{2m-3} - q^{2m-3}}{p-q} + b_3 p^3 q^3 \frac{p^{2m-5} - q^{2m-5}}{p-q} - \cdots$$

Der Wert desselben ist, wie der von X, reell und rational. Wegen $p - q = 2g\sqrt{-n}$ hat man also: $4P = X^2 - 4n^2 g^2 Z^2$. Mithin ist P gleich dem Produkte aus den beiden Polynomen $\frac{1}{2}X + ngZ$ und $\frac{1}{2}X - ngZ$. Die letzteren sind die Werte von A und B.

In ähnlicher Weise hat man:

$$Q = \frac{1}{n} \cdot \frac{p^n - q^n}{p-q}.$$

Man kann daher $4nQ = X'^2 + nY'^2$ setzen, und zwar ist dabei:

$$X' = \begin{cases} \quad 2p^{2m+1} + p^{2m}q + a_2 p^{2m-1}q^2 + a_3 p^{2m-2}q^3 + \cdots \\ - 2q^{2m+1} - pq^{2m} - a_2 p^2 q^{2m-1} - a_3 p^3 q^{2m-2} - \cdots \end{cases}$$

$$Y' = \begin{cases} \quad p^{2m}q + b_2 p^{2m-1}q^2 + b_3 p^{2m-2}q^3 + \cdots \\ + pq^{2m} + b_2 p^2 q^{2m-1} + b_3 p^3 q^{2m-2} + \cdots \end{cases}$$

Der Wert von Y' reduciert sich auf eine reelle und rationale Gröſse. Was den Wert der Funktion X' angeht, so ist derselbe gleich dem Produkt aus $p - q$ oder $2g\sqrt{-n}$ und dem Polynom:

$$Z' = 2 \cdot \frac{p^{2m+1} - q^{2m+1}}{p-q} + pq \cdot \frac{p^{2m-1} - q^{2m-1}}{p-q} + a_3 p^2 q^2 \cdot \frac{p^{2m-3} - q^{2m-3}}{p-q} + \cdots,$$

dessen Wert reell und rational ist. Mithin hat man $X' = 2gZ'\sqrt{-n}$ und $4Q = Y'^2 - 4g^2 Z'^2$. Folglich läſst sich Q in die beiden rationalen Faktoren $\frac{1}{2}Y' + gZ'$ und $\frac{1}{2}Y' - gZ'$, welches die Werte von C und D sind, zerlegen.

667.

So zerlegt sich z. B. im Falle $n = 7$ das Polynom

$$P = f^6 - 3n^2f^4g^2 + 5n^3f^2g^4 - n^4g^6$$

in die beiden Faktoren:

$$A = f^3 + nf^2g - n^2fg^2 + n^2g^3$$
$$B = f^3 - nf^2g - n^2fg^2 - n^2g^3.$$

In demselben Falle zerlegt sich das Polynom:

$$Q = f^6 - 5nf^4g^2 + 3n^2f^2g^4 - n^2g^6$$

in die beiden Faktoren:

$$C = f^3 - nf^2g + nfg^2 + ng^3$$
$$D = f^3 + nf^2g + nfg^2 - ng^3.$$

Ebenso läſst sich im Falle $n = 11$ von den Polynomen:

$$P = f^{10} - 5n^2f^8g^2 + 30n^2f^6g^4 - 42n^4f^4g^6 + 15n^5f^2g^8 - n^6g^{10}$$
$$Q = f^{10} - 15n\,f^8g^2 + 42n^2f^6g^4 - 30n^3f^4g^6 + 5n^4f^2g^8 - n^4g^{10}$$

das erste in die beiden Faktoren

$$A = f^5 + 3nf^4g + 2n^2f^3g^2 + 2n^2f^2g^3 - n^3fg^4 - n^3g^5$$
$$B = f^5 - 3nf^4g + 2n^2f^3g^2 - 2n^2f^2g^3 - n^3fg^4 + n^3g^5,$$

das zweite in die beiden Faktoren

$$C = f^5 + nf^4g - 2nf^3g^2 - 2n^2f^2g^3 - 3n^2fg^4 - n^2g^5$$
$$D = f^5 - nf^4g - 2nf^3g^2 + 2n^2f^2g^3 - 3n^2fg^4 + n^2g^5$$

zerlegen. Übrigens könnte man aus der Ähnlichkeit, welche zwischen den Funktionen P und Q besteht, leicht die Faktoren von Q mit Hülfe der Faktoren von P finden und umgekehrt. Dazu müſste man ng in f und f in g verwandeln.

668.

Diese Sätze, welche sich auf die n^{ten} Potenzen von $f + g\sqrt{n}$ beziehen, lassen sich auch auf die Potenzen von $\cos\varphi + \sqrt{-1}\sin\varphi$ anwenden, und daraus ergeben sich **neue Formeln für die Teilung der Winkel.** Wir werden zeigen, wie man direkt zu diesen gelangt.

Durch Entwicklung der Gleichung

$$(\cos\varphi + \sqrt{-1}\sin\varphi)^n = \cos n\varphi + \sqrt{-1}\sin n\varphi$$

erhält man unmittelbar die beiden Formeln:

$$\frac{\sin n\varphi}{\sin\varphi} = n\cos^{n-1}\varphi - \frac{n(n-1)(n-2)}{1\cdot 2\cdot 3}\cos^{n-3}\varphi\sin^2\varphi + \frac{n(n-1)(n-2)(n-3)(n-4)}{1\cdot 2\cdot 3\cdot 4\cdot 5}\cos^{n-5}\varphi\sin^4\varphi - \cdots$$

$$\frac{\cos n\varphi}{\cos\varphi} = \cos^{n-1}\varphi - \frac{n(n-1)}{1\cdot 2}\cos^{n-3}\varphi\sin^2\varphi + \frac{n(n-1)(n-2)(n-3)}{1\cdot 2\cdot 3\cdot 4}\cos^{n-5}\varphi\sin^4\varphi - \cdots$$

Wenn nun n irgend eine Primzahl ist, so lassen sich die Polynome, welche die rechten Seiten dieser Gleichungen bilden, stets in zwei Faktoren zerlegen, deren Koefficienten keine andere Irrationalität als $\sqrt{n}$ enthalten. Und da diese beiden Formeln aus einander entstehen, indem man einfach $\frac{\pi}{2} - \varphi$ an die Stelle von φ setzt, so braucht man nur zu zeigen, wie die Zerlegung der ersten bewerkstelligt wird. Zu diesem Zwecke müssen wir jedoch zwei Fälle unterscheiden, je nachdem die Primzahl n von der Form $4m + 1$ oder von der Form $4m + 3$ ist.

669.

Erster Fall: $n = 4m + 1$.

Wir haben gezeigt, dafs sich für die Primzahlen von dieser Form die Funktion $X = \frac{x^n - y^n}{x - y}$ stets auf die Form $\frac{1}{4}(Y^2 - nZ^2)$ bringen läfst, welche aus zwei reellen Faktoren $\frac{1}{2}Y + \frac{1}{2}Z\sqrt{n}$ und $\frac{1}{2}Y - \frac{1}{2}Z\sqrt{n}$ zusammengesetzt ist. Dabei ist:

$$Y = \left\{\begin{matrix} 2x^{2m} + x^{2m-1}y + a_2x^{2m-2}y^2 + a_3x^{2m-3}y^3 + \cdots \\ + 2y^{2m} + xy^{2m-1} + a_2x^2y^{2m-2} + a_3x^3y^{2m-3} + \cdots \end{matrix}\right\} + a_mx^my^m$$

$$Z = \left\{\begin{matrix} x^{2m-1}y + b_2x^{2m-2}y^2 + b_3x^{2m-3}y^3 + \cdots \\ + xy^{2m-1} + b_2x^2y^{2m-2} + b_3x^3y^{2m-3} + \cdots \end{matrix}\right\} + b_mx^my^m.$$

Wir haben ferner die Hülfsmittel angegeben, vermöge deren man in allen Fällen die Koefficienten $a_2, a_3, \ldots a_m, b_2, b_3, \ldots b_m$ bestimmen kann..

Ist nun $x = \cos\varphi + \sqrt{-1}\sin\varphi$, $y = \cos\varphi - \sqrt{-1}\sin\varphi$, so hat man:

$$X = \frac{x_n - y^n}{x - y} = \frac{\sin n\varphi}{\sin\varphi},$$

und die Werte von $\frac{1}{2}Y$ und $\frac{1}{2}Z$ sind:

$$\frac{1}{2}Y = 2\cos 2m\varphi + \cos(2m-2)\varphi + a_2\cos(2m-4)\varphi + a_3\cos(2m-6)\varphi + \cdots + \frac{1}{2}a_m$$

$$\frac{1}{2}Z = \cos(2m-2)\varphi + b_2\cos(2m-4)\varphi + b_3\cos(2m-6)\varphi + b_4\cos(2m-8)\varphi + \cdots + \frac{1}{2}b_m.$$

Setzt man also:

$$A = \frac{1}{2}Y + \frac{1}{2}Z\sqrt{n}, \quad B = \frac{1}{2}Y - \frac{1}{2}Z\sqrt{n},$$

mithin:

$$A = 2\cos 2m\varphi + (1+\sqrt{n})\cos(2m-2)\varphi + (a_2+b_2\sqrt{n})\cos(2m-4)\varphi + (a_3+b_3\sqrt{n})\cos(2m-6)\varphi + \cdots + \frac{1}{2}(a_m+b_m\sqrt{n})$$

$$B = 2\cos 2m\varphi + (1-\sqrt{n})\cos(2m-2)\varphi + (a_2-b_2\sqrt{n})\cos(2m-4)\varphi + (a_3-b_3\sqrt{n})\cos(2m-6)\varphi + \cdots + \frac{1}{2}(a_m-b_m\sqrt{n}),$$

so erhält man allgemein:

$$\frac{\sin n\varphi}{\sin\varphi} = AB,$$

so dafs A und B die beiden Faktoren sind, deren Produkt gleich ist dem Polynom:

$$n\cos^{n-1}\varphi - \frac{n(n-1)(n-2)}{1\cdot 2\cdot 3}\cos^{n-3}\varphi\sin^2\varphi + \frac{n(n-1)(n-2)(n-3)(n-4)}{1\cdot 2\cdot 3\cdot 4\cdot 5}\cos^{n-5}\varphi\sin^4\varphi - \cdots$$

Diese Eigenschaft ist um so bemerkenswerter, da sie nicht stattfinden würde, wenn die Zahl n von der Form $4m+1$ keine Primzahl wäre.

Um in ähnlicher Weise den Wert von $\frac{\cos n\varphi}{\cos\varphi}$ zu erhalten, brauchen wir nur in den vorstehenden Formeln $\frac{\pi}{2} - \varphi$ an die Stelle von φ zu setzen. Ist also:

$$C = 2\cos 2m\varphi - (1+\sqrt{n})\cos(2m-2)\varphi + (a_2+b_2\sqrt{n})\cos(2m-4)\varphi - (a_3+b_3\sqrt{n})\cos(2m-6)\varphi + \cdots + \frac{1}{2}(a_m+b_m\sqrt{n})(-1)^m$$

$$D = 2\cos 2m\varphi - (1-\sqrt{n})\cos(2m-2)\varphi + (a_2-b_2\sqrt{n})\cos(2m-4)\varphi - (a_3-b_3\sqrt{n})\cos(2m-6)\varphi + \cdots + \frac{1}{2}(a_m-b_m\sqrt{n})(-1)^m,$$

so hat man:

$$\frac{\cos n\varphi}{\cos\varphi} = CD,$$

so dafs also C und D die beiden Faktoren sind, deren Produkt gleich ist dem Polynom:

$$\cos^{n-1}\varphi - \frac{n(n-1)}{2}\cos^{n-3}\varphi\sin^2\varphi$$
$$+ \frac{n(n-1)(n-2)(n-3)}{2.3.4}\cos^{n-5}\varphi\sin^4\varphi - \cdots.$$

670.

Setzt man $\frac{\sin n\varphi}{\sin\varphi} = 0$ oder $AB = 0$, so sind die Werte, welche dieser Gleichung genügen, allgemein dargestellt durch $\varphi = \frac{k\pi}{n}$, wo k eine beliebige, durch n nicht teilbare ganze Zahl bedeutet. Denn für diesen Wert wird $\sin n\varphi = 0$, ohne dafs zu gleicher Zeit $\sin\varphi = 0$ wäre. Ist $\cot\varphi = z$, so geht die Gleichung $AB = 0$ über in:

$$0 = nz^{n-1} - \frac{n(n-1)(n-2)}{1\cdot 2\cdot 3}z^{n-3}$$
$$+ \frac{n(n-1)(n-2)(n-3)(n-4)}{1\cdot 2\cdot 3\cdot 4\cdot 5}z^{n-5} - \cdots$$

und die $n-1$ Wurzeln dieser Gleichung sind:

$$z = \pm\left(\cot\frac{\pi}{n},\quad \cot\frac{2\pi}{n},\quad \cot\frac{3\pi}{\pi},\quad \cdots \cot\frac{2m\pi}{n}\right).$$

Es handelt sich jetzt darum zu zeigen, wie sich diese $n-1$ Wurzeln auf die beiden Gleichungen $A = 0$, $B = 0$ verteilen.

Dazu müssen wir zurückgehen auf den Wert:

$$AB = \frac{x^n - y^n}{x - y} = x^{n-1} + x^{n-2}y + x^{n-3}y^2 + \cdots + y^{n-1}.$$

Nun weifs man aber, dafs dieses Polynom vom Grade $n-1$ oder $4m$ das Produkt der $4m$ Faktoren ist:

$$(x - ry)(x - r^2y)(x - r^3y)\cdots(x - r^{4m}y),$$

in denen man $r = \cos\frac{2\pi}{n} + \sqrt{-1}\sin\frac{2\pi}{n}$ setzen kann, und bezeichnet man mit g eine der primitiven Wurzeln von n, so lassen sich dieselben Faktoren in der folgenden Reihenfolge schreiben:

$$x - y\left(\cos\frac{2\pi}{n} + \sqrt{-1}\sin\frac{2\pi}{n}\right)$$
$$x - y\left(\cos\frac{2g\pi}{n} + \sqrt{-1}\sin\frac{2g\pi}{n}\right)$$
$$x - y\left(\cos\frac{2g^2\pi}{n} + \sqrt{-1}\sin\frac{2g^2\pi}{n}\right)$$
$$\cdots\cdots\cdots\cdots$$
$$x - y\left(\cos\frac{2g^{4m-1}\pi}{n} + \sqrt{-1}\sin\frac{2g^{4m-1}\pi}{n}\right).$$

Aus der bereits entwickelten Theorie ergiebt sich ferner, dafs das Produkt dieser $4m$ Faktoren, welches durch $\frac{1}{4}(Y^2 - nZ^2)$ dargestellt wird, in zwei Gruppen von je $2m$ Faktoren zerfällt, von denen die eine durch die Glieder von ungerader Ordnung, nämlich:

$$x - y\left(\cos\frac{2\pi}{n} + \sqrt{-1}\sin\frac{2\pi}{n}\right)$$
$$x - y\left(\cos\frac{2g^2\pi}{n} + \sqrt{-1}\sin\frac{2g^2\pi}{n}\right)$$
$$x - y\left(\cos\frac{2g^4\pi}{n} + \sqrt{-1}\sin\frac{2g^4\pi}{n}\right)$$
$$\cdots\cdots\cdots\cdots$$
$$x - y\left(\cos\frac{2g^{4m-2}\pi}{n} + \sqrt{-1}\sin\frac{2g^{4m-2}\pi}{n}\right),$$

die andere durch die Glieder von gerader Ordnung, nämlich:

$$x - y\left(\cos\frac{2g\pi}{n} + \sqrt{-1}\sin\frac{2g\pi}{n}\right)$$
$$x - y\left(\cos\frac{2g^3\pi}{n} + \sqrt{-1}\sin\frac{2g^3\pi}{n}\right)$$
$$x - y\left(\cos\frac{2g^5\pi}{n} + \sqrt{-1}\sin\frac{2g^5\pi}{n}\right)$$
$$\cdots\cdots\cdots\cdots$$
$$x - y\left(\cos\frac{2g^{4m-1}\pi}{n} + \sqrt{-1}\sin\frac{2g^{4m-1}\pi}{n}\right)$$

gebildet wird. Diese Gruppen von $2m$ Faktoren sind die Werte von A und B; jedoch kann man nur in besonderen Fällen entscheiden, welches der Wert von A und welches der von B ist.

671.

Ist $x - y(\cos 2\alpha + \sqrt{-1}\sin 2\alpha)$ einer der einfachen Faktoren, welche in der den Wert von A darstellenden Gruppe enthalten sind, so kommt, weil nach Weglassung der Vielfachen von n: $g^{2m} = -1$

ist, zu jedem Werte von $2\alpha = \frac{2g^k\pi}{n}$, worin k kleiner als $2m$ ist, in derselben Gruppe ein Wert $\frac{2g^{2m+k}\pi}{n} = -2\alpha$ vor, so dafs man gleichzeitig die beiden einfachen Faktoren hat:

$$x - y(\cos 2\alpha + \sqrt{-1}\sin 2\alpha)$$

$$x - y(\cos 2\alpha - \sqrt{-1}\sin 2\alpha).$$

Aus diesen entsteht der reelle Faktor zweiten Grades:

$$x^2 + y^2 - 2xy\cos 2\alpha.$$

Setzt man hierin die Werte

$$x = \cos\varphi + \sqrt{-1}\sin\varphi, \quad y = \cos\varphi - \sqrt{-1}\sin\varphi$$

ein, so geht dieser Faktor über in:

$$2\cos 2\varphi - 2\cos 2\alpha.$$

Macht man daher $2\cos 2\varphi = t$, so wird einer der beiden Faktoren A und B dargestellt durch das Produkt von m einfachen Faktoren:

$$\left(t - 2\cos\frac{2\pi}{n}\right)\left(t - 2\cos\frac{2g^2\pi}{n}\right)\left(t - 2\cos\frac{2g^4\pi}{n}\right)\cdots\left(t - 2\cos\frac{2g^{2m-2}\pi}{n}\right),$$

und der andere durch das Produkt:

$$\left(t - 2\cos\frac{2g\pi}{n}\right)\left(t - 2\cos\frac{2g^3\pi}{n}\right)\left(t - 2\cos\frac{2g^5\pi}{n}\right)\cdots\left(t - 2\cos\frac{2g^{2m-1}\pi}{n}\right).$$

Diese Formen stimmen mit den oben gefundenen Werten von A und B vollkommen überein; denn setzt man für $\cos 4\varphi$, $\cos 6\varphi$, ... ihre bekannten Werte als Funktionen von $\cos 2\varphi = \frac{1}{2}t$ ein, so reduciert sich der Wert von A auf die Form:

$$A = t^m + \alpha t^{m-1} + \beta t^{m-2} + \cdots,$$

deren Koefficienten keine andere Irrationalität enthalten als $\sqrt{n}$. Ebenso verhält es sich mit dem Werte von B.

Da die Gleichungen $A = 0$ und $B = 0$ lauter reelle Wurzeln haben, welche in den beiden Reihen

$$\frac{1}{2}t = \cos\frac{2\pi}{n}, \quad \cos\frac{2g^2\pi}{n}, \quad \cos\frac{2g^4\pi}{n}, \cdots \cos\frac{2g^{2m-2}\pi}{n}$$

$$\frac{1}{2}t = \cos\frac{2g\pi}{n}, \quad \cos\frac{2g^3\pi}{n}, \quad \cos\frac{2g^5\pi}{n}, \cdots \cos\frac{2g^{2m-1}\pi}{n}$$

enthalten sind, so kennt man für jede Reihe die Summe gleich hoher Potenzen der verschiedenen Glieder, aus denen sie besteht. Diese Summe wird ausgedrückt durch die Koefficienten der zugehörigen

Gleichung und enthält folglich keine andere Irrationalität als $\sqrt{n}$. Hierauf beruhen die neuen auf die Winkelteilung bezüglichen Formeln, die wir in der Überschrift dieses Paragraphen angekündigt haben, und die unter den bekannten Formeln nicht enthalten sind.

Ähnliche Resultate ergeben sich aus den Funktionen C und D, deren Produkt gleich $\frac{\cos n\varphi}{\cos\varphi}$ ist; jedoch sind die daraus für die Teilung der Winkel entspringenden Formeln nicht verschieden von denen, welche sich aus den Funktionen A und B ergeben. Wir lassen einige Anwendungen dieser Formeln folgen.

672.

Erstes Beispiel.

Ist $n = 13$, so hat man $m = 3$. In diesem Falle geben die aus der Tabelle in Artikel 512 entnommenen Werte von Y und Z:

$$a_2 = 4, \quad a_3 = -1, \quad b_2 = 0, \quad b_3 = 1,$$

und hieraus entspringen die Werte:

$$A = 2\cos 6\varphi + (1 + \sqrt{13})\cos 4\varphi + 4\cos 2\varphi - \frac{1}{2} + \frac{1}{2}\sqrt{13}$$

$$B = 2\cos 6\varphi + (1 - \sqrt{13})\cos 4\varphi + 4\cos 2\varphi - \frac{1}{2} - \frac{1}{2}\sqrt{13}.$$

Setzt man $t = 2\cos 2\varphi$, so wird:

$$A = t^3 + \frac{1}{2}(1 + \sqrt{13})\,t^2 - t - \frac{3}{2} - \frac{1}{2}\sqrt{13}$$

$$B = t^3 + \frac{1}{2}(1 - \sqrt{13})\,t^2 - t - \frac{3}{2} + \frac{1}{2}\sqrt{13}.$$

Nimmt man sodann die primitive Wurzel $g = 2$, so mufs man setzen:

$$A = \left(t - 2\cos\frac{4\pi}{n}\right)\left(t - 2\cos\frac{10\pi}{n}\right)\left(t - 2\cos\frac{12\pi}{n}\right)$$

$$B = \left(t - 2\cos\frac{2\pi}{n}\right)\left(t - 2\cos\frac{8\pi}{n}\right)\left(t - 2\cos\frac{6\pi}{n}\right);$$

denn alsdann ist das letzte Glied des ersten Produkts, nämlich

$$-2^3\cos\frac{4\pi}{n}\cos\frac{10\pi}{n}\cos\frac{12\pi}{n},$$

negativ, es kann somit dem letzten Gliede von A nämlich $-\frac{3}{2} - \frac{1}{2}\sqrt{13}$ gleichgesetzt werden. Zugleich ist das letzte Glied des zweiten Produkts, nämlich

$$-2^3\cos\frac{2\pi}{n}\cos\frac{8\pi}{n}\cos\frac{6\pi}{n},$$

positiv und gleich $-\frac{3}{2} + \frac{1}{2}\sqrt{13}$, dem letzten Gliede von B.

Hieraus erkennt man Folgendes:

1) Wenn es sich darum handelt, den Kreisumfang in 13 gleiche Teile zu teilen, so kann diese Aufgabe gelöst werden entweder mit Hülfe der Gleichung:

$$0 = t^3 - \frac{1}{2}(\sqrt{13} - 1)\, t^2 - t - \frac{3}{2} + \frac{1}{2}\sqrt{13},$$

deren drei Wurzeln $t = 2\cos\frac{2\pi}{13}$, $t = -2\cos\frac{5\pi}{13}$, $t = 2\cos\frac{6\pi}{13}$ sind, oder mit Hülfe der Gleichung:

$$0 = t^3 + \frac{1}{2}(\sqrt{13} + 1)\, t^2 - t - \frac{3}{2} - \frac{1}{2}\sqrt{13},$$

deren Wurzeln $t = 2\cos\frac{4\pi}{13}$, $t = -2\cos\frac{3\pi}{13}$, $t = -2\cos\frac{\pi}{13}$ sind.

2) Die Wurzeln dieser Gleichungen geben, auf die Potenzen 1, 2, 3 u. s. w. erhoben, die Formeln:

$$\cos\frac{2\pi}{13} - \cos\frac{5\pi}{13} + \cos\frac{6\pi}{13} = \frac{1}{4}(\sqrt{13} - 1)$$

$$\cos^2\frac{2\pi}{13} + \cos^2\frac{5\pi}{13} + \cos^2\frac{6\pi}{13} = \frac{1}{8}(11 - \sqrt{13})$$

$$\cos^3\frac{2\pi}{13} - \cos^3\frac{5\pi}{13} + \cos^3\frac{6\pi}{13} = \frac{1}{4}(\sqrt{13} - 1)$$

u. s. w.

$$\cos\frac{4\pi}{13} - \cos\frac{3\pi}{13} - \cos\frac{\pi}{13} = -\frac{1}{4}(\sqrt{13} + 1)$$

$$\cos^2\frac{4\pi}{13} + \cos^2\frac{3\pi}{13} + \cos^2\frac{\pi}{13} = \frac{1}{8}(11 + \sqrt{13})$$

$$\cos^3\frac{4\pi}{13} - \cos^3\frac{3\pi}{13} - \cos^3\frac{\pi}{13} = -\frac{1}{4}(\sqrt{13} + 1)$$

u. s. w.

673.

Zweites Beispiel.

Ist $n = 17$, $m = 4$, so geben die aus der Tabelle in Artikel 512 entnommenen Werte von Y und Z für diesen Fall:

$$a_2 = 5, \quad a_3 = 7, \quad a_4 = 4, \quad b_2 = 1, \quad b_3 = 1, \quad b_4 = 2$$

und hieraus ergeben sich die Werte:

$$A = 2\cos 8\varphi + (1 + \sqrt{17})\cos 6\varphi + (5 + \sqrt{17})\cos 4\varphi$$
$$+ (7 + \sqrt{17})\cos 2\varphi + 2 + \sqrt{17}$$

$$B = 2\cos 8\varphi + (1 - \sqrt{17})\cos 6\varphi + (5 - \sqrt{17})\cos 4\varphi$$
$$+ (7 - \sqrt{17})\cos 2\varphi + 2 - \sqrt{17},$$

mittelst deren man erhält:

$$\sin 17\varphi = AB \sin \varphi.$$

Setzt man $2\cos 2\varphi = t$, so gehen die Werte von A und B über in:

$$A = t^4 + \frac{1}{2}(1+\sqrt{17})\,t^3 + \frac{1}{2}(\sqrt{17}-3)\,t^2 + (2-\sqrt{17})\,t - 1$$

$$B = t^4 + \frac{1}{2}(1-\sqrt{17})\,t^3 - \frac{1}{2}(\sqrt{17}+3)\,t^2 + (2+\sqrt{17})\,t - 1.$$

In diesem Falle kann man $g = 3$ setzen, wodurch sich ergiebt:

$$A = \left(t - 2\cos\frac{6\pi}{n}\right)\left(t - 2\cos\frac{10\pi}{n}\right)\left(t - 2\cos\frac{12\pi}{n}\right)\left(t - 2\cos\frac{14\pi}{n}\right)$$

$$B = \left(t - 2\cos\frac{2\pi}{n}\right)\left(t - 2\cos\frac{4\pi}{n}\right)\left(t - 2\cos\frac{8\pi}{n}\right)\left(t - 2\cos\frac{16\pi}{n}\right).$$

Ist x die Seite des regulären Polygons von 17 Seiten, so hat man $x^2 = 2 - 2\cos\frac{2\pi}{n}\cdot$ Mithin bestimmt sich diese Seite aus der gröfsten positiven Wurzel der Gleichung vierten Grades $B = 0$. Ferner weifs man aus der oben entwickelten Theorie, dafs sich diese Gleichung in zwei Gleichungen zweiten Grades zerlegen läfst.

Aus den Koefficienten der Gleichungen $A = 0$, $B = 0$ erhält man für ihre Wurzeln die folgenden Formeln:

$$\cos\frac{2\pi}{17} + \cos\frac{4\pi}{17} + \cos\frac{8\pi}{17} - \cos\frac{\pi}{17} = \frac{1}{4}(\sqrt{17}-1)$$

$$\cos^2\frac{2\pi}{17} + \cos^2\frac{4\pi}{17} + \cos^2\frac{8\pi}{17} + \cos^2\frac{\pi}{17} = \frac{1}{8}(15+\sqrt{17})$$

$$\cos^3\frac{2\pi}{17} + \cos^3\frac{4\pi}{17} + \cos^3\frac{8\pi}{17} - \cos^3\frac{\pi}{17} = \frac{1}{8}(\sqrt{17}-2)$$

$$\cos\frac{\pi}{17}\cos\frac{2\pi}{17}\cos\frac{4\pi}{17}\cos\frac{8\pi}{17} = \frac{1}{16}$$

$$\cos\frac{3\pi}{17} + \cos\frac{5\pi}{17} + \cos\frac{7\pi}{17} - \cos\frac{6\pi}{17} = \frac{1}{4}(\sqrt{17}+1)$$

$$\cos^2\frac{3\pi}{17} + \cos^2\frac{5\pi}{17} + \cos^2\frac{7\pi}{17} + \cos^2\frac{6\pi}{17} = \frac{1}{8}(15-\sqrt{17})$$

$$\cos^3\frac{3\pi}{17} + \cos^3\frac{5\pi}{17} + \cos^3\frac{7\pi}{17} - \cos^3\frac{6\pi}{17} = \frac{1}{8}(\sqrt{17}+2)$$

$$\cos\frac{3\pi}{17}\cos\frac{5\pi}{17}\cos\frac{6\pi}{17}\cos\frac{7\pi}{17} = \frac{1}{16}.$$

674.

Zweiter Fall. $n = 4m + 3$.

In diesem Falle nimmt das Polynom $X = \frac{x^n - y^n}{x - y}$ die Form $\frac{1}{4}(Y^2 + nZ^2)$ an, in welcher die Funktionen Y und Z folgendermaſsen dargestellt werden können:

$$Y = \begin{cases} 2x^{2m+1} + x^{2m}y + a_2 x^{2m-1}y^2 + a_3 x^{2m-2}y^3 + \cdots \\ -2y^{2m+1} - xy^{2m} - a_2 x^2 y^{2m-1} - a_3 x^3 y^{2m-2} - \cdots \end{cases}$$

$$Z = \begin{cases} x^{2m}y + b_2 x^{2m-1}y^2 + b_3 x^{2m-2}y^3 + \cdots \\ + xy^{2m} + b_2 x^2 y^{2m-1} + b_3 x^3 y^{2m-2} + \cdots \end{cases}$$

Ist $x = \cos\varphi + \sqrt{-1}\sin\varphi$, $y = \cos\varphi - \sqrt{-1}\sin\varphi$, so hat man:

$$X = \frac{\sin n\varphi}{\sin\varphi} = \left(\frac{1}{2}Z\sqrt{n} + \frac{\frac{1}{2}Y}{\sqrt{-1}}\right)\left(\frac{1}{2}Z\sqrt{n} - \frac{\frac{1}{2}Y}{\sqrt{-1}}\right)$$

$$\frac{\frac{1}{2}Y}{\sqrt{-1}} = 2\sin(2m+1)\varphi + \sin(2m-1)\varphi + a_2\sin(2m-3)\varphi + a_3\sin(2m-5)\varphi + \cdots$$

$$\frac{1}{2}Z = \cos(2m-1)\varphi + b_2\cos(2m-3)\varphi + b_3\cos(2m-5)\varphi + \cdots$$

Ist demnach:

$$A = 2\sin(2m+1)\varphi + \sin(2m-1)\varphi + a_2\sin(2m-3)\varphi + a_3\sin(2m-5)\varphi + \cdots + \sqrt{n}[\cos(2m-1)\varphi + b_2\cos(2m-3)\varphi + b_3\cos(2m-5)\varphi + \cdots]$$

$$B = -2\sin(2m+1)\varphi - \sin(2m-1)\varphi - a_2\sin(2m-3)\varphi - a_3\sin(2m-5)\varphi - \cdots + \sqrt{n}[\cos(2m-1)\varphi + b_2\cos(2m-3)\varphi + b_3\cos(2m-5)\varphi + \cdots],$$

so hat man allgemein:

$$\frac{\sin n\varphi}{\sin\varphi} = AB.$$

Setzt man $\frac{\pi}{2} - \varphi$ an die Stelle von φ, so erhält man ein zweites System von Formeln, nämlich:

$$C = 2\cos(2m+1)\varphi - \cos(2m-1)\varphi + a_2\cos(2m-3)\varphi - a_3\cos(2m-5)\varphi + \cdots + \sqrt{n}[\sin(2m-1)\varphi - b_2\sin(2m-3)\varphi + b_3\sin(2m-5)\varphi - \cdots]$$

$$D = -2\cos(2m+1)\varphi + \cos(2m-1)\varphi - a_2\cos(2m-3)\varphi + a_3\cos(2m-5)\varphi - \cdots$$
$$+\sqrt{n}\,[\sin(2m-1)\varphi - b_2\sin(2m-3)\varphi + b_3\sin(2m-5)\varphi - \cdots]$$

$$\frac{\cos n\varphi}{\cos\varphi} = CD.$$

Um nun für die beiden Faktoren von $X = \frac{\sin n\varphi}{\sin\varphi}$ einen andern Ausdruck zu finden, bezeichnen wir wieder mit g eine primitive Wurzel von n. Ist ferner r^k irgend eine imaginäre Wurzel der Gleichung $r^n - 1 = 0$, so dafs $r^k = \cos\frac{2k\pi}{n} + \sqrt{-1}\sin\frac{2k\pi}{n}$ ist, wo k eines der Glieder der Reihe $1, g, g^2, g^3, \ldots g^{4m+1}$ ist, so ist die Funktion X gleich dem Produkte aller Faktoren $x - yr^k$, in denen man k der Reihe nach die $n-1$ vorher genannten Werte, welche in einer andern Reihenfolge die Reihe der natürlichen Zahlen $1, 2, 3, \ldots n-1$ darstellen, giebt.

Setzt man hierauf die Werte

$$x = \cos\varphi + \sqrt{-1}\sin\varphi, \quad y = \cos\varphi - \sqrt{-1}\sin\varphi$$

ein, so geht der Faktor $x - r^k y$, in welchem

$$r^k = \cos\frac{2k\pi}{n} + \sqrt{-1}\sin\frac{2k\pi}{n}$$

ist, über in $(1 - r^k)\left(\cos\varphi - \sin\varphi\cot\frac{k\pi}{n}\right)$ oder, wenn man $\cot\varphi = u$ setzt, in:

$$(1 - r^k)\sin\varphi\left(u - \cot\frac{k\pi}{n}\right).$$

Nehmen wir der Reihe nach für k die $2m+1$ Werte $1, g^2, g^4, \ldots g^{4m}$, und bezeichnen wir das Produkt aller Koefficienten $1 - r^k$ mit α, so erhalten wir für den einen der beiden Faktoren von X den Ausdruck:

$$P = \alpha(\sin\varphi)^{2m+1}\left(u - \cot\frac{\pi}{n}\right)\left(u - \cot\frac{\pi g^2}{n}\right)\left(u - \cot\frac{\pi g^4}{n}\right)\cdots\left(u - \cot\frac{\pi g^{4m}}{n}\right).$$

Giebt man ebenso k der Reihe nach die Werte $g, g^3, g^5, \ldots g^{4m+1}$, und nennt man β das Produkt der Koefficienten $1 - r^k$, so erhält man für den andern Faktor von X den Ausdruck:

$$Q = \beta(\sin\varphi)^{2m+1}\left(u - \cot\frac{\pi g}{n}\right)\left(u - \cot\frac{\pi g^3}{n}\right)\left(u - \cot\frac{\pi g^5}{n}\right)\cdots\left(u - \cot\frac{\pi g^{4m+1}}{n}\right),$$

und da nach Weglassung der Vielfachen von n in den Werten $g, g^2, g^3, \ldots$ der Wert von $g^{2m+1} = -1$ wird und somit

$$g^{2m+1-2h} = -g^{4m+2-2h}, \quad g^{2m+1+2h} = -g^{2h}$$

ist, so folgt daraus, dafs der Wert von Q auch folgendermafsen dargestellt werden kann:

$$Q = \beta (\sin\varphi)^{2m+1} \left(u + \cot\frac{\pi}{n}\right)\left(u + \cot\frac{\pi g^2}{n}\right)\left(u + \cot\frac{\pi g^4}{n}\right)\cdots\left(u + \cot\frac{\pi g^{4m}}{n}\right),$$

d. h. die Wurzeln der Gleichung $Q = 0$ sind nur durch das Vorzeichen von den Wurzeln der Gleichung $P = 0$ verschieden, oder eine dieser Gleichungen entsteht aus der andern durch blofse Änderung des Zeichens von u.

Dies sind die beiden Faktoren, deren Produkt $PQ = X$ ist. Da im Falle $\varphi = 0$, wodurch sich $x = 1$ und $y = 1$ ergiebt, $X = n$ sein mufs, so hat man $\alpha\beta = n$ und kann daher $\alpha = \beta = n^{\frac{1}{2}}$ setzen. Dies könnte man auch aus den Werten von A und B ableiten. Denn setzt man $\varphi = 0$, so wird $A = B = \frac{1}{2} Z^0 \sqrt{n}$, wo Z^0 der Wert von Z für den Fall $\varphi = 0$ ist. In demselben Falle ist aber $X = n$, $Y = 0$ und die Gleichung $4X = Y^2 + nZ^2$ giebt $Z^0 = 2$, mithin $A = B = \sqrt{n}$.

675.

Die für P und Q gefundenen Werte stellen die Werte der Funktionen A und B dar, die wir in linearer Weise durch die Sinus und Cosinus der ungeraden Vielfachen des Winkels φ dargestellt haben. Jedoch kann man nur in speciellen Fällen entscheiden, welcher von diesen beiden Werten für A und welcher für B genommen werden mufs. Dies ist stets leicht, wenn man denjenigen der Werte von A und B gleich P setzt, dessen letztes Glied dasselbe Vorzeichen wie

$$-\cot\frac{\pi}{n}\cot\frac{\pi g^2}{n}\cdots\cot\frac{\pi g^{4m}}{n}$$

hat.

Es sei allgemein:

$$(u + \sqrt{-1})^a = F(a) + \sqrt{-1}\, G(a),$$

also:

$$F(a) = u^a - \frac{a(a-1)}{1.2} u^{a-2} + \frac{a(a-1)(a-2)(a-3)}{1.2.3.4} u^{a-4} - \cdots$$

$$G(a) = a u^{a-1} - \frac{a(a-1)(a-2)}{1.2.3} u^{a-3} + \frac{a(a-1)(a-2)(a-3)(a-4)}{1.2.3.4.5}.$$

Bestimmt man mittelst der Funktionen $F(a)$ und $G(a)$ neue Funktionen U und V durch die Gleichungen:

$$U = (u^2+1)\,F(2m-1) + b_2\,(u^2+1)^2\,F(2m-3)$$
$$+ b_3\,(u^2+1)^3\,F(2m-5) + \cdots$$
$$V = 2G\,(2m+1) + (u^2+1)\,G(2m-1) + a_2(u^2+1)^2 G(2m-3) + \cdots,$$

wo die erste eine ungerade Funktion von u vom Grade $\frac{1}{2}(n-1)$ oder $2m+1$ mit dem ersten Gliede u^{2m+1}, die zweite eine gerade Funktion vom Grade $2m$ ist, so hat man die Werte:

$$A = \sin^{2m+1}\varphi\,(U\sqrt{n} + V)$$
$$B = \sin^{2m+1}\varphi\,(U\sqrt{n} - V).$$

Nach Artikel 669 ist aber der Wert von AB gleich dem Produkte aus $\sin^{n-1}\varphi$ oder $\sin^{4m+2}\varphi$ und dem Polynom:

$$G(n) = nu^{n-1} - \frac{n(n-1)(n-2)}{1.2.3}u^{n-3} + \frac{n(n-1)(n-2)(n-3)(n-4)}{1.2.3.4.5}u^{n-5} - \cdots.$$

Mithin läſst sich dieses Polynom in u vom Grade $n-1$ allgemein in zwei Faktoren $U\sqrt{n} + V$, $U\sqrt{n} - V$ zerlegen, von denen der eine durch das Produkt:

$$n^{\frac{1}{2}}\left(u - \cot\frac{\pi}{n}\right)\left(u - \cot\frac{\pi g^2}{n}\right)\left(u - \cot\frac{\pi g^4}{n}\right)\cdots\left(u - \cot\frac{\pi g^{4m}}{n}\right),$$

der andere durch das Produkt:

$$n^{\frac{1}{2}}\left(u + \cot\frac{\pi}{n}\right)\left(u + \cot\frac{\pi g^2}{n}\right)\left(u + \cot\frac{\pi g^4}{n}\right)\cdots\left(u + \cot\frac{\pi g^{4m}}{n}\right)$$

dargestellt wird.

Will man den Kreisumfang in n Teile teilen, so hat man die Gleichung $2m+1^{\text{ten}}$ Grades $U\sqrt{n} \pm V = 0$ aufzulösen, deren Wurzeln, falls man das doppelte Zeichen passend bestimmt, dargestellt werden durch:

$$u = \cot\frac{\pi}{n},\quad \cot\frac{\pi g^2}{n},\quad \cot\frac{\pi g^4}{n},\ \ldots \cot\frac{\pi g^{4m}}{n}.$$

Dieselbe Aufgabe könnte man direkt mittelst der Gleichung $G(n) = 0$ lösen, welche, wenn $u^2 = v$ gesetzt wird, übergeht in:

$$0 = nv^{2m+1} - \frac{n(n-1)(n-2)}{1.2.3}v^{2m} + \frac{n(n-1)(n-2)(n-3)(n-4)}{1.2.3.4.5}v^{2m-1} - \cdots.$$

Diese ist also ebenfalls vom Grade $2m+1$; indessen ist die Gleichung in u einfacher, und ihre Wurzeln, die von vornherein bekannt sind, ergeben neue Eigenschaften, wie man bei den folgenden Beispielen sehen wird.

676.

Erstes Beispiel.

Ist $n = 7$ oder $m = 1$, so erhält man aus der Tabelle in No. 512:

$$a_2 = 0, \quad b_2 = 0,$$

also:

$$\sin 7\varphi = AB \sin\varphi$$

$$A = n^{\frac{1}{2}} \cos\varphi + 2 \sin 3\varphi + \sin\varphi$$

$$B = n^{\frac{1}{2}} \cos\varphi - 2 \sin 3\varphi - \sin\varphi.$$

Setzt man sodann $\cot\varphi = u$, so wird:

$$U = (u^2 + 1) F(1) = u^3 + u$$

$$V = 2G(3) + (u^2 + 1) G(1) = 7u^2 - 1$$

$$A = \sin^3\varphi \, (n^{\frac{1}{2}} U + V)$$

$$B = \sin^3\varphi \, (n^{\frac{1}{2}} U - V),$$

mithin:

$$\sin 7\varphi = \sin^7\varphi \, (n^{\frac{1}{2}} U + V)(n^{\frac{1}{2}} U - V).$$

Man hat aber auch direkt:

$$\sin 7\varphi = \sin^7\varphi \, G(n),$$

wenn man mit $G(n)$ das Polynom bezeichnet:

$$nu^6 - 5nu^4 + 3nu^2 - 1.$$

Mithin ist dieses Polynom das Produkt der beiden Faktoren:

$$n^{\frac{1}{2}} U + V = n^{\frac{1}{2}} u^3 + nu^2 + n^{\frac{1}{2}} u - 1$$

$$n^{\frac{1}{2}} U - V = n^{\frac{1}{2}} u^3 - nu^2 + n^{\frac{1}{2}} u + 1.$$

Dies läfst sich leicht bestätigen.

In diesem Falle kann man $g = 3$ setzen, wodurch sich ergiebt:

$$\cot\frac{g^2\pi}{n} = \cot\frac{2\pi}{n}, \qquad \cot\frac{g^4\pi}{n} = \cot\frac{4\pi}{n} = -\cot\frac{3\pi}{n}.$$

Wie leicht zu sehen, hat man also die beiden Gleichungen:

$$n^{\frac{1}{2}} u^3 - nu^2 + n^{\frac{1}{2}} u + 1 = n^{\frac{1}{2}}\left(u - \cot\frac{\pi}{n}\right)\left(u - \cot\frac{2\pi}{n}\right)\left(u + \cot\frac{3\pi}{n}\right)$$

$$n^{\frac{1}{2}} u^3 + nu^2 + n^{\frac{1}{2}} u - 1 = n^{\frac{1}{2}}\left(u + \cot\frac{\pi}{n}\right)\left(u + \cot\frac{2\pi}{n}\right)\left(u - \cot\frac{3\pi}{n}\right).$$

Dieselben entstehen aus einander, indem man einfach das Zeichen von u ändert.

Die Teilung des Kreisumfanges in 7 gleiche Teile geschieht also mit Hülfe der Gleichung dritten Grades:

$$0 = 7^{\frac{1}{2}} u^3 - 7u^2 + 7^{\frac{1}{2}} u + 1,$$

deren Wurzeln $u = \cot\frac{\pi}{7}$, $u = \cot\frac{2\pi}{7}$, $u = -\cot\frac{3\pi}{7}$ sind. Hieraus ergeben sich die folgenden Eigenschaften:

$$\cot\frac{\pi}{7} + \cot\frac{2\pi}{7} - \cot\frac{3\pi}{7} = 7^{\frac{1}{2}}$$

$$\cot^2\frac{\pi}{7} + \cot^2\frac{2\pi}{7} + \cot^2\frac{3\pi}{7} = 5$$

$$\cot\frac{\pi}{7}\cot\frac{2\pi}{7}\cot\frac{3\pi}{7} = 7^{-\frac{1}{2}}.$$

Dies läſst sich leicht mittelst der Trigonometrie bestätigen.

677.

Zweites Beispiel.

Ist $n = 11$ oder $m = 2$, so erhält man aus der Tabelle in No. 512:

$$a_2 = -2, \quad b_2 = 0,$$

also:

$$U = (u^2 + 1) F(3) = u^5 - 2u^3 - 3u$$
$$V = 2G(5) + (u^2 + 1) G(3) - 2(u^2 + 1)^2 G(1) = nu^4 - 2nu^2 - 1$$
$$\sin 11\varphi = \sin^{11}\varphi\, (U\sqrt{n} + V)(U\sqrt{n} - V).$$

Es ist aber auch:

$$\sin 11\varphi = \sin^{11}\varphi \,.\, G(n),$$

wenn man mit $G(n)$ das Polynom

$$nu^{10} - 15nu^8 + 42nu^6 - 30nu^4 + 5nu^2 - 1$$

bezeichnet. Mithin ist dieses Polynom das Produkt der beiden Faktoren:

$$M = n^{\frac{1}{2}} u^5 + nu^4 - 2n^{\frac{1}{2}} u^3 - 2nu^2 - 3n^{\frac{1}{2}} u - 1$$

$$N = n^{\frac{1}{2}} u^5 - nu^4 - 2n^{\frac{1}{2}} u^3 + 2nu^2 - 3n^{\frac{1}{2}} u + 1,$$

woraus sich $\sin 11\varphi = \sin^{11}\varphi\, MN$ ergiebt.

In diesem Falle kann man die primitive Wurzel $g = 2$ nehmen, da dieser Wert $g^5 + 1 = \mathfrak{M}(11)$ giebt. Mithin hat die eine der Gleichungen

$M=0$, $N=0$ die fünf Wurzeln $u=\cot\frac{\pi}{n}$, $\cot\frac{4\pi}{n}$, $\cot\frac{5\pi}{n}$, $\cot\frac{9\pi}{n}$, $\cot\frac{3\pi}{n}$, von denen vier positiv sind und eine negativ. Nun zeigt aber die Aufeinanderfolge der Zeichen in der Gleichung $N=0$ an, dafs sich die in Rede stehende Eigenschaft auf diese Gleichung bezieht. Mithin hat man allgemein:

$$N=n^{\frac{1}{2}}\left(u-\cot\frac{\pi}{n}\right)\left(u-\cot\frac{4\pi}{n}\right)\left(u-\cot\frac{5\pi}{n}\right)\left(u+\cot\frac{2\pi}{n}\right)\left(u-\cot\frac{3\pi}{n}\right)$$

$$M=n^{\frac{1}{2}}\left(u+\cot\frac{\pi}{n}\right)\left(u+\cot\frac{4\pi}{n}\right)\left(u+\cot\frac{5\pi}{n}\right)\left(u-\cot\frac{2\pi}{n}\right)\left(u+\cot\frac{3\pi}{n}\right).$$

Um daher den Kreisumfang in 11 gleiche Teile zu teilen, hat man die Gleichung aufzulösen:

$$0=n^{\frac{1}{2}}u^5-nu^4-2n^{\frac{1}{2}}u^3+2nu^2-3n^{\frac{1}{2}}u+1,$$

deren Wurzeln $u=\cot\frac{\pi}{n}$, $u=\cot\frac{3\pi}{n}$, $u=\cot\frac{4\pi}{n}$, $u=\cot\frac{5\pi}{n}$, $u=-\cot\frac{2\pi}{n}$ sind. Hieraus ergeben sich die folgenden Eigenschaften:

$$\cot\frac{\pi}{11}+\cot\frac{3\pi}{11}+\cot\frac{4\pi}{11}+\cot\frac{5\pi}{11}-\cot\frac{2\pi}{11}=11^{\frac{1}{2}}$$

$$\cot^2\frac{\pi}{11}+\cot^2\frac{3\pi}{11}+\cot^2\frac{4\pi}{11}+\cot^2\frac{5\pi}{11}+\cot^2\frac{2\pi}{11}=15$$

$$\cot^3\frac{\pi}{11}+\cot^3\frac{3\pi}{11}+\cot^3\frac{4\pi}{11}+\cot^3\frac{5\pi}{11}-\cot^3\frac{2\pi}{11}=11^{\frac{3}{2}}$$

$$\cot^4\frac{\pi}{11}+\cot^4\frac{3\pi}{11}+\cot^4\frac{4\pi}{11}+\cot^4\frac{5\pi}{11}+\cot^4\frac{2\pi}{11}=141$$

$$\cot\frac{\pi}{11}\cot\frac{2\pi}{11}\cot\frac{3\pi}{11}\cot\frac{4\pi}{11}\cot\frac{5\pi}{11}=11^{-\frac{1}{2}}$$

Übrigens würde man die Summe der geraden Potenzen einfacher aus der Gleichung $G(n)=0$ erhalten, welche in diesem Falle lautet:

$$0=u^{10}-15u^8+42u^6-30u^4+5u^2-\frac{1}{n}.$$

Dieselbe giebt unmittelbar:

$$\Sigma u^2=15,\quad \Sigma u^4=141,\quad \Sigma u^6=1575,\ \text{u. s. w.}$$

678.

Drittes Beispiel.

Ist $n=19$ oder $m=4$, so erhält man aus der Tabelle in No. 512:

$a_2=-4$, $a_3=3$, $a_4=5$; $b_2=0$, $b_3=-1$, $b_4=1$.

Mithin:

$$A = \sqrt{n}\,[\cos 7\varphi - \cos 3\varphi + \cos\varphi]$$
$$+ 2\sin 9\varphi + \sin 7\varphi - 4\sin 5\varphi + 3\sin 3\varphi + 5\sin\varphi$$
$$B = \sqrt{n}\,[\cos 7\varphi - \cos 3\varphi + \cos\varphi]$$
$$- 2\sin 9\varphi - \sin 7\varphi + 4\sin 5\varphi - 3\sin 3\varphi - 5\sin\varphi$$
$$\sin n\varphi = AB\sin\varphi.$$

Mat hat aber auch unter anderer Form:

$$\sin n\varphi = \sin^n\varphi\,(U\sqrt{n} + V)\,(U\sqrt{n} - V)$$
$$U = (u^2+1)F(7) - (u^2+1)^3 F(3) + (u^2+1)^4 F(1)$$
$$V = 2G(9) + (u^2+1)G(7) - 4(u^2+1)^2 G(5) + 3(u^2+1)^3 G(3)$$
$$+ 5(u^2+1)^4 G(1),$$

oder wenn man für die F und G ihre Werte setzt:

$$U = u^9 - 16u^7 + 26u^5 + 40u^3 - 3u$$
$$V = nu^8 - 8nu^6 + 18nu^4 - 1.$$

Man kennt daher die beiden Faktoren $U\sqrt{n} + V$, $U\sqrt{n} - V$, deren Produkt gleich $\frac{\sin n\varphi}{(\sin\varphi)^n}$ oder gleich der Funktion

$$G(n) = nu^{18} - 51nu^{16} + 612nu^{14} - 2652nu^{12} + 4862nu^{10}$$
$$- 3978nu^8 + 1428nu^6 - 204nu^4 + 9nu^2 - 1$$

ist, als Funktionen von u. In diesem Falle kann man $g = 2$ annehmen, wodurch sich die neun Wurzeln der Gleichung $0 = U\sqrt{n} \pm V$ ergeben, nämlich:

$$u = \cot\frac{\pi}{n},\quad \cot\frac{4\pi}{n},\quad \cot\frac{5\pi}{n},\quad \cot\frac{6\pi}{n},\quad \cot\frac{7\pi}{n},\quad \cot\frac{9\pi}{n},$$
$$-\cot\frac{2\pi}{n},\quad -\cot\frac{3\pi}{n},\quad -\cot\frac{8\pi}{n}.$$

Von diesen sind sechs positiv und drei negativ. Aus diesem Grunde mufs das letzte Glied der Gleichung positiv sein; diese Gleichung ist daher $U\sqrt{n} - V = 0$ oder:

$$0 = n^{\frac{1}{2}}(u^9 - 16u^7 + 26u^5 + 40u^3 - 3u) - n(u^8 - 8u^6 + 18u^4) + 1.$$

Die rechte Seite ist das Produkt aus $n^{\frac{1}{2}}$ und den neun Faktoren:

$$\left(u - \cot\frac{\pi}{n}\right)\left(u - \cot\frac{4\pi}{n}\right)\left(u - \cot\frac{5\pi}{n}\right)\left(u - \cot\frac{6\pi}{n}\right)\left(u - \cot\frac{7\pi}{n}\right) \times$$
$$\left(u - \cot\frac{9\pi}{n}\right)\left(u + \cot\frac{2\pi}{n}\right)\left(u + \cot\frac{3\pi}{n}\right)\left(u + \cot\frac{8\pi}{n}\right).$$

Diese Gleichung 9ten Grades hätte man also unmittelbar aufzulösen, wenn man den Kreisumfang in 19 gleiche Teile teilen wollte. Wir haben aber oben die Hülfsmittel kennen gelernt, um die Aufgabe auf die Auflösung zweier Gleichungen dritten Grades zu reducieren. Übrigens ergiebt diese Gleichung zwischen ihren Wurzeln analoge Beziehungen wie diejenigen, die wir bei den andern Beispielen gehabt haben; indessen werden dieselben immer weniger interessant, je gröfser die Zahl n wird.

Die Eigenschaften der Funktion, welche gleich $\frac{\sin n\varphi}{\sin\varphi}$ ist, haben wir hinreichend entwickelt; wir könnten in ähnlicher Weise auch die Eigenschaften der Funktion, welche gleich $\frac{\cos n\varphi}{\cos\varphi}$ ist, entwickeln. Da jedoch letztere aus der ersteren hervorgeht, indem man einfach $\frac{\pi}{2}-\varphi$ an die Stelle von φ setzt, so haben wir es nicht für nötig gehalten, auf die neuen hierauf bezüglichen Einzelheiten noch genauer einzugehen.

§ 6.

Neuer Beweis des Reciprocitätsgesetzes, welches zwischen zwei Primzahlen besteht.

679.

Ist p oder $2m+1$ eine beliebige Primzahl aufser 2, und g eine von den zu dieser Zahl gehörigen primitiven Wurzeln, so dafs

$$g^m + 1 = \mathfrak{M}(p)$$

ist, so können, wie wir in Artikel 509 gesehen haben, die $2m$ Wurzeln der Gleichung $X=0$, wo $X=\frac{x^p-1}{x-1}$ ist, dargestellt werden durch die Reihe:

$$(1),\quad (g),\quad (g^2),\quad (g^3),\ \ldots\ (g^{2m-1}).$$

In derselben ist jedes Glied (α) der Ausdruck von r^α, wo r eine beliebige imaginäre Wurzel der Gleichung $x^p-1=0$ ist.

Ist y die Summe der Glieder von ungerader Ordnung und z die Summe der Glieder von gerader Ordnung, so dafs man hat:

$$y=(1)+(g^2)+(g^4)+(g^6)+\cdots+(g^{2m-2})$$
$$z=(g)+(g^3)+(g^5)+(g^7)+\cdots+(g^{2m-1}),$$

so haben wir in dem angeführten Artikel zur Bestimmung von y und z zwei Formeln gefunden, von denen die eine voraussetzt, dafs

p von der Form $4i + 1$ sei, die andere, dafs p die Form $4i + 3$ habe. Diese beiden Formeln kann man leicht auf die beiden Fälle anwenden, wenn man ihnen die folgende Form giebt:

$$y = -\frac{1}{2} \pm \sqrt{p(-1)^{\frac{p-1}{2}}}$$

$$z = -\frac{1}{2} \mp \sqrt{p(-1)^{\frac{p-1}{2}}}.$$

Das hierin vorkommende Doppelzeichen hängt von der Wurzel r ab, die aus sämtlichen Wurzeln der Gleichung $X = 0$ beliebig gewählt werden kann. Indessen hat diese Zweideutigkeit keinen Einflufs auf das zu entwickelnde Resultat.

Nennen wir P die Differenz $y - z$, welche folgendermafsen ausgedrückt wird:

$$P = (1) - (g) + (g^2) - (g^3) + \cdots + (g^{2m-2}) - (g^{2m-1}),$$

so erhalten wir:

$$P = \pm \sqrt{p(-1)^{\frac{p-1}{2}}}.$$

680.

Es sei jetzt q eine beliebige, von p verschiedene Primzahl, und es werde angenommen, dafs man das Polynom P auf die q^{te} Potenz erheben wolle. Diese Potenz enthält dann zunächst die q^{ten} Potenzen der verschiedenen einzeln genommenen Glieder des Polynoms P, und da die q^{te} Potenz des Gliedes (α) oder r^α gleich $r^{q\alpha}$ oder $(q\alpha)$ ist, so erhält man einen ersten Teil:

$$Q = (q) - (qg) + (qg^2) - (qg^3) + \cdots + (qg^{2m-2}) - (qg^{2m-1}).$$

Der andere Teil enthält sodann eine grofse Anzahl von Teilprodukten, welche alle von der Form qAr^x sind, wobei A eine ganze Zahl und x ein ebenfalls ganzzahliger Exponent ist, der wegen $r^p = 1$ stets kleiner als p angenommen werden kann.

Bezeichnen wir mit $\Sigma(qAr^x)$ die Summe aller dieser sowohl positiven wie negativen Glieder, so haben wir die Gleichung:

$$P^q = Q + \Sigma(qAr^x).$$

Wie beschaffen nun auch die von p verschiedene Primzahl q sein möge, man hat notwendig entweder $\left(\frac{q}{p}\right) = 1$ oder $\left(\frac{q}{p}\right) = -1$. Im ersten Falle wird q ein **quadratischer Rest** von p genannt und es kann $q = g^{2n}$ gesetzt werden. Im zweiten Falle würde q ein **qua-**

dratischer Nichtrest von p sein und man hätte $q = g^{2n-1}$, Werte, die richtig sind bis auf Vielfache von p.

681.

1) Ist $\left(\frac{q}{p}\right) = 1$ oder $q = g^{2n}$, wo der Exponent $2n$ stets eine der Zahlen der Reihe 0, 2, 4, 6, ... $2m - 2$ ist, so hat man:

$$Q = (g^{2n}) - (g^{2n+1}) + (g^{2n+2}) - \cdots - (g^{2m-1})$$
$$+ (1) - (g) + (g^2) - \cdots - (g^{2n-1}).$$

Diese Gröſse, deren Glieder eine in sich zurückkehrende Reihe bilden, und in der man also (1) zum ersten Gliede machen kann, reduciert sich auf:

$$(1) - (g) + (g^2) - \cdots - (g^{2m-1}),$$

so daſs sich ergiebt:

$$Q = P.$$

2) Ist $\left(\frac{q}{p}\right) = -1$ oder $q = g^{2n-1}$, so wird:

$$Q = (g^{2n-1}) - (g^{2n}) + (g^{2n+1}) - \cdots + (g^{2m-1})$$
$$- (1) + (g) - (g^2) + \cdots - (g^{2n-2}),$$

mithin:

$$Q = -P.$$

Man erhält daher in beiden Fällen:

$$Q = \left(\frac{q}{p}\right) P,$$

und hieraus folgt die allgemeine Gleichung:

$$P^q = \left(\frac{q}{p}\right) P + q \Sigma(A r^x)$$

oder:

$$P^{q-1} - \left(\frac{q}{p}\right) = q \cdot \frac{\Sigma(A r^x)}{P}.$$

Substituiert man auf der linken Seite den Wert von P, so reduciert sie sich auf:

$$p^{\frac{q-1}{2}} \cdot (-1)^{\frac{p-1}{2} \cdot \frac{q-1}{2}} - \left(\frac{q}{p}\right),$$

eine Gröſse, die stets gleich einer ganzen Zahl ist. Was die rechte Seite $q \cdot \frac{\Sigma(A r^x)}{P}$ anlangt, so muſs sich dieselbe ebenfalls auf eine ganze Zahl reducieren; und da die irrationale Gröſse

$$P = \pm \sqrt{p \cdot (-1)^{\frac{p-1}{2}}}$$

nicht durch q teilbar ist, so mufs sich $\frac{\Sigma(A r^x)}{p}$ allgemein in eine ganze Zahl A' verwandeln, so dafs man erhält:

$$p^{\frac{q-1}{2}} \cdot (-1)^{\frac{p-1}{2} \cdot \frac{q-1}{2}} - \left(\frac{q}{p}\right) = qA'.$$

Unterdrückt man beiderseits die Vielfachen von q, wodurch sich $p^{\frac{q-1}{2}}$ auf den Ausdruck $\left(\frac{p}{q}\right)$ reduciert, so erhält man schliefslich die Gleichung:

$$\left(\frac{p}{q}\right) \cdot (-1)^{\frac{p-1}{2} \cdot \frac{q-1}{2}} = \left(\frac{q}{p}\right),$$

in welcher das Reciprocitätsgesetz zwischen den beiden Primzahlen p und q besteht.

Anhang.

Erster Abschnitt.

Neue Methoden zur näherungsweisen Auflösung der numerischen Gleichungen.

Wir stellen uns die Aufgabe zu zeigen, wie man mit beliebigem Grade der Annäherung die reellen Wurzeln einer gegebenen Gleichung finden kann, ohne dafs man vorher eine Kenntnis von der Gröfse oder Anzahl dieser Wurzeln hat. Die Methoden, die wir zu diesem Zwecke geben werden, setzen nur Vorbereitungen voraus, die der Natur dieser Methoden eigentümlich sind und direkt auf jede gegebene Gleichung angewendet werden können. Die erste erfordert indessen, dafs man eine obere Grenze für die gröfste der Wurzeln kenne. Die Ermittlung dieser Grenze ist daher der erste Gegenstand, mit dem wir uns beschäftigen werden.

1.

Grenzen der reellen Wurzeln.

Wir brauchen nur die Grenze der positiven Wurzeln zu suchen. Denn setzt man $-x$ für x, oder ändert man die Vorzeichen der Glieder von gerader Ordnung, so werden die Wurzeln, welche negativ waren, ihrerseits positiv, so dafs die für die positiven Wurzeln gefundene Regel mutatis mutandis in gleicher Weise auf die negativen Wurzeln Anwendung findet.

Ist

$$x^n \pm A_1 x^{n-1} \pm A_2 x^{n-2} \pm A_3 x^{n-3} \pm \cdots \pm A_n = 0$$

die gegebene Gleichung n^{ten} Grades, in welcher der Koefficient des ersten Gliedes 1 ist und A_r den Koefficienten des mit der Potenz x^{n-r} behafteten Gliedes bedeutet, so hat man, um die obere Grenze der reellen und positiven Wurzeln zu erhalten, zwei Fälle zu unterscheiden.

1) Wenn das zweite Glied einen negativen Koefficienten hat, und keiner der andern negativen Koefficienten gröfser ist als dieser, so behaupte ich, dafs dieser um eine Einheit vermehrte Koefficient gröfser ist als die gröfste positive Wurzel.

Wenn nämlich ein positiver Wert von x gröfser sein könnte als $1 + A_1$, so würde dies in dem Falle stattfinden, wo alle Koefficienten negativ und gleich A_1 wären, so dafs die aufzulösende Gleichung sein würde:

$$x^n - A_1 x^{n-1} - A_1 x^{n-2} - A_1 x^{n-3} - \cdots - A_1 = 0.$$

Setzt man aber in eben diesem Falle $x = 1 + A_1$, so hat man:

$$\begin{aligned} x^n \quad - A_1 x^{n-1} &= x^{n-1} \\ x^{n-1} - A_1 x^{n-2} &= x^{n-2} \\ &\text{u. s. w.,} \end{aligned}$$

so dafs sich die linke Seite auf $+1$ reduciert. Mithin ist stets $x < 1 + A_1$.

2) Ist der gröfste negative Koefficient nicht der des zweiten Gliedes, so seien A_i und A_k die beiden negativen Koefficienten, für welche $\sqrt[i]{A_i}$ und $\sqrt[k]{A_k}$ möglichst grofs sind. Alsdann behaupte ich, dafs stets $x < \sqrt[i]{A_i} + \sqrt[k]{A_k}$ ist.

Es sei nämlich a die gröfsere von diesen beiden Wurzelgröfsen und b die andere. Dann giebt es der Voraussetzung nach nur ein einziges negatives Glied der Gleichung, welches durch $-a^i x^{n-i}$ dargestellt wird. Alle andern, die man allgemein durch $-c^r x^{n-r}$ darstellen kann, sind so beschaffen, dafs wenigstens für eines dieser Glieder $c = b$, für alle andern aber $c < b$ ist. Mithin wird unter der Annahme, dafs die Gleichung

$$\left.\begin{aligned} x^n - b x^{n-1} - b^2 x^{n-2} - b^3 x^{n-3} - \cdots - b^n \\ - (a^r - b^r) x^{n-r} \end{aligned}\right\} = 0$$

aufzulösen wäre, x am gröfsten werden. Die linke Seite reduciert sich auf:

$$x^n - x^{n-r}(a^r - b^r) - b \frac{x^n - b^n}{x - b},$$

und setzt man $x = a + b$, so geht dieselbe über in:

$$\frac{b^{n+1}}{a} + \frac{a - b}{a}(a + b)^{n-r}\left[(a + b)^r - a \frac{a^r - b^r}{a - b}\right].$$

Diese Gröfse ist immer positiv, da $a > b$ angenommen und allgemein

$(a+b)^r > a\,\frac{a^r - b^r}{a-b}$ ist. Mithin ist die gröſste positive Wurzel der gegebenen Gleichung kleiner als $a+b$ oder $< \sqrt[i]{A_i} + \sqrt[k]{A_k}$.

Wenn die gegebene Gleichung nur ein einziges negatives Glied $- A_k x^{n-k}$ hätte, so würde die Grenze von x einfach $\sqrt[k]{A_k}$ sein, was man unmittelbar bestätigen kann.

2.

Erklärung der gleichförmig verlaufenden (homalen) Funktionen.

Wir werden **gleichförmig verlaufende** Funktion von x eine jede Funktion nennen, welche die Eigenschaft besitzt, daſs sie, während x in positivem Sinne von $x = 0$ bis $x = \infty$ zunimmt, entweder beständig wächst oder beständig abnimmt.

Wir setzen x stets positiv voraus, und obwohl die gleichförmig verlaufende Funktion, als Ordinate einer Kurve aufgefaſst, für den einen Teil der Abscissenlinie positiv, für den andern negativ sein könnte, so wollen wir doch nur diejenigen gleichförmig verlaufenden Funktionen betrachten, welche für jeden Wert von x von $x = 0$ an bis $x = \infty$ **beständig positiv** bleiben.

Aus unsrer Definition folgt, daſs bei jeder gleichförmig verlaufenden Funktion $\varphi(x)$ der Differentialquotient $\frac{d\varphi(x)}{dx}$ von $x = 0$ bis $x = \infty$ stets dasselbe Vorzeichen besitzt. Derselbe ist positiv bei allen wachsenden, und negativ bei allen abnehmenden gleichförmig verlaufenden Funktionen.

3.

Als Beispiele von gleichförmig verlaufenden Funktionen kann man die folgenden Werte von $\varphi(x)$, in denen alle Koefficienten positiv vorausgesetzt werden, anführen:

$$\varphi(x) = Ax^m + Bx^{m-1} + Cx^{m-2} + \cdots + K$$

$$\varphi(x) = \frac{Ax^m + Bx^{m-1} + Cx^{m-2} + \cdots + K}{1 + \frac{a}{x} + \frac{b}{x^2} + \frac{c}{x^3} + \cdots}$$

$$\varphi(x) = 1 + \frac{A}{a+x} + \frac{B}{b+x} + \frac{C}{c+x}.$$

Die erste und zweite wachsen beständig, und zwar die eine von $\varphi(0) = K$ bis $\varphi(\infty) = \infty$, die andere von $\varphi(0) = 0$ bis $\varphi(\infty) = \infty$.

Die dritte nimmt beständig ab von $\varphi(0) = 1 + \frac{A}{a} + \frac{B}{b} + \frac{C}{c}$ bis zu $\varphi(\infty) = 1$.

Wenn man eine Kurve beschreibt, welche $y = \varphi(x)$ zur Gleichung hat, so wird diese Kurve beständig ansteigen oder absteigen von der ersten Ordinate $\varphi(0)$ an bis zur letzten $\varphi(\infty)$, so dafs dieselbe Ordinate niemals zwei verschiedenen Abscissen entsprechen kann.

Ist daher c eine gegebene positive, zwischen $\varphi(0)$ und $\varphi(\infty)$ liegende, Zahl, so hat die Gleichung $c = \varphi(x)$ stets eine positive Wurzel, aber nur eine solche.

Wäre c nicht zwischen den Grenzen $\varphi(0)$ und $\varphi(\infty)$ enthalten, so würde die Gleichung $c = \varphi(x)$ keine positive Wurzel haben.

4.

Auflösung der Gleichung $c = \varphi(x)$, in welcher $\varphi(x)$ eine gleichförmig verlaufende Funktion ist.

Wir denken uns die Kurve, deren Gleichung $y = \varphi(x)$ ist, gezeichnet, und setzen zunächst voraus, dafs die Funktion $\varphi(x)$ beständig **wachse**, und dafs zugleich die Kurve gegen die Abscissenachse konkav sei.

Es sei (Fig. 1) A der erste Punkt der Kurve, für welchen $x = 0$,

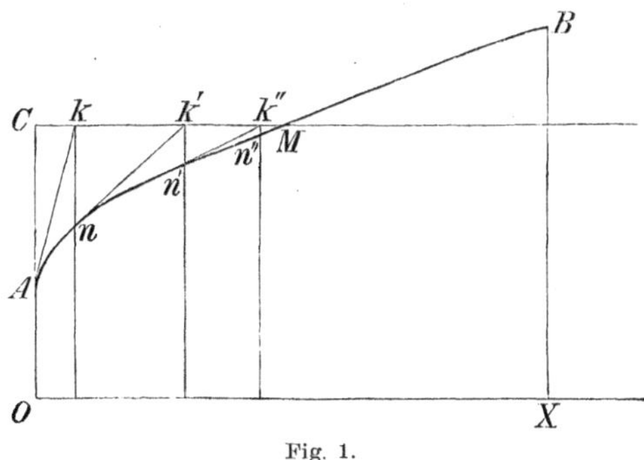

Fig. 1.

$y = \varphi(0)$ ist. In der Entfernung c von der Achse der x ziehen wir parallel zu dieser Achse die Gerade CM, welche die Verlängerung der durch Punkt A gehenden Ordinate in C und die Kurve AM in M trifft. Es soll die Abscisse des Punktes M, welche der Wert der gesuchten Wurzel ist, bestimmt werden.

Dazu ziehen wir in A die Tangente Ak, welche die Gerade CM in k trifft, und nennen k die Abscisse des Punktes k. Setzen wir dann $\frac{d\varphi(x)}{dx} = \varphi'(x)$, so erhalten wir:

$$k = \frac{c - \varphi(0)}{\varphi'(0)}.$$

Durch den Punkt k ziehen wir eine Senkrechte zu Ck, welche die Kurve in n trifft; im Punkte n legen wir die Tangente, welche der Geraden CM in k' begegnet. Nennen wir dann k' die Abscisse des Punktes k', so erhalten wir von neuem:

$$k' = k + \frac{c - \varphi(k)}{\varphi'(k)}.$$

Bestimmen wir ebenso k'' mittelst der Gleichung

$$k'' = k' + \frac{c - \varphi(k')}{\varphi'(k')},$$

u. s. f., so ist offenbar die Grenze, gegen welche die Glieder der wachsenden Reihe $k, k', k'', \ldots$ konvergieren, der gesuchte Wert von x.

Man sieht daher, dafs man, um die Gleichung $c = \varphi(x)$ aufzulösen, nach einander die Gröfsen $k, k', k'', \ldots$ mittelst der Formeln

$$k = \frac{c - \varphi(0)}{\varphi'(0)}$$

$$k' = k + \frac{c - \varphi(k)}{\varphi'(k)}$$

$$k'' = k' + \frac{c - \varphi(k')}{\varphi'(k')}$$

u. s. w.

berechnen mufs; die letzte der Gröfsen $k, k', k'', \ldots$ oder die Grenze, welcher sie sich nähern, ist der Wert von x.

5.

Man beachte Folgendes:

1) Die ersten Glieder der Reihe $k, k', k'', \ldots$ brauchen nicht mit grofser Genauigkeit berechnet zu werden. Erst wenn man zu zwei nur wenig von einander verschiedenen Gliedern gelangt ist, ist es wesentlich, die Rechnung mit der ganzen Genauigkeit fortzusetzen, die man im Resultate erhalten will.

2) Weifs man von vornherein, dafs $x > k$ sein mufs, so hat man die erste der Gleichungen des vorigen Artikels wegzulassen und von dem gegebenen Werte k auszugehen, um alle andern $k', k'', \ldots$ zu bestimmen. Hierdurch wird die Rechnung abgekürzt.

6.

Nehmen wir jetzt an, dafs die Funktion $\varphi(x)$ eine **abnehmende** sei, jedoch von der Art, dafs $\varphi(0)$ gleich einer endlichen Gröfse ist, so geschieht die Konstruktion so, wie in Figur 2 an-

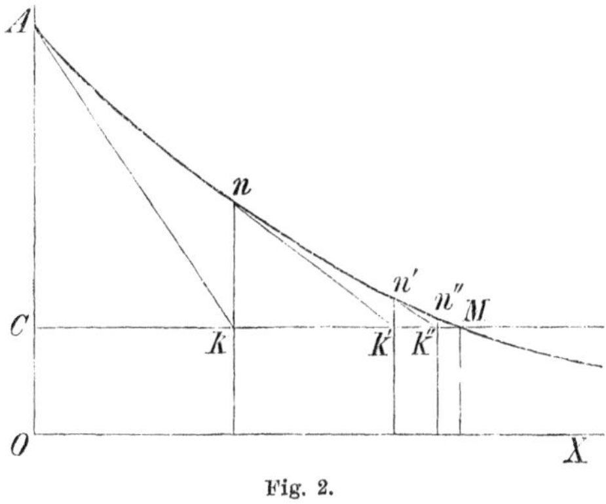

Fig. 2.

gegeben ist; und da in diesem Falle $\varphi'(x)$ negativ ist, so müssen die Formeln für die successive Berechnung von $k, k', k'', \ldots$ folgendermafsen geschrieben werden:

$$k = \frac{\varphi(0) - c}{-\varphi'(0)}$$

$$k' = k + \frac{\varphi(k) - c}{-\varphi'(k)}$$

$$k'' = k' + \frac{\varphi(k') - c}{-\varphi'(k')}$$

u. s. w.

Ferner kann man in diesem Falle dieselben Bemerkungen machen, wie im vorigen Artikel.

Ein dritter Fall, der zu betrachten wäre, ist der, wo die Funktion $\varphi(x)$ zwar abnimmt, aber von der Art ist, dafs man im Koordinatenanfangspunkt $\varphi(0) = \infty$ hat. In diesem Falle mufs sich, wenn man x unendlich klein annimmt, der Wert von $\varphi(x)$ auf die Form $Ax^{-m} + \cdots$ reducieren. Man hat also $Ax^{-m} < c$ und somit $x > \sqrt[m]{\frac{A}{c}}$. Hiernach mufs man $k = \sqrt[m]{\frac{A}{c}}$ nehmen und von dem ersten Werte $x = k$ ausgehen, um darauf die Glieder $k', k'', \ldots$ nach den Formeln des vorigen Artikels zu berechnen. Die Grenze dieser Glieder ist der gesuchte Wert von x.

Es kann auch noch andere Fälle geben, wie die, welche durch

die Figuren (1) und (2) dargestellt sind. Wir werden dieselben unten im Artikel 41 untersuchen.

7.

Methode zur Bestimmung der gröfsten positiven Wurzel einer gegebenen Gleichung.

Um jede unserm Gegenstande nicht eigentümliche Schwierigkeit zu beseitigen, setzen wir beständig voraus, dafs die gegebene Gleichung keine gleichen Wurzeln habe, und dafs sie nicht durch x teilbar sei. Alsdann bestimme man zuerst die obere Grenze der positiven Wurzeln, so wie im Artikel 1 angegeben wurde. Ist α diese Grenze, so ist also die gesuchte Wurzel $x < \alpha$.

Bringt man alle negativen Glieder der gegebenen Gleichung auf die rechte Seite, so nimmt diese Gleichung die folgende Form an:

$$x^n\left(1+\frac{f}{x}+\frac{g}{x^2}+\cdots\right) = ax^{n-k}+bx^{n-k-1}+cx^{n-k-2}+\cdots,$$

wobei alle Koefficienten positiv sind und zu beachten ist, dafs die beiden Polynome nicht vollständig sein können, da sonst dieselbe Potenz von x gleichzeitig auf beiden Seiten vorkommen würde.

Setzt man hierauf:

$$\varphi(x) = \frac{ax^{n-k}+bx^{n-k-1}+cx^{n-k-2}+\cdots}{1+\frac{f}{x}+\frac{g}{x^2}+\frac{h}{x^3}+\cdots},$$

so ist die Funktion $\varphi(x)$ eine wachsende gleichförmig verlaufende Funktion von x, und man hat die Gleichung aufzulösen $x^n = \varphi(x)$.

Dazu nehmen wir an, dafs man über derselben Abscissenlinie und nur auf der positiven Seite die beiden Kurven, deren Gleichungen $y = x^n$ und $y = \varphi(x)$ sind, konstruiere, und bezeichnen durch P den Schnittpunkt beider Kurven, welcher der gröfsten Wurzel $x = r$ entspricht (Fig. 3). Setzt man $x = \alpha$ in $\varphi(x)$, so erhält man eine Ordinate $\varphi(\alpha)$, die gröfser ist, als die Ordinate r^n des Punktes P. Denn da $\varphi(x)$ eine wachsende gleichförmig verlaufende Funktion ist, so mufs, wenn $\alpha > r$ ist, auch $\varphi(\alpha) > \varphi(r)$ oder $\varphi(\alpha) > r^n$ sein.

Ist n der Punkt der Kurve $y = \varphi(x)$, welcher der Abscisse $x = \alpha$ entspricht, zieht man ferner durch den Punkt n eine Parallele zur Abscissenachse, welche die Kurve $y = x^n$ in m trifft, und nennt man die dem Punkte m entsprechende Abscisse α', so ist die Ordinate von m gleich α'^n. Mithin hat man $\alpha'^n = \varphi(\alpha)$, und daher $\alpha' = \sqrt[n]{\varphi(\alpha)}$.

Da $\varphi(\alpha) > r^n$ ist, so ist auch $\alpha' > r$; jedoch kommt α' dem r näher als α.

Die Abscisse α' bestimmt auf der Kurve $y = \varphi(x)$ einen zweiten Punkt n', dessen Ordinate $\varphi(\alpha')$ ist. Zieht man durch diesen Punkt eine Parallele zur Abscissenachse, welche die Kurve $y = x^n$ in m'

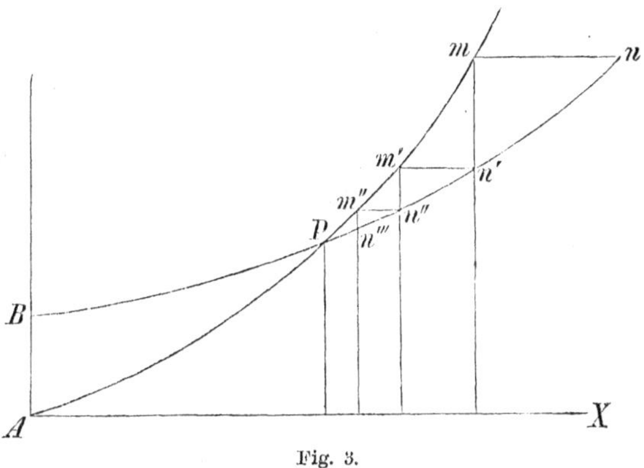

Fig. 3.

trifft, und nennt man die dem Punkte m' entsprechende Abscisse α'', so hat man $\alpha'' = \sqrt[n]{\varphi(\alpha')}$. Die Abscisse α'' ist immer noch gröfser, wie die, welche dem Schnittpunkte P entspricht, sie kommt derselben aber näher, wie α'.

Ohne in nähere Einzelheiten einzutreten, sieht man, dafs, wenn man von der oberen Grenze $\alpha > x$ ausgeht und der Reihe nach die Glieder α', α'', ... mittelst der Formeln

$$\alpha' = \sqrt[n]{\varphi(\alpha)}, \qquad \alpha'' = \sqrt[n]{\varphi(\alpha')}, \qquad \alpha''' = \sqrt[n]{\varphi(\alpha'')}, \text{ u. s. w.}$$

berechnet, die gröfste positive Wurzel r der gegebenen Gleichung die Grenze ist, gegen welche die Glieder der abnehmenden Reihe α, α', α'', α''', ... konvergieren.

Diese Reihe mufs mehr oder weniger weit fortgesetzt werden, je nachdem man eine gröfsere oder geringere Annäherung erreichen will; jedoch fällt im Allgemeinen die Konvergenz nach einer kleinen Anzahl von Gliedern in die Augen.

8.

Da die ersten Glieder der Reihe α, α', α'', ... sich sehr weit von der gesuchten Wurzel entfernen können, so ist es nicht nötig, diese ersten Glieder mit grofser Genauigkeit zu berechnen. Wenn jedoch zwei aufeinanderfolgende Glieder nur noch wenig von einander verschieden sind, mufs man von Schritt zu Schritt die Anzahl der Decimalstellen vermehren, bis man zwei aufeinanderfolgende Glieder erhält, die nur noch in der Decimalstelle von einander abweichen, die man vernachlässigen will. Um schneller zum Resultate zu gelangen, kann man sich des folgenden Hülfsmittels bedienen.

Wir bezeichnen mit α, α', α'' die drei letzten Näherungswerte von r, legen ferner durch die Punkte der Achse, welche diesen Abscissen entsprechen, Ordinaten p, p' p'', welche bezüglich gleich sind den Entfernungen mn', $m'n''$, $m''n'''$, deren Werte $\alpha^n - \varphi(\alpha)$, $\alpha'^n - \varphi(\alpha')$, $\alpha''^n - \varphi(\alpha'')$ sind, und konstruieren eine parabolische Kurve, welche durch die Endpunkte dieser Ordinaten geht. Ist $y = A - Bz + Cz^2$ die Gleichung dieser Kurve, wobei die Abscisse z von dem Punkte aus, für welchen $x = \alpha$ ist, gerechnet wird, so hat man zur Bestimmung von A, B, C die Gleichungen:

$$p = A$$
$$p' = A - B(\alpha - \alpha') + C(\alpha - \alpha')^2$$
$$p'' = A - B(\alpha - \alpha'') + C(\alpha - \alpha'')^2.$$

Setzt man sodann $y = 0$, so wird:

$$z = \frac{2A}{B + \sqrt{B^2 - 4AC}},$$

woraus man die gesuchte Abscisse des Schnittpunktes $r = \alpha - z$ erhält.

9.

Sollte die gegebene Gleichung keine positive Wurzel haben, so würde man finden, dafs die Reihe α, α', α'', α''', ... keine Grenze hat, und dafs die Glieder nach und nach abnehmen, bis sie gleich Null werden. Daraus darf man jedoch nicht schliefsen, dafs die eine Wurzel derselben gleich Null sei, da diese Wurzel stets ausgeschlossen ist.

Um die Rechnung abzukürzen, kann man ferner vorher die untere Grenze der positiven Wurzeln suchen. Dazu hat man $x = \frac{1}{z}$ zu setzen. Hat man dann nach der Methode des Artikel 1 die obere Grenze von z, welche λ heifsen möge, gefunden, so folgt daraus, dafs der kleinste Wert von x gröfser als $\frac{1}{\lambda}$ ist. Sobald daher die Reihe α, α', α'', ... bis zu einem Gliede, welches kleiner als $\frac{1}{\lambda}$ ist, hinabsteigt, so ist man sicher, dafs die gesuchte Wurzel nicht existiert.

Dasselbe Verfahren findet Anwendung auf den Fall, in welchem nach der vorherigen Bestimmung aller positiven Wurzeln $r, r', r'', r''', \ldots$ die Ermittlung einer weiteren Wurzel zur Unmöglichkeit werden mufs.

10.

Methode, um die andern positiven Wurzeln derselben Gleichnng zu ermitteln.

Nachdem die gröfste Wurzel r gefunden ist, suchen wir zunächst diejenige Wurzel, welche ihr an Gröfse am nächsten kommt, und die wir mit r' bezeichnen.

Das einfachste Verfahren hierzu besteht darin, dafs man auf die ursprüngliche Gleichung $X = 0$ zurückgeht und ihre linke Seite durch $x - r$ dividiert. Dadurch erhält man die Gleichung $n - 1^{\text{ten}}$ Grades, welche die andern Wurzeln enthält. Unter diesen Wurzeln ist diejenige, welche wir jetzt suchen, und die wir mit r' bezeichnet haben, die gröfste.

Die neue aufzulösende Gleichung läfst sich auf die Form bringen $x^{n-1} = \varphi(x)$, wo $\varphi(x)$ eine gleichförmig verlaufende Funktion von x ist. Man gelangt daher zur Auflösung mit Hülfe derselben Methode, deren wir uns bei der Gleichung $x^n = \varphi(x)$ bedient haben, wenn man dabei beachtet, dafs die Grenze der Wurzeln wegen $r' < r$ bekannt ist.

Offenbar findet man, wenn man diese Rechnungen weiter fortsetzt, nach und nach die andern positiven Wurzeln $r'', r''', \ldots$, falls es deren giebt. Existiert die gesuchte Wurzel nicht, so zeigt die Rechnung, wie wir im Artikel 9 bemerkt haben, von selbst die Unmöglichkeit an.

11.

Die Division der gegebenen Gleichung durch $x - r$ läfst sich in folgender Weise ausführen:

Nimmt man denselben Wert von $\varphi(x)$, wie in Artikel 7, so lautet die gegebene Gleichung $x^n = \varphi(x)$, in der gewöhnlichen Weise ausgedrückt:

$$x^n + fx^{n-1} + gx^{n-2} + \cdots = ax^{n-k} + bx^{n-k-1} + cx^{n-k-2} + \cdots.$$

Ist die linke Seite gleich $P(x - r) + p$ und die rechte gleich $Q(x - r) + q$, wo p und q die Reste sind, welche bei der Division der beiden Seiten durch $x - r$ übrigbleiben, so mufs man, weil der Wert $x = r$ der Gleichung genügt, $p = q$ haben, und somit ist die Gleichung $n - 1^{\text{ten}}$ Grades, welche noch zu lösen bleibt, $P = Q$.

Setzt man:

$$P = x^{n-1} + f'x^{n-2} + g'x^{n-3} + h'x^{n-4} + \cdots$$

$$Q = a'x^{n-k-1} + b'x^{n-k-2} + c'x^{n-k-3} + \cdots,$$

so ist augenscheinlich:

$$\begin{aligned} f' &= f + r & a' &= a \\ g' &= g + f'r, & b' &= b + a'r \\ h' &= h + g'r, & c' &= c + b'r \end{aligned}$$

u. s. w.

Wir erhalten daher die Gleichung:

$$x^{n-1} + f'x^{n-2} + g'x^{n-3} + \cdots = a'x^{n-k-1} + b'x^{n-k-2} + c'x^{n-k-3} + \cdots$$

Dieselbe läfst sich auf die Form $x^{n-1} = \varphi_1(x)$ bringen, wenn man eine neue gleichförmig verlaufende Funktion $\varphi_1(x)$ annimmt, die sich folgendermafsen darstellt:

$$\varphi_1(x) = \frac{a'x^{n-k-1} + b'x^{n-k-2} + c'x^{n-k-3} + \cdots}{1 + \frac{f'}{x} + \frac{g'}{x^2} + \cdots}.$$

Man mufs jedoch beachten, dafs, weil das Polynom

$$x^{n-1} + f'x^{n-2} + g'x^{n-3} + \cdots$$

notwendig alle Potenzen von x enthält, die kleiner als die $n-1^{\text{te}}$ sind, zwischen den letzten Gliedern dieses Polynoms und denen des Polynoms $a'x^{n-k-1} + b'x^{n-k-2} + \cdots$ gewisse Reduktionen ausgeführt werden müssen. Allgemein mufs man in dem Werte von $\varphi_1(x)$ das Glied Mx^{n-k-1} aus dem Zähler gegen das Glied Nx^{-k-i} aus dem Nenner heben und die Differenz, je nachdem sie positiv oder negativ ist, oben oder unten hinsetzen, also $(M-N)x^{n-k-i}$ in den Zähler setzen, wenn $M > N$, und $(N-M)x^{-k-i}$ in den Nenner, wenn $M < N$ ist.

Ist dieses ausgeführt, so hat man die Gleichung $x^{n-1} = \varphi_1(x)$ aufzulösen, deren gröfste Wurzel r', wie man weifs, kleiner als r sein mufs. Kennt man diese zweite Wurzel r', so verfährt man in derselben Weise, um die dritte r'' und alle folgenden, wenn es deren giebt, zu erhalten.

12.

Die Methode, die wir soeben angegeben haben, findet in gleicher Weise auf die negativen Wurzeln Anwendung; mithin kann man durch sie alle reellen Wurzeln einer numerischen Gleichung finden.

Diese Methode dürfte die einfachste und allgemeinste sein, welche man in Bezug auf die Auflösung der numerischen Gleichungen angeben kann, wenigstens so lange, als nicht besondere Umstände die Ermittlung der Wurzeln erleichtern helfen.

Ohne die Form der gegebenen Gleichung $x^n = \varphi(x)$ zu ändern, könnte man nach und nach alle ihre Wurzeln finden mit Hülfe einer geometrischen Konstruktion, welche die verschiedenen Schnittpunkte $P, P', P'', \ldots$ der beiden Kurven $y = x^n$, $y = \varphi(x)$ erkennen läfst. Jedoch würde die Bestimmung des zweiten Punktes P' und überhaupt aller derjenigen, welche von gerader Ordnung sind, bedeutend schwieriger sein als die des ersten Punktes P und aller derjenigen, welche von ungerader Ordnung sind. Da nun jede Schwierigkeit mittelst der aufeinanderfolgenden Divisionen oder der äquivalenten Operationen, die wir angeführt haben, vermieden werden kann, so stehen wir davon ab, in weitere Einzelheiten hinsichtlich dieser Untersuchungen einzutreten.

13.

Zweite Methode für die Auflösung der numerischen Gleichungen.

Ist die Gleichung n^{ten} Grades gegeben:

$$x^n + fx^{n-1} + gx^{n-2} + hx^{n-3} + \cdots = 0,$$

deren linke Seite wir mit $F(x)$ bezeichnen, nehmen wir ferner n Faktoren $1 + x$, $2 + x$, $3 + x$, $\ldots$ $n + x$ an und setzen wir voraus, dafs die linke Seite durch das Produkt aller dieser Faktoren dividiert werde, so erhält man zunächst den Quotienten 1 gleich dem Koefficienten des ersten Gliedes; sodann kann man annehmen, dafs der Rest in Partialbrüche zerlegt sei, so dafs die gegebene Gleichung die Form erhält:

$$1 + \frac{(1)}{1+x} + \frac{(2)}{2+x} + \frac{(3)}{3+x} + \cdots + \frac{(n)}{n+x} = 0,$$

in welcher (1), (2), (3) ... Koefficienten sind, die sich in folgender Weise bestimmen lassen:

Ist allgemein $x + k$ einer der Faktoren $x + 1$, $x + 2$, $\ldots x + n$, und $Q(x)$ das Produkt aller andern, so kann man setzen:

$$\frac{F(x)}{(x+k)\,Q(x)} = 1 + \frac{(k)}{x+k} + \frac{P}{Q(x)}.$$

Hieraus folgt:

$$(k) = \frac{F(x) - (x+k)\,P - (x+k)\,Q(x)}{Q(x)}.$$

Setzt man in dieser Gleichung $x = -k$, so wird:

$$(k) = \frac{F(-k)}{Q(-k)}.$$

Dies ist der allgemeine Ausdruck des Zählers des Partialbruches, welcher zum Nenner $x + k$ hat.

In diesem Ausdruck ist $Q(-k)$ das Produkt aller Faktoren $(1-k)(2-k)(3-k)\ldots(n-k)$ mit Ausschlufs desjenigen, welcher für einen bestimmten Wert von k verschwindet. Man hat daher der Reihe nach:

$$Q(-1) = \quad 1 \cdot 2 \cdot 3 \cdots (n-1)$$

$$Q(-2) = -\frac{1}{n-1} Q(-1)$$

$$Q(-3) = \quad \frac{1 \cdot 2}{(n-1)(n-2)} Q(-1)$$

$$Q(-4) = -\frac{1 \,.\, 2 \,.\, 3}{(n-1)(n-2)(n-3)} Q(-1)$$

u. s. w.

Daher ist $Q(-k)$ positiv für alle ungeraden Werte von k und negativ für alle geraden Werte von k.

Bleibt $F(x)$ für alle Werte $x = -1, -2, -3, \ldots -n$ beständig positiv, so hat der Koefficient (k) offenbar dasselbe Zeichen wie $Q(-k)$ d. h. er ist positiv für alle ungeraden Werte von k und negativ für alle geraden Werte von k.

Das Umgekehrte findet statt, wenn $F(x)$ für alle diese Werte beständig negativ ist.

Diese Reihenfolge der Zeichen wird aber gestört, wenn $F(x)$ für die verschiedenen Werte $x = -1, -2, -3, \ldots -n$ nicht dasselbe Vorzeichen beibehält. Allgemein, wenn $F(-k)$ und $F(-k-1)$ entgegengesetzten Zeichens sind, wodurch eine negative Wurzel zwischen $x = -k$ und $x = -k-1$ angezeigt wird, haben die Koefficienten (k) und $(k+1)$ dasselbe Zeichen; sie sind dagegen stets von verschiedenen Zeichen, wenn $F(-k)$ und $F(-k-1)$ dasselbe Zeichen haben.

14.

Bezeichnen wir allgemein mit

$$\frac{A}{a+x}, \quad \frac{A'}{a'+x}, \quad \frac{A''}{a''+x}, \ldots$$

die Glieder $\frac{(k)}{k+x}$, in welchen (k) positiv ist, und mit

$$-\frac{B}{b+x}, \quad -\frac{B'}{b'+x}, \quad -\frac{B''}{b''+x}, \ldots$$

diejenigen, in denen (k) negativ ist, und setzen wir:

$$\varphi(x) = \frac{A}{a+x} + \frac{A'}{a'+x} + \frac{A''}{a''+x} + \cdots$$

$$\psi(x) = \frac{B}{b+x} + \frac{B'}{b'+x} + \frac{B''}{b''+x} + \cdots,$$

so nimmt die gegebene Gleichung die Form an:

$$1 + \varphi(x) = \psi(x),$$

in welcher $\varphi(x)$ und $\psi(x)$ zwei abnehmende gleichförmig verlaufende Funktionen von x sind.

Diese Gleichung kann auch dargestellt werden durch:

$$1 + \Sigma \frac{A}{a+x} = \Sigma \frac{B}{b+x},$$

wenn man mit $\Sigma \frac{A}{a+x}$ die Summe der Glieder, aus denen $\varphi(x)$ besteht, und mit $\Sigma \frac{B}{b+x}$ die Summe der Glieder, aus denen $\psi(x)$ besteht, bezeichnet.

Aus dem bisher Gesagten erkennt man Folgendes:

1) Die verschiedenen Werte von a sind die sämtlichen ungeraden Zahlen und die verschiedenen Werte von b die sämtlichen geraden Zahlen, falls $F(-k)$ beständig positiv ist;

2) Das Umgekehrte findet statt, wenn $F(-k)$ beständig negativ ist.

3) Diese Regel erleidet nur eine Ausnahme, wenn $F(-k)$ und $F(-k-1)$ verschiedenes Vorzeichen besitzen, in welchem Falle die beiden Glieder, deren Nenner $k+x$ und $k+1+x$ sind, zu einer und derselben Funktion $\varphi(x)$ oder $\psi(x)$ gehören. Wenn es daher vorkommt, dafs zwei aufeinanderfolgende Nenner $k+x$ und $k+1+x$ sich in derselben Funktion $\varphi(x)$ oder $\psi(x)$ vorfinden, so mufs man daraus schliefsen, dafs zwischen $x = -k$ und $x = -k-1$ eine negative Wurzel liegt. Dies kann man übrigens unmittelbar beweisen. Nehmen wir z. B. an, dafs in $\varphi(x)$ die beiden Glieder $\frac{A''}{3+x} + \frac{A'''}{4+x}$ vorkommen, und setzen wir nach einander $x = -3 - \omega$, $x = -4 + \omega$, wo ω unendlich klein ist, so erhalten wir zwei Resultate, von denen das eine positiv unendlich, das andere negativ unendlich ist. Mithin liegt eine Wurzel zwischen $x = -3$ und $x = -4$.

15.

Um nun zur Auflösung der mit Hülfe zweier einfachen gleichförmig verlaufenden Funktionen ausgedrückten Gleichung zu gelangen, müssen wir uns denken, dafs man nach der Seite der positiven x allein die beiden Kurven, deren Gleichungen $y = 1 + \varphi(x)$ und $y = \psi(x)$ sind, konstruiere. Die verschiedenen Schnittpunkte dieser Kurven werden alsdann die verschiedenen positiven Wurzeln, die man bestimmen will, ergeben. Wir wollen uns zunächst eine Vorstellung von der Gestalt dieser Kurven bilden.

Es sei OX (Fig. 4 und 5) die beiden Kurven gemeinsame Abscissenachse und O der Anfangspunkt der x. Die erste und gröfste

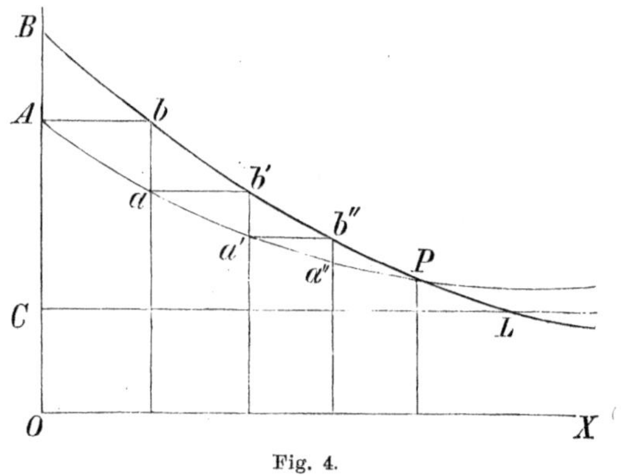

Fig. 4.

Ordinate der Kurve $y = 1 + \varphi(x)$ wird dargestellt durch $OA = 1 + \varphi(0)$; vom Punkte A aus nimmt die Ordinate mehr und mehr ab, je gröfser die Abscisse wird, bis sie schliefslich für $x = \infty$ gleich 1 wird.

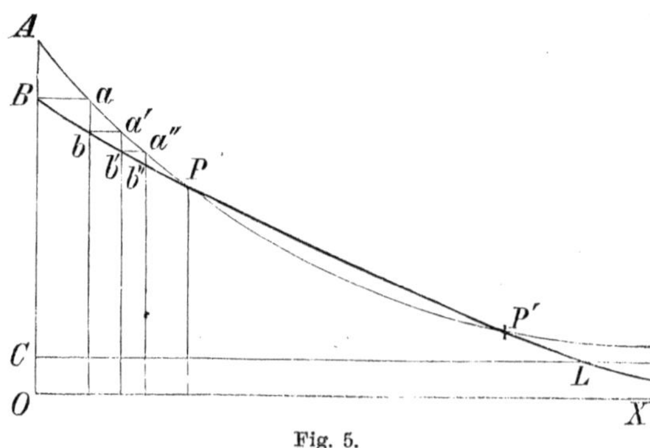

Fig. 5.

Nimmt man somit $OC = 1$ an, und zieht man durch den Punkt C eine Parallele zur Abscissenlinie, so ist diese Parallele CL die Asymptote der Kurve $y = 1 + \varphi(x)$.

Die erste und gröfste Ordinate der andern Kurve $y = \psi(x)$, welche durch BPL dargestellt wird, ist $BO = \psi(0)$. Vom Punkte B aus wird die Ordinate fortwährend kleiner und gleich Null für $x = \infty$. Mithin hat diese Kurve die x-Achse zur Asymptote.

16.

Aus dieser Beschreibung im Allgemeinen kann man bereits mehrere Folgerungen ziehen, die sich auf die Anzahl und die obere Grenze der positiven Wurzeln beziehen.

1) Wenn man den Punkt L bestimmen will, in welchem die Kurve $y = \psi(x)$ die Gerade CL, welche die Asymptote der andern Kurve $y = 1 + \varphi(x)$ ist, schneidet, so hat man die Gleichung aufzulösen:

$$1 = \psi(x).$$

Ist λ der Wert von x, welcher sich aus dieser Gleichung nach der Methode des Artikels 6 ergiebt, so können Schnittpunkte zwischen den beiden Kurven, wenn es deren überhaupt giebt, offenbar nur diesseits des Punktes L vorhanden sein. Mithin ist λ gröfser als die gröfste Wurzel der gegebenen Gleichung.

Wenn also die gegebene Gleichung m positive Wurzeln haben soll, so mufs der Bogen BL von der andern Kurve in m Punkten geschnitten werden. Diese Schnittpunkte können in der graphischen Konstruktion der beiden Kurven, die nach derselben Seite hin konvex sind, nicht gut angedeutet werden, wofern man nicht einen sehr grofsen Mafsstab anwendet. Jedoch reicht es für unsern Zweck aus, auf die Möglichkeit derselben hinzuweisen.

2) Wenn die Ordinate des Punktes B gröfser ist als die des Punktes A, d. h. wenn $\psi(0) > 1 + \varphi(0)$, so mufs es mindestens einen Schnittpunkt geben. Allgemein mufs die Anzahl der Schnittpunkte, welche gleich der Anzahl der positiven Wurzeln der gegebenen Gleichung ist, ungerade sein, da die Kurve BL, welche zuerst oberhalb der andern Kurve liegt, notwendig dieselbe überschreiten mufs, um unterhalb derselben in die Gegend von L zu gelangen.

3) Es kann nicht $\psi(0) = 1 + \varphi(0)$ sein, d. h. der Punkt B kann nicht mit dem Punkte A zusammenfallen, weil man sonst die Wurzel $x = 0$ hätte, ein Fall, der ebenso wie der, in welchem die Gleichung gleiche Wurzeln hat, ausgeschlossen worden ist.

4) Es ist daher nur noch der Fall $\psi(0) < 1 + \varphi(0)$ zu betrachten. Da alsdann der Punkt B unterhalb des Punktes A liegt, so mufs es, wenn es einen ersten Schnittpunkt giebt, notwendig

einen zweiten geben, und überhaupt mufs die Anzahl der Schnittpunkte gerade sein.

5) Wenn der Fall einträte, dafs $\psi(0) < 1$ wäre, so würde der Punkt B unterhalb von C liegen. Alsdann würde es also keinen Schnittpunkt und somit auch keine positive Wurzel geben.

17.

Die Kennzeichen der verschiedenen allgemeinen Fälle, welche eintreten können, sind daher folgende:

1) Ist $\psi(0) > 1 + \varphi(0)$, so hat die gegebene Gleichung mindestens eine positive Wurzel; sie kann aber deren auch drei, fünf und allgemein eine ungerade Anzahl haben.

2) Ist $\psi(0) < 1 + \varphi(0)$, so hat die gegebene Gleichung entweder gar keine positive Wurzel oder eine gerade Anzahl solcher.

3) Ist $\psi(0) < 1$, so hat die gegebene Gleichung keine positive Wurzel.

Wir gehen jetzt über zur wirklichen Auflösung der gegebenen Gleichung; dieselbe besteht darin, die numerischen Werte der positiven Wurzeln zu bestimmen, oder zu beweisen, dafs keine solche Wurzel existiert.

Diese Rechnungen kann man auf zweierlei Weise anstellen; einmal, indem man zuerst die gröfste Wurzel bestimmt, das andere Mal, indem man zuerst die kleinste Wurzel zu ermitteln sucht. Wir werden diese beiden Wege nach einander darlegen.

18.

Ermittlung der gröfsten Wurzel.

Die Grenze λ der gröfsten Wurzel kennt man bereits aus der Auflösung der Gleichung $1 = \psi(x)$; diese Grenze ist die Abscisse des Punktes L.

Es sei (Fig. 6) k der Punkt der Kurve $y = 1 + \varphi(x)$, welcher dieselbe Abscisse hat, wie der Punkt L. Zieht man durch den Punkt k eine Parallele zur Abscissenachse, welche die Kurve $y = \psi(x)$ im Punkte i trifft, und nennt man α die Abscisse des Punktes i, so bestimmt sich α durch Auflösung der Gleichung $1 + \varphi(\lambda) = \psi(\alpha)$.

Ist sodann k' der Punkt der Kurve Pk, welcher dieselbe Abscisse hat, wie der Punkt i, und dessen Ordinate daher $1 + \varphi(\alpha)$ ist, zieht man ferner durch den Punkt k' eine Parallele zur Abscissenachse, welche die Kurve $y = \psi(x)$ in i' trifft, und nennt man α' die

Abscisse des Punktes i', so bestimmt sich α' durch die Gleichung $1 + \varphi(\alpha) = \psi(\alpha')$.

Hieraus ersieht man, dafs man der Reihe nach die Gröfsen λ, α, α', α'', ... durch Auflösung der Gleichungen

$$\begin{aligned} 1 &= \psi(\lambda) \\ 1 + \varphi(\lambda) &= \psi(\alpha) \\ 1 + \varphi(\alpha) &= \psi(\alpha') \\ 1 + \varphi(\alpha') &= \psi(\alpha'') \end{aligned}$$

u. s. w.

zu berechnen hat. Das letzte Glied der abnehmenden Reihe λ, α, α', α'', ... ist alsdann der Wert der gesuchten Wurzel r.

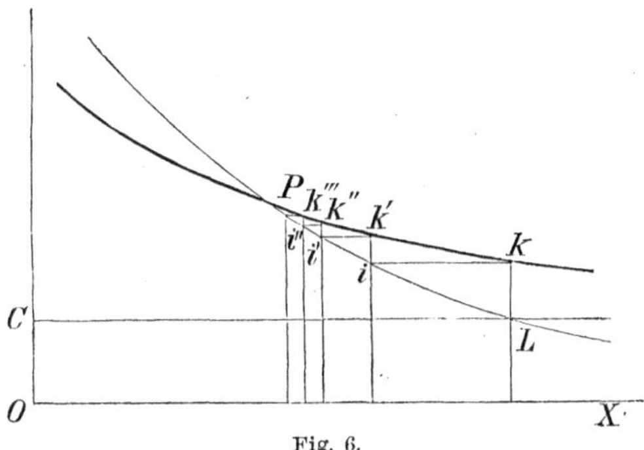

Fig. 6.

Wir knüpfen hieran, wie oben, die Bemerkung, dafs die Berechnung der Glieder λ, α, α', α'', ... erst dann eine gröfsere Genauigkeit erfordert, wenn man zu zwei aufeinanderfolgenden Gliedern gekommen ist, die nur noch wenig von einander verschieden sind.

Ferner bemerken wir, dafs man mit Hülfe des zuletzt gefundenen Gliedes, welches dem Werte von x bereits sehr nahe kommt, die Rechnung in folgender Weise zu Ende führen kann:

Ist p dieses letzte Glied und $x = p - \omega$, wo ω nur eine sehr kleine Gröfse sein kann, so erhält man, wenn man diesen Wert in die gegebene Gleichung einsetzt, ein Resultat von der Form:

$$\varepsilon = F\omega + G\omega^2,$$

wobei zur Abkürzung gesetzt ist:

$$\begin{aligned} \varepsilon &= 1 + \varphi(p) - \psi(p) \\ F &= \Sigma \frac{B}{(b+p)^2} - \Sigma \frac{A}{(a+p)^2} \\ G &= \Sigma \frac{B}{(b+p)^3} - \Sigma \frac{A}{(a+p)^3}. \end{aligned}$$

Es ist daher, wenn man nur Gröſsen von der Ordnung ε^3 vernachlässigt:

$$\omega = \frac{\varepsilon}{F} - \frac{G\varepsilon^2}{F^3},$$

und hieraus $x = p - \omega$.

19.

Bestimmung der kleinsten Wurzel.

Hier sind zwei Fälle zu betrachten, je nachdem $1 + \varphi(0)$ kleiner oder gröſser als $\psi(0)$ ist.

Erster Fall: $1 + \varphi(0) < \psi(0)$. Da alsdann der Punkt A (Fig. 4), der Anfangspunkt der Kurve $y = 1 + \varphi(x)$ unterhalb des Punktes B, des Anfangspunktes der Kurve $y = \psi(x)$, liegt, so ziehe man zur Abscissenachse die Parallele Ab, welche die andere Kurve in b trifft. Ist α die Abscisse des Punktes b, so findet man α durch Auflösung der Gleichung $1 + \varphi(0) = \psi(\alpha)$. Dabei ist α ein erster Näherungswert der kleinsten Wurzel $x = r$, welche die Abscisse des ersten Schnittpunktes P ist.

Die durch den Punkt b gelegte Ordinate schneidet die untere Kurve in einem Punkte a, dessen Ordinate $1 + \varphi(\alpha)$ ist. Durch den Punkt a ziehen wir eine Parallele zur Abscissenachse, welche die obere Kurve in b' trifft. Nennen wir α' die Abscisse des Punktes b', so finden wir α' durch Auflösung der Gleichung $1 + \varphi(\alpha) = \psi(\alpha')$. Geht man so ohne Ende weiter, so sieht man, daſs die Abscisse, welche zum Schnittpunkte P gehört, das letzte Glied der Reihe α, α', α'', ... ist.

Um daher die kleinste Wurzel $x = r$ zu erhalten, hat man der Reihe nach die Glieder $\alpha, \alpha', \alpha'', \ldots$ durch Auflösung der Gleichungen

$$1 + \varphi(0) = \psi(\alpha)$$
$$1 + \varphi(\alpha) = \psi(\alpha')$$
$$1 + \varphi(\alpha') = \psi(\alpha'')$$

u. s. w.

zu bestimmen; die letzte der wachsenden Gröſsen $\alpha, \alpha', \alpha'', \ldots$ oder die Grenze, welcher diese Gröſsen zustreben, ist die gesuchte Wurzel $x = r$.

20.

Zweiter Fall: $1 + \varphi(0) > \psi(0)$. Da alsdann der Punkt B (Fig. 5) unterhalb A liegt, so ziehe man durch den Punkt B eine Parallele zur Abscissenachse, welche die obere Kurve AP in a trifft. Ist α die Abscisse des Punktes a, so findet man α durch Auflösung der

Gleichung $\psi(0) = 1 + \varphi(\alpha)$; dabei stellt α einen ersten Näherungswert der gesuchten Wurzel dar.

Die Ordinate im Punkte a schneidet die untere Kurve in einem Punkte b, dessen Ordinate gleich $\psi(\alpha)$ ist. Durch den Punkt b ziehen wir eine Parallele zur Abscissenachse, welche die obere Kurve in a' trifft. Nennen wir α' die Abscisse des Punktes a', so findet man α' durch Auflösung der Gleichung $\psi(\alpha) = 1 + \varphi(\alpha')$.

Ohne auf nähere Einzelheiten einzugehen, sieht man jetzt, dafs, wenn man der Reihe nach die Glieder $\alpha, \alpha', \alpha'', \ldots$ mittelst der Gleichungen

$$\begin{aligned}\psi(0) - 1 &= \varphi(\alpha)\\ \psi(\alpha) - 1 &= \varphi(\alpha')\\ \psi(\alpha') - 1 &= \varphi(\alpha'')\end{aligned}$$

u. s. w.

bestimmt, das letzte Glied der Reihe $\alpha, \alpha', \alpha'', \ldots$ der gesuchte Wert der kleinsten Wurzel $x = r$ ist.

21.

In beiden Fällen reduciert sich die Schwierigkeit stets darauf, eine gewisse Anzahl von einfachen homalen Gleichungen mit Hülfe der Formeln des Artikels 6 aufzulösen. Wir haben ferner bemerkt, dafs die ersten Glieder der Reihe $\alpha, \alpha', \alpha'', \ldots$ mit keiner grofsen Genauigkeit berechnet zu werden brauchen. Mit Rücksicht hierauf können daher die Rechnungen beträchtlich abgekürzt werden. Aus der Beschaffenheit dieser Rechnungen sieht man sodann, dafs die Punkte $a, a', a'', \ldots$ sich sehr schnell dem Schnittpunkte P nähern, so dafs man stets nur eine geringe Anzahl von einfachen homalen Gleichungen aufzulösen hat. Übrigens kann die Bestimmung der Grenze noch abgekürzt werden, wenn man sich nach dem Verfahren in Artikel 18 ein vorläufiges Urteil über sie bildet.

Es kommt auch vor, dafs man vornherein weifs, dafs die gesuchte Wurzel r gröfser ist als eine gegebene Gröfse λ; in diesem Falle gehe man, um alle andern Werte $\alpha', \alpha'', \ldots$ zu bestimmen, von dem Werte $\alpha = \lambda$ aus, wodurch die Rechnung abgekürzt wird.

Wir bemerken ferner, dafs es im zweiten Falle vorkommen kann, dafs man keine Lösung findet. Alsdann würde in der Reihe $\psi(\alpha)$, $\psi(\alpha')$, $\psi(\alpha'')$, ..., deren erstes Glied gröfser als 1 ist, bald eins auftreten, welches kleiner als 1 wäre, und dies würde beweisen, dafs es zwischen den beiden Kurven keinen Schnittpunkt und somit auch keine positive Wurzel der gegebenen Gleichung gäbe.

Die Bestimmung der kleinsten Wurzel kann mittelst einer viel konvergenteren Reihe bewerkstelligt werden, wie diejenige ist, deren Anwendung wir soeben gezeigt haben. Bevor wir jedoch diese zweite Auflösung auseinandersetzen, haben wir die folgende Aufgabe zu lösen.

22.

Über den Durchschnitt einer beliebigen Geraden mit der gleichförmig verlaufenden Kurve $y = \psi(x)$.

Es sei BNG (Fig. 7) die nach der Gleichung $y = \psi(x)$ beschriebene Kurve. Dabei ist $\psi(x)$ eine einfache gleichförmig verlaufende Funktion, welche dargestellt werden kann durch $\Sigma \frac{B}{b+x}$. Ferner sei F ein gegebener Punkt auf der Verlängerung der Ordinate

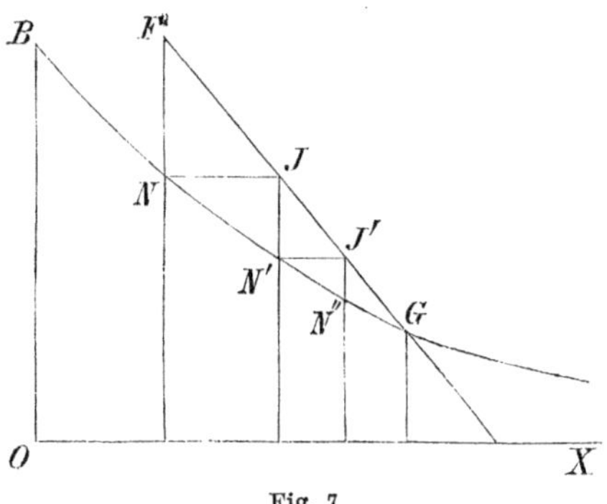

Fig. 7.

des Punktes N. Legt man dann durch den Punkt F unter einem gegebenen Winkel NFG die Gerade FG, welche die Kurve im Punkte G schneidet, so soll die Abscisse des Punktes G bestimmt werden.

Ist f die gegebene Abscisse des Punktes F, ferner die gegebene Entfernung $FN = c$ und m die trigonometrische Tangente des Winkels, welchen die Gerade FG mit der Abscissenachse bildet, so erhält man, wenn die Abscisse des Punktes G mit x bezeichnet wird, zur Bestimmung von x die Gleichung:

$$m = \frac{c + \psi(f) - \psi(x)}{x - f}.$$

Ich bemerke nun, dafs die rechte Seite dieser Gleichung eine abnehmende gleichförmig verlaufende Funktion von x ist. Denn je gröfser x wird oder je weiter der Punkt G auf der Kurve in der Richtung der wachsenden x vorrückt, um so mehr wird offenbar die rechte Seite, welche die Tangente des Winkels darstellt, den FG mit der durch Punkt F zur Abscissenachse gezogenen Parallelen bildet, abnehmen. Ferner kann diese Funktion in vollständig expliciter Form dargestellt werden. Denn ist $\psi(x) = \Sigma \frac{B}{b+x}$, und beachtet man, dafs $\frac{B}{b+x} = \frac{B}{b+f} - \frac{B(x-f)}{(b+f)(b+x)}$ ist, so kann man setzen:

$$\psi(x) = \Sigma \frac{B}{b+f} - (x-f)\,\Sigma \frac{B}{(b+f)(b+x)},$$

und da $\Sigma \frac{B}{b+f}$ dasselbe ist, wie $\psi(f)$, so reduciert sich die aufzulösende Gleichung auf die Form:

$$(1) \qquad m = \frac{c}{x-f} + \Sigma \frac{C}{b+x},$$

wobei zur Abkürzung $C = \frac{B}{b+f}$ gesetzt ist.

Da x gröfser sein soll als f, so sieht man, dafs die rechte Seite dieser Gleichung in der That eine einfache gleichförmig verlaufende Funktion von x ist, wenn man von $x = f$ an rechnet. Ich bemerke ferner, dafs, weil diese Funktion für $x = f$ unendlich und für $x = \infty$ Null ist, die Gleichung für jeden Wert von m, wofern er nur positiv ist, möglich ist, d. h. sie ist möglich, wofern die Gerade FG so durch den Punkt F gelegt ist, dafs sie die Achse in dem ins Unendliche sich erstreckenden Teile OX schneidet.

Wir bemerken überdies noch, dafs, wenn $c = 0$ ist oder der Punkt F mit N zusammenfällt, die aufzulösende Gleichung übergeht in:

$$(2) \qquad m = \Sigma \frac{C}{b+x}.$$

Diese Gleichung bestimmt den Schnittpunkt der Kurve $y = \psi(x)$ mit der durch einen Punkt dieser Kurve derart gezogenen Geraden, dafs sie mit der Achse der x einen Winkel bildet, dessen trigonometrische Tangente gleich m ist.

23.

In dem Falle, wo c nicht gleich Null ist, geschieht die Auflösung der Gleichung (1) nach Artikel 6; man mufs alsdann, um die Auflösung durchzuführen, einen ersten Näherungswert von x kennen. Da nun $m > \frac{c}{x-f}$ sein soll, so folgt daraus $x > f + \frac{c}{m}$. Man kann daher von dem ersten Gliede $k = f + \frac{c}{m}$ ausgehen, um nach und nach die andern Glieder k', k'', . . ., deren Grenze der gesuchte Wert von x ist, zu berechnen.

24.

Man kann die Abscisse des Schnittpunktes G auch nach folgendem Verfahren bestimmen:

Durch den Punkt N ziehe man eine Parallele zur Abscissenachse, welche die Gerade FG in J trifft; vom Punkte J fälle man ein Lot auf die Achse, welches die Kurve im Punkte N' schneidet. Durch den Punkt N' ziehe man ebenso $N'J'$ parallel zur Achse und sodann $J'N''$ senkrecht zu derselben u. s. w. Ist f' die Abscisse des Punktes N', f'' die des Punktes N'', u. s. w., so berechne man die aufeinanderfolgenden Glieder f', f'', . . . mit Hülfe der Formeln:

$$f' = f + \frac{c}{m}$$

$$f'' = f' + \frac{\psi(f) - \psi(f')}{m}$$

$$f''' = f'' + \frac{\psi(f') - \psi(f'')}{m}$$

u. s. w.

Alsdann ist offenbar die Grenze, welcher die Glieder der Reihe $f, f', f''\ldots$ sich nähern, der gesuchte Wert der Abscisse des Punktes G.

Diese Methode ist einfacher, als die vorhergehenden; indessen kann sie nicht angewendet werden, wenn $c = 0$ ist, ebenso nicht, wenn $m = 0$ ist, d. h. wenn die Gerade FG der Abscissenachse parallel ist, weil es nach der Seite, wo $x > f$ ist, keinen Schnittpunkt giebt.

25.

Zweite Art, die kleinste Wurzel zu bestimmen.

Wir nehmen an, dafs $\psi(0) > 1 + \varphi(0)$ sei, weil in diesem Falle die Gleichung $1 + \varphi(x) = \psi(x)$ stets wenigstens eine positive Wurzel hat.

Wird durch den ersten Punkt B (Fig. 8) der Kurve $y = \psi(x)$ die Tangente Ba gelegt, welche die Kurve $y = 1 + \varphi(x)$ in a trifft, und ist α die Abscisse des Punktes a, so findet man nach den Formeln des Artikel 22, dafs α die Wurzel der Gleichung ist:

$$-\psi'(0) = \frac{c}{x} + \Sigma \frac{A}{a(a+x)},$$

in welcher $c = \psi(0) - 1 - \varphi(0)$ ist und die gleichförmig verlaufende Funktion $\Sigma \frac{A}{a(a+x)}$ sich aus der Funktion $\varphi(x) = \Sigma \frac{A}{a+x}$ dadurch ergiebt, dafs man jedes Glied derselben durch den zugehörigen Wert von a dividiert.

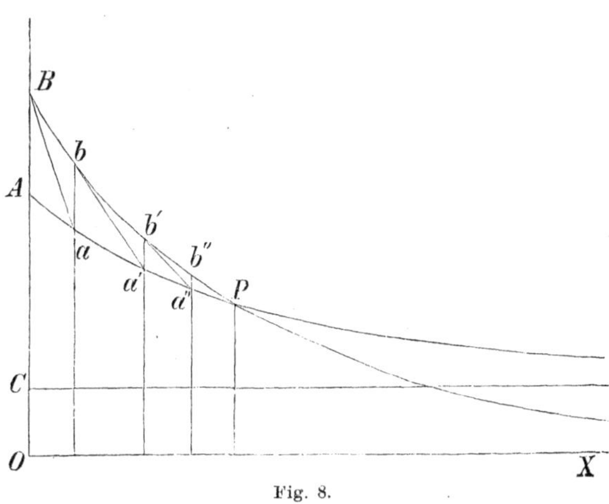

Fig. 8.

Man wendet also auf diese Gleichung die Formeln des Artikels 5 an, indem man nach Artikel 6 als ersten Wert von k den Wert $k = \frac{c}{-\psi'(0)}$ nimmt.

Durch den so bestimmten Punkt a ziehe man eine Senkrechte zur Abscissenachse, welche die obere Kurve in b trifft; durch den Punkt b lege man die Tangente ba', welche die untere Kurve in a' trifft u. s. w.

Nennt man α', α'', ... die Abscissen der Punkte a', a'', ..., so findet man, dafs die verschiedenen Glieder α, α', α'', ... sich der Reihe nach durch Auflösung der folgenden Gleichungen bestimmen:

$$-\psi'(0) = \frac{\psi(0) - 1 - \varphi(0)}{x} + \Sigma \frac{A:a}{a+x}; \quad \text{hieraus folgt: } x = \alpha$$

$$-\psi'(\alpha) = \frac{\psi(\alpha) - 1 - \varphi(\alpha)}{x - \alpha} + \Sigma \frac{A:(a+\alpha)}{a+x}; \text{ hieraus folgt: } x = \alpha'$$

$$-\psi'(\alpha') = \frac{\psi(\alpha') - 1 - \varphi(\alpha')}{x - \alpha'} + \Sigma \frac{A:(a+\alpha^1)}{a+x}; \text{ hieraus folgt: } x = \alpha''$$

u. s. w.

Die Grenze, gegen welche die Glieder der wachsenden Reihe α, α', α'',.. konvergieren, ist der gesuchte Wert der kleinsten Wurzel.

26.

Sind die gröfste und die kleinste positive Wurzel bekannt, so sollen alle andern bestimmt werden.

Man könnte nach und nach alle Wurzeln mit Hülfe der Durchschnittspunkte der beiden gezogenen Kurven ermitteln, ohne die Form der gegebenen Gleichung, durch welche diese Kurven bestimmt werden, zu ändern. Indessen ist es viel einfacher, wenn man, nachdem die Wurzel $x = r$ gefunden ist, den Faktor $x - r$ aus der gegebenen Gleichung fortschafft, um dadurch die Gleichung vom nächstniedrigeren Grade zu bekommen, welche die andern Wurzeln enthält, und für welche r die Grenze der an Gröfse nächsten Wurzel r' bildet. Das hierzu am besten anzuwendende Verfahren besteht in Folgendem.

Wir haben angenommen, dafs die gegebene Gleichung n^{ten} Grades, um dieselbe auf die Form $1 + \varphi(x) = \psi(x)$ bringen zu können, durch das Produkt $(1 + x)(2 + x) \cdots (n + x)$ geteilt werden solle. Wenn der Grad der Gleichung sich auf $n - 1$ reduciert, hat man also den gröfsten Nenner $n + x$ wegzulassen, damit der gröfste von denen, welche übrig bleiben, in Übereinstimmung mit dem Grade der Gleichung, gleich $n - 1 + x$ sei. Dazu hat man die verschiedenen Glieder der Gleichung $1 + \varphi(x) = \psi(x)$ mit $n + x$ zu multiplicieren und zu bewirken, dafs das Produkt durch $x - r$ teilbar sei.

Nun ist aber:

$$\frac{A(n+x)}{a+x} = \frac{A(n+r)}{n+r} + \frac{A(n-a)(r-x)}{(a+r)(a+x)}.$$

Setzt man daher:

$$\frac{A(n-a)}{a+r} = A_1,$$

so hat man:

$$(n+x)\,\varphi(x) = (n+x)\,\Sigma\,\frac{A}{a+x} = (n+r)\,\Sigma\,\frac{A}{a+r} + (r-x)\,\Sigma\,\frac{A_1}{a+x}$$

Setzt man ebenso:

$$\frac{B(n-b)}{b+r} = B_1,$$

so hat man:

$$(n+x)\,\psi(x) = (n+x)\,\Sigma\,\frac{B}{b+x} = (n+r)\,\Sigma\,\frac{B}{b+r} + (r-x)\,\Sigma\,\frac{B_1}{b+x}.$$

Substituiert man diese Werte und beachtet man, dafs

$$\Sigma\,\frac{A}{a+r} = \varphi(r), \qquad \Sigma\,\frac{B}{b+r} = \psi(r)$$

ist, so geht die Gleichung $1 + \varphi(x) = \psi(x)$ über in:

$$n+x+(n+r)\,\varphi(r)+(r-x)\,\Sigma\,\frac{A_1}{a+x} = (n+r)\,\psi(r)+(r-x)\,\Sigma\,\frac{B_1}{b+x}.$$

Da jedoch der Wert $x = r$ der Gleichung $1 + \varphi(x) = \psi(x)$ genügt, so ist $1 + \varphi(r) = \psi(r)$. Läfst man daher in der vorstehenden Gleichung diejenigen Glieder, welche sich gegenseitig zerstören, weg, und dividiert man das, was übrig bleibt, durch $r - x$, so ergiebt sich:

$$1 + \Sigma \frac{B_1}{b+x} = \Sigma \frac{A_1}{a+x}.$$

Diese Gleichung, welche man auf die Form $1 + \psi_1(x) = \varphi_1(x)$ bringen kann, ist der gegebenen vollständig analog; jedoch enthält sie ein Glied weniger; denn aus den Werten der Koefficienten A_1, B_1 sieht man, dafs das Glied, welches $n + x$ zum Nenner hat, verschwindet, mag es nun zur Funktion $\varphi(x)$ oder zur Funktion $\psi(x)$ gehören.

Ferner mufs man beachten, dafs, weil n die gröfste der Zahlen a und b ist, die Koefficienten A_1 und B_1 stets positiv sind. Daher fällt bei dem Übergange von der gegebenen Gleichung $1 + \varphi(x) = \psi(x)$ zu der folgenden $1 + \psi_1(x) = \varphi_1(x)$, welche eine Wurzel weniger hat, nur ein Glied in einer der Funktionen $\varphi(x)$, $\psi(x)$ einfach weg, ohne dafs ein Glied aus der einen Funktion in die andere überträte, wie dies der Fall sein würde, wenn einer der Koefficienten A_1, B_1 negativ wäre. Nur das konstante Glied 1 ändert sein Zeichen oder tritt von der einen Seite auf die andere.

27.

Man sieht daher, dafs die Division der gegebenen Gleichung durch $x - r$ mittelst eines sehr einfachen Verfahrens bewerkstelligt wird, welches darin besteht, dafs man das konstante Glied 1 auf die andere Seite bringt und in jedem der Glieder $\frac{A}{a+x}$ und $\frac{B}{b+x}$ den Koefficienten A durch $\frac{A(n-a)}{a+r}$ und den Koefficienten B durch $\frac{B(n-b)}{b+r}$ ersetzt.

Wir brauchen daher jetzt für die Auflösung der Gleichung $1 + \psi_1(x) = \varphi_1(x)$ keine neue Regel mehr zu geben. Man wendet auf diese Gleichung die Formeln der Artikel 19 u. ff. an, und da man von vornherein weifs, dafs die kleinste Wurzel $r' > r$ ist, so gelangt man noch leichter zum Resultat. Nachdem man die Wurzel r', welches die zweite Wurzel der gegebenen Gleichung ist, gefunden hat, bildet man in ähnlicher Weise eine dritte Gleichung

$$1 + \varphi_2(x) = \psi_2(x),$$

welche die $n - 2$ übrigen Wurzeln enthält.

Man erhält also auf diese Weise mit Hülfe von Gleichungen, die immer einfacher werden, nach und nach die verschiedenen positiven Wurzeln r, r', r'', ... der gegebenen Gleichung. Diese Rechnung ist beendigt, sobald man zu einer transformierten Gleichung gelangt, die nicht lösbar ist, was man aus den von uns bei der allgemeinen Auflösung angegebenen Bedingungen erkennt.

28.

Dieselbe Methode ergiebt die negativen Wurzeln, wenn man in der gegebenen Gleichung das Zeichen von x ändert und dieselbe dann auf die Form $1 + \varphi(x) = \psi(x)$ bringt. Indessen ist es einfacher, die letzte der transformierten Gleichungen $1 + \psi_1(x) = \varphi_1(x)$, $1 + \varphi_2(x) = \psi_2(x)$, ... zu nehmen, welche keine positiven Wurzeln mehr hat, aber negative haben kann. Um diese letzteren zu erhalten, reduciert man diese transformierte Gleichung auf die gewöhnliche, von Brüchen befreite Form und wendet sodann, nachdem man das Zeichen von x geändert hat, auf sie die Methode des Artikel 13 an, um sie von neuem auf die Form $1 + \varphi(x) = \psi(x)$ zu bringen. Für diese mufs man dann die positiven Wurzeln suchen.

29.

Es bleibt also nur noch zu zeigen übrig, wie man eine Gleichung, die **lauter imaginäre Wurzeln** hat, auflösen könne. Indessen ist diese Aufgabe bedeutend schwieriger wie die, die reellen Wurzeln zu finden, und wir verhehlen es nicht, dafs die vorhergehenden Methoden nur wenig Vorteil bei der Lösung derselben gewähren. Allerdings könnte man die imaginären Wurzeln einer Gleichung n^{ten} Grades mit Hülfe der reellen Wurzeln einer Gleichung vom Grade $\frac{n(n-1)}{2}$ finden. Wenn aber n auch nur wenig gröfser ist als 4, macht die bedeutende Komplikation einer solchen transformierten Gleichung und der Rechnungen, welche erforderlich sind, um zu ihr zu gelangen, die Anwendung dieses Hülfsmittels vollständig illusorisch. Man mufs daher in der gegebenen Gleichung selbst und nicht in einer transformierten Gleichung von höherem Grade die Hülfsmittel suchen, welche zu den numerischen Werten der imaginären Wurzeln führen. Wir haben schon im Artikel 119 dieses Werkes eine Methode angegeben, welche den Vorteil hat, ziemlich schnell zum Ziele zu führen, wenn man dem Rechner einige Andeutungen über die Wahl des ersten anzunehmenden Wertes der durch $\alpha + \beta \sqrt{-1}$ oder $r(\cos \vartheta + \sqrt{-1} \sin \vartheta)$ ausgedrückten Wurzel geben könnte. In der Erwartung, dafs diese Methode bald die Verbesserungen, deren sie fähig ist, erfahren möge, wollen wir hier die Formeln geben, welche, bei Anwendung der vorstehend entwickelten Methode, dem Falle der imaginären Wurzeln entsprechen. Und da eine imaginäre Wurzel durch $r(\cos \vartheta + \sqrt{-1} \sin \vartheta)$ dargestellt wird, so suchen wir zuerst die Grenzen für die Gröfse r, welche im gewissen Sinne das Mafs ihrer Gröfse oder der Modul dieser Wurzel ist, weil der Wert einer beliebigen Potenz m von x niemals gröfser als r^m, wohl aber beliebig wenig davon verschieden sein kann.

30.

Grenzen der reellen Gröfse, welche bei den imaginären Wurzeln als Modul auftritt.

Wird die gegebene Gleichung, deren Wurzeln sämtlich imaginär sind, durch

$$x^n \pm A_1 x^{n-1} \pm A_2 x^{n-2} \pm A_3 x^{n-3} \pm \cdots \pm A_n = 0$$

bezeichnet, und setzt man $x = r(\cos \vartheta + \sqrt{-1} \sin \vartheta)$, so zerfällt diese Gleichung in zwei andere, nämlich:

$$r^n \cos n\vartheta \pm A_1 r^{n-1} \cos(n-1)\vartheta \pm A_2 r^{n-2} \cos(n-2)\vartheta \pm \cdots \pm A_n = 0$$

$$r^n \sin n\vartheta \pm A_1 r^{n-1} \sin(n-1)\vartheta \pm A_2 r^{n-2} \sin(n-2)\vartheta \pm \cdots \pm A_{n-1} r \sin\vartheta = 0.$$

Multipliciert man die erste mit $\cos n\vartheta$, die zweite mit $\sin n\vartheta$ und addiert die Produkte, so erhält man:

$$r^n \pm A_1 r^{n-1} \cos \vartheta \pm A_2 r^{n-2} \cos 2\vartheta \pm \cdots \pm A_n \cos n\vartheta = 0.$$

Offenbar wird nun aber r^n unter der Annahme am gröfsten werden, dafs man

$$r^n = A_1 r^{n-1} + A_2 r^{n-2} + A_3 r^{n-3} + \cdots + A_n$$

hätte, wobei die Koefficienten A_1, A_2, $A_3 \ldots$ auf der rechten Seite sämtlich positiv genommen sind. Wendet man hierauf das an, was wir im Artikel 1 für den Fall reeller Wurzeln gefunden haben, so kann man schliefsen:

1) Wenn der Koefficient des zweiten Gliedes A_1 an Gröfse von keinem der andern Koefficienten $A_2, A_3, \ldots A_n$ übertroffen wird, so hat man:

$$r < 1 + A_1.$$

2) Wenn A_i und A_k die beiden Koefficienten sind, für welche $\sqrt[i]{A_i}$ und $\sqrt[k]{A_k}$ die gröfsten Werte haben, so ist:

$$r < \sqrt[i]{A_i} + \sqrt[k]{A_k}.$$

Dies ist also in diesem Falle die obere Grenze der Gröfse r, welche bei den imaginären Wurzeln als Modul auftritt.

31.

Um die untere Grenze eben dieser Gröfse zu erhalten, bemerke ich, dafs, weil die gegebene Gleichung nach Voraussetzung nur imaginäre Wurzeln hat, ihr letztes Glied A_n das Produkt aus allen Gröfsen $r^2, r'^2, r''^2, \ldots$, welche sich aus den verschiedenen Paaren imaginärer Wurzeln ergeben, darstellen mufs. Ist also r die gröfste der Gröfsen $r, r', r'', \ldots$ und $r^{(\mu)}$ oder ϱ die kleinste, so hat man:

$$r > \sqrt[n]{A_n} \text{ und } \varrho < \sqrt[n]{A_n}.$$

Der gröfste der Moduln r mufs daher zwischen den folgenden Grenzen enthalten sein:

$$r > \sqrt[n]{A_n}, \quad r < \sqrt[i]{A_i} + \sqrt[k]{A_k}.$$

Was die Grenzen des kleinsten Moduls anlangt, so haben wir nur die obere Grenze $\varrho < \sqrt[n]{A_n}$. Jedoch können wir auch leicht die untere Grenze finden.

Zu dem Zwecke hat man in der gegebenen Gleichung $x = \frac{1}{z}$ zu setzen, wodurch sich eine Gleichung von der Form ergiebt:

$$z^n \pm B_1 z^{n-1} \pm B_2 z^{n-2} \pm \cdots \pm B_n = 0.$$

Nun sind zwei Fälle zu betrachten:

1) Ist der Koefficient B_1 des zweiten Gliedes mindestens ebenso grofs, als irgend ein anderer Koefficient, so hat man, wenn B_1 positiv genommen wird: $z < 1 + B_1$.

2) Sind B_i und B_k die beiden Koefficienten, für welche $\sqrt[i]{B_i}$ und $\sqrt[k]{B_k}$ am gröfsten sind, so hat man, wenn diese beiden Wurzelgröfsen a und b genannt werden, $z < a + b$.

Im ersten Falle ist daher $\varrho > \frac{1}{1 + B_1}$, im zweiten $\varrho > \frac{1}{a + b}$.

32.

Form der Gleichungen, welche im Falle der imaginären Wurzeln aufzulösen sind.

Ist $F(x) = 0$ die gegebene Gleichung n^{ten} Grades, deren sämtliche Wurzeln imaginär sind, und substituiert man für x irgend einen

Wert $x = k$, so ist die linke Seite $F(x)$ stets eine positive Gröſse. Daraus folgt, daſs, wenn man wie im Artikel 13 verfährt und die gegebene Gleichung durch das Produkt der Faktoren $1 + x$, $2 + x$, $3 + x, \ldots n + x$ dividiert, um sie auf die Form $1 + \varphi(x) = \psi(x)$ oder $1 + \Sigma \frac{A}{a+x} = \Sigma \frac{B}{b+x}$ zu bringen, die verschiedenen Werte von a die ungeraden Zahlen $1, 3, 5, \ldots n - 1$ sind, während die Werte der b die geraden Zahlen $2, 4, 6, \ldots n$ sind.

Mithin sind im Falle der imaginären Wurzeln die Funktionen $\varphi(x)$ und $\psi(x)$ beständig von der folgenden Form:

$$\varphi(x) = \frac{(1)}{1+x} + \frac{(3)}{3+x} + \frac{(5)}{5+x} + \cdots + \frac{(n-1)}{n-1+x}$$

$$\psi(x) = \frac{(2)}{2+x} + \frac{(4)}{4+x} + \frac{(6)}{6+x} + \cdots + \frac{(n)}{n+x}.$$

Sie besitzen daher dieselbe Anzahl von Gliedern.

33.

Setzt man hierauf $x = r\left(\cos\vartheta + \sqrt{-1}\sin\vartheta\right)$, so wird:

$$\frac{A}{a+x} = \frac{A}{a+r\left(\cos\vartheta+\sqrt{-1}\sin\vartheta\right)} = \frac{A\left(a+r\cos\vartheta - \sqrt{-1}\cdot r\sin\vartheta\right)}{a^2+2ar\cos\vartheta+r^2}$$

mithin:

$$\Sigma\frac{A}{a+x} = \Sigma\frac{Aa}{a^2+2ar\cos\vartheta+r^2} + r\left(\cos\vartheta - \sqrt{-1}\sin\vartheta\right)\Sigma\frac{A}{a^2+2ar\cos\vartheta+r^2}.$$

Hieraus ersieht man, daſs die Gleichung $1 + \Sigma\frac{A}{a+x} = \Sigma\frac{B}{b+x}$ in zwei andere zerfällt, nämlich:

$$1 + \Sigma\frac{Aa}{a^2+2ar\cos\vartheta+r^2} = \Sigma\frac{Bb}{b^2+2br\cos\vartheta+r^2}$$

$$(\alpha) \qquad \Sigma\frac{A}{a^2+2ar\cos\vartheta+r^2} = \Sigma\frac{B}{b^2+2br\cos\vartheta+r^2}.$$

Auf der linken Seite hat a alle ungeraden Werte $1, 3, 5, \ldots n - 1$, auf der rechten b alle geraden Werte $2, 4, 6, \ldots n$.

Dies sind also die Gleichungen, welche man aufzulösen hat, um die zu jedem Paare von imaginären Wurzeln gehörigen Werte von r und ϑ zu finden.

Die Zahl r ist stets positiv. Was die Zahl $r\cos\vartheta$ betrifft, so kann dieselbe positiv oder negativ sein. In Bezug hierauf kann man also zwei Arten von imaginären Wurzeln unterscheiden, nämlich die positiven, wenn der reelle Teil $r\cos\vartheta$ positiv ist, und die negativen, wenn dieser Teil negativ ist.

34.

Man kann annehmen, dafs die vorstehenden Gleichungen unter Voraussetzung eines positiven $r\cos\vartheta$ gebildet seien. Ähnliche Gleichungen könnte man unter Voraussetzung eines negativen $r\cos\vartheta$ bilden. Dazu müfste man das Vorzeichen von x in der gegebenen Gleichung ändern und nach dieser Änderung ebenso verfahren, um sie auf die Form $1+\Sigma\frac{A}{a+x}=\Sigma\frac{B}{b+x}$ zu bringen. Setzt man darauf $x=r(\cos\vartheta+\sqrt{-1}\sin\vartheta)$, so würde man zwei Gleichungen erhalten, die den Gleichungen (α) ähnlich sind, deren Koefficienten aber andere sein würden.

Diese Unterscheidung erscheint notwendig, weil die Funktion $\Sigma\frac{A}{a^2+2ar\cos\vartheta+r^2}$ keine gleichförmig verlaufende Funktion von r mehr sein würde, wenn man die Gleichungen (α) für negative $\cos\vartheta$ in derselben Form liefse. Denn differentiirte man diese Funktion nach r, so würde der Differentialquotient sein:

$$-\Sigma\frac{2A(r+a\cos\vartheta)}{(a^2+2ar\cos\vartheta+r^2)^2},$$

und dieser würde von $r=0$ bis $r=\infty$ nicht dasselbe Vorzeichen behalten, was der Natur einer gleichförmig verlaufenden Funktion widerspricht.

Zur vollständigen Lösung der gegebenen Gleichung mufs man daher zwei Systeme von Gleichungen von der Art wie das System (α) betrachten, in deren jedem $\cos\vartheta$ positiv vorausgesetzt wird.

35.

Ist jetzt $r\cos\vartheta=p$, $r^2=q$, so sind die beiden aufzulösenden Gleichungen:

$$1+\Sigma\frac{Aa}{a^2+2ap+q}=\Sigma\frac{Bb}{b^2+2bp+q}$$
$$\Sigma\frac{A}{a^2+2ap+q}=\Sigma\frac{B}{b^2+2bp+q}.$$

Man kann dieselben auch einfacher darstellen durch:

$$1+\Sigma\frac{Aa}{a^2+2ap+q}=0$$
$$(\alpha')\qquad \Sigma\frac{A}{a^2+2ap+q}=0,$$

wenn man festsetzt, dafs A stets positiv sein soll für jeden ungeraden Wert $a = 1, 3, 5, \ldots n - 1$ und negativ für jeden geraden Wert $a = 2, 4, 6, \ldots n$.

Diese Gleichungen sind von ziemlich einfacher Form; da sie jedoch zwei Unbekannte p und q enthalten, so scheint es nicht, als ob man dieselben mittelst einer Methode auflösen könnte, die derjenigen analog wäre, welche wir für den Fall reeller Wurzeln, wo nur eine Unbekannte vorkommt, gegeben haben.

Wenn man daher die Weitläufigkeiten der Elimination, durch welche man die beiden Unbekannten auf eine einzige zurückführen könnte, vermeiden will, so mufs man sich darauf beschränken, diese Gleichungen durch eine Art von heuristischem Verfahren aufzulösen, wobei nichts weiter vorausgesetzt wird, als dafs q oder r^2 zwischen gegebenen Grenzen liegt, und dafs stets $p < \sqrt{q}$ ist.

Es könnte vorkommen, dafs man für die vorstehenden, das System (α) darstellenden Gleichungen keine Lösung fände. Alsdann würden aber die beiden analogen Gleichungen, welche das andere System darstellen, unter der Voraussetzung, dafs die imaginären Wurzeln, d. h. ihre reellen Teile, negativ sind, sämtliche n imaginären Wurzeln der gegebenen Gleichung enthalten, so dafs die Auflösung, falls sie in dem einen Falle nicht gelingen sollte, notwendig in dem andern gelingen müfste.

Man braucht sogar die Form der vorstehenden Gleichungen nicht zu ändern, sondern man kann sich damit begnügen, das Vorzeichen von p zu ändern, wodurch man auf das zweite System zurückkommen würde. Denn die letzte Form (α'), auf welche wir die aufzulösenden Gleichungen gebracht haben, indem wir an Stelle von r und ϑ die Unbekannten p und q einführten, hat den in Artikel 34 bemerkten Übelstand nicht mehr, vielmehr sind die vier Funktionen:

$$\Sigma \frac{Aa}{a^2 - 2ap + q}, \quad \Sigma \frac{A}{a^2 - 2ap + q}$$

$$\Sigma \frac{Bb}{b^2 - 2bp + q}, \quad \Sigma \frac{B}{b^2 - 2bp + q},$$

sowohl in Bezug auf p wie in Bezug auf q betrachtet, stets gleichförmig verlaufende Funktionen, da p immer zwischen den Grenzen $p = 0$ und $p = \sqrt{q}$ liegen soll.

36.

Wir nehmen an, dafs man nach einigen Versuchen Werte von p und q gefunden habe, welche den Gleichungen (α') näherungsweise genügen. Diese Werte seien $p = f$, $q = g$; dieselben mögen ergeben:

$$1 + \Sigma \frac{Aa}{a^2 + 2af + g} = \mu$$

$$\Sigma \frac{A}{a^2 + 2af + g} = \nu,$$

wo μ und ν sehr kleine Gröſsen sind. Um eine gröſsere Annäherung zu erreichen, setzen wir $p = f + \delta f$, $q = g + \delta g$ und erhalten zur Bestimmung von δf und δg die Gleichungen:

$$2\delta f \Sigma \frac{Aa^2}{(a^2 + 2af + g)^2} + \delta g \Sigma \frac{Aa}{(a^2 + 2af + g)^2} = -\mu$$

$$2\delta f \Sigma \frac{Aa}{(a^2 + 2af + g)^2} + \delta g \Sigma \frac{A}{(a^2 + 2af + g)^2} = -\nu.$$

Setzt man zur Abkürzung:

$$F = \Sigma \frac{A}{(a^2 + 2af + g)^2}$$

$$G = \Sigma \frac{Aa}{(a^2 + 2af + g)^2}$$

$$H = \Sigma \frac{Aa^2}{(a^2 + 2af + g)^2},$$

so wird:

$$2H\delta f + G\delta g = -\mu$$

$$2G\delta f + F\delta g = -\nu,$$

mithin:

$$\delta f = \frac{1}{2} \frac{F\mu - G\nu}{G^2 - FH}, \qquad \delta g = \frac{H\nu - G\mu}{G^2 - FH}.$$

Somit sind die verbesserten Werte von p und q:

$$p = f + \frac{1}{2} \frac{F\mu - G\nu}{G^2 - FH}$$

$$q = g + \frac{H\nu - G\mu}{G^2 - FH}.$$

Man beachte, daſs man mit Rücksicht auf die Gröſsen F, G, H hat

$$Fg + 2Gf + H = \Sigma \frac{A}{a^2 + 2fa + g} = \nu.$$

Setzt man also $H = -gF - 2fG + \nu$, und vernachlässigt man die Glieder, welche die Gröſsen μ und ν in zwei Dimensionen enthalten, so wird:

$$p = f + \frac{1}{2} \cdot \frac{F\mu - G\nu}{G^2 + 2fFG + gF^2}$$

$$q = g - \frac{G\mu + (gF + 2fG)\nu}{G^2 + 2fFG + gF^2}.$$

Diese Werte können, wenn es nötig ist, dazu dienen, um andere zu finden, die noch mehr angenähert sind.

37.

Nennen wir wieder f und g die verbesserten Werte von p und q, so ergeben sich daraus die beiden imaginären Wurzeln:

$$x = f \pm \sqrt{f^2 - g}.$$

Um sodann die andern Wurzeln derselben Gleichung zu erhalten, müssen wir die Gleichung bilden, deren Wurzeln sie sind.

Sind $x = r'$, $x = r''$ die beiden Wurzeln, die wir soeben bestimmt haben, so müssen wir in der gegebenen Gleichung $1 + \Sigma \frac{A}{a+x} = 0$ den Koefficienten A durch einen neuen Koefficienten

$$A_2 = \frac{(n-a)(n-1-a)}{(a+r')(a+r'')} A$$

ersetzen. Dies ergiebt sich in der That aus den Formeln des Artikels 26. Da nun $(a + r')(a + r'') = a^2 + 2af + g$ ist, so wird der Wert von A_2:

$$A_2 = \frac{(n-a)(n-1-a)}{a^2 + 2af + g} A.$$

Hiernach ist die neue aufzulösende Gleichung $n - 2^{\text{ten}}$ Grades:

$$1 + \Sigma \frac{A_2}{a+x} = 0,$$

und diese zerfällt durch die Substitution $x = p \pm \sqrt{p^2 - q}$ in zwei andere, nämlich:

$$1 + \Sigma \frac{A_2 a}{a^2 + 2ap + q} = 0$$

$$\Sigma \frac{A_2}{a^2 + 2ap + q} = 0.$$

Diese Gleichungen sind denen im Artikel 35 vollständig analog; sie enthalten jedoch beide zwei Glieder weniger, da die Werte von A_2, welche den Werten $a = n$ und $a = n - 1$ entsprechen, verschwinden. Mithin ist der letzte Wert von a gleich $n - 2$, und in der That ist die Gleichung, die noch aufzulösen ist, vom Grade $n - 2$.

38.

Mit Hülfe dieses Verfahrens bildet man sehr leicht die verschiedenen Gleichungen, die noch aufzulösen bleiben, nachdem man stets je zwei der imaginären Wurzeln der gegebenen Gleichung gefunden hat. Die Art und Weise, wie man von einem System zum folgenden gelangt, besteht darin, dafs man in jeder der beiden Gleichungen des Systems zwei Glieder wegläfst und die Koefficienten der andern Glieder nach einem unveränderlichen Gesetze abändert. Dies Verfahren ergiebt unmittelbar das Resultat, welches man erhalten würde, wenn man die gegebene Gleichung durch das Produkt der den beiden gefundenen Wurzeln entsprechenden Faktoren dividiert und sodann den Quotienten auf die Form bringt, welche für unsere Methode erforderlich ist.

Wenn die Operationen, welche erforderlich sind zur Bestimmung der reellen Wurzeln, zu Ende geführt sind, und es bleibt nur noch eine Gleichung von geradem Grade, deren Wurzeln sämtlich imaginär sind, aufzulösen, so ist man von vornherein sicher, dafs die Auflösung möglich ist. Wenn also auch die Untersuchung, die sie veranlafst, wegen der kaum zu vermeidenden Versuche ziemlich weitläufig wird, so ist sie doch wenigstens niemals fruchtlos. Übrigens werden die Operationen, je weiter sie fortschreiten, von Schritt zu Schritt einfacher, weil sich die Anzahl der Glieder, die nach einander gleich $n-2$, $n-4$, $n-6, \ldots$ ist, ebenso wie der Grad der Gleichung verringert, und sobald man zu einer transformierten Gleichung vom vierten Grade gelangt ist, kann die Lösung sogar ohne jegliches Probieren durchgeführt werden.

39.

Die soeben auseinandergesetzte Methode ist noch sehr unvollkommen; indessen hat sie einige **besondere Vorzüge,** welche sie der Einfachheit und Eleganz der Formeln verdankt. Der beachtenswerteste dieser Vorzüge besteht darin, dafs, wenn man für p und q verschiedene Werte setzt, um zu ermitteln, welche etwa den Gleichungen genügen, diese Substitution in jedem Nenner $a^2+2ap+q$ ohne jede komplicierte Rechnung ausgeführt werden kann.

Dies ist nicht der Fall, wenn man $x = r(\cos\vartheta + \sqrt{-1}\sin\vartheta)$ gesetzt und für r oder für ϑ in die Gleichungen, von denen diese Unbekannten abhängen (Art. 119), einen neuen Wert zu substituieren hat. Diese Substitutionen erfordern komplicierte Rechnungen, besonders um die Cosinus und Sinus der Vielfachen von ϑ zu finden. Dieser erste Vorzug ist daher schon sehr grofs.

Ein zweiter aber ist nicht weniger bemerkenswert. Er besteht darin, dafs die beiden aufzulösenden Gleichungen gleichzeitig auf eine sehr einfache Weise gebildet werden können. Giebt man nämlich p und q besondere Werte und findet man jedes Glied

$\frac{A a}{a^2 + 2ap + q} = \pm F(a)$, nämlich gleich $+ F(a)$, wenn a ungerade, und gleich $- F(a)$, wenn a gerade ist, so ergiebt sich aus der ersten der beiden Gleichungen (α'), welche folgendermafsen dargestellt wird:

$$\left.\begin{array}{r} 1 + F(1) + F(3) + F(5) + \cdots + F(n-1) \\ - F(2) - F(4) - F(6) - \cdots - F(n) \end{array}\right\} = 0,$$

unmittelbar die zweite in folgender Form:

$$\left.\begin{array}{r} F(1) + \frac{1}{3} F(3) + \frac{1}{5} F(5) + \cdots + \frac{1}{n-1} F(n-1) \\ - \frac{1}{2} F(2) - \frac{1}{4} F(4) - \frac{1}{6} F(6) - \cdots - \frac{1}{n} F(n) \end{array}\right\} = 0.$$

Es ist daher sehr leicht, beiden Gleichungen gleichzeitig zu genügen.

40.

Wir glauben die im Vorstehenden angegebenen Methoden in ihren Einzelheiten hinreichend entwickelt zu haben, so dafs es nicht nötig sein dürfte, Beispiele, wie dieselben anzuwenden, anzuführen. Wir wollen nur eine allgemeine Bemerkung daran knüpfen, die bei den Anwendungen von Vorteil sein kann. Wenn nämlich die Gröfse der Koefficienten der gegebenen Gleichung oder die Berechnung der oberen Grenze der Wurzeln darauf hindeutet, dafs diese Wurzeln sehr grofse Zahlen sind, so kann man dieselbe dadurch zweckmäfsig auf eine mittlere Gröfse bringen, dafs man $x = my$ setzt, wo m gleich 10, 100 oder einer beliebigen andern Zahl von der Beschaffenheit ist, dafs vermöge derselben die Werte von y nur Einheiten oder höchstens Zehner enthalten können. Ebenso, wenn die Koefficienten der gegebenen Gleichung so klein wären, dafs man daraus schliefsen müfste, dafs die Wurzeln viel kleiner als 1 seien, so müfste man $x = \frac{y}{m}$ setzen und m derart annehmen, dafs der gröfste Wert von y einen ganzen Teil von ein oder zwei Ziffern haben kann. Die Transformation ist besonders im zweiten Falle nützlich, um zu vermeiden, dafs die Wurzeln einander allzu nahe kommen und daher vielleicht eine bei den aufeinanderfolgenden Näherungswerten übergangen wird.

41.

Wir beschliefsen diese Untersuchungen mit einer Bemerkung, die notwendig ist zur Vervollständigung der Auflösung der Gleichung $c = \varphi(x)$, wie sie in den Artikeln 4 u. ff. angegeben worden ist.

Wir haben in diesen Artikeln stillschweigend vorausgesetzt, dafs die nach der Gleichung $y = \varphi(x)$ gezeichnete Kurve in dem der Rechnung zu Grunde gelegten Teile, nämlich von $x = 0$ oder $x = k$ bis $x = r$, wo r die Abscisse des Schnittpunktes M ist, überall konkav oder überall konvex sei gegen die Abscissenachse. Diese Eigenschaft, zufolge deren die Reihe $k, k', k'' \ldots$ beständig gegen die gesuchte Grenze r hin zunimmt, gilt bei unendlich vielen gleichförmig verlaufenden Funktionen und besonders bei allen denen, welche bei unsrer zweiten Methode zur Anwendung kommen. Im allgemeinen erfordert die Definition der gleichförmig verlaufenden Funktionen indessen nur eine einzige Bedingung, nämlich die, dafs der Differentialquotient $\frac{d\varphi(x)}{dx}$ für den ganzen Bereich der positiven x dasselbe Vorzeichen beibehalte. Es kann daher vorkommen, dafs der Differentialquotient zweiter Ordnung $\frac{d^2\varphi(x)}{dx^2}$ in demselben Bereiche ein oder mehrere Male sein Zeichen ändert; alsdann zeigt die Kurve $y = \varphi(x)$ einen oder mehrere Wendepunkte oder Veränderungen in der Krümmung. Wir wollen z. B. annehmen, dafs eine solche Krümmungsänderung stattfinde zwischen den beiden Punkten k' und k'', was dadurch angezeigt wird, dafs die beiden Differenzen $\varphi(k') - c$ und $\varphi(k'') - c$ verschiedenes Zeichen haben müssen. Setzt man nun die Rechnung nach den Formeln der Artikel 4 und 6 weiter fort, um den Wert des folgenden Gliedes k''' zu erhalten, so findet man $k''' < k''$, so dafs die Reihe k, k', k'', k''' hinter dem Gliede k'' aufhört, eine wachsende Reihe zu sein.

Hat man jedoch zu gleicher Zeit $k''' > k'$, so kann man die Berechnung der folgenden Glieder nach denselben Formeln ausführen und gelangt gleichfalls zu dem Resultat, welches die Grenze der Glieder $k'', k''', k^{IV} \ldots$ ist.

Wenn es jedoch einträte, dafs $k''' < k'$ wäre, so würde man sich, wenn man die Rechnung nach denselben Formeln weiter fortsetzen wollte, mehr und mehr von dem richtigen Resultate, welches man sucht, entfernen. Das einfachste Mittel, um diesem Übelstande abzuhelfen, besteht darin, dafs man die beiden Punkte k', k'' durch eine gerade Linie verbindet, welche die Gerade CM in einem leicht zu bestimmenden Punkte schneidet. Ist k''' die Abscisse dieses Punktes, so hat man:

$$k''' = k' + \frac{c - \varphi(k')}{\varphi(k'') - \varphi(k')}(k'' - k'),$$

und es ist k''' ein der Wurzel r sehr nahe liegender Wert. Sodann setze man die Berechnung der folgenden Glieder k^{IV}, $k^{V}, \ldots$ nach den gewöhnlichen Formeln weiter fort; die Grenze dieser Reihe ist alsdann die gesuchte Wurzel.

Im allgemeinen treten die Ausnahmen, von denen soeben die Rede gewesen ist, nur in Fällen auf, in denen sich die Auflösung von selbst vereinfacht, da man, wenn man weifs, dafs die gesuchte Wurzel zwischen k' und k'' liegen mufs, diese Grenzen leicht beliebig verengern kann.

Zweiter Abschnitt.

Über einige Gleichungen, welche die Eigenschaft besitzen, dafs sich aus einer bekannten Wurzel alle andern rational bestimmen lassen.

42.

Wir nehmen an, dafs, wenn die Wurzel x bekannt ist, eine andere Wurzel x' durch die sehr einfache Formel

$$x' = \frac{a + bx}{1 + cx},$$

in welcher a, b, c bekannte Koefficienten sind, bestimmt werde, und dafs diese Eigenschaft allgemein für alle Wurzeln gelten solle. Man mufs daher, wenn man $\frac{a+bx}{1+cx}$ für x in die aufzulösende Gleichung substituiert, wieder auf dieselbe Gleichung zurückkommen. Nun kann man aber dem Gesetze zufolge, nach welchem sich die Wurzel x' aus der Wurzel x ergiebt, auch eine dritte Wurzel x'' aus x', eine vierte x''' aus x'' u. s. w. ableiten, und zwar geschieht dies der Reihe nach durch die Gleichungen:

$$x' = \frac{a + bx}{1 + cx}, \quad x'' = \frac{a + bx'}{1 + cx'}, \quad x''' = \frac{a + bx''}{1 + cx''}, \ldots$$

Mithin mufs, wenn die gegebene Gleichung von n^{ten} Grade ist, die n^{te} der Wurzeln x', x'', x''', welche durch $x^{(n)}$ bezeichnet sein möge gleich der ursprünglichen Wurzel x sein.

Wir wollen untersuchen, wie diese allgemeine Bedingung analytisch ausgedrückt werden kann.

43.

Ist $x^{(k)}$ ein beliebiges Glied der Reihe $x', x'', x''', \dots x^{(n-1)}$, so bestimmt sich das folgende Glied $x^{(k+1)}$ durch die Formel:

$$x^{(k+1)} = \frac{a + bx^{(k)}}{1 + cx^{(k)}}.$$

Nehmen wir an, dafs $x^{(k)}$ durch die Formel $\frac{p}{q}$, wo p und q von der Form $A + Bx$ und $C + Dx$ sind, dargestellt werde, und bezeichnen wir gleichzeitig $x^{(k+1)}$ durch $\frac{p'}{q'}$, so ist:

$$\frac{p'}{q'} = \frac{aq + bp}{q + cp}.$$

Hiernach können wir setzen:

$$p' = aq + bp$$
$$q' = q + cp$$

und somit:

$$p' + \mu q' = (b + c\mu)p + (a + \mu)q.$$

Bestimmen wir die Konstante μ derart, dafs

$$a + \mu = (b + c\mu)\mu$$

ist, so erhalten wir:

$$p' + \mu q' = (b + c\mu)(p + \mu q)$$

44.

Bezeichnen wir die Funktion $p + \mu q$ mit $\varphi(k)$, so wird:

$$\varphi(k + 1) = (b + c\mu)\varphi(k),$$

oder:

$$\frac{\varphi(k + 1)}{(b + c\mu)^{k+1}} = \frac{\varphi(k)}{(b + c\mu)^k}.$$

Hieraus ergiebt sich, dafs jede Seite dieser Gleichung eine Konstante sein mufs, und somit ist:

$$\varphi(k) = A(b + c\mu)^k = p + q\mu.$$

Nennt man μ' die zweite Wurzel der Gleichung $a + \mu = (b + c\mu)\mu$, so ist ebenso:

$$p + q\mu' = A'(b + c\mu')^k.$$

Folglich:

$$p = \frac{A\mu'(b + c\mu)^k - A'\mu(b + c\mu')^k}{\mu' - \mu}$$

$$q = \frac{A'(b + c\mu')^k - A(b + c\mu)^k}{\mu' - \mu}.$$

Mithin ist $\frac{p}{q}$ oder:

$$x^{(k)} = \frac{\mu' A (b + c\mu)^k - \mu A' (b + c\mu')^k}{A' (b + c\mu')^k - A (b + c\mu)^k}.$$

Ist jetzt der Index k gleich Null, so wird:

$$x = \frac{\mu' A - \mu A'}{A' - A}, \quad \frac{A'}{A} = \frac{x + \mu'}{x + \mu}$$

und schliefslich:

$$x^{(k)} = \frac{\mu' (x + \mu) (b + c\mu)^k - \mu (x + \mu') (b + c\mu')^k}{(x + \mu) (b + c\mu)^k - (x + \mu') (b + c\mu')^k}.$$

45.

Wir müssen jetzt die Bedingung $x^{(n)} = x$ ausdrücken, vermöge deren die gegebene Gleichung n^{ten} Grades n Wurzeln $x, x', x'', \ldots x^{(n-1)}$ besitzt, welche eine in sich zurückkehrende Reihe bilden, und zwar ergiebt sich jedes Glied $x^{(k)}$ der letzteren aus dem vorhergehenden Gliede $x^{(k-1)}$ mittelst der Formel:

$$x^{(k)} = \frac{a + b x^{(k-1)}}{1 + c x^{(k-1)}}.$$

Die in Rede stehende Bedingung reduciert sich allgemein auf die Gleichung:

$$(b + c\mu')^n = (b + c\mu)^n.$$

Der Gleichung $c\mu^2 + (b - 1)\mu = a$ zufolge hat man aber die beiden Wurzeln:

$$c\mu = \frac{1 - b}{2} - \frac{1}{2}\sqrt{(1 - b)^2 + 4ac}$$

$$c\mu' = \frac{1 - b}{2} + \frac{1}{2}\sqrt{(1 - b)^2 + 4ac};$$

mithin:

$$b + c\mu' = \frac{1 + b}{2} + \frac{1}{2}\sqrt{(1 - b)^2 + 4ac}$$

$$b + c\mu = \frac{1 + b}{2} - \frac{1}{2}\sqrt{(1 - b)^2 + 4ac}.$$

Setzt man zur Abkürzung:

$$R = \sqrt{(1 - b)^2 + 4ac},$$

so mufs allgemein die Gleichung bestehen:

$$(1 + b + R)^n = (1 + b - R)^n.$$

46.

1) Ist $n = 3$, so giebt diese Gleichung:

$$3(1+b)^2 + R^2 = 0,$$

mithin:

$$1 + b + b^2 + ac = 0.$$

2) Ist $n = 4$, so giebt die allgemeine Gleichung:

$$(1+b)^2 + R^2 = 0$$

oder:

$$1 + b^2 + 2ac = 0.$$

3) Ist $n = 5$, so erhält man:

$$5(1+b)^4 + 10(1+b)^2R^2 + R^4 = 0,$$

und diese Gleichung reduciert sich auf die Form:

$$0 = a^2c^2 + ac(3 + 4b + 3b^2) + 1 + b + b^2 + b^3 + b^4 = 0$$

oder:

$$0 = (2ac + 3 + 4b + 3b^2)^2 - 5(1+b)^4.$$

Aus diesen drei Fällen ersieht man, dafs R^2 negativ ist, und dies ist allgemein der Fall für jeden Wert von n. Denn wenn R reell wäre — von b sowie von a und c wird dies vorausgesetzt —, so würden offenbar, da die reellen Gröfsen $1 + b + R$ und $1 + b - R$ ungleich sind, auch ihre n^{ten} Potenzen ungleich sein.

47.

Da R^2 negativ ist, kann man setzen:

$$\frac{1+b}{2} + \frac{1}{2}\sqrt{(1-b)^2 + 4ac} = \varrho(\cos\vartheta + \sqrt{-1}\sin\vartheta).$$

Dies giebt:

$$\varrho^2 = b - ac$$

$$\cos\vartheta = \frac{1+b}{2\varrho}.$$

Hiernach erfordert die in Rede stehende Bedingung, dafs die Gleichung bestehe:

$$\varrho^n(\cos n\vartheta + \sqrt{-1}\sin n\vartheta) = \varrho^n(\cos n\vartheta - \sqrt{-1}\sin n\vartheta).$$

Mithin reduciert sich diese Bedingung auf die Gleichung:

$$\sin n\vartheta = 0, \quad \text{oder} \quad \vartheta = \frac{i\pi}{n},$$

worin i irgendeine ganze Zahl ist. Diese Bedingung läfst sich auf die Form bringen:

$$(b - ac)\cos^2\frac{i\pi}{n} = \frac{1}{4}(1+b)^2.$$

Für $n = 3$ hat man nur den einen Wert $i = 1$, weil i nicht gröfser sein darf als $\frac{n}{2}$. Daraus ergiebt sich $\cos\frac{\pi}{3} = \frac{1}{2}$, und die Bedingung geht über in:

$$0 = 1 + b + b^2 + ac.$$

Für $n = 4$ ist i ebenfalls gleich 1 zu setzen, also $\cos^2\frac{\pi}{4} = \frac{1}{2}$, und die Bedingung wird:

$$0 = 1 + b^2 + 2ac.$$

Für $n = 5$ kann man $i = 1$ und $i = 2$ setzen, so dafs man einer der beiden folgenden Gleichungen genügen mufs:

$$b - ac = (1 + b)^2 \left(\frac{1 + \sqrt{5}}{2}\right)^2$$

$$b - ac = (1 + b)^2 \left(\frac{1 - \sqrt{5}}{2}\right)^2.$$

48.

Weitere Entwicklung für den Fall der Gleichungen dritten Grades.

Die Bedingungsgleichung ist:

$$1 + b + b^2 + ac = 0$$

oder:

$$b - ac = (1 + b)^2 = m.$$

Wird die Gleichung $x' = \frac{a + bx}{1 + cx}$ auf die Form

$$(cx' - b)(cx + 1) = ac - b = -m$$

gebracht, und setzt man $cx' - b = y$, $cx + 1 = z$ oder:

$$x' = \frac{y + b}{c}, \quad x = \frac{z - 1}{c},$$

so wird $yz = -m$. Ist

$$x^3 - Ax^2 + Bx - C = 0$$

die Gleichung in x, so mufs dieselbe befriedigt werden, wenn man für x die Werte $x = \frac{y + b}{c}$, $x = \frac{z - 1}{c}$ substituiert, so dafs man, wenn man zur Abkürzung $cA = \alpha$, $c^2 B = \beta$, $c^3 C = \gamma$ setzt, durch Substitution der beiden Werte von cx in die gegebene Gleichung, welche alsdann in

$$c^3 x^3 - \alpha c^2 x^2 + \beta cx - \gamma = 0$$

übergegangen ist, die beiden Gleichungen erhält:

$$0 = z^3 - (3 + \alpha) z^2 + (3 + 2\alpha + \beta) z - (1 + \alpha + \beta + \gamma)$$

$$0 = y^3 + (3b - \alpha) y^2 + (3b^2 - 2b\alpha + \beta) y + b^3 - b^2\alpha + b\beta - \gamma.$$

Setzt man nun, da $yz = -m$ ist, den Wert $z = -\frac{m}{y}$ in die Gleichung für z ein, wodurch sich das Resultat ergiebt:

$$0 = m^3 + (3 + \alpha)m^2 y + (3 + 2\alpha + \beta)my^2 + (1 + \alpha + \beta + \gamma)y^3,$$

so mufs diese Gleichung mit der bereits für y gefundenen Gleichung übereinstimmen.

49.

Setzt man zur Abkürzung:

$$M = b^3 - b^2\alpha + b\beta - \gamma,$$

so giebt die Vergleichung dieser beiden Gleichungen die drei Bedingungsgleichungen:

$$m^3 = M(1 + \alpha + \beta + \gamma)$$
$$m^2(3b - \alpha) = M(3 + 2\alpha + \beta)$$
$$m(3b^2 - 2b\alpha + \beta) = M(3 + \alpha).$$

Aus den beiden letzten Gleichungen erhält man, wenn man $M = m^{\frac{3}{2}} N$ setzt und sich erinnert, dafs $m^{\frac{1}{2}} = 1 + b$ ist:

$$\alpha = \frac{3(b - N)}{1 + N}, \quad \beta = \frac{3(b^2 + N)}{1 + N}.$$

Werden diese Werte in die erste Gleichung substituiert, so folgt:

$$\gamma = \frac{(1 + b)^3}{N} - 1 - \frac{3(b + b^2)}{1 + N},$$

und setzt man endlich die Werte von α, β, γ in die Gleichung

$$M = b^3 - b^2\alpha + b\beta - \gamma = (1 + b)^3 N$$

ein, so ergiebt sich zur Bestimmung von N die Gleichung:

$$N^3 + 1 = 0,$$

mithin:

$$N = -1.$$

Denn nähme man für N einen der beiden imaginären Werte, welche sich aus dieser Gleichung ergeben, so würden die Koefficienten der aufzulösenden Gleichung imaginär werden, ein Fall, von dem wir absehen können.

50.

Da nun für den Wert $N = -1$ die Werte von α, β, γ unendlich grofs werden, so mufs man daraus schliefsen, dafs die Gleichungen ersten Grades, aus denen die Werte von α, β, γ folgen, nicht unabhängig von einander sind, dafs vielmehr eine derselben bereits in den beiden andern enthalten ist, so dafs einer der Koefficienten α, β, γ unbestimmt bleibt.

In der That reducieren sich die beiden Gleichungen:

$$m^2(3b - \alpha) = M(3 + 2\alpha + \beta)$$
$$m(3b^2 - 2b\alpha + \beta) = M(3 + \alpha),$$

wenn man darin die Werte $M = -(1+b)^3$, $m = (1+b)^2$ substituiert, auf die Gleichung:

$$0 = 3(1 + b + b^2) + \alpha(1 - b) + \beta,$$

aus der man erhält:

$$\beta = -3(1 + b + b^2) - \alpha(1 - b) = 3ac - (1 - b)\alpha.$$

Ferner ist $\gamma = -1 - \alpha - \beta - (1+b)^3$ oder:

$$\gamma = 1 - b^3 - b\alpha.$$

Somit wird die gesuchte Gleichung $c^3x^3 - \alpha c^2x^2 + \beta cx - \gamma = 0$ von der Form:

$$0 = c^3x^3 + 3c^2ax - 1 + b^3 - \alpha[c^2x^2 + (1 - b)\,cx - b],$$

in welcher α unbestimmt bleibt.

Hieraus sieht man, dafs es unendlich viele Gleichungen dritten Grades von der Beschaffenheit giebt, dafs sich eine Wurzel x' aus einer andern Wurzel x mittelst der Formel

$$x' = \frac{a + bx}{1 + cx}$$

ergiebt, wobei die drei Koefficienten a, b, c der Bedingung

$$1 + b + b^2 + ac = 0$$

genügen.

Werden die drei Wurzeln dieser Gleichung mit x, x', x'' bezeichnet, so hat man also:

$$x' = \frac{a + bx}{1 + cx}, \qquad x'' = \frac{a + bx'}{1 + cx'} = \frac{a - x}{cx - b}.$$

51.

Ist z. B. $a = 3$, $b = -2$, $c = -1$, so ist die gesuchte Gleichung allgemein:

$$0 = x^3 - 9x + 9 + \alpha(x^2 - 3x + 2).$$

Hieraus ergeben sich unendlich viele specielle Gleichungen z. B.

$$0 = x^3 - 9x + 9$$
$$0 = x^3 - 3x^2 + 3$$
$$0 = x^3 + 3x^2 - 18x + 15$$

u. s. w.

Sie besitzen alle dieselbe Eigenschaft, nach welcher sich aus einer bekannten Wurzel x die beiden andern Wurzeln x' und x'' rational mit Hülfe der Formeln $x' = \frac{3-2x}{1-x}$, $x'' = \frac{3-x}{x+2}$ bestimmen.

52.

Da die Gleichung dritten Grades, zu welcher wir gelangt sind, drei Unbestimmte c, b, α enthält, so scheint es, als ob man jede gegebene Gleichung desselben Grades, z. B.

$$0 = x^3 - px^2 + qx - r$$

auf diese Form bringen könnte. Zu diesem Zwecke müfste man die Gröfsen α, b, c mittelst der Gleichungen bestimmen:

$$\frac{\alpha}{c} = p$$

$$\frac{3a}{c} - (1-b)\frac{\alpha}{c^2} = q$$

$$\frac{1-b^3}{c^3} - \frac{b\alpha}{c^3} = r.$$

Da $ac = -1 - b - b^2$ ist, so erhält man, wenn man zur Abkürzung

$$n = \frac{(9r - pq)^2}{(p^2 - 3q)(q^2 - 3pr)}$$

setzt, zur Bestimmung von b die Gleichung:

$$b^2 + b\frac{n+2}{n-1} + 1 = 0,$$

mithin:

$$b = \frac{-n - 2 \pm \sqrt{3n(4-n)}}{2(n-1)}.$$

Ist b bekannt, so erhält man c und α aus den Formeln:

$$c = \frac{(1-b)(p^2-3q)}{9r - pq}, \quad \alpha = cp.$$

Damit der Wert von b reell sei, mufs n positiv und kleiner als 4 sein. Diese Bedingungen sind erfüllt, sobald $H > 0$ ist, wo

$$H = p^2q^2 - 4p^3r + 18pqr - 4q^3 - 27r^2$$

gesetzt ist.

Wenn ferner unter Voraussetzung rationaler Werte von p, q, r die Gröfse H ein Quadrat ist, so sieht man, dafs b ebenso wie c und α rational wird, so dafs die Formel

$$x' = \frac{a + bx}{1 + cx}$$

den rationalen Ausdruck der zweiten Wurzel x' mittelst der ersten x und ebenso den der dritten x'' mittelst der zweiten x' giebt. Es sind daher die drei Wurzeln rational, wenn es eine von ihnen ist.

53.

Ist z. B. die Gleichung

$$x^3 + x^2 - 6x - 7 = 0$$

gegeben, so hat man:

$$p = -1, \quad q = -6, \quad r = 7,$$

mithin:

$$n = 3 \quad \text{und} \quad b = -\frac{1}{2} \quad \text{oder} \quad b = -2.$$

Ist zuerst $b = -\frac{1}{2}$, so wird:

$$c = \frac{(1-b)(p^2-3q)}{9r-pq} = \frac{1}{2}, \quad \alpha = cp = -\frac{1}{2},$$

$$ac = -1 - b - b^2 = -\frac{3}{4}, \quad a = -\frac{3}{2}.$$

Mithin erhält man die Wurzel x' aus x mittelst der Gleichung:

$$x' = \frac{-3-x}{2+x}.$$

Ist zweitens $b = -2$, so wird:

$$c = 1, \quad \alpha = -1, \quad a = -5$$

und:

$$x' = \frac{-3-2x}{1+x}.$$

Übrigens kommt diese Lösung auf die vorige zurück; denn aus dieser erhält man:

$$x'' = \frac{-3-x'}{2+x'} = \frac{-3-2x}{1+x},$$

d. h. anstatt die drei Wurzeln in der Reihenfolge x, x', x'' zu betrachten, betrachtet man sie in der umgekehrten Reihenfolge x, x'', x'.

54.

Immer, wenn die Gröfse H positiv ist, sind die Werte von a, b, c reell. Geht man also von der Wurzel x aus, die man stets reell annehmen kann, so werden die beiden andern x' und x'' durch die Formeln

$$x' = \frac{a+bx}{1+cx}, \quad x'' = \frac{a+bx'}{1+cx'}$$

ausgedrückt und sind daher reell. Wir werden daher auf diesem Wege zu einem durchaus strengen Beweis der Eigenschaft der Gleichungen dritten Grades geführt, dafs nämlich ihre drei Wurzeln im irreduktiblen Falle reell sind. Zugleich hat man zwei sehr einfache Formeln, um zwei von diesen Wurzeln mittelst der dritten auszudrücken.

Ist z. B. die Gleichung $x^3 - 3x^2 - 10x + 24 = 0$ gegeben, deren Wurzeln, wie man vorher weiſs, 2, — 3, 4 sind, so geben die vorstehenden Formeln $b = -\frac{64}{29}$, $c = -\frac{39}{58}$, $a = \frac{158}{29}$, und hieraus folgt die Formel:

$$x' = \frac{316 - 128x}{58 - 29x}.$$

Ist $x = 2$, so wird $x' = -3$, ist $x' = -3$, so wird $x'' = 4$.

55.

Weitere Entwicklung für den Fall der Gleichungen vierten Grades.

Hier ist die Bedingungsgleichung:

$$1 + b^2 + ac = 0,$$

somit:

$$b - ac = \frac{1}{2}(1 + b)^2 = m.$$

Ist

$$0 = c^4x^4 - \alpha c^3x^3 + \beta c^2x^2 - \gamma cx + \delta$$

die gesuchte Gleichung, so muſs man derselben durch die Werte $cx = z - 1$, $cx = y + b$ Genüge leisten. Dadurch ergeben sich zwei Gleichungen in y und z, nämlich:

$$0 = y^4 + (4b - \alpha)y^3 + (6b^2 - 3\alpha b + \beta)y^2 + (4b^3 - 3b^2\alpha + 2b\beta - \gamma)y \\ + b^4 - b^3\alpha + b^2\beta - b\gamma + \delta$$

$$0 = z^4 - (4 + \alpha)z^3 + (6 + 3\alpha + \beta)z^2 - (4 + 3\alpha + 2\beta + \gamma)z \\ + 1 + \alpha + \beta + \gamma + \delta.$$

Da nun $z = -\frac{m}{y}$ ist, so muſs man die beiden Gleichungen

$$0 = y^4 + (4b - \alpha)y^3 + (6b^2 - 3\alpha b + \beta)y^2 + (4b^3 - 3b^2\alpha + 2b\beta - \gamma)y \\ + b^4 - b^3\alpha + b^2\beta - b\gamma + \delta$$

$$0 = m^4 + (4 + \alpha)m^3y + (6 + 3\alpha + \beta)m^2y^2 + (4 + 3\alpha + 2\beta + \gamma)my^3 \\ + (1 + \alpha + \beta + \gamma + \delta)y^4$$

mit einander identificieren. Setzt man zur Abkürzung:

$$b^4 - b^3\alpha + b^2\beta - b\gamma + \delta = m^2N,$$

so erhält man die vier Bedingungsgleichungen:

$$m^2 = N(1 + \alpha + \beta + \gamma + \delta)$$

$$m(4b - \alpha) = N(4 + 3\alpha + 2\beta + \gamma)$$

$$6b^2 - 3\alpha b + \beta = N(6 + 3\alpha + \beta)$$

$$4b^3 - 3b^2\alpha + 2b\beta - \gamma = mN(4 + \alpha).$$

Hieraus ergiebt sich:

$$\alpha = \frac{4b(2N+1) - 4N(N+2)}{N^2 + 4N + 1}$$

$$\beta = \frac{6[N^2 + (1 - 2b + b^2)N + b^2]}{N^2 + 4N + 1}$$

$$\gamma = \frac{-4N^2 - 2(1-b)^3 N - 4b^3}{N^2 + 4N + 1}$$

$$\delta = \frac{m^2}{N} + \frac{N^2 - 2b(1+b^2)N - (1+b)^4 + b^4}{N^2 + 4N + 1}.$$

Setzt man diese Werte in die Gleichung

$$b^4 - b^3\alpha + b^2\beta - b\gamma + \delta = m^2 N$$

ein, so erhält man zur Bestimmung von N die Gleichung:

$$N^4 - 1 = 0,$$

welche die beiden reellen Wurzeln $N = 1$ und $N = -1$ besitzt.

56.

Die Wurzel $N = 1$ giebt:

$$\alpha = -2(1-b), \quad \beta = 2(1 - b + b^2), \quad \gamma = -1 + b - b^2 + b^3,$$

$$\delta = \frac{1}{4}(1 + b^2)^2.$$

Jedoch ist die aus diesen Werten entstehende Gleichung nicht eigentlich vom vierten Grade, da sie nichts anderes ist als das Quadrat der Gleichung zweiten Grades:

$$0 = c^2x^2 + (1-b)cx + \frac{1}{2}(1 + b^2).$$

Es kann daher nur die Wurzel $N = -1$ eine Lösung geben. Man erhält daraus die Werte:

$$\alpha = -2(1-b)$$

$$\beta = -6b$$

$$\gamma = 1 + 3b - 3b^2 - b^3$$

$$\delta = -\frac{1}{4}(1 - 6b^2 + b^4).$$

Diese Koefficienten sind, wie man sieht, Funktionen von b allein; nimmt man daher b willkürlich an und bestimmt man a und c durch die Bedingung $ac = -\frac{1}{2}(1 + b^2)$, so geben die soeben unter der allein zulässigen Voraussetzung $N = -1$ gefundenen Werte von α, β, γ, δ allgemein die Gleichung:

$$0 = c^4x^4 - \alpha c^3x^3 + \beta c^2x^2 - \gamma cx + \delta.$$

Wird eine Wurzel dieser Gleichung mit x bezeichnet, so werden die drei andern x', x'', x''' durch die Formeln gegeben:

$$x' = \frac{a+bx}{1+cx}, \quad x'' = \frac{a+bx'}{1+cx'} = \frac{2a+(b-1)x}{1-b+2cx}, \quad x''' = \frac{x-a}{b-cx}.$$

57.

Ist z. B. $b=3$, $a=-5$, $c=1$, welche Werte der Gleichung $1+b^2+2ac=0$ genügen, so hat man die Gleichung:

$$0 = x^4 - 4x^3 - 18x^2 + 44x - 7.$$

Wird eine Wurzel dieser Gleichung x genannt, so sind die drei andern:

$$x' = \frac{-5+3x}{1+x}, \quad x'' = \frac{x-5}{x-1}, \quad x''' = \frac{x+5}{3-x}.$$

Aus der numerischen Berechnung findet man Relationen zwischen den Wurzeln, welche zeigen, dafs sich die gegebene Gleichung in zwei Gleichungen vom zweiten Grade zerlegt, nämlich in:

$$0 = x^2 - 6x + 1, \quad \text{woraus folgt: } x = 3 \pm 2\sqrt{2}, \quad \text{und}$$
$$0 = x^2 + 2x - 7, \quad \text{„} \quad x = -1 \pm 2\sqrt{2}.$$

Die Reihenfolge, die sie nach unsern Formeln haben, ist folgende:

$$x = 3 - 2\sqrt{2}, \quad x' = -1 - 2\sqrt{2}, \quad x'' = 3 + 2\sqrt{2},$$
$$x''' = -1 + 2\sqrt{2}.$$

In dieser Reihenfolge ergiebt sich jede aus der vorhergehenden in folgender Weise:

$$x' = \frac{-5+3x}{1+x}, \quad x'' = \frac{-5+3x'}{1+x'}, \quad x''' = \frac{-5+3x''}{1+x''}, \quad x^{\mathrm{IV}} = x.$$

58.

Überhaupt ist die Gleichung, zu welcher wir durch die vorstehende Untersuchung gelangt sind, nämlich:

$$0 = c^4x^4 + 2(1-b)c^3x^3 - 6bc^2x^2 - (1+3b-3b^2-b^3)cx$$
$$-\frac{1}{4}(1-6b^2+b^4)$$

das Produkt von zwei Gleichungen zweiten Grades:

$$0 = c^2x^2 - 2bcx - \frac{1}{2}(1+2b-b^2)$$

$$0 = c^2x^2 + 2cx + \frac{1}{2}(1-2b-b^2),$$

deren Wurzeln sind:

$$cx = \quad b \pm (1+b)\sqrt{\tfrac{1}{2}}$$

$$cx = -1 \pm (1+b)\sqrt{\tfrac{1}{2}}.$$

Man erhält daher für den Fall der Gleichungen vierten Grades nur sehr beschränkte Lösungen, und auch diese gehören eigentlich nur zu den Gleichungen zweiten Grades.

59.

Weitere Entwicklung für den Fall der Gleichungen fünften Grades.

Hier hat man zu setzen:

$$b - ac = \frac{1}{4}(1+b)^2(1 \pm \sqrt{5})^2 = m, \quad m^{\frac{1}{2}} = (1+b)\mu,$$

$$\mu = \frac{1 \pm \sqrt{5}}{2} \quad \text{oder} \quad \mu^2 - \mu = 1,$$

und um die gesuchte Gleichung, die wir hier durch

$$0 = c^5x^5 - \alpha c^4x^4 + \beta c^3x^3 - \gamma c^2x^2 + \delta cx - \varepsilon$$

darstellen, zu finden, hat man die folgenden sechs Gleichungen aufzulösen:

$$m^{\frac{5}{2}}N = b^5 - \alpha b^4 + \beta b^3 - \gamma b^2 + \delta b - \varepsilon \qquad (1)$$

$$m^{\frac{5}{2}} = N(1+\alpha+\beta+\gamma+\delta+\varepsilon) \qquad (2)$$

$$m^{\frac{3}{2}}(5b-\alpha) = N(5+4\alpha+3\beta+2\gamma+\delta) \qquad (3)$$

$$m^{\frac{1}{2}}(10b^2-4b\alpha+\beta) = N(10+6\alpha+3\beta+\gamma) \qquad (4)$$

$$10b^3-6b^2\alpha+3b\beta-\gamma = m^{\frac{1}{2}}N(10+4\alpha+\beta) \qquad (5)$$

$$5b^4-4b^3\alpha+3b^2\beta-2b\gamma+\delta = m^{\frac{3}{2}}N(5+\alpha). \qquad (6)$$

60.

Aus den Gleichungen (4) und (5) erhält man:

$$\beta = \frac{F+G\alpha}{D},$$

wenn man setzt:

$$F = 10N(1-b+b^2) - 10\mu(N^2+b^2)$$

$$G = 6N(1-b) - 4\mu(N^2-b)$$

$$D = -3N + \mu(N^2+1).$$

Dieselben Gleichungen geben:

$\gamma = 10b^3 - 10\mu N(1+b) - \alpha[6b^2 + 4\mu N(1+b)] + \beta[3b - \mu N(1+b)]$.

Eliminiert man δ aus den Gleichungen (3) und (4) und setzt man $(1+b)^3\mu^3$ an die Stelle von $m^{\frac{3}{2}}$, so erhält man zwischen α, β und γ die Gleichung:

$$(1+b)^2\frac{\mu^3}{N}(5b-\alpha) - (1+b)^2\mu^3 N(5+\alpha)$$
$$= 5(1-b+b^2-b^3) + 4\alpha(1-b+b^2) + 3\beta(1-b) + 2\gamma.$$

Setzt man den gefundenen Wert von γ ein, so ergiebt sich zwischen α und β die folgende Gleichung:

$$(1+b)\frac{\mu^3}{N}(5b-\alpha) - (1+b)\mu^3 N(5+\alpha)$$
$$= 5(1-2b+3b^2) - 20\mu N + 4\alpha(1-2b-2\mu N) + \beta(3-2\mu N).$$

Aus dieser folgt, wenn man β eliminiert und die Werte $\mu^2 = \mu + 1$, $\mu^3 = 2\mu + 1$ einsetzt, der Wert von $\frac{\alpha}{5}$, nämlich:

$$\frac{\alpha}{5} = \frac{(3\mu+2)b - (b+\mu)N - (1+b\mu)N^2 + (3\mu+2)N^3}{(1-N)(3\mu+2+(1+4\mu)N+(3\mu+2)N^2)}.$$

Sodann bestimmt sich auch β durch die Gleichung und zwar findet man nach vielen Vereinfachungen:

$$\frac{\beta}{5} = \frac{\left\{\begin{array}{l}(6\mu+4)b^2 + [4\mu+2+4b(\mu+1)+2\mu b^2)]N \\ -[2\mu+4b(\mu+1)+(4\mu+2)b^2]N^2 - (6\mu+4)N^3\end{array}\right\}}{(1-N)[3\mu+2+(1+4\mu)N+(3\mu+2)N^2]}.$$

Substituiert man diese beiden Werte in den Ausdruck von γ, so wird:

$$\frac{\gamma}{5} = \frac{\left\{\begin{array}{l}(6\mu+4)b^3 - (6+12b+6b^2+2b^3)N - (2+6b+12b^2+6b^3)N^2 \\ +(6\mu+4)N^3 - \mu(10+18b+12b^2+2b^3)N - \mu(2+12b+18b^2+10b^3)N^2\end{array}\right\}}{(1-N)[3\mu+2+(1+4\mu)N+(3\mu+2)N^2]}.$$

Schliefslich ergiebt die Gleichung (6), wenn man darin die Werte von α, β, γ substituiert, den folgenden Wert von $\frac{\delta}{5}$:

$$\frac{\delta}{5} = \frac{\left\{\begin{array}{l}(3\mu+2)b^4 + (8+20b+18b^2+8b^3+b^4)N - (1+8b+18b^2+20b^3+8b^4)N^2 \\ +\mu(13+32b+30b^2+12b^3+2b^4)N - \mu(2+12b+30b^2+32b^3+13b^4)N^2 \\ -(3\mu+2)N^3\end{array}\right\}}{(1-N)[3\mu+2+(1+4\mu)N+(3\mu+2)N^2]}.$$

Denselben Wert würde man einfacher mittelst der Gleichung (3) finden, aus welcher folgt:

$$\frac{\delta}{5} = (1+b)^3\mu^3 \cdot \frac{b - \frac{1}{5}\alpha}{N} - 1 - \frac{4\alpha}{5} - \frac{3\beta}{5} - \frac{2\gamma}{5}.$$

61.

Es ist also nur noch ε aus den Gleichungen (1) und (2) zu eliminieren. Dies giebt die Gleichung:

$$(1+b)^5\mu^5\left(N+\frac{1}{N}\right)=1+b^5+(1-b^4)\alpha+(1+b^3)\beta$$
$$+(1-b^2)\gamma+(1+b)\delta.$$

Substituiert man zunächst die Werte von α, β, γ, δ in den Teil:

$$(1-b^4)\frac{\alpha}{5}+(1+b^3)\frac{\beta}{5}+(1-b^2)\frac{\gamma}{5}+(1+b)\frac{\delta}{5},$$

so findet man, dafs sich dieser Teil, wenn zur Abkürzung

$$b+2b^2+2b^3+b^4=B$$

gesetzt wird, auf den ziemlich einfachen Ausdruck reduciert:

$$\frac{(3\mu+2)B(1+N+N^2)+(3\mu+2)2N(1+b^5)+BN(19+31\mu)}{(3\mu+2)(1+N^2)+(4\mu+1)N}.$$

Da die noch zu bestimmende Unbekannte N ist, so empfiehlt es sich $1+N^2=\zeta N$ zu setzen; dadurch geht die vorstehende Gröfse über in:

$$\frac{\mu^4B(1+\zeta)+2\mu^4(1+b^5)+(31\mu+19)B}{(3\mu+2)\zeta+(4\mu+1)}.$$

Diese Gröfse mufs unsrer Gleichung zufolge gleich

$$\frac{1}{5}(1+b)^5\mu^5\zeta-\frac{1}{5}(1+b^5)$$

sein; man erhält daher zur Bestimmung von ζ die Gleichung:

$$\left\{\begin{array}{ll}(3\mu+2)\mu^5(1+b)^5\zeta^2-(3\mu+2)(1+b^5)\zeta \\ -(4\mu+1)(1+b^5) \qquad +(4\mu+1)(1+b)^5\mu^5\zeta\end{array}\right\}$$
$$=5\mu^4B\zeta+10\mu^4(1+b^5)+5B(\mu^4+31\mu+19).$$

Setzt man für $5B$ seinen Wert $(1+b)^5-1-b^5$, so verwandelt sich die rechte Seite in:

$$\mu^4\zeta(1+b)^5+10\mu^4(1+b^5)+(\mu^4+31\mu+19)(1+b)^5$$
$$-\mu^4\zeta(1+b^5)-(\mu^4+31\mu+19)(1+b^5)$$

und man findet, dafs die Gleichung die folgende sehr einfache Form annimmt:

$$\zeta^2+\zeta=1,$$

mithin:

$$\zeta=\frac{-1\pm\sqrt{5}}{2}.$$

Da diese beiden Werte von ζ kleiner als 2 sind, so würde die Gleichung $N^2+1=\zeta N$ nur imaginäre Werte von N ergeben, die zu verwerfen sind. Man mufs jedoch beachten, dafs der Faktor $1-N$, welcher in dem Nenner der Werte von α, β, γ, δ auftritt, im Verlauf der Rechnung verschwunden ist, und dafs somit dieser Faktor, wenn man ihn gleich Null setzt, der Endgleichung genügen mufs. Wir haben daher nur den Wert $N=1$ zu untersuchen.

62.

Alsdann würden die Werte von α, β, γ, δ, ε unendlich grofs werden. Dies beweist, dafs diese Gröfsen nicht sämtlich bestimmt sein können, sondern dafs notwendig eine unbestimmt bleibt, wie wir bereits bei dem Falle der Gleichungen dritten Grades gesehen haben.

Nimmt man also α als diese Unbestimmte an und setzt man $N=1$, so findet man, dafs alle unsere Gleichungen befriedigt werden durch die folgenden Werte der Koefficienten β, γ, δ, ε:

$$\beta = f + g\alpha, \quad \begin{cases} f = -10(1+b+b^2) - 10\mu(1+2b+b^2) \\ g = -2+2b, \end{cases}$$

$$\gamma = f' + g'\alpha, \quad \begin{cases} f' = 10 - 10b^3 + 10\mu(1+b-b^2-b^3) \\ g' = -6b - \mu(2+4b+2b^2), \end{cases}$$

$$(7) \quad \delta = f'' + g''\alpha, \quad \begin{cases} f'' = \begin{cases} 5+35b+45b^2+35b^3+5b^4 \\ +10\mu(1+5b+8b^2+5b^3+b^4) \end{cases} \\ g'' = \begin{cases} 1+3b-3b^2-b^3 \\ +\mu(2+2b-2b^2-2b^3), \end{cases} \end{cases}$$

$$\varepsilon = f''' + g'''\alpha, \quad \begin{cases} f''' = \begin{cases} -3-10b-5b^2+5b^3+10b^4+3b^5 \\ -\mu(5+15b+10b^2-10b^3-15b^4-5b^5), \end{cases} \\ g''' = \begin{cases} b+3b^2+b^3 \\ +\mu(2b+4b^2+2b^3). \end{cases} \end{cases}$$

63.

Mittelst dieser Werte erhält man die allgemeine Gleichung:

$$(8) \quad \begin{aligned} 0 = c^5x^5 - \alpha c^4x^4 + (f+g\alpha)c^3x^3 - (f'+g'\alpha)c^2x^2 \\ + (f''+g''\alpha)cx - (f'''+g'''\alpha), \end{aligned}$$

welche die Eigenschaft besitzt, dafs, wenn die eine Wurzel x bekannt ist, eine zweite Wurzel x' dargestellt wird durch die Formel:

$$x' = \frac{a+bx}{1+cx}.$$

Dasselbe Gesetz findet statt zwischen je zwei aufeinanderfolgenden Gliedern der Reihe der fünf Wurzeln x, x', x'', x''', x'''', so dafs man also vermittelst einer bekannten Wurzel die vier andern Wurzeln rational berechnen kann.

Die drei Zahlen a, b, c, die wir reell voraussetzen, müssen der Gleichung $b - ac = (1+b)^2\mu^2$ genügen, wo μ eine Wurzel der Gleichung $\mu^2 - \mu - 1 = 0$ ist. Man kann daher für μ nach Belieben einen der beiden Werte $\frac{1}{2}(1+\sqrt{5})$ oder $\frac{1}{2}(1-\sqrt{5})$ nehmen.

64.

Man kann auch, ohne die Allgemeinheit der Resultate zu beschränken, $c = 1$ setzen, wodurch $x' = \frac{a+bx}{1+x}$ wird. Denn ist c beliebig angenommen, und setzt man $cx = y$, $ac = a'$, so geht die Gleichung $x' = \frac{a+bx}{1+cx}$ in $y' = \frac{a'+by}{1+y}$ über. Mithin verwandelt sich die Gleichung in x unmittelbar in eine Gleichung für y, in welcher $c = 1$ ist.

Man kann somit annehmen, dafs die allgemeine Gleichung fünften Grades, welche die erwähnte Eigenschaft besitzt, die Form hat:

$$(9) \quad 0 = x^5 - \alpha x^4 + (f + g\alpha)x^3 - (f' + g'\alpha)x^2 + (f'' + g''\alpha)x - (f''' + g'''\alpha).$$

Wie man sieht, gehen hieraus unendlich viele Beispiele für diese Art von Gleichungen hervor, da, selbst nachdem $c = 1$ gesetzt ist, noch zwei Unbestimmte α und b übrigbleiben, denen man beliebige Werte geben kann. Ist ein Wert von b und einer der beiden Werte von μ gewählt, so sind unmittelbar alle Koefficienten f, g, f', g', ... bestimmt, da diese nur von b und μ abhängen; zugleich hat man den Wert von a, nämlich

$$a = b - (1+b)^2\mu^2.$$

Man hat daher den allgemeinen Typus von unendlich vielen Gleichungen fünften Grades, welche fünf reelle Wurzeln haben, für alle Werte der Unbestimmten α und b.

65.

Ist z. B. $\alpha = 1$, $b = 1$, $\mu = \frac{1-\sqrt{5}}{2}$, so erhält man die Gleichung:

$$0 = x^5 - x^4 - (50 - 20\sqrt{5})x^3 + (10 - 4\sqrt{5})x^2 + 25(9 - 4\sqrt{5})x - (9 - 4\sqrt{5}).$$

Wird dieselbe mit $9+4\sqrt{5}$ multipliciert, so nimmt sie die Form an:

$$0 = A(x^5 - x^4) - 5Bx^3 + Bx^2 + 25x - 1,$$

wobei:

$$A = 9 + 4\sqrt{5}, \quad \log A = 1{,}2539258415$$

$$B = 10 + 4\sqrt{5}, \quad \log B = 1{,}2774779186.$$

Geht man an die Auflösung dieser Gleichung, so findet man die kleinste Wurzel:

$$x = 0{,}0390708255.$$

Aus dieser ergiebt sich die zweite Wurzel:

$$x' = \frac{x-n}{1+x},$$

wobei:

$$n = 5 - 2\sqrt{5} = 0{,}52786\,40450\,0042.$$

Man bildet daher die vier andern Wurzeln und ferner eine fünfte, die mit der ersten x übereinstimmen mufs, in folgender Weise:

$$\begin{aligned}
x' &= \frac{x-n}{1+x} &&= -\,0{,}47041\,37653\\
x'' &= \frac{x'-n}{1+x'} &&= -\,1{,}88501\,46492\\
x''' &= \frac{x''-n}{1+x''} &&= 2{,}72637\,14742\\
x^{\mathrm{IV}} &= \frac{x'''-n}{1+x'''} &&= 0{,}58998\,61150\\
x^{\mathrm{V}} &= \frac{x^{\mathrm{IV}}-n}{1+x^{\mathrm{IV}}} &&= 0{,}03907\,08255 = x.
\end{aligned} \tag{10}$$

Durch dieses letzte Resultat werden die vorstehenden Rechnungen in der befriedigendsten Weise bestätigt.

66.

Die specielle Gleichung fünften Grades, mit der wir uns soeben beschäftigt haben, kann algebraisch aufgelöst werden mit Hülfe einer Methode, die derjenigen ähnlich ist, von welcher wir bei der Auflösung der Gleichung in p im § 5 des fünften Hauptteils Gebrauch gemacht haben. Wir wollen dies mit allen Einzelheiten zeigen, wie es eine Lösung verdient, für welche bisher nur in den Kreisteilungsgleichungen Beispiele existieren.

Wir haben die Gleichung aufzulösen:

$$0 = x^5 - x^4 - 5x^3 + x^2 - \frac{1}{A}(5x^3 - x^2 - 25x + 1),$$

deren Eigenschaft darin besteht, dafs, wenn ihre fünf Wurzeln mit x, x', x'', x''', x^{IV} bezeichnet werden, zwischen zwei aufeinanderfolgenden Gliedern dieser in sich zurückkehrenden Reihe die Gleichungen von gemeinschaftlicher Form bestehen:

$$x' = \frac{x - n}{1 + x}, \quad x'' = \frac{x' - n}{1 + x'}, \quad x''' = \frac{x'' - n}{1 + x''}, \quad x^{IV} = \frac{x''' - n}{1 + x'''},$$

$$x = \frac{x^{IV} - n}{1 + x^{IV}},$$

wobei

$$n = 5 - 2\sqrt{5} = 0,52786\,40450\,00420\,6072$$

gesetzt ist.

Ist R eine imaginäre Wurzel der Gleichung $R^5 - 1 = 0$, für welche man $R = \cos\mu + \sqrt{-1}\sin\mu$ und $\mu = \frac{2\pi}{5} = 72^0$ nehmen kann, so setzen wir in Übereinstimmung mit der erwähnten Methode:

$$(11) \quad \begin{aligned} T &= x + Rx' + R^2x'' + R^3x''' + R^4x^{IV} \\ T' &= x + R^2x' + R^4x'' + R^6x''' + R^8x^{IV}. \end{aligned}$$

Setzt man noch $T^2 = MT'$, so beweist man leicht, dafs M eine Funktion von R allein und unabhängig von den Wurzeln $x, x', \ldots$ ist. In der That kann man vermöge des Gesetzes, welches zwischen zwei Wurzeln besteht, die Quadrate und die Produkte von je zweien der Wurzeln linear ausdrücken, wovon wir uns sogleich überzeugen werden. Dasselbe würde gelten von den höheren Potenzen der Wurzeln und von den Produkten von mehr Dimensionen.

Man kann daher annehmen, dafs das Quadrat des Polynoms T dargestellt werde durch die Formel

$$T^2 = \alpha x + \beta x' + \gamma x'' + \delta x''' + \varepsilon x^{IV},$$

dessen Koefficienten sämtlich Funktionen von R sind, und in welcher kein von den x freies Glied vorkommt. Denn wenn ein konstantes Glied C in dem Werte von T^2 aufträte, so könnte man

$$C(x + x' + x'' + x''' + x^{IV})$$

für dieses Glied setzen, da die Summe der Wurzeln der gegebenen Gleichung gleich 1, dem Koefficienten des zweiten Gliedes, ist.

Da man nun T die Form

$$T = R(x' + Rx'' + R^2x''' + R^3x^{IV} + R^4x)$$

geben kann, so ist ersichtlich, dafs das Quadrat dieses Polynoms gleich ist R^2 multipliciert mit dem, was aus dem vorstehenden Werte von T^2 wird, wenn man die Buchstaben x, x', x'', x''', x^{IV} um eine Stelle vorrücken läfst und dabei annimmt, dafs der erste auf den letzten folge. Es ist daher auch:

$$T^2 = R^2(\alpha x' + \beta x'' + \gamma x''' + \delta x^{IV} + \varepsilon x).$$

Vergleicht man diesen zweiten Ausdruck mit dem ersten, so ergiebt sich:

$$\beta = \alpha R^2, \quad \gamma = \alpha R^4, \quad \delta = \alpha R^6, \quad \varepsilon = \alpha R^8,$$

und daher:

$$T^2 = \alpha(x + R^2 x' + R^4 x'' + R^6 x''' + R^8 x^{IV}).$$

Hierdurch wird bewiesen, dafs die mit M bezeichnete Gröfse dasselbe ist wie α, und dafs sie somit eine Funktion von R allein ist. Es handelt sich jetzt darum, den Wert dieser Gröfse zu bestimmen; zuvor müssen wir jedoch zeigen, wie man die Quadrate der Wurzeln und die Produkte von je zweien derselben unter linearer Form darstellen kann.

67.

Nehmen wir zu diesem Zwecke die beiden Gleichungen

$$x' = \frac{x - n}{1 + x}, \qquad x'' = \frac{x' - n}{1 + x'} = \frac{x(1 - n) - 2n}{1 - n + 2x}$$

wieder auf, so erhält man daraus unmittelbar die linearen Werte der Produkte von zwei Wurzeln, wie folgt:

$$(12) \quad \begin{aligned}
x'x &= x - x' - n, & xx'' &= \frac{1-n}{2}(x - x'') - n \\
x''x' &= x' - x'' - n, & x'x''' &= \frac{1-n}{2}(x' - x''') - n \\
x'''x'' &= x'' - x''' - n, & x''x^{IV} &= \frac{1-n}{2}(x'' - x^{IV}) - n \\
x^{IV}x''' &= x''' - x^{IV} - n, & x'''x &= \frac{1-n}{2}(x''' - x) - n \\
xx^{IV} &= x^{IV} - x - n, & x^{IV}x' &= \frac{1-n}{2}(x^{IV} - x') - n.
\end{aligned}$$

Indessen ist es, wie wir schon bemerkt haben, zweckmäfsig, das Glied $-n$ in diesen Formeln zu ersetzen durch den ihm gleichen Ausdruck $-n(x + x' + x'' + x''' + x^{IV})$.

Nehmen wir an, dafs wir in ähnlicher Weise als linearen Ausdruck von x^2 die Formel $x^2 = ax + bx' + cx'' + dx''' + ex^{IV}$ gefunden hätten, aus welcher sich die fünf Ausdrücke ergeben:

$$(13)\qquad \begin{aligned} x^2 &= ax + bx' + cx'' + dx''' + ex^{IV} \\ x'^2 &= ax' + bx'' + cx''' + dx^{IV} + ex \\ x''^2 &= ax'' + bx''' + cx^{IV} + dx + ex' \\ x'''^2 &= ax''' + bx^{IV} + cx + dx' + ex'' \\ x^{IV\,2} &= ax^{IV} + bx + cx' + dx'' + ex''', \end{aligned}$$

so ist es leicht, den Koefficienten M mit Hülfe der Gleichung

$$T^2 = MT'$$

zu finden; denn es ist M nichts anderes als der Koefficient von x in dem auf die lineare Form reducierten und von dem konstanten Gliede befreiten Werte von T^2.

Nun kommt aber in dem Ausdrucke von T^2 zunächst der Teil

$$x^2 + R^2x'^2 + R^4x''^2 + R^6x'''^2 + R^8x^{IV2}$$

vor. Setzt man in diesen die entwickelten Werte der Quadrate ein, so erhält man als Koefficient von x die Reihe:

$$a + eR^2 + dR^4 + cR^6 + bR^8.$$

Sodann giebt der Teil, welcher die doppelten Produkte der Glieder enthält, in M die folgenden Glieder, wobei wir vorläufig den Koefficienten von x in dem entwickelten Werte des Produkts $x^{(\mu)}x^{(\nu)}$ mit $(x^{(\mu)}x^{(\nu)})$ bezeichnet haben:

$$\begin{aligned} &2R(xx') + 2R^2(xx'') + 2R^3(xx''') + 2R^4(xx^{IV}) \\ &+ 2R^3(x'x'') + 2R^4(x'x''') + 2R^5(x'x^{IV}) \\ &+ 2R^5(x''x''') + 2R^6(x''x^{IV}) \\ &+ 2R^7(x'''x^{IV}). \end{aligned}$$

Setzt man für jedes Symbol $(x^{(\mu)}x^{(\nu)})$ seinen unter (13) angegebenen Wert ein und vereinigt dann diesen zweiten Teil mit dem bereits gefundenen, so erhält man:

$$\begin{aligned} M = \; & a + eR^2 + dR^4 + cR^6 + 6R^8 \\ & - n(2R + 2R^2 + 4R^3 + 4R^4 + 4R^5 + 2R^6 + 2R^7) \\ & + 2R - 2R^4 + \frac{1-n}{2}(2R^2 - 2R^3). \end{aligned}$$

Um diese Gröfse zu vereinfachen, bemerke ich, dafs man, da R imaginär ist, an Stelle von R eine der Wurzeln R, R^2, R^3, R^4, aber nicht R^5, welches gleich 1 ist, setzen kann. Ferner kann man immer $0 = 1 + R + R^2 + R^3 + R^4$ setzen, wodurch sich der Koefficient von $-n$ auf Null reduciert. Man hat daher einfacher:

$$(14)\qquad \begin{aligned} M = a + eR^2 + dR^4 + cR^6 + bR^8 \\ + 2R - 2R^4 + (1-n)(R^2 - R^3). \end{aligned}$$

Es reduciert sich somit alles darauf, den linearen Wert von x^2 zu finden, aus dem man die Werte der Koefficienten a, b, c, d, e erhält.

68.

Es ist:

$$x' = \frac{x-n}{1+x} = 1 - \frac{n+1}{1+x}.$$

Um diesen Wert in eine ganze Funktion von x zu verwandeln, mufs man die gegebene Gleichung

$$0 = Ax^5 - Ax^4 - 5(A+1)x^3 + (A+1)x^2 + 25x - 1$$

durch $x+1$ dividieren. Als Quotient ergiebt sich:

$$0 = A(x^4 - 2x^3) - (3A+5)x^2 + (4A+6)x + 19 - 4A + \frac{4A-20}{x+1}.$$

Das letzte Glied dieser neuen Gleichung ist:

$$\frac{4A-20}{x+1} = \frac{4A-20}{n+1}(1-x') = 8(2+\sqrt{5})(1-x') = (2A-2)(1-x').$$

Man erhält daher, wenn man alles durch A dividiert und für A seinen Wert $9 + 4\sqrt{5}$ einsetzt:

$$\begin{aligned} 0 = x^4 - 2x^3 - (48 - 20\sqrt{5})x^2 + (58 - 24\sqrt{5})x \\ + 151 - 68\sqrt{5} - 8(\sqrt{5} - 2)x'. \end{aligned}$$

Ferner ist:

$$x^{\mathrm{IV}} = \frac{n+x}{1-x} = -1 + \frac{n+1}{1-x}.$$

Dividiert man die gegebene Gleichung durch $x-1$, so ergiebt sich:

$$0 = Ax^4 - 5(A+1)x^2 - 4(A+1)x + 21 - 4A + \frac{20-4A}{x-1}.$$

Setzt man an Stelle des letzten Gliedes seinen Wert

$$\frac{4A-20}{1+n}(1+x^{\mathrm{IV}})$$

und dividiert man alles durch A, so erhält man:

$$\begin{aligned} 0 = x^4 - (50 - 20\sqrt{5})x^2 - (20 - 16\sqrt{5})x + 169 - 76\sqrt{5} \\ + 8(\sqrt{5} - 2)x^{\mathrm{IV}}. \end{aligned}$$

Eine dritte Gleichung entspringt aus dem Werte:

$$x'' = \frac{x'-n}{1+x'} = \frac{1-n}{2} - \frac{\left(\frac{1+n}{2}\right)^2}{x + \frac{n-1}{2}}.$$

Man erhält auf diese Weise die folgenden drei Resultate:

$$0 = x^4 - 2x^3 - (48 - 20\sqrt{5})x^2 + (58 - 24\sqrt{5})x$$
$$+ 151 - 68\sqrt{5} - 8(\sqrt{5} - 2)x'$$
$$0 = x^4 - (50 - 20\sqrt{5})x^2 - (40 - 16\sqrt{5})x + 169 - 76\sqrt{5}$$
$$+ 8(\sqrt{5} - 2)x^{\mathrm{IV}}$$
$$0 = x^4 - (\sqrt{5} - 1)x^3 - (43 - 17\sqrt{5})x^2 + (73\sqrt{5} - 161)x$$
$$+ 71\sqrt{5} - 158 + 8(9 - 4\sqrt{5})x''.$$

Aus diesen Gleichungen haben wir nur noch die Glieder x^3 und x^4 zu eliminieren; dadurch erhalten wir den Wert von x^2 in linearer Form und zwar ist:

$$x^2 = 22 - 9\sqrt{5} + (\sqrt{5} - 1)(x + x') + (2\sqrt{5} - 4)x'' - (3 - \sqrt{5})x^{\mathrm{IV}}.$$

Sodann mufs man für das konstante Glied $22 - 9\sqrt{5}$ den Wert $(22 - 9\sqrt{5})(x + x' + x'' + x''' + x^{\mathrm{IV}})$ setzen, wodurch sich ergiebt:

$$x^2 = (21 - 8\sqrt{5})(x + x') + (18 - 7\sqrt{5})x'' + (22 - 9\sqrt{5})x'''$$
$$+ (19 - 8\sqrt{5})x^{\mathrm{IV}}.$$

Wendet man diese Gleichung der Reihe nach auf die Quadrate x'^2, x''^2, x'''^2, $x^{\mathrm{IV}\,2}$ an, und bildet man die Summe von allen, so wird:

$$\Sigma x^2 = (101 - 40\sqrt{5})\,\Sigma x = 101 - 40\sqrt{5}.$$

In der That ist die Summe der Quadrate der Wurzeln der gegebenen Gleichung $0 = x^5 - x^4 - 5\left(1 + \frac{1}{A}\right)x^3 - \cdots$ gleich:

$$1 + \frac{10(A+1)}{A} = 11 + 10(9 - 4\sqrt{5}) = 101 - 40\sqrt{5}.$$

69.

Da der Wert von x^2 bekannt ist, so erhält man die Werte der Koefficienten:

$$a = 21 - 8\sqrt{5}$$
$$b = 21 - 8\sqrt{5}$$
$$c = 18 - 7\sqrt{5}$$
$$d = 22 - 9\sqrt{5}$$
$$e = 19 - 8\sqrt{5},$$

und diese geben in den Wert von M substituiert:

(15) $$M = (\sqrt{5} - 1)R - (6 - 2\sqrt{5})R^2 - (2\sqrt{5} - 4)R^3 - (1 + \sqrt{5})R^4.$$

Diese Formel liefert nicht allein den Wert der Funktion M, sondern auch die Werte der Funktionen M', M'', M''', welche aus M entstehen, wenn man nach einander R^2, R^3, R^4 an die Stelle von R setzt.

Ist jetzt $M = r(\cos\vartheta + \sqrt{-1}\sin\vartheta)$, und substituiert man diesen Wert sowie den Wert von $R = \cos\mu + \sqrt{-1}\sin\mu$ in die Gleichung (15), so erhält man zur Bestimmung von r und ϑ die beiden Gleichungen:

$$\begin{aligned} r\cos\vartheta = {} & (\sqrt{5}-1)\cos\mu - (6-2\sqrt{5})\cos 2\mu - (2\sqrt{5}-4)\cos 3\mu \\ & - (1+\sqrt{5})\cos 4\mu \\ = {} & -2\cos\mu - 2\cos 2\mu = 1, \\ r\sin\vartheta = {} & (\sqrt{5}-1)\sin\mu - (6-2\sqrt{5})\sin 2\mu - (2\sqrt{5}-4)\sin 3\mu \\ & - (1+\sqrt{5})\sin 4\mu \\ = {} & 2\sqrt{5}\sin\mu + (4\sqrt{5}-10)\sin 2\mu. \end{aligned}$$

Hieraus folgt:

$$r^2 = 126 - 50\sqrt{5} = 14{,}19660\,11250\,10515\,18$$

$$\cos\vartheta = \frac{1}{r},\quad \operatorname{tang}\vartheta = 5^{\frac{5}{4}}(\sqrt{5}-2)^{\frac{1}{2}} = 5^{\frac{5}{4}}(2\cos\mu)^{\frac{3}{2}}$$

$$\begin{aligned} \log r &= 0{,}57609\,21901\,7251 \\ \log\cos\vartheta &= 9{,}42390\,78098\,2749 \\ \log\operatorname{tang}\vartheta &= 0{,}56023\,10450\,4510 \\ \log\sin\vartheta &= 9{,}98413\,88548\,7259 \\ \vartheta &= 74^0\,36'\,32'',4990766973. \end{aligned}$$

Setzt man in dem Werte von $M\,R^2$ für R oder 2μ für μ, so erhält man den Wert von $M' = r'(\cos\vartheta' + \sqrt{-1}\sin\vartheta')$, und daraus folgt:

$$\begin{aligned} r'\cos\vartheta' = {} & (\sqrt{5}-1)\cos 2\mu - (6-2\sqrt{5})\cos 4\mu - (2\sqrt{5}-4)\cos 6\mu \\ & - (1+\sqrt{5})\cos 8\mu \\ = {} & -2\cos\mu - 2\cos 2\mu = 1, \\ r'\sin\vartheta' = {} & (\sqrt{5}-1)\sin 2\mu - (6-2\sqrt{5})\sin 4\mu - (2\sqrt{5}-4)\sin 6\mu \\ & - (1+\sqrt{5})\sin 8\mu \\ = {} & 2\sqrt{5}\sin 2\mu + (10-4\sqrt{5})\sin\mu. \end{aligned}$$

Da der Wert von $r'\sin\vartheta'$ derselbe ist wie der von $r\sin\vartheta$ und auch $r'\cos\vartheta'$ gleich $r\cos\vartheta$ ist, so ergiebt sich daraus $r' = r$ und $\vartheta' = \vartheta$, mithin $M' = M$.

Setzt man noch R^3 für R oder 3μ für μ, so verwandelt sich M in M'' und, wenn $M'' = r''(\cos\mu'' + \sqrt{-1}\sin\vartheta'')$ ist, so erhält man:

$$r''\cos\vartheta'' = (\sqrt{5}-1)\cos 3\mu - (6-2\sqrt{5})\cos 6\mu - (2\sqrt{5}-4)\cos 9\mu$$
$$- (1+\sqrt{5})\cos 12\mu$$
$$= -2\cos 2\mu - 2\cos\mu = 1,$$
$$r''\sin\vartheta'' = (\sqrt{5}-1)\sin 3\mu - (6-2\sqrt{5})\sin 6\mu - (2\sqrt{5}-4)\sin 9\mu$$
$$- (1+\sqrt{5})\sin 12\mu$$
$$= (4\sqrt{5}-10)\sin\mu - 2\sqrt{5}\sin 2\mu$$
$$= -r'\sin\vartheta' = -r\sin\vartheta.$$

Mithin ist $r'' = r$, $\vartheta'' = -\vartheta$, also $M'' = r(\cos\vartheta - \sqrt{-1}\sin\vartheta)$ und daher:

$$M''M' = r^2.$$

Setzt man endlich R^4 für R oder 4μ für μ, so erhält man den Wert von $M''' = r'''(\cos\vartheta''' + \sqrt{-1}\sin\vartheta''')$ mit Hülfe der Gleichungen:

$$r'''\cos\vartheta''' = (\sqrt{5}-1)\cos 4\mu - (6-2\sqrt{5})\cos 8\mu - (2\sqrt{5}-4)\cos 12\mu$$
$$- (1+\sqrt{5})\cos 16\mu$$
$$= -2\cos\mu - 2\cos 2\mu = 1,$$
$$r'''\sin\vartheta''' = (\sqrt{5}-1)\sin 4\mu - (6-2\sqrt{5})\sin 8\mu - (2\sqrt{5}-4)\sin 12\mu$$
$$- (1+\sqrt{5})\sin 16\mu$$
$$= (10-4\sqrt{5})\sin 2\mu - 2\sqrt{5}\sin\mu$$
$$= -r\sin\vartheta.$$

Mithin ist: $r''' = r$ und $\vartheta''' = -\vartheta$, folglich

$$M''' = M'' = r(\cos\vartheta - \sqrt{-1}\sin\vartheta)$$

und:

$$M'''M = r^2.$$

70.

Wir müssen jetzt zur **Bestimmung der Funktionen** T gehen. Nun ergiebt die Gleichung $T^2 = MT'$, wenn man sie mit den drei andern aus ihr entstehenden zusammenstellt, die Reihe von Gleichungen:

(16) $\quad T^2 = MT', \quad T'^2 = M'T''', \quad T''^2 = M''T, \quad T'''^2 = M'''T'',$

und aus diesen ergeben sich die Werte der Gröfsen T', T'', T''' als Funktionen von T, nämlich:

$$T' = \frac{T^2}{M}, \quad T''' = \frac{T'^2}{M'} = \frac{T^4}{M^2 M'}$$

$$T'' = \frac{T'''^2}{M'''} = \frac{T^8}{M^4 M'^2 M'''}, \quad T = \frac{T''^2}{M''} = \frac{T^{16}}{M^8 M'^4 M'''^2 M''}.$$

Die letzte Gleichung giebt:

$$T^{15} = M^8 M'^4 M'''^2 M'' = r^6 M^9$$

oder einfacher:

$$T^5 = r^2 M^3 = r^5 (\cos 3\vartheta + \sqrt{-1} \sin 3\vartheta).$$

Ist daher $\frac{3\vartheta}{5} = \omega$, so hat man:

$$T = r (\cos \omega + \sqrt{-1} \sin \omega).$$

Man sieht daher, dafs die Funktionen M und T, sowie die aus ihnen abgeleiteten Funktionen denselben Modul r haben, was eine sehr bemerkenswerte Eigenschaft ist. Im besonderen hat man:

$$\begin{aligned} T &= r (\cos \omega + \sqrt{-1} \sin \omega) \\ T' &= r [\cos (2\omega - \vartheta) + \sqrt{-1} \sin(2\omega - \vartheta)] \\ T'' &= r [\cos (3\omega - 2\vartheta) + \sqrt{-1} \sin(3\omega - 2\vartheta)] \\ T''' &= r [\cos (4\omega - 3\vartheta) + \sqrt{-1} \sin(4\omega - 3\vartheta)]. \end{aligned}$$

Aus diesen Werten folgen die beiden Gleichungen:

$$(17) \qquad TT''' = r^2, \quad T'T'' = r^2,$$

welche den für die Funktionen M gefundenen

$$MM''' = r^2 = M'M''$$

analog sind.

71.

Es bleibt nur noch übrig, den Wert irgend einer Wurzel x zu ermitteln. Dazu mufs man die Summe der fünf Gleichungen bilden:

$$\begin{aligned} 1 &= x + x' + x'' + x''' + x^{IV} \\ T &= x + Rx' + R^2x'' + R^3x''' + R^4x^{IV} \\ T' &= x + R^2x' + R^4x'' + R^6x''' + R^8x^{IV} \\ T'' &= x + R^3x' + R^6x'' + R^9x''' + R^{12}x^{IV} \\ T''' &= x + R^4x' + R^8x'' + R^{12}x''' + R^{16}x^{IV}. \end{aligned}$$

Aus den bekannten Eigenschaften der Funktion R folgt:

$$5x = 1 + T + T' + T'' + T'''.$$

Nun geben aber die gefundenen Werte:

$$T + T''' = 2r\cos\omega$$
$$T' + T'' = 2r\cos(2\omega - \vartheta);$$

mithin:

$$x = \frac{1}{5} + \frac{2r}{5}\left(\cos\omega + \cos(2\omega - \vartheta)\right).$$

Nach einem ersten Versuche, den man mit den Näherungswerten von r und ϑ anstellt, findet man, dafs diese Formel die gröfste positive Wurzel x''' ausdrückt, und setzt man $\omega + \mu$ an die Stelle von μ, so stellt dieselbe Formel die gröfste negative Wurzel x'' dar. Es werden daher die fünf Wurzeln der gegebenen Gleichung folgendermafsen dargestellt:

$$x''' = \frac{1}{5} + \frac{2r}{5}\left[\cos\omega + \cos(2\omega - \vartheta)\right]$$
$$x'' = \frac{1}{5} + \frac{2r}{5}\left[\cos(\omega + \mu) + \cos(2\omega + 2\mu - \vartheta)\right]$$
$$x' = \frac{1}{5} + \frac{2r}{5}\left[\cos(\omega + 2\mu) + \cos(2\omega + 4\mu - \vartheta)\right]$$
$$x = \frac{1}{5} + \frac{2r}{5}\left[\cos(\omega + 3\mu) + \cos(2\omega + 6\mu - \vartheta)\right]$$
$$x^{IV} = \frac{1}{5} + \frac{2r}{5}\left[\cos(\omega + 4\mu) + \cos(2\omega + 8\mu - \vartheta)\right].$$

Um nun die numerischen Werte dieser Wurzeln zu berechnen, entnehmen wir aus den vorstehenden Resultaten die dazu erforderlichen bekannten Gröfsen, nämlich:

$r = (126 - 50\sqrt{5})^{\frac{1}{2}}$	$\log r = 0{,}57609\,21901\,7251$
$\cos\vartheta = \frac{1}{r}$	$\log\cos\vartheta = 9{,}42390\,78098\,2749$
$\operatorname{tg}^2\vartheta = 25\sqrt{5}(\sqrt{5} - 2)$	$\log\operatorname{tang}\vartheta = 0{,}56023\,10450\,4510$
$= 5^{\frac{5}{2}}(2\cos\mu)^3$	$\log\sin\vartheta = 9{,}98413\,88548\,7259$
$= 25n$	$\vartheta = 74^0\,36'\,32'',49907\,66970$
	$2\omega - \vartheta = \frac{1}{5}\vartheta = 14^0\,55'\,18''\,49981\,53394$
	$\omega = \frac{3}{5}\vartheta = 44^0\,45'\,55''\,49944\,60182.$

72.

Mit diesen gegebenen Werten wollen wir die Berechnung der Wurzel x durchführen. Setzt man zur Abkürzung:

$$\alpha = \mu - \frac{1}{5}\vartheta = 3^0 4' 41'',5001846606$$

und beachtet man, dafs

$$\cos(\omega + 3\mu) + \cos(2\omega + 6\mu - \vartheta) = \sin\alpha - \sin 3\alpha = -2\sin\alpha\cos 2\alpha$$

ist, so lautet die zu berechnende Formel:

$$x = \frac{1}{5} - \frac{4r\sin\alpha\cos 2\alpha}{5}.$$

Da nun α ein ziemlich kleiner Winkel ist, so ist es zweckmäfsig, die Formel anzuwenden:

$$\log\sin\alpha = \log\alpha - p\alpha^2 - p'\alpha^4 - p''\alpha^6 - \cdots,$$

in welcher

$$\log p = 8,85963\,30609\,17, \quad \log p' = 7,38251\,18052$$
$$\log p'' = 6,18523\,125$$

ist. Man findet:

$$\log\sin\alpha = 8,72996\,44848\,00033.$$

Und da

$$\log\cos 2\alpha = \log(1 - 2\sin^2\alpha) = -mp\left(1 + \frac{p}{2} + \frac{p^2}{3} + \cdots\right)$$

ist, wenn man $p = 2\sin^2\alpha$ und $m = 9,6377843113$ setzt, so wird:

$$\log\cos 2\alpha = -0,00251\,18783\,9441.$$

Somit:

$$\log(4r\sin\alpha\cos 2\alpha) = 9,90560\,47879\,0609$$
$$4r\sin\alpha\cos 2\alpha = 0,80464\,58725\,5856$$

und schliefslich:

$$x = 0,03907\,08254\,8829.$$

Aus diesem Werte von x findet man die Werte der vier andern Wurzeln mit Hülfe der unserer Aufgabe entsprechenden algebraischen Formeln, nämlich:

$$x' = \frac{x - n}{1 + x} = -0,47041\,37653\,7777$$

$$x'' = \frac{x' - n}{1 + x'} = -1,88501\,46493\,9000$$

$$x''' = \frac{x''-n}{1+x''} = 2,72637\,14742\,5017$$

$$x^{IV} = \frac{x'''-n}{1+x'''} = 0,58998\,61150\,2954,$$

und in ähnlicher Weise würde man aus dem Wert von x^{IV} den von x finden mittelst der Formel:

$$x = \frac{x^{IV}-n}{1+x^{IV}} = 0,03907\,08254\,8829.$$

Dies ist derselbe Wert, den wir der Rechnung zu Grunde gelegt haben. Wenn man jedoch die fünf Wurzeln addiert, so findet man, dafs ihre Summe um 23 Einheiten der vierzehnten Decimale gröfser als 1 ist. Dieser Überschufs kann leicht hervorgebracht werden durch die Fehler der von uns benutzten vierzehnstelligen Tafeln, Fehler, welche bei den aus fünfzehn geltenden Ziffern bestehenden Werten von x'' und x''' auf die dreizehnte Decimale Einflufs haben. Es ist aber leicht, den Überschufs zu beseitigen, wenn man an dem Werte, den wir x gegeben haben, eine kleine Korrektur anbringt. Ist dieser verbesserte Wert $x + dx$, so findet man mit Hülfe des zwischen zwei aufeinanderfolgenden Wurzeln bestehenden Gesetzes leicht die Korrektionen, welche bei den andern Wurzeln vorzunehmen sind. Diese Korrektionen sind:

$$dx' = \frac{1+n}{(1+x)^2}\,dx = dx\,(1{,}1415)$$

$$dx'' = \frac{1+n}{(1+x')^2}\,dx' = dx\,(7{,}7105)$$

$$dx''' = \frac{1+n}{(1+x'')^2}\,dx'' = dx\,(15{,}0362)$$

$$dx^{IV} = \frac{1+n}{(1+x''')^2}\,dx''' = dx\,(1{,}6544).$$

Daraus folgt:

$$dx + dx' + dx'' + dx''' + dx^{IV} = dx\,(26{,}5426).$$

Um daher den Fehler $+\,23$ in der Summe der x zu beseitigen, mufs man

$$dx\,(26{,}5426) = -\,23$$

setzen, wodurch sich ergiebt:

$$dx = -\,0{,}8665, \quad dx' = -\,0{,}9891, \quad dx'' = -\,6{,}6814$$

$$dx''' = -\,13{,}0293, \quad dx^{IV} = -\,1{,}4336,$$

oder wenn man sich auf die Ganzen beschränkt:

$$dx = -1, \quad dx' = -1, \quad dx'' = -7, \quad dx''' = -13, \quad dx^{\mathrm{IV}} = -1.$$

Man erhält also schliefslich:

$$x = 0,03907\,08254\,8828$$
$$x' = -0,47041\,37653\,7778$$
$$x'' = -1,88501\,46493\,9007$$
$$x''' = 2,72637\,14742\,5004$$
$$x^{\mathrm{IV}} = 0,58998\,61150\,2953.$$

Die Summe dieser Werte ist gleich 1.

73.

In der soeben entwickelten Theorie haben wir eine sehr einfache Formel zur Darstellung des Gesetzes, nach welchem irgend eine aus der Reihe der Wurzeln aus der vorhergehenden entstehen soll, gewählt. Wir nehmen jetzt an, dafs, wenn die Gleichung

$$0 = x^n - (1)x^{n-1} + (2)x^{n-2} - \cdots$$

deren Grad n eine Primzahl ist, gegeben ist, die Wurzeln eine Reihe $x, x', x'' \ldots x^{(n-1)}$ bilden, bei welcher jedes Glied eine **beliebige rationale** Funktion des vorhergehenden ist, so dafs man hat:

$$x' = \varphi(x), \quad x'' = \varphi(x'), \quad x''' = \varphi(x''), \cdots x^{(n-1)} = \varphi(x^{(n-2)})$$

und ferner $x = \varphi(x^{(n-1)})$, damit die Reihe eine in sich zurückkehrende sei, und man jedes Glied als erstes nehmen könne.

Die Funktion $\varphi(x)$ kann, selbst wenn sie gebrochen wäre, stets auf eine ganze Funktion d. h. auf ein Polynom in x, welches den $n-1^{\text{ten}}$ Grad nicht übersteigt, zurückgeführt werden, da man mit Hülfe der gegebenen Gleichung x^n und die noch höheren Potenzen von x eliminieren kann. Man kann also

$$x' = A + Bx + Cx^2 + \cdots + Lx^{n-1}$$

setzen, wo $A, B, C, \ldots L$ bekannte Koefficienten sind. Substituiert man diesen Wert an Stelle von x in die gegebene Gleichung, so ergeben sich n Bedingungsgleichungen zwischen den Koefficienten in dem Werte von x und den Koefficienten der gegebenen Gleichung.

Setzt man in dem Werte von $x' : x'$ für x, so erhält man den

Wert von x'' ausgedrückt als Funktion von x'. Darauf kann man aber wieder für x' seinen Wert in x setzen, wodurch sich der Ausdruck von x'' in eine ganze Funktion von x verwandelt, aus der man die Potenz von x^n und die höheren Potenzen eliminieren kann, so dafs die Wurzel x'' ebenfalls durch ein Polynom in x vom Grade $n-1$ ausgedrückt wird. Dasselbe gilt von den andern Wurzeln, so so dafs man also die folgenden $n-1$ Gleichungen, welche die Wurzeln $x', x'', \ldots x^{(n-1)}$ als Funktionen der ersten x bestimmen, bilden kann:

$$\begin{array}{llllll}
x' & = A & + Bx & + Cx^2 & + Dx^3 & + \cdots + Lx^{n-1} \\
x'' & = A' & + B'x & + C'x^2 & + D'x^3 & + \cdots + L'x^{n-1} \\
x''' & = A'' & + B''x & + C''x^2 & + D''x^3 & + \cdots + L''x^{n-1} \\
\multicolumn{6}{c}{\cdots\cdots\cdots\cdots\cdots\cdots\cdots}
\end{array}$$

$$x^{(n-1)} = A^{(n-2)} + B^{(n-2)}x + C^{(n-2)}x^2 + D^{(n-2)}x^3 + \cdots + L^{(n-2)}x^{n-1}.$$

Umgekehrt kann man aus diesen Gleichungen die Werte von x, x^2, $x^3, \cdots x^{n-1}$, als lineare Funktionen der Wurzeln $x', x'', \ldots x^{(n-1)}$ ausgedrückt, erhalten. Den Wert von x braucht man nicht erst zu suchen, da derselbe, wie man aus der gegebenen Gleichung weifs, gleich $(1) - x' - x'' - x''' - \cdots - x^{(n-1)}$ sein mufs. Jedoch ist es besonders wichtig, den Wert von x^2 zu kennen, den wir uns auf die Form gebracht denken:

$$x^2 = ax + bx' + cx'' + dx''' + \cdots + lx^{(n-1)}.$$

Ein konstantes Glied kommt hierin nicht vor; denn wenn ein Glied wie c^0 darin aufträte, so könnte man dafür

$$\frac{c^0}{(1)}(x + x' + x'' + x''' + \cdots + x^{(n-1)})$$

setzen. Man sieht nun leicht, dafs sich die Produkte von je zwei Wurzeln xx', xx'', $x'x''$, ... und allgemein die Produkte von mehreren Wurzeln und ihrer Potenzen linear durch die einfachen Wurzeln ausdrücken lassen, wie wir dies soeben für x^2 gethan haben. Ferner ist klar, dafs der bekannte Wert von x^2 die Werte der andern Quadrate x'^2, x''^2, x'''^2, ... giebt, wenn man nach und nach die in dem Ausdruck des vorerwähnten Quadrates enthaltenen Glieder um eine Stelle vorrücken läfst. Dasselbe kann man ausführen in dem Werte von xx', wodurch man die Werte von $x'x''$, $x''x'''$, $x'''x^{\mathrm{IV}}$, ... erhält und analog bei den andern Produkten.

74.

Ohne auf weitere Einzelheiten einzugehen, sieht man, dafs, wenn man mit R eine imaginäre Wurzel der Gleichung $R^n - 1 = 0$ bezeichnet und den Funktionen T und M und den aus ihnen abgeleiteten T', M', T'', M'',... dieselben Bedeutungen beilegt, die wir in allen unsern Untersuchungen festgehalten haben, zunächst die Gleichung $T^2 = MT'$ stattfindet, aus der dann mehrere andere analoge Gleichungen wie z. B. $T'^2 = M'T'''$, $T''^2 = M''T^{V}$, u. s. w. hervorgehen, ferner dafs der Wert von M durch eine Funktion von R allein dargestellt wird, aus welcher wiederum die Werte von M', M'', u. s. w. entstehen. Ist allgemein

$$M = r\ (\cos\vartheta + \sqrt{-1}\ \sin\vartheta),$$

$$M' = r'\ (\cos\vartheta' + \sqrt{-1}\ \sin\vartheta'),$$

$$M'' = r''\ (\cos\vartheta'' + \sqrt{-1}\ \sin\vartheta'')$$

u. s. w., Werte, die sämtlich durch eine und dieselbe Formel bekannt sind, so erhält man daraus die sämtlichen Werte von T, T', T'',..., die allgemein durch $T^{(k)} = \varrho^{(k)}(\cos\omega^{(k)} + \sqrt{-1}\ \sin\omega^{(k)})$ bezeichnet werden. Man erhält daraus im besonderen die Moduln ϱ aus den Moduln r mittelst der Gleichungen $\varrho^2 = r\varrho'$, $\varrho'^2 = r'\varrho'''$, $\varrho''^2 = r''\varrho^{V}$ u. s. w., und wenn der Fall eintritt, dafs alle Moduln r, r', r'', ... einander gleich sind, so ist auch $\varrho = \varrho' = \varrho'' = \varrho''' = \cdots = r$. Kennt man endlich alle Werte von T, so erhält man irgend eine Wurzel x der gegebenen Gleichung mit Hülfe der allgemeinen Formel:

$$x = \frac{(1) + 2\varrho\cos\omega + 2\varrho'\cos\omega' + 2\varrho''\cos\omega'' + \cdots}{n}.$$

75.

Wir wollen diese Untersuchungen nicht weiter auf die Fälle ausdehnen, in denen man eine gegebene Gleichung algebraisch aufzulösen im Stande ist. Wir empfehlen, über diesen Gegenstand die ausgezeichnete Abhandlung von Abel in Crelle's Journal vom Jahre 1829 No. 8 nachzulesen. Der Verfasser giebt darin die Grundlinien an, nach denen man für jeden Grad verschiedene Klassen von Gleichungen bilden kann, die algebraisch auflösbar oder (falls der Grad keine Primzahl ist) in Gleichungen von niederem Grade zerlegbar sind. Daraus folgt, dafs die unter diesen

Kategorieen nicht enthaltenen Gleichungen als unlösbar betrachtet werden müssen, und dafs es somit für die Auflösung der den vierten Grad übersteigenden Gleichungen keine allgemeine Formeln giebt.

Es ist sehr zu beklagen, dafs Abel, welcher den Wissenschaften, die er bereits durch mehrere schöne Entdeckungen bereichert hatte, vorzeitig entrissen wurde, nicht die Zeit gehabt hat, um seine Gedanken über die Theorie, deren Grundstein er gelegt, vollständig entwickeln zu können; jedoch ist zu hoffen, dafs weitere Arbeiten der Mathematiker die von Abel vorher verkündeten Resultate bestätigen werden, und dafs man zu der wirklichen Auflösung der algebraischen Gleichungen in allen Fällen, wo sie möglich ist, gelangen wird.

Man darf auch glauben, dafs eine tiefere Untersuchung dieses Gegenstandes zu dem Schlusse führen wird, dafs die Anzahl der algebraisch auflösbaren oder zerlegbaren Gleichungen für jeden Grad unendlich klein ist im Verhältnis zu der Anzahl der Gleichungen, welche nicht algebraisch auflösbar oder in Gleichungen niederen Grades zerlegbar sind.

www.ingramcontent.com/pod-product-compliance
Lightning Source LLC
LaVergne TN
LVHW020551110826
845149LV00002B/235

* 9 7 8 1 4 1 8 1 8 4 3 9 1 *